谨以此书献给

为宁夏高速公路发展事业作出贡献的决策者、建设者、管理者

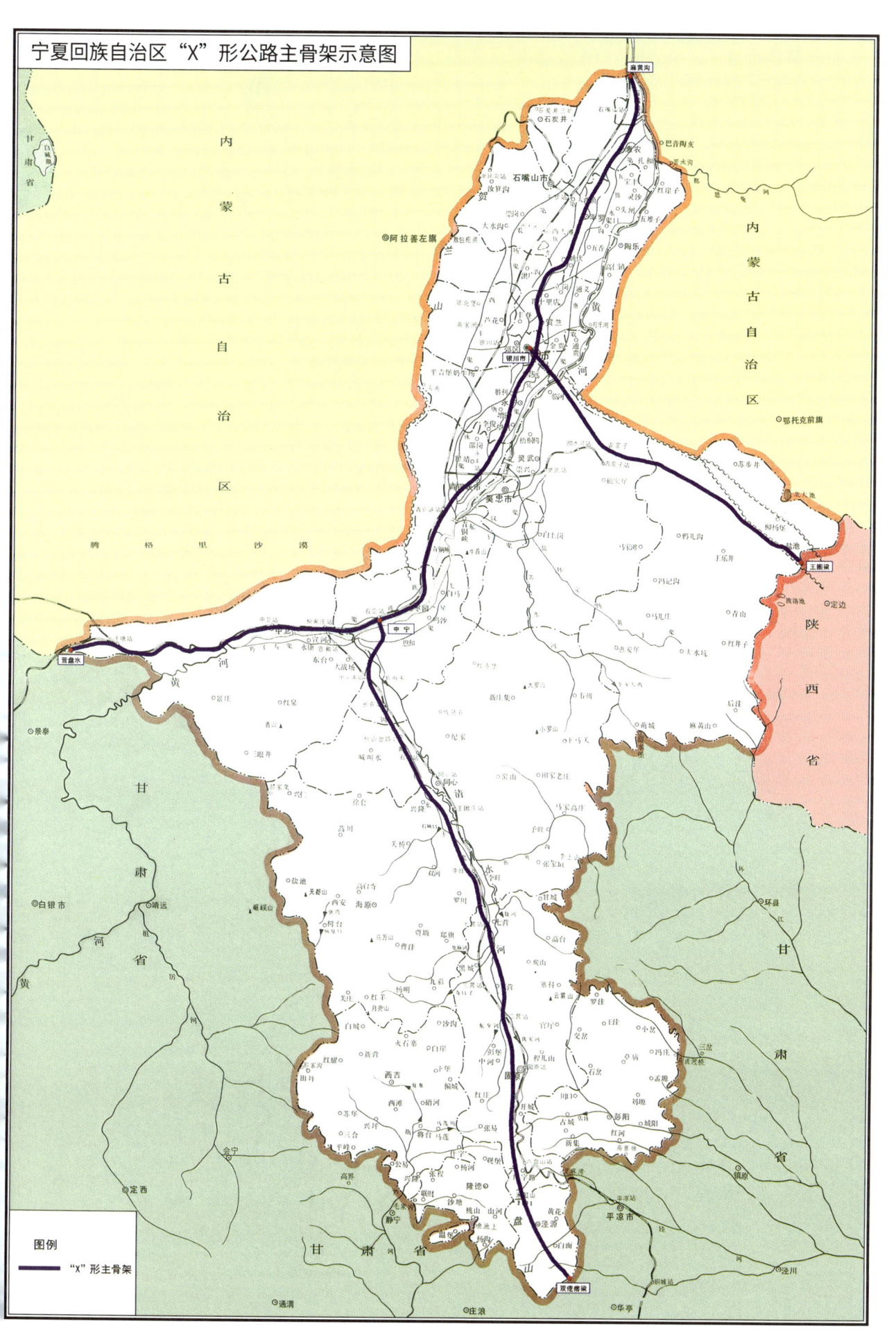

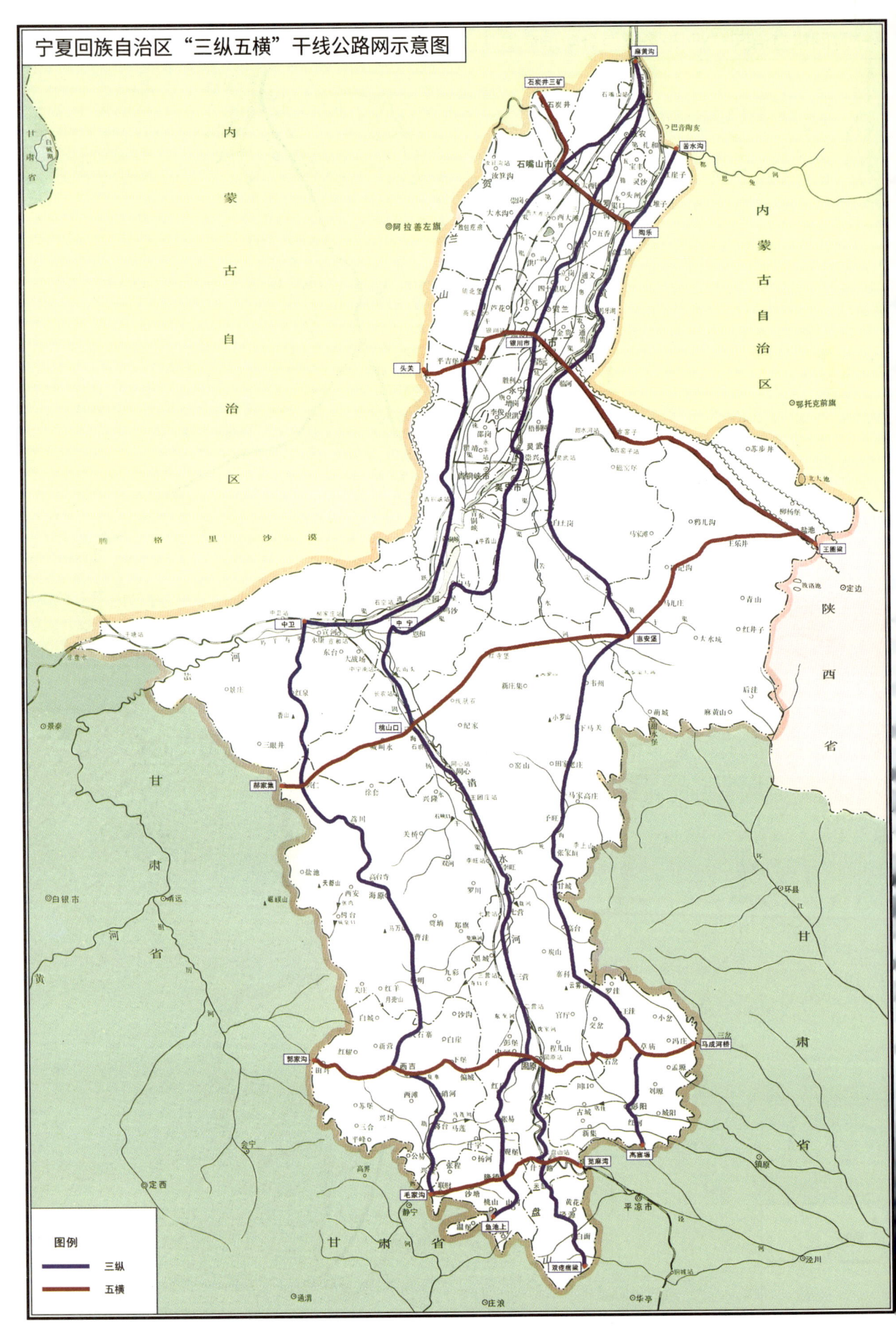

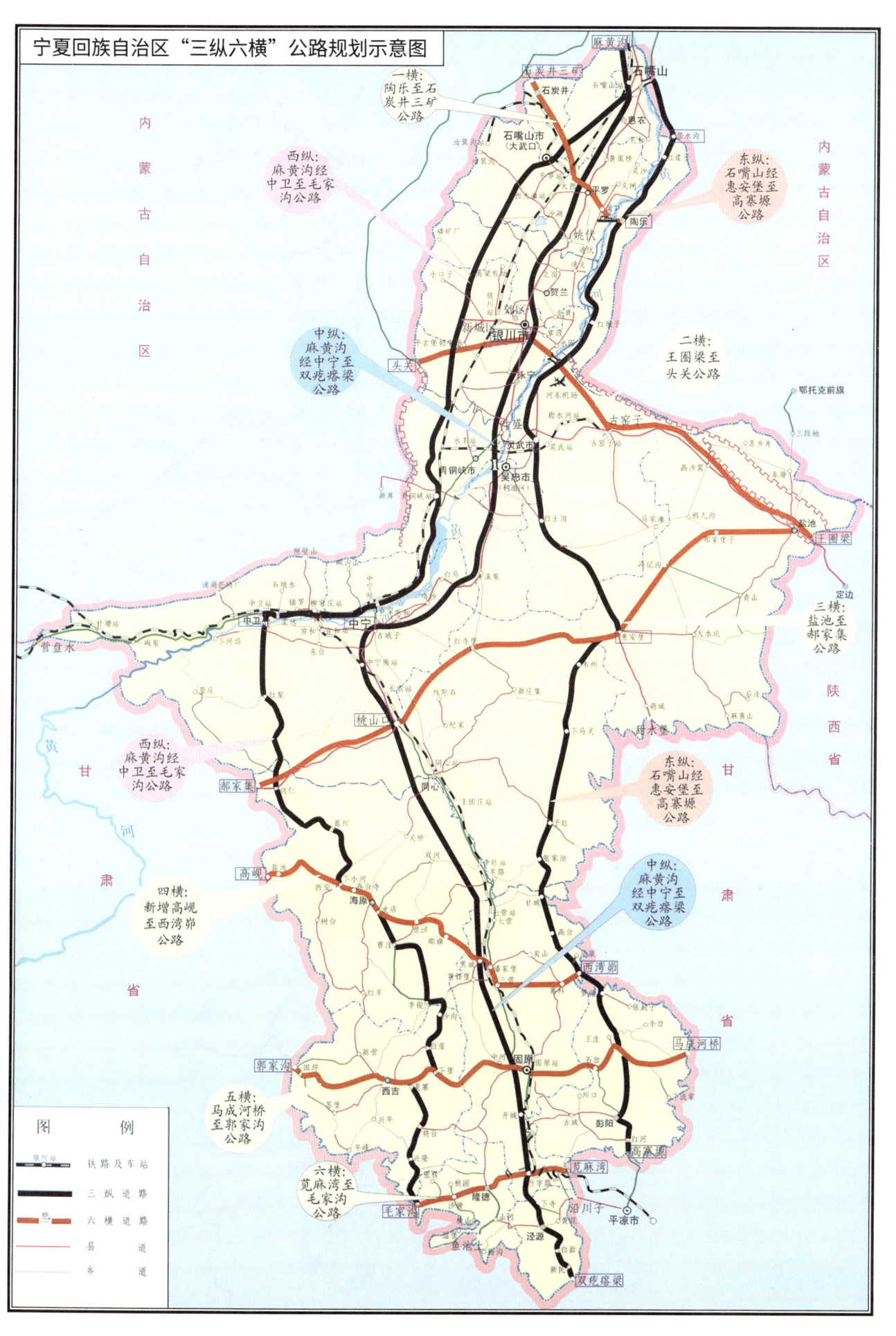

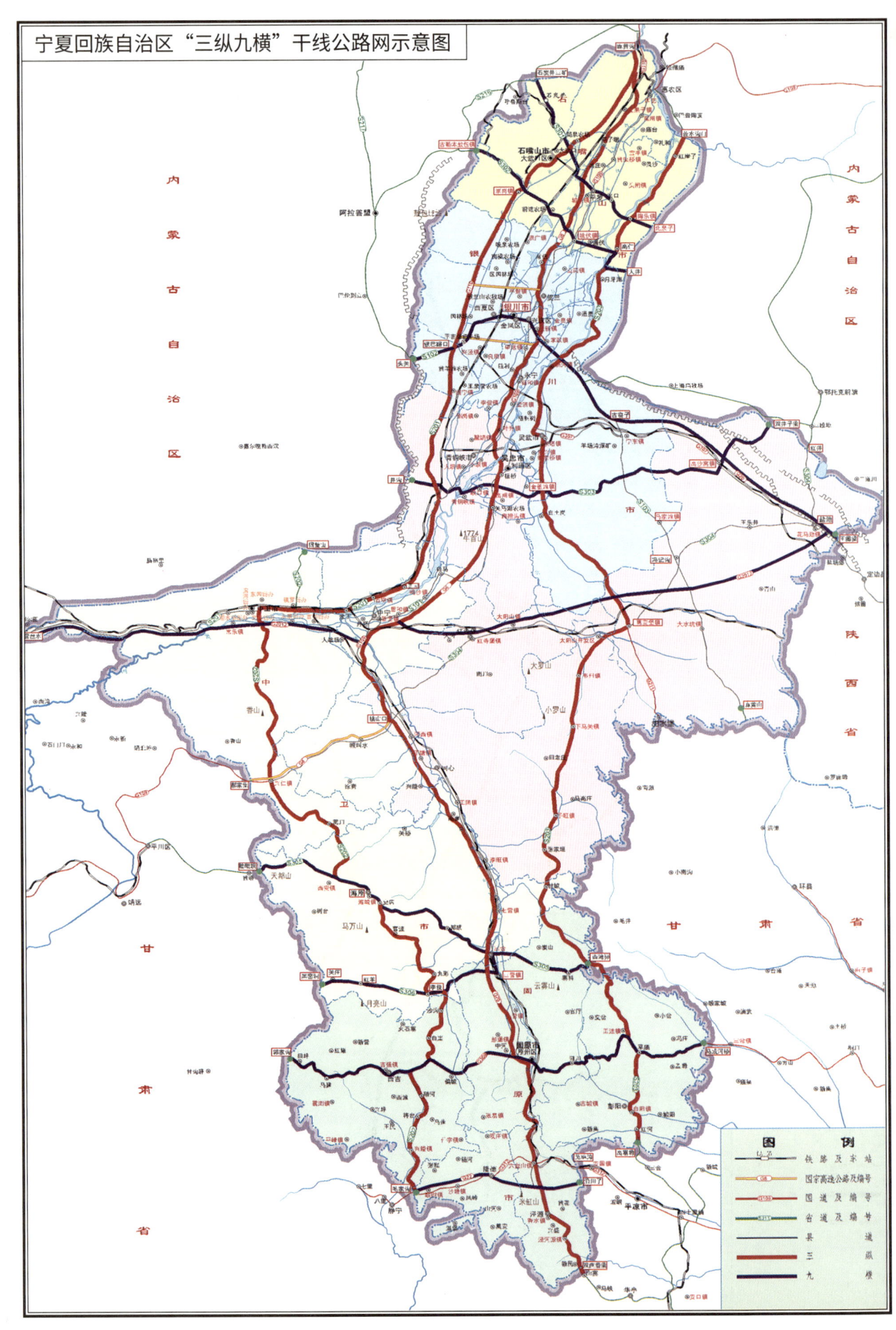

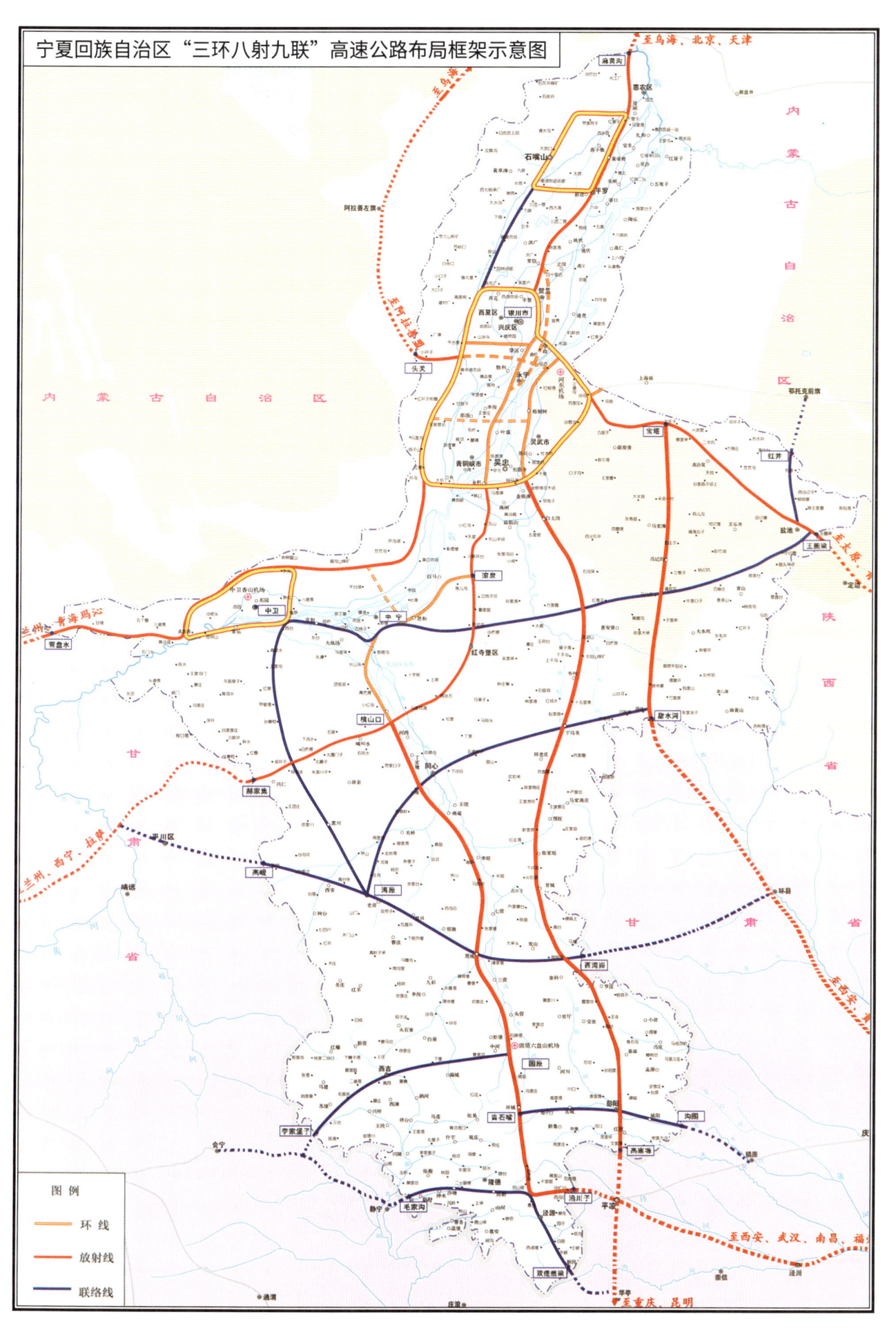

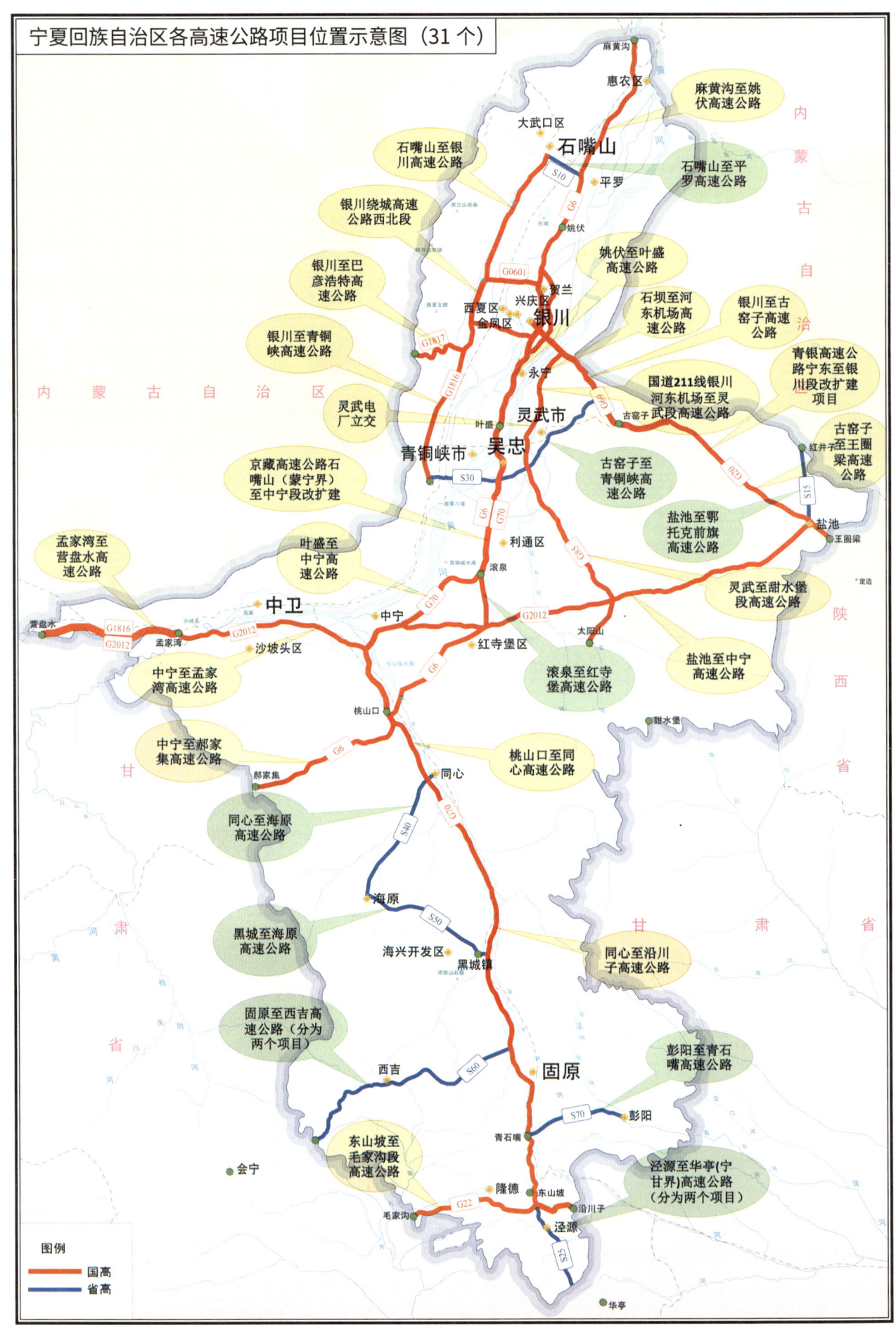

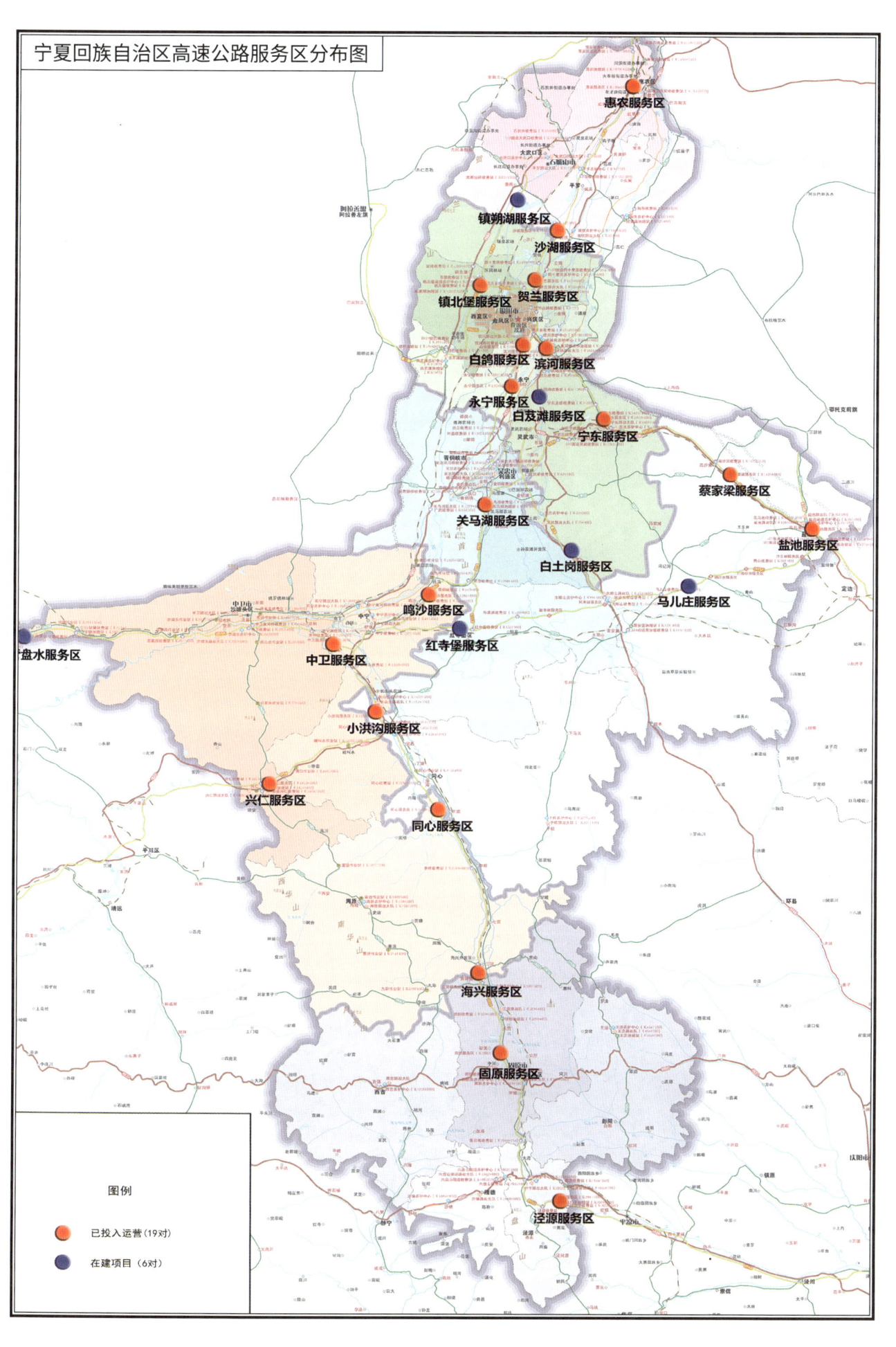

宁夏
高速公路建设实录

辉煌 20 年（1997—2016）  抢抓机遇

图1　1997年4月28日，姚叶高速公路奠基仪式在银川互通立交工地举行

图2　1999年3月8日，世界银行贷款项目古王高速公路举行奠基仪式

图3　2000年7月6日，中国工商银行宁夏分行与宁夏交通厅举行石中高速公路南段8.4亿元贷款签字仪式

图4　2004年3月22日，银川绕城高速公路西北段工程开工

图5　2010年3月9日，宁夏回族自治区人民政府与交通运输部在北京就加快宁夏交通基础设施建设举行座谈会

图6　2011年5月13日，青兰高速公路宁夏境东山坡至毛家沟段工程启动仪式

辉煌 20 年（1997—2016） 火热工地

图7　早期路基施工

图8　整装待发一

图9　整装待发二

图11　平地机作业

图10　路基清表

图12　路面基层摊铺

图13 路基强夯

图14 路基灰土挤密桩施工

图15 路基施工一

图16 路基施工二

图17　桥面钢筋绑扎

图18　桥面焊接作业

图19　桥梁梁板安装

图20　大桥施工作业

宁夏 高速公路建设实录

辉煌 20 年（1997—2016）

火热工地

图21　巨龙初显

图22　自动凿毛

图23　钢筋加工

图24　自动化钢筋笼制作

辉煌 20 年（1997—2016）　　　　　　　　　　　　　　　　　　　　　　　　　　　　　　火热工地

图25　掘进

图26　超前地质预报

图27　隧道钢骨架加工

图28　六盘山隧道特殊灯光带

宁夏高速公路建设实录

辉煌 20 年（1997—2016） 火热工地

图29 外业勘察

图30 设计方案现场审查

图31 试验检测

图32 现场监理

图33 信息化管理

辉煌 20 年（1997—2016）　　　　　　　　　　　　　　　　　　　　　　火热工地

图34　沥青路面摊铺一

图35　沥青路面摊铺二

图36　沥青路面摊铺三

图37　拌和站

图38 农民工技能大赛一

图39 农民工技能大赛二

图40 关爱农民工

图41 夏送清凉

图42 收获

辉煌 20 年（1997—2016） 火热工地

图43　工地党建观摩

图44　党建表彰会

图45　不忘初心

图46　工地文化

图47　临时党委成立

宁夏 高速公路建设实录

辉煌 20 年（1997—2016） 　　　　喜庆时刻

图48　1999年11月6日，姚叶高速公路银川段通车典礼在银川互通立交桥工程广场举行

图49　2003年11月25日，自治区政府举行全区高速公路通车里程突破500公里庆典暨表彰大会

图50　2004年9月29日，银古高速公路银川南环高速公路建成通车

图51 2005年12月18日,福银高速公路同心至固原段建成通车

图52 2006年3月17日,宁夏公路建设实现"三大目标"庆典暨表彰大会在宁夏人民会堂举行

图53　2008年8月2日，银川绕城高速公路全线贯通

图54　2008年8月22日，自治区党委、政府召开庆祝全区高速公路突破1000公里暨交通行业百佳标兵表彰大会

图55 2011年11月28日,银巴高速公路、国道211线和同沿高速公路全线贯通

图56 2007年12月29日,定武高速公路盐池至马儿庄段、福银高速公路固原至什字段通车仪式在盐池收费广场举行

图57 京藏高速公路沙湖互通立交

图58 京藏高速公路麻黄沟至姚伏段

图59 京藏高速公路银川段

辉煌 20 年（1997—2016） 塞上英姿

图 60 京藏高速公路银川互通立交

图 61 京藏高速公路宁夏叶盛至中宁段

图 62 宁夏第一条 8 车道高速公路
——青银高速公路宁东至银川段

图63　京藏高速公路吴忠黄河大桥

图64　京藏高速公路长山头互通立交

图65　青银高速公路宁夏古窑子至王圈梁段

图66　青银高速公路银川段

图67　青银高速公路银川黄河大桥

宁夏
高速公路建设实录

辉煌 20 年（1997—2016）　　　　　　　　　　　塞 上 英 姿

图68　福银高速公路六盘山镇互通立交

图69　福银高速公路泾源县境沿川子段

图70　银昆高速公路太阳山段

辉煌 20 年（1997—2016）　　　　　　　　　　　　　　　　　　　　塞上英姿

图71　青兰高速公路六盘山隧道东出口

图72　青兰高速公路泾源段

图73　福银高速公路马西坡特大桥

图74　银昆高速公路金银滩互通立交

图75　定武高速公路太阳山段

图76　乌玛高速公路银川黄羊滩互通立交

图77　银川绕城高速公路贺兰立交

图78　定武高速公路盐池青山段

图79　定武高速公路孟家弯段

图80　宁夏最高桥墩黄河大桥——定武高速公路沙坡头黄河特大桥

宁夏 高速公路建设实录

辉煌 20 年（1997—2016）　　　　　　　　　　　　　　　　　　塞上英姿

图81　银巴高速公路银川头关段

图82　银巴高速公路银川平吉堡段

图83　银川绕城高速公路阅海大桥

图84　盐红高速公路盐池花马池互通立交

图85　古青高速公路金积互通立交

图86 固西高速公路硝口段

图87 彭青高速公路

图88 古青高速公路吴忠段

图89 黑海高速公路贾塘段

"十三五"国家重点图书出版规划项目
宁夏回族自治区成立60周年重点出版项目

中国高速公路建设实录

Record of Expressway Construction in
Ningxia

宁夏高速公路建设实录

宁夏回族自治区交通运输厅

人民交通出版社股份有限公司
China Communications Press Co.,Ltd.

内容提要

本书是《中国高速公路建设实录》系列丛书之宁夏卷,内容分为八篇三十五章,即综述、建设规划、建设管理、运营管理、技术与创新、党的建设与文化建设、经济社会效益和高速公路项目以及宁夏高速公路建设大事记、宁夏高速公路建设项目信息附表、高速公路项目全称简称对照表等附录。

本书全面反映了宁夏高速公路建设历程和取得的成就,系统总结了宁夏高速公路建设过程中的管理经验、科技创新和文化传承,真实记录了国家高速公路网宁夏境内段和省级高速公路各项目的建设实情,具有一定的可读性和较强的史料价值,可供关怀支持宁夏交通运输事业发展的各级领导和从事公路交通建设与管理的广大干部职工参阅。

图书在版编目(CIP)数据

宁夏高速公路建设实录 / 宁夏回族自治区交通运输厅组织编写. —北京:人民交通出版社股份有限公司,2018.4

ISBN 978-7-114-14166-9

Ⅰ.①宁… Ⅱ.①宁… Ⅲ.①高速公路—道路建设—宁夏 Ⅳ.①U412.36

中国版本图书馆 CIP 数据核字(2017)第 222924 号

"十三五"国家重点图书出版规划项目
宁夏回族自治区成立60周年重点出版项目
中国高速公路建设实录

书　　名:	宁夏高速公路建设实录
著 作 者:	宁夏回族自治区交通运输厅
责任编辑:	吴有铭　刘永超　周　宇　潘艳霞
责任校对:	赵媛媛
责任印制:	张　凯
出版发行:	人民交通出版社股份有限公司
地　　址:	(100011)北京市朝阳区安定门外外馆斜街3号
网　　址:	http://www.ccpress.com.cn
销售电话:	(010)59757973
总 经 销:	人民交通出版社股份有限公司发行部
经　　销:	各地新华书店
印　　刷:	北京盛通印刷股份有限公司
开　　本:	787×1092　1/16
印　　张:	32.5
字　　数:	610千
版　　次:	2018年4月　第1版
印　　次:	2018年4月　第1次印刷
书　　号:	ISBN 978-7-114-14166-9
定　　价:	280.00元

(有印刷、装订质量问题的图书,由本公司负责调换)

《宁夏高速公路建设实录》编审委员会

荣誉主任：陈敏求　海巨增

主　　任：曹志斌

副 主 任：武宁生　刘鹏云　贺　华　蒋文斌
　　　　　陈　钧　张凌云

委　　员：卢清华　王喜武　倪正新　郝方伟
　　　　　杨　庆　张拥军　徐光金　甘庆中
　　　　　王力军　韩　玮　阴雪冰　马进彪
　　　　　黄　华　保国忠　赵晓冬　陈阳金
　　　　　玉贵蓉　王香荣　陈　红　刘　勇
　　　　　李成堂　马占陆　马洪林　张思瑶
　　　　　安金钟　魏　力　贾　斌　毕世荣
　　　　　李学平　赵秦英　张健康　林　飞

《宁夏高速公路建设实录》
编纂委员会

主　　任：武宁生
副 主 任：郝方伟　杨　庆　甘庆中　毕世荣(常务)
　　　　　赵秦英
委　　员：李学平　杨宗仁　白文林　丁新建
　　　　　蒋世强　李建国　毛永智　梅宁生
　　　　　唐　民　马　成　曾祥远　宋小玲
　　　　　汪　斌　赵旭东　韩　新　黄建礼
　　　　　邓树亮　王　芳　邱守刚　董利鹏
特邀编审：鲁人勇　关梅立

参编人员（以姓氏笔画为序）：

丁小平	丁　磊	马少平	马立峰	马　杰
马建军	马晓宝	马晓晖	马彬彬	王　芳
王　凯	王　璟	王丝淼	王向欣	王宏志
王转红	王诗慧	王建宝	王靖淞	牛玉琳
牛淑芳	孔祥睿	芦　娜	冯中宁	冯联侠
冯　静	毕雪飞	吕金蓉	朱新芳	任克峰
刘全文	刘　岚	刘金龙	刘　星	孙占军
吴金燕	吴海燕	苏彤毅	李汉永	李伟群
李进保	李　罡	李常军	杨　军	杨　武
杨　波	杨春芳	杨淑萍	肖爱东	邱卫尧
辛丽华	辛越男	张　刚	张　晶	张伏德
张来虎	张易辰	张建鹏	张登云	张静蔚
陈伟刚	陈　丽	陈　露	武天泽	罗廷赤
罗晓军	周建宁	郑永昌	郑光荣	钟　瑾
咸菊花	洪吉云	郝承志	贺诚程	赵　耀
夏立云	秦金才	贾国华	侯建生	侯瑞武
徐长有	徐玉巧	郭长新	郭铁军	唐明新
梅新民	曹庆军	盛常华	董　雁	彭　波
谢宝玉	缑永涛	蔡　辉		

1997年4月28日,姚叶高速公路开工,是为宁夏高速公路建设之始。二十度春秋,一个通边达海、连接周边、四通八达、遍及山川的高速路网已形成,里程达1609公里。其中,属国家高速公路网的1337公里,省级高速公路272公里,分31个建设项目,实现了宁夏全区所有县城通高速公路的目标。在历史长河中,20年只是弹指一挥间,但却实现了宁夏公路交通的历史性跨越,产生了巨大的社会效益和经济效益。

(一)

"黄沙没胫,人畜惮行。"这是中华人民共和国成立前,一位资深记者对"宁夏交通梗阻"的真实写照。宁夏素有"塞北江南"美誉,但交通的发展,从人畜力运输到普及公路,却经历了漫长的三个阶段。

第一阶段为原始的人畜力运输方式。人背肩扛,畜力驮运,人畜力车运,船筏水运,多种古老的运输方式,沿用了几千年。其中有两个亮点,代表了中华文明的传统,已被传承至今:一是发扬开拓者的勇气,以"蚁行探路"的坚忍不拔精神,开拓出线路最佳的条条古道,被今天的公路、铁路沿用;二是丝绸之路的开通,形成中西文明交流的大通道,对人类社会进步作出了贡献。宁夏是丝绸之路的"门户",不同历史时期的丝路进出长安,宁夏都是必经之地。汉、唐丝路主线上的萧关、陇山关,"限中外、隔华夷",具有海关的功能,即当时之"国门"。唐末至西夏的灵州西域道,跨越七个朝代,是当时唯一畅通的丝路主线。翻越六盘山的丝路,则从元代一直沿用至清末。

第二阶段为公路交通萌芽阶段。辛亥革命推翻帝制后,军阀混战接踵而至。宁夏第一条公路——宁夏至包头公路,也因军事行动而修建。由于政治的腐败,经济的落后,宁夏公路的萌芽竟跨越了整个民国时期。直到1949年,仍只有1167公里晴通雨阻的简易公路,全是土路,只有一座永久式小桥,晴天尘土飞扬为"扬灰路",雨天一片泥泞变成"水泥路"。民用汽车只有区区38辆。

第三阶段为公路的发展阶段。中华人民共和国成立后,以"先通后好"原则,实行"民办公助、民工建勤"方针,用了9年时间,实现公路通车里程翻番,质量有所提高。1958年后,公路开始加快发展。扩展通达深度、修建等级公路、铺装砂砾和少量沥青路面、修建桥梁、改渡为桥等措施,使宁夏交通梗阻状况得到一定改善。到1996年底,通车总里程已达8738公里,其中等级公路8008公里,高级、次高级路面3141公里,还有了一级公路。

经过漫长的三个阶段,宁夏的公路从1997年步入跨越式发展阶段,其标志是高速公路的飞速发展和农村公路的完善提高。截至2016年底,宁夏全区公路通车里程达33940公里,20年间增长近3倍。公路网密度达51公里/百平方公里,高于全国平均水平。其主要成就是实现"两头"跨越式发展:高速公路从起步建设到连接所有市、县,总里程达到1609公里;农村公路建成25218公里,实现了"人之所居,车之所至"。

(二)

宁夏的高速公路,是千秋伟业,是世纪丰碑,其工程之宏伟艰巨,可概括为"两大两高"。

一是工程规模大。秦始皇令蒙恬修筑一千八百里直道,人称古代的"高速路",司马迁惊叹不已,形容为"堑山湮谷"。而今天宁夏的高速公路,无论规模、工程量,都远胜直道,真可谓"移山填海"。而且分布在六盘山区各县的高速公路,则更是架崖沟壑,穿山越岭,有的地方是桥连桥,有的地方是桥接隧。青兰高速公路的泾源段,基本由桥隧组成。其中的六盘山特长隧道,全长9.49公里,是全国高海拔地区最长的公路隧道,设有14个车行横洞,28个紧急停车带,洞内流光溢彩,通过灯光变换,显示人工绿地、海底世界、蓝天白云等图案,阻隔人类几千年的天险被如今浓缩时空的隧道所代替。车行其中,犹如在大自然中翱翔,成为一种享受。

二是工程实施难度大。高速公路建设难度相当大,涉及千家万户、各行业、各部门,需要协调解决各方面的利益,取得社会的理解和支持。新建高速公路占地多,需要拆迁一批地面附着物,事关农民和各单位切身利益,征地拆迁难。工程的施工工艺、技术、材料、设备,大家都没有经历过,一切都在学习、探索中,要保证质量和工期、降低造价。此外,还有筹措资金、协调各方……也都比过去的公路工程项目难得多。

三是建设标准高。高速公路建成通车后,给人们一种全新的感受,备受青睐,与沿用几十年的普通公路和县、乡、村道路相比,建设标准、通行能力和服务水平都得到大幅度提升。建设者全面贯彻落实"以人为本"的科学发展理念,不懈追求安全、环保、舒适、和谐的目标,建设资源节约型和环境友好型公路,不断完善服务设施,提升服务水平,努力为全社会提供高标准的交通服务。

四是科技含量高。20年的高速公路建设,也是宁夏交通科技的进步史。各种新材料、新设备、新技术、新工艺,随着时间的推移,形成长江后浪推前浪的势态,在不断变革、不断创新中,实践总结出无数科研成果。在新材料使用方面,粉煤灰作为路面基层材料的使用,化解了火力发电厂对环境污染的困扰;桥梁薄壁台混凝土中玻璃纤维的使用,防止了温缩产生的裂缝;路面面层下玻璃纤维格栅的使用,大大减轻了沥青混凝土路面反射裂缝的发生;土工合成材料的使用,在防治黄土地区道路病害方面效果良好……在新设备方面,姚叶高速公路从国外引进了自动沥青混合料拌和机和路缘石浇筑机。2000年后,世界一流水平的桥桩钻孔旋挖钻机、冲击压路机、架桥机等多种先进设备得到广泛使用。新技术、新工艺方面更是层出不穷,31个高速公路工程项目都各有创新。仅京藏高速公路的吴忠黄河特大桥建设,就引进了光纤传感等12项先进工艺和新技术。与此同时,建设者还针对宁夏的特点,开展各种专题研究,在全国、自治区获多次优秀科技成果奖。其中最典型的是"高海拔寒冷地区软岩长大隧道安全环保施工关键技术研究",荣获宁夏科技进步一等奖及中国公路学会科学技术二等奖,获发明专利8项、实用新型专利11项,不仅解决了六盘山特长隧道的诸多施工难题,还对全国同类地区具有借鉴作用。

这些难题和矛盾,最终都一一化解,这主要得益于四个方面:一是有自治区党委、政府的坚强领导,果断决策,周密部署,出台多项高速公路建设的优惠政策以保驾护航;二是有中央相关部委尤其是交通运输部的强力支持,在规划、项目审批、资金补助等方面予以倾斜;三是有地方政府、相关部门、沿线群众乃至全社会的理解和支持,协同作战,较好地解决了征地拆迁等问题;四是有一支有理想、有信念、能征善战的交通职工队伍,包括承担管理组织工作的干部队伍,先期介入的勘测设计队伍,在施工中艰苦拼搏的科技工作者和各类能工巧匠。尤其是那些常年奋战在施工第一线的建设者,历严寒酷暑而气不馁,经风霜雨雪而志不移,有的常年离开妻小,以工地为家,有的为高速公路奉献了青春年华。应该为他们讴歌,为他们点赞。

(三)

功在千秋,利在当代。高速公路作为一种快捷、方便、高效的运输方式,改善了沿线经济环境,大幅提高物资、人才、信息等各方面交流的能力,促进了社会和谐发展,为宁夏创造了巨大的社会效益和经济效益。

通达能力大幅提高。宁夏深处内陆,不沿边,不临海。交通的闭塞,长期制约社会经济发展。高速公路网建成后,劣势转优势,投资环境改善,建设成本降低,一日经济圈扩大到华北、华中、西南及东部沿海地区。京藏高速公路起自北京,止于西藏,穿越人口密集的宁夏平原,连接三个少数民族自治区,堪称民族团结之路。青银、青兰、福银高速公路,贯通宁夏东西南北,一日即可抵达东部海港及长江流域,可谓通江达海之路。还有几条高速公路,西走甘青新,南入云贵川,与新丝绸之路经济带紧密契合。

时空距离大幅缩短。当今社会,时间就是效益。20年前,宁夏除银川市交通条件稍好外,其他各市县均不理想。从西海固各县到首府银川,要用整整一天。出行到京、沪等大城市,更不方便,时间更长。由于远距离货运,要通过汽车短途运输上火车、几装几卸,数日才能抵达,宁夏的优质瓜果、蔬菜、活鱼、清真鲜羊肉,绝不敢贸然启运。高速公路网建成后,行车速度快,通行能力大。人们出行,不管是公务、商务、旅游,高山大河瞬息过,千里征程一日还。誉满全国的中卫硒砂瓜,可以远销京、津、沪、渝、穗及香港等各大城市,其身价倍增,创出一个驰名品牌,形成一个特色产业,给农民带来可观收入。这种因时间节省而产生的效益,举不胜举,其价值是无法估量的。

形成高速公路经济带。每条高速公路的建成,都以其巨大的交通效应,促进沿线的资源开发、产业投资,形成经济长廊。京藏高速公路经过富庶的宁夏平原,连接自治区首府银川和11个县(市、区),使上百个大中型企业从中受益。石嘴山市惠农区位于这条高速公路宁夏段的北端,于2007年4月设立陆路口岸,在"一带一路"和中阿对外交流中发挥了窗口作用,也带动了周边进出口企业的发展,商品报关、报检量占到全区总数的四分之一。青银高速公路竣工通车,使投资3000多亿元的宁夏"一号工程"宁东能源化工基地随之上马,现已被国家列入14个重点发展的亿吨级煤炭基地之一,也是国务院确定的煤化工产业基地、"西电东送"火电基地和循环经济示范区,目前仅发电装机容量已达1500万千瓦,还有煤化工、

"煤变油"企业数十家投产。福银高速公路、青兰高速公路则成为六盘山贫困地区扶贫路的骨架,带动一方经济社会发展。过去,地处六盘山深处的泾源县,因出入不畅,很少有外来企业落户,如今,一批重点项目落户,多家旅游企业进行旅游资源开发,使泾源县成为西北最具魅力的避暑、旅游县城之一。

推进城市化发展进程。随着高速公路通市入县,宁夏城市化进程加快。京藏、青银及银川绕城高速公路的建成,化解了银川市交通出入口的拥堵问题,使银川市区面积由原来的76平方公里,规划发展面积增加到了415平方公里。城市常住人口由1997年的66.37万人,增至2016年的219万人。沿黄城市带格局已基本形成,全区城市化率达到55%。

旅游产业随路兴而旺。宁夏山河壮丽,风光无限好,既有"塞上江南"的水乡秀色,也有"大漠孤烟直,长河落日圆"的雄浑景观。在高速公路网未构建之前,或是"藏在深闺人未识",或是可美而不可即,外地游客来者并不多。2016年,全区接待国内外游客2150万人次,10年间增长3.5倍;旅游总收入210亿元,10年增长8倍,占全区生产总值的6.73%;旅游业各项指标增幅均高于全国平均水平。

高速公路带来的好处还远不止这些。20年间,人们从不理解、反对,到离不开、赞誉有加,是因为它以无可争辩的事实证明了一个道理:搞建设,必须有良好的交通基础设施;谋发展,不能亦步亦趋走老路。

让我们沿着以习近平同志为核心的党中央所指引的方向,走高速之路,圆中国之梦!

是为序。

《宁夏高速公路建设实录》
编审委员会
2018年1月

前言
Foreword

改革开放近40年来,我国高速公路从无到有,从有到世界第一,实现了跨越式发展。按照《国家公路网规划》,我国还正在进一步完善高速公路网。为认真总结高速公路建设历史,以资借鉴,交通运输部于2014年10月23日发出通知,组织编纂《中国高速公路建设实录》,同时要求各省、自治区、直辖市同步开展工作。根据通知精神,宁夏交通运输厅于2015年1月8日作出决定:启动宁夏篇的编纂工作;成立编审委员会;成立编纂委员会,负责具体编纂工作。

宁夏篇编纂工作启动后,遵照部编委会的统一要求:书名为《宁夏高速公路建设实录》(以下简称《实录》),编年体,主要记载高速公路建设历史,展现高速公路发展轨迹,传承中国公路建设文化,彰显改革开放以来高速公路建设取得的巨大成就,具有专业性、资料性和实用性,具体按《中国高速公路建设实录》编纂工作方案实施。

为遵照交通运输部的统一要求,结合本地实际写好《实录》,本书编写组确立了四项原则:第一,坚持历史唯物主义,真实、准确、全面地记述20年来宁夏高速公路的建设历史。既反映建设成就、交通人的拼搏奉献,也记录遇到的困难和曲折;既反映高速公路建设本身,也站在全局高度反映高速公路在宁夏经济社会发展中的作用;既总结成功的经验、先进的做法,也记述挫折和教训,以为前车之鉴。第二,体现宁夏特色,立足宁夏,反映各条高速公路各自的特色、亮点,避免千篇一律。第三,突出宁夏交通人攻坚克难、改革创新的筑路精神,尤其注重收录重要的新技术、新工艺、新材料及科研成果,以资后用。第四,强调纪实性、资料性、可读性的有机结合,做到事实准确、资料翔实、文字通畅、通俗易懂。

本书编排采用篇、章、节结构,辅之以图、照、表、大事记。

高速公路建设是改革开放的丰硕成果。在我们国家迎接改革开放40年之际,在深入学习贯彻落实党的十九大精神的重要时刻,在庆祝宁夏回族自治区成立60周年前夕,能将此书作为一份薄礼奉献,是宁夏交通人的莫大荣幸。

《宁夏高速公路建设实录》编写组
2018年1月

第一篇 综 述

第一章 宁夏区情 ··· 3
第一节 行政区划 ·· 3
第二节 历史沿革 ·· 3
第三节 自然资源 ·· 4
第四节 经济社会发展状况 ·· 5
第二章 丝路交通 ·· 10
第一节 古丝绸之路宁夏段 ·· 10
第二节 新丝绸之路经济带的交通基础设施 ·· 12
第三章 综合交通 ·· 15
第一节 发展现状 ··· 15
第二节 发展规划 ··· 17
第三节 物流发展 ··· 20
第四章 公路建设 ·· 22
第一节 中华人民共和国成立前后公路状况 ·· 22
第二节 世纪之交公路状况 ·· 22
第三节 西部大开发以来公路发展状况 ··· 24

第二篇 建 设 规 划

第五章 艰难起步 ·· 31
第一节 宁夏"X"形公路主骨架与"三纵五横"总体布局 ································ 31
第二节 "塞上江南第一路"的孕育与诞生 ·· 32

第六章　跨越式发展 ········· 38
第一节　西部大开发与公路交通发展规划 ········· 38
第二节　"三大目标"提前实现 ········· 41

第七章　完善提升 ········· 43
第一节　"三环八射九联"高速公路新蓝图 ········· 43
第二节　县县通高速 ········· 48
第三节　六盘山集中连片特困地区扶贫攻坚 ········· 50

第三篇　建设管理

第八章　管理体制 ········· 57
第一节　管理体制概况 ········· 57
第二节　行业监督管理 ········· 58
第三节　工程质量监督 ········· 63
第四节　项目法人责任制管理 ········· 69

第九章　人才培养 ········· 74
第一节　培养人才机制 ········· 74
第二节　发挥人才作用 ········· 76

第十章　创新发展理念 ········· 77
第一节　缓解"瓶颈" ········· 77
第二节　与自然和谐相处 ········· 79
第三节　以人为本增强服务功能 ········· 81

第十一章　投资融资 ········· 85
第一节　政府融资 ········· 85
第二节　市场融资 ········· 87
第三节　探索投融资新模式 ········· 88

第十二章　招标投标 ········· 91
第一节　国内招标 ········· 91
第二节　外资项目与国际招标 ········· 94
第三节　招标的深化改革 ········· 96

第十三章　项目质量与安全 ········· 99
第一节　工程质量 ········· 99
第二节　安全生产 ········· 103

第十四章 征地拆迁 ... 105
 第一节 征地拆迁机制和标准 ... 105
 第二节 征地拆迁实施过程 ... 108
第十五章 法规制度 ... 110
 第一节 自治区相关法规制度 ... 110
 第二节 建设市场相关制度 ... 113
 第三节 项目建设管理主要制度 ... 117

第四篇 运 营 管 理

第十六章 运营 ... 121
 第一节 养护管理 ... 121
 第二节 收费管理 ... 125
 第三节 服务区运营管理 ... 129
 第四节 路网监测 ... 132
第十七章 执法 ... 135
 第一节 路政执法 ... 135
 第二节 交警执法 ... 139

第五篇 技术与创新

第十八章 路基路面 ... 147
 第一节 路基技术 ... 147
 第二节 路面技术 ... 153
第十九章 桥梁隧道 ... 156
 第一节 桥梁 ... 156
 第二节 隧道 ... 159
第二十章 交通工程 ... 165
 第一节 机电工程 ... 165
 第二节 交通安全设施 ... 167
第二十一章 科技创新 ... 172
 第一节 项目创新综述 ... 172
 第二节 科研课题 ... 179
 第三节 科技成果 ... 185

第六篇　党的建设与文化建设

第二十二章　党的建设 …… 191
第一节　创建项目临时党委 …… 191
第二节　"五心+五星"工程 …… 194
第三节　廉政建设 …… 197

第二十三章　文化建设 …… 200
第一节　公路文化建设 …… 200
第二节　文化成果 …… 203
第三节　先进模范 …… 205

第七篇　经济社会效益

第二十四章　经济效益 …… 209
第一节　加快区域经济发展 …… 209
第二节　促进沿黄经济带快速发展 …… 210
第三节　融入"一带一路" …… 211

第二十五章　社会效益 …… 213
第一节　推进城市化发展进程 …… 213
第二节　依托公路好致富 …… 214
第三节　促进旅游业发展 …… 216

第八篇　高速公路项目

第二十六章　G6京藏高速公路宁夏段 …… 221
第一节　姚伏至叶盛高速公路 …… 221
第二节　麻黄沟至姚伏高速公路 …… 231
第三节　叶盛至中宁高速公路 …… 233
第四节　中宁至郝家集高速公路 …… 236
第五节　银川绕城高速公路西北段 …… 238
第六节　石嘴山（蒙宁界）至中宁段改扩建 …… 241

第二十七章　G20青银高速公路宁夏段 …… 248
第一节　古窑子至王圈梁高速公路 …… 249
第二节　银川至古窑子高速公路 …… 254

第三节　宁东至银川段改扩建 ································ 257
第二十八章　G2012定武高速公路宁夏段 ································ 262
　　第一节　盐池至中宁高速公路 ································ 262
　　第二节　中宁至孟家湾高速公路 ································ 266
　　第三节　孟家湾至营盘水高速公路 ································ 268
第二十九章　G70福银高速公路宁夏段 ································ 271
　　第一节　桃山口至同心高速公路 ································ 271
　　第二节　同心至沿川子高速公路 ································ 273
第三十章　G85银昆高速公路宁夏段 ································ 278
　　第一节　石坝至河东机场高速公路 ································ 278
　　第二节　国道211线银川河东机场至灵武段高速公路 ································ 280
　　第三节　灵武电厂互通立交 ································ 282
　　第四节　灵武至甜水堡段高速公路 ································ 283
第三十一章　G22青兰高速公路宁夏段
　　　　　　——东山坡至毛家沟段高速公路 ································ 286
第三十二章　G1816乌海至玛沁高速公路宁夏段 ································ 291
　　第一节　石嘴山至银川高速公路 ································ 291
　　第二节　银川至青铜峡高速公路 ································ 293
第三十三章　G1817乌海至银川高速公路宁夏段
　　　　　　——银川至巴彦浩特高速公路 ································ 299
第三十四章　省级高速公路 ································ 302
　　第一节　S15盐池至鄂托克前旗高速公路 ································ 302
　　第二节　S25泾源至华亭(宁甘界)高速公路 ································ 304
　　第三节　S10石嘴山至平罗高速公路 ································ 308
　　第四节　S30古窑子至青铜峡高速公路 ································ 310
　　第五节　S40同心至海原高速公路 ································ 311
　　第六节　S50黑城至海原高速公路 ································ 313
　　第七节　S60固原至西吉高速公路 ································ 315
　　第八节　S70彭阳至青石嘴高速公路 ································ 319
　　第九节　滚泉至红寺堡高速公路 ································ 321
第三十五章　高速公路服务区建设 ································ 324
　　第一节　服务区建设规划 ································ 324
　　第二节　服务区建设现状 ································ 328

附 录

附录一 宁夏高速公路建设大事记 …………………………………………… 333
附录二 宁夏高速公路建设项目信息附表 …………………………………… 365
附录三 高速公路项目全称简称对照表 ……………………………………… 458

参考文献 ……………………………………………………………………… 459
后记 …………………………………………………………………………… 461

Record of Expressway Construction in
Ningxia
宁夏高速公路建设实录

第一篇
综 述

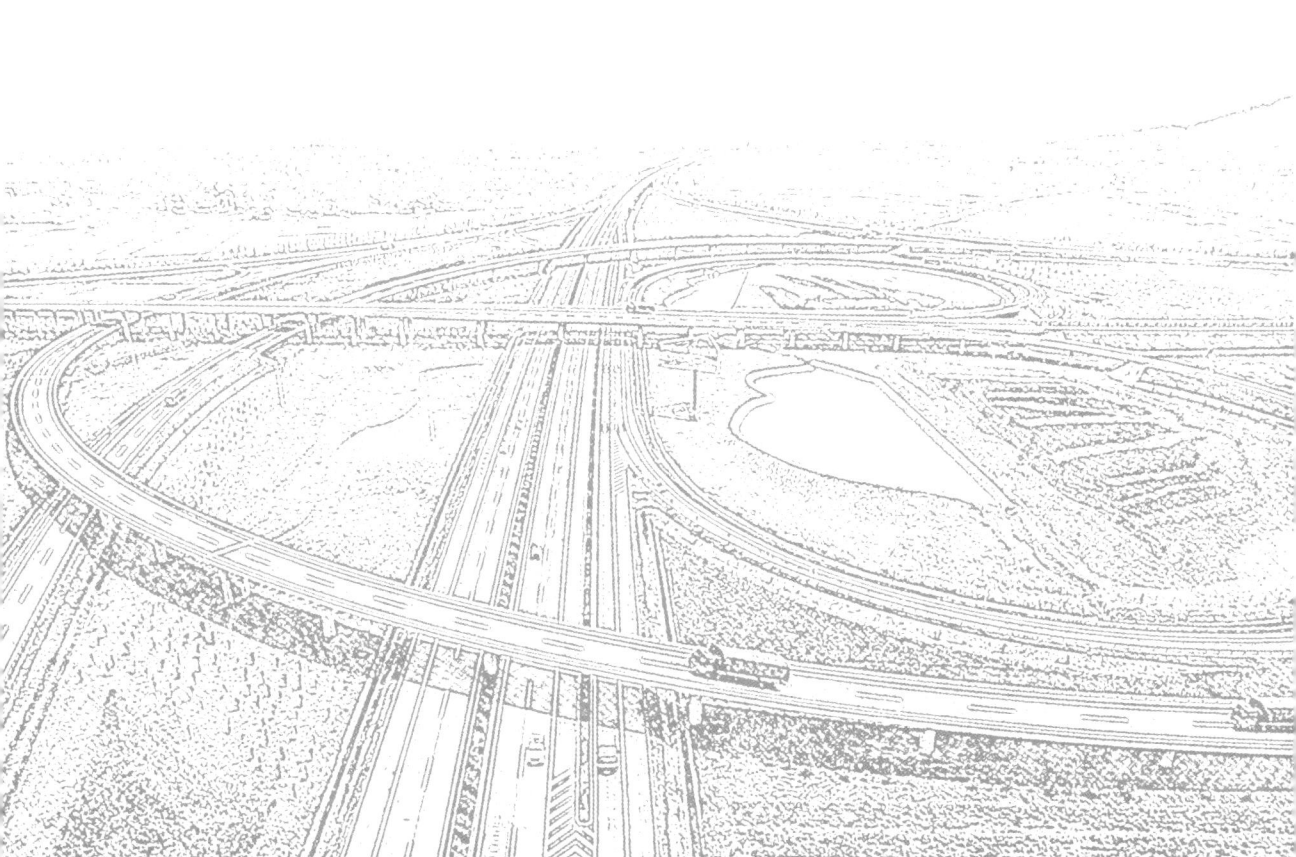

第一章
宁夏区情

第一节 行政区划

宁夏回族自治区(简称宁),是中国五个少数民族自治区之一。地处东经104°17′—107°39′、北纬35°14′—39°23′,周边与陕西、甘肃、内蒙古接壤,地处中国大陆西北,是古丝绸之路的重要节点,自古便以"塞上江南、鱼米之乡"闻名于世。

宁夏回族自治区成立于1958年,面积6.64万 km^2,自治区首府银川,行政区域划分为5个地级市、9个市辖区、2个县级市、11个县(表1-1-1)。至2016年末,常住人口674.90万人。其中,城镇人口379.87万人;回族人口244.15万人,占36.18%。

宁夏回族自治区行政区划　　　　　　表1-1-1

行政区	下辖行政区
银川市	兴庆区、金凤区、西夏区、灵武市、永宁县、贺兰县
石嘴山市	大武口区、惠农区、平罗县
吴忠市	利通区、红寺堡区、青铜峡市、同心县、盐池县
固原市	原州区、西吉县、隆德县、泾源县、彭阳县
中卫市	沙坡头区、中宁县、海原县

第二节 历史沿革

宁夏地区早在原始社会旧石器时代晚期就有人类生息繁衍。灵武市"水洞沟遗址",是黄河上游一处旧石器时代遗址。春秋战国时期,该地是羌、戎和匈奴等民族聚居地之一。秦代在此设北地郡,秦始皇曾派兵屯垦,开创了引黄灌溉的历史。汉代袭秦制,宁夏仍属北地郡,后又属朔方刺史部。407—431年,属匈奴族赫连勃勃所建大夏政权。唐属关内道,在灵州(今吴忠市境内)设大都督府和朔方节度使。安史之乱爆发后,太子李亨在灵州即位,是为唐肃宗。1038年,党项族首领李元昊建立西夏政权,定都兴庆府(今川市),后为成吉思汗所灭。

元朝置宁夏行省,寓意"安宁的西夏"。明代北部设宁夏镇、南部设固原镇,为长城沿线"九边重镇"之二,属陕西布政使司。清代改设宁夏府路。民国初年建朔方道。1929年成立宁夏省。1949年9月23日宁夏省解放。1954年宁夏省建制撤销并入甘肃省。1958年10月25日,宁夏回族自治区成立。

第三节 自 然 资 源

一、地形地貌

宁夏地处黄土高原和内蒙古高原的过渡地带,我国地貌三大阶梯中一、二阶梯的连接地带,东、西、北三面,分别被毛乌素沙地、腾格里沙漠、乌兰布和沙漠相围,形成典型的沙漠绿洲地区,即富庶的宁夏平原。地势南高北低,呈梯状下降,全境由北向南分别为贺兰山山地、银川平原、灵盐台地、卫宁平原、黄土丘陵和六盘山山地六个地貌区。山地和丘陵占53.8%,平原占26.8%。

二、气候植被

宁夏位于我国西北温带草原和荒漠区,属典型大陆性气候,冬无严寒、夏无酷暑、春暖秋凉、气候宜人、日照充足、昼夜温差大、气象灾害少。水资源匮乏、水土资源匹配性差,年降水量从北到南200~600mm,60%集中在夏季,除六盘山地区以外的其他70%区域,年蒸发量均在1500mm以上。全区以草原植被为主,林灌草沙多样分布。

三、资源禀赋

比较而言,宁夏有农业、能源、旅游三方面的优势,开发前景广阔。一是农业优势。现有耕地1650万亩❶,人均2.8亩,居全国第2位;引黄灌溉790万亩,是全国12个商品粮生产基地之一;有草场3665万亩,是全国十大牧区之一。二是能源优势。年可利用黄河水41.8亿m^3,占分配总量的7%;现已探明煤炭储量469亿t,居全国第6位,其中宁东煤田探明储量393亿t,被列为国家14个大型煤炭基地之一;现有大中型火电厂20座,人均发电量居全国第1位;探明矿产资源50多种,人均自然资源潜值为全国平均值的163.59%,居全国第5位。三是旅游优势。古老的黄河文明,神秘的西夏历史,浓郁的回乡风情,雄浑的大漠风光,构成了多姿多彩的旅游资源。"两山一河"(贺兰山、六盘山、黄河)、"两沙一陵"[沙湖、沙坡头、西夏王陵(图1-1-1)]、"两堡一城"(将台堡、镇北堡、古

---
❶ 1亩=666.6m^2,后同。

长城)、"两文一景"[西夏文化、回乡文化、塞上江南景观(图 1-1-2)],体现了深厚的文化底蕴,展示着独特的自然风光。"塞上江南·神奇宁夏"的旅游品牌日益叫响,吸引着越来越多的中外游客。

图 1-1-1　西夏王陵

图 1-1-2　被誉为"塞上江南"的银川平原

四、自然灾害

宁夏处于相对稳定板块向活动带过渡的大地构造区域,地质灾害主要有地震、滑坡、土壤侵蚀等。气候灾害主要以干旱、风沙、冰雹、局地暴雨、洪水等为主。

第四节　经济社会发展状况

自改革开放以来,特别是西部大开发以来,开启了宁夏经济社会发展的新篇章,全区工业化、城镇化、农业现代化迅速推进,经济总量和结构转型同步升级,城市规模扩张和功能完善同步推动,国民收入和公共事业同步提升,经济社会进入前所未有的高速发展时期,取得了发展势头好、城乡面貌变化大、人民群众实惠多的优异成绩。发展就是一场"接力赛",今天的成绩就是明天发展的阶梯。在"一带一路"这个伟大倡议机遇的牵引下,宁夏拥有的政策机遇、平台机遇、市场机遇正在不断聚合转化,经济在新常态下呈现出良好发展势头,为"十三五"的良好开局奠定了扎实的基础。

一、综合实力大幅提升

2016年作为"十三五"的开局之年,宁夏地区生产总值达到3150.06亿元,在"十二五"年均增长9.9%的基础上,实现继续增长8.1%,是世纪之初2000年地区生产总值265亿元的11.9倍;人均地区生产总值达到46919元,较"十二五"末增加6.6%,是2000年地区人均生产总值5375.66元的8.7倍。宁夏地方公共财政预算收入达到387.65亿元;完成固定资产投资3835.46亿元,是2000年固定资产投资160.82亿元的24倍;科技创新对产业转型的支撑能力明显提高,研究与试验发展(R&D)经费占全区生产总值比重达0.95%,科技进步贡献率达50%。

二、产业结构不断优化

大力推进供给侧结构性改革,新旧动能加快转换。农业方面,粮食总产达370.6万t,实现了连续十三年丰收;完成农林牧渔业总产值489.99亿元,是2000年农林牧渔业总产值77.75亿元的6.3倍,其中,特色优势农业产值占比达85.5%;农业生产条件进一步趋于完善,农业机械化综合水平、农产品加工转化率分别达71%和62%;农业科技含量不断提高,成果转化加快,效益显著;优质农产品特色明显,广受市场青睐,得到全面推广。工业方面,实现工业总产值1041.4亿元,是2000年工业总产值293.9亿元的3.5倍,其中,规模以上工业总产值1039.7亿元,占比达99.8%,非公有制工业总产值459.3亿元,对规模以上工业的贡献率达到65.2%;轻工业总产值200.7亿元,占工业总产值的19.2%;规模以上工业企业产品库存和六大高耗能工业比重在"十二五"的基础上持续下降,相较于"十二五"末分别下降4.8%和0.5%;加快推进新型工业化,煤化工等支柱产业正在崛起,装备制造等传统产业得到提升。产业集聚发展步伐加快,宁东能源化工基地、贺兰山东麓百万亩葡萄文化长廊、生态纺织园、西部云基地、清真产业园等规模效益逐步显现,支撑能力不断增强;制定了《中国制造2025宁夏行动纲要》,实施智能制造示范工程,吴忠市成为全国"中国制造2025"试点示范城市之一,力成电气数字化工厂等3个项目列入国家智能制造专项,共享装备跻身于国家首批双创示范基地和智能铸造产业创新中心。现代服务业方面,成为全国第二个省级全域旅游示范区,形成了以知名景区为龙头、以历史文化为主线、以地文景观为核心,依托"两山一河""两沙一陵""两文一景"等特色旅游资源,旅游业收入达到200亿元,是2000年旅游业总收入9.3亿元的21倍,较"十二五"末增长了28%。全国性保险机构总部首家落户宁夏,引进了民生银行等金融机构35家,完成了宁夏银行、黄河农村商业银行增资扩股,新三板挂牌企业新增21家,融资规模达1625亿元,较"十二五"末增长了54%;中卫云基地、银川大数据中心建设取得显著成效,三大运营商直通北京、西安的4×100G骨干网络建成使用;电商网上交易额突破了130亿元。三次产业增加值构成由"十二五"末的8.2∶47.4∶44.4调整为2016年的7.6∶46.8∶45.6,三次产业对经济增长的贡献率分别由"十二五"末的4.2%、57.8%和37.0%转变为2016年的4.5%、45.5%和50.0%。

三、基础设施明显提升

宁夏全区铁路正线里程达到1131km,铁路网密度达到1.7km/100km^2;高速公路通车里程达到1609km,黄河沿岸400km滨河大道全线贯通,公路密度提高到51km/100km^2,公路通车总里程3.39万km;开通了61条国内航线和12条国际与地区航线,初步形成了连接全国大中城市和部分国际都市的航空网络,旅客吞吐量达到655.17万人次。建设了一批重大水利骨干工程,新增供水能力2.9亿m^3/年,新增高效节水灌溉面积230万亩,农业灌溉用水有效利用系数提高到0.48,水利保障能力进一步增强。

四、城乡面貌进一步改善

在"十二五"期间,宁夏就在全国率先编制实施了全省域空间发展战略规划,优化了国土空间开发格局,沿黄城市带和山区大县城建设步伐加快,大银川都市区和石嘴山、中卫、固原三个副中心城市综合承载能力明显提升,银川阅海湾中央商务区、滨河新区、固原西南城区建设全面铺开。"十三五"开局之年,又获批全国第2个省级空间规划(多规合一)改革试点,启动了自治区和5市、3个试点县空间规划编制,完成城镇体系、村庄布局等配套规划,常住人口城镇化率达到了56.2%;2016年,银川市成为全国15家地下综合管廊试点城市之一,固原被确定为全国第二批海绵城市试点城市,正在加快建设。仅自"十二五"以来,累计新增改造危窑危房31.9万户,建成美丽村庄503个,建设改造小城镇104个,宁夏应邀在2016年全国改善农村人居环境工作电视电话会上交流经验。实现了行政村环境综合整治全覆盖,进村主干道硬化率、农村自来水入户率、垃圾集中收集率均达到80%以上。新建村庄基本实现了水、电、路、气、房和优美环境"六到农家",人均基本公共服务接近全国平均水平,农村文明程度和农民文明素质明显提高。

五、生态环境得到保护

2013年,宁夏被环境保护部确定为开展全国重点生态功能区环境保护和管理工作首批3个试点省区之一,盐池县等8个县区确定为国家重点生态功能区。坚持全面封山禁牧,实施生态建设与环境保护重大工程,自"十二五"以来,累计新增造林面积807万亩,治理沙化土地304万亩,全区森林覆盖率达到13.3%。相继启动实施了环境保护、大气污染防治、节能降耗和宁东基地环境保护4个行动计划,单位GDP能耗、单位GDP二氧化碳排放和化学需氧量、二氧化硫、氨氮、氮氧化物排放完成了相应的目标任务。综合整治了黄河支流、入黄排水沟、城市黑臭水体,黄河宁夏段Ⅲ类良好水质以上断面达100%。成为全国唯一省级节水型社会示范区。图1-1-3为宁夏南部山区梯田。

图1-1-3　宁夏南部山区梯田

六、社会事业长足进步

各级各类学校办学条件显著改善,教育普及程度不断提高,率先在西部地区基本普及高中阶段教育,高中阶段教育毛入学率达91.4%,建成西部最大的职业教育园区;2012年起,每年投资2.4亿多元,在12个市县(区)的1700所农村小学实施营养改善计划,惠及26万学生,被誉为"宁夏模式"在全国得到推广;教育综合指数位居西部前列。2016年,跻身国家第2批综合医改试点省区,取消县级公立医院药品加成,医保支付制度改革成为国家医改亮点;城乡医疗卫生服务体系不断完善,城乡居民基本医疗保险参保率达到96%,群众"看病难、看病贵"问题得到缓解。公共体育场馆和中小学体育设施免费或低收费开放。继续推进社会治理创新,加快了社区服务站建设,实行了网格化服务管理。强化了食品药品市场监管整治,建成食品安全追溯信息平台。加强了地震气象监测预警和应急救援工作。

七、民生福祉不断增强

坚持实施民生计划,自"十二五"以来,每年为民办30件实事,地方财政用于民生领域的支出比重达到70%以上。实施中南部城乡饮水安全工程等一批重大民生项目,解决了139万人口饮水安全问题。实施各类保障性安居工程44.34万套,搬迁安置生态移民34.4万人,减少贫困人口62.67万人。率先在全国实现城乡居民基本养老省级统筹,城乡居民大病医疗保险经验在全国推广,被征地农民养老保险制度走在了西部乃至全国前列,实现了全区社保"一卡通"。在2011—2016年的6年间,城镇新增就业45.2万人,城镇登记失业率控制在3.92%以内。城市低保、农村低保和高龄津贴标准逐年提高,人民生活水平迈上了一个新台阶。

八、改革开放进一步深化

深化行政审批管理体制、商事制度改革,取消、调整和下放行政审批事项500多项,实现了自治区级和市县级预决算信息全部公开,财政资金透明度全国第一。完成了农村土地承包经营权确权登记颁证,开展了农村集体资产股权改革等试点,农垦和国有林场改革取得重要进展,农村土地流转改革经验在全国推广。户籍制度、事业单位分类改革等顺利实施。不动产登记制度全面推开,重点领域和关键环节改革取得实质性进展,发展环境进一步优化。内陆开放型经济试验区建设稳步推进,银川综合保税区建成运营,主动融入国家"一带一路"倡议,打造丝绸之路经济带战略支点,中阿博览会的国际影响力不断提升,与38个国家的51个地方政府建立了国际友城关系,与130多个国家和地区开展经贸文化合作交流,在30个国家和地区设立境外企业,外贸出口总额年均增长20.5%,对外开放取得了重大进展,初步形成了全方位的对外开放格局,一个不沿边、不靠海的内陆省区,成为活力、人气、魅力十足的热土。

第二章
丝路交通

第一节　古丝绸之路宁夏段

沟通中西经济文化交流的"丝绸之路"闻名于世。据史书记载,宁夏是丝路的途经地区。丰富的史籍,众多的文物,古老的历史遗迹,美好的传说,生动地再现了宁夏境内丝路的盛况(图1-2-1~图1-2-4)。由于历史背景、通达地区的不同,可以把宁夏丝路归纳为三个时期、三种走向。

图1-2-1　古丝绸之路上的须弥山大佛

图1-2-2　古丝绸之路重镇——固原

图1-2-3　古丝绸之路上的驼队

图1-2-4　古丝绸之路上的黄河渡口

第一,唐中叶以前的长安—凉州北道。它与沿渭河而西的长安—凉州南道并存,但较南道要近,而且好走。其大致走向是:由西安沿泾河北行,经陕西乾县、永寿、彬县及甘肃的泾川、平凉入宁夏境;过三关口、瓦亭、开城抵达固原城;再经三营、黑城,沿苋麻河至海原的郑旗、贾塘,过海原县城、西安州、干盐池复入甘肃境;从甘肃靖远县东北双龙乡石门村渡黄河(唐代有会宁津设在此),经景泰县抵凉州(甘肃武威,余同)。如果打开地图对照一下就会发现:以上路线基本上是一条直线,要比其他任何线路都近。

第二,唐末、五代及宋初的主线——灵州西域道。唐中叶,吐蕃由青海东进,不但占据了渭河流域的上中游,而且由宁夏的六盘山区进逼关中。这样一来,原来使用的长安—凉州南、北两道都完全中断,中西交通只得另寻出路。于是,灵州西域道便应运而生。其线路以灵州(吴忠市境内)为交汇点,又分东西两路,各有两种走法。东段:由灵州向南,经甘肃环县、庆阳、宁县南下,在陕西的彬县与长安—凉州北道交汇,此为主线;由灵州向东,经宁夏的盐池县,陕西的定边县和靖边县白城子东南下,最后抵达洛阳或开封,此为辅线,在北宋时(都城多在开封)使用较多。西段:由灵州西渡黄河,沿黄河外侧经青铜峡、中宁县的石空、中卫市的沙坡头、营盘水进入甘肃,最后抵达凉州,此为主线;由灵州北渡黄河至银川,西越贺兰山至内蒙古阿拉善左旗,再经额济纳旗的居延至河西走廊,此为辅线,唯西夏使用。

第三,元代以后的六盘山至兰州新线。元代疆域辽阔,六盘山地区已是安全地带,灵州西域道虽然仍有驿道通西域,但作为主线绕行灵州已大可不必。而这时,兰州已逐渐成为西北的交通中心,故改用新线。它的走向是:由西安到宁夏的瓦亭,完全沿用唐代的长安—凉州北道。瓦亭西越六盘山,过隆德,再经甘肃的会宁、榆中抵兰州。这个线路,大致与今天的西安—兰州公路相同。

据史书记载和考证,著名旅行家马可·波罗从意大利出发,经过帕米尔高原来到中国,1275年经过宁夏。他离开凉州,"骑行八日"到达"额里哈牙国"。额里哈牙国,就是当时的中兴府(今银川市)。武威到银川为1020里❶,出发后即有400多里行程在腾格里沙漠边缘,十分难走。他骑行八日,无论如何也到不了银川,只是刚进入西夏中兴府路境内,即应里州(今中卫市),此处距武威540里(元代邮驿制度规定,正常的道路日行70里)。此后,从中卫向银川进发,可以不再受"骑行"的颠沛之苦。因为此时,从这里到内蒙古托克托县的黄河水驿已开通12年,不但有驿船,沿途还有崭新的驿站管吃管住,对外国人还有酒肉供应等特殊待遇。顺水顺风,坐在船上既消除了八天的疲劳,又可览山阅水,饱览塞北江南风光,何乐而不为之?沙坡头到银川400余里水路,只用2天时间便抵达,是他两年多最舒心的日子。

《马可波罗行记》记载,"额里哈牙隶属唐古忒,境内城堡不少,主要之城名哈剌善。"

---

❶ 1里=500m,后同。

哈剌善与贺兰山同音,应是西夏故都中兴府,即今银川。他对这里的特产——毡大加赞扬:"城中制造驼毛毡不少,是为世界上最美丽之毡。盖以白骆驼毛制之也。所制甚多,商人以之运售契丹及世界各地。"额里哈牙为蒙语,就是元朝的西夏中兴等路行省,驻地在今银川市。

明代东起山海关,经河北、北京、山西、内蒙古、陕西、宁夏、甘肃,西止嘉峪关,修建规模浩大的长城,当时称为"边"或"边墙"。明长城绵延宁夏北部、西部和中部,其在外者称外边或大边,在内者称重险、内边或小边,总长约3000里。明长城完工后,很快在长城内侧形成交通大道。明长城的修建,与交通密不可分,而且对后世交通影响深远。

朝廷管理全国,通达政令、传递军情、官员往来主要靠驿道。明代以前,宁夏只有两三条驿道,驿站也只设到州府驻地。而清代驿道逐步增加,到光绪年间,凡府、州、县驻地都设有驿站。

清代宁夏驿道的布局与明代差异很大。除西安至兰州驿道(途经泾源县蒿店、瓦亭及隆德县)系沿袭明代旧线外,其他新的线路从康熙到乾隆年间陆续辟通。宁夏境内共有5条驿道:

第一条为宁夏府城向南,经叶升、大坝、广武、渠口,然后渡黄河经宁安堡、寺口子、兴仁堡、靖远县至兰州,共1060余里。

第二条为通陕西榆林府的东路驿道。由宁夏府在城驿向东30里,渡黄河为横城驿,40里红山驿,60里清水营驿,100里兴武营驿,60里安定驿,60里花马池驿,再西20里入陕西榆林府界,境内共370里。

第三条为通往固原州的南路驿道。由西路的渠口驿分支,南渡黄河,60里至宁安驿,70里沙泉驿,90里同心驿,90里李旺驿,90里三营驿,70里固原州城永宁驿,再南80里可至瓦亭驿接陕甘驿道。除去与西路的重复里程300里,实际里程550里。

第四条为陕甘驿道。东起西安,西止兰州,跨今宁夏的泾源、隆德两县由甘肃省平凉府安国镇向西北,在苋麻湾入境,经瓦亭驿、隆德驿西行,复入甘肃静宁县境,宁夏境内仅160里。

第五条为海城支线。清代的海城县即今海原县。在南路的三营驿分支向西,沿苋麻河谷经郑旗至海城,全程150里。

以上5条驿道,共1800里,设24个驿站。

第二节　新丝绸之路经济带的交通基础设施

2013年9月,习近平总书记在访问哈萨克斯坦时,向全世界提出建设"新丝绸之路经济带"的构想。2014年11月,他在主持召开中央财经领导小组第八次会议时,又强调加快推进丝绸之路经济带和21世纪海上丝绸之路建设。从此,"一带一路"倡议,不但受到中国人民的拥护,也得到世界各国的支持和响应。宁夏是丝绸之路的重要节点,新丝绸之路经济带在宁夏已形成两条运输大通道。

第一条,从连云港起,经苏、皖、豫、鄂、陕、甘、宁、新,乃至西亚、欧洲,是中国东西走向的一条重要运输走廊,亦称运输大通道,也是东西部物流的重要载体,被称为新亚欧大陆桥。这条运输大通道通过宁夏南部山区,全长约70km。路线走向大致与G22青岛—兰州高速公路(简称青兰高速公路)一致。

主要交通基础设施:公路方面有G22青兰高速公路,G70福州—银川高速公路(简称福银高速公路),已全线贯通联网,并与国道312线、国道309线、省道101线等主要国省干线公路相连接;铁路方面有宝中铁路;航空方面有固原六盘山机场。

第二条从天津港起,经津、京、晋、蒙、陕、宁、甘、新,乃至中亚、欧洲,是中国东西走向的一条重要运输走廊,亦称能源运输大通道。连接土库曼斯坦、哈萨克斯坦及中国西部各油气田,以及新疆、宁夏、内蒙古、山西的主要煤田,是大宗物资流向的重要载体,被称为新亚欧大陆桥第二线。

这条能源运输大通道横穿宁夏中部地区,全长约300km。路线走向大致与G20青岛—银川高速公路(简称青银高速公路)及G2012定边—武威高速公路(简称定武高速公路)一致。主要交通基础设施有公路、铁路、管道运输和航空四个方面。

公路方面有G6北京—拉萨高速公路(简称京藏高速公路,见图1-2-5)、G20青银高速公路、G70福银高速公路(图1-2-6)及G2012定武高速公路和G1816乌海—玛沁高速公路(简称乌玛高速公路),向东、向西已全线贯通联网,沿线与众多国省干线相连接。

图1-2-5 京藏高速公路恩和互通立交

图1-2-6 福银高速公路宁夏泾源段

铁路方面,已运营的有包兰铁路、太中银铁路、宝中铁路及大古铁路专用线;已开工建设的有银西高铁、吴卫城际铁路、宝中铁路二线;正在加紧前期工作的有银川至呼和浩特高铁、银川至兰州高铁等重点铁路项目。几条铁路的货运列车编组站,设在中卫市迎水桥。

　　管道运输方面,宁夏境内拥有7条长大干线管道,总长1900多公里,包括国家重点能源运输大动脉西气东输一线、二线、三线工程(路线走向基本与公路运输大通道并行)以及兰州至银川输气管线、陕甘宁气田至银川输气管线、长庆油田至包兰铁路原油管道和惠安堡至银川原油管道。其中,西气东输的一线、二线、三线工程,宁夏的中卫市都是重要节点。

　　航空方面,有银川河东国际机场、中卫香山机场两个机场。同时,银川是距离雅布赖航线最近的首府城市,具有利用雅布赖国际航线连接中东、中亚、非洲、欧洲的优势。

　　历史的积淀和宁夏人几十年不懈的努力,为宁夏融入习近平总书记提出的"一带一路"倡议和新丝绸之路经济带奠定了雄厚的基础。

第三章
综合交通

第一节 发展现状

宁夏位于我国版图的几何中心,有着连接东西、贯穿南北的陆路枢纽优势,处于新亚欧大陆桥(连云港—鹿特丹)国内段的重要位置,是我国与中东、中亚和西亚及蒙古国交通联系的重要通道。同时,银川是距离雅布赖航线最近的省会城市,是利用"雅布赖"国际航线连接中东、中亚、非洲、欧洲的最优航空路径,占空中物流成本最低的优势。随着国家西部大开发战略和"一带一路"倡议的实施,宁夏各种运输方式发展迅速,基本形成了由铁路、公路、水运、民航、管道和城市交通组成的立体综合交通运输体系,交通运输保障能力和服务水平不断提高,为宁夏经济社会发展奠定基础。

一、铁路

宁夏目前主要有包兰、宝中(图1-3-1)、太中银、干武4条干线铁路和平汝支线、宁东铁路等地方铁路。截至2016年,宁夏全区铁路营运里程1131km,路网密度为170km/万 km^2,高于全国平均水平,位列西北5省区第二(全国126km/万 km^2,西北地区59km/万 km^2),电气化率93.7%,高于全国平均水平,位列西北5省区第一(全国平均水平60.8%,西北地区69.5%),复线率17.8%,低于全国平均水平,西北排名第5位(全国平均水平

图1-3-1 宝中铁路

53%，西北地区53.5%）。2016年，宁夏全区铁路货物发送量5837.6万t，旅客发送量664万人。

二、公路

截至2016年，位于宁夏境内的京藏、福银、青银、青兰、定武等主要国家高速公路基本建成，形成以高速公路、国省道为主骨架的"三纵九横"干线公路网和服务于广大农村地区的农村公路网络。公路通车里程3.39万km，其中高速公路1609km，成为全国第十一个、西部第二个实现县县通高速公路的省区，高速公路人口密度仅次于青海，位居全国第二，全区所有县城融入了国家高速公路网。公路密度达到$51km/100km^2$，高于全国平均水平。

三、民航运输

截至2016年，宁夏有河东国际机场一个4E级干线机场和固原六盘山、中卫香山两个支线机场，以及盐池和月牙湖两个通用机场，民用机场密度为0.45个/万km^2，高于全国平均水平（0.21个/万km^2），排名第7位。银川河东机场通航城市63个，航线73条，省会城市直飞率达到86.6%，其中国内航线61条，国际航线12条，成为全国第5个实现"省会通"和第9个获得第五航权的机场，形成了以银川河东国际机场为中心，辐射全国省会和主要经济、旅游城市，面向中东、连接东亚和东南亚的航空发展新格局。2016年，宁夏全区航空旅客吞吐量突破650万人次，货邮吞吐量3.7万t。其中，银川河东国际机场旅客吞吐量突破600万人次，同比增幅18%，排在全国前列；中卫香山机场旅客吞吐量10.1万次，增幅10%；固原六盘山机场旅客吞吐量10.4万人次，比2015年同期（5.5万人次）翻了将近一番。

四、水路及管道运输

宁夏水上交通以水上旅游客运为主、渡口运输为辅。宁夏回族自治区发展和改革委员会分别于2013年6月、2014年1月和2017年2月下发中卫段黄河航运段工程、银川段黄河航运工程和石嘴山段黄河航运工程等批复，全部按内河Ⅴ级航道标准建设，航道里程达到307km。截至2016年，宁夏全区共有水路运输企业23家，营运性渡口13道、浮桥6座，各类船舶和水上浮动设施1000余艘（架），其中纳入法定检验的720余艘（架）。"十三五"以来，宁夏年均水运运输旅客248万人次。宁夏境内现已拥有7条干线管道，总长1900多公里，包括西气东输一线、二线、三线、兰州至银川输气管线、陕甘宁气田至银川输气管线、长庆油田至包兰铁路原油管道和惠安堡至银川原油管道。

此外，宁夏充分利用境内不同地区铁路、公路、机场、水路、口岸的设施优势和既有条件,形成银川、中卫和固原三大功能互补、特征明显的综合交通枢纽,形成航空、铁路、公路等多式有机衔接、便捷转换的客运、货运枢纽节点。

第二节 发展规划

一、发展思路

坚持科学发展观,以引领和支撑宁夏经济社会现代化为目标,以全球视野俯览宁夏,加快构建东向出海、西向出境的对外运输大通道,打造面向中亚和西亚等地区的国际区域性航空枢纽;以国家坐标定位宁夏,强化与国家铁路、公路网络的衔接,全面融入国家综合运输网络体系;以城市的眼光审视宁夏,加强城际交通网络和综合枢纽建设,推进宁夏区域交通一体化进程。聚焦短板、精准施策,强化银川对周边城市的吸引辐射,以加快补齐短板为主线,以连接周边、加快融入国家骨干交通运输网路、提高交通运输服务质量和效益为重点,充分发挥交通运输先行官作用。全面提升综合运输能力水平、现代化水平和可持续发展水平,着力打造以快速交通为骨干、连接全国的国际化、现代化、一体化综合交通运输体系。

一是加快推进高速铁路建设,打通"一纵一横"等主要高速铁路通道,即银西高速铁路与京呼银兰高速铁路,加快融入国家高速铁路网,为宁夏经济社会发展提供有力支撑。

二是加快实施高速公路新建、改扩建工程,构建以银川为中心、县县通高速的高速公路骨干网络,全面连接融入国家高速公路网,加速人流、物流、资金流等生产要素的聚集。

三是大力发展民航,进一步提升河东机场建设水平,提高国内主要城市航线通达程度,开通并加密更多国际、国内航线,全面拓宽空中开放通道。

四是积极推进城市和城际轨道交通建设,统筹全区城际轨道交通规划与建设,重点推进银川都市圈城际轨道交通和银川城市轨道交通建设,促进城乡建设等一体化发展。

五是加快现代综合交通枢纽体系建设,将银川建设成为部省共建枢纽示范城市,建成多个现代化、立体式综合枢纽场站,实现多种运输方式的协同融合发展。

二、发展战略

宁夏位于我国综合交通运输网络"十纵十横"临河至磨憨运输大通道和青岛至拉萨运输大通道上,是中东部地区连接西部地区,进而通往中亚、西亚等地区的重要战略通道。同时,宁夏地处丝绸之路经济带上,紧邻瑷珲—腾冲线,也是京津冀、长三角、珠三角等中东部经济区连接兰州—西宁地区、天山北坡地区等重要纽带,具有承东启西、连接南北的区位优势,战略地位十分重要。

为此,宁夏将紧紧抓住国家推进"一带一路"倡议和京津冀协同发展、长江经济带两大战略,以内陆开放型经济试验区为依托,突出对外大通道、大枢纽规划建设,实现大通关、大物流,全面推进交通运输引领经济社会发展,支撑全区成为丝绸之路经济带的战略支点。

把宁夏作为丝绸之路经济带的支点,加快打通对外运输通道,形成"横贯东西、沟通南北"的综合通道,提升宁夏在全国和国际综合交通运输体系中的枢纽地位;把宁夏建设成面向中亚和西亚等地区的国际区域性航空枢纽,完善亚欧大陆桥空中通道,将宁夏建设成为具有广泛国际影响力的客货运中转节点和西进西出航空货运的重要集散中心。全面引领宁夏构筑成我国向西开放的重要国际商贸物流中心,支撑国内国际产业和贸易,促进整个丝绸之路经济带的繁荣发展。

把宁夏作为一个城市发展,快速推进同城化与区域一体化,积极建设全区快速城际交通网络体系,科学合理布局和完善区域内综合交通运输体系,构建中心城市与次中心城市之间、中心城镇之间的城际客运骨干交通系统,支撑和引导全区新型城镇化发展。推动现代信息技术与交通运输管理和服务融合,全面打造宁夏"智慧交通"平台,实现跨区域、大规模的智能交通集成应用和协同运行,提供便利的出行服务和高效的物流服务,支撑宁夏网上丝绸之路对外开放平台建设和对外互联网经济。

三、发展目标

遵循"统一规划、适度超前、分步实施、量力而行"的基本原则,到2030年,将宁夏建设成为丝绸之路经济带国际区域枢纽,以及连接"一带一路"倡议和京津冀、长江经济带战略支点,实现交通运输从"加快提升"到"支撑引领"的转变;初步建成与"丝绸之路经济带重要枢纽、西部国际物流中心、国际区域航空枢纽"相匹配的国际化、现代化、一体化的综合交通运输体系,有效提升区域综合竞争力,支撑引导自治区经济社会高效发展,夯实宁夏作为全国向西开放战略高地的地位。

(一)近期(2016—2020年)——"加快提升"

全区综合交通运输与经济社会发展实现由"解决瓶颈"向"加快提升"转变,聚焦补齐短板,初步建成高速铁路、高速公路和空中通道为主体的骨架交通网络,实现与国家快速骨干交通网的连接,对外综合运输通道能力得到显著改善,运输服务水平明显提升,综合交通运输体系对区域经济一体化的支撑作用成效显著。

骨架交通网络更加完善。全区铁路营运里程达到2000km,铁路网密度达到3km/100km^2。全区公路通车里程为3.6万km,其中高速公路通车里程为2000km,公路网密度达到54.2km/100km^2,普通国道二级公路及以上比例达到85%以上,普通省道基本达到三级及以上标准。

综合运输通道能力显著改善。对外综合运输通道的主要高速公路和高速铁路初步建成。实现机场、口岸、物流园区便捷连通高速公路,重要公路客货站场集疏运道路可便捷连通骨架路网。形成以银川为核心的大运力铁路干线网络,连通我国重点城市,提高区域铁路运输效率,拓展宁夏对外客货运输腹地范围。

初步建成内畅外联的航空枢纽体系。民航旅客吞吐量突破1000万人次/年,形成"一主两辅"民用航空机场格局。银川河东国际机场力争建成西部地区一流机场、重要的航空物流中心和丝绸之路经济带上向西开放的区域性航空枢纽;进一步完善通用机场体系,有序推进通用航空产业发展。

初步形成"布局合理、功能完善"综合运输枢纽体系。建成银川国际航空港综合交通枢纽、银川火车站综合客运枢纽、银川火车东站综合客运枢纽以及吴忠铁路枢纽、中卫铁路客运中心(中卫火车站)等枢纽,客货运输初步实现无缝衔接。口岸发展良好,国际货运班列有序发展。

城市公共交通主体地位初步建立。银川市建成国家公交都市示范城市,城市公共交通占机动化出行分担率达到60%以上,万人公共交通车辆保有量达到15标台以上;石嘴山、吴忠、固原等城市公共交通占机动化出行分担率达到50%以上,万人公共交通车辆保有量达到10标台以上。

(二)远期(2021—2030年)——"支撑引导"

综合交通网络基本建成。形成多层次、多样化、高品质的现代客运系统和经济高效的现代货运系统。铁路营运里程达到3000km,铁路网密度达到4.5km/100km^2,铁路覆盖全区所有县市。公路通车里程为4万km;其中高速公路通车里程为2800km,所有普通国道和80%的普通省道达到二级以上标准。

建成对外综合运输通道。对外综合运输通道的主要高速铁路和高速公路基本建成,对外通道运输水平明显提升。实现机场、公路客货站场、物流园区便捷连通高速公路和铁路。形成以银川、中卫为核心的大运力铁路干线网络。基本建成城际轨道交通。

建成国际区域航空枢纽。民航客运吞吐量突破2000万人次/年,货邮吞吐量超过20万t;把银川河东国际机场建设成为我国西部地区一流机场、重要的航空物流中心和丝绸之路经济带上向西开放的国际区域性航空枢纽以及连接丝绸之路经济带国家的国际航空货运的"中转港口"。形成"以干线机场为核心、支线机场为骨干,通用机场为补充"的机场网络体系。

形成"安全高效、无缝衔接"的综合运输枢纽体系。完成民航、高铁站等大型综合客运枢纽建设以及货运场站、物流园区等大型综合货运枢纽建设,各县市建成功能齐全、层次分明、无缝衔接的客货运枢纽场站。口岸发展良好,国际货运班列运行良好。

交通运输信息化和智能化水平显著提升。移动互联网、物联网、云计算、大数据等先进信息技术在交通领域得到广泛应用,基本建成综合交通信息化和智能化管理体系与服务体系,以及开放的自治区综合运输云服务平台与监管平台。使交通运输管理更加科学高效,交通运输服务更加规范便捷。

城市公共交通优先发展战略全面落实。银川市建成以城市轨道交通为骨架的城市公共交通系统,城市公共交通占机动化出行分担率达到70%以上,万人公共交通车辆保有量达到18标台以上;石嘴山、吴忠、固原等城市建成以快速公交为骨架的公共交通系统,城市公共交通占机动化出行分担率达到60%以上,万人公共交通车辆保有量达到12标台以上。

第三节 物流发展

据统计资料显示,宁夏物流业呈现逐年快速增长之势,具体呈现出下列特点:

一、物流市场规模不断扩大

2016年,宁夏实现全区社会物流总额5460.07亿元。在宁夏经济企稳回升带动下,物流需求快速增长。从物流构成来看,工业品物流总额3912亿元,占全区社会物流总额的71.65%,对物流业增长的贡献率为4.79%,工业品物流仍是拉动全区社会物流增长的主要力量。图1-3-2为宁夏交通物流港。

图1-3-2 宁夏交通物流港

二、物流基础设施条件逐步改善

截至2016年,全区共规划建设面积在150亩以上,并具有法人资格的各类物流园区

(中心、基地)73家。从其类别和发挥的功能来看,在物流园区(中心)贸易通道基础设施项目方面,规划建设了7个以工业品物流为主的贸易通道建设项目;围绕主要公路枢纽和普通货物运输,规划建设了9个以货运和普通货物仓储为主的综合性物流中心;围绕快速增长的冷链物流需求,规划建设了4个专业物流中心;围绕批发市场的改造升级,规划建设了以建材、钢材、五金、农产品、家具、汽车及配件、农资和小商品等商贸物流功能区。

三、物流信息化建设取得实质进展

采取政府和企业联动形式,合力推进互联网、卫星定位和无线通信等物流信息技术在实践中的集成和应用。宁夏交通运输部门积极推广GPS服务总平台的建设和GPS汽车行驶记录仪在危货企业的应用,与全国16省区签署了《省际物流公共信息平台共建协议》,加快推进自治区级物流公共信息平台建设。结合电子商务发展,陆续建成了一系列专业和综合性的商贸物流信息网站,远程交易、网上购物、电子支付等现代流通方式逐步推广。

四、物流发展环境逐渐向好

随着国家《物流业调整和振兴规划》的出台,现代物流发展被上升到国家发展战略高度。自治区政府结合宁夏区位条件和产业优势,制定出台了《宁夏现代物流业发展规划(2009—2012年)》,进一步确立了现代物流业在全区产业体系中的战略地位,及时指导全区物流业发展实践;成立了政府与民间组织相结合的社团组织,充分发挥他们在物流业资质评定、人才培养等方面的平台和纽带作用,使物流发展环境得到进一步改善。

第四章
公路建设

第一节 中华人民共和国成立前后公路状况

宁夏地处内陆,在五种现代运输方式之中,公路交通居主导地位。迄今为止,宁夏公路建设有近百年历史。1929年1月,宁夏正式建省,成立省政府。1931年2月,省建设厅制定了《本年春间修筑汽车路办法》,抽调民工5%的人力义务筑路1个月,整修了省城至大坝和省城至平罗县两段干线。

自1925年建成第一条公路——宁包公路,到1936年宁夏府城通往各地的公路干线主要有三条:宁兰公路(宁夏府城—兰州)、宁平公路(宁夏府城—平凉)、宁包公路(宁夏府城—包头),共计764km;支线有两条:宁定公路(宁夏府城—定边)、宁盐公路(宁夏府城—盐池),共计229km。1945年,又增加一条支线宁汝公路(银川—汝箕沟),长57km。直至1949年9月23日宁夏省和平解放,全省仍只有1167km简易公路,38辆破旧不堪的民用汽车。

中华人民共和国成立后,尤其是1958年宁夏回族自治区成立后,公路交通在曲折中不断发展,到1978年底,公路通车里程为5227km,当时没有划分公路的技术等级,多数公路相当于现在的三、四级公路,1/3的公路相当于现在的等外路,达到二级路标准的公路仅为银川南北100余km。按路面分,有次高级路面(渣油表处)1097km,低级路面(砂砾路面)2170km,其余都是无路面的土路。当时的路况极差,只有5条干线公路情况稍好,但也有很多"搓板路",每逢开春融冻,经常出现"翻浆"病害。其余公路都是晴通雨阻。即使是最重要的干线公路,行车平均时速也不到40km。从银川到固原341km,坐车需要两到三天的时间。

第二节 世纪之交公路状况

一、路网改造与运输市场开放阶段(1978—1990年)

1978年,宁夏公路虽有路网雏形,但路况差。当时的公路,并无"技术等级"一说,只有干支线之分。宁夏共有5条干线公路，即兰州包头公路，境内379km；银川平凉公路，境内394km；西安兰州公路，境内76km；叶盛军渡公路，境内130km；宜川兰州公路，境内213km。其余都为支线公路。1979年，宁夏按交通部草拟的公路技术标准统计，全区有公路423条，总长6848km，平均每百平方公里仅有10.3km公路。绝大多数公路为三级、四级乃至等外路，二级公路181km，仅占2.6%。从路面看，基本没有沥青、水泥混凝土路面，最好的是渣油路面，是用炼油厂的废料多蜡重油替代沥青，对公路进行表面处治。这种渣油路共1415km，其余公路，一多半为砂砾路面，一少半为土路面。砂砾路和土路晴天尘土飞扬，雨天一路泥泞。

　　实行改革开放的前3年，农业大丰收，城市商业兴旺，落后的交通基础设施，远不能适应商品流通的需求，路网改造迫在眉睫。自1983年起，宁夏交通部门用了8年时间，按交通部新颁布的《公路工程技术标准》及国、省、县、乡道的划分，对公路重新规划、改造。改造的重点是交通部所列的6条国道。其中，交通量最大的109国道境内360km，大部分改建为二级沥青路；312国道76km、211国道113km，也改建为二级公路；银川经吴忠、中宁、同心、固原的公路虽然是省道，因属公路网的纵轴线，也将其中的407km改建为二级沥青路。这些工程需要资金数亿元，囿于地方财政困难，拿不出资金修路，需要交通部门从有限的工作经费和养路费中少量调剂，改造工程进行不到计划的一半，因资金无着落而中断。1985年2月，宁夏交通厅为适应经济发展形势，向自治区政府、交通部呈报《关于加快公路发展的意见》，恳请在资金上予以支持。交通部部长钱永昌阅后十分重视，先让公路司、计划司提出意见，然后于7月下旬来宁夏调查。他对宁夏公路改造工程及今后加快发展的意见予以充分肯定，并当场拍板，在"七五"期间由交通部扶持3亿元修路。同时利用了国家粮棉布和工业品"以工代赈"修建扶贫公路政策，不但顺利完成上述项目，还新建了193km的沿山公路，架通了中宁黄河公路大桥。截至1990年底，宁夏公路通车里程增至7400km，其中，二级沥青路688km，比1978年净增507km。十年中，高级次高级路面也翻了一番。

二、高速公路建设与运输市场发展和培育阶段（1991—1999年）

　　1992年党的十四大召开后，中共中央、国务院制定的国民经济和社会发展战略，将交通列为经济建设的战略重点。1997年为应对亚洲金融危机，中央决定实行积极的财政政策，加快了包括交通在内的基础设施建设。这两项重大决策，都给宁夏的公路建设创造了极佳的机遇。为了适应国民经济高速发展的需要，宁夏交通厅经5年修订和补充，完成《宁夏回族自治区1991—2000年公路网规划》，确立以首府银川为中心的"X"形公路主骨架及"三纵六横"干线公路网建设目标。"X"形公路主骨架：全部以高速公路组成的石嘴山区（今惠农区）—平罗—银川—永宁—吴忠—中宁—同心—固原—泾源线，全长

537km;基本以高等级公路组成的盐池—银川—吴忠—中宁—中卫线,全长391km。三纵:东部纵干线,起自石嘴山黄河大桥,沿黄河东岸向南,经陶乐、灵武、惠安堡、韦州、预旺、王洼、彭阳入甘肃镇原;中部纵干线,起自石嘴山安乐桥,沿109国道向南至叶盛,再经吴忠、中宁、同心、固原、泾源入甘肃华亭;西部纵干线,起自石嘴山,沿贺兰山东麓向南至中卫,过黄河,越香山,经海原、西吉入甘肃静宁。六横:陶乐经平罗至石炭井;盐池经银川至贺兰山头关;盐池经惠安堡至兴仁堡;高腰岘经海原、黑城至寨科;国道309线;国道312线。

这一阶段的公路建设方针为"抓两头",一头抓国省道改造,一头抓县乡道建设,历时6年。实施的重点工程有:1994年7月1日,银古一级公路、银川黄河大桥建成通车,打开银川东大门,结束了宁夏无一级公路的历史;首次使用"贷款修路,收费还贷"办法,建设汝箕沟至西大滩太西煤运输专用公路,1995年11月通车后,每天通过大型运煤货车4000~5000辆,经济效益显著;1997年3月,打通了六盘山公路隧道;完成了109国道最后一段二级路改建工程。1994年,国务院制定《国家八七扶贫攻坚计划》,覆盖宁夏8个国家级、3个省级贫困县,其中公路建设是攻坚的重点。宁夏迅速制定交通扶贫攻坚目标,计划用7年时间,投入资金3亿元,修建100条对脱贫致富有重要贡献的乡镇公路。在实施中,实际投资高达6.08亿元,新建等级公路1462km,改建公路5380km,都远远超过预定目标。

这一阶段的后期,在宁夏交通发展史上具有里程碑意义的事件是,1997年4月28日,第一条高速公路——姚伏至叶盛高速公路(简称姚叶高速公路)开工建设。截至1999年,宁夏建成通车的高速公路55km(贺兰至叶盛段),一级公路109km,二级公路1369km,4个地级市和各县区通了油路,各乡镇通了等级以上砂砾路。

第三节 西部大开发以来公路发展状况

世纪之交,中共中央、国务院实施西部大开发战略和积极的财政政策,重点是调整结构,搞好基础设施、生态环境、科技教育等基础建设。交通基础设施建设被列为西部大开发的重中之重。

国家实施西部大开发战略的前十年,在交通部等国家部委的大力支持下,宁夏充分利用国家对西部地区交通基础实施投入的倾斜政策,按照《国家高速公路网规划》和《全国农村公路建设规划》,抢抓机遇,加快前期工作、拓宽融资渠道,加大公路建设力度,相继完成一批重点项目。高速公路、农村公路建设取得长足进步,公路通车里程、技术等级、路面铺装率等各项指标有较大提高,公路通行能力和服务水平不断提高,运输网络和服务设施逐步完善,人民群众出行更加方便。

这十年,宁夏公路建设总体上牢固树立抢抓机遇、加快发展的工作思路,努力推进公路交通跨越式发展。通过十年的努力,公路通车里程、技术等级、路面铺装等各项指标有较大提高,一些主要指标在西部地区靠前。截至2009年,宁夏公路通车里程21805km,比十年前翻了一番,实现了所有乡镇及行政村通公路,提前实现"十一五"规划目标。宁夏高速公路通车里程突破1000km。其中国家高速公路网中的G6京藏高速公路、G20青银高速公路宁夏段全部建成,在路网中起到高屋建瓴的作用;G70福银高速公路宁夏段基本建成;G2012定武高速公路宁夏段全部通车,形成横贯宁夏的第二条亚欧运输走廊;银川绕城高速公路、银川至河东机场六车道高速公路的建成,增强了"大银川"的城市辐射功能。这些高速公路形成的路网,使全区所有市县的车辆能够在1小时内驶上高速公路。

2010年以后,宁夏认真贯彻落实党的十七大、十八大精神,继续深入推进西部大开发战略,按照交通运输部"三个服务"方针(交通发展要服务国民经济和社会发展全局、服务社会主义新农村建设、服务人民群众安全便捷出行),在公路建设中充分体现科学发展、以人为本的理念,充分体现全面建成小康社会的奋斗目标和"五位一体"总布局,转变交通运输发展方式、实现科学发展,努力提高发展质量和效益。宁夏确立新的公路基础设施建设原则是:把保障和改善民生作为出发点和落脚点,让各族群众共享改革发展成果;以改善民生为核心,更加注重基础设施建设,着力提升发展保障能力;更加注重社会事业发展,着力促进基本公共服务均等化和民生改善;加快形成连通内外、覆盖城乡的综合交通运输网络。实施了一系列公路基础设施重点项目,为宁夏经济社会的发展增添了新的动力。

一、"秦岭—巴山—六盘山"集中连片特困地区扶贫开发深入推进

自2012年交通运输部牵头六盘山集中连片特困地区扶贫开发以来,宁夏积极抢抓机遇,按照"举全区之力打好脱贫攻坚战"的部署要求,将六盘山集中连片区域作为交通扶贫攻坚的主战场,统筹规划、扩大投资、强化落实,为宁夏百万贫困人口稳步脱贫提供了坚实的交通运输保障。宁夏交通运输厅采取"四轮驱动"和"双向供血"措施,解决贫困群众"出行难"问题。一是实施"四轮驱动"。提供政策、资金、人力等一系列保障措施,驱动国家高速公路、国省道改造、地方干线、农村公路同步建设,完善贫困地区"外通内联"的交通运输网络,确保贫困地区进得来、出得去。二是实现"双向供血"。结合宁夏空间发展战略规划和全域旅游发展,开创了从扶贫"输血"到内生"造血"的新模式。"输血"方面,启动建设西吉至会宁、泾源至华亭等跨省省级高速公路建设,重点推进固原市旅游环线改造升级,全力推进城乡客运一体化进程,全面提升交通运输服务水平。"造血"方面,建立交通投融资新机制,鼓励市县通过政府购买服务改善农村交通条件,为全面完成六盘山片

区扶贫攻坚目标提供保障。

二、完善高速公路网络

实施西部大开发前十年修建的高速公路,主要是国家高速公路,以实现通江达海、连接周边。2010年后,则将重点转向两个方面,一是为宁夏的经济开发区、产业链、城市带服务,包括通往宁东能源化工基地、太阳山开发区、红寺堡生态移民开发区、沿黄城市经济带、清水河城市经济带的高速公路,以促进经济发展,支持城镇化建设;二是修建通往南部山区泾源、隆德、彭阳、西吉、海原的高速公路,以实现全部市县通高速。先后完成的重点项目有:同心经固原至泾源沿川子段、银川至巴彦浩特、古窑子至青铜峡、盐池至红井子、滚泉至红寺堡、灵武至太阳山、石嘴山至银川、宁东至银川、银川至青铜峡、彭阳至青石嘴及青石嘴至泾源、黑城至海原、固原至西吉、东山坡至毛家沟等高公路和古窑子至青铜峡高速公路青铜峡黄河大桥等。

截至2016年底,全区高速公路通车里程达1609km,"7918"国家高速公路网宁夏段全面建成。其中,国家高速公路网1337km,省级高速公路272km,分31个项目实施。实现了全区所有县城通高速公路。

三、加快城市连接线建设

随着宁夏高速公路网络的不断完善,新的问题随之而来,出现城市道路与高速公路连接不畅的现象,"汽车跳,城市到",就是对这种现象的形象比喻。为此,宁夏交通运输厅积极与地方部门联合,在宁夏各市县建设了一批城市道路连接线,如银川市的贺兰山路、丽景街、亲水大街、正源街、银川黄河辅道桥;石嘴山市的大武口过境段;吴忠市的开元大道、吴忠至青铜峡快速通道;固原市的西出口、南出口、北出口、北兴街;中卫市的中央大道以及各县(区)城市出入口或过境段等。这些城市连接线的建设,对改善和提高高速公路的通行能力、解决城市交通拥堵现象、优化城市布局、提升城市品位以及推进城镇化进程都起到了重要作用。

四、加快农村公路建设

农村公路是高速公路及干线公路网的"毛细血管",直接服务于人民群众的生产生活,提高通达深度尤为重要。2009—2012年,宁夏交通运输厅多次安排行政村通畅等各类农村公路建设,安排补贴资金61亿多元,新建和改造提高农村公路9500余公里,使600多个行政村通了沥青或水泥路。自2013年以来,围绕自治区扶贫开发整村推进、美丽乡村建设、城镇化建设、"大整治大绿化""清水河经济带建设"以及资源、产业、农林场开发,共安排资金84亿多元,新建和完善农村公路6000多公里,进一步改善了广大农村对外交通条件,农村公路总体水平大幅提高,乡镇和行政村通达率、乡镇通畅率位居全国并列第一,行政村通畅率在西部地区排名第一,等级农村公路比例在全国排名靠前。

截至2016年底,全区公路通车里程达3.39万km,公路网密度达51km/100km²,高于全国平均水平。

全区现有公路分类情况如下:按行政等级划分,有国道3753km,省道2836km,县道798km,乡道8981km,村道15439km,专用公路2133km;按技术等级划分,有高速公路1609km,一级公路1826km,二级公路3595km,三级公路6661km,四级公路20075km,等外公路174km;公路桥梁249602延米/4692座,其中特大桥25843延米/18座;公路隧道40799延米/26道。实现了乡乡通沥青路,村村通公路,95.2%的行政村通沥青路。

高速公路通车里程见图1-4-1,高速公路投资额见图1-4-2。

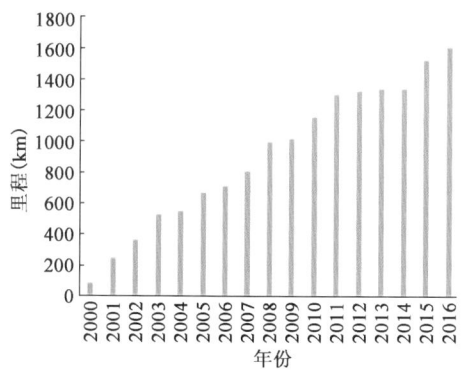

图1-4-1 高速公路通车里程

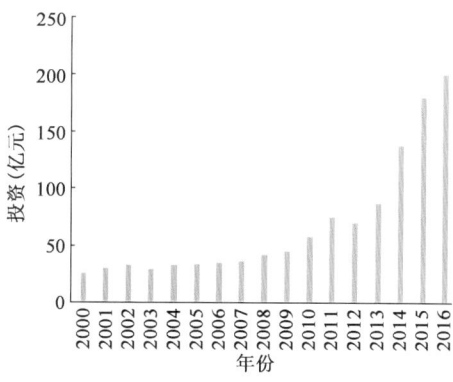

图1-4-2 高速公路投资额

Record of Expressway Construction in
Ningxia
宁 夏 高 速 公 路 建 设 实 录

第二篇
建 设 规 划

宁夏是西部内陆欠发达省区,公路交通承担着约90%的客运量和约80%的货运量,是宁夏最主要的运输方式。公路交通作为经济社会发展的基础性、先导性、服务性行业,其建设规划顶层设计对公路交通持续、健康发展至关重要,规划的编制、修订、调整必须紧跟国家、行业发展步伐,既要遵循国家的大政方针,又要契合宁夏经济社会发展的实际,满足人民群众对交通发展的需求。

　　改革开放以来,国家对路网规划进行了三次调整。在该总体框架下,宁夏相应编制了三次大的路网规划。路网规划衔接顺畅、循序渐进、适时调整、不断完善,符合国家的大政方针,抓住了机遇,促进了交通运输行业的发展。可以说,宁夏干线路网规划起自于《全国"五纵七横"国道主干线系统建设规划》,成形于《国家高速公路网规划(2004—2020年)》,提升完善于《国家公路网规划(2013—2030年)》。

　　1999年,宁夏建成第一段高速公路——姚叶高速公路贺兰至叶盛段(长55km),实现高速公路零的突破;到2016年底,高速公路通车里程已达1609km,实现了全区所有县城通高速公路,这些都是在三次路网规划指导下实现的。

　　从宁夏路网规划的发展历程与规划背景、决策过程以及适应经济社会发展阶段看,宁夏高速公路的快速发展得益于各级领导的高瞻远瞩,审时度势,把握机遇和超前谋划,不但科学编制了规划,而且尊重规划,一任接着一任执行。今天取得的成绩,也充分说明了规划的指导性、科学性、延续性和可操作性,是一幅美好的发展蓝图。

第五章
艰难起步

1992—1998年是宁夏高速公路规划、建设的雏形期。1992年,宁夏交通厅组织编制公路交通第一个中长期规划,规划高速公路仅有500km。这个规划是指导宁夏高速公路初期建设、发展的蓝图。在此阶段,"塞上江南第一路"姚叶高速公路开工建设。

第一节 宁夏"X"形公路主骨架与"三纵五横"总体布局

1991年,交通部提出《全国"五纵七横"国道主干线系统建设规划》,经过宁夏境内的国道主干线共2条,近500km,其中:GZ25丹东—拉萨公路(简称丹拉国道,现为G6京藏高速公路)宁夏境内路线长353km,GZ35青岛—银川公路(现为G20青银高速公路)宁夏境内路线长141km,全部按一级汽车专用公路规划。

1992年,宁夏交通厅组织编制了《宁夏公路网规划(1991—2020年)》,提出了"三纵五横"干线公路网,规划总里程为2546km,并在此基础上提出了"X"形公路主骨架。"X"形公路主骨架组成路段为:麻黄沟经石嘴山、银川、中宁、固原、泾源至宁甘省界的双疙瘩梁(华亭方向),全线长537km;王圈梁经盐池、银川、中宁、中卫至营盘水,全线长391km,当时现状为二、三级,规划为一、二级。"三纵五横"干线公路网主要由当时的6条国道(1118km)及6条省道(850km)构成的。"三纵五横"经过宁夏所有的市、县政府所在地和经济走廊节点城市。

由于宁夏规划的主骨架公路仅有两条,主要在川区,通过的主要经济节点城市还未覆盖所有县区,而干线公路是集散高等级公路交通量的主要连接道路。当时宁夏国省道里程较少,总规模只有2000km,干线公路集散高等级公路交通量能力不足。为适应高等级公路建设,吸引、方便车辆上下高等级公路,让高等级公路服务范围进一步扩大,充分发挥高等级公路大容量、快速、安全、便捷的通行需要,在规划中考虑了县级道路和部分重要的乡道,将这些县乡道规划到干线公路网中,因此,规划的干线公路网规模超出了国省干线的范围。

规划提出了如下建设目标:2000年,全区公路通车里程1.35万km,2020年通车里程1.7万km;2000年前实现川区100%、山区60%的乡通油路目标。

第二节 "塞上江南第一路"的孕育与诞生

1992年,宁夏按照建设规划和交通部的要求,启动国道主干线公路建设,开始第一条高速公路丹拉国道主干线宁夏境银川南北出口段一级汽车专用公路可行性研究工作,项目起点为平罗县,经贺兰县、银川市、永宁县,终点为青铜峡,路线长124km。1994年,交通部批准了平罗至银川、银川至青铜峡公路项目建议书。根据当时的国家公路标准,平罗至青铜峡公路标准为全部控制出入的一级公路,并要求先实施姚伏至叶盛段83km。1995年,交通部批复了姚叶公路可行性研究报告和项目初步设计。在项目论证过程中,交通部考虑公路标准的变化及宁夏实际,将姚叶公路的可研和初设批复为全部控制出入的高速公路。1997年4月28日项目开工建设,经过广大建设者的不懈努力,两年半后,贺兰至叶盛段于1999年11月6日通车,剩余路段2000年8月30日全线通车,"塞上江南第一路"由此诞生,宁夏高速公路规划建设由此起步。

姚叶高速公路工程建设历时3年零4个月(原定工期5年),而筹建工作却始于1992年,前期工作紧锣密鼓地进行了5年。所谓"万事开头难",姚叶高速公路的决策过程是非常艰难的。

1992年9月3日下午,交通厅第六次厅务会议如期召开。会议的主要议题只有一个,就是专门研究如何解决109国道银川北至平罗、南至青铜峡的交通拥堵问题。

当时的国道109线银川至青铜峡段设计日交通量最高为5000辆,而银川至贺兰段日平均已高达5356辆,银川至永宁段也已达4272辆。主持会议的时任厅长陈敏求是公路桥梁方面的专家,他提出从平罗经银川到青铜峡修建一级汽车专用公路的方案,供大家讨论。陈敏求厅长以浓重的湖南口音,对其修建标准、设计交通量一一解释。会议一致通过了这个方案,决定由交通厅列入"九五"计划。

是年11月5日,交通厅向自治区人民政府、交通部呈报《加快交通发展的意见》,将这条交通大动脉列为重中之重,拟在2000年前贯通。自治区党委、政府高度重视,时任自治区党委书记黄璜专门作了批示,自治区政府主席白立忱两次专门召开政府常务会议进行研究部署。

一石激起千层浪,高速公路作为新生事物,宁夏绝大多数人没有见过,对这一新生事物并不理解。听说要修高速公路,社会上反响强烈,大多数是反对声音。有人认为,宁夏的公路,在西部地区位居前茅,能满足当下的交通需求,修高速公路,太超前,花钱晒马路,没有必要;也有人认为,高速公路等于用"百元大钞"铺成,宁夏太穷,何来资金,即便筹到资金,与其用来修路,不如投到南部山区扶贫;还有人算细账:占七八千亩土地,每亩地平均单产1000多斤粮食,一年700万斤,10年就是7000万斤,可以养活多少人……

姚叶高速公路项目涉及计划、征地、拆迁、资金、征税等诸多问题,需要沿线各级政府及自治区计委、财政厅、税务局、土地局、水利厅、物价局、农业厅、林业局等10多个部门的支持。由于各部门对高速公路这个新生事物很陌生,文件发出后,如石沉大海。无奈之下,自治区政府决定组织一个考察团,赴山西考察学习高速公路建设的经验。

1995年12月4日,考察团一行24人出发赴山西考察。考察的第一天为经验交流。山西省主管交通的副省长、省计委主任、交通厅厅长分别介绍了山西发展交通及动员全省修建太原至旧关高速公路的经验;土地局局长介绍高速公路征地的优惠政策和具体做法;税务局局长介绍对高速公建设的免税政策;太原市市长、阳泉市市长介绍征地拆迁及民众支持公路建设的动人事迹。第二天全天为太原至旧关高速公路现场考察。考察到已建成的太原市大型立交桥时,听说这座投资近亿元的工程,其资金竟全部是民众捐款,考察团无不为之叹服。

这次考察,历时一个星期,使全体考察团成员大开眼界,深受启发。返银后,考察团完成《考察报告》,自治区政府主席助理于革胜在自治区政府主席办公会上做了汇报。其要点是:山西省党委高度重视,每个党委常委管一段高速公路工程;全省动员,凝聚社会力量;政府出台征地拆迁、免税、划拨料场等优惠政策;组建建设指挥部等领导机构;精心施工,确保质量。其中的精华,自治区政府均予采纳。

山西考察结束后,社会各界仍未形成统一认识,阻力仍然很大,工作进展缓慢。面对这些不理解和反对声音,交通厅没有气馁,因为他们清楚,建设高速公路是时代大趋势,必将给中国和宁夏公路交通带来革命性的大变革,宁夏不能丧失机遇,输在起跑线上。当时陈敏求厅长以强烈的责任心,以个人名义向时任自治区党委书记黄璜,自治区政府主席白立忱、副主席任启兴,自治区政府主席助理于革胜写了一封饱含深情的建议信,陈诉利害,恳请决策上马。

黄书记、白主席并任副主席、于助理:

关于姚叶一级汽车专用公路建设问题,自治区党委、政府高度重视,黄书记对此有过重要批示,白主席两次主持政府常务会议进行研究并做出明确决定,政府又组织以于助理为首的考察团赴山西考察取经。现在已到工程建设的关键时期,特就有关问题再作说明,供领导决策参考。

一、严守建设程序,几经反复论证

此项工程是国家公路主骨架丹东、北京、拉萨线跨越宁夏的一段,也是我区"七五"所作公路主骨架规划"三纵五横"的纵轴线。实施后,在宁夏路网中起高屋建瓴作用,将客货吸引到"轴线"上,出境可抵京、冀、蒙,南下关陇,东经即将建成的青岛—银川高等级公路抵达中原、沿海。因此,它对宁夏经济的发展作用,是无法估量的。

鉴于此,我厅于1991年开始做工程的前期工作,1992年几经论证,提出立项报告,又经区计委组织有关部门、市县领导、专家逐阶段审查预可行性研究报告、工程可行性研究报告和初步设计,然后报请交通部依次审批,于1995年11月30日正式批准初步设计。

二、争取立项不易,切莫错失良机

交通部规划在2010年建成全国12条高速公路主骨架。因资金不足,安排在"九五"实施的只有"两纵两横",但都不经宁夏。我们抓住国家经济建设战略重点向西部转移、投资向交通倾斜的机遇,多方争取,取得了交通部的信任和支持,破例将姚叶路列入"九五"计划,而其他省区的很多重要项目,因未搭上"九五"列车,至今仍在"积极争取"。如果我们不因势利导,果断实施,将错失大好良机。

三、并非"超前实施",而是"适应需求"

确定公路是否需要改建或新建的主要标准是交通量。这段公路现为二级路,最大通过能力每昼夜5000车次。而目前银川至贺兰、永宁的实际交通量已达6831～7482车次/昼夜。车辆拥挤度高达1.5(正常值为1)。预测到2000年,上述两段交通量达10366～10686车次/昼夜。姚叶路的设计交通量为1万辆。5年建成,刚好适应交通量需求。如果现在不改建,银川市的东环路两三年将变成"肠梗阻"路段而难以通行。我们国家因交通基础设施长期落后,人们对交通拥挤习以为常。这段路现在"还可以",修一级路是"超前",实际是认识上的误区。

四、多方筹资,政策扶持

该项目投资大,筹资有一定的难度。但经过努力,大部分可望得到解决。还缺一块,寄望于政府出台对公路建设的优惠政策。对此,我厅已提出建议稿。其中有的我区在"八五"中已实行,有的在兄弟省区早已执行。这些政策都是本着谁受益谁投入的原则,并不影响别的项目的筹资。当然交通建设的专项资金也要坚持专向使用,否则会影响进一步向中央争取交通建设资金。政府如能批准优惠政策,其意义不限于本身所能筹集资金,还可体现自治区对交通事业的全力扶持,用以争取交通部的更大支持。

五、占地八千,兴路富民

在黄灌区占八千三百亩地不是件小事,涉及乡、村要蒙受一些损失,但从经济发展的大局和长远利益看,兴路富民,利在千秋。土地可增值,农副产品可远销,乡镇企业可受益,商贾行旅得方便,舍小利而趋大利是其必然。东南沿海人均耕地才几分,但老百姓仍要求公路从家门过,公路规划也从人口稠密的富庶地区走。山东总结这几年经济发展快的一个重要原因是得益于交通设施的改善。他们原来规划济青公路的走向是尽量靠山、少占良田。但工程一上马,老百姓不惜占用良田,都要求通过村庄、城镇,最后只好变更设计。我们宁夏土地总不如沿海金贵,更何况姚叶一级公路的修建是迟早之事,占用良田也只是早晚问题。

根据政府两次常务会精神,我们对这项工程的实施抱有信心,并将继续做过细工作,加大宣传力度,求得全社会的共识,优化设计,完善施工方案。鉴于这项工程的难度是前所未有的,恳请解决以下三个具体问题。

一是批准征地拆迁补偿标准不宜过高,无论如何不能在全国"冒尖"。

二是按白主席"有所取舍"的原则,批准《重点公路建设若干政策规定》。

三是由所经市县包干完成征地拆迁工作。

以上所述难免片面,恳请指示。

谨颂

安好!

陈敏求
一九九六年一月三日

为了求得全社会的支持和理解,交通厅采取三项措施。一是召开各部门参加的研讨论证会,邀请全国知名交通专家,讲述高速公路的经济价值和作用。二是抓舆论导向,通过电视台和报刊,报道银川南北的交通拥堵状况,系统介绍修建高速公路的意义。三是上门宣传。如当时自治区政协的部分委员,出于参政议政的责任心,对是否需要修建高速公路提出质疑。1996年3月12日,陈敏求厅长带着总工程师方丛贯和办公室主任鲁人勇,先向自治区政协领导汇报,然后在区政协礼堂接受在银委员的质询。会议由吴尚贤副主席主持,礼堂内坐得满满当当。陈敏求厅长湖南口音重,怕委员们听不懂,就让方丛贯和鲁人勇代表他答复委员们提出的十几个问题。包括高速公路建设的意义,为什么不选沿山公路,要征用多少土地,其中农田、林地、荒田各多少亩,高速公路两侧农民跨路往来交通如何解决等。特别就前期工作中提出的三种选线方案进行了重点介绍和解答:

一是沿山路方案。赞成这种方案的人认为,沿山路两侧城镇极少,居民点稀疏,尤其从汝箕沟至银川的100多公里,多是尚未开垦的荒滩,几乎没有耕地。在这一线修建高速公路,占用耕地极少,拆迁任务不大,料场、取土场很近,可以节约建设资金。当时各地方政府、农业部门、土地部门多赞成这一方案。

二是利用109国道拓宽改造方案。赞成这种方案的认为,最大的好处是可以节约耕地约三分之一,节约建设资金约20%。

三是沿109国道两侧选线方案。赞成这种方案的认为,虽然多占些农田,多投些资金,但可彻底解决银川市、石嘴山市的交通拥堵问题。原109国道予以保留,可以作为高速公路的辅道,供农用车、非机动车及短途运输车使用。

三种意见,争论不休。交通厅党组在综合各方面意见后果断形成推荐意见,供上级决策:先否定第一方案,因为沿山公路两侧经济不发达,连农户都很少,除了银川新市区,没有任何城镇,已建成的110国道二级路设计日交通量4000辆,而1994年仅1300辆。如修成高速公路,虽然节约了耕地和投资,但没有车跑,没有交通量,将是最大的浪费。而第二方案也不现实,将109线改造重修高速公路,拆迁量大,施工5年,整个银川南北的交通将彻底瘫痪,而且将来还需要修建供农业生产车辆、非机动车等通行,不但没节约资金,反而是一笔巨大的浪费。而采用第三方案,既保留了109国道和沿山公路(110国道),又形成了宁夏平原南北向的交通主骨架,使石嘴山、平罗、贺兰、银川、永宁、吴忠、青铜峡的物流、客流变得快捷、顺畅,有利于经济发展,可以实现解决银川南北交通拥挤的初衷。

经过沟通,心存疑惑的委员基本消除了疑虑。会后,自治区政协发出纪要,代表全体委员支持姚叶高速公路建设。

同年3月21日,陈敏求厅长又带领厅有关人员到自治区人大常委会,向副主任张立志及财经委员会的李国芳、高文华、高凤宝、柳登旺等十多位委员做了专题汇报。自治区人大常委会领导带领部分委员和四市人大常委会主任赴东南沿海考察高速公路建设。都是老同志,一天行程几百公里考察学习,很辛苦。

考察形成了一致意见:"高速公路就是好,我们也要修。"

自治区党委书记黄璜在相关会议上拍板:不争论,先上马。

当时高速公路建设项目的审批权在交通部。交通部对宁夏提出修建高速公路的申请大力支持,其协调工作也相对顺利。1994年7月19日,交通部批准平罗至青铜峡公路的项目建议书,即批准立项。当时是按83km一级公路批复(实际技术标准为高速公路),估算投资17亿元,其中多数由宁夏自筹,交通部承诺可用车辆购置附加费安排一部分,建设工期为5年。1995年4月19日,交通部发出《关于姚伏至叶盛公路可行性研究报告的批复》。1995年11月30日,又批复了姚叶公路的初步设计,确定设计行车速度为100km/h,路基宽24.5m,双向4车道,全封闭、全立交高速公路。建设工期为5年。核定工程总概算15.37亿元,其中交通部补贴4.68亿元。在项目实施过程中,国家又安排中央国债2.01亿元,两项占43.53%,体现了交通部对宁夏的关怀,也是宁夏交通厅请示、协调工作的成绩。由于宁夏财政极度困难,拿不出钱修公路,交通厅在工程开工后向银行贷款8亿元,又从各项开支中挤出6770万元。自治区政府批转《自治区交通厅、财政厅、地税局、物价局、土地局关于加快姚叶一级公路建设有关规定报告的通知》(1997年1月30日 宁政发〔1997〕14号),给予了政策上的优惠和扶持,解决了项目建设投资问题。

为保障姚叶一级公路建设管理,特别是征地拆迁工作顺利进行,自治区人民政府办公厅印发了《关于成立姚叶一级公路建设工程领导机构的通知》(1997年1月2日 宁政办发〔1997〕1号),决定成立姚叶一级公路建设领导小组,领导小组下设工程建设指挥部和征地拆迁指挥部。

至此,姚叶高速公路筹建中的主要难题一一化解。1997年1月某天,交通厅接到自治区政府电话通知:同意姚叶一级公路项目上马,可以准备开工事宜。闻此喜讯,当时所有参与项目前期工作的同志都激动得热泪盈眶,奔走相告。

1997年4月28日,宁夏争议最多、分量最重、困难最大的公路项目——姚叶一级公路,在经历了5年多时间的前期工作后,终于开工建设了!

姚叶一级公路开工建设后,作为宁夏高速公路建设的新生儿,各级领导对它关怀备至,社会各界和沿线群众给予了更多的理解和支持。时任自治区党委书记毛如柏在视察姚叶公路时说:

一个地区的经济发展与交通有着密切的关系,宁夏经济的发展首先要解决交通问题。

时任自治区政府主席马启智深有感触地说:

宁夏要走开放式发展之路,必须优先发展交通,建设大出大进的运输大通道,彻底打破封闭状态,运距的缩短就是差距的缩小。只有超前谋划、超前发展公路交通,才能打开宁夏的大门,缩小同发达地区的差距。

自治区有关部门、沿线地方政府给予了最大的理解和支持,沿线群众识大体、顾大局,牺牲局部和个人利益,鼎力支持姚叶公路建设,保障了姚叶高速公路(图2-5-1)建设的顺利实施。

图2-5-1 姚叶高速公路

第六章
跨越式发展

随着时间的推移,姚叶高速公路越来越显示出其重大的政治意义和经济效益。它的科学决策和成功实施,为后来宁夏抢抓机遇、搭乘国家加快基础设施建设、西部大开发、拉内需促增长等"快车"打下了坚实的基础。

"十五"和"十一五"时期,宁夏紧紧抓住中央为应对亚洲金融危机加大公路基础设施建设力度、实行积极的财政政策和实施西部大开发战略等历史机遇,全力以赴加快高速公路建设,于2003年实现了高速公路通车500km的目标,于2005年提前实现了公路建设"三大目标",即所有市县(区)的车辆一小时内驶上高速公路、所有乡镇通油路和所有行政村通公路。在全国率先实现并突破了交通部提出的"十一五"实现西部地区90%以上的乡镇通沥青(水泥)路目标。2008年,在宁夏回族自治区成立50周年大庆时,宁夏高速公路通车里程突破1000km,基本上是5年修建了500km。在此阶段,宁夏规划高速公路里程从1992年规划定位的500km,到1999年调增至840km,2004年又调增至1658km。

第一节　西部大开发与公路交通发展规划

1999年10月,国家启动实施西部大开发战略,宁夏先感知到了西部大开发的热度。

当时,《宁夏公路交通建设"九五"计划》正在执行中,为抢抓西部大开发这一难得的历史机遇,宁夏交通厅及时对《宁夏公路交通建设"九五"计划》进行了调整,特别是1999年建设计划,将当年计划投资调至18亿元,相当于"九五"期间前三年完成投资的总和。2000年,继续加快建设,全年完成投资26.7亿元。从公路交通完成投资看,西部大开发实施后,两年投资完成从个位数增至两位数,从几亿元、十几亿到二十多亿元,三年实现了投资大跨越。启动了宁夏公路交通"十五"计划的编制工作。同时,抓紧进行项目前期工作,增加项目储备,想方设法争取更多项目立项、加快项目审批进度,努力形成"储备一批,立项一批,开工一批,建成通车一批"的建设格局。

2000年,宁夏交通厅编制完成了《宁夏公路交通建设"十五"计划及2015年远景发展目标》，在原规划的2条国道主干线高速公路基础上，提出规划建设银川—武汉西部大通道桃山口至沿川子公路（规划里程220km）、上海—武威国家重点公路中宁至营盘水段（规划里程120km），将宁夏境内高速公路从2条增加到4条，规划里程从500km增加到840km。2002年，交通厅根据全区产业布局，将全区"三纵五横"公路网调整为"三纵六横"，增加中南部地区一条横向省级通道，省道也由6条增调为7条。截至2003年底，国家规划的丹拉和青银2条国道主干线宁夏段全部建成通车，高速公路通车里程超过500km，达到526km，这是宁夏高速公路建设中一个重要的里程碑。

G70银川—武汉高速公路（简称银武高速公路，后改为福银高速公路）是继G6京藏高速公路、G20青银高速公路（图2-6-1、图2-6-2）建成后，交通厅新规划开工建设的项目。由于银武高速公路桃山口至沿川子段经过的都是宁夏南部贫困地区，经济总量低，交通量小。2002年9月下旬，时任交通部副部长张春贤来宁夏调研指导工作。在听取宁夏交通工作汇报后，张春贤说：

宁夏回族自治区党政主要领导非常重视交通发展，关心支持公路交通建设，抓住了西部大开发带来的好政策、好机遇，后来居上，部分公路指标在西部地区处于领先地位，公路建设成绩显著，突出特点是"快而好"，公路建设投资力度不断加大，工程进展速度快，公路规划思路清晰、超前，公路质量抓得好。

图2-6-1　青银高速公路银川段

同时，交通厅在汇报工作中力陈修建银武高速公路（宁夏境）的重要性：虽然银武高速公路与省道101平行，经过的都是贫困地区，但高速公路是大通道，功能与普通公路不一样。而且，银武高速公路建成后，可以打通宁夏南下的大通道。张春贤副部长对此表示认可。就这样，银武高速公路被列入计划，开展前期工作。考虑宁夏第一次在湿陷性黄土地区修建高速公路，没有经验，因此，为总结经验，先期立项建设桃山口至同心段33km试验段。

图 2-6-2　青银高速公路终点银川市区

时任自治区党委书记陈建国十分重视交通的发展,为宁夏公路建设倾注了大量的心血和汗水。自 2002 年上任后,经常深入交通一线进行调研,对宁夏及周边路网状况了如指掌。为改善宁夏中部干旱带交通落后状况,他在深入调研的基础上,提出打通宁夏中部地区横向运输通道的思路,并对着地形图,勾勒出盐池至中宁高速公路的初步路线。交通厅及时完成项目前期工作,向交通部进行汇报。交通部考虑到宁夏实际情况,同意把盐池至中宁高速公路列入规划。这段路线方案与中宁至营盘水高速公路共同构成横贯宁夏中部的东西向高速公路,即后来的青银高速联络线 G2012 定武高速公路,成为亚欧大陆桥第二条走廊宁夏境内路段,也是地形最好、距离最短的运输走廊。

2004 年,交通部组织编制的《国家高速公路网规划(2004—2020 年)》经国务院批准实施,该规划提出的"7918"国家高速公路网中,宁夏境内共有 5 条,1100km。分别为:G6 京藏高速公路宁夏段 353km(原丹东—拉萨国道主干线),G20 青银高速公路宁夏段 201km(包括原青岛—银川国道主干线 141km 和银川绕城高速公路 60km),G70 福银高速公路宁夏段 213km(原西部大通道银川—武汉公路),G22 青兰高速公路宁夏段 50km,青银高速联络线 G2012 定武高速宁夏段 283km(包括原上海至武威国家重点公路中宁至营盘水段)。

根据交通部的规划,宁夏交通厅组织编制了《宁夏干线公路网规划(2004—2020 年)》,在国家规划的 1100km 国家高速公路的基础上,宁夏又规划了银川至甜水堡、滚泉至桃山口、石嘴山至中宁、银川至头关、古窑子至青铜峡等共约 560km 的地方高速公路,全区高速公路规划总规模达到 1658km,较原规划里程翻了一番。自治区人民政府于 2005 年 8 月批复了《宁夏干线公路网规划(2004—2020 年)》(宁政函〔2005〕212 号)。

截至 2008 年,宁夏回族自治区成立 50 周年之际,国家规划的"7918"高速公路网宁夏境基本建成(仅剩福银高速沿川子至什字段 24km 及青兰高速东毛段 50km)。同年,宁夏加密了省道网,将干线公路网布局从"三纵六横"调整为"三纵九横"。

第二节 "三大目标"提前实现

2000—2009年，宁夏交通厅充分利用国家西部大开发加大基础设施建设投入的有利政策，在自治区党委、政府的坚强领导下，在交通部等国家有关部委的大力支持下，抢抓机遇，牢牢把握加快发展、科学发展为第一要务，不断开拓、砥砺奋进，使宁夏公路基础设施有了质的飞跃，提前实现"三大目标"，即所有市县（区）的车辆一小时内驶上高速公路、所有乡镇通油路和所有行政村通公路，在全国率先实现并突破交通部提出的"十一五"实现西部地区90%以上的乡镇通沥青（水泥）路的目标。这对宁夏经济社会的发展起到巨大的推动作用。

这一时期，宁夏公路通车里程、高速公路密度、公路技术等级、路面铺装率、农村公路通达深度、乡村公路硬化率等各项指标有了较大提高，一些主要指标在西部地区靠前，公路交通实现了跨越式发展。一是公路总里程翻了一番，实现了所有乡镇及行政村通公路，提前实现"十一五"规划目标。二是高速公路实现大跨越，全区高速公路通车里程突破1000km，实现了所有地级市通高速公路、所有区县车辆一小时内驶上高速公路，"7918"国家高速公路网在宁夏境内的主要路段基本建成。随着G2012定武高速公路宁夏段的建成通车，形成了经过西部地区的第二条亚欧运输走廊，运输保障能力得到进一步提高。三是公路交通固定资产投资大幅增加。十年间完成的投资接近1998年以前50年公路建设投资总和。四是公路技术等级有了大幅提高。十年间铺装及简易铺装路面里程增加里程是前50年的2.38倍。其中，国省干线路面铺装率提高近10%。实现了所有乡镇通油路，行政村通沥青水泥路的比重达到71.5%。五是黄河大桥建设不断加快，变"天堑"为"通途"。十年间共建成银川黄河辅道大桥、吴忠陈袁滩黄河公路大桥、陶乐黄河公路大桥、中卫沙坡头黄河公路大桥4座横跨黄河公路大桥，吴忠黄河公路大桥、青铜峡黄河大桥也已开工，而前50年只修建6座。在黄河流经宁夏397km的河道上，已建成10座黄河公路桥，平均39.7km就有虹桥飞架，桥梁密度居黄河流经省份之冠。

2007年6月，自治区党委书记陈建国到交通厅调研工作时强调：

自治区第十次党代会提出，要构建完善的交通运输体系，到2011年，全区高速公路通车里程要达到1300km，奋力推进全区经济社会实现又好又快发展。这些目标任务对交通干部职工提出了更高的要求，大家要迎难而上，以更加开阔的思路、更加务实的作风贯彻落实第十次党代会精神，把交通工作抓好抓实。要继续加快交通基础设施建设，做好项目前期工作，积极争取国家有关部门支持，多渠道筹措公路建设资金，完善国家高速公路网和宁夏高速公路网；要着力改变宁夏在全国的区位劣势，加快建设运输大通道，使宁夏成为向东连接华北、东北,向南连接中原、华南,向西连接新疆、中亚地区的运输节点。

2008年是宁夏回族自治区成立50周年大庆之年,国务院出台了《关于进一步促进宁夏经济社会发展的若干意见》,这是国家为促进宁夏老少边穷地区发展给予的最丰厚的礼物。

是年,时任交通运输部部长李盛霖到宁夏调研。李盛霖部长说:

此行的目的,一是与自治区党委、政府共同理解、贯彻落实好中央促进宁夏经济社会发展的意见精神。二是在自治区成立50周年大庆前夕,我代表交通运输部党组向自治区党委、政府,向全区各族人民表示祝贺,向交通运输系统干部职工表示慰问和祝愿。

2009年4月,《交通运输部关于贯彻落实〈国务院关于进一步促进宁夏经济社会发展的若干意见〉的意见》,将G211线高速公路等项目列入建设规划,为宁夏增加车购税资金16亿元。

2011年11月,时任自治区政府主席王正伟在调研高速公路项目时指出:

"十一五"期间,全区交通运输部门结合实际创造性地开展工作,交通运输事业实现了超常规跨越式发展,提前完成了自治区第十次党代会确定的高速公路通车1300km的目标,有效发挥了高速公路带动区域经济发展的作用。高速公路是经济发展的骨骼和命脉,宁夏构筑内陆开放格局,打造沿黄经济区都离不开高速路网的支撑。"十二五"时期是宁夏经济社会发展的关键时期,也是交通运输业转变发展方式、建立现代交通运输体系的重要时期。要进一步加强前期调研和项目争取工作,适度超前谋划,乘势而上,鼓足干劲,排工期、赶进度、保质量,在"十二五"未来四年完成500km高速公路的建设任务,确保宁夏交通运输事业在"十二五"期间再上新台阶。

第七章
完善提升

2009年至今,是宁夏高速公路发展的完善提升时期。按照国家公路网规划,交通运输厅起草编制了宁夏回族自治区省道网布局规划,于2015年经自治区政府批准,明确了阶段性发展目标,即在"十三五"末建成"三环四纵六横"高速公路网,到2030年打造"三环八射九联"高速公路网。2016年底,继六盘山集中连片特困地区交通扶贫示范县——西吉县通高速公路后,宁夏在西北地区率先实现了县县通高速公路的目标。这必将为宁夏经济繁荣、民族团结、环境优美、人民富裕,与全国同步建成全面小康社会提供强有力的交通运输保障。图2-7-1为盐中高速公路。

图2-7-1　盐中高速公路

第一节　"三环八射九联"高速公路新蓝图

随着国家经济社会快速发展,人民出行要求的不断提升,汽车保有量的大幅增长,国家高速公路网不够完善、覆盖深度和广度不够、路网整体效益发挥不高、节假日堵车等问题逐步显现,调整国家高速公路网规划的呼声越来越高。据此,交通运输部于2009年启动国家高速公路规划调整工作。

2009年6月,宁夏交通运输厅编制完成《国家高速公路网宁夏境内规划调整方案》并上报交通运输部。

2010年5月,又向交通运输部上报《宁夏境内普通国道网优化调整布局方案》,将宁夏所有县城及重要乡镇规划到国道网中。

2011年4月,自治区党委书记张毅在调研交通建设重点工程建设项目时指出:

要认真抓好宁夏交通"十二五"规划的落实工作,要在已取得成绩的基础上,实现大发展、快发展,要建好、用好、管好交通基础设施,为建设和谐富裕的新宁夏提供优质服务和有力保障。

2012年,交通运输部与自治区人民政府签署印发了《贯彻落实国务院〈陕甘宁革命老区振兴规划〉〈宁夏内陆开放型经济试验区规划〉加快推进宁夏交通运输科学发展会谈纪要》,纪要中明确,将对G20青银高速公路、G6京藏高速公路改扩建工程给予支持。同年,交通运输厅紧紧抓住"十二五"中期规划调整机遇,将一些规划外项目纳入部规划,仅石嘴山—银川高速公路及银川—巴彦浩特高速公路即获得交通运输部10亿元资金支持。

2013年3月,交通运输部出具《关于支持宁夏公路建设有关事项的意见》,明确支持宁夏逐步有序推进三条新增国家高速公路建设。同年5月,《国家公路网规划(2013—2030年)》经国务院批准并印发实施。根据新发布的国家公路网规划:宁夏境内国家高速公路共9条,较原规划增加4条;总里程约2000km,较原规划增加900km。分别为:G6京藏高速公路宁夏段353km,G20青银高速公路宁夏段201km,G2012定武高速公路宁夏段283km,G70福银高速公路宁夏段295km,G22青兰高速公路宁夏段50km,G69银川—百色高速公路(简称银百高速公路)宁夏段110km,G85银川—昆明高速公路(简称银昆高速公路)宁夏段360km,G1816乌海—玛沁高速公路(简称乌玛高速公路)宁夏段290km,G1817乌海—银川高速公路(简称乌银高速公路)宁夏段56km。

2013年5月21日,交通运输部部长杨传堂来宁夏调研交通运输工作,与自治区党委书记李建华、自治区政府主席刘慧等领导进行座谈,到京藏高速公路现场调研后,同意支持京藏高速公路改扩建工程。

2014年,根据国务院批准的《国家公路网规划(2013—2030年)》,宁夏交通运输厅组织编制了《宁夏回族自治区干线公路网布局规划》和《宁夏回族自治区省道网布局规划》。在规划的2000km国家高速公路的基础上,又规划了11条省级高速公路,总规模约800km,包括盐池—鄂托克前旗、泾源—华亭、石空—恩和、中卫—海原、石嘴山—平罗、吴灵青北环、古窑子—青铜峡、萌城—海原、寨科—海原、固原—西吉、固原—彭阳。

2015年5月,自治区人民政府印发了《宁夏回族自治区省道网布局规划(2015—2030年)》(宁政发〔2015〕45号)。批准的宁夏境内高速公路规划总规模达到2800km,较原规划新增加1150km,宁夏高速公路布局调整为"三环八射九联"。

三环：大银川环线、中卫环线、石嘴山环线；

八射：银川至乌海、北京方向，银川至太原、青岛方向，银川至西安、百色方向，银川至西安、福州方向，银川至重庆、昆明方向，银川至兰州、拉萨方向，银川至兰州、青海玛沁方向，银川至阿拉善盟方向；

九联：银川至石嘴山、盐池至鄂托克前旗、盐池至中卫、中卫至海原、萌城至海原、寨科至海原、固原至西吉、固原至彭阳、甘肃华亭经泾源至甘肃静宁。

时任自治区政府主席刘慧在谈到宁夏"十三五"交通发展规划时指出：

当前和今后一个时期，是宁夏交通建设的重要机遇期，我们要认真谋划"十三五"交通发展，做好与国家有关规划、自治区空间发展规划和专业规划的衔接，统筹考虑与外省区对接通道，畅通国家高速路网，融入国家综合交通大网络。积极争取支持，力争将宁夏规划项目纳入国家"十三五"规划总盘子。提升宁夏路网水平，对规划的10条省级高速公路与22条普通省道，争取早日建成投用，形成"三环八射九联"的路网体系，提升全区路网整体能力，增强发展后劲。

"十三五"时期，宁夏计划新建、改扩建高速公路1100km，改造普通国省干道2500km，安排建设农村公路5000km，需筹资850亿元。新一轮规划实施后，宁夏在实现县县通达高速公路的基础上，到2030年，将确保首府银川至每个地市有两条高速通道，并搭建起地市与邻省中心城市及所有县、市、区之间的高速走廊，建成大银川环线、中卫绕城、石嘴山绕城的"三环"高速公路，便捷连接机场、铁路枢纽、重要物流园区、重要旅游景区等，高速公路省际出口由8个增加为16个，以现代化的交通大格局支撑起一个美丽、和谐、富裕、开放的新宁夏。

制定规划是落实中央和自治区党委、政府关于宁夏经济社会发展战略的实践过程，是交通事业发展的龙头性工作。交通部门始终紧盯国家规划调整，及时向党委、政府汇报交通规划工作，经常赴交通运输部请示汇报，争取把宁夏需要建设的项目全部纳入国家规划，为长远发展奠定基础。国家发改委印发的《国家公路网规划（2013—2030年）》，将宁夏的国家高速公路从5条1100km增加到9条2000km，普通国道由6条1050km增加到12条2410km，保证了全区所有县城都有普通国道连通，全区所有县城形成高速公路和普通国道"一主一辅"的格局。根据《国家公路网规划（2013—2030年）》和《宁夏回族自治区空间发展战略规划》，及时开展省道网布局规划调整工作，《宁夏省道网布局规划（2015—2030年）》于2015年5月获自治区人民政府审议批准，将宁夏干线公路网规模调整至7800km，系原规模的1.7倍；规划了11条省级高速公路，高速公路规划总里程达2800km，高速公路面积密度在西部地区仅低于重庆；规划了22条5000km普通省道，普通国省干线面积密度与四川省、吉林省相当，总体处于东中部地区与西部地区之间。

要想富，先修路，这是全社会的共识。一批批公路建设者，抢抓国家政策机遇，在国家、自治区公路交通中长期发展规划的指导下,交通运输厅统筹规划、适度超前,组织编制了宁夏公路交通建设"八五""九五""十五""十一五""十二五""十三五"规划。根据经济社会发展实际和对未来发展趋势的研判,提出五年的项目安排、发展目标、资金筹措、保障措施等,指导公路交通建设和发展,并在年度计划中予以落实。

20世纪80年代,交通运输曾是严重制约宁夏国民经济和社会发展的"瓶颈"。如今,经过三十年建设,特别是国家西部大开发战略实施以来,交通运输紧张状况得到有效缓解,公路交通基础设施基本能够适应当前经济社会发展和人民出行需求。2015年,交通位列宁夏民生调查中群众满意度之首。

"十三五"是实现全面小康社会的关键时期,是交通运输部实施"双百工程",打通百项交通扶贫骨干通道工程,实现国家高速公路基本贯通的重要时期。当前,宁夏交通人重点围绕"五大高速公路项目"建设,提升青银高速公路、京藏高速公路两条既有国家高速公路通行能力,打通"71118"国家高速公路网乌玛高速公路、银百高速公路、银昆高速公路三条宁夏境内路段。

乌玛高速公路是宁夏"三纵九横"干线公路网中的"西纵高速公路",石嘴山至青铜峡段已陆续按地方高速公路建成通车,青铜峡至中卫段系其南延伸段,项目长约133km(含中卫联络线9km),按四车道高速公路建设,投资约80亿元,项目可研已获国家发改委批复,计划2017年开工,2020年建成。

银百高速公路是银川至西安最便捷的公路运输大通道,也是宁东能源化工基地重要的对外联系通道。其中,银川至宁东段与青银高速公路共线。该项目是交通运输部首批11个PPP试点项目之一,自治区已对PPP方案及投资人进行了批复,项目申请报告获得国家发改委核准,这是宁夏境内唯一一个国家核准的高速公路PPP项目,以后这类项目的核准下放至省区。银百高速公路项目长约112km,全线按四车道高速公路标准新建,总投资约70亿元,计划2017年开工,2020年建成。项目建成后将形成打通宁夏至西安,乃至西南省区贵州贵阳,沿海的广西百色等地的运输大通道。

银昆高速公路是宁夏"三纵九横"干线公路网中"东纵"的重要组成部分,其中,灵武至太阳山段已按国道211线高速公路建成通车,太阳山至彭阳段(宁甘界)长约240km(含彭阳连接线8km),按照四车道高速公路标准建设,总投资约220亿元,计划2018年开工建设,2022年全面建成。该项目是国家发改委和交通运输部确定的百项交通扶贫骨干通道的工程之一,项目建设将形成宁夏六盘山区第二条南北向运输大通道,打通宁夏与重庆、昆明等西南地区的省际公路运输大通道。

正是交通运输部,自治区党委、政府和各级领导高瞻远瞩,谋划了宁夏交通发展的蓝图,合理确定了发展的"度"和"节奏",才使宁夏交通在加快推进新型城镇化、加快脱贫攻坚的步伐中做出了应有的贡献,为宁夏经济社会发展提供了交通运输保障。

第二篇 建设规划

宁夏高速公路(干线公路)规划总量发展过程和交通规划完成增长情况见表2-7-1、表2-7-2。宁夏高速公路规划方案见表2-7-3、表2-7-4。

宁夏高速公路(干线公路)规划规模　　　　　表2-7-1

规划	干线公路网总里程(km)		高速公路			
	规划布局形态	规划规模	国家级		省级	
			条数	里程	条数	里程
1992—2020年规划	三纵五横	2546	2	496	0	0
2004—2020年规划(2008年加密为三纵九横,干线规模为4890km)	三纵六横	3123	4	1100	5	560
2014—2030年规划	"三环八射九联"高速公路及"1222"普通干线公路	7800	9	2000	11	800

宁夏交通规划投资情况　　　　　表2-7-2

项目	八五	九五	十五	十一五	十二五	十三五
新增公路通车里程(km)	354	2046	2478	9440	10722	2800
规划期末高速公路里程(km)	0	83	670	1159	1527	2000
完成投资(亿元)	11.4	66.5	160.4	218.7	527.2	1000

宁夏境内国家高速公路规划方案　　　　　表2-7-3

序号	编号	路线名称	宁夏境内主要控制点	里程(km)
1	G06$_{01}$	银川绕城高速公路		60
2	G6	京藏高速公路	蒙宁界(麻黄沟)、惠农、平罗、贺兰、银川、永宁、吴忠、红寺堡、桃山口、宁甘界(郝家集)	353
3	G70	福银高速公路	银川、吴忠、中宁、同心、固原、甘宁界(沿川子)	390
4	G20	青银高速公路	银川、滨河新区、河东机场、宁东、盐池、宁陕界(王圈梁)	141
5	G22	青兰高速公路	甘宁界(沿川子)、东山坡、隆德、宁甘界(毛家沟)	67
6	G2012	定武高速公路	宁陕界(王圈梁)、盐池、红寺堡、中宁、中卫、宁甘界(营盘水)	302
7	G85	银昆高速公路	银川、河东机场、灵武、太阳山、彭阳、宁甘界(高寨塬)	360
8	G69	银百高速公路	银川、宁东、惠安堡、宁甘界(甜水堡)	180
9	G1816	乌玛高速公路	蒙宁界(麻黄沟)、惠农、石嘴山、银川、青铜峡、中卫	370
10	G1817	乌银高速公路	宁蒙界(头关)、银川、河东机场	56
宁夏境内国家高速公路里程约2000km(不含共线里程)				

宁夏省级高速公路规划方案　　　　　　　　　　　　表2-7-4

序号	编号	路线名称	主要控制点	里程(km)
一、纵线					
1	S15	盐池—鄂托克前旗	盐池、蒙宁界(红井)	20
2	S25	泾源—华亭	东山坡、泾源、泾河源、宁甘界(双疙瘩梁)	40
3	S35	石空—恩和	石空、恩和	20
4	S45	中卫—海原	中卫、海原	150
二、横线					
5	S10	石嘴山—平罗	石嘴山、平罗	18
6	S20	吴灵青北环	灵武、吴忠、青铜峡	30
7	S30	古窑子—青铜峡	蒙宁界(双庙)、古窑子、灵武、吴忠、青铜峡	78
8	S40	萌城—海原	萌城、下马关、同心、海原	150
9	S50	寨科—海原	甘宁界、寨科、海原新城、海原、宁甘界	150
10	S60	固原—西吉	固原、西吉、宁甘界	90
11	S70	固原—彭阳	固原、彭阳、宁甘界	60
宁夏省级高速公路规划里程约800km(不含共线里程)					

第二节　县县通高速

截至2016年底，宁夏全区公路通车总里程达到3.39万km，公路网密度达到51km/100km^2，其中：高速公路通车里程1609km，提前实现了2004年规划提出的截至2020年的目标。全年公路水路固定资产投资完成205亿元，首次突破200亿元。建成G22青兰高速公路东山坡至毛家沟段(六盘山特长隧道9.5km)，实现原国家高速"7918"公路网宁夏境内路段全线贯通；建成固原—西吉、李家庄—泾河源两条地方高速公路，实现宁夏所有县城通高速公路目标，使宁夏成为继东中部省区和贵州省之后，全国第11个、西部第2个县县通高速公路的省区。

2008年底，宁夏高速公路通车里程突破1000km，便捷连接了各地级市，宁夏交通建设开始了新的追求、新的征程，即谋划如何抢抓新一轮西部大开发机遇，促进宁夏公路交通事业发展再上新台阶，开始谋划县县通高速。一方面加快了连接隆德县的G22青兰高速公路前期进程，加快推进连接红寺堡区的滚泉至红寺堡公路和连接大武口区的石嘴山至银川高速公路建设；另一方面开始谋划海原县、彭阳县、泾源县、西吉县接入高速公路网事宜。

实现隆德县通高速的G22青兰高速公路东山坡至毛家沟段，是国家高速公路网"7918"规划宁夏境内最后建成的一段，也是国家要求加快建设的国家高速公路"卡脖子"路段工程和"断头"路，两端连接甘肃省境内路段均已建成。经过近7年建设，于2016年

7月建成通车。

该项目前期论证和决策过程比较长,由于项目包含一座特长隧道(长约9.5km,占项目总规模的20%),早在2003年,即邀请时任交通部公路规划院审核室主任陈胜营利用审查甘肃省项目路过固原时,对路线方案进行了踏勘。2004年又邀请国家知名专家进行初步踏勘。为了慎重起见,在项目可行性研究启动后,于2007年还请交通部牵头邀请国内资深专家对隧道进行专题论证,讨论隧道的施工和可能出现的问题、影响工程进度的关键因素等。新一轮西部大开发战略启动后,宁夏加快了该项目前期工作,但由于是国家审批项目,当时前期工作程序复杂、周期相对较长,加之因该项目涉及穿越六盘山国家级自然保护区试验区,环评批复涉及环保、林业、文物等部门,部门多、难度大、论证周期长,需要提供的要件多,待2010年环评获国家环保部批复时,土地预审和选址意见书等要件有效期已过,后来又向国土资源部和住建部门申请延长了上述要件的有效期。因此,直到2010年项目开工建设,前期工作经历约7年时间。

滚泉至红寺堡高速公路和石嘴山至银川高速公路两条地方高速公路,2008年开工建设,分别于2009年、2010年建成通车,实现了红寺堡、大武口通高速公路。

2015年上半年,时任自治区党委书记李建华对海原至同心高速公路(同海高速公路)建设十分重视,专门召集会议进行安排部署。交通运输厅抓紧落实,在第一时间专门召开会议,研究申报同海高速公路可研报告,同时倒排工期,提前安排开工前各项准备工作。自治区发改委、环保厅、国土资源厅、水利厅等部门拧成一股绳,对同海高速各项可行性指标提前做工作准备,迅速完成各项协调审批工作。海原县快速行动,同海高速公路所经之处,沿途百姓积极配合,"舍小家、为大家",及时顺利地完成征地拆迁工作。该项目从立项、审批、拆迁到开工建设,仅用了5个月时间。10月20日项目顺利开工建设。

2016年12月6日,随着固原至西吉高速公路和李家庄至泾河源高速公路建成通车,宁夏最后两个市县——西吉县、泾源县也实现了高速公路连接。至此,宁夏所有区县均实现了县城通高速公路(图2-7-2)。

图2-7-2　固西高速公路

2017年8月16日,自治区党委书记、人大常委会主任石泰峰在自治区党委常委、政府常务副主席张超超,自治区党委常委、党委秘书长纪峥的陪同下,深入石嘴山至平罗高速公路施工现场,调研大银川都市圈区域交通优化布局情况。

石泰峰书记在调研时强调,要进一步加快交通基础设施建设,充分利用大银川都市圈的聚集效应,把周边及外面的人才吸引过来;要进一步优化区域交通布局,使高速公路、国省干线内联外通,有效满足人民群众的出行需求。

交通部门汇报了大银川都市圈高速公路和省道网布局及提升大银川都市圈大通道建设情况。目前,大银川都市圈区域已初步形成以"三纵三横一环"高速公路网为主骨架,6条普通国道、12条普通省道和9座黄河大桥为辅,以银川为中心、辐射周边城市、互联互通、一主(高速)一辅(国省道)搭配的干线公路网络,银川至石嘴山、吴忠、青铜峡等城市实现两条高速公路连通,所有县区实现普通国道和省道4路及以上连通,银川至其他地级市、各地级市至县城之间形成一小时交通圈,大银川都市圈形成两小时交通圈。

第三节　六盘山集中连片特困地区扶贫攻坚

2011年底,中共中央、国务院印发了《中国农村扶贫开发纲要(2011—2020年)》(简称《纲要》),确定了六盘山区、秦巴山区等14个连片特困地区为我国2011—2020年扶贫攻坚的主战场。宁夏六盘山地区是革命老区、回族聚居区,也是全国集中连片扶贫开发重点地区之一。宁夏全区有9个贫困县,其中8个为国家级贫困县,7个地处国家六盘山集中连片特困扶贫的核心区域,区域贫困人口集中、贫困程度深,是制约宁夏与全国同步建成全面小康社会的最直接因素,受到习近平总书记等中央领导的高度关注。

自2012年以来,交通运输部牵头六盘山集中连片特困地区扶贫攻坚任务,在政策、规划、项目、资金、人才、技术等方面都给予宁夏大力支持。按照宁夏"举全区之力打赢扶贫脱贫攻坚战"的部署要求,宁夏交通运输厅将六盘山片区作为交通扶贫的主战场,定向发力、精准扶贫,取得了明显成效,为宁夏百万贫困人口早日脱贫致富奔小康提供了坚实的交通运输保障。

一、主动作为,率先突破,争当扶贫攻坚"先行官"

(一)部省共建,交通先行

2012年,宁夏与交通运输部签署《部省共建协议》,以解决发展瓶颈、推进基本公共服务均等化为主攻方向,全面推进六盘山片区交通重点项目建设。同时,交通运输部先后选派7名优秀干部到六盘山地区挂职,开展帮扶工作,协同推进六盘山片区扶贫攻坚。

(二)统筹推进,制度优先

宁夏按照"中央统筹、省负总责、县抓落实"的要求,全面落实保障措施。制度上,将交通扶贫工作纳入各级政府的目标考核,实施责任制考核落实。财政上,将财政增收的6%、中央代发地方债的8%用于公路建设。税收上,采取减免或先征后返等优惠政策支持公路建设。资金统筹上,交通运输部安排的补助资金一半以上用于六盘山片区。

二、合力攻坚,统筹协调推进,啃掉扶贫攻坚"硬骨头"

(一)实施"四轮驱动"

提供政策、资金、人力等一体化保障措施,以国家高速公路和国省道改造为"前置引擎",以地方干线和农村公路为"后轮驱动",四轮驱动,同步发力,全面加快交通基础设施建设。"十二五"期间,宁夏完成六盘山片区交通基础设施建设投资177亿元,占全区交通投资的33%。先后建成彭阳至青石嘴、黑城至海原高速公路和G22青兰高速公路东山坡至毛家沟段等工程,改造国省道9条共332km,全面优化县域道路200km,顺利完成六盘山区交通扶贫建设目标。

(二)实现"双向供血"

结合省际联运和区域开发,加快推进宁夏清水河流域城镇产业带和整村推进、美丽小城镇、美丽乡村等建设,开创了从扶贫"输血"到内生"造血"的新模式。"输血"方面,推进城乡客运一体化进程,片区建成县级客运站5个、乡镇等级客运站14个、村汽车停靠点909个,使片区乡镇通等级客运站率达100%。"造血"方面,促成固原市公交国有化改革,有效增强内生动力,扩大外在吸引力,促进公共服务均等化,实现了"路通车通"和"路、站、运"一体化、可持续发展的目标。

三、精准发力,分类定项施策,解决贫困群众"出行难"

按照国家"精准扶贫"的工作思路,交通运输部将宁夏西吉县列为六盘山集中连片特困扶贫攻坚试点县,委派干部驻点指导,跟踪推进扶贫攻坚。宁夏按照"提速、增效、自强"的发展要求,建设"高速路"、拓宽"致富路"、对接"文化路",补齐交通基础设施不足短板,有效缓解了贫困群众的"出行难、运输难、发展难"问题。

(一)建设省际"高速路"

建成西吉至毛家沟一级公路,2016年建成固原至西吉高速公路,连通了区域中心城市,打通出区大通道。2016年,在全国交通扶贫工作会议上,交通运输部部长杨传堂

指出:

在"中国马铃薯之乡"的宁夏回族自治区西吉县,随着六盘山片区交通扶贫攻坚示范县的推进和西毛、固西等一级公路的建设,公路沿线布局了百万亩马铃薯产业化种植、百万头牛羊养殖和百公里冷凉蔬菜基地等,实现了特色农业规模化经营,同时吸引了一批马铃薯加工企业到当地投资,形成了从种植到深加工的马铃薯产业链,显著增加了自我发展能力。

(二)建设发展"致富路"

投资7亿元在西吉县重点实施了旅游路、产业路、通村路、安保工程、危桥改造、客运服务6大工程,建成连接西吉将台堡、单家集、震湖、回乡生态文化园等景区的3条旅游路87km,主要服务马铃薯和西芹产业的8条产业路122.5km,41条340km通村路及安保工程,5座危桥改造等项目。全面完成180个农村客运招呼站和西吉客运调度中心及客运西站主体工程。

(三)建设自强"文化路"

交通运输厅从创新体制机制入手,指导当地交通运输主管部门建立农村公路建、管、养机制,强化制度约束,增强财政保障,促进"建管养运"协调发展。交通运输部科研院也针对西吉、隆德等县历史悠久、文化底蕴深厚的特点,制定了围绕交通运输建立核心价值理念体系、推进主题文化建设等文化发展框架,有的放矢搞培训、办讲座、解疑难、传技术,开展了评选"最美乡村路""扶贫攻坚优秀人才"、制作"交通文化影视作品"等交通运输文化活动,激发了群众的自信、自立、自强。

据统计资料显示,2013年以前,受道路交通条件限制,固原市须弥山景区每年的游客量只有两三万人,自2013年扩建了须弥山至火石寨景区公路后,游客逐年递增,2014年游客达30万人;西吉县火石寨景区随着交通条件的改善,景区的潜在优势得到了充分发挥,游客总量由原来的每年不足10万人,2014年以来增加到每年近60万人。

经过不懈努力,部省共建效应逐步显现,突出表现在三个方面。一是补齐了交通短板。截至2016年底,宁夏实现了全区所有县城通高速公路,使片区形成各县区间"一小时"交通圈,与周边省会城市"三小时"交通圈,"外连内通"的交通运输网络基本形成,群众出行更加便捷。二是促进了特色产业发展。依托便捷的交通网,全面推进清水河城镇产业带发展,有效带动冷凉供港蔬菜、商贸旅游、马铃薯深加工、草畜加工等产业发展,公路建设还带动了劳动力转移,增加了民族地区群众收入。2015年,固原市地区生产总值达217亿元,年均增长率达到10%以上,超过全区平均增长水平。三是增进了民族团结。交通运输的发展,推动了民族地区经济繁荣,提高了当地群众的生活水平,促进了回汉群众的交流融合,增进了民族团结。

2016年2月,李克强总理来宁夏视察,对宁夏急需建设的三条省际"断头"高速公路,即西吉至会宁、泾源至华亭、彭阳至镇原公路,明确表示支持。时任自治区党委书记李建华和甘肃省领导就上述三条省际出口公路同步建设达成了共识。

到任不久的自治区政府主席咸辉,带领分管副主席和交通运输厅等部门负责人,赴西吉县进行部署落实,并签订了加快项目前期工作相关协议,同步推进西吉至会宁、泾源至华亭高速公路各自境内段建设,彭阳—镇原高速公路待走廊内银昆高速公路建设后择机实施。自治区发改、交通、环保、国土、水利等部门特事特办,加快前期审批,在各方共同努力下,西吉至会宁(宁甘界)、泾源至华亭(宁甘界)2条高速公路和国道327线彭阳—镇原段二级公路的前期报批工作于2016年底完成,为项目提前开工打下了基础。

四、优化结构,配套梯次跟进,实现百万脱贫"小康梦"

积极争取国家继续加大对六盘山等贫困地区高速公路、国省道改造、农村公路等项目的支持力度,争取将宁夏上报的项目最大程度纳入国家"十三五"规划,并给予资金支持。抓好项目前期工作,建立公路建设三年滚动计划项目库,确保谋划一批、开工一批、建成一批、储备一批,形成梯次跟进的项目推进机制。强化配套资金保障,确定了宁夏"十三五"公路交通建设投融资的总体思路。

2016年底,因为宁夏交通扶贫工作成绩显著,交通运输部党组书记杨传堂、部长李小鹏署名致函宁夏,表示肯定,内容如下:

> 2016年,在自治区党委、政府的正确领导下,宁夏交通运输厅坚持精准扶贫、精准脱贫、分类施策、合力攻坚,走出了一条补齐交通短板、促进特色产业发展、增进民族团结融合的扶贫之路。2017年是实施"十三五"规划的重要一年,是脱贫攻坚承上启下、全面突破的关键之年。希望你们继续深入学习贯彻习近平总书记扶贫开发重要战略思想,进一步增强责任感、使命感和紧迫感,坚决打好扶贫攻坚战,为宁夏与全国同步实现全面小康提供坚实交通运输保障。请部党组同志阅并呈建华、咸辉、可为同志阅。
>
> 杨传堂　李小鹏
2016年12月29日

2017年7月25日,宁夏回族自治区人民政府与交通运输部在北京签署《关于加快宁夏回族自治区交通运输发展合作协议》(图2-7-3),交通运输部党组书记杨传堂,自治区党委书记、人大常委会主任石泰峰出席签约仪式并鉴签。交通运输部部长李小鹏、自治区政府主席咸辉代表双方在合作协议上签字。

图2-7-3 宁夏回族自治区人民政府与交通运输部签署《关于加快宁夏回族自治区交通运输发展合作协议》

此次协议的签署,旨在贯彻落实国家全面建成小康社会的战略部署,落实好《推动共建丝绸之路经济带和21世纪海上丝绸之路的愿景与行动》《宁夏内陆开放型经济试验区规划》《陕甘宁革命老区振兴规划》等对交通运输发展的任务要求。对切实推进"十三五"期宁夏综合交通运输体系建设及区域经济社会发展提供强有力的交通运输保障。

合作协议明确,交通运输部和宁夏将按照加快建设"四个交通"的总体要求,以《"十三五"现代综合交通运输体系发展规划》及专项规划确定的目标任务为基础,以构建现代综合交通运输体系、打赢交通扶贫脱贫攻坚战、全面深化行业改革为重点,通过部省(区)合作,共同推进宁夏综合交通运输体系建设,着力落实交通建设有效投资、扩大运输服务有效供给、拓展新的发展空间和培育新的发展动能,力争到2020年基本建成安全、便捷、绿色、高效的现代综合交通运输体系,为努力实现宁夏"经济繁荣、民族团结、环境优美、人民富裕"、建成丝绸之路经济带战略支点和全面建成小康社会提供坚实的交通运输保障。

Record of Expressway Construction in
Ningxia
宁夏高速公路建设实录

第三篇
建设管理

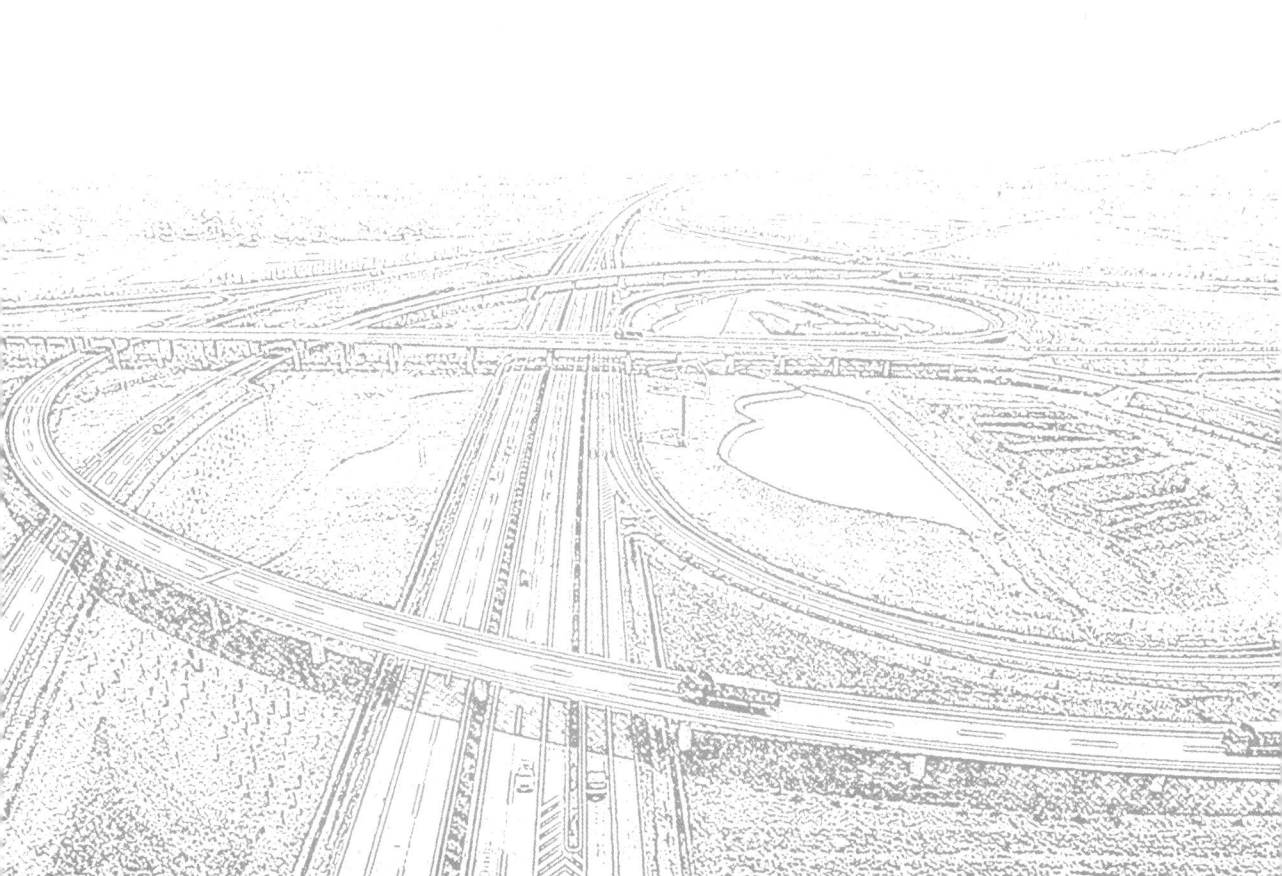

第八章
管理体制

第一节 管理体制概况

自1998年以来,宁夏在抢抓国家经济建设重心西移、为应对亚洲金融危机加快基础设施建设和实施西部大开发等一系列战略机遇中,解放思想,改变思维定式,以深层次、大环境和长远发展为背景,形成了领导重视、认识统一、步调一致、群众支持,优先大力推进高速公路建设的良好局面。自第一条高速公路建成通车之后,高速公路建设可以用"醒得晚、跑得快"来形容,由于在思想和行动上形成高度统一,工作方法得当,措施有力,又搭乘上了国家多个战略机遇快车,通过近二十年的不懈努力,实现了宁夏高速公路建设的跨越式发展。

管理体制上,宁夏历届党委、政府始终把高速公路建设摆在改变宁夏落后面貌、促进经济社会发展和改善民生的首要位置,坚持一张蓝图绘到底,一任接着一任干。宁夏历任领导亲力亲为,为高速公路建设倾注了大量心血和智慧,解决了高速公路建设中遇到的各种困难和问题,保障了高速公路发展目标的落实。国家有关部委,特别是国家交通运输部十分关心老、少、边、穷地区的宁夏,在高速公路建设的政策优惠、项目审批、资金补贴、行业管理等方面给予了大力的支持和指导。交通运输部历任部领导不辞辛劳,亲历工程一线调研指导工作。

2009年政府机构改革,宁夏交通厅更名为宁夏交通运输厅,作为高速公路建设的责任部门,具体负责高速公路建设管理。高速公路建设是一项浩大的系统工程,上至领导决策,下到社会各个方面和老百姓的切身利益,必须协调处理好各个方面的关系,才能保障项目的顺利实施。

交通运输部门在高速公路建设管理中,注重调动各个方面的积极性和优势,协调好各方利益,努力提高工作效能,概括起来讲就是"两快一好",即部门之间紧密配合,事先介入,工作前移,特事特办,项目前期工作审批快;发挥地方政府优势,积极做好沿线群众工作,征地拆迁工作进度快;使项目能够又好又快的得以实施。

自治区党委组织部、宣传部,自治区人民政府办公厅、发改委、财政厅、审计厅、公安厅、国土资源厅、林业厅、水利厅、环保厅、住建厅、人社厅、文化厅、地税局、物价局、地震局、建设银行宁夏分行、工商银行宁夏分行、国家开发银行宁夏分行、农业银行宁夏分行等部门和机构在政策支持、项目审批、建设环境、筹资融资等方面给予了大力支持和配合,加快了高速公路项目的建设速度。

沿线地方政府把高速公路建设作为促进地方经济发展和改善民生的头等大事来抓,及时成立高速公路征地拆迁组织机构,扎实认真做好各项工作。征地拆迁历来被称为工程建设的"第一难事",各级地方政府通过大量艰苦细致的工作,化解了一系列矛盾,既兼顾了各方权益,保障了沿线群众的切身利益,又保障了高速公路建设项目的顺利实施。

在宁夏交通运输厅的领导下,宁夏公路建设管理局(包括原各高速公路工程建设指挥部)、宁夏公路管理局(包括原宁夏高等级公路管理局、宁夏高速公路路政总队)、宁夏交通建设工程质量监督局(原宁夏公路工程质量监督站)、宁夏交通信息监控中心、宁夏公路工程造价管理站、宁夏交通投资集团有限公司(原宁夏交通投资有限公司)、宁夏路桥工程股份有限公司(原宁夏公路工程局)、宁夏公路勘察设计院有限责任公司(原宁夏公路勘测设计院)、宁夏交通科学研究所、宁夏公路工程监理咨询公司、宁夏同元交通资产管理有限公司等单位参与高速公路建设及管理工作。同时,通过公开、公平、公正招投标,吸引了国内几百家公路设计、监理、施工优秀骨干企业参与了宁夏的高速公路建设。

第二节 行业监督管理

宁夏交通运输厅是高速公路建设行政主管部门,负责高速公路建设行业监督管理。主要工作内容有高速公路的规划立项、建设市场、投融资、工程质量、安全生产、运营养护等。本节主要介绍建设市场、工程质量、安全生产、工程造价管理等方面的监督管理内容。

一、建设市场监管

（一）制度建设

宁夏高速公路建设起步以来,经过多年坚持不懈的交通管理法规建设,逐步建立和完善了以国家法律为主体,行政法规规章相配套,地方法规制度为补充的公路管理法规体系。在认真贯彻执行国家法律、法规的同时,结合宁夏实际相继制定颁布了一系列加强交通建设管理的规章制度,不断修订完善,基本形成宁夏公路建设管理制度体系(具体制度详见第三篇第十五章法规制度)。

（二）执行基本建设程序

及时办理工可、初步设计、施工图设计、施工许可(开工报告)、设计变更等审批手续,依法组织竣工验收。

2009年以来,认真执行交通运输部颁布的"六个坚持、六个树立"等各项规定,宁夏交通运输厅制定勘察设计审查管理办法,以加强地勘资料和强制性标准执行为重点,细化审查程序,认真落实建设项目交通安全设施"三同时"工作,设计文件分成设计篇、交通安全专篇、地质勘查篇三部分进行专项审查,并邀请交警、安监等部门参加,加强审查力量,促进设计文件质量的提高。国家高速公路网项目初步设计文件由交通运输部审查批复,地方高速公路项目初步设计由自治区发改委审批,施工图设计文件由交通运输厅批复。加强对公路工程建设项目的设计变更管理工作,按程序进行申报、审查和审批。2008年,交通运输部审批了同沿高速公路什字至沿川子改线段重大设计变更,较大设计变更由交通厅审批。2005—2015年,累计批复高速公路较大设计变更25项。

宁夏交通运输厅严格执行有关规定,国家高速公路网项目全部由交通运输部审批施工许可,地方高速公路项目全部由交通运输厅依法依规办理施工许可。

宁夏高速公路项目全部严格执行竣工验收制度,严格按交通运输部颁发的《公路工程竣工验收办法》的要求,组织交工验收和竣工验收。项目完工后,督促建设单位及时组织交工验收;督促建设单位做好项目竣工验收准备工作,及时对具备验收条件的高速公路项目进行竣工验收,考核评价各建设项目和从业单位,明确养护管理单位,及时处理竣工验收中发现的问题,保证各建设项目按期交付使用和正常运营管理。

(三)招投标监管

宁夏交通厅始终坚持公开、公平、公正和诚实信用原则,严格执行《中华人民共和国招投标法》及其他相关政策法规,确保招投标工作的公开、公平、公正。

自1997年姚叶高速公路建设开始,逐步落实工程施工招投标制度,实行资格预审制度,推行资信登记管理。2002年,高速公路工程勘察设计全面推行招标投标,每项工程招投标都聘请公证部门和纪检、监察部门进行全过程监督。2004年,开展第一批公路工程评标专家的培训工作,公路建设项目招投标评标专家全部从评标专家库中抽取,国道主干线项目和国家、交通部确定的重点公路建设项目的评标委员会专家,从交通部设立的评标专家库中确定。

2005年以来,宁夏公路建设项目全部以公开招标的方式选择设计、监理、施工单位,评标专家从交通部专家库和自治区专家库抽取,评标过程由交通行政主管部门和纪检监察部门全程监督,加快了招标信息公开的步伐,增加了招投标活动的透明度。

2009年开始,宁夏公路工程招投标全部进入有形市场,公路建设项目招投标全部进入宁夏招标交易服务中心,对开标评标全程录像监控,评标专家从部网站和宁夏专家库抽取,中标单位在厅网站公示,接受社会监督。

为缓解公路工程评标专家不足的问题,2005年、2010年多次更新了评标专家库,吸纳符合条件的评标专家进入评标专家库,公路工程评标专家由2005年的52名增加到2010年的174名,2009年以来,评标专家全部纳入宁夏政府评标专家库统一管理。

(四)市场准入管理

1996年,为规范公路建设市场管理,促进公路建设市场健康发展,交通部发布第4号令《公路建设市场管理办法》,明确公路建设市场管理实行资信登记制度,对进入公路建设市场的勘察设计、施工、监理、咨询单位的资历、能力和信誉进行确认,工程施工实行项目经理负责制,项目经理持证上岗。截至2001年,全区共有施工企业19家、勘察设计企业4家、监理单位2家。

2002年,宁夏交通厅与建设厅联合开展全区交通施工企业资质就位活动,从交通施工企业资质审查和资质证书发放、管理等各方面进行规范,19家施工企业和4家勘察设计企业顺利完成企业资信等级向资质管理的过渡。

从2005年开始,每两年与建设厅共同组织一次勘察设计企业和施工企业资质年检,严格执行资质管理标准,加强对新增和升级的勘察设计、施工、监理资质进行审查,进一步加强市场监管,规范公路建设市场主体行为。同时对履约能力强,人员、业绩、财务状况等方面较好的企业,鼓励企业提升资质等级。

2006年以来,在过去工作的基础上,建立了从业单位技术人员信息查询系统,收集了全区交通行政管理部门、公路设计、施工、监理、养护等从业单位人员信息。2010年进行集中更新,收集从业人员信息8000多条,进一步完善了宁夏公路建设市场从业人员信息,摸清宁夏公路行业从业人员基本情况,为从业单位资质管理和人员管理提供支持。

(五)高度重视农民工工作

将农民工使用管理作为一项重要工作任务,每年列为为人民群众办的实事之一。明确分管领导和责任部门,实行年初安排布置,年中督促检查,年终考核验收。并公开承诺,接受社会监督,不断完善措施,加强监督检查,防止发生拖欠农民工工资行为,全力将这一支民惠民的措施落到实处。2003年以来,宁夏交通运输行业每年安排农民工2万余人,按时足额发放农民工工资,未发生拖欠农民工工资事件。

(六)公路建设市场信用体系建设

2006年,建立宁夏公路施工企业从业人员信息库,并于2010年进行了更新,收录了区内公路施工企业的全部从业人员,便于及时掌握企业人员变动情况,确保一名从业人员只能在一家企业从业,有效遏制一人挂靠多家企业的现象,维护了公路建设市场秩序。

遵循"统筹规划、分步实施、先易后难、注重实效"的实施原则，2008年，按照交通运输部《关于建立公路建设市场信用体系的指导意见》的要求，制定了《宁夏公路建设市场信用体系暂行管理办法》，从职责分工、信用信息的采集、录入和系统维护、信用评价、奖惩机制等方面规定了信用体系具体管理办法，针对施工、监理、设计单位详细说明了信用等级评价标准，并对近三年参与宁夏公路建设的173家从业单位信用等级进行了评价，向社会公布了宁夏公路建设市场从业单位信用等级评价结果，对信用评价较差的从业单位，从晋升资质等级等方面予以一定的限制；对信用评价好的从业单位，从招投标、履约保证金等方面予以一定优惠条件。

2009年，修订完善了《宁夏公路建设市场信用体系暂行管理办法》，评价内容和方法更趋合理，对规范公路建设从业单位和从业人员行为，维护统一开放、竞争有序的市场秩序起到了很好的作用。按照交通运输部《公路水运工程监理信用评价办法》，组织开展了公路工程监理信用试评价工作，共对宁夏从事高速公路工程监理的14家乙级及以上资质监理企业和69名交通运输部核准的监理工程师进行信用评价工作。启动公路建设市场诚信体系信用平台建设，通过互联网完成信用评价信息的采集、录入、传递，及时公布宁夏公路建设从业单位基本情况、奖惩记录、信用评价结果、公路建设项目信息和其他公路建设市场信息，满足信息需求者的查询和使用，提高建设市场诚信信息管理水平。

2010年，制定了《宁夏公路建设市场信用信息管理实施细则（试行）》，进一步明确和规范了公路建设市场信用信息采集、评价、公示和应用等方面工作。从业单位信用评价结果在厅网站公示、发布，按要求报部备案，同时将评价结果广泛应用于公路建设项目招投标，对信用等级为AA、A级的单位可在履约保证金等方面予以优惠，褒奖诚信，惩戒失信。

2009年以来，对参与宁夏公路建设的700多家从业单位进行了信用评价。

2013年，宁夏交通运输厅被列为宁夏工程建设领域守信激励和失信惩戒制度建设6个试点单位之一，同年，被评为宁夏工程建设领域突出问题专项治理先进单位。

二、工程质量监管

公路工程质量一直是公路建设的重心所在。自1997年修建第一条高速公路起，宁夏交通系统就以"百年大计、质量第一"为目标，牢记质量、安全、廉政三个责任重于泰山，全面推行项目法人制、招标投标制、工程监理制和合同管理制，建立和完善"政府监督、社会监理、企业自检"的三级质量保证体系。成立项目法人单位，作为业主负责高速公路项目的实施；施工单位一律通过招投标的方式确定，签订施工合同；积极推行社会监理和异地监理；委托宁夏交通建设工程质量监督局（原宁夏公路工程质量监督站）对高速公路项目进行质量监督。

1999—2001年，开展了为期三年的"公路建设质量年"活动，宁夏的公路建设市场管理得到加强,业主行为进一步规范,公路建设四项制度得到落实,质量保证体系进一步完善,同时,公路建设的科技含量有了很大提高,质量通病得到有效治理,各单位还普遍开展了创精品工程活动,这一切使得公路建设质量在三年间有了明显提高,上了一个新的台阶。

2004年,交通部修改了《公路建设市场管理办法》,将三级质量保证体系变为四级,即"政府监督、法人管理、社会监理、企业自检"。宁夏交通厅每年至少进行一次公路工程建设市场督查,全面了解公路建设市场状况,掌握各项法规、制度、措施的落实情况和公路工程质量安全情况,针对一些质量安全管理问题,及时提出整改要求。

2006年,组织有关单位和区内外专家对同沿高速公路在建的4个隧道工程项目进行专项检查,对检查中发现的问题及时督促建设单位进行整改;开展治理交通建设领域工程转包和违法分包活动,迎接交通部对宁夏治理工作的专项检查,治理工作得到交通部领导的充分肯定。

2008—2010年,在全区开展公路"监理企业树品牌,监理人员讲责任"行业新风建设活动,制定了各阶段工作目标,有重点、分步骤地推进监理行业树新风建设活动深入开展。

2011年,组织召开公路建设质量座谈会,宣传贯彻交通运输部现代工程管理和公路工程标准化工作理念。在宁夏高速公路建设项目推行标准化施工,印发活动实施方案,出台标准化管理指南和考核评比办法,在东毛高速公路推行工地和试验室标准化建设,标准化施工取得明显效果。

2012继续推进公路工程标准化工作,编写出版《宁夏高速公路施工标准化管理指南》,在盐池县召开高速公路施工标准化工作现场推进会,推动高速公路施工标准化全面实施。协助交通运输部在银川召开全国公路工程技术标准体系建设工作会议。

2013—2015年,将施工标准化活动与混凝土质量通病治理活动相结合,在各重点建设项目继续深入推进施工标准化管理活动,有效促进了工程质量和建设管理水平的提升。

自宁夏高速公路建设起步以来,交通运输部先后7次对工程质量安全和建设市场进行督查,特别是在2013年的督查中,对宁夏质量安全监管工作给予了高度评价,充分肯定了宁夏在高速公路施工标准化方面取得的成绩。宁夏交通运输厅编写了《宁夏公路工程施工标准化推广与应用》,于2015年9月由人民交通出版社股份有限公司出版发行。

三、安全生产监管

宁夏交通运输厅坚持"安全第一、预防为主、综合治理"方针,全面加强安全监管,认真落实安全生产责任制,强化安全生产基础工作,加大事故隐患治理和防范力度,着力构建交通行业安全生产监督保障体系和安全生产管理长效机制,保持交通行业安全形势的基本稳定。

进一步强化安全生产企业主体责任和行业监管主体责任,出台《宁夏交通运输安全生产标准化实施方案》,制定下发了《"一岗双责"工作制度》《宁夏回族自治区公路水运建设工程安全生产费用管理办法》《公路工程施工企业主要负责人和安全生产管理人员考核管理细则》等制度规定。重点开展公路工程建设和交通安全基础设施管理等领域的安全生产专项整治行动。以"平安工地"建设和标准化建设为主要内容,强化工程建设安全监管。制定交通建设工程"平安工地"达标标准,加大工程建设日常安全监管,对建设项目进行安全督查,认真做好全区公路桥梁和隧道工程施工安全风险评估工作。

四、工程造价管理

工程造价管理是工程建设管理的重要组成部分。如何有效控制工程造价,对公路建设资金并不宽裕的宁夏来说,显得尤为重要。因此,为加强宁夏公路工程造价管理工作,于1997年成立宁夏公路工程造价管理站,负责组织编制全区公路工程补充定额;负责全区公路建设项目投资估算、设计概算、施工图预算的审查工作;负责全区公路基本建设项目设计变更增加费用的审查工作;负责公路建设项目发布材料价格信息。

截至2016年底,结合"四新"技术的运用,交通运输厅先后发布台背回填砂砾、空心板混凝土凿毛、混凝土边坡防护、各类挤密桩等80多项补充预算定额,为合理确定工程造价,提供了系统、完整、科学的计价依据。

第三节 工程质量监督

受宁夏交通运输厅委托,宁夏交通建设工程质量监督局(原宁夏公路工程质量监督站)对所有高速公路项目,代表政府实施强制性质量监督,承担质量监管的具体工作。主要职能是:贯彻执行国家有关公路工程质量管理的法律、法规、规章、技术标准和规范,制定宁夏公路工程质量监督管理、工程监理、试验检测方面的实施细则;负责对监督的公路建设项目进行质量监督检查和交工验收前质量检测、竣工验收前质量鉴定;负责宁夏公路工程试验检测管理;承担宁夏公路工程监理企业资质及监理人员资格的监督检查;受理工程质量问题投诉,参与质量事故的调查处理。

"政府监督"是公路建设项目质量保证体系的重要一环,工作任务不但贯穿从项目开工建设到竣工验收的施工全过程,而且还承担着监理行业监管和试验检测行业监管职能。自高速公路开工建设以来,工程质量监督工作按照履职依据的变化和工作内容的侧重点不同,可划分为三个阶段:

第一阶段是1997—2004年。质量监督工作按照交通部《公路工程质量监督暂行规定》(交工发〔1992〕443号)和实施细则的有关要求安排部署;交竣工验收按《公路工程竣(交)工验收办法》(交公路发〔1995〕1081号)和《公路工程质量检验评定标准》(JTJ 071—98)执行。

第二阶段是2005—2010年。《公路工程竣(交)工验收办法》(交通部令2004年第3号)《关于贯彻执行公路工程竣交工验收办法有关事宜的通知》(交公路发〔2004〕446号)《公路工程质量检验评定标准》(JTJ F80/1—2004)《公路工程质量监督规定》(交通部令2005年第4号)和《公路水运工程试验检测管理办法》(交通部令2005年第12号)相继颁布,质量监督和工程交竣工验收工作的相关规定发生了很大变化。2006年,宁夏交通厅公路工程质量监督站更名为宁夏回族自治区公路工程质量监督站。

第三阶段是2011—2016年。这个阶段,标准化建设新理念对工程质量提出了新的要求,交通运输部下发《关于印发公路工程竣(交)工验收办法实施细则的通知》(交公路发〔2010〕65号),修订了《公路工程质量鉴定办法》。2013年,宁夏回族自治区公路工程质量监督站更名为宁夏回族自治区交通建设工程质量监督局,增加了水运工程监督职能,2015年又增加了铁路工程监督职能。

一、质量监督检查

1997—2004年,姚叶高速公路、古王高速公路、麻姚高速公路和叶中高速公路、中郝高速公路、桃同高速公路、银古高速公路、银川南环高速公路、同沿高速公路同固段、中孟高速公路等建设项目相继开工建设。宁夏交通厅公路工程质量监督站克服人员少、任务重、车辆设备不足等困难,认真开展监督工作,把好"三关"。把好"开工关",检查施工单位和监理单位的质量管理体系,对照项目业主的招标要求和施工、监理单位的投标承诺,对进场的人员、设备、材料进行核查;核查施工、监理单位的工地试验室,考核工地试验检测人员水平。把好"施工关",根据工程进展情况将日常监督检查和随机抽查相结合,着眼于"重点工程、重点部位、重点工序";在检查工程实体质量和原材料质量的同时,抽查施工单位的质量保证资料和监理资料,检查监理程序执行情况。把好"竣工关",认真组织、合理规划,严格进行质量检验评定。将监督检查中发现的问题,以《工程质量抽查意见通知书》的形式下发项目业主、施工、监理单位,提出整改意见。同时,将检查情况以《质量监督检查情况通报》的形式抄送交通厅有关领导、处室和相关单位,使有关各方及时掌握了工程质量动态和从业单位的工作情况,促进各方对工程质量的关注。1997—2004年,共发出高速公路质量监督检查情况通报21份。1999—2001年,交通部连续三年开展"公路建设质量年"活动,在活动中质量监督站充当交通主管部门"眼"和"手"的角色,对在建高速公路加大监督检查力度。通过"质量年"活动,所有高速公路参建单位的质量管理体系进一步完善,质量意识进一步强化,工程质量明显提高。2003年,加强"三项通病"的治理,对"实体质量通病、工艺质量通病、管理质量通病"进行归集、分析和总结。

2005—2010年,银川绕城高速公路西北段、盐中高速公路、同沿高速公路固什段和什沿段、石坝至河东机场高速公路、国道211线高速公路、滚红高速公路、银巴高速公路等建设项目相继开工建设。随着交通部相关管理办法的出台,质量监督部门工作定位更加明确,高速公路各项管理制度日益完善,质量监督检查的内容不断增加、脉络更加清晰、体系更加健全。质量监督站除了对原材料、实体质量和施工工艺的检查外,更加侧重于对质量通病的治理和对参建单位质量管理行为的检查,尤其是监理的工作质量和试验检测工作的规范性。同时,质量监督站在这一阶段也完善了内部制度和工作流程,建立了监督台账,将《工程质量抽查意见通知书》和《质量监督检查情况通报》统一成《监督检查意见》。对发现的问题加强跟踪复查和闭合管理,确保问题得到妥善解决。通过不断的努力,将质量问题和质量隐患消除在萌芽状态,对高速公路工程质量的提高起到了积极的推动作用。

2005年,质量监督站对路用沥青、标线涂料、波形梁钢护栏、标志板及反光膜、硅芯管等产品质量进行了监督抽检。2006年,加强了对标准试验的监督检查,要求监理单位进行独立的验证试验,杜绝"药方式"的标准试验报告。2007年,对4个在建高速公路项目采集了33个沥青样本,分送至7个省份的11家公路甲级检测机构进行了质量检测。同年,对高速公路的监理持证情况进行了突击检查。2008年,针对影响工程结构安全、耐久性和使用性能的质量问题,责令相关单位返工处理沥青路面、路基、桥梁、排水等工程共计5次。同年6月,组织开展了在建公路原材料质量抽检活动。2009年,继续开展了在建公路项目原材料抽检,开展了交通产品质量监督抽查。2010年,开展了混凝土质量通病专项治理活动。2005—2010年,共发出高速公路监督检查意见30份。

2011—2016年,东毛高速公路、固西高速公路、彭青高速公路、乌玛高速公路银青段、黑海高速公路、同海高速公路、G344线青石嘴至泾源高速公路、青银高速公路改扩建、京藏高速公路改扩建等建设项目相继开工建设。2010年6月,标准化建设新理念提出,随着"四新"技术的推广应用,公路建设"五化"(发展理念人本化、项目管理专业化、工程施工标准化、管理手段信息化、日常管理精细化)管理的落实,高速公路工程质量跃上一个新的台阶,质量监督的方式方法也发生着变化。一是监督覆盖"不留死角"。集中解决屡改屡犯的问题、"牛皮癣"式的"小"问题和以往游离于行业监管之外的问题。二是监督方式多样化。以落实和公开质量责任带动全员质量意识的提高,以政府购买服务方式招标了"质量监督检测机构备选库"来进行监督抽检,以专项督查和质量约谈的方式集中解决某一类问题。三是监督手段信息化。开发"工程质量责任登记系统""工程质量监督申请系统""试验检测监管系统"并实现系统间的数据共享,提高了工作效率。四是行业监管系统化。提出了监理市场"五步走"改革方案和试验检测"三个保证"与信用评价相结合的监管模式。

在此期间,2012年,加强了外购混凝土构件、拌和料、商品混凝土的质量监管。要求向社会提供成品桥梁梁板的预制场和沥青混凝土的拌和站建立符合要求的试验室,建立产品台账,便于产品质量溯源;对于商品混凝土,要求其配合比必须经监理工程师验证批复,商品混凝土及其原材料必须进行自检和监理抽检;外购涵管进场后,对每批次涵管随机抽取一节进行破损检查,其余管节应进行回弹强度检测和钢筋间距无破损检测,确保涵管配筋和混凝土强度符合设计要求。2012年开始,要求检测单位向质量监督站报备桥梁支座的检测情况。2013年,开展了路基工程、路面工程、隧道工程及山区防排水工程专项督查。2014年,加大了隧道防水板铺设、仰拱厚度等关键工序的检查力度。在自治区"公路建设质量年"活动中,开发了"工程质量责任登记系统",将质量责任分解到工程一线人员并向社会公开,使工程所有环节都有对应的质量责任人,建设过程中发现的任何质量问题都可追溯到具体责任人。2015年,开展了路面工程、隧道工程、养护大中修工程质量专项督查。同年,简化了公路大中修养护工程、机电、房建工程的质量监督程序,实行交工检测备案。参与编写了《宁夏公路工程施工标准化推广与应用》,总结了新工艺、新工法。2016年,开发了"工程质量监督申请系统""试验检测监管系统"并投入使用。开展了路面工程、路基桥涵工程、桥梁加固维修工程专项督查和交通运输产品质量行业监督抽查。2011—2016年,共发出高速公路监督检查意见53份、专项督查通报13份。

二、交工检测和质量鉴定

交竣工验收是整个质量管理过程的最后环节,也是重要环节。

1997—2004年,按照当时交竣工验收办法的相关规定,由质量监督机构组织进行交工验收质量检验评定,质量检验评定采用现场检测与查阅施工、监理单位质量保证资料相结合的方式,对于隐蔽工程的质量数据通过查阅施工过程资料获得。这一阶段,高速公路项目的质量检验评定共进行了8次。

2004年,新的交竣工验收办法和工程质量检验评定标准颁布,强化了项目法人的责任,交工验收交由项目法人负责,由项目法人组织监理单位进行质量评定。但在交工验收前,由质量监督机构按照《公路工程质量鉴定办法》对关键指标进行独立的质量检测,出具交工检测意见,否则项目法人不得组织交工验收。竣工验收由交通主管部门负责,在竣工验收前由质量监督机构完成质量鉴定。新的交竣工验收办法实行后,质量监督站在进行交工检测时,是委托有资质的检测单位进行独立的检测,不再采信工程过程资料数据。针对这种情况,质量监督站加强了对受委托检测单位的指导,对其检测人员提出了更高的要求,同时对交工检测中的重要数据进行复核,确保了检测数据的准确性。2010年,交通运输部又对《公路工程质量鉴定办法》进行了修订,要求质量监督机构在竣工验收前的质量鉴定时,对部分关键指标进行复测。2015年11月,《交通运输部关于印发高速公路项目交工检测和竣工鉴定质量不符合项清单的通知》(交安质发〔2015〕171号)发布,进一步加强了高速公路建设项目的交工质量检测和竣工质量鉴定工作,对重大质量问题实行"一票否决"。

2005—2016年,高速公路项目交工检测共进行了39次。从2005年开始,为了给路面工程的施工抢出时间,质量监督站克服人员少、任务重的困难,"化整为零"分段落对高速公路路基土方工程进行交工检测,路基交工检测共进行了285次。2016年,按要求对7个公路建设项目进行了质量不符合项清单排查。

三、监理行业监管

自1990年工程监理制引入宁夏以来,监理市场管理一直是质量监督机构的一大课题。由于高速公路建设的迅速发展,监理行业规模不断扩大,监理人员需求不断增加,监理人员短缺问题突出,所以监理市场管理的难度非常大。

(一)人员培训与考试

质量监督站1997—2006年累计举办监理人员培训班16期,培训监理人员共计1390人次。2004—2014年,按照交通部统一安排,共组织监理工程师执业资格考试10次,通过考试取得交通部监理工程师资格的有108人,取得专业监理工程师资格的有235人。

(二)加强监管与追责

2001—2006年,开始治理整顿公路监理市场秩序,对监理机构和全区从业监理人员进行调查登记,建立高速公路项目监理人员动态管理档案。并对监理人员相关证件的真实性进行检查。期间,通报批评监理单位2个,清退监理人员2人,通报批评3人。

2007年,宁夏交通厅发布了《宁夏公路工程监理企业及监理人员执业考核办法》(宁交通知〔2007〕24号),推行"监理执业考核"制度。要求在宁夏从业的监理人员将监理资格证交由质量监督站保管,换发考核证上岗,在工程完工后进行考核。这一制度有效地遏制了监理假证泛滥、无序流动、挂证投标的不良状况。质量监督站对593名高速公路进场监理人员的"三证"(学历证、职称证、监理资格证或培训证)进行核查,对59名进场人员的假证予以没收,引起建设各方的高度重视,提高了监理企业履约意识和诚信意识。2012年,交通运输部《公路水运工程监理工程师登记管理办法》发布后,经过一段时间的过渡,"监理执业考核"制度才废止。2007—2014年,累计对2719名监理人员进行了"三证"核查,为2602人办理了执业考核证,对59个假证人员和58个未通过核查的人员进行了清退。

2008年起,每年开展一次监理专项督查,推动了监理机构的规范管理,强化了监理人员的责任意识。督查中,责令清退总监1人,通报批评副总监1人。2009—2010年,开展了"监理企业树品牌、监理人员讲责任"的行业新风建设活动。

(三)推行监理改革

2013年,交通运输部在全国范围内开展监理调研工作,开始广泛地讨论"监理向何处去"。宁夏交通质监局经过认真调研,针对公路监理市场"持证人员少、无序流动频繁、工作责任心差、监理资料造假且数量较多、监理待遇低、业务能力差"六大问题,提出"减资料、降人数、保持证、严评价、提待遇"的"五步走"改革方案。即从修改监理规范入手,减少监理资料并打击假资料,减少监理人员数量,提高监理人员持证上岗率,再通过信用评价严格管理,建成专家型队伍,最后考虑提高待遇,使公路监理行业进入良性循环。这一方案得到了交通运输部相关部门的认可。

四、试验检测市场管理

(一)加强市场培育

高速公路建设之初,宁夏公路试验检测市场还未成型,试验检测设备缺乏、人员检测技能不足。1998—2006年,加大了人才培养力度,共举办公路工程试验检测培训班8期,培训试验检测人员1240人。2001年,举办了水泥新标准专项学习班,培训200余人。2006—2014年,共组织公路水运试验检测人员考试8次,取得检测工程师资格的484人,取得检测员资格的1298人。在培训人员的同时,从1999年开始认真组织公路试验检测机构资质的等级认定。目前,宁夏有综合甲级公路工程试验检测机构1家、综合乙级4家、综合丙级20家。

(二)统一报告格式

2012—2013年,依据《公路试验检测数据报告编制导则》(JT/T 828—2012),组织区内试验检测机构和试验检测专家反复讨论研究,并邀请全国专家来宁咨询指导,发布《宁夏回族自治区公路工程试验检测报告(含记录)标准格式》,在全国率先实现试验检测报告的标准化。

(三)明确监管思路

2013年,提出"三个保证"与信用评价相结合的工作思路。"三个保证"即保证试验检测报告签字的真实性、保证试验检测报告内容的科学性、保证母体机构对工地试验室管理的有效性。报告签字真实了,才能追溯到责任人,才能保证报告内容科学,才能严格进行机构和人员的信用评价。如果检测机构被通报批评,在当年信用评价时就会被降级。目前,质量监督局已将从业检测机构的用章和检测人员的签名进行备案,作为信用档案的一部分,工地检查时可以与试验检测报告核对。

(四)开展专项治理和数据打假

2007—2009年,按交通部要求开展为期三年的试验检测专项治理活动。2008—2016年,开展了3次比对试验和7次试验检测专项督查,持续进行了试验检测数据打假。2011年,对试验检测报告不真实、伪造试验检测人员资格证的4家试验检测机构进行了通报批评。2014年,根据比对试验结果对6家试验检测机构给予通报批评,限期整改6个月。2015年,对1家出具虚假检测报告的检测机构暂停了资质,对相关责任人进行了处罚;同年,根据比对试验结果对2家试验检测机构给予通报批评,限期整改6个月。2016年,对2家出具虚假检测报告的检测机构暂停了资质,对报告签发人签字不真实的6家检测机构进行了通报批评,对2家检测机构设立的工地试验室撤销了备案,对存在失信行为的18名试验检测人员进行了相应的处罚。

经过不懈努力,工程质量监督各项工作不断发展、不断创新、不断迈上新台阶。2017年,随着交通运输部"品质工程"建设的推进,质量工作进入了一个新的历史阶段。

第四节　项目法人责任制管理

一、"指挥部"模式

姚叶高速公路作为宁夏第一条高速公路,没有现成的组织机构,为了加强建设领导和协调等有关方面工作,自治区人民政府于1997年1月2日以宁政办发〔1997〕1号文件通知,成立自治区姚叶公路建设领导小组,下设工程建设指挥部和征地拆迁指挥部,明确了3个机构的负责人和组成人员。

时任自治区政府副主席任启兴任姚叶公路建设领导小组组长,时任自治区政府主席助理于革胜任副组长兼总指挥,时任交通厅厅长陈敏求、计委副主任赵春起、银川市市长韩有为任副组长。成员由自治区党委组织部、宣传部,自治区政府办公厅,体改委、财政厅、建设厅、公安厅、土地局、地税局、交通厅,银川市政府等部门的负责人组成。陈敏求兼任工程建设指挥部指挥长,韩有为兼任征地拆迁指挥部指挥长。

领导小组办公室设在自治区交通厅,时任自治区政府办公厅副秘书长陶源兼任办公室主任,计委副主任赵春起、交通厅总工程师方从贯兼任办公室副主任,办公室成员由自治区计委、交通厅、公安厅、土地局及银川市政府有关人员组成。

工程建设指挥部由交通厅组建,职责是以业主身份对项目进行全过程管理,负责筹集建设资金,组织工程建设招投标,安排工程进度,检查工程质量,控制投资规模,解决工程建设中出现的重大问题。

征地拆迁指挥部由银川市人民政府组建,负责在自治区定额补偿标准范围内,包干完成所属行政区内的征地拆迁及工程临时用地、取土场、料场划拨,组织义务投劳工作,负责本地区有关建设纠纷、治安等施工环境问题。

自治区编制委员会批准成立了姚叶公路工程建设指挥部办事机构,内设办公室、宣传教育处、工程建设处、工程建设协调处、工程质量安全处。事业编制25名,处级干部职数10名,5正5副。两年后又增设财务处。

由于人员变动和工作需要,自治区人民政府于1998年7月15日调整姚叶公路工程建设领导小组及其下设的工程建设指挥部和征地拆迁指挥部组成人员。时任自治区人民政府副主席王全诗任领导小组组长,自治区交通厅厅长海巨增、计委副主任赵春起、银川市代市长郝林海、石嘴山市市长马瑞文、银南行署专员杨永山任领导小组副组长。成员由自治区党委组织部、宣传部,自治区人民政府办公厅、体改委、财政厅、建设厅、水利厅、交通厅、地税局、电力局,建设银行宁夏分行,工商银行宁夏分行,银川市政府,石嘴山市政府,银南行署等单位负责人组成。海巨增兼任工程建设指挥部指挥长;郝林海、时任石嘴山市副市长刘昆、银南行署副专员王世英分别兼任银川段、平罗段、青铜峡段征地拆迁指挥部指挥长。

随着国家基础设施建设投入力度加大,姚叶公路向北、向南延伸两项工程相继立项,向北延伸至石嘴山,向南延伸至中宁,计划于1999年下半年开工建设。三项工程相连接,即形成北起石嘴山,南讫中宁的高速公路,简称石中高速公路。为此,自治区政府办公厅于1999年3月22日以宁政办发〔1999〕31号文件,决定在姚叶公路建设领导小组的基础上成立石中高速公路建设领导小组(原姚叶公路建设领导小组不再设立),领导石中高速公路建设。

高速公路建设领导小组主要负责对工程建设全面管理,协调解决工程建设中存在的重大问题。工程建设指挥部以业主身份对项目进行全过程管理,负责筹集建设资金,组织工程建设招投标,安排工程进度,检查工程质量,控制投资规模,研究解决合同及工程建设中出现的重大问题。

高速公路工程建设指挥部管理期间,每一个高速公路建设项目均由自治区政府成立领导小组,由交通厅成立一个工程建设指挥部具体负责项目建设,统一领导,协调有力。但是,各指挥部之间交流相对不够,同样的问题在各工程建设项目中容易重复出现。在这一阶段,工程建设指挥部主要从以下三方面加强建设管理。

(1)重视建章立制。根据国家有关公路建设的法规、法令,1997年6月24日,姚叶公路工程建设指挥部召开指挥长办公会议,讨论通过了《姚叶公路工程建设指挥部工作规则》和《姚叶公路工程建设指挥部各处室工作职责》。随后,指挥部各处室根据工程管理的实际需要,制定了有关工程管理、合同管理、财务管理、质量管理等方面的规章制度,使工程建设质量、工期、投资"三大控制"目标纳入科学化、规范化和依法管理的轨道。

(2)建立健全了三级质量保证体系。建设初期,工程建设指挥部的管理者紧抓质量不放松,把质量管理放在一切管理的首位,形成了一整套的工作规范和程序。申请自治区公路工程质量监督站代表政府对工程质量实行监督;委托中国公路工程咨询监理总公司引用现行公路行业比较先进的管理模式,对工程进行全方位、全过程、全天候的监理;督促施工单位建立有效的质量自检体系。这一完整的质量保证体系在姚叶高速公路三年多的建设过程中,发挥了至关重要的作用。

(3)注重提高管理人员和技术人员的素质,以适应工程建设管理的需要。组织技术、管理干部认真学习国家有关公路和基本建设的政策法规、交通部有关公路建设的条例、规章,熟悉高速公路建设管理的程序和管理方法,使管理行为真正符合工程建设的要求。分批选送工程技术人员、管理人员到交通部举办的有关公路建设、新材料和新工艺推广等各种学习班、研讨班、培训班进行学习培训,通过强化学习,提高工作人员的素质。利用冬季空闲时间,组织人员赴江苏、上海等地,认真学习高速公路建设管理经验,从中汲取丰富的营养,提高自身素质,以加强姚叶公路的建设管理。

自姚叶公路工程建设指挥部成立后,又相继成立了古王、石中北段、石中南段、中郝、桃同、银武宁夏段、银古、银川绕城高速北环、盐中、中营等13个高速公路工程建设指挥部,除了工程建设处在每段高速公路建设中重新设置之外,其余机构为综合共用处室,基本保存了姚叶公路建设时期形成的机构框架,且大部分处室为各项目公共处室。

"指挥部"模式是举全区之力办大事,这在宁夏高速公路建设初期,符合宁夏抢抓机遇、加快发展的总体思路,使宁夏高速公路建设步入了快车道,探索积累了一整套宝贵的建设经验,总结制定了一系列行之有效的管理制度,培养和锻炼了一大批高速公路工程建设及管理人才。

二、"建设管理局"模式

交通行业牵涉面广,工作量大,尤其是公路建设、公路管理和交通行政执法。由于历史原因,系统内部存在着机构重叠、分工过细,政事、政企、事企不分,资源浪费严重,多头执法等诸多深层次矛盾和问题,影响工作效率和部门形象,并随着社会主义市场经济体制改革的逐步深入日益凸显。鉴于此,交通厅党委通过深入调研,形成了拟撤销银武、银古、石中高速公路工程建设指挥部、宁夏公路建设管理中心,成立宁夏公路建设管理局;拟撤销宁夏公路管理局、宁夏高等级公路管理局、宁夏高等级公路路政总队、宁夏六盘山隧道管理处,成立新的宁夏公路管理局的改革方案,得到自治区党委、政府认可批准。

2006年4月,根据《自治区党委办公厅、人民政府办公厅关于全区事业单位机构编制清理整顿工作的意见》(宁党办〔2005〕39号)精神,将原宁夏银武、石中、银古三个高速公路建设指挥部和宁夏公路建设管理中心合并,组建宁夏公路建设管理局,为自治区交通厅所属副厅级自收自支事业单位,专门从事全区国、省道干线公路建设管理。主要职责是:贯彻执行国家和自治区有关公路建设法律、法规和政策,落实交通运输厅有关规章制度和工作部署;参与全区公路网建设规划、中长期建设计划的编制;协助筹措公路建设资金;负责公路项目前期工作和工程设计、监理、施工招投标;负责公路工程建设管理,实施投资、进度、质量控制管理和合同管理,落实施工安全制度和安全措施;负责工程建设用地征迁及协调;负责组织工程交工验收,配合工程决算和竣工验收;承办交通厅交办的其他工作。

宁夏公路建设管理局内设办公室、总工程师办公室、宣传处、高速公路建设管理处、地方公路建设管理处、建设协调处、质量安全处、财务处、监察审计处9个常设处室,另设同沿、中营、银古、盐中高速公路建设管理处4个临时处室。后来,内设处室报请自治区编办进行调整:4个高速公路建设管理处临时处室变为常设处室,并更名为高速公路建设一处、高速公路建设二处、高速公路建设三处、高速公路建设四处,财务处变更为财务审计处,监察审计处变更为纪检监察室。

宁夏公路建设管理局从成立至今,主要承担着全区高速公路和国省干线公路的建设管理,具有资源配置合理,工作效率高的优势。每年完成的公路建设投资约占宁夏交通建设投资总额的65%~80%。在建设管理中,各项目相互借鉴、相互交流,各种公路建设管理的新理念和新的管理方式得到及时推广应用,项目建设管理水平得到普遍提高,公路建设质量得到大幅提升。

三、探索改革发展新模式

多年以来,宁夏高速公路建设投融资由交通运输厅负责,具体的融资平台为宁夏交通投资有限公司。公司成立于1998年,注册资金为14.3亿元人民币。截至2013年底,资产总额为255亿元,负债136亿元,所有者权益119亿元,营业收入为28.28亿元,利润总额为10.4亿元。

根据国务院《关于加强地方性债务管理的意见》(国发〔2014〕43号)等一系列财税体制改革文件和自治区党委十一届三次会议精神以及自治区关于国企脱钩改革的要求,宁夏交通运输厅通过深入调研,于2014年8月,向自治区国资委报送了《宁夏交通运输厅直属国有企业脱钩改革方案》。2016年7月,自治区党委办公厅、政府办公厅印发了《关于印发〈自治区属国有企业重组改革实施方案〉的通知》(宁党办〔2016〕59号),批准成立了宁夏交通投资集团有限公司。集团公司以原宁夏交通投资公司为母体,将宁夏交通科学研究所、宁夏交通国际物流港、宁夏通运物业服务有限公司、宁夏公路监理咨询公司4家企业整合,均无偿划转,统一纳入新组建的集团公司,作为集团公司全资子公司管理。

集团公司的主要功能和业务是,承担自治区主要交通基础设施建设项目的投资开发建设,通过资本整合与引进战略合作,推动交通基础设施建设产业转型升级,提升宁夏交通基础设施建设及其相关产业的竞争力。业务范围包括交通基础设施项目投融资、公路铁路建设、工程技术咨询和监理、现代物流仓储等。

经营宗旨为,认真贯彻落实自治区党委、政府的战略部署,以增强交通发展能力为目标,积极投身交通基础设施建设和资源开发,盘活存量资产,注入增量资产,打造集投融资、交通基础设施建设、运营、管理功能于一身的综合性交通投资集团公司,成为宁夏交通领域产业龙头,促进宁夏经济社会又好又快发展。

截至2016年底,集团公司已正式挂牌成立,正在积极开展调研,组建内设机构和建章立制工作。同时,作为投资方和项目法人,采取代建制方式融资建设同心至海原高速公路项目;正在筹划建设银川至百色高速公路宁夏段等项目。

第九章
人才培养

一直以来，宁夏交通运输厅严格贯彻落实"人才强交"战略，坚持以高速公路建设人才需求为主线，以高层次、高技能专业人才及高素质管理人才为重点，着力打造良好的高速公路人才队伍发展环境，充分发挥优秀人才在高速公路建设事业发展中的骨干作用，最大限度地激发人才的创造活力，为宁夏高速公路建设提供了强有力的人才保障和广泛的智力支持。

第一节 培养人才机制

1997年，宁夏第一条高速公路——姚叶高速公路开工建设，为保障项目实施，交通厅在全系统选拔25名技术精、能力强的干部职工投入高速公路建设管理。1999年，古王、石中等高速公路相继开工建设，为满足快速增长的高速公路建设需求，交通厅积极向相关部门争取人才优惠政策，努力协调解决编制、人事关系等因素对高速公路建设的不利影响，在系统内选拔优秀人才投入高速公路建设管理，先后任用28名正处级干部、35名副处级干部，聘用了一批高级专业技术人才，开启了公路建设人才队伍建设的大门。

2006年，宁夏公路建设管理局作为项目建设单位和项目法人，统筹管理全区高速公路建设，逐步解决了管理与技术"双肩挑"、人才分布不集中、不合理等问题。随着高速公路建设事业的发展，宁夏公路建设管理局由9个正处级内设机构增加至13个，人员编制由90人增加至140人。对宁夏公路管理局工作职责进行重新定位，内设7个处室，下设5个分局，全面加强运营管理。宁夏交通工程质量监督管理局、公路工程造价管理站、项目融资办公室、宁夏交通投资公司、交通科研所、宁夏公路工程咨询监理公司按照职责分工，肩负起高速公路建设质量监管、管理论证、投融资、科技攻关、质量检测和工程监理等任务。宁夏公路勘察设计院、宁夏路桥公司等公路建设类非公有制企业也相继改制成功，成为宁夏高速公路建设的生力军。同时，交通运输厅在重大项目建设上以海纳百川的胸怀向全国招投标，吸引了一大批国内知名企业参与到宁夏高速公路建设中，使宁夏高速公路建设的理念、管理和施工水平与国内先进水平同步。一大批区外专业技术和管理人才为宁夏高速公路建设带来的新理念、新技术、新方法，成为宁夏高速公路人才队伍建设的重要源泉。经过全系统上下的不懈努力,高速公路建设为宁夏经济社会发展作出了积极贡献,受到了自治区党委、政府3次重大表彰,获得各级领导和社会各界的肯定和支持。

一、聚焦人才发展,建立长效机制

宁夏高速公路建设初期,人才发展机制建设处于探索期,处于"输血"式人才发展状况,虽然推动了姚叶、古王、石中等高速公路的顺利建设,但无法有力支撑快速增长的高速公路建设需求,人才队伍培养亟待加强,内部"造血"需求日益凸显。交通运输厅以五年发展规划为基点,在自治区人才工作领导小组的支持下,制定了《宁夏回族自治区现代交通运输人才发展中长期规划》,致力于人才发展与行业发展的结构性协同与时序性协同建设,定向、定量培养人才,健全培养体制,逐步完善人才引进、培养、激励发展体系,努力打造了一支政治上靠得住、工作上有本事、作风上过得硬的高速公路建设队伍。着力构建了外部"输血"与内部"造血"相互协调的良好人才建设机制。

主动作为,采取"请进来"方式加大人才引进。引进国内高速公路建设先进技术和管理模式,学习工程建设规划、论证、勘察、设计、施工、安全管理等方面的经验,开展高速公路建设领军人才和建设团队在宁夏的传帮带工作,培育了一批为宁夏高速公路建设做出突出贡献的管理人才和技术人才,许多人才被提拔担任企事业单位领导岗位、重大科研及建设项目负责人;先后制定了《宁夏交通运输厅干部轮岗交流制度》《宁夏交通运输厅事业单位公开招聘工作人员实施办法》等多项制度,引进公路建设专业博士研究生,公开招聘570余名公路工程、桥梁工程等专业的高校毕业生。

虚心学习,采用"送出去"方式加快人才培养。积极协调自治区人社厅等部门,依托世行、亚行外资项目,虚心学习国际先进的现代工程管理理念和管理方法,选拔多名优秀青年骨干出国学习深造,100多人次出国培训学习,上万人次参加国内各类集中教育培训;建立了绿色交通讲堂、交通青年大讲堂等学习平台;加强了行业标准、公路建设新理念、新技术、现代工程管理及信息化等知识的培训,及时更新知识,紧跟工程建设管理新形势,逐步规范了人才培养模式;鼓励优秀人才上讲台讲经验,进学校再深造,联系东北大学等高校联合办学培育研究生,有针对性地支持、鼓励和组织干部职工接受再教育。

二、主动奉献"踏实干",加强人才激励机制建设

按照"人尽其才,才尽其用,用当其时"的原则,交通运输厅积极统筹专业技术人员岗位职数配备,向高速公路建设方面倾斜。协调交通工程系列职称评审委员会,坚持以品德、能力、业绩和贡献为导向,注重专业技术人员的专业性和创造性,2012年以来,共评出交通工程系列正高级职称专业技术人员82名、副高级职称186名、中级职称527名、初级职称617名。加强了评先推优激励力度,让高速公路建设人才劳有所获。

加强制度建设是人才培养工作的重要保证。近年来,交通运输厅逐步建立完善的领导体制、人才资金保障机制、人才任用机制、人才评价体系、创新人才激励机制、社会公开招聘等制度,为宁夏高速公路建设营造了聚集人才、培养人才、用好人才的良好人才发展氛围,形成了"人才引进、人才培养、人才激励"发展机制,为高速公路人才队伍建设提供了强有力的制度保障和良好的发展环境。

第二节　发挥人才作用

一、高素质管理人才茁壮成长

交通运输厅在高速公路建设领域,着力健全领导干部选拔任用、绩效考评、权力运行监督机制,大力推进干部竞争上岗、领导干部聘任制,不拘一格选拔任用优秀管理人才,造就了一批德才兼备、勤勉廉洁、求真务实、奋发有为的高素质管理人才,构建了高速公路"建、管、养、运"的协调发展机制,夯实了宁夏高速公路健康有序发展的基础。

二、高层次科技人才培养成效显著

以重大交通工程项目、交通运输科技项目、重大工程管理与技术管理项目等为载体,不断加强高层次科技人才锻炼培养,为优秀专业技术人才提供了施展才能的平台。交通运输厅先后有11人被评为中国公路百名优秀工程师,4人被评为自治区"313"人才,4人享受自治区政府特殊津贴,1人被评为全国交通运输青年科技英才。高层次科技人才队伍不断壮大,带动了工程项目管理与技术水平的快速提升。

三、专业人才后备力量雄厚

随着高速公路建设人才发展机制的不断完善,培养、选拔、使用、激励高技术专业人才的工作体系逐步形成,为更多青年优秀人才提供了发挥才能、实现自我价值的机遇和舞台。2016年,公路建设队伍大专以上学历人数达到72.85%,青年高技术专业人才比重不断增大,技术能力显著增强,青年专业技术骨干人才梯队构建合理,公路建设后备力量底蕴深厚,为抓住交通运输发展黄金时期,全面提升交通运输可持续发展提供了有力的人才保障和智力支持。

第十章
创新发展理念

高速公路的建设和设计理念随着经济社会的进步,也在不断发展和完善。在宁夏高速公路建设20年进程中,建设者敢于打破常规,突破现状,不断创新发展理念,走出了一条具有宁夏特色的高速公路建设发展道路。

第一节 缓解"瓶颈"

宁夏地处祖国西北内陆,不沿边,不靠海,公路运输是主要运输方式,在全区经济发展和社会进步中具有极其重要的作用。20世纪90年代初,随着改革开放的不断深入,宁夏回族自治区经济发展速度增长加快,公路交通基础设施发生了较大的变化,全区公路通车里程、民用汽车保有量大幅增加,"远介朔陲、交通梗阻"的状况有了较大改善。

就交通而言,由于历史欠账太多,宁夏仍处于半封闭状态,现有公路没有顺畅的融入国家路网,还没有形成东进西出、南下北上的运输大通道格局。公路基础设施远不能满足经济和社会发展的需要。农业、能源、水利、矿产、旅游等资源优势无法转化为经济优势;公路密度、通行能力和通达深度亟待提高,贫困山区的扶贫攻坚任重道远。交通落后仍然是宁夏经济社会发展的主要制约因素。

面对国家实施西部大开发战略,宁夏在公路基础设施建设上必须进一步解放思想、开拓进取,抢占制高点;必须抓住历史机遇,锲而不舍地大力发展公路交通,建设"通江达海、大进大出"、连接周边省区的公路运输格局,才能适应大开发、大发展的需要,才能缩小同发达地区的差距,实现宁夏经济的跨越式发展。

宁夏建设高速公路,主要困难是资金匮乏。宁夏地方财政收入有限,是"输入"型和"保吃饭"型财政,没有能力安排大量的资金修建高速公路。因此,修建高速公路的资金必须依靠交通运输部、国家发改委等部委的大力支持;必须依靠自治区党委、政府在政策上给予优惠和扶持;需要外资和国内商业银行贷款等形式多样的筹融资措施;同时,也要想方设法节约建设成本。

姚叶高速公路修建时,交通部提供了3.96亿元资金补贴。中国建设银行宁夏分行向姚叶高速公路一次性承诺贷款8亿元。自治区人民政府、财政、物价、土地、税务等部门先后出台了一系列优惠政策：按低限确定土地补偿费标准、拆迁补偿费标准；无偿划拨荒滩、荒地供公路建设取土；减免有关税费等。

在建设过程中采取多种手段，在保证工程质量的前提下，尽可能地节约建设成本，降低工程造价。古王高速公路建设第一次委托具有国际招标资质的单位进行国际国内竞争性招标，择优选择施工单位和监理工程师，对公路路面沥青材料和养护设备采用国际招投标采购，对公路试验设备采用国际直接（IS方式）采购，采用单一来源的选择方式进行咨询人的选择。对土建、货物采购国内国际竞争性投标价采用合理最低标中标方法。94km长的古王高速公路每千米平均造价仅1100万元，古王高速公路被誉为"西部公路建设样板路""全国造价最低的高速公路"。

设计上的节约是最大的节约。在设计理念上，因地制宜，就地取材，以改善交通条件，满足高速公路基本技术标准，保障工程质量为原则，不追求"高大上""新奇特"，以及过分超前，造价很高的工程，在路线线形、桥梁结构、施工工艺、建筑材料等各方面尽可能降低工程造价。

宁夏高速公路的建设存在很多地方特色，如投入运行初期交通量小，部分路段为荒漠草原等。因地制宜，采取针对性的措施，想方设法降低工程成本。

宁夏在高速公路建设初期，先解决的是无路可走的问题，用有限的建设资金先把路修起来，有好多东西都是分期实施的。在修建石中高速公路南北段时，当时规定1km要设1对应急电话，每个大概4万多块钱，考虑到手机不断普及，需求不是很迫切，先期就没有安装应急电话，但经与移动公司协商，解决了高速公路上的盲区，这笔钱就省下来了；我们前期用绿化代替防眩板，这有个前提，就是刚开始交通量小，车辆少，夜间眩目不是主要的问题。后来交通量增加了，钢材价格也下降了，换成了比较高档的防眩网，这与建设初期相比也省下来人笔的资金；前期建设资金紧张时，城市出口立交匝道、高速公路的两边绿化主要是调动地方政府的积极性，发挥各自优势，将绿化工程的一部分资金补贴给当地政府，在高速公路两侧做了50m宽的绿化带，花钱不多，绿化效果很好。

各种新材料、新工艺、新技术、新设备的推广使用，是建设成本较低的重要原因之一。据时任姚叶高速公路工程建设指挥部建设处处长关梅立回忆：

姚叶高速公路处于黄河灌区，两侧多为高产良田，属粉性土，如就地取土填筑路基，不但质量不理想，而且要付出破坏上万亩耕地的代价，路基的填土总量1116万m^3，如全部采用公路两侧的农田，取土面积达1.6万亩。建设单位综合考虑后，选择在贺兰山东麓洪积扇及黄河东岸台地远运砂砾土填筑路基。保证了路基的强度和水稳性，同时，减少了上万亩耕地的征地，也节省了大量的建设资金，保护环境效果特别突出。

通过这一系列措施，有效地降低了高速公路建设成本，用有限的资金建设了更多的路，"好钢使在刀刃上"，有效缓解了宁夏交通的"瓶颈"问题。

第二节　与自然和谐相处

党的十七大报告指出,坚持节约资源和保护环境的基本国策,关系人民群众切身利益和中华民族生存发展,必须把建设资源节约型、环境友好型社会放在工业化、现代化发展战略的突出位置,落实到每个单位、每个家庭。在公路建设中,落实党的十七大精神,以人为本,建设资源节约型和环境友好型公路是建设者义不容辞的责任。

宁夏的东、西、北三面,分别被毛乌素沙地、腾格里沙漠、乌兰布和沙漠相围,生态环境脆弱,如何处理好高速公路建设与自然环境的关系是宁夏公路建设者必须处理好的难题。

一、古王高速——绿色的启迪

古王高速公路全线穿越毛乌素沙漠南缘。这里是中国北方沙化严重的区域之一,"一年一场风,从春刮到冬",降水量小,蒸发量大,植被稀疏,生态环境十分脆弱。

古王高速公路项目是世界银行贷款项目,在设计和建设管理等多方面引进了国际先进的建设理念,"建设一段高速公路,营造一条绿色长廊,建设与环保并举"——这是为古王高速公路项目定的基调,它既符合沿线群众的深切期盼,也符合发达国家总结出的经验。

古王高速公路穿越地段沙化、荒漠化、盐碱化程度十分严重,要想让花草树木在这里扎根成活必须在设计和施工上依靠科技,大胆创新。工程建设指挥部多次组织专家学者到实地踏勘,反复论证,按照"设计先进,实施可行,便于管理,节约资金"的原则,通过绿化生态工程,实现"视线诱导、防眩保安、防风固沙、固土护坡、美化路容、保护环境"的目标,因地制宜地制定出了切实可行的绿化设计施工方案。如:采取生态护坡技术,在高速公路两侧开挖的鱼鳞坑内种植柠条、花棒、紫穗槐、红柳等沙生植物;在流沙地段80~100m范围内扎设草方格,控制流沙移动;把中央分隔带、立交区和部分路段路基两侧的非种植土,全部更换为含盐量小于1%的种植土,再进行绿化等。

古王高速公路虽然处于较为恶劣的自然环境中,但通过建设者和运营管理者的不懈努力,仍然形成了一条绿色丝带,成为荒漠中一道靓丽的景观。古王高速公路的绿化工程,不仅带来了高速公路绿化环保的新理念,也让宁夏在高速公路绿化工程建设方面总结出一系列经验。

二、盐中高速——"不求所有,但求所绿"

盐中高速公路沿线大部分属于荒漠草原,植被以草原沙生植物为主,土地易沙化,自然生态十分脆弱。该项目被交通部列为2005年新增的18个公路勘察设计典型示范工程项目之一(图3-10-1)。

图3-10-1 盐中高速公路

在项目实施过程中,宁夏公路建设者认真贯彻落实交通部《公路勘察设计典型示范工程咨询示范要点》,树立"安全、环保、舒适、和谐"的理念,结合项目实际,提出了"不破坏就是最大的保护"的思路,秉持"设计上最大限度的保护,施工中最小限度的破坏,完工后最大程度的恢复"。以"低路堤、缓边坡、部分路段设分离式路基"为原则,减少公路建设对自然环境的破坏,实现了公路与沿线自然环境自然衔接。做到了少占农田、耕地,少压矿产资源、少干扰居民村落及学校,最大限度地保护了沿线古长城及其他名胜古迹,确保了公路建设与当地各方利益群体的和谐相处。

为减少人工生硬痕迹,将公路路肩、边坡等几何形状调整为曲线。分离式路基中间利用地形进行积水和排水措施,做到"大水不留,小水不走",尽最大可能利用雨水进行绿化和植被恢复。路基防护以生态植被防护为主、石砌防护为辅,美化环境。风沙路基采用低填浅挖,缓边坡,并结合风沙的严重程度,只在路基范围内进行防护,不破坏路基两侧原有的生态及地貌。

生态绿化以尊重自然、保护自然、恢复自然为原则。绿化形式以草灌结合、散丛结合、宏观造型为主,选择适宜当地气候条件的植被,进行合理的绿化,避免强制绿化。风沙路基绿选择油蒿、沙拐枣、柠条锦鸡儿、骆驼刺等沙生植物,撒种适宜干旱地区的草种,如沙蒿、冰草等,以及种植沙柳、樟子松等乔木,从而形成一个灌草结合、散丛结合的生物群落,达到永久性防风固沙的目的。

"不求所有,但求所绿"。经过多年的探索实践,地方政府总结出了治沙和防沙的宝贵经验:"种不如补,补不如封",将盐中高速公路沿线两侧的绿化地带进行了封闭,发挥地方政府和交通部门各自的优势,调动沿线群众的积极性,创新机制,提出了"不求所有,但求所绿"的绿化思路,实施后取得了良好的效果。

一直以来，公路两旁绿化的所有权和管理权都归公路管理部门，与沿线地方政府和老百姓没有关系，管理难度大，成本高，效果差。盐中高速公路一改传统模式，沿线政府将部分荒地划归高速公路封闭恢复生态，养护由公路部门负责，土地的产权仍归当地政府所有，对高速公路两侧的封闭范围由原来的1m增大到100m，就近分段承包给老百姓自己种植经济林(草)，公路管理部门给予绿化养护补贴，谁种植谁受益，老百姓的积极性高了，最大限度地使沿线的植被得以恢复，改善了沿线的生态环境，取得了双赢。

如今，每到夏季，车辆行驶在盐中高速公路上，映入眼帘的是沙地、草原、古长城等独特的西北塞外风光与现代化的高速公路相组合，体现当地的防风固沙成就以及引黄灌区"塞上江南"的田园风光等，将简单枯燥的公路旅行改变成"车在路上走、人在画中游"的优美景观，令人心旷神怡，流连忘返。

"不求所有，但求所绿"，这种公路绿化新思路，结合项目实际，又在同沿高速公路项目固原段推广应用，效果良好。

三、石银高速——功能合并节约资源

2009年5月，时任自治区党委书记陈建国在石银高速公路建设项目调研时指出：

高速公路建设中要落实科学发展理念，建设资源节约型、环境友好型公路，石银高速公路的建设要从总体上考虑，使之既有交通功能，还要有防洪功能。

在交通运输厅和水利厅的精心部署落实下，石银高速公路沿西干渠布设路线17.05km，调整路线21.5km。调整后的方案与原方案比较，大大提高了西干渠的防洪能力，减少占用耕地1075亩，节省工程直接费用5000多万元(其中，桥梁减少174m/6座、天桥减少2处、通道减少15道)，节省公路征地拆迁费用700多万元，极大地提升了公路沿线的景观，有依山傍水之美感。石银高速公路线路的优化，既将交通水利项目合建，又实现了土地资源共享，成为落实科学发展观、创新发展理念、建设资源节约型和环境友好型公路的典型示范工程。

第三节　以人为本增强服务功能

宁夏高速公路通过十多年的建设与发展，度过了建设资金匮乏和艰难的起步阶段，经历了高速公路建设与自然环境和谐相处的快速发展阶段。在管理体制、队伍建设、技术储备、筹资融资、运营管理等各方面形成了一系列较为成熟的经验。宁夏高速公路网已经基本形成，从过去的注重建设逐步向以人为本、提升服务功能和质量转变。

一、东毛高速公路——隧道建设体现人本化

东毛高速公路在建设过程中，充分考虑以人为本的理念，特别是在六盘山特长隧道设

计和施工方面体现尤为突出。六盘山隧道地处 2200m 以上的高海拔地区,全长近 10km,为了减轻驾乘人员疲劳,缓减紧张情绪,左右洞在中间位置各设了一处特殊灯光段,隧道左洞采用"蓝天白云"图案,右洞采用"海底世界"图案。隧道中上部采用蓝色洗墙灯,灯具染上底色,再用投光灯投射"蓝天白云""海底世界"图案;两侧排水沟上设置植物景观带,利用绿色草皮及形态各异花草树木做装饰,并使用点光源、线条灯提供两侧洞壁中下部背景颜色。同时,遵循"先进、实用、经济、可靠、节能"的原则,利用国内外最新图案投影技术,使图案视觉效果具有冲击力和感染力,并尽量采用节能型照明灯具,降低能耗。

为避免驾乘人员进出隧道时视觉上产生的"黑洞效应"和"白洞效应",在同沿、东毛、固西等高速公路所有隧道出入口路面加铺震荡标线,提醒车辆减速;隧道内出入口附近,洞壁两侧加装诱导灯带,路面上安装反光路纽,引导车辆通行。六盘山属阴湿地区,冬季寒冷时间长,雨雪多,隧道出入口路面易结冰,安全隐患大。为此,根据实际情况,在部分隧道出入口路面下加铺了"电热丝",及时融化冰雪,保障安全。

二、提升服务区服务功能

高速公路服务区是社会公众驾乘车辆出行的重要休息场所,对于满足驾乘人员生理和心理需求、预防疲劳驾驶,为车辆提供加油和维修服务、消除行车安全隐患具有十分重要的作用,也是体现以人为本、服务群众的重要"窗口"。

宁夏高速公路服务区经历了从无到有、从有到优的发展过程,为此,服务区建设和管理部门做了大量艰苦细致的工作,使服务功能不断完善,服务质量得到提升。

高速公路服务区在建设规划初期,充分考虑以人为本理念,完善服务功能,并为后续发展预留空间。在实施过程中,紧密结合地形、风土人情、旅游资源、地物特产、间隔距离等多种因素,慎重选定服务区的地址;在建设用地规划和审批中,适当超前,为后续发展留有余地,特别是临近大城市、风景优美的服务区;各功能区规划建设思路清晰,能够满足一定时间段内的运营需求;对于停车场,采用分期修建方式,初期暂用绿地替代;服务区环境充分考虑人性化特点,强调对人和车的服务,以休息为目的,用绿化等来烘托舒适、温馨的气氛,缓解旅客和驾驶员的疲劳。

2013 年,交通部门与沿线地方政府密切配合,在 G6 京藏高速公路中宁县白马乡滚泉坡段扩大封闭区域,向两边拓展,专门建设了硒砂瓜、枸杞等土特产交易市场,提供贴心服务,满足驾乘人员和沿线群众的实际需要,受到社会的广泛好评。

近年来,按照交通运输部"全国高速公路服务区文明服务创建工作"统一部署,宁夏加大投资力度,完善硬件设施,强化服务理念,加强运营管理,使高速公路服务区服务水平得到全面提升。呈现如下特色:

打造公益为本服务区。突出服务区"公益性"定位,以旅客的满意度、舒适度为衡量标准,努力提升服务区保障功能,全力打造西部地区管理服务最优服务区。目前,宁夏投入运营的服务区 19 对,在建 6 对,计划建设 11 对,全面覆盖京藏、青银、福银、定武等宁夏境内所有高速公路,形成了较为完备、合理的空间布局。

打造功能完善服务区。增加投入,对小洪沟等服务区进行扩容,将使用面积扩至 122 亩,增加了 1.3 倍。升级改造鸣沙等服务区卫生间 16 对、服务区污水生物处理系统 11 对、固原等服务区供暖设施 8 对,使服务区卫生间达到三星级标准,全面提升旅客接待能力和安全性能。

打造绿色生态服务区。对全区所有服务区绿化工程进行二次绿化,完成绿化面积 55 万多平方米,栽植乔木、花灌木等树木 3.8 万株,铺栽色带植物 17.5 万 m^2,安装微喷设施 13 万 m^2,铺设各类管道 16.6 万 m,使服务区成为交通运输大动脉上的"绿色花园"。

打造管理规范服务区。探索实施了由中石油对全线服务区实施统一经营的"整体租赁"宁夏模式,使服务区跨越"零散户"经营的低端起点,直接在较高平台启动运营,有效降低了收益风险,加速了资源整合,实现了互利共赢。

打造文明温馨服务区。按照"24 小时监管,及时清理"的原则,先后投入 400 多万元实施服务区保洁工程,加快推进小洪沟等 6 对服务区信息化提升改造工程,增设 WiFi 等服务功能,设置母婴室、驾驶员休息室、信息化服务等区域,满足了公众对服务区的高品质、多样化需求。

打造特色服务区。以"中阿博览会"等重大盛会为契机,逐步引进 BOT 模式进行多元化经营,使具有宁夏特色的餐饮名食和土特产进驻服务区,实施部分商品"同城同价",满足旅客需求,打造宁夏特色品牌。

2015 年,中国公路学会服务区工作委员会进行全国首次高速公路服务区服务质量等级评定,宁夏高速公路滨河服务区被评为"全国百佳示范服务区",永宁服务区、中卫服务区、固原服务区被评为"全国优秀服务区",其他服务区全部达标。宁夏高速公路服务区也得到旅客普遍好评。据某部队拉练的军人说,宁夏的高速公路服务区建筑风格美观,环境干净、卫生,一次性容纳的人数多,比周边的都要好。

三、不停车收费系统

不停车电子收费系统(Electronic Toll Collection,ETC)是目前先进的路桥收费方式之一,宁夏公路建设者积极引进新技术,于 2015 年作为全国第三批 ETC 联网省份正式并入全国联网系统。宁夏 ETC 联网工程全面完成,正式实现全国联网。自此,凡是安装了 ETC 设备的车辆可在宁夏和 26 个联网省份享受 ETC 车道带来的便捷。

与传统的收费车道相比较,ETC 车道的建设大大提高了车辆的通行速度,减小了跟车距离和邻道干扰,一条 ETC 车道的车辆通行能力是普通收费车道的 5 倍。宁夏 ETC 并入全国联网系统后,可快速通过全国其他省份高速公路收费站,实现一卡通全国的目标。极大地方便了用户,提高了服务质量。也是落实资源节约型、环境友好型公路的又一举措。

四、12328——听民情、汇民意、解民忧

12328 交通运输服务监督电话,主要功能包括交通运输行业服务监督、投诉举报、建议受理、信息咨询、维修救援、路况信息公布、水路救援等服务。它既是交通运输行业倾听民声、畅通民意、汇集民意、排忧解难的重要渠道,又是一项便民利民的重要抓手,同时也是交通运输行业查找服务问题、掌握市场动态、了解行业舆情的有效平台。

宁夏"12328"呼叫中心以"创建文明服务窗口,建设群众满意交通"为宗旨,以群众的满意度为标准,既实现了全国统一的服务标准规范,又实现了受理和管理两大任务系统的并行,还实现了部级、省级二级联网运行以及业务库与知识库的汇总。12328 呼叫中心自 2015 年 1 月 20 日起试运行,试运行期间对工作人员在礼貌用语、业务知识、文明礼仪等方面进行了培训,并于 1 月 30 日正式开通。工作人员由公路管理局的 14 名工作人员和道路运输管理局的 7 名运政人员组成,按照统一管理、即时答复、分类转办、办结归档、抽查回访的基本流程,实行全天 24 小时 2 班运转的人工服务。

12328 开通初期与原运政"96779"和路政"96958"的两部服务热线电话并行使用,随后取消了原有的"96779"和"96958"服务热线。

为了规范和加强服务监督电话的管理,制定了《宁夏交通运输厅 12328 交通运输服务监督电话管理办法》,建立了《12328 工作日志》《12328 服务监督电话每周快报》等工作制度,对工作人员的工作纪律、绩效考核、催办督办和投诉反馈等工作也建立了相应的工作机制和制度,做到事事有回音、件件有答复。

2015 年 2 月 6 日《中国交通新闻网》对宁夏 12328 呼叫中心的工作给予肯定。截至 2016 年底,12328 呼叫中心已受理各项来电 20 多万件,共编辑《12328 交通运输服务监督电话每周快讯》105 期。根据群众或高速交警来电,派遣路政大队开展清障救援 4813 起,处置交通事故现场 571 起,派遣养护中心清理高速公路路面抛洒物 812 起。

第十一章
投资融资

从1997年宁夏建设第一条高速公路起,截至2016年底,共建成高速公路1609km。主要资金来源为交通部补贴、国债资金、地方自筹和国内外银行贷款。据统计,"九五"至"十二五"期间,宁夏高速公路建设总投资531.53亿元,其中,交通部补贴资金120.28亿元、国债资金15.91亿元、自筹资金78.77亿元、银行贷款316.57亿元(包括世界银行贷款3亿美元、亚洲开发银行贷款2.5亿美元)。

第一节 政府融资

一、积极争取中央补贴资金

中央专项补贴资金是宁夏公路交通建设发展最稳定、最有力的资本金,是撬动银行贷款的重要资金来源。宁夏交通厅及时与交通部进行项目对接,主动工作,积极争取在资金和政策上的支持。"九五"至"十二五"期间,共争取中央补贴资金120.28亿元用于高速公路建设。

二、用足用好政策,积极申请国债资金

宁夏积极利用国家对西部地区的优惠政策,最大限度地争取国家投入,宁夏交通厅及有关部门积极主动工作,共争取国家国债资金15.91亿元,大大缓解了宁夏高速公路建设资金严重不足的压力。

三、自治区政府给予优惠政策支持

由于宁夏财政紧张,难以投入大量的财政资金用于公路建设,宁夏公路养路费、车辆通行费等交通规费收入也十分有限,尚不足支付公路养护、维修和偿还银行贷款利息等费用,更难以顾及公路建设,因此,地方配套的项目资本金几乎为零。

被誉为"塞上江南第一路"的姚叶高速公路总概算15.37亿元。投资额之大,在当时宁夏公路建设史上都是空前的,在严峻的困难和挑战面前,首要的就是积极争取交通部、

国家发改委和各级政府及其财政等相关部门在资金和政策上的支持。1997年9月30日,自治区人民政府批转自治区交通厅、财政厅等部门《关于加快姚叶一级公路建设有关政策规定的报告》,明确了建设姚叶高速公路的若干优惠政策。1999年9月13日自治区人民政府出台《关于对重点公路建设项目给予优惠政策扶持的通知》(宁政发〔1999〕99号)。以此为契机,为保障"十五"交通发展规划目标的实现,宁夏交通厅在认真研究和总结"九五"期间宁夏公路建设执行情况的基础上,借鉴陕西、青海、贵州等省的成功做法,结合宁夏实际情况,特申请自治区政府继续对宁夏高速公路建设给予政策上的支持,并协调银行、土地、税务、财政、物价、环保、电力等有关部门,积极支持宁夏高速公路建设,简化工作手续,提高工作效率,使宁夏公路建设有一个宽松、健康、稳定、可持续发展的良好环境。自治区政府先后出台了一系列重点工程项目税收征管方面的优惠政策。据统计,1998—2015年,高速公路重点项目营业税返还达12.24亿元。

四、争取银行贷款资金支持

宁夏交通厅利用世界银行、亚洲银行等国外金融机构贷款项目重点向中西部地区倾斜的优惠政策,积极协调,争取世界银行贷款3亿美元,用于古窑子至王圈梁高速公路、盐池至兴仁二级公路、国道211线及联络线古窑子至青铜峡高速公路项目建设;争取亚洲开发银行贷款2.5亿美元,用于同心至沿川子高速公路建设。

利用"贷款修路、收费还贷"和宁夏实施的"统贷统还"政策,积极争取国内各商业银行贷款。宁夏高速公路建设初期的政府融资主要是通过宁夏交通投资有限公司的运营平台实现的。

巨大的资金缺口是宁夏高速公路建设发展和实现规划的最大困难,宁夏交通厅除了坚持抓好公路交通规费的征收工作、继续争取交通部和自治区财政支持外,国内商业银行贷款是宁夏筹集高速公路建设资金的主要来源。

项目贷款评估工作做起来非常艰难,银行提供贷款支持,除考虑自治区经济发展的需要,主要考虑项目经济效益。宁夏属贫困内陆地区,经济条件落后,高速公路建成通车初期,未形成网络,交通流量少,车辆通行费的收益连贷款利息都难以偿还。据厅财务处一位工作人员回忆:

2000年前后,建设银行宁夏分行评估小组对麻姚高速公路项目提出了异议,要放弃项目贷款。若资金不能落实,项目不能按期开工,将会影响公路建设大局。面对困难,我们重新编制贷款评估资料,把有利于我们的各种因素和各项优惠政策都考虑进去,资料整理得很苦很累,计财处处长带领相关人员,不厌其烦一次又一次地到建设银行解释说明。建设银行终于同意向总行报送项目贷款意向书。但在建设银行总行评审会上,项目由于资本金筹集比例低,交通流量少,还是未获通过。我们仍然没有放弃,经过重新设计和多方努力,总行对项目进行了复议,条件是增加资本金比例,降低银行贷款额度,减少投资风险。对此,我们又补充了贷款担保事宜的承诺性文件,调整资金筹措计划,重新对项目进行了评估测算,对项目建成后存在的风险作了最大限度地承诺,增加了国家和自治区对交通基础设施建设给予的新政策、新措施内容,按照银行要求重新编制了上报材料。2000年7月,建设银行总行通过了该项目贷款,同意给予6.5亿元的贷款额度。

这仅仅是我们资金筹措中遇到的一次困难,也反映的是当时整个工作的缩影。

随着国家西部大开发战略的深入推进,投向高速公路基础设施的资金规模不断加大。同时,宁夏多条高速公路建成通车,接入国家高速公路网,规模效应初步显现,高速公路交通流量迅猛增加,收费额快速增长,不但能够保障偿还银行贷款利息,而且还略有结余,高速公路运营步入良性循环。宁夏交通厅以诚信为本,筹集运作建设资金,及时偿还到期银行贷款,想方设法筹集新开工项目建设资金。"十一五"以来,通过坚持不懈的努力,在商业银行贷款难的局面得到扭转。面对高速公路优良资产和良好的发展前景,国内各大商业银行,特别是工商银行宁夏分行、国家开发银行宁夏分行、国家农业发展银行宁夏分行等降低贷款利率,争相向高速公路项目授信贷款,不但大大缓解了高速公路项目的融资困难,而且节约了融资成本。

第二节 市 场 融 资

宁夏交通厅积极探索高速公路投融资新模式,搭建投资主体多元化、融资方式多样化、运作方式市场化的投融资平台。宁夏交通投资有限公司除了发挥政府融资平台的主体作用之外,同时通过发行企业债券、发行中期票据等方式扩大融资渠道,参与资本市场的直接融资。

在国家实施稳健的财政政策和适度从紧的货币政策的情况下,宁夏交通筹融资工作面临较大的困难。宁夏交通厅不等不靠,以交通投资有限公司为融资平台,坚持筹融资形式多样化。2007年在人民银行连续5次加息、央行发行2000亿特别国债的情况下,做了大量工作,以低于同期银行贷款2.48个百分点的利率成功在宁夏率先发行15年期8亿元交通企业债券,每年可节省融资成本1984万元,15年可节省2.98亿元融资成本。本期债券募集资金主要用于盐池至中宁高速公路和同心至沿川子高速公路的修建。

该债券的成功发行使宁夏交通投资有限公司成为宁夏历史上第二家发行企业长期债券的单位,是宁夏交通系统首次发行企业债券,是交通建设融资渠道的新突破。不仅开辟了新的交通建设融资渠道,而且大大降低了融资成本。2008年,《宁夏日报》刊登了题为《169亿元公路建设投资从哪里来》的文章。从2003年到2007年宁夏累计完成公路建设投资169亿元,占自治区固定资产投资的8.5%,相当于2002年前53年公路建设投资总和的1.18倍。169亿的公路建设投资,是宁夏人通过不懈努力紧抓西部大开发战略机遇收到的真真切切的效果。2011年再次成功发行10年期15亿元交通企业低息债券。

第三节 探索投融资新模式

2014年,国务院《关于加强地方政府性债务管理的意见》(国发〔2014〕43号)和《关于深化预算管理制度改革的决定》(国发〔2014〕45号)等一系列重要财税体制改革文件实施后,给交通筹融资带来巨大变革,由以前主要依靠银行贷款筹集公路建设资金转变为由政府财政预算和政府举借债务统筹安排解决,不足部分通过政府和社会资本合作方式(PPP模式)引入社会资本投资。

"十三五"期间,建设资金不足依然是宁夏交通运输发展面临的最大困难,深化交通筹融资改革是交通建设改革的重中之重。交通运输厅将以筹融资体制改革为突破口,为国家高速公路、国省干线公路、省级高速公路、农村公路和综合客运枢纽等交通基础设施建设提供坚强的资金保障。

一、"十三五"公路建设融资需求

"十三五"时期是宁夏公路建设的黄金期,计划投资850亿元,重点加快以快速交通为骨干、连通全国交通网络的综合交通运输体系建设,计划新建、改扩建高速公路1100km,改造普通国省干道2500km,安排建设农村公路5000km。主要实施五大工程:一是国家高速公路对外开放大通道扩容联网工程。包括G20青银高速公路、G6京藏高速公路宁夏段两个改扩建工程,以及G69银百高速公路、G1816乌玛高速公路、G85银昆高速公路宁夏段等国家高速公路剩余路段。5个高速公路建设项目总规模约830km,总投资约620亿元,其中"十三五"期投资约420亿元。二是国省干线改造提升工程。五年共安排普通国省干线升级改造工程约2500km,投资约200亿元。目前,70%的项目已完成前期工作并开工建设,包括在建的叶盛黄河桥和石嘴山红崖子黄河大桥PPP试点项目。三是省级高速公路互联互通工程。重点推进6条省级地方高速公路,建设总里程300km,投资约100亿元。目前,固原至西吉、东山坡至隆德两条高速公路已建成通车,同心至海原、泾源至华亭等地方高速公路正在建设。四是农村公路"村村通"工程。"十三五"期计划投资85亿元,新改建农村公路5000km。按照宁夏与交通运输部签署的《部省扶贫共建协议》,完成全面小康的兜底性指标,重点支持800个贫困村对外连接公路建设,2019年实现所有行政村通沥青水泥路目标。五是综合客运枢纽建设工程。"十三五"期间,计划投资45亿元重点支持银川河东机场及区内火车站改扩建等5个综合客运枢纽项目建设。

二、"十三五"期间筹融资工作面临的困难

一是公路建设资金缺口较大。宁夏公路交通"十三五"期间固定资产投资很大,除拟申请中央车购税资金外,还有700亿元的资金缺口无法落实。资金不足已成为制约交通运输发展的主要瓶颈。而宁夏经济基础薄弱,投入公路建设的财政预算资金和政府债非常有限。二是不能直接申请银行贷款。国家财税体制改革以来,特别是2014年国务院43号、45号等一系列重要财税体制改革文件实施后,对宁夏公路交通建设筹融资工作影响很大。受国家投融资政策限制,公路建设资金由以前主要依靠银行贷款,转变为由政府财政预算和政府举借债务统筹安排解决,不允许交通运输厅直接申请银行贷款。三是交通投资集团公司的融资功能难以发挥。国务院(国发〔2014〕43)号文件要求剥离融资平台公司政府融资功能,宁夏交通投资集团公司刚刚组建,加上政策的限制,宁夏交通投资集团公司如何发挥公路交通的融资功能需要研究探索,对公路交通投融资工作产生很大影响,也将影响公路交通长远发展。四是吸引社会资金投资公路建设较为困难。采用政府和社会资本合作(PPP模式)进行公路建设,需要落实好政府和社会资本"利益共享、风险共担"原则。"十三五"期间,宁夏重大项目大多是收费公路,其投资占全部公路建设投资的65%左右。但这些项目绝大部分建设成本高、投资回报期长、收费效益较差,对社会资本的吸引力不大,引入社会资本存在很大的困难。

三、"十三五"公路交通建设投融资的总体思路

此次国家投融资改革,对地处西部经济欠发达的宁夏来说影响很大,为有效破解宁夏公路交通建设投融资难题,推进公路交通持续健康发展提供资金保障。2016年5月,交通运输厅通过深入调研、审慎谋划,及时向党委政府提交了宁夏公路交通投融资调研报告。自治区政府召开专题会议研究,并印发主席办公会议纪要(2016年第4次),确定了宁夏"十三五"公路交通建设投融资的总体思路。主要内容为:

一是落实"十二五"跨"十三五"续建项目银行贷款,将国家开发银行与交通运输厅签订的京藏高速公路、青银高速公路改扩建工程等续建项目银行贷款合同执行完毕。对续建、已开工建设和"十三五"已开展前期工作的重大建设项目,继续由交通运输厅作为承贷主体,向银行贷款融资。

二是组建成立宁夏交通投资集团有限公司,建立以企业为主体的交通投融资新模式,负责后期重大交通项目筹融资工作,努力解决公路交通筹融资难题,扩大融资渠道,拓宽融资空间。

三是通过政府购买服务方式,落实中国农业发展银行补充抵押贷款(PSL)200亿元,支持国省干线及农村公路建设。

四是积极推行政府与社会资本合作模式。2015年宁夏推出了石嘴山红崖子黄河大桥、银川至百色高速公路宁东至甜水堡段两个PPP项目,其中银百高速公路是交通运输部2015年PPP试点项目,也列入了财政部PPP示范项目。两个项目采用"BOT+政府补贴"的投资模式和"使用者付费+可行性缺口补贴"的收益回报机制,已于2016年10月完成项目签约,引入社会资金57亿元,占总投资的72%。项目合作经营期限为30年,主要由社会资本承担融资、建设、运营管理和维护等工作,这是宁夏推进公路建设投融资体制改革、推广运用政府和社会资本合作模式的有益探索和实践。

五是加大公路建设财政投入。自治区财政逐年安排政府债和财政预算资金用于普通国省干线公路建设,市县政府将农村公路建设养护资金列入本级财政预算予以保障。

第十二章
招标投标

第一节 国内招标

一、起步阶段

1997年11月1日,第八届全国人民代表大会常务委员会第二十八次会议通过《中华人民共和国建筑法》,规定:"建筑工程依法实行招标发包""建筑工程发包与承包的招标投标活动,应当遵循公开、公正、平等竞争的原则,择优选择承包单位"。1999年2月,国务院办公厅在《关于加强基础设施工程质量管理的通知》中强调:"基础设施项目的勘察设计、施工和主要设备材料采购都要实行公开招标。"1999年8月30日,中华人民共和国第九届全国人民代表大会常务委员会第十一次会议通过《中华人民共和国招标投标法》,并于2000年1月1日起施行。

1997—2000年,是宁夏高速公路建设起步时期。在此期间,相继完成姚伏至叶盛高速公路,麻黄沟至姚伏高速公路、叶盛至中宁高速公路等重大项目的招标工作。宁夏在当时是最早开放公路建设市场,通过公开招标择优选择承包人的省区之一。交通厅组建了招标领导小组,组织相关专家组成评标委员会,在评标办法上采用由交通厅组织专家编制标底,以标底为基准的投标报价体系。

在招投标过程中,建设单位在确保保密的前提下,组织编写完标底,编制标底人员由公路工程造价管理站、设计院及外聘省外专家组成,以保证其准确性和权威性。标底有一定的上下浮动范围,在这个浮动范围内投标报价有效,超出浮动范围的投标报价无效,最接近标底者中标。采取这些措施的目的是为了制止盲目压价,保护招标投标双方的合法权益,保证工程质量。投标书送达、开标、签订合同等环节,必须由公证机构进行现场公证。

二、探索发展阶段

2000年之后,交通部相继出台了《公路工程国际招标范本》《公路工程国内招标范本》《公路工程招标评标办法》《公路工程施工招标资格预审办法》等一系列指导性文件。

2000—2008年,宁夏高速公路建设飞速发展的同时,招标工作的规范化和法制化管理水平也得到不断提升。在招标文件编制、审核、审批,招标活动公告、公示、开标、评标、定标等各个环节做到程序规范、把关严格,同时将招投标工作置于严格的监督之下,杜绝了暗箱操作和不正当行为,为区内外公路施工企业创造了公平竞争的市场环境,吸引了国内大批优秀公路设计、监理、施工企业参与宁夏公路建设,宁夏以外企业中标承建的项目占总量的70%~80%,充分体现了宁夏公路建设市场公平竞争的良好氛围。

宁夏交通厅结合公路建设实际情况,制定《宁夏回族自治区公路交通建设项目招标投标暂行办法》《宁夏回族自治区公路建设项目评标专家库动态管理办法》,建设单位委托具有相关资质的招标代理机构或自行编制招标文件,招标文件编制完成后,按照相关制度规定,对招标文件进行审查,汇总审查意见,通知编制单位进行修改。修改完善的招标文件以正式文件形式报交通厅审批,在交通厅审批完成招标文件后,正式进入招标程序。

招标公告均由交通厅审查,在《中国采购与招标网》《宁夏交通厅政府网站》上发布。开标会由相关负责人主持,交通厅公路处、监察室、招标人主管领导和纪检监察部门参加,并要求投标人的授权代理人参加。所有与开标有关的记录表均实行签字确认,以备核查。评标地点不对外公开,在整个评标过程中,由交通行政主管部门和纪检监察部门对评标工作进行全过程监督。招标项目的评标委员会专家抽取方法是在纪检监察部门人员监督下,从交通部评标专家库或宁夏交通厅评标专家库中随机抽取,专家和业主代表组成人数一般为5~7人,评标专家委员会提出评标推荐结果,经业主审定后确定评标结果。盐中高速公路和中郝高速公路开标分别见图3-12-1和图3-12-2。

图3-12-1 盐中高速公路开标

图3-12-2 中郝高速公路开标

依据相关规定,所有招标项目均实行网上公示,将中标人在宁夏交通厅政府网站和建设单位网站上进行公示。公示时间一般为7天,在公示期结束,如无其他投标人对招标结果提出异议,招标工作结束,开始合同谈判,进入工程实施阶段,将评标报告行文上报交通厅进行核备。

根据不同的招标内容,运用不同评标办法。积极应用交通部推行的更为科学的评标办法,主要有"合理低价法""最低评标价法""综合评估法""双信封评标法"等。

三、完善提升阶段

经过多年的市场化运作,我国招投标工作更加规范和成熟。国家和交通运输部相继颁布了《标准施工招标文件》《公路工程施工监理招标文件范本》(2008年版)、《公路工程标准施工招标资格预审文件》(2009年版)、《公路工程标准施工招标文件》(2009年版)、《公路工程标准勘察设计招标资格预审文件》(2011年版)、《公路工程标准勘察设计招标文件》(2011年版)等文件,规范了高速公路工程招标文件的编制。2012年开始实施的《中华人民共和国招标投标法实施条例》,进一步规范了招投标工作。

借此东风,依据各标准文件范本,宁夏公路建设管理局编写了《宁夏高速公路标准化施工资格预审文件》《宁夏高速公路标准化施工招标文件》和《宁夏高速公路标准化施工监理招标文件》等实用性较强的标准化招标文件范本。

依据《宁夏回族自治区招标投标管理办法》(2009年政府令12号),自2009年开始,所有公路建设招标项目,都在宁夏回族自治区公共资源交易中心进行招标投标活动,从招标文件的发售,到开标、清标、抽取专家、评标都是在宁夏公共资源交易中心进行,接受政府监管、社会监督。交易中心实行网络电子招投标,网络电子招投标系统是一个开放的平台,所有投标单位都可以通过网上报名的方式参与投标。由于系统能记录每个人的操作情况并可追溯,既提高了工作效率,又明确了责任,同时也使得整个招标的流程完全规范化。

在招投标过程中又有针对性地采取了一些措施,如对技术不复杂的一般工程项目采用最低投标价法;一般工程均采用合理低价法;在评标过程中严格审查"雷同卷";投标保证金的收取、退付实行"投标人账户对保证金账户"并采用电汇等方式;不再组织现场考察等。在开标前交通运输厅监察室及招标人纪检监察室工作人员对招投标活动全程进行监督,并对开标、评标现场进行全程录像见证;专家从交通运输部或自治区统一建立的专家库抽取,由监督部门依照程序对专家进行随机抽取。由随机抽取的专家成立评标委员会,在评标厅现场根据招标文件中的评标办法对各投标人进行评审打分,推荐中标候选人及备选人并编制评标报告。

认真落实交通运输部公路建设市场信用体系评价,印发《关于宁夏公路建设市场信用信息管理实施细则(试行)》(宁交发〔2010〕64号)《关于宁夏公路建设市场信用信息管理实施细则(修订)的通知》(宁交发〔2014〕239号),一年一度对公路从业单位的信用评价,分为AA、A、B、C、D 5个等级。根据不同等级,在以后的招投标工作中会享受到相应的优惠政策,鼓励信用评价较高的投标人取得适当的竞争优势。

在公路工程施工招标中全面推行合理低价法、鼓励无标底招标,增加信用评价激励作用,投标保证金账户与投标人基本账户一致性等的改进。可以说,历次在招标投标制度设计上的重大变革,都是与公路建设市场上出现的各种违法违规行为进行博弈的结果。

2009年以来,充分发挥行业监督管理作用,推动宁夏所有高速公路招标项目全部进入自治区公共资源交易平台,制定交通建设项目的履约管理制度,建立了交通招标投标信用信息体系,健全交通招标投标投诉处理和公示制度。从招标制度、招标程序、问题查处等各个方面积累了大量的经验,形成了较为规范、完善的工作机制,管理效果明显提升,保障了公路建设市场健康有序发展,保障了项目的顺利实施,保障了国家公路建设投资不受损害。

案例:某高速公路绿化工程招标,项目共分5个合同段。评标结果公示期间,收到书面投诉反映,多数中标候选单位人员证件和养老保险资料不真实,存在招投标资料造假行为。经对中标单位投标时承诺进场的主要项目管理和技术人员相关证件和社保证明调查取证,确实存在人员证件和养老保险伪造作假行为。根据相关规定,经研究,最终取消该高速公路绿化工程项目5个合同段各中标单位中标资格,根据此次招标文件相关条款规定,没收每个标段中标单位投标保证金,并将投标单位提供虚假投标资料情况报交通运输厅备案。

第二节　外资项目与国际招标

宁夏高速公路共有3个项目使用国际金融组织贷款,包括世界银行(简称世行)贷款的古王高速公路项目、古青高速公路项目和亚洲开发银行(简称亚行)贷款的同沿高速公路项目。按照外资项目要求,全部实行国际竞争性招标。外资项目不仅给宁夏高速公路建设注入资金,也带来了全新的、国际上惯用的土建项目管理理念,如FIDIC条款等,这些先进的文化和管理理念,不断改变着中国传统的管理模式,促进了项目管理水平的提高。

对于世行、亚行贷款项目实行国际招标,招标前在《中国交通报》、英文版《中国日报》《中国采购与招标网》《宁夏交通厅政府网站》上发布招标公告,评标办法采用外资项目要求和国际通行的"最低投标价法"。

古王高速公路是世行项目,按照国际惯例运用FIDIC条款进行建设和管理,由宁夏交通厅世行贷款项目办公室委托中机国际招标公司代理该项目招投标工作。根据世行《采购指南》和《货物国际竞争性招标文件》等有关规定的评标办法,本着客观、公正、公平的原则对投标单位进行了全面细致的评估,将评标报告和授标建议经评标委员会审定报送交通部、外经贸部及世行审查审批。

修建古王高速公路,当时的宁夏交通人在管理和施工上都还没有成熟的经验可循,工作开展起来有些不适应,从制度的制定到现场的管理,一切都是新课题、新挑战,一边摸索一边前行。当时按照世行的要求,需要引进国际先进的监理制度,引进国际监理公司和国外监理工程师,与建设者们一道开展工作,严格地执行监理制度,努力保障工程质量、工程进度和投资控制目标的实现。这为以后的工程建设积累了实践经验,为宁夏高速公路建设培养、锻炼了一批具有较高理论水平和实践经验的项目管理人才和监理人员,也探索总结出了一套按照国际标准、结合宁夏实际的项目管理工作经验。

G211灵武至甜水堡段及联络线古窑子至青铜峡高速公路也是世行项目。在总结古王高速公路建设经验的基础上,继续采用"最低投标价法",通过国内招标方式,择优选择监理和施工单位。在项目管理上,进一步吸收消化FIDIC条款,因地制宜,发挥优点,克服不足,优质高效地完成了项目建设。

同沿高速公路是亚行贷款项目,也是宁夏利用外资进行公路基础设施建设较大的一个高速公路项目(图3-12-3)。该项目招标分为国际招标和国内招标。招标代理机构为北京中交建设工程招标有限公司。招标工作以《中华人民共和国招投标法》为依据,对使用亚行贷款资金的工程项目实行国际公开招标,结合《亚洲开发银行贷款采购指南》,根据亚行2006年4月出版的《工程采购招标文件范本》编制招标文件;对使用国内资金的工程项目实行国内公开招标,以《公路工程国内招标文件范本》编制招标文件,并严格执行招投标有关的法律法规,根据项目实际情况编制项目专用合同条款,补充有关技术规范内容。

图3-12-3 同沿高速公路什字至沿川子段国际竞争性招标开标

国际招标部分的合同段划分按照与亚行的协定进行,招标文件经亚行审核后启动招标工作。招标采取资格预审,评标办法为国际惯例"最低投标价法",评标专家从交通部专家库中随机抽取。招标结果和评标报告经亚行审批后签订施工合同,施工合同向亚行报备后进行工程的实施。2004—2009年招标工作分三期完成。根据亚行规定,利用亚行贷款的项目,必须采用国际招标方式,合同条款采用FIDIC条款。

从同沿高速公路项目实施的情况看,虽然保质保量地完成了工程建设任务,但在应用"最低投标价法"方面也有一些"水土不服"的经验教训。在项目前期工作中,根据中国,特别是宁夏公路建设市场状况,认为采用"最低投标价法"有利有弊,有利的方面是可有效降低投资;不利的方面是增加了招标的成本,招标程序复杂,时间长,易造成低价抢标和合同纠纷的情况发生,对项目建设的进度、质量等管理工作造成困难。建议采用适合中国国情的招标方法,但亚行没有同意。事实证明,我们的建议是正确的。

案例一:某承包人低价抢标,评标中被确定为路面工程第一中标候选人,并按招标文件提供了300万元投标保函。在评标结果上报亚行审批、未发出中标通知书期间,承包人进现场考察,做施工前准备工作。同时,经仔细算账后发现,如完全履约施工合同,会带来巨大损失,于是,向业主致函放弃"中标"。业主按照招标文件规定,没收了承包人300万元投标保证金。后来承包人到仲裁机构申请仲裁,要求返还300万元投标保证金。经业主有理有据的应对,仲裁机构驳回了承包人的诉讼请求,有效维护了建设单位权益。

案例二:国内某大型施工企业低价中标路基桥涵标段,进场后发现,履约后会造成上千万元的损失,于是采取了拖延的方式。进场半年,施工便道、驻地建设、预制场、拌和站等前期准备工作仍未有效进行,项目管理人员不到位,更换频繁,机械设备到位率不足15%,施工进度严重滞后。建设单位与承包人进行了多次谈判,但收效不明显。后来,依据招标文件规定,建设单位发出律师函,要求承包人法人必须限期到场谈判,否则,将按合同约定解除施工合同并申请交通运输厅向交通运输部上报,将其列入"黑名单"。通过多次交涉、博弈,迫于压力,考虑到企业的信誉和发展前途,该企业法人如期到场进行了谈判,双方达成一致,该企业最终以亏损上千万元的代价完成了该标段合同内容。

第三节　招标的深化改革

随着我国经济社会发展,公路工程建设项目招标投标工作在发展中得到不断完善,外部环境和内在要素都发生了较大变化,主要体现在:一是国务院于2011年颁布了《招标投标法实施条例》,需要结合公路行业特点对其中的条款进行补充细化,相关内容更加具备可操作性;二是党的十八大提出"简政放权""使市场在资源配置中起决定性作用和更好发挥政府作用""法定职责必须为、法无授权不可为"等一系列改革思路,对交通部门在招标投标监管中应发挥的作用提出了明确的路径;三是交通运输部提出了公路建设管理体制改革的总体思路,招标投标作为其重要环节,应充分考虑"择优导向""加强信用评价结果在招投标中的应用""坚持信息公开"等原则;四是目前公路建设市场招标投标领域出现了一些新情况、新问题。如一些招标投标活动当事人相互串通、围标串标,严重扰乱招标投标活动正常秩序,破坏公平竞争;投标人业绩造假;采取有限数量评标法,评标时存在人为因素等影响评标结果的公正性等。

2015年12月,交通运输部发布《公路工程建设项目招标投标管理办法》(2015年第24号令),自2016年2月1日起施行。该《办法》对公路工程施工、勘察设计、监理3个管理办法进行统一整合、编制,解决了立法碎片化问题,完善了公路建设招标投标法规体系,一次性清理和废止了以前发布的已不再适用的与公路工程招标投标相关的13个规章和规范性文件。

为落实交通运输部2015年第24号令,宁夏交通运输厅对2016年招投标工作进行了深化改革。主要内容为:

一、资格预审采用合格制

公路工程建设项目原则上采用资格后审方式进行招标。采用资格预审方式进行招标的,原则上采用合格制而不是有限数量制进行资格审查;采用资格后审方式进行招标的,无论采用何种评标方法,投标文件必须采用双信封形式密封。这样规定既有效避免了投标人与招标人的串通投标行为,使得招标人无法通过采用有限数量制的资格预审圈定参与投标的投标人名单,又在很大程度上防止了投标人之间的相互串通行为,使得投标人无法确定是否能够通过投标文件第一信封"商务文件和技术文件"的名单,从而无法操纵"评标基准价",实现国标的目的。

二、采用信息化手段加强监督

要求投标文件中人员及企业业绩必须是交通运输主管部门建立的公路建设市场信用信息管理系统上的截图,充分利用电子化信息和社会监督手段预防投标人的弄虚作假行为。投标人在投标文件中填报的资质、业绩、主要人员资历和目前在岗情况、信用等级等信息,可以通过交通运输主管部门建立的公路建设市场信用信息管理系统进行核实(如发布的相关信息存在不一致,使得投标人的资格条件不符合招标文件规定的,评标委员会应当否决其投标;通过公示中标候选人在投标文件中的关键信息,充分利用社会公众的力量进行监督)。

三、增加信息公示内容

在交通运输主管部门政府网站、公共资源交易中心网站上公示中标候选人,公示内容包括中标候选人排序、名称、投标报价、否决投标的依据和原因等内容,增强透明度。尤其是中标候选人在投标文件中的关键信息要公示。除中标候选人排序、名称、投标报价等常规公示信息外,中标候选人在投标文件中承诺的主要人员姓名、个人业绩、相关证书编号,中标候选人在投标文件中填报的项目业绩等也纳入公示的范围,增强投标单位之间的互相监督,进一步规范投标人的投标行为。

通过以上措施,效果特别明显。

案例:某高速公路房建项目招标报名92家单位,缴纳报名费购买招标文件33家,到开标现场递交标书9家。事后了解,一些购买招标文件单位因业绩不够,怕中标公示不敢造假,因此放弃投标。

党的十八大以来,全面深化改革不断深入,招投标工作改革任重道远,当前正在加快建设市场信用信息系统,完善从业单位的信息录入工作。今后,借助"互联网+",逐步推行电子化招投标,是进一步优化招投标工作的发展方向。

第十三章
项目质量与安全

第一节 工程质量

工程质量是高速公路建设的生命线,是全体公路建设者始终不渝追求的目标。1997年,宁夏从建设第一条高速公路开始,建设单位就提出"要把姚叶高速公路建设成为高标准、高质量、高速度、低成本的样板工程"的建设目标。在项目工程质量管理上,认真落实"政府监督、社会监理、企业自检"三级质量保证体系。向宁夏交通厅公路工程质量监督站办理质量监督申请;通过招投标择优选择监理单位,对工程进行监理;工程建设指挥部(内设质量安全处)作为项目业主,通过严格的合同管理,落实企业质量主体责任。

2000年,交通部发布《公路建设四项制度实施办法》,提出了项目法人责任制、招投标制、工程监理制和合同管理制。

2004年,交通部修改了《公路建设市场管理办法》,将三级质量保证体系变为四级,即"政府监督、法人管理、社会监理、企业自检"。

为全面认真落实交通部公路建设四项制度和工程质量保证体系,2006年4月,经自治区人民政府批准,对宁夏高速公路建设管理体制进行了改革,成立了宁夏公路建设管理局,作为项目法人全权负责宁夏高速公路的建设管理。

一、培养质量意识,严格质量程序

以前,宁夏公路建设质量管理大多是采用传统的粗放型的管理方式,管理制度、管理程序、行业标准、施工工艺都不够健全完善。质量意识不强,质量程序模糊是普遍现象。从建设第一条高速公路和引进外资项目推行FIDIC条款以来,建设管理者认为,必须改变这种现象,必须培养质量意识,严格质量程序。为此,还发生过两个新的质量意识与传统观念相碰撞的小故事。

古王高速公路是外资项目,首次采用国际上土木工程通用的FIDIC条款进行管理。1999年夏季,盐池县境内下了一场罕见的暴雨,滔滔洪水把刚修好的路基冲得七零八落、面目全非。在处理一处大拉沟时,为了抢回工期,施工队队长王登泰带领施工人员连夜抢修,多上了几板土。可是,翌日清晨,外方副总监弗拉尔斯来到现场一看,严肃地说道:这不行,没有检验签认,不能计量。要求推掉重建。王登泰嚷道:我是干了近三十年的工程队队长,我们也是按施工规范和工序完成的,只是因为时间关系没有分层验收签字而已,以我多年的施工经验和我的人格担保,质量绝不会有问题!说着就和监理争吵起来。王登泰觉得FIDIC条款程序太烦琐,对每个工序监理工程师都要旁站、签认。但是,最终还是返工了。因为不返工,等于白干。

据宁夏交通建设工程质量监督局局长魏力回忆:

在高速公路开始建设的那几年,一些施工单位对严格的质量管理程序不适应,在质量意识上存在惯性思维。从项目经理到作业队,倒不是说故意偷工减料,就是总想省点事,要么想在时间上快一点,要么想在程序上方便一点。所以,那个阶段出了很多不遵守质量管理程序的事。比如说为了抢工期,路基还没验收,就铺上路面基层了。公路是一层一层修起来的,下面那层验收合格了,才能开始干上面这层,要不然把路面都铺上了,路基万一不合格怎么办?记得有一年,有一公里多路基还没验收,但半幅路面基层就铺上了,程序不对,返不返工?算了算,返工的直接、间接损失加起来近百万,那时候百万是大数字,施工单位不愿意返工,说已经铺上的路面基层质量非常好,一级一级找领导说情,最后找到交通厅领导,得到的答复是"不管上面铺的质量有多好,下面质量没保证,程序错了,推掉重来!"从那以后,就很少发生违犯质量管理程序的事了。为什么?疼了!怕了!经过这个过程,所有参建单位的质量意识和程序意识都提高了。

二、严格合同管理,落实质量目标

参与宁夏高速公路的建设者来自全国各地,甚至有国外的,如何把他们吸引到一个平台上,如何进行建设管理,保障工程质量,编制招标文件、制定规则、拟定合同、明确质量目标,这是建设单位的主要职责之一。在编制招标文件过程中,以国家通用的招标文件范本为基础,根据宁夏和项目特点,因地制宜,补充完善条款,细化工程质量目标,制定考核办法,明确违约责任。例如,在质量管理方面增加了"施工标准化""事前作业指导书、首件工程认可制、质量问题销号制"等内容。

招标文件编制完成后,通过招标引进参建单位,在签订合同之前,中标单位对质量管理目标已了然于心,以具体明确的招标文件、中标单位的投标文件和合同文件内容为抓手实施质量管理。

(一)建设单位认真履行职责,狠抓质量管理

1999年石中高速公路工程建设指挥部制定《工作规则》《各处室站工作职责》和"质量黄牌警告和红牌取缔"等制度,加强工程质量管理。监督施工单位严格履行合同,坚持每月末对各合同段进行一次质量、进度、资料、现场管理、文明施工、安全生产六个方面的

综合考评,评出名次,查出问题,在每月初的调度会议上予以公布,下达整改期限,奖优罚劣。全部监理人员持证上岗,坚持全方位、全过程跟踪、旁站监理;各总监办设中心试验室,加大检测力度,增加检测频率,一切以数据为依据。

（二）依靠科技创新提高质量

建成国内先进的大型沥青、石料加工拌和站,实现了路面摊铺材料的工厂化生产;为消除半刚性路面基础引起的路面面层反射裂缝问题,实行基层预切缝,加铺土工织物,效果显著;为提高路面平整度,将原设计路面基层两层两次施工改为三层三次铺筑;改性沥青由建设单位组织统一招标采购;推广规范化施工、事前作业指导书、首件工程认可制、质量问题销号制等。

1999年、2000年在交通部组织的全国性公路建设质量检查中,石中高速公路姚叶段、古王高速公路、石中高速公路叶中段质量综合评分分别为93分、96分、95分。2001年底,交通部在全国100多个重点项目中组织评选优秀项目,古王高速公路进入13个优秀项目备选名单。

2006年后,在质量管理方面主要做了以下工作:在高速公路建设管理中,认真落实国家各项政策法规、行业标准,严格执行基本建设程序,落实公路建设四项制度,落实质量保证体系,落实公路建设新理念,加强工程现场管理等。这些建设管理工作模式与全国一样,都在同步进行,这里不再赘述。以下就宁夏高速公路建设质量管理方面的几个特例加以介绍：

1.路面沥青集中采购

高速公路沥青混凝土路面所用沥青的品质直接影响路面行车的安全性、舒适性和耐久性。因此,宁夏交通运输厅在高速公路建设中使用的沥青大部分由建设单位集中采购,从而保证路面工程所用沥青的品质。特别是2013年以来,建设规模每年以20%增加,2015年达到95亿元,由宁夏公路建设管理局集中采购高速公路路面工程所用沥青,采购的沥青数量也随着公路建设投资增长而增加,其中2013年3.3万t、2014年6.8万t、2015年11.7万t。

保障沥青品质是保障工程质量的重要环节。为此,宁夏公路建设管理局引入"沥青路面施工质量监控技术咨询服务专家团队"作为技术咨询单位,参与建设管理。俗话说"没有金刚钻不揽瓷器活",针对以往沥青路面施工中沥青原材料质量不合格、改性沥青中改性剂含量不合格或施工中不能及时检测等施工中经常发生的问题,技术咨询服务单位根据相关科研成果和以往应用经验,配备了当前国际上先进的检测设备,更好地服务于沥青路面施工,确保工程质量。

一是使用PFWD弯沉测定仪对旧路面病害顶面、旧路面病害修补顶面、路面铺装完工顶面进行现场弯沉抽样测定,根据实际测定结果对路面结构方案进行力学计算及分析,确保路面结构设计的合理性;二是通过专利技术的高分辨质谱和专用软件,对沥青来源和投标样品进行微观特征提取后作为"指纹库",后续供应沥青在施工过程中取样,进行"指纹"比对,鉴别是否为同一沥青来源,同时进行相关性能指标检测,杜绝施工单位或沥青供应商更换沥青的做法;三是对SBS改性沥青进行现场取样,通过专利开发的红外光谱识别技术和专用软件,进行SBS改性剂含量的测定,确认其改性剂含量是否满足投标要求,同时进行相关性能指标检测,确保施工中改性沥青改性剂含量达到要求。

2. 沥青路面明确碎石产地

由于宁夏石材相对匮乏,满足高速公路沥青路面所用碎石数量和品种较少,主要使用砂岩与石灰岩,广泛采用AC级配。为进一步提高路面质量,延长使用寿命,2013年9月,交通运输厅(宁交办发〔2013〕186号)文件规定:"对于路面设计交通等级为重交通及以上等级的一、二级干线公路和高速公路的沥青面层,应采用强度较高的砂岩作为面层碎石用料。"虽然增加了成本,但提高了路面质量。

3. 推行管理手段信息化

利用"互联网+"技术,在各项目经理部建立了智能网络综合监管平台,将施工现场各主要作业区、拌和站、试验室、隧道作业面等组建成一个三级监控平台,对施工生产全过程实时动态管控,对项目关键部位、关键工序、关键数据及施工现场远程视频管控与数据实时采集,对安全隐患、不规范施工行为进行预警。出现超标、超限现象时,根据严重程度,系统会自动实时向施工单位、监理单位、建设单位的相关人员短信报警。

4. 积极推行现代工程管理理念

从2011年开始,宁夏高速公路建设管理认真落实交通运输部公路建设新理念,以"发展理念人本化、项目管理专业化、工程施工标准化、管理手段信息化、日常管理精细化"现代工程管理理念,落实《宁夏高速公路施工标准化管理指南》,不断转变公路建设发展方式,以标准化建设为抓手,明确质量目标。参建各方建立健全了各层面、各岗位、各环节质量管理体系和制度,加强质量监控和现场监管,加大施工现场质量巡查力度和检测频率,坚持用标准试验指导施工,用科学数据严把质量关,对不合格工程坚决返工处理。随着第三方试验检测工作的展开,对施工中存在的问题,及时下发质量问题通知单,对施工、监理单位起到了督促作用。

"使标准成为习惯,使习惯符合标准,使结果达到标准"成为参建各方的共同认识。通过扎实认真开展标准化施工活动,全面提高了宁夏高速公路建设管理水平,工程质量得到很大提升。2014年,交通运输部对宁夏标准化建设予以充分肯定,并指导编写了《宁夏公路工程施工标准化推广与应用》,2015年由人民交通出版社出版发行。在交通运输部召开的2016年全国施工标准化推进会上,宁夏作为先进省区之一在会上做了交流发言。

第二节 安 全 生 产

宁夏高速公路建设管理工作中,高度重视安全生产,牢固树立以人为本、安全发展的理念,认真落实《中华人民共和国安全生产法》、交通运输部《公路水运工程安全生产监督管理办法》等法律法规。安全生产管理贯彻"安全第一,预防为主,综合治理"的方针,坚持"谁主管、谁负责,管生产必须管安全"的原则,树立"安全就是效益、生产服从安全"的思想,执行"安全生产一票否决"制度。

高速公路建设安全生产工作实行统一管理、分级负责。建设单位负责全项目安全生产管理工作,负责施工现场安全生产全面管控及有关工作的具体督促落实,并对监理单位的安全监理工作进行监督检查;设计单位承担法律法规及合同约定的安全责任;监理单位按照监理规范与合同的要求承担安全生产的监理责任。施工单位作为安全生产的第一责任人承担安全生产的主体责任,并负责各项安全生产措施的具体落实。通过"统一管理、分级负责"的落实,建设单位、设计单位、监理单位和施工单位的通力协作,始终把安全生产作为一项主要考核指标列入管理工作中,宁夏安全形势逐年好转。2010—2016年底,宁夏高速公路工程建设保持零死亡,特别是青兰高速公路东毛段六盘山高海拔特长隧道建设中未发生亡人事故。

一、健全安全生产组织机构,落实安全生产责任

宁夏公路建设管理局内设质量安全处,同时,成立局安全生产委员会,负责宁夏公路建设项目安全生产的具体管理工作,建立健全各项安全生产管理制度,特别是在签订监理、施工合同的同时,签订安全生产合同,按照合同约定对安全生产进行动态考核。严格按照交通运输厅《关于印发宁夏回族自治区公路水运建设工程安全生产费用管理规定的通知》(宁交办发〔2010〕209号)要求,提取并支付安全生产费用,以资金投入保证安全生产。定期召开安全生产会议,总结部署安全生产工作,签订安全生产责任书,落实安全生产责任。

认真落实施工单位安全生产主体责任,各合同段按照《安全生产合同》,成立了安全生产管理机构,建立安全生产保证体系,健全各种安全生产规章制度。对关键施工部位编制专项安全技术措施施工方案。各项目部项目经理为工程质量、安全第一责任人。要求各合同段按照每5000万元配备1名取得上岗资格的专职安全员或工程师。与各作业队层层签订安全生产责任书(安全生产合同),按合同约定配备必需的安全生产保护设施,保证安全生产费用使用到位。

各驻地监理办公室成立安全生产领导小组,负责对所辖标段安全生产的监督和管理。监理负责人任组长,并配备一名专职安全监理人员,负责日常安全生产的监督管理工作。

二、开展教育培训,提高安全技术水平

在每个建设项目开工前,建设单位组织施工、监理、设计及中心试验室人员进行安全生产教育培训。培训班围绕精细化管理、标准化施工、风险管理与公路施工重点管理等方面,针对施工过程中存在的重点、难点问题,结合公路施工实际及典型案例,生动形象地进行讲解。施工单位建立健全安全生产责任制度和安全生产教育培训制度及安全生产技术交底制度,在新进场人员和作业人员进入新的施工现场或者转入新的岗位前,对其进行安全生产教育和培训,保证从业人员具备必要的安全生产知识,熟悉有关的安全生产规章制度和安全操作规程,掌握本岗位的安全操作技能,了解事故应急处理措施,知悉自身在安全生产方面的权利和义务。未经安全生产教育培训考核或者培训考核不合格的人员,不得上岗作业。经常开展安全生产演讲比赛、知识竞赛和答题活动,增长安全生产知识。

三、开展安全生产专项行动

每年开展"安全生产月""反三违月"活动,在施工场所采用黑板报、播放安全生产宣传片、安全生产讲座、安全体验等形式大力宣传安全文化。先后开展了"安全生产年""安全生产大检查""百日安全回头看""落实企业安全生产主体责任年""安全隐患排查治理""落实施工方案专项行动""桥梁隧道安全隐患专项治理"等活动,取得良好效果。认真开展"平安工地"创建活动,按照交通运输厅《关于开展公路工程平安工地建设活动的实施意见》(宁交办发〔2010〕77号)等文件,开展"平安工地"创建活动,在2010年度交通运输部的平安工地创建考核评比中,国道211线项目被评为"交通运输部平安工地项目",多个合同段被评为"平安示范工地"。2014年,东毛高速公路被评为交通运输部"平安工地"示范项目。在节假日和重点时段开展消防安全、汛期防洪、冬季施工等专项隐患排查,保证施工安全生产。

四、认真做好风险评估,开展安全专项验收

从2010年开始,落实项目在预评估阶段、工程可行性研究阶段、初步设计阶段的安全风险评估规定,交通安全设施按照"与主体工程同时设计、同时施工、同时交付使用"的"三同时"原则,编制安全专篇;大型桥梁、隧道施工、高边坡、施工条件复杂的合同段编制施工风险评估报告,经交通运输厅组织审查通过后实施;在高速公路建设项目交通安全设施施工完成后,组织参建单位初步验收后,申请交通运输厅进行安全专项验收。

第十四章
征地拆迁

第一节 征地拆迁机制和标准

1997年,为了保障姚叶高速公路的顺利实施,自治区政府成立姚叶高速公路建设领导小组,下设两个指挥部,一个是由交通部门组建的姚叶高速公路工程建设指挥部,另一个是由沿线地方政府组建的征地拆迁指挥部。姚叶高速公路的征地拆迁机构设置模式,后来沿用到各条高速公路建设项目,直到2006年。

宁夏交通厅原副巡视员鲁人勇同志在一篇高速公路建设回忆录中的记叙:

千难万难,征地拆迁最难,宁夏第一条高速公路——姚叶高速公路共征地8287亩,拆迁各类建筑物49571m^2,迁坟185座,改移电力及通信设施165处,涉及果树10672棵、林木近3万棵……这么大的征地拆迁量,为宁夏建设史所少有。所征土地中,多数为耕地,荒地不到五分之一。土地是农民的命根子,房舍是他们的安乐园,世代耕其田,居其园,即便给予补偿,感情上也难以割舍。撇开感情不说,就是在补偿标准上,也存在巨大的矛盾:作为被征、被拆一方,涉及个人根本利益,总是期望补偿越多越好;作为建设方,征地拆迁费有规定,花费必须有依据;作为地方政府及乡镇领导,维护农民利益责无旁贷;作为交通部门,不超过征地拆迁费预算、节约成本亦为责任所在。这些矛盾,必须由自治区政府来协调解决。自治区政府领导经过调查研究、反复征求各方意见,做了一年多的工作,才大致取得共识。随后,由交通厅拟定征地拆迁补偿标准,又联合自治区财政厅、地税局、物价局、土地局上报《关于姚叶公路建设有关政策规定的报告》,请求批准。为此,时任自治区主席白立忱专门召开两次主席办公会,终于于1997年1月30日批准执行。其基本原则是:拆迁,按所拆建筑物的实际现值补偿;土地,比照1996年制定的自治区黄扶贫灌溉工程补偿标准执行。还规定了一条重要措施:征地拆迁近工作,由沿线各地的市、区、县政府按"包干使用、超支不补"的原则完成。

姚叶高速公路的征地拆迁工作,银川市、市郊区、贺兰县、永宁县及平罗县政府、基层的乡镇和村干部都付出了辛勤劳动,他们要对2000多户农民苦口婆心地宣传教育,晓以大义,一户一户地做工作,最后达到自愿搬迁。整个过程,没有动用警力强制拆迁,虽有小的曲折,没有大的集体上访,做得很圆满。更应该感谢的是沿线的广大群众,他们为宁夏第一条高速公路做出了贡献和牺牲,也为以后大规模的高速公路建设做出了表率。

1997—2006年,高速公路工程建设指挥部和征地拆迁指挥部密切配合,会同自治区国土部门共同完成征地拆迁工作。采取现场征地的方式将土地和附着物总量汇总后与当地政府签订包干协议或统征协议,征地拆迁补偿款由高速公路工程建设指挥部拨付给地方政府,由地方政府负责分解兑现到户;涉及铁路、水利、电力、通信、地下管线等设施,工程建设指挥部直接与产权单位签订合同,拆迁补偿;工程施工过程中,临时用地和建设环境维护等工作由工程建设指挥部协同沿线地方政府负责协调解决。

为了保障高速公路项目的实施,自治区政府先后制定了姚叶、古王、石中、中郝、中营、银武、盐中等项目征地拆迁补偿标准,同时出台了《关于对重点公路建设项目给予优惠政策扶持的通知》(宁政发〔1999〕99号),对石中高速公路、古王高速公路耕地占用税、建设施工营业税、资源补偿费、水土流失防治费等8个方面给予适当减免,极大地支持了高速公路建设。

2006年以来,随着国家各项法规制度的不断完善,建设项目管理更加规范,国土资源管理更加严格,广大群众的依法维权意识不断增强,对高速公路项目依法建设提出了更高的要求,征地拆迁工作也进入了新的阶段。

高速公路建设管理机构由原来的工程建设指挥部改革为公路建设管理局,征地拆迁工作机构也逐渐发生变化,由过去沿线地方政府成立的征地拆迁指挥部负责转变为由相关职能部门负责等多种形式。

为进一步加强工作配合,公路建设管理局印发了《宁夏高速公路建设项目建设各方与地方政府构建联动机制方案的通知》(宁公建通知〔2012〕52号),主动与市县(区)沟通协商建立联动机制。在项目建设前期,主动与地方政府沟通,得到地方政府的大力支持,及时成立征地拆迁和协调领导小组,地方政府分管领导挂帅,国土、监察、审计、交通、农牧、环保、林业、水务、乡镇等部门主要负责同志参与,制定翔实的工作方案,召开动员会,做宣传,讲政策,统一思想,提高认识,并将任务细化分解。通过地方市、县、乡政府之间的纵向联动,以及地方政府与高速公路建设各方的横向联动,明确各方的职责,畅通信息渠道,发挥各方的主动性和积极性,及时召开协调会议,研究解决工程建设中存在的问题,防止工程建设中阻挡施工、越级上访等突发事件的发生。

各成员单位抽调专人组成工作组,认真履行征地拆迁"两公告一公示"制度,深入项目建设现场,对公路建设征用的土地及其地面附着物等逐一进行实地勘查丈量,认真清点登记,逐个分类统计,并依据自治区制定的补偿标准,核算补偿费用,宁夏公路建设管理局与县市(区)政府签订补偿协议,将补偿费用及时足额拨付相关市县,并加强对征地拆迁补偿费的监督,督促市县及时将补偿费用兑付被征迁的产权单位或个人,维护被征迁人的合法权益。

交通部门和地方部门密切配合,发挥各自优势,结合国家实施的各项惠民政策,充分考虑被拆迁户家庭状况,对智障人员、无保户、低保户等失地农民建立长效的保障机制。对城市规划区内的失地农民实行农转非政策,全部纳入城市户籍管理,实行撤村建居,享受城市居民待遇,并逐步纳入社会保险体系进行保障安置。

在促进被征地农民就业方面,对不具备生产生活条件地区的被征地农民,进行异地移民安置或有组织地开展劳务输出,实现稳定就业,并按规定享受推进劳务产业、促进就业的相关扶持政策。凡从事经营活动的用地单位,建立创业基地或留出一定的经营场所,用于安置被征地农民就业。

劳动保障部门会同有关部门对转移就业的被征地农民免费提供一次性职业技能培训和职业技能鉴定服务。对被征地的特困城乡家庭的青年劳动力,全部纳入就业培训援助对象,组织进行中长期职业技能培训,实行定向就业。在建立被征地农民养老保障制度方面,针对被征地农民的特点,坚持"以土地换保障"的原则,建立独立于其他社会保障形式之外的养老保障制度,明确了政府、集体、个人、社会等多方筹资机制,根据地区经济差异和参保人员不同年龄段,实行不同的资金筹集标准,在个人继续缴费标准上给被征地农民以自由选择的权利,提出了建立以"个人账户为主,社会统筹为辅"的养老保障制度,明确了个人账户资金所有权归个人所有,并按照城乡统筹的原则,建立相应的养老关系转移接续等配套措施。

在资金管理方面,严格执行各项财务管理规定,建立独立的被征地农民就业培训和养老保障资金管理体系,加强资金监督和管理,确保资金的安全和增值,任何单位和个人不得挤占、截留或挪用。在山区的一些高速公路建设中,地方政府还结合农村危房危窑改造、廉租房等政策综合施策,对推动高速公路建设征地拆迁起到了很好的作用。

2006年,在结合国家产业政策和总结以往高速公路建设征地拆迁政策的基础上,自治区政府印发了《关于对重点公路建设项目给予优惠政策扶持的通知》(宁政发〔2006〕77号),从耕地占用税、施工营业税及附加、水资源补偿费等9个方面进一步给予优惠政策扶持。

2010年,自治区政府出台了《关于公布实施宁夏回族自治区县(市、区)征地补偿标准的通知》(宁政发〔2010〕3号),自治区政府办公厅印发了关于《包兰铁路宁夏段增建第二线工程征地拆迁安置补偿标准》的通知(宁政办发〔2010〕43号)(有几条高速公路项目征地拆迁执行该标准)。

2015年,自治区政府出台了《关于公布宁夏回族自治区征地补偿标准的通知》(宁政发〔2015〕101号),对征地拆迁标准进行了逐步完善和调整,各市县区政府也相应出台和完善了相关规划,如盐池县和海原县政府及时出台了《盐池县征收集体土地和临时用地补偿标准规定》(盐政发〔2016〕27号)和《海原县集体土地及地上附着物征收补偿标准》

（海政发〔2016〕69号），对土地征用和附着物征收补偿标准进行了细化和明确，为高速公路建设征地拆迁安置补偿提供了依据。

第二节　征地拆迁实施过程

高速公路的征地拆迁工作，是直接涉及群众最关心、最直接、最现实利益的工作，也是在公路建设全过程中与不同利益群体产生直接冲突的焦点所在。由于对政府的征地拆迁政策、补偿标准的不了解，处于对自身利益的保护意识或是对补偿期望值过高，经常遇到群众不配合、干扰或阻挠征地拆迁工作的现象。为保障工程的顺利实施，解决好群众的根本利益问题，各级政府、各相关部门呕心沥血，做了大量的工作。各级领导高度重视，大到设计方案的制订，小到每一寸土地的丈量，都有领导参与，实地调研，制定切实可行的实施方案，在征地拆迁工作中收到了事半功倍的效果。

2005年6～11月，自治区党委书记陈建国带领自治区有关部门主要负责人，多次视察了盐中高速公路规划建设情况，就盐中高速公路建设用地、压覆矿产、环境及文物保护等有关事项进行了专题研究，提出了明确解决方案；针对沿线地方筑路材料料场被私营业主垄断，价格暴涨问题，要求沿线地方政府认真调查处理。

自治区政府历任分管交通领导针对盐中高速公路征地拆迁安置补偿和穿越自然保护区事宜、孟营高速公路土地权属有关事宜、古青调整公路联络线压覆甜水河勘查区煤炭资源有关事宜、G6京藏高速公路和G20青银高速公路改扩建工程方案等诸多问题，亲临现场调研，及时协调解决。

交通部门和地方政府部门征地拆迁工作人员忍辱负重，不辞辛劳，长期深入工程一线，耐心细致做好群众工作，及时主动，及早行动，提前介入，一丝不苟地做好征地拆迁工作，保障了征地拆迁工作的顺利进行。

一、注重调查研究，准确把握心理特征

通过进村入户，宣讲政策，与村里的干部、群众交心沟通，及时掌握群众普遍存在的"三怕"思想：一怕补偿政策多变，导致先拆的吃亏；二怕干部办事不公，使得"老实人"吃亏；三怕带头拆迁生事，遭到其他户的反对。由于"三怕"思想的存在，出现了"三等"现象：一等补偿政策再优惠，获得更多的利益；二等干部让步开口子，期望抬高补偿标准；三等拆后安置求照顾。从而导致乡村干部存在着"三担心"心理：一是担心拆迁户集体抗衡，增加工作难度；二是担心上门做思想工作，受气挨骂；三是担心无法按时完成任务，影响到工作大局。

二、多措并举,因情施策

为了解决好群众的"三怕""三等"和干部的"三担心"问题,工作中做到政策公开透明,维护群众切身利益,努力把落实征地拆迁政策的过程变为服务群众、赢得民心的过程。

在中郝高速公路建设过程中,按照初设在中宁县沙珠子沟排水沟坡体两侧各设计3孔13m的桥梁一处,该沟每年都可能发洪水,并给下游群众带来损失。针对这一现状,经多次现场勘查、走访农户,征求各方面意见,将原设计方案进行优化,投资80万元将上游坡顶修建1处拦洪坝,两侧修建排水沟将洪水引流至下游排水沟中,减少了洪水常年对群众的危害,得到了政府和群众的一致好评。

同沿高速公路建设中,建立了对被拆迁户回访制度,时常深入被拆迁户家中,了解其安置后的生产和生活情况,发现问题及时向有关部门反映,并提出合理的建议和意见,确保被拆迁群众生活水平不因拆迁而降低。同时,对被拆迁群众需要集中安置的,由公路建设部门出资,解决安置点的"三通一平",减轻群众的负担,泾源县六盘山安置点还受到有关部门的表扬,并被亚行作为示范点进行推广。

在川区项目建设中实施线外改渠,合并构造物,减少主线构造物,改善了农田灌溉条件;在山区项目建设中充分发挥取土场和弃土利用价值,利用固海扬水工程将台地改为水地,将坡地平整开发,进一步提高耕地等级,利用取弃土进行造田,既解决了高速公路用土需求,又增加了耕地,提高了可耕地质量等级。

三、坚持"一把尺子量到底"

对于积极配合的拆迁户,尽快帮助其解决具体问题,办理手续;对于观望户,不厌其烦、耐心细致地讲解优惠政策,帮其算好"经济账",促其尽快下定决心拆迁;对于有抵触情绪的拆迁户,认真听取他们的想法和意见,不失时机地加以引导,逐步消除疑虑,使他们变抵触为接受和理解。

四、聘请第三方介入,做好廉政风险防控

2014年以来,建立了第三方参与审核监督机制,聘请第三方参与电力、通信线路和各类管道拆迁补偿费用审核工作,签订三方协议,加强风险防控,促进电力、通信和各类管道拆迁费用的合理支付,确保公路建设项目正常施工。学习借鉴成熟经验,加大建设项目电力、通信及管线拆迁招投标工作力度,完成了公路建设项目电力、通信线路及管道拆迁造价咨询服务和输配电线路拆迁施工图设计的招标工作。

此外,在做好征地拆迁和协调工作的同时,与当地政府及国土、林业、水利等部门沟通协调,通过积极开展公路建设工程复线工程,做好复路、复沟、复渠等工作。

第十五章
法 规 制 度

第一节 自治区相关法规制度

为保障宁夏高速公路在建设、运营、养护和管理等各个环节健康有序发展,自治区相继出台了一系列地方性法规制度。

《宁夏回族自治区公路路政管理条例》 根据《中华人民共和国公路法》和《公路安全保护条例》等有关法律法规,结合宁夏实际,1997年12月3日宁夏回族自治区第七届人民代表大会常务委员会第二十八次会议通过了《宁夏回族自治区公路路政管理条例》(宁夏回族自治区人民代表大会常务委员会公告),该《条例》于1998年1月1日发布施行。2016年5月27日宁夏回族自治区第十一届人民代表大会常务委员会第二十四次会议通过关于修改《宁夏回族自治区公路路政管理条例》的决定,对该《条例》进行了修订。该《条例》明确了自治区行政区域内国道、省道、县道、和乡道的路政监督管理、公路路产管理、公路两侧建筑控制区管理以及相关法律责任,加强了宁夏公路路政管理,为维护高速公路路产、路权,保障高速公路完好、安全、畅通提供了地方性法规依据。

《宁夏回族自治区收费公路管理条例》 根据《中华人民共和国公路法》(以下简称《公路法》)、国务院《收费公路管理条例》和有关法律、法规,结合宁夏实际,2006年9月27日宁夏回族自治区第九届人民代表大会常务委员会第二十四次会议通过了《宁夏回族自治区收费公路管理条例》(宁夏回族自治区人民代表大会常务委员会公告),该《条例》于2006年11月1日发布施行。该《条例》明确了全区收费公路的建设、经营管理和相关法律责任,对促进宁夏收费公路建设、加强收费公路经营管理、规范通行费收费行为、维护收费公路经营管理者和使用者的合法权益、推动宁夏公路事业尤其是高速公路健康有序发展具有重要意义。

《宁夏回族自治区超限运输车辆行驶公路管理规定》 根据《宁夏回族自治区公路路政管理条例》、交通运输部《超限运输车辆行驶公路管理规定》等法规规章,结合宁夏实际,2001年宁夏回族自治区人民政府常务会议审议通过了《宁夏回族自治区超限运输车辆行驶公路管理规定》(自治区政府令第31号),该《规定》于2001年11月24日发布施行。该《规定》明确了超限运输车辆认定标准、确需行使公路的申请与审批、通行公路管理规定和相关法律责任等,对加强全区超限运输车辆行驶公路的管理,维护公路的完好畅通,依法开展治超工作具有重要意义。

《宁夏回族自治区治理货运车辆超限超载办法》 根据《中华人民共和国公路法》《中华人民共和国道路交通安全法》和《中华人民共和国道路运输条例》等有关法律、法规,结合宁夏实际,2010年12月7日自治区人民政府第82次常务会议讨论通过了《宁夏回族自治区治理货运车辆超限超载办法》并予公布,该《办法》于2011年4月1日发布施行。该《办法》对自治区行政区域内高速公路、普通干线公路、农村公路以及货物运输源头治理车辆超限超载工作进行了规范,明确了自治区治理货运车辆超限超载工作原则、工作职责、源头治理、路面治理及责任追究和罚则,为依法开展新形势下的治超工作,提高公路使用寿命和效率,促进公路运输市场健康繁荣发展发挥了重要作用。

《宁夏回族自治区公路两侧建筑控制区管理办法》 根据《宁夏回族自治区公路路政管理条例》,结合宁夏实际,2001年12月7日宁夏回族自治区人民政府第80次常务会议通过了《宁夏回族自治区公路两侧建筑控制区管理办法》(自治区政府令第34号),该《办法》于2002年1月1日发布施行。该《办法》对自治区行政区域内国道、省道、县道和乡道两侧建筑控制区的管理进行了规范,明确公路两侧建筑管理、非公路标牌管理及相关法律责任,对依法加强公路安全保护,营造畅通、安全的公路环境起到了重要作用。

《宁夏回族自治区高等级公路广告牌管理规定》 根据《中华人民共和国广告法》《中华人民共和国公路法》《宁夏回族自治区户外广告管理条例》《宁夏回族自治区公路路政管理条例》等法律、法规,结合宁夏实际,2004年1月14日宁夏回族自治区人民政府第26次常务会议讨论通过了《宁夏回族自治区高等级公路广告牌管理规定》(自治区政府令59号),该《规定》于2004年3月1日发布施行。该《规定》明确了自治区行政区域内高等级公路广告牌的控制区范围、设置原则、设置申请与审批、管理规范和罚则,对保障高等级公路行车安全,美化公路两侧环境,规范自治区高等级公路广告牌设置提供了依据。

《宁夏回族自治区公路管理办法》 根据《中华人民共和国公路法》及有关法律、法规,结合宁夏实际,2004年4月19日宁夏回族自治区人民政府第33次常务会议讨论通过了《宁夏回族自治区公路管理办法》(自治区政府令65号),该《办法》于2004年4月23日发布施行。该《办法》对自治区行政区域内国道、省道、县道、乡村公路和收费公路的管理进行了规范,分为总则、责任分工、资金来源、项目管理收费公路、路政管理、罚则、附则8章35条,对加强自治区公路建设管理,促进公路发展具有重要意义。

《宁夏回族自治区招投标管理办法》 根据《中华人民共和国招标投标法》和有关法律、行政法规,结合宁夏实际,2009年2月24日宁夏回族自治区人民政府第27次常务会议讨论通过了《宁夏回族自治区招标投标管理办法》(自治区政府令12号),该《办法》于

2009年4月1日发布施行。宁夏高速公路建设招标投标活动均遵守本《办法》,该《办法》的实施保证了高速公路招标项目的质量,同时提高了经济效益,保护了国家利益、社会公共利益和招标投标活动当事人的合法权益。

《宁夏回族自治区人民政府关于进一步加强车辆超限超载长效治理工作的通告》 根据有关法律、法规和国家车辆超限超载治理的有关规定,2011年自治区人民政府就加强车辆超限超载长效治理工作,发布了《宁夏回族自治区人民政府关于进一步加强车辆超限超载长效治理工作的通告》(宁政发〔2011〕30号),该《通告》于2011年4月1日发布施行。

《宁夏回族自治区治理货运车辆超限超载办法》 依据《中华人民共和国公路法》《中华人民共和国道路交通安全法》和《中华人民共和国道路运输条例》等有关法律、法规的规定,2010年12月7日自治区人民政府第82次常务会议讨论通过《宁夏回族自治区治理货运车辆超限超载办法》(宁夏回族自治区人民政府令第29号),该《办法》于2011年4月1日发布施行。该《办法》对加强宁夏道路运输货运车辆超限超载治理工作,保护国家财产及人民群众生命安全,维护道路货物运输市场秩序,确保公路完好畅通具有重要意义。

《宁夏回族自治区重大节假日免收小型客车通行费实施细则》 为贯彻落实《国务院关于批转交通运输部等部门重大节假日免收小型客车通行费实施方案的通知》(国发〔2012〕37号)精神,进一步提升收费公路通行效率和服务水平,方便群众快捷出行,结合宁夏实际,自治区人民政府就重大节假日期间免收7座及以下小型客车通行费有关问题制定《宁夏回族自治区重大节假日免收小型客车通行费实施细则》(宁政发〔2012〕139号),该《细则》于2012年9月19日发布施行。该《细则》明确了重大节假日免收小型客车通行费的时间范围、车辆范围和收费公路范围,并提出工作要求和保障机制,为宁夏重大节假日免收小型客车通行费的实施提供了依据。

《宁夏回族自治区损坏公路路产赔补偿和占用收费办法》 根据《中华人民共和国公路法》《公路安全保护条例》《超限运输车辆行驶公路管理规定》《宁夏回族自治区收费公路管理条例》和《宁夏回族自治区超限运输车辆行驶公路管理规定》,结合宁夏实际,2014年4月21日宁夏回族自治区物价局、财政厅、交通运输厅印发了《宁夏回族自治区损坏公路路产赔补偿和占用收费办法》(〔2014〕19号),该《办法》于2014年5月1日发布施行。

《宁夏回族自治区征地补偿标准》 依据《中华人民共和国土地管理法》和《宁夏回族自治区土地管理条例》等法律法规,2015年经自治区人民政府第53次常务会议审议通过了《宁夏回族自治区征地补偿标准》(宁政发〔2015〕101号),该《标准》于2016年1月1日发布施行。

《推进货车非法改装和超限超载治理工作实施方案》 为做好宁夏货车非法改装和

超限超载治理工作,消除安全隐患,保护公路建设成果和人民群众生命财产安全,维护道路运输市场秩序,促进宁夏经济社会持续健康发展,根据国家交通运输部、工业和信息化部、公安部、工商总局、质检总局《关于进一步做好货车非法改装和超限超载治理工作的意见》(交公路发〔2016〕124号)和全国治理货车非法改装和超限超载工作电视电话会议精神,宁夏回族自治区交通运输厅、经济和信息化委员会、公安厅、工商局、质量技术监督局联合发布《推进货车非法改装和超限超载治理工作实施方案》(宁交发〔2016〕47号),该《方案》于2016年9月30日施行。该《方案》综合运用法律、行政、经济、技术等手段,加强对货车生产、改装、销售和道路货物运输的全过程监管,通过深入持续的综合治理,杜绝货车非法改装现象,消除高速公路和国省干线公路超限超载,有效遏制农村公路超限超载。初步建立法规完备、权责清晰、运行顺畅、执行有力、科学长效的治超工作体系。

第二节 建设市场相关制度

为保障宁夏公路建设市场健康有序发展,交通运输厅先后出台了一系列规章制度。

《宁夏回族自治区公路建设项目评标专家库动态管理办法》 根据《中华人民共和国招标投标法》《公路建设市场管理办法》(试行稿)以及交通部《公路建设项目评标专家库管理办法》(交公路发〔2001〕300号)和《关于加强公路工程评标专家管理工作的通知》(交公路发〔2003〕464号),结合实际,宁夏交通运输厅制定印发了《宁夏回族自治区公路建设项目评标专家库动态管理办法》(宁交通知〔2004〕107号),该《办法》自2004年7月27日起施行。该《办法》明确了专家库专家应具备的基本条件、选择评标专家的程序、评标专家的主要权利以及评标专家的主要义务,加强了评标专家的动态管理,规范了专家评标行为。

《宁夏回族自治区公路建设项目使用农民工暂行管理办法》 为加快自治区农村剩余劳动力就业,有效增加农民收入,同时为进一步规范参建单位使用农民工行为,防止发生随意拖欠农民工工资,保护农民工合法权益,交通运输厅制定印发了《宁夏回族自治区公路建设项目使用农民工暂行管理办法》(宁交通知〔2004〕126号),该《办法》自2004年8月起施行。

《宁夏回族自治区公路施工企业资质初审暂行规定》 根据《建筑企业资质管理规定》(建设部第87号令)、《公路建设市场管理办法》(交通部第14号令),结合宁夏实际,宁夏交通运输厅制定印发了《宁夏回族自治区公路施工企业资质初审暂行规定》(宁交通知〔2005〕145号),该《规定》自2005年8月30日起施行。该《规定》规范了宁夏公路施工企业资质申请和审查程序。

《宁夏回族自治区公路养护工程施工招标投标管理暂行规定》 根据《中华人民共和国公路法》《中华人民共和国招标投标法》《交通部公路养护工程施工招标投标管理暂行规定》等有关法律法规,结合实际,宁夏回族自治区交通运输厅制定印发了《宁夏回族自治区公路养护工程施工招标投标管理暂行规定》(宁交通知〔2005〕164号),该《规定》自2005年9月起施行。该《规定》对加强公路养护工程的施工招标投标管理,规范公路养护工程的施工招标投标活动,保护招标人和投标人的合法权益,确保养护工程质量,提高投资效益具有重要意义。

《宁夏回族自治区公路养护工程市场管理暂行规定》 根据《中华人民共和国公路法》、交通部《公路养护工程市场准入暂行规定》及《宁夏回族自治区公路养护工程市场管理暂行规定》的规定,结合实际,交通运输厅制定印发了《宁夏回族自治区公路养护工程市场管理暂行规定》(宁交通知〔2005〕164号),该《规定》自2005年9月起施行。

《宁夏回族自治区公路交通建设项目招标投标暂行办法》 根据《中华人民共和国公路法》和《中华人民共和国招标投标法》以及国家、交通部有关规定,结合宁夏实际情况,宁夏交通运输厅制定印发了《宁夏回族自治区公路交通建设项目招标投标暂行办法》(宁交通知〔2005〕181号),该《办法》自2005年10月8日起施行。该《办法》规定对凡列入年度交通基础设施建设计划,投资额在50万以上的公路工程及与之相关的附属工程的新建、改建与安装和货物采购项目均实行招投标,对加强宁夏公路交通基础设施建设市场管理,规范公路基础设施投标活动当事人的合法权益,保证工程质量,提高投资效益具有深远意义。

《宁夏回族自治区公路工程质量管理办法》 根据《中华人民共和国公路法》和交通部《公路工程质量管理办法》,结合自治区实际,宁夏回族自治区交通运输厅制定印发了《宁夏回族自治区公路工程质量管理办法》(宁交通知〔2005〕190号),该《办法》自2005年10月17日起施行。该《办法》明确了建设单位质量管理,设计单位质量管理,施工单位质量管理,工程质量监督机构管理以及相关责任。

《宁夏公路计重收费设备质量检验评定标准(试行)》 根据《公路工程质量检验评定标准》(JTG F80/2—2004)、《宁夏公路计重收费暂行技术要求》和《宁夏公路计重收费系统设备及安装工程招标文件》,交通运输厅制定印发了《宁夏公路计重收费设备质量检验评定标准(试行)》,该《标准》自2006年6月16日起施行。该《标准》对加强公路机电工程质量监督管理,统一全区公路计重收费系统设备质量检验评定标准,保证工程质量具有指导意义。

《宁夏公路工程质量监督规定实施细则》 根据《公路工程质量监督规定》(交通部令2005年第4号),结合实际情况,交通运输厅制定印发了《宁夏公路工程质量监督规定实施细则》(宁交通知〔2007〕24号),该《细则》自2007年2月13日起施行。该《细则》有效加强了公路工程质量监督,保证了公路工程质量,保护了人民生命和财产安全。

《宁夏公路工程监理企业及监理人员执业考核办法》 根据交通运输部等部委有关规定,交通运输厅制定印发了《宁夏公路工程监理企业及监理人员执业考核办法》(宁交通知〔2007〕24号),该《办法》自2007年2月13日起施行。该《办法》对加强公路工程监理企业及监理人员执业资格的行业管理,认真开展对监理企业和监理人员的动态管理和考核工作,解决监理人员"人""证"分离问题,约束和规范监理企业行为以及监理人员的执业行为,使监理企业和人员的管理工作步入规范化、程序化轨道。

《宁夏交通建设工程安全生产监督管理规定》 根据交通运输部等部委有关规定,结合实际,宁夏交通运输厅制定印发了《宁夏交通建设工程安全生产监督管理规定》(宁交通知〔2007〕33号),该《规定》自2007年8月7日起施行。该《规定》为加强自治区交通建设工程安全监督管理工作,保障人身及财产安全具有指导意义。

《关于进一步规范招投标活动的若干意见》 宁夏交通运输厅制定印发了《关于进一步规范招投标活动的若干意见》(宁交通知〔2008〕10号),该《意见》自2008年3月19日起施行。该《意见》通过健全制度、严格程序、强化监督,进一步规范了招投标活动,对加强交通廉政建设,规范自治区公路建设项目招投标管理,鼓励诚信、惩戒失信,保护公平竞争,规范有序地组织招投标活动具有重要意义。

《宁夏公路建设工程安全生产费用管理暂行办法》 根据《中华人民共和国安全生产法》等法律法规,交通运输厅制定印发了《宁夏公路建设工程安全生产费用管理暂行办法》(宁交通知〔2008〕90号),该《办法》自2008年5月19日起施行。该《办法》为加强自治区公路建设工程安全生产费用管理,建立公路施工企业安全生产投入长效机制,改善公路施工企业作业条件,提高从业人员安全生产积极性,减少施工伤亡事故发生,切实保障公路建设工程从业人员人身安全和公共利益提供了制度保障。

《宁夏公路建设市场信用信息管理实施细则》 根据《中华人民共和国政府信息公开条例》等法律法规,交通运输厅制定印发了《宁夏公路建设市场信用信息管理实施细则(试行)》(宁交通知〔2010〕64号),该《细则》自2011年1月1日起施行,并于2014年进行了修订。该《细则》对加强宁夏公路建设市场管理,规范公路建设从业单位和从业人员行为,维护统一开放、竞争有序的市场秩序,促进公路建设又好又快发展具有指导意义。

《宁夏回族自治区高速公路建设单位考核办法(试行)》 依据国家及交通运输部相关法律、法规、规章和技术标准,结合实际,宁夏交通运输厅制定印发了《宁夏回族自治区高速公路项目建设单位考核办法(试行)》(宁交办发〔2011〕250号),该《办法》自2011年12月29日起施行。该《办法》为进一步加强高速公路项目建设管理,努力提高自治区高速公路工程建设管理效率,科学评价建设单位的管理水平和管理业绩提供了制度保障。

《宁夏回族自治区公路工程竣工档案编制办法(试行)》 根据交通运输部《公路工程

竣(交)工验收办法实施细则》(交公路发〔2010〕65号)等有关规定,交通运输厅制定印发了《宁夏回族自治区公路工程竣工档案编制办法(试行)》(宁交办发〔2012〕184号),该《办法》于2012年10月19日发布施行。该《办法》进一步规范了公路工程竣工档案编制工作,保证了宁夏公路工程竣工档案编制完整、准确、系统。

《宁夏高速公路标准化管理指南》 2012年,由交通运输厅编写出版的《宁夏高速公路标准化管理指南》,全书共75万字,分为4册,分别为工地建设篇、路基路面篇、隧道篇、桥梁篇。该《指南》以东毛高速公路为依托,结合了宁夏自然环境特点,总结宁夏高速公路规范化管理的核心内容、成功施工技术和先进经验,为宁夏高速公路施工标准化管理起到了规范和指导作用。

《宁夏回族自治区交通运输厅招标投标工作监督管理办法(试行)》 根据有关法律法规及自治区人民政府、交通运输部相关规定,交通运输厅制定印发了《宁夏回族自治区交通运输厅招标投标工作监督管理办法(试行)》(宁交办发〔2014〕35号),该《办法》自2014年2月28日起施行。该《办法》对进一步加强交通建设工程和各种公共交易招标投标活动的监督管理,预防工程建设和各种公共交易领域违纪违法问题发生,打造阳光廉洁工程具有重要意义。

《宁夏交通运输厅公路养护工程验收办法(试行)》 根据交通运输部《公路养护工程管理办法》《公路工程竣(交)工验收办法》,结合实际,交通运输厅制定印发了《宁夏交通运输厅公路养护工程验收办法(试行)》(宁交办发〔2011〕235号),该《办法》自2011年12月6日起施行。该《办法》为进一步加强自治区公路养护工程竣(交)工验收工作,提高养护工程质量提供制度保障。

《宁夏公路建设项目设计咨询、设计文件审查管理办法(试行)》 根据《关于进一步加强公路勘察设计工作的若干意见》(交公路发〔2011〕504号)等法律法规,结合实际,交通运输厅制定印发了《宁夏公路建设项目设计咨询、设计文件审查管理办法(试行)》(宁交办发〔2013〕号139号),该《办法》自2013年7月20日起施行。该《办法》规定由交通运输厅投资或补贴的三级及以上公路项目,设计咨询、设计文件审查必须遵守,加强了自治区公路建设项目设计文件审查的管理。

《宁夏公路建设项目初步设计地质勘察验收管理办法(试行)》 根据《关于进一步加强公路勘察设计工作的若干意见》(交公路发〔2011〕504号)和国家有关法律法规的规定,结合实际,交通运输厅制定印发了《宁夏公路建设项目初步设计地质勘察验收管理办法(试行)》(宁交办发〔2013〕号139号),该《办法》自2013年7月20日起施行。该《办法》为切实履行政府审查审批职能,加强对勘察单位的地质勘察验收工作,保证地质勘察质量,提高设计质量提供制度保障。

《宁夏公路建设项目初步设计外业验收管理办法(试行)》 根据《关于进一步加强公

路勘察设计工作的若干意见》(交公路发〔2011〕504号)和国家有关法律法规,结合实际,交通运输厅制定印发了《宁夏公路建设项目初步设计外业验收管理办法(试行)》(宁交办发〔2013〕号139号),该《办法》自2013年7月20日起施行。该《办法》有效加强了公路工程项目勘察设计质量监督与管理,督促勘察设计单位深化现场勘察、勘测与调查工作,避免造成重大方案遗漏,影响工程建设。

《宁夏公路勘察设计执行有关技术要求》 根据《关于进一步加强公路勘察设计工作的若干意见》(交公路发〔2011〕504号)等文件,对加强公路工程设计管理工作不同程度地提出了要求。为更好贯彻落实部有关意见,结合自治区公路设计、建设、养护管理工作实际,交通运输厅制定印发了《宁夏公路勘察设计执行有关技术要求》(宁交办发〔2013〕号186号),该《要求》自2013年9月12日起施行。

第三节 项目建设管理主要制度

2002年以来,随着高速公路建设的发展,各高速公路工程建设指挥部根据项目实际情况,均制定了一系列管理制度,对促进项目管理规范化、制度化起到了良好作用。并在实践积累、总结经验的基础上,结合宁夏加快推进高速公路建设过程中出现的实际情况和存在问题,不断对原有规章制度进行了进一步完善。2007年,宁夏公路建设管理局对各项规章制度进行了一次全面的梳理、增补和修订,于2008年编辑了《宁夏公路建设管理局制度汇编》,共收录了62项制度,其中,项目建设管理制度8项。

2010年以后,宁夏高速公路建设管理日趋完善,发展模式日益成熟,高速公路建设管理规章制度也进一步完善,形成较为系统、健全的制度体系,涵盖了公路建设管理的勘察、设计、招标、支付、验收等各个方面。2015年10月,宁夏公路建设管理局对高速公路建设管理各项规章制度再一次进行全面梳理,形成《宁夏公路建设管理局制度汇编(修订本)》,其中收录工程建设管理方面的制度14项。后又结合工程建设实际,陆续出台了《宁夏公路管理局公路工程勘察设计文件审查制度》《宁夏公路建设管理局公路建设协调工作经费管理办法》两项制度,并对原《宁夏公路建设管理局工程设计变更管理办法》进行了修订。

《建设项目安全生产管理办法》 该制度旨在加强宁夏公路建设管理局所辖公路建设项目安全生产监督管理,防止和减少安全生产事故,保障人民群众生命财产安全,对确保公路建设项目顺利进行具有重要意义。

《项目工程质量管理办法》 该制度旨在进一步提高宁夏公路建设管理局所辖建设工程的整体质量水平,提高投资效益具有重要意义。

《建设协调管理办法》 该制度旨在满足高速公路建设管理需要,加强对建设协调工作的规范管理,充分发挥建设协调工作在高速公路建设中的保障作用。

《项目设计变更管理办法》 该制度旨在加强公路工程建设管理,规范公路设计变更行为,保证公路工程质量,保护人民生命及财产安全,对有效地控制工程造价具有重要意义。

《建设项目目标管理办法》 该制度旨在保障公路重点项目的顺利实施,努力提高工程建设管理水平,为全面实现质量、进度、投资三大控制目标具有重要意义。

《项目计量支付管理办法》 该制度旨在加强公路工程建设资金管理,规范计量支付程序,确保建设资金安全,有效地避免在支付过程中发生的腐败问题,并控制建设成本。

《项目施工监理管理办法》 该制度旨在加强对建设项目的公路工程监理机构和监理人员的管理,规范监理人员行为,提高监理工作质量和服务水平。

《规范招标投标管理的若干规定》 该规定旨在加强工程建设招标投标管理,规范招标投标活动,对营造公开、公平、公正和诚实信用的市场环境具有重要意义。

《沥青采购管理办法》 该制度旨在确保沥青混凝土路面工程建设质量和进度,合理有效地控制投资,明确了甲供沥青采购、管理程序,保证了甲供沥青采购、使用等各个环节的顺利实施。

《质量安全信息监控系统使用管理办法》 该制度旨在规范公路建设管理局工程质量安全信息监控系统的使用管理,加强公路建设施工现场的工程质量、安全生产监控,消除工程质量、安全生产隐患,切实提高了工程建设信息化监管水平。

《安全生产隐患排查治理信息统计和报送工作制度》 该制度旨在及时、全面、准确地掌握公路建设安全生产情况,对科学安排部署安全生产工作具有重要意义。

《建设项目环境保护管理办法》 该制度旨在加强公路建设项目环境保护管理工作,减少在施工阶段造成的环境污染和破坏,有效地强化施工阶段的环境管理,极大地促进了公路建设事业可持续发展。

《建设项目施工及监理单位综合考核评比办法》 该制度旨在加强公路建设项目的施工管理,随时掌握建设过程中的动态状况,有效地保障了工程质量、安全、环保、进度、投资控制等目标的实现。

《建设项目从业单位履约管理及考核办法(试行)》 该制度旨在进一步落实交通运输厅公路建设市场监管各项规定,维护公路建设的市场秩序,有效促进公路建设市场健康发展。

《勘察设计文件审查制度》 该制度旨在明确公路工程勘察设计文件审查职责,推动勘察设计文件审查工作规范化、流程化建设,切实提高公路项目勘察设计质量。

《建设协调工作经费管理办法》 该制度旨在规范公路建设项目协调工作经费支出,统一标准,调动积极性,推动工程项目建设。

Record of Expressway Construction in
Ningxia
宁 夏 高 速 公 路 建 设 实 录

第四篇
运 营 管 理

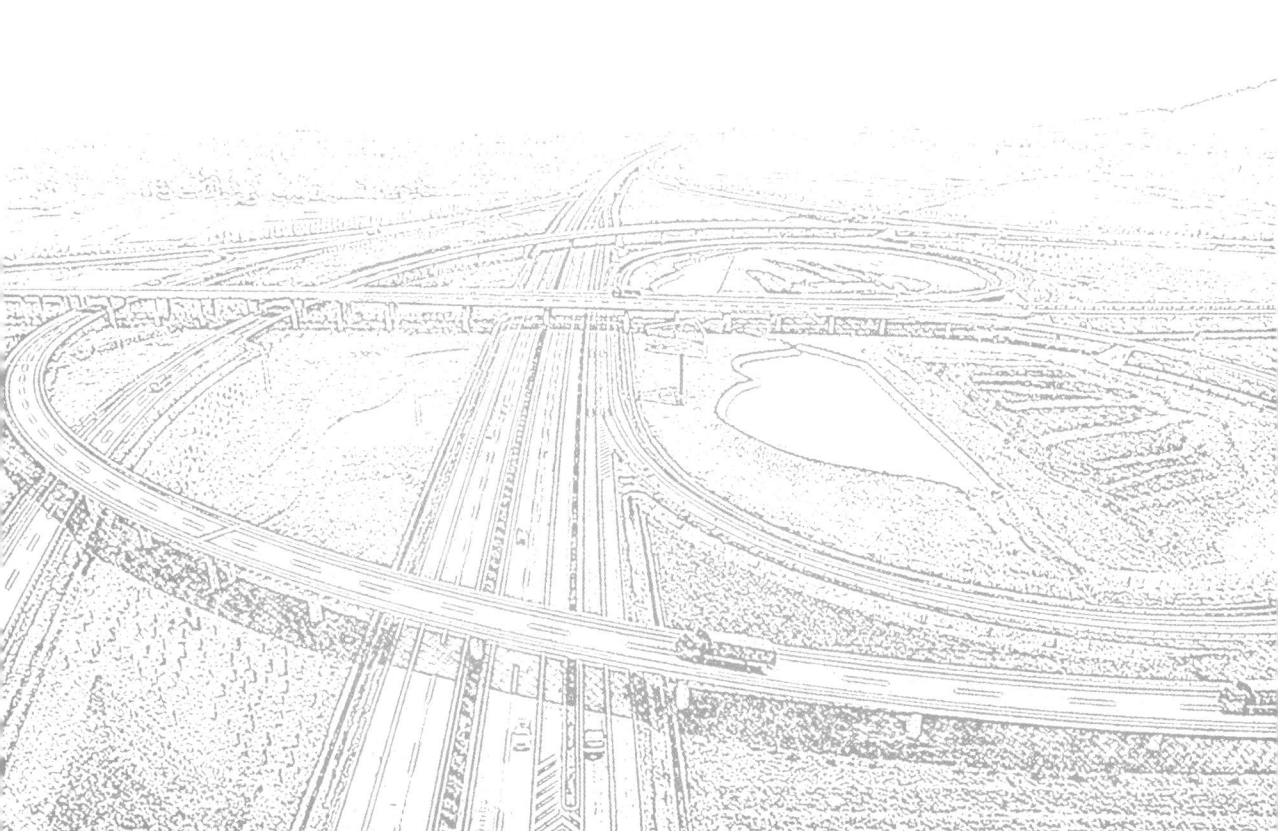

高速公路的运营管理是发挥高速公路效益,实现高速公路快速发展,服务社会经济发展的重要环节,是高速公路实现功能和发挥优势的直接保障。宁夏高速公路运营管理由宁夏交通运输厅和宁夏公安厅负责。宁夏交通运输厅负责高速公路运营管理的单位3个:即宁夏公路管理局,负责养护、收费和路政管理;宁夏交通信息监控中心,负责全区高速公路机电系统技术服务和路网监测;宁夏同元交通资产管理有限公司,负责全区高速公路服务区等资产运营管理。宁夏公安厅负责高速公路运营管理的单位1个,即宁夏高速公路交警支队,负责交通秩序管理。

宁夏高速公路运营管理如下图所示。

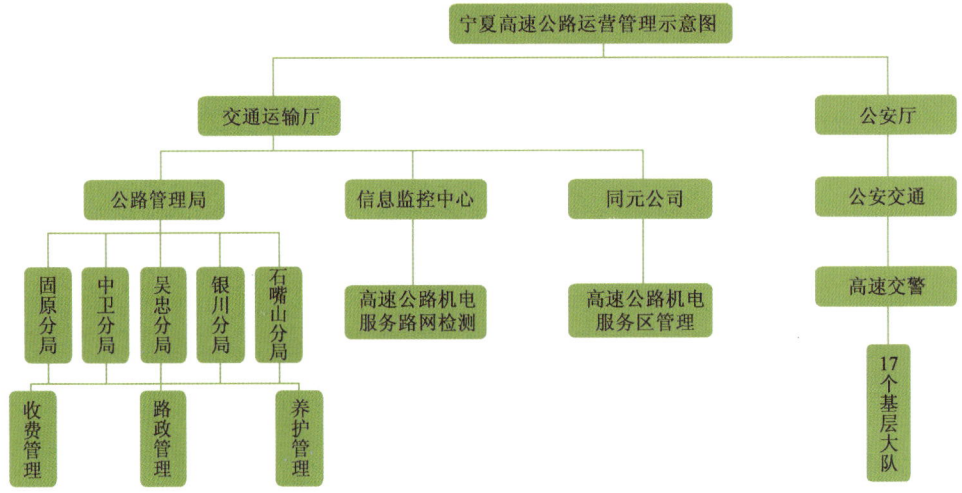

宁夏高速公路运营管理示意图

第十六章
运　营

第一节　养护管理

宁夏高速公路养护管理由宁夏公路管理局负责,按照"统一领导,分级管理"的原则,建立了宁夏公路管理局、分局、养护中心三级公路养护管理体系,采取"条条管理"模式,即垂直管理。

截至2016年底,宁夏高速公路共设置养护中心20个和1个六盘山隧道管理处,共管养高速公路1609km,养管人员520人,机械设备1232台(套)。其中,银川、古王、机场、灵武、四十里店、黄羊滩、镇北堡、王洼、西吉、什字、海原11个养护中心为高速和普通公路混合管养;平罗、机械化、吴忠、盐池高速、太阳山高速、中宁、沙坡头、桃山、固原高速养护中心和六盘山隧道管理处,只管养高速公路。

一、机构沿革

宁夏高速公路养护管理模式经历了两个发展阶段。

第一阶段是1996—2005年,即宁夏高等级公路管理局阶段,是宁夏交通厅直属企业,于1996年8月成立。其前身为1994年3月组成的宁夏高等级公路管理处筹备组,是实行独立核算、自负盈亏的法人实体,负责全区高等级公路的养护、收费、路政管理等工作,截至机构改革前共管养高速公路700余公里。

这一阶段,按照"建养并重、强化管理、深化改革、调整结构、依靠科技、提高质量、依法治路、保障畅通"三十二字工作指导方针,积极探索高速公路养护、管理、改革、发展的新出路,狠抓高速公路养护管理,通过多年的实践和摸索,形成了高等级公路养护等一系列管理办法,在实践中坚持规范化管理,严格执行养护管理工作标准和工作程序,实行分级负责。

公路日常养护工作以雇用沿线农民工为主,由各养护中心根据公路路况和实际工作量,科学合理地配置养路工,负责对养路工"定路段,分工作,作考核"。随着养护机具的不断完善,作业方式从最初的"扫帚加铁锹"方式转变成半机械化养护。

小修实行日常养护承包,即通过公路沿线地方政府交通主管部门牵头,以承包的形式,让县、市公路养护实体参与承包公路养护工作,在行业与地方之间架起一座公路养护、管理的桥梁,充分利用地方的行政手段,结合经济、法律等措施来解决存在的突出问题,探索高等级公路养护、管理的新路子。公路零星养护是根据工程的大小,选定相应资质的施工队伍,实行定额管理、单价承包、总价控制、质量否决、单独核算的工程承包责任制。

第二阶段是2006年至今。根据宁夏回族自治区人民政府批准交通机构改革方案,2006年4月新成立宁夏公路管理局,是宁夏交通运输厅所属副厅级事业单位,负责全区公路的养护、收费、路政管理等工作。按行政区域成立的5个分局为正处级派出机构,各分局按片区又划分了32个养护中心(其中,高速公路养护中心20个)和1个六盘山隧道管理处,负责具体的公路养护管理工作。宁夏公路养护、管理、收费统一管理。

这一阶段,养护中心实行模拟企业法人管理,对改制的养护中心实行招投标管理。严格执行《公路常见病害修复时限规定》,大力推行精细养护、正常养护和尽力维护的"三阶段"养护模式,并分类制定养护对策,实行精细化养护、规范化管理。公路日常保养采用目标考核办法,按月考核支付;公路小修实行定额动态管理,计量支付。

桥隧养护管理。依据《公路桥梁(隧道)养护管理工作制度》,健全桥隧三级管理体系,切实加强桥隧经常检查、定期检查和特殊检查工作,准确评定桥隧技术状况,完善更新桥隧数据库和技术档案,严格执行《危桥认定及复核程序管理办法》,复核认定四、五类桥梁。对于特大桥、大桥和四、五类桥梁实行挂牌并动态监管。

大中修工程、专项工程管理。参照公路工程基本建设程序,资金规模超过50万元的所有养护工程项目,全部实行公开招标,择优选择施工队伍,实行合同管理。逐步推行标准化施工,强化对质量、工期和费用的控制,推行事前作业指导书、首件工程认可制、质量问题销号制,落实设计交底、技术交底和安全交底。认真执行交通部《公路养护工程管理办法》,建立健全质量保证体系,推行质量终身负责制,把好工程质量关,严抓现场管理,注重安全生产、环境保护和文明施工。严格执行《宁夏交通运输厅公路养护工程验收办法》,做好养护工程竣(交)工验收工作。

公路突发事件应急处置。严格执行突发事件快速报告制度,健全完善水毁、交通事故及雨雪冰冻雾等恶劣天气的专项处置预案,加强路巡路查。建立应急保障体系,完善公路应急抢险保通队伍,成立了6个综合应急保障专业队伍,分别设在5个分局和机械化养护中心,各单位一把手为综合应急保障专业队第一负责人,在发生交通中断时采取有效措施及时恢复交通(图4-16-1)。

养护生产安全管理。严格执行《公路养护安全作业规程》,编制了《宁夏高速公路养

图4-16-1 除雪保畅

护作业施工标志设置规定(试行)》,强化对养护施工作业区的管理。养护大中修工程和工期超过30天的抢修工程,必须在开工5日前联合交警在新闻媒体发布通告。加强便道、便桥的维护,针对每个工程项目,制定切实可行的交通保障方案和应急预案,避免作业施工造成交通堵塞。

养护机械装备管理。随着公路建设事业的发展,宁夏公路运营管理部门合理配置养护机械设备,编制了全区高速公路、普通国省干线公路养护机械发展规划,制定了《宁夏高速公路国省主干线养护机械的选型种类及百公里养护机械设备配置标准》;积极引进推广应用公路养护新技术、新工艺、新材料、新设备;并在养护经费十分紧张的情况下,每年安排筑养路机械设备专项购置资金。同时,积极争取公路建设项目资金购置公路养护设备:先后利用亚洲开发银行、世界银行贷款公路建设项目资金,引进了国内外比较先进的路面清扫车、路面综合养护车、道路铣刨机、液压动力站、沥青混凝土拌和设备、乳化沥青加工设备、沥青混凝土摊铺机、压路机、沥青路面微表处、同步封层车、沥青密封胶灌缝机等新型的高等级公路大型施工和养护的关键设备,对公路实施快速、高效的机械化养护。

截至2016年底,拥有主要养护机械设备2500多台(套),机械设备固定资产原值30.449万元,总功率为99168kW。养护国省道每公里平均技术装备率7.1万元,动力装备率21.9kW/km。公路养护主要作业工序基本全面实现了机械化,基本满足日常的养护生产。

二、新材料和新技术应用

积极采用"宁枫冷补"等数种冷补材料,解决了北方冬季因气温过低无法进行路面维修的历史;在处治因路面裂缝表面积水损害导致的路面坑槽等病害中,采取铺设土工格栅的方式,防止裂缝再次反射至路面。2003年、2004年,为了预防沥青路面水损害的发生、发展,分别采用人工热沥青灌缝和沥青灌缝胶封堵等方法对石中高速公路、古王高速公路的路面病害进行了处治。

(一)沥青路面就地热再生技术

就地热再生技术(hot in-place recycling,简称HIR),是指在出现车辙病害的路面现场,采用专用的就地热再生设备,对沥青路面进行加热、铣刨、就地添加一定数量的新沥青混合料、再生剂等,经热态拌和、摊铺、碾压等工序,一次性实现对表面一定深度范围内的旧沥青混凝土路面再生的技术,从而实现旧沥青路面性能的快速恢复。就地热再生施工现场如图4-16-2所示。就地热再

图4-16-2 就地热再生施工现场

生技术,具有可实现原沥青路面材料100%的再生利用,节约了资源和经费,保护了生态环境,且施工速度快、对交通影响小。

G6京藏高速公路和G20青银高速公路宁夏段是已建成投入使用十多年的高速公路,交通量增加迅猛,重载车辆多,经过多年的使用,尤其在夏季高温路面超强吸热和重载车辆反复荷载及冬季寒冷路面高度收缩的特殊环境下,部分路段出现了不同程度的车辙、拥包、沉陷、桥头跳车、松散等病害,虽经几年来不断处治,但原有路面病害仍在发生,影响到高速公路行车的舒适性和安全性。2008年,经宁夏交通运输厅批准,对G6京藏高速公路和G20青银高速公路部分路段路面车辙病害采取就地热再生处治和局部冷刨热铺处治,并对路面标线进行恢复。当年5月,就地热再生工程在京藏高速公路进行试验段施工,标志着宁夏高速公路沥青路面就地热再生工程施工拉开序幕。

截至2016年底,陆续在G6京藏高速公路和G20青银高速公路上采用就地热再生技术处治路面病害409.6万 m^2,路面车辙较大的路段逐步消除,改善了行车条件,行车安全性、舒适性不断提高。

(二)沥青路面改性乳化沥青微表处施工新技术

2010年,在银川绕城高速南环段率先引进沥青路面改性乳化沥青微表处施工新技术,经试验性铺筑,效果明显。2011年在全国每五年一次的干线公路大检查前,为解决G6京藏高速公路下流水至郝家集省界路面病害,实施了微表处工程,路况质量明显提升,取得了良好的效果,现已使用多年,该路段路况稳定,具有良好的耐久性。该项目的实施,推动了改性乳化沥青微表处技术在宁夏公路预防性养护的大面积推广应用。除在G6京藏高速公路、G20青银高速公路部分路段实施外,在地方道路上也开始推广利用沥青路面改性乳化沥青微表处施工新技术。自2010年到2016年的6年间,共实施近220万 m^2。该项技术成为目前公路预防性养护的主要措施。

(三)张拉预应力碳纤维板加固桥梁技术

碳纤维板作为一种新型材料,具有环保、经济、抗拉强度高、耐久性好等众多优点。预应力碳纤维板是在碳纤维板加固混凝土构件的基础上逐渐改善起来的,它能够更加充分地利用碳纤维板具有较高的抗拉强度这一特性,其作用原理类似于体外预应力,在加固混凝土构件时对碳纤维板施加预应力张拉之后再粘贴在混凝土表面,并通过专用的锚具、夹具以及转向装置锚固定于梁体表面,与梁体共同受力。与一般粘贴碳纤维板的加固方式相比,采用预应力碳纤维板可以充分发挥材料的高强特性、改善构件试用阶段的受力性能、防止剥离破坏的发生和减小应变滞后现象等优点。另外,与粘贴碳纤维布相比,板材质量性能稳定,不需多层粘贴,施工便捷,避免了层间破坏的发生。张拉预应力碳纤维板进行梁体加固,是一种主动加固技术,具有对梁体破坏小、施工周期短、施工便捷等特点,能够有效提高梁体的抗弯性能。

2013年8月,对银川绕城高速公路炼油厂立交桥进行了加固维修。通过荷载试验表明,加固后的应变校验系数小于加固前的应变校验系数,加固后的挠度校验系数小于加固前的挠度校验系数,说明加固碳板承拉作用显著,加固效果明显,加固后试验孔主梁刚度提高较大,桥梁整体工作性能良好,具有承受预定设计荷载的强度和刚度。

(四)健全养护管理信息系统

进一步加快公路养护管理信息化建设进程,利用信息技术提升管理效率和服务水平。根据路面管理系统和桥梁管理系统的评价结果,适时安排公路大中修工程,全面提高路况水平,努力营造"畅、洁、绿、美"的公路交通环境。建立健全信息搜集及预警、应急处置、应急保障和监督管理机制,提高高速公路的应急处置能力,使公路的出行保障能力和公共服务水平得到显著提升。

(五)建设公路信息化平台

"十一五"期间,宁夏公路管理局以业务应用系统开发应用为突破点,建成路政管理系统等13个业务系统。"十二五"期间,根据实际工作的需求,对"十一五"期间研发的各业务系统进行维护升级,进一步完善了各系统的使用功能。同时鼓励各分局根据管养的实际,以满足实际需求为目标,建立信息化应用平台。截至2016年底,银川、吴忠和石嘴山分局已建成了分局路政信息化平台。

第二节 收费管理

宁夏已建成的高速公路全部为政府还贷收费公路,收费站设置、收费标准由自治区人民政府批准,宁夏公路管理局统一管理实施。通行费收入全部纳入宁夏回族自治区财政厅收入汇缴账户,自治区交通厅分户管理,实行"统贷统还";通行费征收管理费用由交通运输厅按年度预算核拨,实行"收支两条线"的办法管理。

截至2016年底,宁夏高速公路通车里程1609km,共设置收费站74个,其中主线收费站18个,匝道收费站56个。

一、收费管理机构及职责

1999年11月,自姚伏至叶盛高速公路通车后,高速公路由原宁夏高等级公路管理局管理,局设通行费稽查部(后改名收费管理部),负责高速公路日常收费管理,属二级管理模式,即收费管理部直接管理收费站的日常业务。同时,为保障收费系统的正常运行,在原银川收费站设置了收费机电系统维修班,负责各收费站机电系统维护。收费管理部主要工作职责是认真贯彻执行国家有关公路收费的法律、法规和政策,制定收费管理规章制度,拟订年度通行费征收计划,调拨通行卡,开展收费稽查等职责。

2006年6月交通机构改革,成立新的宁夏公路管理局,负责全区高速公路车辆通行费的征收管理工作,收费工作实行局、分局、收费站三级管理。局内设收费公路管理处,主要工作职责是认真贯彻执行国家有关公路收费的法律、法规和政策,制订收费管理规章制度,拟订年度通行费征收计划,协助局人事教育处制定收费站岗位设置、定员及收费站年度经费计划,指导督促分局开展收费业务和文明规范化服务培训和考核,规范、准确汇总填制收费业务报表并进行分析,预测通行费收入和交通量的动态变化趋势,认真开展收费调研活动,积极总结推广收费管理经验,做好收费日常监管稽查工作。收费公路管理处下设收费监管科和收费稽查科。分局设收费管理科,收费站设正副站长、会计、出纳等管理岗,一线由监控班和收费班,实行四班三运转或五班四运转的排班模式。

收费站属企业性质,收费员由宁夏交通运输厅统一招考,公路管理局或分局与收费员签订劳动聘用合同。

二、收费政策

根据《中华人民共和国公路法》和《收费公路管理条例》等法律法规,宁夏回族自治区人大颁布了《宁夏回族自治区收费公路管理条例》,并于2006年11月1日起执行,为宁夏收费公路尤其是高速公路两侧控制区管理和高速公路运营管理提供了政策法律依据。

自2004年10月在普通公路收费站设置"绿色通道",宁夏对运输区内鲜活农产品的车辆减半收取车辆通行费。2005年,国家设置"五纵两横"的鲜活农产品运输绿色通道,涉及宁夏的有一纵一横,即银昆高速公路、连云港至乌鲁木齐公路,含两条国道和一条高速公路,包含6个国道收费站和16个高速收费站,设置了"绿色通道"标示,继续执行过次减半收取车辆通行费的优惠政策。

2008年1月下旬,全国发生大面积冰冻灾害,按照交通运输部要求,宁夏全区所有公路收费站对运输鲜活农产品的车辆一律免收公路车辆通行费并快速放行,免费政策一直延续到2009年12月。2009年12月22日,交通运输部、国家发展改革委《关于进一步完善和落实鲜活农产品运输绿色通道政策的通知》(交公路发〔2009〕784号),要求进一步优化和完善鲜活农产品运输"绿色通道"网络,并在全国范围内对整车合法装载运输鲜活农产品的车辆免收车辆通行费,明确界定"绿色通道"政策中鲜活农产品的范围。

2008年四川汶川地震、2010年云南等地干旱及青海玉树地震,全区设有收费站,对抢险救灾车辆开辟"绿色通道",抢险救灾车辆通免收车辆通行费快速放行。

2010年11月交通运输部、国家发展改革委《关于进一步完善鲜活农产品运输绿色通道政策的紧急通知》(交公路发〔2010〕715号)文件,增加了鲜活农产品品种,将马铃薯、甘薯(红薯、白薯、山药、芋头)、鲜玉米、鲜花生列入《鲜活农产品品种目录》,进一步细化了整车合法装载认定标准。

截至2016年底,"绿色通道"累计通过车辆557.44万辆,减免通行费9.49亿元。

落实《收费公路管理条例》和《宁夏回族自治区收费公路管理条例》及监察部、国务院纠风办、交通部《关于进一步开展清理违规减免车辆通行费工作的通知》(监发〔2007〕3号),对违规减免车辆进行了梳理,自治区监察厅、纠风办、交通厅下发了《关于清理违规减免车辆通行费的通知》(宁监发〔2007〕29号),通过清理整顿,自治区交通厅、监察厅、纠风办、财政厅、物价局印发了《自治区党政机关公务车辆通行费包缴管理规定》(宁交通知〔2008〕7号),对党政机关公务车辆和公安部门非制式警车车辆通行费实行了优惠包缴。

为了加快推广不停车收费(ETC)业务,按照交通运输部有关文件精神,宁夏交通运输厅申请,自治区物价局、财政厅印发了《关于对宁夏高速公路实行不停车收费(ETC)优惠车辆通行费的通知》(宁价费发〔2012〕90号),对通过ETC车道使用非现金缴费的车辆给予5%的车辆通行费优惠。

自2016年3月份起,宁夏取消了党政机关等单位公务车辆的通行费优惠包缴业务,除《收费公路管理条例》和《宁夏回族自治区收费公路管理条例》规定除减免车辆通行费外,其他车辆按规定足额收取车辆通行费。

三、收费标准

宁夏第一条高速公路——姚叶高速公路建成后,依据自治区物价局、财政厅和交通厅发布的《关于印发〈宁夏回族自治区姚叶高速公路车辆通行费收取办法〉的通知》(宁价经发〔1999〕190号),自1999年11月1日起,对贺兰至叶盛段开始收费。收费标准分4类车型,收费标准依次为0.30元(车·km)、0.50元(车·km)、0.70元(车·km)、1.00元/(车·km)。

2005年按照交通运输部要求,全国公路收费车型统一调整为5类车型,即客车7座以下、货车2t以下为一型,客车8～19座、货车2～5t为二型,客车20～39座、货车5～10t为三型,客车40座以上、货车10～15t为四型,货车15t以上为五型,收费标准依次为0.30元(车·km)、0.50元(车·km)、0.70元(车·km)、0.85元(车·km)、1.00元/(车·km)。增加了一档标准,但整车费率未变,至今客车收费标准一直未做调整。

依据宁价费发〔2007〕120号文件,自2007年7月20日起货车实行计重收费,车辆基本费率为0.06元/(t·km),根据实际车货总质量,小于20t(含20t)的车辆按0.06元/(t·km)计费;20～40t(含40t)的车辆,20t及以下部分,按0.06元/(t·km)计费,20t以上的部分,按0.06元/(t·km)线性递减到0.03元/(t·km)计费;大于40t的车辆,20t及以下的部分,按 0.06 元/(t·km)计费;20~40t 的部分,按 0.06 元/(t·km)线性递减到 0.03 元/(t·km)计费,超过 40t 的部分按 0.03 元/(t·km)计费。车货总质量不足 5t,按 5t 计算;计费不足 1 元时四舍五入,计费不足 10 元时,按 10 元计费。此外,总轴重超过公路承载能力认定标准的车辆,超限 30% 以内的质量部分,暂按正常车辆的基本费率收取车辆通行费;超过公路承载能力 30%~100% 的质量部分,按基本费率的 3 倍线性递增至 6 倍计收通行费,超过公路承载能力认定标准 100% 以上的质量部分,按基本费率的 6 倍计重收取车辆通行费。

银川环城高速公路只在连接 G6 京藏高速公路的北环和南环设置主线站收费,收费里程南环、北环分别取了其通车里程的 1/2,西环没有计费。南、北环的其他匝道口及西环均未设置收费站,既方便了车辆出行,也减少了管理支出。

四、制度建设及收费站规范化管理

建章立制,不断完善收费业务管理流程、制度和考核办法,夯实基础管理,基本形成了规范化、制度化、人性化的管理模式。修订、完善了各项收费管理制度和考核办法。制定了《宁夏公路管理局通行费征收管理规定》《宁夏公路管理局车辆通行费征收稽查管理办法》《宁夏公路管理局收费通行卡管理制度》《宁夏公路管理局车辆快速通过收费车道管理制度》《宁夏公路管理局收费站突发事件应急预案》《宁夏公路管理局安全管理制度》《宁夏公路管理局收费人员日常工作行为规范手册》《宁夏公路管理局节假日小型客车免费通行保畅预案》《收费站长管理考核办法》《收费广场安全设施、用具配置管理办法》《高速公路 ETC 站级管理制度》等规章制度,从制度上保证了收费管理工作正常有序地开展。制定了收费站绩效工资考核办法,充分发挥了绩效工资的激励导向作用,促进了各项规章制度的贯彻落实。先后印发了《关于规范收费业务管理的通知》《关于规范通行费征收管理相关业务的通知》《宁夏公路管理局收费站劳动管理规定》等,进一步明确了职责、规范统一了业务记录、报表及收费操作流程,强化了收费队伍的管理。

注重收费现场的管理,规范收费工作流程,收费员统一着装,列队上下岗,做到了持证上岗、挂牌服务、手势规范、接受监督等(图 4-16-3、图 4-16-4)。

开展治理偷逃费专项活动,打击抗费拒交、换卡、甩挂、跳秤冲秤和盗用、伪造军车号牌等扰乱收费秩序、偷逃通行费行为。

五、联网收费及新技术应用

自宁夏第二条高速公路通车后,即实现了一卡通收费,除省界和两端出入口外,主线上没有设置收费站,符合交通运输部关于收费站的设置要求。高速公路收费监控通信系统实行统一密钥管理,分段建设,建成并入网络,方便了管理,节省了资金。

图 4-16-3　军事化管理

图 4-16-4　微笑服务

2008年,随着高速公路管理中心建成并投入使用,实现了全区高速公路信息联网、数据共享和实时监控,提高了管理效率。截至2016年3月,全区已开通72个(兴仁、隆德主线匝道分别计算,行政设置70个)高速公路收费站,累计建成187条ETC车道,实现ETC覆盖率100%;省界、省内主线收费站和主要匝道收费站的ETC车道数均按两入两出设置,建成较为完善的ETC基础设施网络;完成了结算中心、收费站、收费车道、客户服务系统、网络系统的全面建设和升级,2015年8月31日正式接入全国ETC网络。

为加强ETC客服建设,建成比较完善的客服体系,对合作银行发行系统相关软硬件进行升级改造,梳理规范业务办理流程;成立ETC客户服务中心,开通了ETC客户服务热线和服务网站,实行24h值守,提供咨询公告、信息查询,及时受理用户投诉,向用户提供高效服务。

组建了宁夏公路管理局收费公路电子收费管理中心,成立专门机构负责电子清分结算管理工作。目前,宁夏电子收费运营稳定有序,跨省交易记账率100%,本省在外省争议处理率100%,资金到位及时率100%。

第三节　服务区运营管理

自1999年宁夏高速公路实现"零"的突破以来,新型"驿站"——高速公路服务区应运而生。截至2016年底,宁夏全区已投入运营的服务区为19对,在建6对,计划建设服务区12对(包括3对停车区),总计37对。37对服务区全部建成后将覆盖区内高速路网全线,形成与高速公路相配套的服务区网络。

在已建成运营的服务区中,京藏高速公路9对,分别为惠农服务区、沙湖服务区(原批复名称为姚伏服务区)、贺兰服务区、白鸽服务区、永宁服务区、关马湖服务区、鸣沙服务区、小洪沟服务区(原批复名称为桃山1号服务区)和兴仁服务区;青银高速公路4对,分别为盐池服务区、蔡家梁服务区、宁东服务区(原批复名称为黎家新庄服务区)和滨河服务区(原批复名称为黄河桥服务区);福银高速公路4对,分别为泾源服务区、固原服务区、海原服务区和同心服务区;银川绕城高速公路1对,为镇北堡服务区;定武高速公路1对,为中卫服务区。

宁夏高速公路服务区的运营管理大致分为三个阶段:

一、起步阶段(2003—2009年)

服务区作为高速公路的重要组成部分,随着高速公路的建设而出现,并逐步得到发展提高。2003年7月25日,宁夏高等级公路管理局同中国石油宁夏销售分公司签订了蔡家梁、永宁、贺兰3对服务区的租赁经营合同。

2006年,宁夏交通厅针对服务区多头管理、分段管理造成的混乱,将原宁夏高等级公路管理局下辖的宁夏同元高速公路设施有限公司进行整合重组,成立了厅直属企业宁夏同元交通资产管理有限公司(以下简称同元公司),负责宁夏高速公路服务区、通信管道、广告牌及其他交通资产的经营管理。将"交通资产"纳入经营管理范围,改变了路产附属设施管理不专、管理不善,甚至长期闲置的局面,是宁夏交通系统整合交通资源,创新融资渠道,搭建发展平台,更好服务交通建设的一大举措。

2009年3月4日,同元公司与中国石油天然气集团公司宁夏销售分公司(简称"中石油宁夏销售分公司")商谈提出了服务区整体租赁管理思路,报经宁夏交通运输厅党委会议讨论通过,于2009年8月28日正式签订服务区整体租赁经营合同。合同具体约定了租赁期限、经营范围、双方责任与义务。

二、逐步完善阶段(2010—2012年)

2010—2012年,同元公司与中石油宁夏销售分公司双方相互协调,不断完善服务区建设和经营中存在的问题。中石油宁夏销售分公司先后投资几千万元改造滨河、沙湖服务区加油岛和加油大棚;加盖翻新了5对服务区的超市。通过多方努力,全区服务区运行管理步入正轨。宁夏的整体租赁经营模式作为全国高速公路服务区目前采用的5种经营模式之一,受到中国公路学会的肯定,称其为"宁夏模式"。

三、服务理念转型阶段(2013年至今)

随着2013年至2014年宁夏主干道路大整治、大绿化工程的开展,标志着服务区管理经营进入了一个新的阶段。过去,服务区的管理经营理念是既要讲服务,也要讲经济效益。而现在则是以提升服务质量为第一要求。特别是2015年以来,交通运输部开展的全国服务区文明服务创建活动,更是把转变服务理念、完善服务功能、提升服务质量作为服务区工作的重要目标。

(一)运营管理的"宁夏模式"

为了提高高速公路服务区的社会效益和经济效益(图 4-16-5),克服无法自主经营和分区分类经营等一系列困难,经过充分的市场调研,选择了整体租赁、打包经营的思路,使服务区能够在一个较高的平台上运行,即后被称为的"宁夏模式"。中石油宁夏销售分公司从众多竞争企业中脱颖而出,与同元公司正式签订了租赁经营合同。实施这种模式,大大降低了收益风险,加快了资源整合、盘活资产的步伐,发挥了交通资产的作用和大企业的优势,实现了出租方和承租方的双赢。

图 4-16-5　京藏高速公路惠农服务区

2015 年 12 月 18 日,在江西南昌召开的第九届全国高速公路服务区管理年会上,宣布了由交通运输部组织开展、中国公路学会高速公路服务区工作委员会协助进行的全国首次"高速公路服务区服务质量等级评定"工作,宁夏滨河服务区被评为"全国百佳示范服务区",永宁服务区、中卫服务区、固原服务区被评为"全国优秀服务区",其他服务区全部达标。这是对宁夏服务区管理模式的一种肯定。

(二)社会效益与经济效益并重

宁夏高速公路服务区经过近二十年的发展,服务区从无到有,从简单粗放的运营到管理上台阶,统一制定了服务区资产、经营、安全、人力、财务等各方面的管理标准,做到了社会效益与经济效益的兼顾。用统一的标准控制环境卫生等关键环节,以服务区为窗口,树立交通行业良好形象,使服务区逐渐成为一个相对封闭而有效的公共服务体系。不仅避免了标准不一致造成的管理上的混乱,也方便了行业监管部门对服务区的有效监管。

(三)提供多元服务

服务区不仅是"驿站",还是消费场所。依托车流、客流,服务区通过提供多元服务,获得了良好的社会效益和经济效益。目前,已投入运营的 19 对服务区除了具有加油、停车等基本功能外,还全面开展便利店、餐饮、汽车维修、住宿等专业服务,满足顾客多样化和个性化需求。服务区非油业务额逐年提升,成为中石油宁夏销售分公司非油业务的"新引擎"。

第四节　路网监测

宁夏高速公路建设初期,机电系统建设和运营管理相对滞后于高速路网的发展,机电工程仅实施了单站收费系统,监控、通信系统尚未建设。宁夏高速公路实行建管分离,运营管理采用二级管理模式。高速公路收费系统建设均按照"单站收费、一卡通行"的原则实施。已建成通车的高速公路交通流量较小,基本为自由流状态,服务为一级水平,路网的监控、通信系统均未建设。

随着高速公路路网规模的不断扩大、收费站的增加、业务量的增强以及交通流量的提高,上述状况已不适应建设发展和运营管理的需要。加之高速公路用户和管理者对交通信息系统建设的需求不断增加,建设高速公路联网收费系统势在必行。2003年12月,宁夏交通厅报经宁夏编办批准,成立宁夏交通信息监控中心。

宁夏交通信息监控中心职责是:负责全区高速公路的监控、通信、收费信息及收费系统的管理工作;负责交通运输系统信息化建设工作;承担全区高速公路机电系统的软、硬件维护维修工作;承担交通运输系统机电工程管理和计重收费工程技术服务咨询工作;完成自治区交通厅交办的与其相关的其他工作任务。

2005年3月,宁夏交通厅制定并颁布《宁夏高速公路联网收费技术方案》《宁夏高速公路联网收费、监控、通信系统暂行技术要求》,确定了宁夏联网收费系统实施的技术路线和总体方案。同期,宁夏高速公路管理中心大楼开工建设。

2005年,宁夏联网收费系统建设共实施了三个项目,即同心至固原高速公路收费系统、中宁至营盘水高速公路收费系统和姚伏至叶盛高速公路收费系统的改造,同时对计重收费系统进行了升级改造。

2006年,组织开展了全区高速公路站级收费软件统一改造工程,统一了所有收费站的软件接口,升级改造了站级交换机等关键设备,为全区高速公路联网收费系统建设奠定了良好的基础。

为了实现全区联网收费、通信网络互联互通,按照"统一设计、分期实施、突出重点、逐步实现全路段监测"的原则,首先建设了高速公路通信干线以及干线汇接点,保证了全线的数据传输。

银川既是宁夏路网的中心,又是联网收费的中心,在通信系统上还是一个重要的汇接中心。同时,银川片区的通车路段里程最长、车流量最大,且片区管辖的重点路段(包括石中北段、姚叶段、银古王线和银川绕城高速南环)已建设完成,银川片区分中心的建设时机基本成熟,因此,银川分中心片区的通信系统安排在第一阶段实施。2007—2008年对银川片区先行开展了试点建设。

在银川片区分中心的建设和其管辖路段机电系统的软硬件改造完成后,逐步将片区内符合联网收费的路段接入银川分中心,实现了银川片区内的联网收费,提升了区域路网管理水平。同时,这一阶段也是宁夏汲取联网收费的建设经验和培养技术队伍的重要时期,为强化宁夏公路机电系统建设维护队伍,将公路管理局监控通信维修中心并入信息监控中心(图4-16-6)。

图4-16-6　宁夏高速公路信息监控中心

2008年,宁夏高速公路建设里程突破1000km,高速公路主骨架已基本形成,银川片区高速公路联网收费系统经过试运行,积累了丰富的建设与运营经验。在汲取银川片区的建设经验基础上,结合新技术、新要求修订了《宁夏高速公路联网收费系统总体方案》,调整了管理模式,采用"总中心—数据汇聚点(无人值守)—基层管理站"的二级管理模式,使联网收费网络架构与管理体制相一致。

2009年,宁夏高速公路管理中心大楼土建基本完成。4月宁夏交通运输厅完成《宁夏高速公路管理中心机电工程初步设计》,5月开展该项目的招投标工作。宁夏高速公路管理中心机电工程包括宁夏收费总中心、监控总中心、通信总中心,相关配套系统以及银川片区联网收费、监控、通信系统的接入。2010年初,宁夏高速公路管理中心机电工程基本完工,并投入试运营。

2010年,建设了宁夏高速公路联网收费中宁、固原片区机电系统工程,并于年内接入总中心,实现了全区联网。至此,交通运输厅确定的"先行试点、逐步完善、全面实施"的高速公路信息化发展原则基本实现,为提升全区路网现代化管理水平,发挥路网整体效益打下了良好的网络基础。

2014年7月1日,经自治区编办批复,在宁夏交通运输厅属宁夏交通信息监控中心

（事业单位）增挂"宁夏路网监测与应急处置中心"的牌子，新增路网运行科、预警与应急科、路况监测科3个业务科室，承担全区公路网的运行监测、重大突发事件预警和应急处置技术支持等。

目前，宁夏路网监测与应急处置中心和高速公路联网监控中心、联网电子收费结算中心、12328监督服务电话呼叫中心同址办公，主要工作职能是对全区高速公路收费站、重点路段、服务区、沿黄特大桥梁、六盘山区隧道实现全天候实时监控，特别是在雨雪灾害天气、交通非正常拥堵、突发事件、应急指挥时，能够通过全路网的信息采集、发布、控制出入口等手段，及时掌握现场情况，在第一时间上报并配合相关单位开展应急指挥调度和处置工作。

为使全区路网监测系统建设工作有序开展，宁夏交通运输厅2014年制定并下发了《宁夏干线公路运行监测与服务系统建设规划（2014—2020年）》，明确了全区干线公路运行监测与信息服务系统建设目标、内容、系统总体框架；编制完成了《宁夏高速公路联网收费、监控、通信系统技术要求（修订）》《宁夏交通运输厅信息系统安全状况分析与解决方案》《宁夏高速公路联网系统网络安全技术规范》《宁夏公路交通气象观测站建设技术要求》等相关技术标准，统一规范指导全区路网运行监测信息系统建设。

路网中心认真执行交通运输部信息报送制度，编制完成《宁夏路网监测与应急处置中心信息收集、报送和发布制度》，按照2015年国检要求做好关于路网出行信息报送和发布相关资料收集、整理、归档工作，顺利配合有关单位完成了2015年迎国检相关工作。宁夏路网整体运行良好，基本做到了对全区路网的有效监测。

为了加强宁夏高速公路监测管理，重点在G6京藏高速公路、G20青银高速公路、G70福银高速公路、G2012定武高速公路沿线互通式立交、服务区出入口、跨黄河各特大桥梁、六盘山区公路隧道区间及出入口和收费站广场等位置安装有外场监控摄像机（345路，7座隧道共计197路）、广场摄像机（126路，63个收费站）、气象仪（10套，自建3套，气象局合作7套）、车检器（33套）、情报板（62块），对全区高速公路运行全程监控，有效提高了宁夏高速公路可视化动态监测水平。

基于宁夏路网监测系统建设现状，目前路网数据采集处理工作主要依托已建成的车辆监测器、气象监测站等数据采集设备及各高速收费站交调数据进行；路网分析与研判工作主要在春节、"十一"等重点节日期间和重大活动开展期间进行，通过及时会同公安交警、气象、旅游等部门建立信息共享机制，对全区路网运行情况进行研判分析，及时发布预判和预警信息，配合电视台、交通广播引导社会公众合理选择出行时间、路线和方式。

全国统一的"12328"交通运输服务监督电话于2015年1月30日在宁夏正式开通，全面负责受理全区范围内的"12328"电话业务。按照统一受理、即时答复、分类转办、适时跟踪、办结归档、抽查回访的基本流程，实行全天24小时人工坐席服务。"12328"呼叫中心的主要功能包括交通运输行业服务监督、投诉举报、建议受理、信息咨询等。

第十七章
执 法

第一节 路政执法

一、路政概况

宁夏高速公路路政最初组建于1999年11月,姚叶高速公路贺兰至叶盛段开通时,临时成立的宁夏高速公路路政大队;2002年宁夏编办批准成立高等级公路路政总队,2004年正式挂牌运行,隶属宁夏交通厅。2006年,宁夏交通机构改革,原宁夏高等级公路路政总队撤销,组建成立了新的宁夏公路管理局,负责全区公路养护、路政管理和通行费征收工作。路政业务划归公路管理局内设的路政管理处,并挂"宁夏公路管理局路政总队"牌子。保持畅通示意见图4-17-1。

宁夏公路管理局路政管理处(宁夏公路管理局路政总队)工作职责为:负责指导监督全区公路路政(治理货运车辆超限运输)管理工作;派出机构,即分设在各公路分局的路政管理科(支队),负责本行政区域内高速公路行政执法工作;各支队按照行政区域和路段划分,下辖路政大队(治超检测站)和中队,具体负责本路段的路产保护、路权维护及货运车辆超限超载治理等工作,保障公路畅通。

图4-17-1 保障畅通

宁夏高速公路目前共设有15个路政大队,7个治超检测站。其中,京藏高速惠农和兴仁治超站、青银高速盐池治超站、福银高速沿川子治超站、银巴高速治超站等6个站是进出省界治超检测站。截至2016年底,有高速公路路政管理人员(含治超人员)279人,均为大专以上学历。

宁夏高速公路路政机构设置图示如图4-17-2所示。

宁夏高速公路路政各级机构职责见表4-17-1。

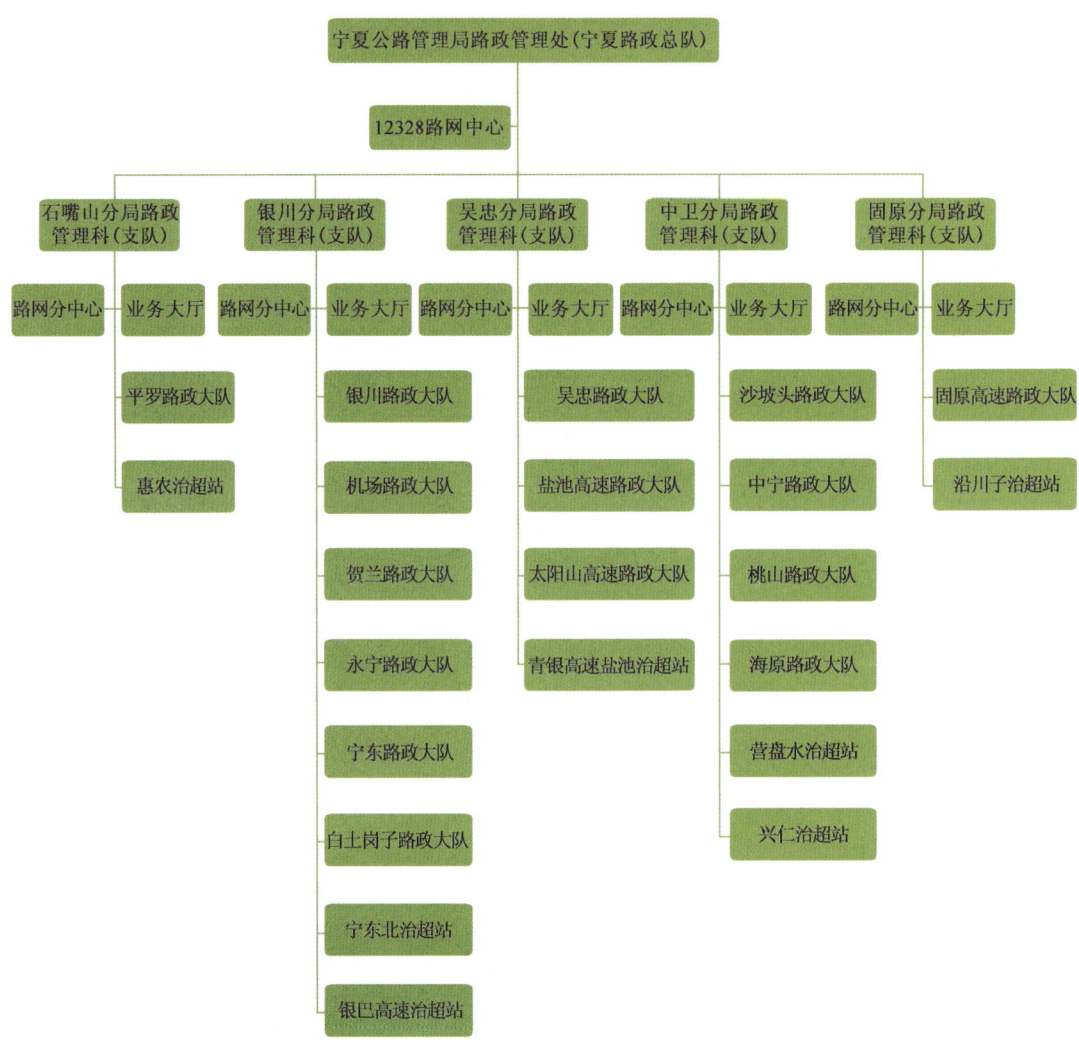

图 4-17-2　宁夏高速公路路政机构设置图示

宁夏高速公路路政各级机构职责　　　　　　　　　　　　　　表 4-17-1

机构名称	职　责	履行职责依据
宁夏公路管理局路政管理处（路政总队）	负责全区公路路政管理工作，制定公路路政管理规章、制度、办法并监督、考核落实；负责执法检查，指导各地市县路政管理工作，协调处理与公路路产、路权、收费有关的各项工作；法律、法规、规章规定的其他职责	《中华人民共和国公路法》《公路安全保护条例》《路政管理规定》《宁夏回族自治区公路路政管理条例》《宁夏回族自治区超限运输车辆行驶公路管理规定》《宁夏回族自治区公路两侧建筑控制区管理办法》《宁夏回族自治区高等级公路广告牌管理规定》《宁夏回族自治区公路管理办法》《宁夏回族自治区治理货运车辆超限超载办法》等法律、法规和规章
宁夏公路管理局各分局路政管理科（路政支队）	负责贯彻执行公路路政管理法律、法规、规章；负责本行政区域内高速及国省干线公路路政管理工作的指导、协调和监督检查；负责国、省干线公路相关行政许可事项的审批；负责对重大侵占、损害公路路产案件的协调查处；负责所属路政单位路政人员的教育、业务培训和考核；负责统计上报本分局公路路政管理工作相关月（季、年）报表；依法受理路政执法投诉、举报事项，并在法定工作日内及时调查处理、回复或反馈调处结果；负责承担公路行政诉讼和行政复核工作；法律、法规、规章、规定的其他职责	

续上表

机构名称	职　责	履行职责依据
各分局高速公路路政大队	负责辖管公路路政管理工作,组织开展公路路政管理、路政执法;宣传贯彻公路路政管理的有关法律、法规及规章;组织开展路政巡查,对公路两侧建筑控制区实施行政管理,依法查处和制止违反路政管理的违法行为,依法保护公路、公路附属设施和公路用地等路产权。依法对审批公路行政许可事项的实施情况进行监督检查;组织开展治理货运车辆超限、洒落物工作,保障公路完好、畅通;组织开展公路损害、损坏的索赔,提供路政救援服务和其他公路保障及信息服务;建立并执行执法责任、执法考核评议、执法举报投诉等制度,并对制度执行情况进行监督检查;依法维护公路建设、养护、管理工作秩序,参与高速公路管理有关重要活动,做好系统内重大活动交通保障和维护秩序工作;负责本大队总结、报告等业务公文的起草、报批,经审核、批准、登记后行文并及时入卷归档;协助、配合分局各科室开展有关工作;完成本单位和上级主管部门交办的其他工作事项	《中华人民共和国公路法》《公路安全保护条例》《路政管理规定》《宁夏回族自治区公路路政管理条例》《宁夏回族自治区超限运输车辆行驶公路管理规定》《宁夏回族自治区公路两侧建筑控制区管理办法》《宁夏回族自治区高等级公路广告牌管理规定》《宁夏回族自治区公路管理办法》《宁夏回族自治区治理货运车辆超限超载办法》等法律、法规和规章
各分局高速公路治超站	贯彻执行有关公路超限运输法律、法规及相关政策;负责本站辖区出入省界高速公路超限运输车辆治理工作,依法检查、制止、处理公路超限运输违法行为及洒落物污染公路环境行为;负责对非法超限运输各类数据的收集、整理和上报;建立执法文书档案;负责公路治超现场交通秩序的维护,妥善处理各类突发事件,保障道路站点交通畅通;参与并组织本站队治超执法人员的培训、教育与考核工作;负责本站队治超检测设施、设备以及其他公共财产的日常管理工作;做好安全生产、安全保卫和信访稳定工作;完成上级交办的其他工作任务	

二、宁夏路政管理特点

(一)管理主体明确,行业监管有力

2006年,宁夏公路管理机构改革后,有效解决了机构重叠、分工过细、政事不分、事企不分、多头执法、资源浪费等体制弊端,整合了管理资源,提高了管理效能,实现了全区干线公路由一家单位集中、统一、高效管理的模式。这种管理体制具有体制顺、效率高、政令畅通、监管有力等特点,能够充分发挥公路管理部门的专业优势、人才优势和职能管理优势,为促进公路管理事业又快又好发展提供了强有力保障,也为公路事业发展注入了新的生机和活力。

(二)路政执法主体及执法人员符合法定要求

宁夏高速公路建设大部分是由政府贷款修建,管理主体明确,产权清晰,路政管理模式几经探索,逐步走向正规。依据国家2011年颁布实行的《公路安全保护条例》,宁夏公路管理局作为行政执法主体,依法对全区高速公路路政进行监管。新进路政执法人员面向社会公开招录,在参加自治区事业单位人员统一招考后择优录取。在自治区政府法制办的支持下,实行"统一培训、统一教材、统一考试、统一发证"的行政执法人员资格认证

制度,严把执法岗位准入关,考核合格给予认证通过,依法行使法定职权。

(三)实现路政"五化"管理

(1)队伍建设正规化。高速公路路政执法对从事路政管理工作的执法人员有着较高的综合素质方面的要求,政治觉悟要高、业务知识要精、执法能力要强。宁夏高速路政成立之初,执法人员的选用标准较高,要求大专及以上学历,必须通过自治区法制办严格的考核并取得执法资格后,才能从事路政执法工作。路政总队及各支队按年度定期组织执法人员进行业务培训,了解新政策,接收新观念,提升业务水平;各大队(治超站)实行半军事化管理,严格执行岗位规范,使每位执法人员都熟练掌握业务知识,提高业务素质,形成一支守纪律、讲规矩、业务技能高的路政执法队伍。

(2)执法程序规范化。2010年,宁夏公路管理局修订统一了全区路政执法文书格式,全面规范了路政执法程序,经过自治区法制办审核通过后下发执行,在具体执法的过程中,要求每位执法人员必须严格按程序执法,依法管路,避免出现法律纠纷、执法不规范等现象,将法律风险降到最低。

(3)路面巡查常态化。高速路政巡查是路政管理工作中基础性管理工作,主要是通过巡查,及时发现和处理问题,确保高速公路出现临时状况或者安全隐患能够得到快速、及时处置。高速公路路政、养护对在巡查和养护作业及通行费征收工作中发现的各类涉及路产路权及安全方面的问题及时沟通协调,做好记录,保存证据,按照职责通知相关方进行及时处理。

(4)路政管理信息化。2010年,宁夏公路管理局建立了覆盖全区的"宁夏路政管理信息系统"网络平台,在路政工作中运用现代化信息及科学管理手段,利用网上办公系统对路政数据自动统计和分析,受理路政许可,办理许可审批,对路政装备、票据、档案、人员等进行规范管理。2013年,为加快全区路政管理信息化建设步伐,随时掌握路政执法车辆运行、治超检测现场运行、沿线交通事故现场处置及有效监控大件运输车辆,根据交通运输部《关于加强公路路政执法规范化建设的若干意见》要求,宁夏公路管理局陆续部署安排在全区五个分局试点规划建设路政管理信息化平台(即路网应急指挥系统),且建成后的平台和自治区交通信息监控中心及"12328"指挥中心联网,逐步实现宁夏路政信息化、网络化管理。

(5)绩效考核制度化。按照宁夏公路管理局《效能目标管理考核办法》,各分局先后制定《路政绩效工资考核办法(试行)》,对路政队(治超站)和执法人员进行月、季、年度绩效考核评价,考核结果和绩效工资直接挂钩。通过严格的标准化管理考核,达到路政执法规范、管理工作质量提升和执法队伍素质增强的要求。

宁夏公路管理局认真履行公路治超工作职责,确保高速公路安全畅通,服务地方经济社会发展。疏导车辆示意见图4-17-3。

2004年以来,宁夏回族自治区政府成立了公安、交通、工商等部门及各市、县(区)组成的治超工作领导小组,开展了为期3年的集中治理行动,在各市、县(区)相关部门的共同努力下,加强了路面治理和源头监管,货运车辆超限超载势头基本得到遏制。2007年,全区高速公路、国省干线公路收费站启动计重收费工作。为了将治超工作和

图4-17-3　疏导车辆

计重收费工作有效衔接,宁夏启动了第二轮治超工作,由于计重收费倍率不高(宁夏最高为6倍,山西、陕西现在最高为16倍),治超站点设置不足,处罚措施宽松,超限超载车辆绕行频繁,超限超载现象出现反弹。2011年,出台了《宁夏回族自治区治理货运车辆超限超载办法》;2014年以来,宁夏启动了新一轮治理货运车辆超限超载专项治理工作,按照"高速公路入口严把严控、国省干线公路检查纠正、农村公路限高限宽保护"的总体要求,在具备条件的高速公路入口设置治超预检站,对超限超载车辆实施阻截劝返,禁止超限超载车辆进入高速公路。2017年2月,全区已建成的48个高速公路治超预检站投入使用,开展24小时超限超载预检工作。标志着全区治超工作开始向现代化管理迈进,为新一轮治超工作的顺利开展提供有力保障。

经过十多年的治理,成效显著,大规模、普遍性、严重超限超载已经得到有效控制;政府部门高度重视,出台了新的政策,开展了综合治理工作;治超执法部门、人员积累了比较丰富的经验,逐步掌握了超限超载运输的重要路段、区域及其规律性,形成了较为规范的工作程序。

第二节　交警执法

宁夏回族自治区公安厅高速公路交警支队隶属宁夏公安厅,为正处级机构,由宁夏公安厅交通管理局管理。支队内设指挥中心、办公室、事故处理科、计算机信息通信科、法制宣传科5个科室;编制17个基层业务大队;核定编制民警199人,实际在岗155人,核定劳务派遣协勤人员200人。党员人数占民警总数的73.7%,30岁以下民警占民警总数的36.5%,全部拥有大专以上学历。

一、机构沿革

随着宁夏第一条高速公路建成通车,为更好地对高速公路交通安全进行管理,经宁

夏回族自治区政府批准,专门成立了高速公路交警支队,为正处级单位,隶属于宁夏公安厅。

1999年11月,宁夏公安厅组建高速公路交警大队,管辖已开通的石中高速公路。

2001年6月,宁夏公安厅交警总队高速公路交警支队正式挂牌成立,为正处级单位,下设办公室、事故处理科和2个交通巡逻大队。

随着高速公路建设不断延伸和管辖任务的持续拓展,2009年9月,公安厅交警总队高速公路交警支队更名为宁夏公安厅高速公路交警支队,下设办公室、事故处理科、法制宣传科、计算机信息通信科4个科室和11个基层大队。

2012年4月,宁夏公安厅高速公路交警支队增设指挥中心及3个交通巡逻大队。

2014年8月,宁夏公安厅高速公路交警支队增挂宁夏高速公路公安局牌子。

二、工作职责

宁夏公安厅交警总队高速公路交警支队主要负责宁夏全区高速公路的交通秩序管理、事故处理及交通安全宣传等工作。管辖全区1609km的高速公路,平均0.11人/km(公安部《交警队正规化建设标准》"高速大队警力配置一般按照0.5~1.2人/km的标准")。交警工作示意见图4-17-4和图4-17-5。

图4-17-4　风餐露宿

图4-17-5　保障安全

三、机构概况

高速交警一大队位于京藏高速公路永宁收费站东侧,现有民警11人,协勤13人,管辖京藏高速银川北收费站至青铜峡收费站,路段全长73km。大队辖区路段弯道、易发团雾路段较多。位于首府银川路段,遇节假日高速公路免费期间,进出银川车辆骤增,拥堵现象严重,极易发生追尾交通事故。

高速交警二大队位于京藏高速公路石嘴山收费站北侧,大队现有民警9人,协勤12人,管辖京藏高速公路银川北收费站至惠农收费站,路段全长99km。辖区全程处于平原路段,北接宁蒙交界省级卡口,属煤炭运输主干线,进出宁夏境大型货运车辆多、流量密集。同时,该省际卡口大件运输车辆多,管控难度较大;南有国家5A级景区沙湖,遇节假日车流暴增,易发生交通事故且较为集中,节假日管控难度大。

高速交警三大队位于青银高速公路古窑子收费站院内,现有民警5人,协勤9人,管辖青银高速公路宁东收费站至花马池收费站,路段全长86km。三大队辖区途经银川市宁东、吴忠市盐池两地,沿线有宁东能源化工基地、高沙窝工业园区以及磁窑堡煤矿。辖区危化车辆和大型运输车辆较多;道路多坡道、弯道,整体地形复杂多变,属于事故多发路段,春秋两季易起雾,冬季多冰雪。

高速交警四大队位于京藏高速公路关马湖收费站南侧,现有民警9人,协勤10人,管辖京藏高速青铜峡收费站至红寺堡收费站,路段全长46km;管辖滚红高速路段,全长19km。辖区路段弯多坡长,多处路段易发团雾,节假日车流量较大,易引发交通事故。

高速交警五大队位于京藏高速公路中宁收费站东侧,现有民警7人,协勤10人,管辖京藏高速滚泉收费站至桃山立交,路段全长81km。

高速公路交警六大队位于青银高速公路滨河服务区北区西侧,现有民警10人,协勤11人,管辖青银高速公路宁东收费站至银川东收费站、银昆高速公路起点至灵武北收费站和河东机场匝道,路段全长58km。大队辖区路段属银川至宁东、银川至机场重点交通枢纽路段,车流量较大,易发生追尾交通事故,造成道路拥堵。

高速交警七大队位于G70福银高速公路桃山收费站院内,现有民警8人,协勤10人,管辖福银高速公路桃山立交至李旺收费站、京藏高速公路桃山立交路段至兴仁宁甘交界,路段全长119km。沿线为山区丘陵地段,上下坡路段较多,冬季雨雪较多,易发生交通事故。

高速交警八大队位于宁夏固原市原州区六盘山路296号,现有民警8人,协勤10人,管辖G70福银高速公路固原收费站至李旺收费站,路段全长85km。沿线路基以湿陷性黄土为主,平均海拔2101m,辖区气象条件复杂,多有降雨、降雪、冻雨、团雾等恶劣天气发生。

高速交警九大队位于G2012定武高速公路中卫收费站院内,现有民警7人,协勤9人,管辖定武高速清水河枢纽至营盘水收费站,路段全长124.7km。沿线涉及中卫市政府所辖的4个乡镇,川区平坦路段62km,山区道路62.7km,尤其在甘塘收费站至孟家湾收费站40km路段属于连续下坡、转弯路段,且该路段每年秋冬季节极易起雾。

高速交警十大队位于青银高速公路花马池收费站院内,现有民警6人,协勤10人。大队管辖青银高速花马池收费站至盐池主线收费站、定武高速马儿庄立交至太阳山收费站、盐鄂高速花马池收费站至盐鄂高速收费站,路段全长121km。大队辖区路段大部分是半封闭、全立交,双向四车道的高速公路。

高速交警十一大队位于定武高速公路太阳山收费站院内,现有民警6人,协勤9人,管辖定武高速太阳山收费站至恩和枢纽、银昆高速石沟驿收费站至太阳山主线收费站,路段全长99km路段。大队辖区路段位于丘陵地带,有部分缓坡,定武高速从太阳山至孙家滩路段路侧及中央无防护栏,路基较低,路侧植被多为灌木,视野开阔。

高速交警十二大队位于银巴高速公路平吉堡收费站南侧,现有民警9人,协勤14人,管辖乌玛高速部分路段(K2~K40)、银巴高速平吉堡收费站至宁蒙交界处、乌玛高速银巴立交乌玛高速公路匝道口至青铜峡西收费站,路段全长127km。大队管辖路段较为分散,乌玛高速北端未设收费站,银巴高速弯道多、坡道长,乌玛高速跨线桥梁多、跨度长,管控难度较大。

高速交警十三大队位于银昆高速公路灵武南收费站院内,现有民警5人,协勤8人,管辖银西高速灵武北收费站至石沟驿收费站、古青高速宁东主线收费站至青铜峡南收费站,路段全长123km。大队辖区银昆高速白土岗至石沟驿路段两侧无防护栏装置,属于开放式路段,较难管理。古青高速青铜峡南至杨马湖路段为团雾多发路段,车辆类型主要以大货车与危险品运输车辆为主,车流量日益增加。

高速交警十四大队位于G70福银高速公路沿川子收费站院内,现有民警10人,协勤13人,管辖G70福银高速公路宁甘省界交接处至固原收费站、彭青高速彭阳收费站至青石嘴收费站,路段全长103km。辖区道路大部分临山、临坡、临崖、临水,易发生护坡塌方、泥石流等地质灾害。由于辖区G70福银高速公路沿山而建,空气湿度大,年平均气温较低,长年雨雪雾天气较多,恶劣天气频发,辖区在春夏秋季节多雨多雾,冬季多雪。同时,因辖区坡长弯多,重型货车制动器使用频繁,很多驾驶员利用滴灌方式洒水降温,水滴洒落面以后结冰现象严重,导致其他车辆行驶此处事故频发,管控难度较大。

高速交警黑海大队位于黑海高速公路海原东收费站院内,现有民警4人,协勤6人,管辖G70福银高速公路海兴立交至黑海高速公路海原东收费站,路段全长59.4km。

高速交警东毛大队位于青兰高速隆德收费站院内,现有民警6人,协勤10人。大队管辖G22青兰高速公路毛家沟收费站至青兰高速公路与G70福银高速公路立交桥,路段全长51km。辖区坡道多、隧道多,六盘山特长隧道9.5km,六盘山东麓6km连续下坡,西麓20km连续下坡。

四、主要成效

宁夏高速公路交警支队自建队以来,在高速公路管理里程不断延伸、车流量逐年迅猛增长的情况下,始终坚持以"压事故、保安全、保畅通"为总体目标,狠抓队伍管理和窗口建设,努力提升服务全区经济社会发展的能力和水平,实现了道路交通事故死亡率的逐年下降。

通过借鉴先进省份高速公路交通安全管理经验,支队积极争取政府支持,建立"政府主导、部门履职、协调联动"的高速公路应急管理机制,打造以"四联三创"为核心的路警联合管理工作新模式。2016年,与自治区交通运输厅、安监局联合印发《2016年度全区道路交通安全隐患排查治理工作实施方案》,发挥工作合力,共同推进道路隐患治理工作。

Record of Expressway Construction in
Ningxia
宁夏高速公路建设实录

第五篇
技术与创新

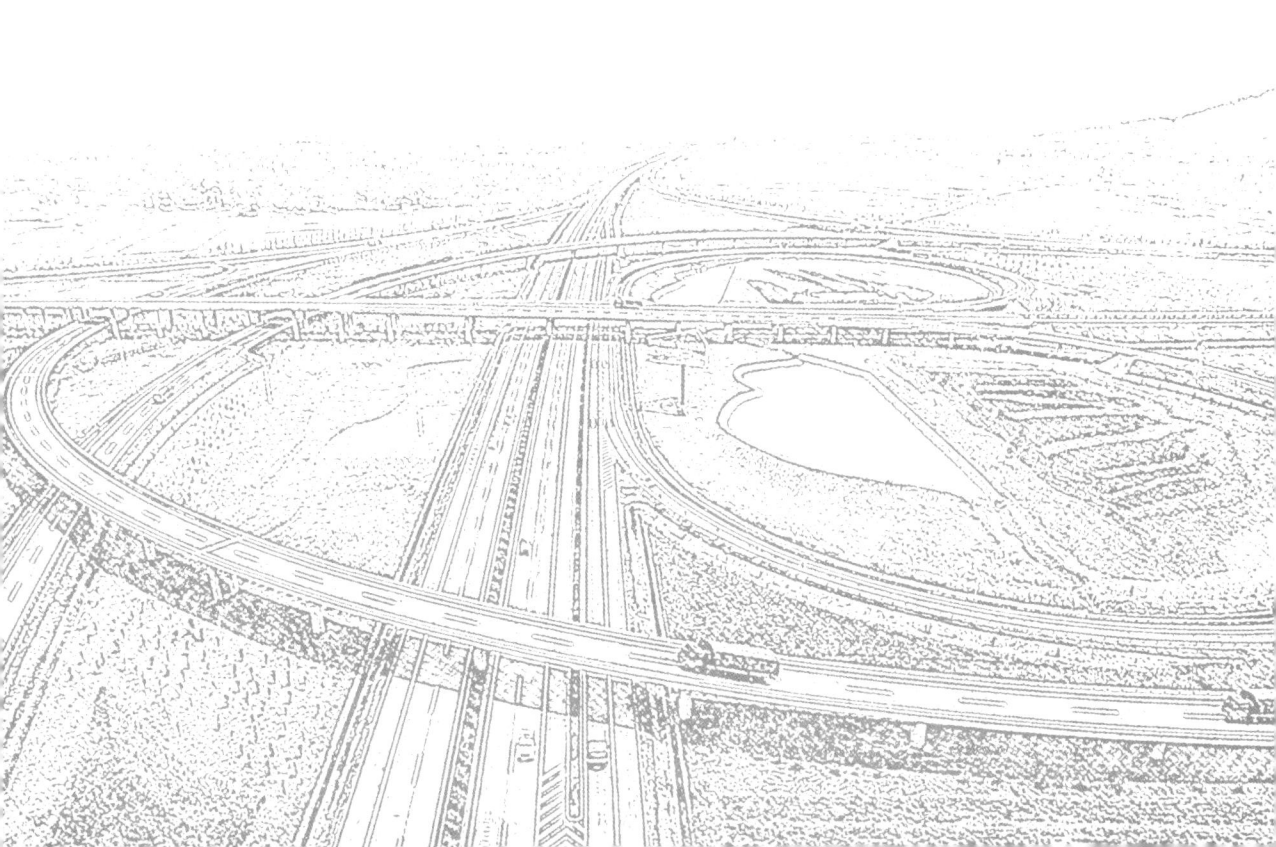

第十八章
路基路面

宁夏地处我国黄土高原干湿过渡区及西北干旱区内,地质条件多样,包括丘陵、平原、台地和山地,也包括少部分沙漠。南北气候悬殊,南部黄土丘陵区属温带半湿润区,中部风沙区居中温带半干旱区,北部引黄灌区则为中温带干旱区。降雨量南部300~600mm,中北部200~300mm,且年季变化大。夏季酷热,极端高温可达40℃,冬季严寒,极端低温可达-30℃。这样的地形、地貌、地质及气候条件,形成了具有地区特色的路基、路面典型施工技术。

第一节 路基技术

路基分为一般路基和特殊路基,本章中主要叙述的是特殊路基。宁夏交通运输厅从建设第一条高速公路时,就明确规定,不可就近取土,采用远运土,选择适合填筑路基的土,首选质量高的砾类土,既保证和提高路基的强度和稳定性,又保护农田,这一原则一直沿用至今。

路基施工标准化见图5-18-1。

图5-18-1 路基施工标准化

一、湿陷性黄土路基处理技术

黄土广泛分布于我国黄河中游地区的关中、陕北、宁夏、豫西、陇东及陇中等大陆性干旱、半干旱地区。根据中国湿陷性黄土工程地质分区,宁夏黄土分区主要为陇西地区和陇东—陕北—晋西地区,在宁夏主要分布于南部地区的同心、海原、固原等地区,主要以全新世(Q_4)坡积黄土为主,土质疏松多孔,稳定性差,大多具有湿陷性,经水流冲刷,容易形成鸡爪冲沟或深槽,湿陷性黄土层厚度通常大于10m,湿陷性等级一般为Ⅰ(轻微)~Ⅳ(很严重)级。随着宁夏高速公路由平原向宁南山区延伸,解决好湿陷性黄土路基稳定性问题越显重要。

早期受国内高速公路建设理论水平、经验水平、技术水平和装备水平的局限,对解决湿陷性黄土路基不稳定问题尚无成熟的技术。加之宁夏高速公路建设刚刚起步,对湿陷性黄土的危害性认识不足。为节约资金,对湿陷性黄土采取了简单的冲击碾压等措施,而此时外部因素发生了变化,如固海扬水工程实施后,桃山口至同心、固原方向旱地变为水浇地,沿线渠道水网不断增多,改变了公路两侧的水系分布等,沿用老的施工工艺,使福银高速桃山口至同心部分路段的路基发生沉降,后来经设置挡水墙、桥头路基采用水泥桩处理后,收到了一定的效果。尽管如此,桃同路段还是造成了一定的负面影响,公路建设者也从中汲取了经验和教训。

图5-18-2 路基强夯

此后,随着高速公路建设经验的积累,技术研究的不断深入,新技术、新设备、新工艺、新材料得到广泛应用,对湿陷性黄土的处理上采用了强夯(图5-18-2)、石灰土或水泥土换填、石灰土或水泥土挤密桩等多种工艺技术措施,同时冲击碾压等施工工艺流程组合不断完善,逐渐形成了一套系统、科学、成熟的湿陷性黄土处理技术,取得了稳定、良好的效果。

(一)桃同高速湿陷性黄土路基地基处理

G70福银高速公路桃山口至同心段高速公路分布着土层厚度不等的黄土,且沿路线前进方向黄土层厚度逐渐加深,一般在2.0~3.5m,主要以全新世坡积黄土为主,呈黄色、灰黄或褐黄色;干燥状态时可见大空隙、腐殖根须,质地疏松,无节理,垂直节理发育,含碳酸钙成分及其结核,土质较均匀,直立性较好,土的黏粒含量少,天然含水率小,具有湿陷性和易溶性、易冲刷,遇水湿陷和强度降低等,极易受侵蚀破坏。

为了消除黄土的湿陷性,增强地基稳定性,保证高速公路服务水平和使用寿命,采用冲击压路机对非自重湿陷性黄土用冲击压实进行地基治理。冲击碾压40遍以上,努力消除黄土的湿陷性,提高地基承载力。利用冲击式压路机治理非自重湿陷性黄土地基是行之有效的,而且是较经济的方法。但是,对自重湿陷性黄土和土层较厚的路段,这种处理方式效果不理想。

(二)中郝高速湿陷性黄土水损路段处理

宁夏中郝高速公路兴仁段属于京藏高速公路的一部分,位于宁夏中部,路基属于湿陷性黄土。2002年5月连续降雨导致暴发山洪。由于K295+580~K295+971段地势较低,洪水在路基局部淤积达60~70cm深,经过一天的浸泡,导致黄土发生显著湿陷下沉,路基左侧纵向整体开裂,裂缝宽度230mm,长度203m,给后续工程实施带来很大困难。由于该项目全线路基及结构物工程已经完成,路面工程正在施工,为保证工程质量且不影响工程进度,立即对损坏的路基进行处治。

首先,台阶状挖除已开裂路基部分,重新以砾类土,按路基加宽方式挖台阶,且比要求的密实度提高1~2个百分点。碎石土高标准填筑路堤,同时在路基两侧(迎水面)分别设置宽8m和4m的护坡道。其次,为防止地表积水渗入路基,在路基两侧修筑灰土隔水墙,隔水墙宽度为100cm,深度根据地基湿陷性黄土层的厚度和渗透系数而定。另外,在容易积水的左侧护坡道下50cm处及隔水墙内侧铺设防水复合土工膜,并伸入基底150cm。这样,可以阻止地面水向路基底部的下渗,起到隔水防渗的作用,能够有效避免路基湿陷性破坏的发生。按该方案重新填筑后,此路段经历了数场大雨的冲刷和浸泡,均保持良好的整体强度和稳定性。

(三)黑城至海原公路湿陷性黄土处理

黑海高速公路是省级高速公路S50中的一段,项目路基大部分范围内分布着湿陷性黄土,黄土层厚度较大,介于10~18m,主要为第四纪晚更新世风积黄土,湿陷等级为Ⅰ~Ⅳ级。为消除地基的湿陷性、提高地基承载力、降低土的压缩性,需进行处理。

在填方路段,对于Ⅰ级和Ⅱ级非自重湿陷性黄土,路基填土高度大于3m时,先对基底清表,然后翻压100公分厚土层,土层开挖后基底用轻—中型钢轮静作用压路机碾压3~5遍,保证碾压密实,翻压土需在最佳含水率下碾压;路基填筑高度小于3m时,先对基底清表,然后采用25kJ冲击式压路机碾压30~40遍。对于Ⅲ级(严重)和Ⅳ级自重湿陷性黄土填方路段,先清表处理后采用强夯法处理,处理宽度为填方路基和路基边坡坡脚外3m范围。强夯3遍,前两遍为点夯,第3遍采用为满夯。点夯布置为正方形,间距为6m,第2遍点夯夯点布设在第1遍夯点的中间,第3遍以较低的夯击能进行满夯,相互重叠搭接,确保夯实土的均匀性和密实度。在挖方路段,对于Ⅰ级、Ⅱ级非自重和Ⅱ级自重湿陷性黄土路段,对路床80cm开挖后直接利用该土方现场拌和成8%石灰土(5%水泥土),再

图 5-18-3　挤密桩加固湿陷性黄土路基

回填碾压;对于Ⅲ级和Ⅳ级路段,先对地基翻压100cm,然后路床80cm采用8%石灰土(5%水泥土)处理。

对于桥头(涵洞)路基处于湿陷性黄土的路段,在桥涵台背路基处理范围内设置石灰土(水泥土)挤密桩加固路基,桩径40cm,桩间距80cm,桩长6m,梅花形错位布桩,桩顶铺设50cm厚8%石灰土或8%水泥土垫层。对部分路线范围附近存在高压线、民房、窑洞及水利设施的路段采用素土挤密桩处理,桩径40cm,桩间距80cm,桩长5m,梅花形错位布桩,桩顶铺设50cm厚8%水泥土垫层。

挤密桩加固湿陷性黄土路基如图5-18-3所示。

二、软土路基处理技术

(一)中营高速公路软基处理

中宁至孟家湾段高速公路是G2012定武高速公路的一段,项目3合同段K24～K26有长约2km的软土地基。该段地基土质为低液限粉土,覆盖深度平均为6m,地下水位较高,天然含水率在40%左右,地基承载力不能满足设计要求。为此,采用粉喷桩进行加固处理,共使用粉喷桩31531根。依据对粉喷桩的低应变动测、整桩钻芯检验、标准贯入试验、芯样无侧限抗压强度试验、单桩承载力试验等检测结果,确认采用水泥粉喷桩技术加固含水率较高的粉性土满足设计要求。加固后复合地基承载力高于加固前天然地基承载力,能够满足高速公路对地基承载力的要求。

路基冲击碾压如图5-18-4所示。

图 5-18-4　路基冲击碾压

(二)银川绕城高速公路软基处理

银川绕城高速公路是宁夏回族自治区首府银川市连接区内各地市及周边地区的快速干道,其中西北段位于贺兰山东麓的银川平原中部,自西向东分布有洪积倾斜平原、冲洪积平原(三级阶地)和冲湖积平原(二级阶地)三大地貌单元。区内地势总体开阔、平坦,呈西高东低,倾向东。冲洪积、冲湖积平原区地形地势起伏不大,地形坡度小于5‰,局部地段相对低洼,多形成现代湖沼区。该区软土是由于第四系以来区内黄河河道不断由西向东迁移,迁移过程中形成许多牛轭湖,使二级阶地上部湖沼发育,形成了流塑—软塑的淤泥、淤泥质土。软土黏粒和粉粒含量较高,砂粒含量非常低。淤泥质软土中含有大量腐殖质及植物根系,土性略偏碱性。与南方沿海地区软土相比,该区软土的物理指标很不典型,含水率平均28.33%,孔隙比平均0.81,但在力学指标上呈现出中高压缩性和低承载力,给工程建设带来了很大的危害。为此,采用换填砂砾垫层、袋装砂井、挤密砾石桩等方法对软弱土层进行处理。

软土地基采取换填砂砾垫层处理,一般换填深度在3m以下,重点控制换填断面的合理厚度与宽度,以及机械碾压法和振动压实法相结合的施工工艺。软土厚度大、路堤稳定、填土高的软土路基,采取袋装砂井法处理。以砂井地基的固结度为主,根据给定的预压荷载、预压时间以及容许沉降量,确定井径和井距,重点控制砂井的井距、井径、井长、竖直度和灌砂率。松散的非饱和黏性土、杂填土、湿陷性黄土、疏松的砂性土使用挤密碎石桩处理,重点控制碎石桩的桩长、桩径、桩间距、竖直度和灌碎石量等。采用换填砂砾垫层、袋装砂井、挤密砾石桩等地基处治技术,能够有效加固冲湖积平原的软弱地基,减小沉降量,是合理有效的地基处理措施。该项目对冲湖积平原软弱地基处治的实践和成果,为今后同类地区的高速公路建设积累了经验。

三、盐渍土处理技术

当路基土的易溶盐含量大于0.5%时,土的性质开始受到盐分影响而发生改变,直接影响路基的强度和稳定性。盐渍土地区水对盐土所造成的溶蚀,也直接影响路基强度和稳定性。宁夏盐渍土属内陆性湿盐渍土,盐分的分布和含量随季节、气候和水文地质条件而变化,在干旱季节地面蒸发量大,盐分向地表聚集,地表土含盐量大;雨季地表盐分随雨水渗入地下,地表含盐量减少,呈周期性变化。盐渍土路基会发生松胀、膨胀、冻胀和翻浆、溶蚀和退盐以及次生盐渍化等病害。

(一)麻姚高速盐渍土路基处理

麻姚高速公路是京藏高速公路的一段,有50余公里位于银川平原的引黄灌区内,土质多为低液限粉土或低液限黏土,地下水位较高,地表盐渍化程度严重。麻姚高速采取的路基设计与治理方案包括控制路基最小填土高度、设置毛细水隔断层以及采取合理的排水措施。

在满足最小填土高度的路段,将地表过盐渍土在路基清表时一起清除,清除部分回填取土场的砾类土,不做其他处理;当路基高度小于最小填土高度时,清表后设置隔断层,换填透水性材料。设置完善的排水设施,两侧有取土坑时,利用取土坑进行横向与纵向排水;两侧无取土坑时,设置排水沟进行排水,取土抗与路基边坡坡脚之间设置天然护坡道,坑底距最高地下水位不小于0.15m,设置足够的横、纵坡及横向排水沟。在路基中部或底部设置40~50cm天然砂砾毛细水隔断层,隔断层顶面及底面设置5~10cm粗砂反滤层,以防隔断层失效。采取这种措施处理盐渍土,取得了良好效果。

(二)古王高速盐渍土路基处理

古王高速公路是G20青银高速公路的一段,项目经过盐碱地带,经过沿线土样检测分析,盐渍土路段占约30%。为确保古王高速公路路基稳定性,对盐渍土路基进行特殊处理。对盐渍土路段,施工过程中首先铲去地表0~20cm的土层,同时采取排除地面水、提高路基高度、换填筑路土、采用透水性填料,对路基的路肩及坡面采取加宽措施。对硫酸盐渍土路段,掺加氯化钙($CaCl_2$)、氯化钡($BaCl_2$)等对填筑路床的硫酸盐渍土进行化学处理。这些方法和措施虽然增加了一定投资,但从长远来看,效果良好。经过通车运营观测,盐渍土路段没有出现路基病害,路基稳定性良好,为盐渍土地区建设高速公路积累了宝贵的经验。

四、风积沙路基处理技术

盐中高速风积沙路基填筑。盐中高速公路是G2012定武高速公路的一段,线路由东向西横跨鄂尔多斯高原与毛乌素沙漠南缘,干旱少雨,沙地、沙丘、沙梁分布较广,缺乏常规的优质筑路材料,则因地制宜使用风积沙填筑路基,是一种变废为宝、一举两得的途径。

利用风积沙填筑路基,首先要测定风积沙的最大干密度,以此进行路基压实质量控制。借助小型混凝土振动台使用"干振法"确定风积沙在干燥条件下的最大干密度,按施工段落控制,取样时每公里不少于一组。施工时使用双驱振动压路机配合推土机碾压,因为风积沙流动性大,普通施工机械无法行走。风积沙路基填筑控制在路基上路床以下部分使用,采用水平分层填筑法施工,按照横断面全宽分成水平层次逐层向上填筑,各分层须是纯风积沙,不得夹杂黏土、植物及树根等杂质,至风积沙路基顶面全断面铺设土工布,然后填筑级配良好的砂砾上路床。路基填筑施工完成后,路基边坡平铺格状卵砾石。利用风积沙填筑路基既可满足路基用土的需求,降低工程成本,又可治理沙害,保护周边生态环境。据测算,相较于换填,使用风积沙填筑路基,每 10 万 m^3 可节约成本 100 多万元,同时可节约约 100 亩取、弃土场用地,有效地保护了自然环境。

五、液态粉煤灰台背回填技术

青银高速改扩建项目液态粉煤灰台背回填。为响应交通运输部《加快推进绿色循环低碳交通运输发展指导意见》以及《宁夏回族自治区人民政府关于加强宁东能源化工基地工业固体废物综合利用的意见》(宁政发〔2012〕140 号)文件精神,2015 年开始实施的宁夏第一条高速公路改扩建项目——青银高速公路全部桥梁台背均采用液态粉煤灰回填技术。

该项技术是由粉煤灰掺加少量水泥,与一定比例的水混合,形成高流动性的液态粉煤灰浆体,非常便于施工。液态粉煤灰标准化施工流程为:基底碾压、开挖台阶、人工整修、台前模板支护、检查验收、粉煤灰浇筑、覆盖养生、灌缝处理。而且该材料质量轻、变形小、强度高、台背密实,即工后自身沉降小,对地基的附加应力也小,非常有利于降低工后总沉降,解决"桥头跳车"的问题。因此,液态粉煤灰非常适用于旧路改扩建工程中所增构造物的台背回填和已压实的路基增设构造物的台背回填。该技术在青银改扩建项目中"变废为宝",使用消化利用粉煤灰约 34 万 t。

第二节 路 面 技 术

宁夏现有高等级公路路面主要是沥青路面,且具有典型的年代色彩。20 世纪 60 年代至 20 世纪 80 年代初期,面层以渣油沥青表处为主,仅有少量的为沥青贯入式面层,而基层多为泥结砾(碎石)基层、石灰土基层、级配砾石基层及其组合;20 世纪 80 年代中期以后,引入了上拌下贯沥青面层、无机结合料稳定砂砾料基层和天然级配砂砾垫层的路面结构。2000 年以后,随着宁夏第一条高速公路的建成,迎来了高速公路建设蓬勃发展的阶段,由于经济及交通量的发展,沥青路面技术标准也不断提高。

宁夏早期修建的高速公路典型路面结构多为 4cm + 8cm 沥青混凝土面层,36~55cm 二灰稳定砂砾/水泥稳定砂砾基层,采用 90 号与 70 号沥青,如克拉玛依 90 号重交沥青或进口沥青;此后几年沥青面层提高到 4cm + 6cm + 6/8cm,及采用水泥稳定碎石基层,并在同沿高速中尝试引入 Superpave 设计方法,2010 年以后,开始在上面层使用改性沥青;在 2015 年以来修建的青银、京藏高速公路改扩建等项目中,面层厚度达到了 4cm + 6cm + 12cm,路面总厚度达到了 82cm,并引入了 ATB(沥青稳定碎石)及沥青路面再生等环保新技术,同时中、上面层均采用改性沥青。集料方面,由于宁夏石材相对匮乏,主要使用砂岩与石灰岩,广泛采用 AC 级配。为进一步提高路面质量,延长使用寿命,2013 年 9 月,宁夏交通运输厅(宁交办发〔2013〕186号)文件规定:对于路面设计交通等级为重交通及以上等级的一、二级干线公路和高速公路的沥青面层,应采用强度较高的砂岩作为面层碎石用料。

一、路面分期修筑

同沿高速、盐中高速公路及国道211线路面分期修筑。

路面分期修筑是在特定的历史时期和当时的社会经济环境下,宁夏在高速公路建设中采取的一种因地制宜的技术手段。宁夏属西北经济发展欠发达地区,当时,高速公路网也没有全部完成,项目建成后,初期交通量较小,而且高速公路的施工工期普遍较短,工后沉降还没有完全完成。经过勘测设计单位深入调研,提出路面面层分期修建的创新思维,即先铺筑沥青下面层后开放交通,运营一段时间后根据交通量增长情况及路面使用质量情况,再修建中、上面层,中、上面层可一次铺筑完成,也可再分期实施。经进一步研究论证,认为路面面层分期修建从技术、质量、经济上均是可行的,同意在在建项目中试用。这一时期包括同沿高速公路、盐中高速公路及国道211线等项目在建设时均采取了路面分期修筑的方式。

路面分期修建解决了当时宁夏高速公路建设的实际困难,收到较好的效果:一是有效减轻了因工期紧,工后沉降时间不足、路基不稳定造成路面不平整等容易出现的早期病害;二是有效缓解了建设资金压力,减少支出利息,减轻还贷压力,节约建设成本,可以把有限的资金用在刀刃上;三是节约了公路通车运行后养护资金,减少路面养护及大、中修费用。

二、沥青路面就地热再生技术

京藏高速公路及青银高速公路维修养护工程热再生技术应用。

宁夏公路管理局于2012年使用沥青路面就地热再生技术对G6京藏高速公路K1069+200~K1367+600段和G20青银高速公路K1439+800~K1487+000段实施路面维修养护。

沥青路面就地热再生技术(hot in-place recycling,简称HIR),解决了老化沥青路面再生的问题,用于维修车辙等路面病害,克服了传统维修方式的缺点,利用大型养护列车,可处理厚度范围内的所有非结构性破损路面病害。通过对原路面材料100%的利用,节约了资源和经费,保护了生态环境,符合循环经济的原则。项目所使用的是宁夏交通科研所引进的沥青路面热再生重铺养路机组,1min可再生4~6m的新路面,与传统修补工艺相比,可以有效节省成本。沥青路面铺筑如图5-18-5所示。

三、乳化沥青厂拌冷再生技术

青银高速公路改扩建项目乳化沥青厂拌冷再生技术应用。

图 5-18-5　沥青路面铺筑

在沥青路面的改扩建及大修过程中,不可避免要对旧沥青路面进行铣刨、挖除,这就产生了大量的废旧材料。青银高速公路改扩建项目从设计到施工全过程,以"低碳环保"为理念,采用乳化沥青厂拌冷再生沥青混凝土技术,将铣刨回收的废旧混合料运至拌和站后进行破碎和筛分并掺入适当比例的新集料、乳化沥青、水泥、矿粉等材料后,经过常温拌和、摊铺、碾压等工序,实现旧沥青路面材料再利用,具有废料利用率高、资源节约、节能减排、节约成本等特点。

此技术主要应用在青银高速公路改扩建项目第 3、4 合同段路面上基层中,共铣刨回收原路面旧料 112 万 m^2,近 8.3 万 m^3。据测算,该技术在青银高速公路改扩建项目中的使用,共节省沥青 2145.5t、节省石材 86957.8t、节约柴油 676.3t、节约标准煤 869.6t,减少二氧化碳排放 2106.3t,减少二氧化硫排放 296.6t,与传统做法及施工方式相比,共计节约工程造价近 1900 万元。

第十九章
桥梁隧道

第一节 桥　　梁

宁夏高速公路建设过程中，共修建大中桥602座，其中在黄河上修建了4座高速公路特大桥，大型互通（枢纽）立交16座。

宁夏高速公路桥梁中的特大桥主要分布在跨越黄河之上，还有部分大桥建在较大沟道、湖泊和道路上面，上部结构以预应力混凝土连续箱梁和预应力混凝土空心板梁为主，下部结构以钻孔灌注桩为基础，墩身以实体墩、箱式墩和柱式墩最为常见。

大桥、中桥上部结构以预应力混凝土连续箱梁和预应力混凝土空心板为主，下部结构以钻孔灌注桩为基础，墩身以柱式墩为常见。

结合宁夏高速公路桥梁建设情况，选取银川绕城高速公路西北段阅海特大桥（图5-19-1）、同心至沿川子马西坡特大桥和古窑子至青铜峡高速公路青铜峡黄河特大桥作简要介绍。

图5-19-1　银川绕城高速公路西北段阅海特大桥

一、银川绕城高速公路西北段阅海特大桥（钢管拱桥）

阅海特大桥（图5-19-1）于2005年9月28日开工，并于2008年8月2日全线完工并通车。该桥总长1146.08m，共33跨，桥面全宽26.0m，跨径形式为：11×30m+30m+3×

80m+30m+17×30m，其中主跨桥跨形式为：30m+80m+80m+80m+30m，主桥采用五孔中承式钢管混凝土系杆拱。拱肋为钢管混凝土，截面形式为哑铃型，拱肋采用三道，中央分隔带处设一道，道路上、下行线位于中肋两侧。拱轴线形为二次抛物线，下部为实体墩；引桥上部为3×30m+2×(4×30m)和2×(4×30m)+3×(3×30m)先简支后连续装配式箱梁，下部为双柱式桥墩，桥台为肋板式桥台，墩台基础均为钻孔灌注桩基础。

针对阅海特大桥工程施工中的关键部位，为消除工程质量通病，技术人员采取了一系列行之有效的措施，效果良好。

针对混凝土外观质量比较差问题，首先控制不用粉煤灰作掺加剂生产的粉煤灰硅酸盐水泥，而用添加煤矸石的矿渣硅酸盐水泥，保证混凝土色泽均匀；其次控制粗集料、砂子，从要求定产地、定规格、定颜色入手，重视粗集料的清洗和细集料的筛滤工作；采用大块件拼装模板，减少接缝数量。

针对钢管拱桥拱座（超大体积），混凝土内外温差过大产生的裂缝问题，埋设降温冷却管，采用冷却管循环降温技术，用PVC管代替钢管做冷却管，既能起到预期效果，又能大大节省成本，缩短安装时间。

针对孔道压浆质量难以保证问题，全线桥梁预应力孔道全部使用了真空压浆技术。

为了防止钢管拱焊接缺陷，采用了埋弧自动焊技术，不仅焊接缺陷少，而且能够大大缩短焊接时间，该技术的使用仅一个环缝的焊接时间从2d缩短到15min。

二、同心至沿川子马西坡特大桥

马西坡特大桥所处路段土体为含低液限黏土，覆盖厚度大，裂隙水丰富，局部沟槽常年有水，低洼地带土质由于常年积水，苔藓类草甸发育，有机质含量高，表层黏土呈黑色。且从地形看，该段地面横坡较陡，填土较高，若填筑路基，路基的稳定性存在隐患，经技术论证，同心至沿川子高速公路在该段采用桥梁跨越。马西坡特大桥于2009年8月20日正式开工，2011年8月完成主体工程。为跨越软弱地基旱桥，采用分离式路基，上下行线桥孔均为65×20m，桥长1299.749m。本着安全、实用、经济、美观、因地制宜、便于施工养护等原则，设计上部采用跨径20m的装配式部分预应力混凝土空心板结构，下部均采用柱式桥墩、桥台，基础根据地质情况采用钻孔灌注桩。

马西坡大桥桥长受两侧地形及纵坡控制。马西坡特大桥桥长较长，且所处地形横坡较陡，桥梁测试精度要求较高，在施工准备阶段将四等水准测量和导线测量作为重点进行控制，结合地形及桥梁走势将控制点进行加密，多次测量保证每个控制点的平面及高程精度。

由于地处山岭区，地下水极为丰富且水位较高，对桩基施工有较大的影响，通过试桩，摸清地层的实际情况，确定采用化学护壁剂+泥浆的护壁形式，取得了良好的效果。对于塌孔较严重的桩基,采取用胶黏土回填并进行沉降,重新打孔的形式施工,同时合理安排施工机械,精心组织,保障原材料的供应及混凝土的拌和,为桩基础施工提供有力的保障。

立柱施工中,立柱模板通过使用模板漆以提高立柱混凝土的外观质量。中系梁与立柱施工中,采用中系梁与立柱混凝土同时浇筑的施工工艺,通过使用碗扣支架支护中系梁底模,立柱与中系梁模板同时支护,混凝土同时浇筑的工艺,保证了中系梁与立柱的整体结构稳定,也保证了混凝土的整体效果。

马西坡特大桥20m空心板共计1560片,为解决钢绞线定位的问题,在空心板端头底部采用套有木条的三角铁支挡,在钢绞线穿过处同尺寸打眼,保证了每片空心板钢绞线的定位准确。同时,设技术稳定、责任心强的专人进行预应力的张拉,采用应力值及伸长值"双控",保证施加的应力满足设计要求。在端头钢板与空心板侧模接触部位附加三角铁内加密封条,杜绝了空心板端头两侧及底部漏浆的质量通病。

为了保证空心板腹板厚度,对胶囊定位钢筋的加工严格要求,保证绑扎位置准确,在每片空心板胶囊打压时,用压力表进行压力控制,保证了空心板腹板混凝土的厚度。为防止混凝土浇筑过程中天气突变降雨,在空心板预制厂制作了60m移动防雨棚,避免了雨水对混凝土质量的影响。

防撞墙施工中重点控制模板拼装的几何尺寸及线形,由技术人员每间隔5m放样出控制点,支模注重模板接缝、拉杆孔的密封处理,防止混凝土漏浆现象,以一联为一个施工单元,支护一联防撞墙浇筑一联混凝土,这样有助于曲线段防撞墙的线形控制。严格落实混凝土振捣的工序控制,在模板倒角处设置高频振捣器,有助于气泡的排出和混凝土的密实,保证防撞墙混凝土的施工质量。马西坡大桥防撞墙护栏的线形平顺、混凝土色泽均匀,质量优良。

三、古窑子至青铜峡高速公路青铜峡黄河特大桥

青铜峡黄河特大桥于2010年3月15日开工,于2012年11月5日全线完工并通车。该特大桥位处在吴忠至青铜峡公路上的青铜峡黄河公路大桥下游约4.03km处,在青铜峡水利枢纽大坝下游约8km,距下游吴忠黄河公路大桥13km,距下游京藏高速公路陈袁滩黄河公路大桥约16km。

桥梁全长1778m,总宽26m,设计行车速度100km/h,汽车荷载等级为公路—Ⅰ级,地震动峰值加速度系数为0.2,通航等级为Ⅴ级,设计安全等级为一级,环境类别为Ⅰ类。桥梁共计32跨,桥跨布置为3×40m装配式预制预应力混凝土箱梁+$(45+65+45)$m现浇变截面预应力混凝土连续箱梁+3×40m装配式预制预应力混凝土箱梁+$(65+5\times110+65)$m现浇变截面预应力混凝土连续箱梁+10×40m装配式预制预应力混凝土箱梁+$(2\times65+45)$m现浇变截面预应力混凝土连续箱梁+3×40m装配式预制预应力混凝土

箱梁,下部为钢筋混凝土薄壁实体墩及柱式桥墩、肋板式桥台,钻孔灌注桩基础。

大桥主桥处于黄河主河槽上,上部为大跨度预应力混凝土变截面连续箱梁,承台为大体积混凝土,基础为深孔钻孔灌注桩,因而施工难度大、技术要求高,同时安全质量管理风险大。针对桥梁钻孔灌注桩施工、大体积混凝土施工、大跨度变截面预应力混凝土连续箱梁施工等重难点和关键,积极开展科技攻关,应用"四新"技术,不断提高桥梁施工技术。具体来说,青铜峡黄河特大桥具有如下特点:

(一)围堰施工

主桥12号和13号墩为水中墩,采用双壁钢套箱作围堰来进行承台及墩身施工,位于河漫滩的9号、10号、11号墩及14号、15号和16号墩承台及墩身则采用钢筋混凝土套箱来进行围护施工。由于桥位处河流冲刷大,特别是水中墩施工时受河流冲刷影响,双壁钢套箱施工难度大,下沉定位较困难。施工中根据现场情况,采用先搭设钻孔作业平台进行钻孔施工后下沉钢套箱作业方式施工;为确保钢套箱下沉位置,在下沉平台上增加定位滑轮,采用液压千斤顶整体起吊下沉等控制措施,保证了精度。

(二)大体积混凝土施工质量控制

各墩台均为大体积混凝土,承台1669.5m^3,高度4.5m。由于大体积混凝土凝结硬化过程中的水化热效应,易产生温度裂缝,为防止或减轻温度裂缝的发生,一是合理选择混凝土配合比及材料组成,并加强温度监测工作,确保承台施工质量;二是在承台中增设冷却管,全程通水,随时量测进水口及出水口温差,发现温差偏大情况及时调整进水口水量,连续通水7d,保证了大体积承台的施工质量。

(三)现浇箱梁施工

特大桥主桥现浇箱梁采用挂篮悬臂灌注施工,由于桥面宽,跨度大、节段重量大,因而安全管理风险较大。该桥箱梁悬浇采用三角形桁架式后支点挂篮施工,该挂篮利用已浇筑梁段预埋竖向预应力筋作后锚点,取消了平衡重的压重结构,设计浇筑混凝土质量大,施工安全、操作方便、经济可行。

第二节 隧 道

宁夏高速公路隧道工程全部位于南部山区,共有特长隧道1座,长9485m;长隧道2座,计3929m;中隧道6座,计4397m;短隧道1座,长270m。其中,福银高速公路同心至沿川子高速公路有中隧道5座,短隧道1座,是宁夏最早修建的高速公路隧道,该项目的实施为后续其他高速公路隧道工程建设积累了宝贵的经验;青兰高速公路东山坡至毛家沟高速公路有六盘山特长隧道1座,是宁夏最长的隧道工程,同时也是全国高海拔2000m以上最长的高速公路隧道;此外,省级高速固原至西吉高速公路有长隧道1座,中隧道1座,黑城至海原高速公路有长隧道1座。

现结合宁夏高速公路隧道建设情况,选取六盘山特长隧道、牛营子隧道、偏城隧道、赵家山隧道作简要介绍。

一、青兰高速公路东毛段六盘山特长隧道

六盘山特长隧道于2012年10月10日开工,建设过程中克服了地质条件差、涌水、瓦斯等严峻困难,2015年5月27日隧道掘进全线贯通,2016年7月3日全线完工并通车。隧道按照双向四车道高速公路标准设计,设计速度为80km/h,进口位于宁夏泾源县东山坡,出口位于隆德县东侧,为单洞分离式隧道,左右线间隔31~48m。左线长9490m,纵坡坡度为1.676%~2.782%;右线长9480m,纵坡坡度为1.68%~2.7%。隧道建筑限界为10.25m×5m,最大埋深600m,暗洞衬砌按新奥法原理设计和施工。隧道共设2个斜井,1号斜井长1140m,纵坡坡度为5.26%,断面积91.05m^2;2号斜井长932m,纵坡坡度为12.95%,断面积64.75m^2。隧道共设紧急停车带28处,车行横洞14处,人行横洞14处。隧道通风方式采用多斜井结合射流风机纵向组合式通风。隧道管理按照隧道管理站集中控制、现场PLC自动控制和现场手动控制三级控制模式设计。

隧道全长近10km,隧道内照明系统灯具全部采用节能、环保、显色性好的LED灯,洞外引道照明采用LED路灯。此外,为了减轻驾乘人员驾乘疲劳,缓减紧张情绪,左右洞在中间位置处各设了一个特殊灯光段。特殊灯光段设计遵循"先进、实用、经济、可靠、节能"的原则,利用国内外最新图案投影技术,使图案视觉效果具有冲击力和感染力,并尽量采用节能型照明灯具,降低能耗。

隧道左洞采用"蓝天白云"图案,右洞采用"海底世界"图案。隧道中上部采用蓝色洗墙灯灯具染上底色,再用投光灯投射"蓝天白云""海底世界"图案;两侧排水沟上设置植物景观带,利用绿色草皮及形态各异花草树木做装饰,并使用点光源、线条灯提供两侧洞壁中下部背景颜色。特殊灯光带电源由最近的3号配电横洞变电所提供,设置专用供电回路和照明配电箱,并配置照明控制系统来控制特殊灯光带照明(图5-19-2、图5-19-3)。

隧道地处六盘山腹地,围岩以粉砂质泥岩为主,构造以米缸山复背斜为主,隧道轴线与背斜轴接近直交,隧道地下水主要以基岩裂隙水为主,富水性较弱,岩层深部地下水,水质差,偏碱性。进口地表碎石松散层,下伏强风化泥质粉砂岩,岩土体稳定性较差。洞身穿越大峡沟谷段,主要为中风化粉砂质泥岩,围岩级别主要以Ⅳ级为主,较进出口处岩土相对稳定。出口主要为第四系黄土层,以灰黄色和褐黄色粉质黏土为主,结构疏松,垂直

节理发育,下伏强风化泥质粉砂岩,岩土稳定性较差。项目区不良地质主要为进口段的F2断裂带,高地应力下的软质岩大变形、涌突水、洞口浅埋偏压等。工程地质与水文地质条件复杂,施工过程中遇到很多技术难题,施工风险极大。

图 5-19-2 六盘山隧道　　　　　　　图 5-19-3 六盘山隧道特殊灯光带

该隧道通过地地层岩性较差,以粉砂质泥岩为主,间夹着泥质粉砂岩薄层,属于软弱岩层,因此在水与软弱岩层的组合下,隧道工程地质及水文地质条件较差,整个隧道以Ⅴ、Ⅳ级围岩贯通始终,其中Ⅴ级围岩比例近20%。

隧道1号斜井长1160m,开挖断面在140m² 左右,相当于三车道断面,施工难度大;作为施工阶段辅助正洞施工的2号斜井,长1362m,纵坡约9%,施工期间的通风、排水及运输难度大,风险高;隧道两座通风斜井均采用地下风机房,由于地下风机房交叉口多,断面变化大,结构复杂,施工风险较大,工期较长;隧道处出口段,长度约3.26km,隧道浅埋、及反复多次下穿顶部沟谷,施工安全风险高,施工进度慢,工期压力大;隧道处六盘山国家级保护区,隧址区域植被茂密、水源丰富,而且隧道进口为固原市城市饮水的接引点,2号斜井处隆德县城水源一级保护区内。水源地保护、环境保护及森林防火为建设期间的管理重点。

隧道建设中成功处置突发瓦斯风险。2014年6月3日,A2合同段隧道掘进施工到3400m处,在进行掌子面钻眼工序时,发现瓦斯。随后,启动施工应急处理预案,按操作规程和建设程序,采取一系列有效的措施,成功处理瓦斯风险,保障了生产安全和工程质量。

依托项目展开的"高海拔寒冷地区软岩长大隧道安全环保施工关键技术"课题研究,荣获宁夏回族自治区2015年科技进步一等奖及中国公路学会2016年科学技术二等奖。2017年荣获国家优质工程奖。

二、福银高速公路同沿段牛营子隧道

牛营子隧道为宁夏第一座连拱隧道(图5-19-4),于2005年9月开工,2007年12月完工并通车。全长320m,其中进口明洞46m,出口明洞26.5m。隧道地处宁夏固原市原州区大湾乡牛营村以北董庄沟村五组东侧，是一座上下行分离的四车道高速公路连拱隧道，位于半径为600m的平曲线内，单向坡，纵坡坡度为2.52%；最大埋深45.88m。全隧道经变更设计后按Ⅰ类围岩组织施工。依据隧道设计规范，原设计隧道无照明，通风方式为自然通风。后期增加了隧道LED灯照明系统。

图 5-19-4　福银高速公路同沿段牛营子隧道

隧道进口位于大红沟的沟头，微地貌单元，属崩坡积溯源侵蚀区，洞身穿越黄土丘陵，出洞口位于近东西大冲沟的北岸，微地貌单元，属黄土堆积区。隧道所在位置工程地质极差，为全风化的泥岩、砂岩，含水率大，且地下水丰富，泥岩、砂岩遇水成流塑状，给施工带来极大困难。

隧道在开挖过程中水量极大，特别是中导洞，大量渗水与全风化砂岩混合后使围岩崩解形成流沙，施工的初期支护承受压力大，以致初期支护变形快且变形大。特别是中导洞在中隔墙施工后，由于中导洞与侧壁导坑作业面小，加之地下水丰富，砂岩遇水成流塑状，给出渣造成了极大的困难。工程项目部经动态优化设计，不断调整施工方案，通过采用井点降水、负压降水、增设临时仰拱等方案后，于2006年8月份中导洞顺利贯通，给正洞的顺利施工创造了条件。

三、固西高速公路偏城隧道

隧道按照双向四车道一级公路标准设计，设计速度为80km/h，进口位于固原市原周州区中河乡庙湾村，出口位于西吉县偏城乡偏城村附近，为单洞分离式隧道，左右线间隔31~48m。左线长2469m，纵坡坡度为2.13%；右线长2922m，纵坡坡度为2.747%~2.13%。隧道建筑限界为10.25m×5m，最大埋深155m，暗洞衬砌按新奥法原理设计和施工。隧道共设紧急停车带6处，车行横洞3处，人行横洞4处。隧道通风方式采用多结合射流风机纵向组合式通风。隧道管理按照隧道管理站集中控制、现场PLC自动控制和现场手动控制三级控制模式设计。隧道内照明系统灯具全部采用节能、环保、显色性好的LED灯,洞外引道照明采用LED路灯。隧道消防系统包括室内消火栓、固定式水成膜泡沫灭火装置、手提式灭火器、室外消火栓、消防给水管道、消防水泵和消防高、低位水池等。

隧道地处六盘山北脉,围岩以泥质砂岩为主,构造以六盘山复背斜为主,隧道轴线与背斜轴近直交,隧道地下水主要以基岩裂隙水为主,富水性较弱,岩层深部地下水,水质差,偏碱性。进口地表碎石松散层,下伏强风化泥质粉砂岩,岩土体稳定性较差。洞身穿越大峡沟谷段,主要为中风化粉砂质泥岩,围岩级别主要以Ⅳ、Ⅴ级为主。出口主要为第四系黄土层,以灰黄色和褐黄色粉质黏土为主,结构疏松,垂直节理发育,下伏强风化泥质粉砂岩,岩土稳定性较差。

隧道进出口岩性软弱,土体松散,且发育垂直节理,整体呈散体结构,加之埋藏浅,成洞性能差,洞口开挖极易坍塌甚至塌至地表。隧址区表部第四系新黄土具Ⅱ级(中等)~Ⅲ级(严重)自重湿陷性,该类土体受水浸湿后,边坡易被破坏。隧道左右线进洞口均有较长的路基拉槽,且右洞进口为较为严重的浅埋偏压。隧道出口边仰坡稳定性差。

隧道进洞难度较大,左洞进口段地质条件复杂、地下水丰富,已支护完成的边仰坡有开裂、外鼓及渗水现象,发生滑塌,已支护完成的工程被破坏。为保证安全进洞,业主多次组织专家、设计、监理经现场实际勘察,对左线进口段边仰坡采取增设仰坡顶设置降水井、增设仰坡竖向钢管桩、仰坡开挖线至天沟用混凝土全封闭等10项技术措施进行处置,有效解决了该难题。

隧道右洞进口段属浅埋偏压段及Ⅴ级加强段地质围岩复杂的特点,项目部将洞口加强段、浅埋偏压段及Ⅴ级加强段开挖方式由单侧壁导坑法变更为三台阶七步法。

隧道施工为顺坡,为解决隧道施工反坡排水问题,隧道洞口设置三级沉淀池并辅以自动排水系统。

隧道采用二次衬砌自动喷雾养生台车,实现自动养护、节约用水、采用湿喷机,确保隧道二次衬砌混凝土强度;在隧道二次衬砌冬季施工,隧道内采取全自动电热蒸汽发生器对冬季二次衬砌混凝土进行蒸汽养生,确保混凝土质量。

隧道喷射混凝土施工采用湿喷大型设备。混凝土预先在搅拌站配制生产,然后用混凝土罐车运送到施工现场,装入湿喷机,将湿拌混凝土通过胶管送到喷管,喷管上接有水管,可通入液体速凝剂,湿拌混凝土与速凝剂在喷管内混合,然后从喷嘴喷出。采用此工艺喷射混凝土质量稳定,效率高,回弹率低,节约原材料,且施工时不污染环境。

四、黑海高速公路赵家山隧道

赵家山隧道于2013年8月29日开工,2014年10月28顺利贯通,为双洞左右线分布,进口位于海原县史店乡赵家村,出口位于海原县县城砖厂附近,左右线相距约为50~

60m。衬砌情况：明洞22m，洞口加强段60m，V级围岩加强段149m，V级围岩段940m，紧急停车带40m，进口600m，为0.625%上坡，出口617m为0.5%下坡，1047m为直线，出口170m为右偏圆曲线；右线（YK53+590～YK54+840），长：1250m，进口620m，为0.6418%上坡，出口630m为0.5%下坡，全线均为V级围岩段，长940m，紧急停车带40m。

赵家山隧道是黑海公路的控制性工程。该隧道左右洞全为V级加强及V级黄土软围岩隧道，隧址区两端洞口段分布坡积新（马兰组）黄土。由黄土的特性造成隧道下沉和工期控制是本隧道重点和难点。由于黄土具有低强度性、离散性、湿陷性、遇水微膨胀性等特点，施工时会出现原地面开裂、拱顶沉降、冒顶塌方等，对工序衔接、质量细节要求高，尤其是黄土的低强度性和湿陷性所带来的拱架沉降或二次衬砌后拱圈的沉降是该隧道施工的重大难题。由于隧址位于祁连—海原地震上，虽然地质资料显示赵家山隧道山体附近无断层通过，但1920年海原大地震会使山体产生断层和构造裂隙，新老黄土分界不明显，施工中土体容易顺着节理张松或剪断，此种地层位于隧道顶部，则极易产生塌顶，形成大的塌腔；如果位于侧壁，则易出现侧壁掉块，处理不当也会引起较大的塌方。隧道设计进口洞口加强段和V级加强段左线为132m，右线为125m，但实际施工过程中左右线进洞190m仍然为风积粉性黄土，加之含水率较高（14.8%），自稳性极差，且有一定的自重湿陷，开挖后水分蒸发后，强度急剧下降，会成为粉末状。

该隧道为黄土软围岩，易产生崩塌掉块，开挖后土体内水分易蒸发使围岩变得更脆弱，为保证施工安全性，遵循"短进尺、强支护、早成环"的原则，洞口加强段及V级围岩加强段计划每循环进尺0.7m（即一榀拱架），每天两个循环，月开挖进度42m；V级围岩计划每循环进尺1.4m，每天两个循环，月开挖进度84m；紧急停车带每循环进尺1m，每天0.8个循环，月开挖进度24m。加之要经历一个冬季和春节，冬季低温对混凝土强度、机械及人工效率有较大影响，春节时工人的组织压力大，因此保证合同工期是该隧道的另一个重点和难点。

赵家山隧道于2013年8月29日正式进洞，在工程地质极差、粉质黄土开挖失水后变为粉末，强度低，垂直节理发育等诸多不利因素作用下，工程进展不是很理想。特别是隧道地表开裂，拱顶下沉给隧道施工带来很大安全隐患。经优化开挖方案，采用洞内换拱，调整拱架材料来提高支护强度等方案后，该隧道于2014年10月28日顺利贯通。

第二十章
交通工程

第一节 机电工程

一、实现全区联网，强化区域管理

从第一条高速公路开始，就明确了宁夏高速公路的管理模式，机电工程的通信、收费、监控三大系统均采用当时比较先进的模式，统一标准，分段实施，为后来的联网打好了基础。此后，根据《宁夏干线公路网规划（修订）》，宁夏交通运输厅于2005年开工建设宁夏高速公路管理中心，并颁布了《宁夏高速公路联网收费技术方案》（以下简称《方案》）及三大系统技术要求。《方案》延续和深化了"按区域分期建设"的思想。2007年宁夏先行实现了银川片区联网系统的试点建设，为后期建设与管理积累了丰富的经验，培养了技术人才。

2008年宁夏交通运输厅进一步修改完善《方案》，确定了"先行试点、逐步完善、全面实施"的高速公路信息化发展原则，全力推进宁夏高速公路联网收费、监控、通信系统建设。结合宁夏地域面积小，适合一网贯区的特征，将原有的银川、中宁、固原分散式管理变为集中式管理。2010年建成宁夏高速公路管理中心，内设收费、监控、通信3个总中心，实现了全区高速公路的联网运营。

随着路网应急管理工作的开展、全国高速公路联网收费系统的建设和交通"大数据"的构建，对打破部门条块管理，实现部、省间，各省间的信息交换需求有重要意义。宁夏交通运输厅抢抓机遇，于2014年7月由编办批复，成立了"宁夏公路路网运行与应急处置中心"，以全面提升路网安全运行水平，增强突发事件应急处置能力，为宁夏经济建设提供安全、快速、便捷的交通运输保障。

目前，建成宁夏干线公路运行监测平台，全天候开展路网运行监测工作，路网综合管理平台接入外场摄像机2356路，覆盖全区收费车道、广场、重点路段、特大桥梁、服务区；建成"两网四平台"，即"宁夏交通出行网""宁夏交通气象服务网"、手机APP和宁夏路网短信、微信、微博公众平台，及时为社会公众提供路况、天气等交通出行信息。

二、实现 ETC 全覆盖

电子收费系统从 2007 年统一标准之后,发展势头迅猛。ETC(电子不停车收费系统)已在全国高速公路收费系统中广泛应用。2011 年,宁夏交通运输厅对外省 ETC 开展情况进行了调研,并提出 ETC 建设方案。

2012 年 9 月 13 日,宁夏交通运输厅组织召开《宁夏高速公路联网电子不停车收费(ETC)密钥管理系统》验收会。宁夏高速公路联网不停车收费(ETC)密钥管理系统通过验收,为实现全区乃至全国区域联网收费奠定了基础。

宁夏高速公路 ETC 一期项目由宁夏交通运输厅与工商银行宁夏分行合作,通过发行联名卡的方式,服务社会、便捷于民的惠民工程。宁夏交通运输厅和工商银行宁夏分行经过近十个月的合作开发和周密准备,一期项目于 2012 年 12 月 25 日启动。

2013 年底实现所有高速公路收费站 ETC 系统全覆盖,全区 59 个收费站开通 ETC 车道 119 条,445 个 MTC(非现金收费)车道。

2014 年 7 月,宁夏交通运输厅制定了全区高速公路 ETC 全国联网实施方案,明确到 2015 年底力争实现宁夏 ETC 全国联网收费,建立宁夏 ETC 全国联网运营管理机制,客车 ETC 使用率不低于 25%,非现金收费支付使用率达到 20%;建成较为完善的 ETC 基础设施网络,主线收费站 ETC 覆盖率 100%,ETC 专用车道数不少于两入两出;匝道收费站 ETC 覆盖率 100%,条件允许的主要收费站 ETC 车道数达到两入两出;建立统一规范的 ETC 客服体系,客服网点覆盖到县(区)级行政区,用户服务更加便捷。建立多元化的用户发展模式,着力提高 ETC 用户数量。实现军车、武警车辆使用 ETC 全国联网运行。建立宁夏 ETC 联网运行标准及检测体系,拓展 ETC 应用。

2015 年 4 月,完成了宁夏高速公路不停车收费系统接入邮政银行卡工程。按照交通运输部《全国高速公路电子不停车收费联网联合测试方案》要求,组织设备厂家、系统软件单位在交通运输部路网监测与应急处置中心进行了 ETC 联网车道系统及设备测试,测试结果显示,宁夏车道系统及 ETC 设备的各项性能指标全部达到全国 ETC 联网技术要求。

按照交通运输部 ETC 全国联网联合测试工作安排,由交通运输部路网中心牵头,宁夏公路管理局与甘肃省高速公路管理局配合,共同组织设备厂家、系统软件开发单位、ETC 车道施工单位在宁甘省界兴仁主线、兴仁匝道收费站进行实车测试,并顺利通过省际 ETC 车辆过车交易,标志着宁夏与甘肃对接的省际收费站已具备 ETC 全国联网条件。

2015 年 8 月 31 日,交通运输部组织召开全国 ETC 联网第三批入网视频会议。甘肃省、青海省、宁夏回族自治区作为当年第三批 ETC 联网省(自治区)正式并入全国联网系统,实现了一卡通全国的目标。

2012年，宁夏分三期进行ETC系统改造工程，累计投资1.39亿元，目前建成ETC车道210条，实现了高速公路收费站全覆盖，省界、省内主线收费站和主要匝道收费站的ETC车道数达到两入两出，建成了较为完善的ETC基础设施网络。

根据ETC全国联网要求，OBU一次发行由宁夏公路管理局电子收费清分结算管理中心统一发行。在银行客服网点完成OBU二次发行。OBU的一次发行与二次发行采用离线密钥认证管理方法。客服网点由合作银行（工商银行、建设银行、邮政储蓄银行）投资建设，代理发行，目前二次发行网点及充值系统共108处。

电子不停车收费系统，不仅提升了收费站车辆通行效率，还有效节约了常规收费方式停车和启动的能源消耗，是实施节能减排的有效措施。

第二节　交通安全设施

交通安全设施是高速公路道路主体工程的组成部分，是保障行车安全、通行舒适的重要措施，对于整个交通工程的正常运营起着重要作用。宁夏在高速公路建设过程中，广泛吸取国内外高速公路建设的经验，力求设置完善的交通安全设施系统，消除事故隐患，确保行车安全。

通过不断探索尝试，各高速公路建设项目采用了形式多样、经济实用的交通安全设施。主要有：轻型桁架结构门架式标志；设置路基与隧道过渡段护栏；在长大下坡路段起点附近设置长大下坡长度预告标志，并提高护栏等级，设置三波型（Gr-SB-2E）护栏；全线均匀设置大型车靠右行驶标志；对于较长长大下坡，中间位置增加设置长度预告标志及大型车靠右行驶标志，并每200m设置横向振动标线1组；车道边缘标线每10m设置5cm的排水孔道；为增强雨雾等恶劣行车条件及夜间行车安全性，在高速公路全线及互通式立交出入口配合标线设置突起路标，匝道出入口三角端突起路标采用主动发光型突起路标，其他段落突起路标采用易于养护单位铲雪的产品；中央分隔带开口处设置符合《公路护栏安全性能评价标准》（JTG B05-01—2013）和《公路交通安全设施设计规范》（JTG D81—2006）要求，防撞等级可达到A级折叠式活动护栏。

综合考虑当地气候条件和林业资源条件，整体式路基段落以及中央分隔带宽度小于9m路段全段设置植物防眩设施。通道、桥梁段落采用防眩网防眩。

这些安全设施的采用，极大地提高了道路的安全性能。同时，积极采用新技术、新材料，如固西高速公路和京藏高速公路改扩建工程采用高阻分标线；青银高速公路采用新型护栏；东山坡至毛家沟段高速公路标志V类反光膜等。

一、新型护栏应用

青银高速公路宁东至银川段改扩建工程积极推广实践一些新型交通安全设施,包括中央分隔带开口预应力活动护栏、可导向防撞垫和旋转护栏。

(一)预应力活动护栏

预应力活动护栏防撞能力好,采用数节钢管桁架及两个桁架端头组成活动护栏的主体结构,钢管桁架间采用铰连接,纵向横梁钢管中穿有施加有预应力钢绞线。每组桁架上设置有两个套管,并通过钢管立柱与预埋套管连接,桁架上设置有万向轮,同时桁架上设置有支架用于安装防眩板。桁架之间通过专用铰连接,桁架底部设置高度可调节的万向轮,保证了活动护栏的灵活性,能更方便快捷地开启活动护栏,也能更好地调节活动护栏的线形。

(二)可导向防撞垫

可导向防撞垫采用特殊的吸能构件,通过吸能构件的持续变形吸收车辆的碰撞能量,从而使车辆从高速状态迅速停止,避免车辆撞上护栏端头或其他障碍物而造成人员伤亡和车辆损毁,起到保障行车安全的作用。这种结构安装简单、维修方便。

(三)旋转式防撞护栏

旋转式防撞护栏由立柱、旋转桶、U形横梁和连接件组成,每根立柱上安装一个旋转桶。旋转桶由高分子材料制成,具有极高的柔韧性和回弹性。当车辆撞上护栏时,旋转桶自身的旋转功能和桶身的良好回弹性,可以大大减少车辆和驾乘人员的受伤害程度,起到良好的保护作用。旋转桶上贴有反光条,夜间行车时,通过灯光的照射,能够较好地反映出路线的轮廓,对车辆起到较好的视线诱导作用,进一步保证了行车安全。

二、V类反光膜

东山坡至毛家沟段高速公路中标志反光膜采用最新V类反光膜,该反光膜使用了微晶立方体反射的最新技术,符合绿色公路中新材料技术的应用。V类反光膜的每一微晶立方体联结排列后,在材料的单位面积($1cm^2$)上会有930个以上的微晶立方角体。微晶立方角体下层经密封后形成一空气层,使入射光线形成内部全反射,从而不需借助金属反射层即可达到最优越的反光效果。使用耐磨高硬度的聚碳酸酯材料和微晶立方体技术制成的钻石级反光膜与传统的工程级和高强度级反光膜相比较,其反光性能不仅成倍增加,而且广角性能亦有很大提高。

三、高组分标线

固西高速公路、京藏高速公路改扩建工程为了确保标线耐久性,克服普通热熔型标线容易脱落的缺陷,在混凝土路面和隧道洞内等特殊位置采用高组分标线。

施划标志标线如图 5-20-1 所示。

图 5-20-1　施划标志标线

四、山区高速公路设置爬坡车道、避险车道

固西高速公路全线有多处位置处于爬坡状态,为确保爬坡时车辆行驶安全,在每处爬坡位置对道路进行加宽,并设置爬坡紧急停车带。该路段处于宁南山区,冬季温度较低且持续时间较长,遇雨雪天气容易打滑且雪、冰不容易融化,为加强雨雪天气道路安全,对全线标线施工进行优化,全线下坡路段设置振动标线。

东毛高速公路在长大下坡路段起点附近设置长度预告标志,上坡路段起点附近设置大型车靠右标志;对于较长长大下坡,中间位置增加设置长度预告标志及上大型车靠右标志;设置横向振动标线,为每 200m 设置一组;在长大下坡路段提高护栏等级,设置三波型(Gr-SB-2E)护栏。

在东毛、银巴高速公路连续长下坡路段右侧合适位置设置了紧急避险车道,以使失控车辆能够驶离主车道,安全减速,直至停止,避免事故的发生。

五、停车区设置

高速公路的停车区是保证高速公路安全、畅通、方便、快捷的重要配套设施,投资虽小,但效果良好。停车区功能一方面缓和驾驶员生理上的过度疲劳状态,使旅客旅途更加安全舒适;另一方面调整汽车在机械上的运行状态,保证行驶的安全、经济。宁夏在高速公路停车区设置中,结合沿线人文、历史、自然环境特点,在发挥停车区固有功能的前提下,将旅游观景功能赋予停车区中,同时对停车区进行诗意化命名,突显当地特色。如盐池至中宁高速公路,全线共设置5处停车区,两侧对称设置,包括临时停车道、休息亭、简易卫生间等设施。沙海绿洲、烽火台、饮马坡、风车园等名字,将盐中高速公路沿线的自然景观和人文历史形象生动地表现出来。

六、隧道工程交通安全设施

随着宁夏高速公路建设的发展,公路等级的提高,对公路线形的要求也越来越高,为了克服高程障碍,优化线路,缩短里程,修建隧道必不可少。六盘山隧道作为宁夏首条双向四车道特长隧道顺利通车,标志着宁夏隧道建设迈上新的台阶。

（一）交通标志

在隧道前100m左右设置隧道名标志,在隧道前50m左右设置组合禁令标志,隧道后50m左右设置解除禁令标志;在距离隧道出口2km、1.5km、1km、500m处分别设置预告标志;在主线左侧隧道前下坡路段起点位置设置长大下坡长度预告标志,并在主线右侧隧道前上坡路段起点附近设置大型车靠右标志。

（二）标线

在隧道洞口前设置彩色防滑标线,在洞口内50m路段铺设彩色(红色)防滑路面,这种路面是采用混合组分的彩色胶结料涂刷于路表后,再均匀撒布单粒径彩色耐磨石料形成的路表粗糙抗滑的彩色路面形式。

七、通风系统

东毛高速公路六盘山隧道通风系统包括17套轴流风机,作用于1号斜井左线、1号斜井右线、2号斜井右线。17台轴流风机软启控制柜,为限定隧道大功率轴流风机电动机启动和停止时的转矩和启动电流,为所有驱动装置提供完善的保护;78套射流风机,作用于隧道左右线,每2台为一组,横向间距2.5m,纵向间距约为150m。射流风机是完全可逆的,且通风控制系统可做到对每台风机单独地进行正转、反转和停止控制,因此可根据通风营运需要对风机运行台数和风机风向灵活地进行控制。7套防爆轴流风机,作用于地下风机房内,送风机引风口设于斜井送风机进风道或隧道主洞,从送风道或主洞直接引入新鲜空气,以保证风机房内空气质量,排风机排风口设于斜井排风机出风道。

八、消防系统

东毛高速公路六盘山隧道为分离式隧道,进口采用端墙式洞门,出口采用削竹式洞门。隧道消防系统工程主要包括消火栓系统、灭火器系统、管道电伴热系统、横洞和风机房自动灭火装置、隧道防火分隔系统及消防车辆等。

（一）消火栓系统

隧道内消防设施由消火栓、水成膜泡沫灭火装置、手提式灭火器、隧道内给水和消防供水干管组成。消火栓洞室和灭火器洞室对称布置，洞室纵向设置间距45m；消火栓洞室内设置固定式水成膜泡沫灭火装置一套、减压稳压型双出口消火栓一套及配套设施；灭火器洞室内设置手提式磷酸铵盐干粉灭火器（MFZL6）4具；消火栓、灭火器箱门均采用平开门。

（二）电伴热系统

隧道消防管道内的水，在正常运营时为非流动的水，容易冻结。管道一旦被冻结，将会造成很多隐患及危害。常规的保温，只能延迟管道冻结的时间，不能根本解决防冻的问题。需在管道与保温层之间敷设伴热线，以补充管道的热损失真正达到管道防冻的效果。电伴热系统采用温度传感器及温控器进行自动控制。

（三）配电横洞、风机房自动灭火装置

在配电横洞、风机房内配火探管式自动探火灭火装置和无管网灭火装置。

（四）隧道防火分隔

设置人行横通道防火门。人行横通道防火门采用钢质A类隔热防火门，主体材料为优质冷轧钢板，冷加工成型。门表面应喷涂防锈底漆，漆层应均匀、平整、光滑，不得有堆漆、麻点、气泡、漏漆和流淌现象。门框、门扇表面质量无明显凹凸、擦痕等缺陷。耐火隔热性、耐火完整性不应小于3h；设置车行横洞通道防火门。车行横通道门满足《防火卷帘》（GB 14102—2005）的要求，采用钢质卷帘门。设置手动操作卷帘门装置，具备操作灵活、可靠性能。卷帘门具有电动启闭和依靠防火卷帘自重恒速下降的功能，启动防火卷帘自重下降的臂力不大于70N。卷帘门设有自动限位装置，当防火卷帘启闭至上、下限位时，能自动停止，其重复定位误差应小于20mm。控制箱应设有操作按钮或按钮盒，在正常使用时，通过操纵操作按钮控制防火卷帘的电动启闭和停止。车行横通道门控制箱供电电缆引自横洞控制箱。

（五）消防车辆

泡沫—干粉连用消防车采用江南重汽HOWO12m³（JDF5313GXFPM160型）干粉消防车。普通消防车采用江南JDF5161GXFPM70B东风天锦6m³水罐消防车。消防摩托车采用江南细水雾消防摩托车，型号为XMC2PW/40。

第二十一章
科 技 创 新

回顾宁夏高速公路的发展历程,一条基本经验就是在创新理念指导下,不断推动技术创新、管理创新。创新使宁夏交通人在高速公路建设中取得了一项又一项丰硕成果。

第一节　项目创新综述

一、高速公路建设起步时期的探索与创新

自宁夏高速公路建设起步的1997年至"十五"时期(2001—2005年),宁夏交通人奋发图强,精益求精,积极抢抓国家实施西部大开发战略重要机遇,探索和应用"四新技术",充分发挥科技支撑和引领作用,为宁夏高速公路建设开好局、起好步奠定了坚实的基础。

技术座谈会见图5-21-1,干净整洁的预制场见图5-21-2。

图5-21-1　技术座谈会

图5-21-2　干净整洁的预制场

（一）G6京藏高速公路

姚伏至叶盛段是宁夏修建的第一条高速公路,也是宁夏交通科技工作者积极探索、不断创新的主战场。在路面工程施工中,对石灰岩与砂岩进行综合比较,考虑到砂岩强度高、耐久性好,表面粗糙、利于防滑,采用平罗下庙砂岩用作沥青路面抗滑层集料,并在砂岩加工现场安装除尘设备,除去加工过程中产生的酸性粉尘,排除影响黏附性的不利因

素,同时加入添加剂加强集料与沥青的黏结性能。在沥青路面达到使用年限的15年后,路面未出现大的病害。为了减少半刚性基层裂缝,在半刚性基层上预切缝加铺土工格栅,取得了明显的效果。为了提高工程质量,首次推广应用了水泥混凝土集中拌和、路面基层混合料集中拌和和沥青混凝土集中拌和施工工艺。在路基填料选择上,针对项目地处黄河灌区,两侧多为高产良田的实际,选择在贺兰山东麓洪积扇及黄河东岸台地统一指定料场,远运砂砾土填筑路基,保证路基的强度和水稳性,同时保护耕地,保护环境。综合比较社会效益和经济效益,路面基层结合料选用煤粉灰,共利用粉煤灰26万 m^3,变废为宝,节能环保。

麻黄沟至姚伏段采用纤维网混凝土措施,解决薄壁桥台竖向裂缝问题。玻璃纤维作为水泥混凝土的外加剂,可提高混凝土表面的抗裂能力。通过试验,采取在混凝土中掺加玻璃纤维、设置假缝、适时养生的工艺,解决薄壁桥台竖向裂缝问题,取得了良好的效果。

在叶盛至中宁段高速公路项目建设中积极推行管理创新、科技创新,创下了宁夏公路建设中的许多个第一次:

第一次采用复合标价确定标底;

第一次在跨黄河桥梁中采用变截面连续箱梁桥结构;

第一次采用挤密砂桩处理软土地基技术;

第一次引入大跨度预应力混凝土盖梁技术;

第一次在重要的分离式立交桥中采用矩形钢筋混凝土立柱设计;

第一次采用水上钻孔灌注桩孔平台工艺;

第一次采用水中薄壁钢筒围堰工艺,最大程度地减少了对施工河段的河床压缩,保证了青铜峡水库拉闸冲砂的正常进行与黄河的正常进水;

第一次采用大应变动测法检测桩基承载力,据当时初步检索,所采用的30t重锤质量在当时位居国内第一;

第一次引进了自动化程度高的大跨度现代化架桥机;

第一次使用冲击压路机和强夯来处理湿陷性黄土不良地质段地基,取得良好的效果,也为宁夏回族自治区后续建设项目地基处理提供了可靠的技术数据;

第一次引进德国先进的旋挖钻设备,用于大桥桩基施工,工程质量得到进一步保障,工效提高了数倍。

工程建设中还对跨宝中铁路大桥进行了全桥动载试验,检测特大桥施工质量。对全线的大中桥空心板、箱梁进行静载逐级加荷抽检试验。在桥梁薄壁台混凝土施工中加入玻璃纤维、以防止薄壁台的温缩裂缝。在路面面层下和桥面沥青混凝土铺装层下铺设玻璃纤维格栅,有效地防止了路面反射裂缝的发生。

(二) G20 青银高速公路

在银川至古窑子段高速公路工程建设中,开展了"高等级公路改扩建关键技术研究"课题,为提高桥头路堤强度、消除不均匀沉降,在原桥头旧路基不均匀沉降段采用注浆技术加固地基,也使建设工期大大缩短。为提高地基承载力,最大程度地消除桥头路基的不均匀沉降与变形,彻底消除地基砂土液化,在炼油厂铁路专用线、包兰铁路跨线桥及望远互立交桥等高填土路段成功采用碎石挤密桩处理方案,也为银川平原高等级公路砂土液化处治提供了科学的处理方案。路基边坡采用植物护坡,利用三维网植草、土工格室结合三维网植草、边坡鱼鳞坑灌木进行边坡防护,美化了路容,协调了环境,同时调节边坡土的湿度,起到了固结和稳定边坡的作用。桥头锥坡在砌石面上贴以彩砖并组成各种图案,美化了城区公路景观,也美化了自然景观。路面上面层利用改性沥青混凝土铺筑,大桥沥青混凝土铺装除采用改性沥青外,还应用了聚酯纤维,以增强沥青面层的抗低温开裂性能及抗车辙性能,有效地保证了路面稳定性和行车舒适性,同时为改性沥青在宁夏的应用积累经验。

二、"十一五"时期的科技创新

"十一五"时期(2006—2010年),宁夏高速公路建设继续坚持以科技创新促工程质量提升,同时贯彻高速公路建设新理念,在"安全、耐久、节约、和谐"等各方面积极试点新举措,取得了显著的经济和社会效益。

(一) G2012 定武高速公路

盐池至中宁段高速公路作为2005年全国公路勘察设计18个典型示范工程之一,在项目实施中积极贯彻"六个坚持,六个树立"及"质量、安全、环保、耐久、节约"的公路建设新理念。总体设计以"低路堤、缓边坡、部分路段设宽中央分隔带或分离式路基"为原则,尽量减少公路建设对自然环境的破坏,树立"不破坏就是最大保护"的理念,让公路融入大自然,实现公路与沿线自然环境相协调;路基防护形式坚持生态植被防护为主、工程防护为辅的原则;注重工程的可实施性,引入动态设计理念;努力实现社会公众从"走得放心"到"走得舒心"的转变;在景观设计上"以人为本",借景与造景相结合,使高速公路景观与自然景观融为一体。

在路线平面设计时,路线经过的干旱荒漠地区采用分离式路基,水浇地、互通式立交交叉及地形较复杂的路段采用整体式路基。在纵断面设计时,条件允许的情况下,优先考虑低路堤方案。

路基断面设计时,将公路路肩、边坡、护坡道、边沟、碎落台、路堑坡顶、截水沟等几何形状以曲线为主进行设计,边坡坡率灵活自然,尽量采用"一坡一设计",因地制宜,顺势而立,减少人工痕迹;低路堤及浅路堑尽量将边坡放缓,与原地貌融为一体,形成缓冲带。路基排水主要通过挖方段的边沟、截水沟、填方段的排水沟以及填挖结合交界处的出水口及急流槽与桥涵等共同构成综合排水系统,排水沟、边沟主要以浅碟形为主。边坡防护以生态植被防护为主、工程防护为辅,根据边坡坡率、高度及实际地形地貌情况确定防护类型。

风沙路基都采用低填浅挖、缓边坡设计,并结合风沙的严重程度,设计采用具体工程措施进行处理。本着不占或少占耕地、不影响路基的稳定、有利于水土保持、不破坏生态环境的原则,合理设置集中取、弃土场,优先考虑利用废方弃土回填修补因工程导致的地面创伤,恢复原始地貌,尽量采用弃土填沟,且严禁随意乱倒,不得堵塞主河道,破坏环境。以尊重自然、保护自然、恢复自然为原则,以草灌结合、散丛结合以及宏观造型等进行绿化设计。

根据建设初期交通量较小及路基工后沉降较大的特点,采用高速公路路面分期实施的方案,即先铺筑下面层,通车试运行,根据交通量增长情况及路面使用质量情况决定中面层、上面层的铺筑时间。安全设施设计,强调"容错"理念,强调驾驶员的失误不应以生命为代价,注重安全设施应与周边环境相协调,成为美化路容的重要因素。

在中宁至孟家湾段高速公路建设中,沙坡头黄河大桥11号墩承台浇筑采用钢套箱施工;预应力箱梁孔道注浆采用真空压浆技术;为提高项目管理水平、有效控制工程造价、增加工程管理透明度,应用《HCS公路项目建设管理系统》等系列软件,对项目全面质量控制和资料收集、整理归档起到了积极作用。

在孟家湾至营盘水段高速公路建设中,采用液压高速强夯机夯实路堤,消除台背跳车;路基边坡采用生物防护、边坡柔性防护;采用瑞雷波检测地基承载力;采用大体积混凝土预埋冷却水管技术和路面降低噪声技术;利用先进的信息技术,实现档案管理数字化、自动化;使用"HQS公路工程质量管理系统"和"HCS公路项目建设管理系统"软件,全面地提高质量管理和档案的时效性、共享性与使用的便利性,提高工作效率。

(二)G0601银川绕城高速公路

在银川绕城高速公路西北段工程建设中,积极采用新技术,解决施工重点难点问题,提高整体工程质量。钢管拱桥拱座大体积混凝土采用埋设冷却管循环降温技术,预防大体积混凝土温缩裂缝;全线桥梁预应力孔道全部使用真空压浆技术,保证孔道压浆质量;钢管拱焊接采用埋弧自动焊技术,不仅焊接缺陷少,而且能够大大缩短焊接时间,使一个环缝的焊接时间从2d缩短到15min;钢管拱肋吊装和管内混凝土浇筑进行施工应力应变监控;首次采用先进的多功能一体洒布机施工下封层,更好地起到防水防渗的作用;首次采用沥青混凝土面层碎石水洗加工工艺,并设置废水沉积池,除尘用水循环利用,保护了环境,节约了成本。

三、"十二五"以来的科技创新

(一)G22青兰高速公路

在东山坡至毛家沟段高速公路建设中,通过积极探索,成功应用了多项先进技术。

桥头路基及明涵台背堆载预压处理。路基工程施工中,考虑到项目地处湿陷性黄土地段,为有效控制工后沉降,消除桥头跳车,通过对桥头路基及明涵台背进行堆载预压处理,加速沉降完成。同时对台背预压沉降情况进行监控量测,及时反馈预压效果。

二氧化碳气体保护焊工艺应用。采用二氧化碳气体保护焊工艺,操作简便,焊缝饱满,不伤主筋,不用敲焊渣,一次焊接成型,内实外美,生产效率高。

桥面铺装抛丸处理。彻底清除浮浆,保证了桥面和沥青混凝土的良好结合,避免沥青混凝土推移和结构层破损。

钢绞线自动张拉设备应用。为了解决张拉过程中各种人为因素造成的张拉应力不足或超张拉等质量隐患,采用钢绞线自动张拉设备,确保预应力张拉数值准确、数据采集真实可靠。

湿喷混凝土技术应用。隧道工程施工中应用湿喷混凝土技术,降低了施工安全风险,提高了喷射混凝土施工质量,加快了施工进度,同时极大地降低了喷射混凝土作业粉尘污染,有利于劳动人员的身体健康。

水压爆破技术应用。采用水压爆破技术,向炮眼中一定位置装入一定量的水并用专用设备制成的炮泥回填堵塞,利用能量对水的不可压缩,爆炸能量无损失地经过水传递到炮眼围岩中,这种无能量损失的应力波十分有利于围岩的破碎,同时水在炸药爆炸作用下产生的"水楔"效应,有利于进一步破碎围岩,提高炸药能量利用率、提高施工效率,同时水压爆破过程中气化水能起到很好的降尘作用。

自制改进式喷锚车。采用自制改进式喷锚车,有效地避免了喷锚料直接放在地面或铁皮上造成土渣混入喷锚料内及人工铲料不均匀而造成施工质量问题,机械自动化上料,减少人工,提高工效。

新型仰拱定型模板应用。自行设计和制作仰拱定型模板,大大减少了模板的加固时间,采用传统的模板拼装法,拆模和立模加固最少需要6h,采用定型模板后,直接利用装载机和挖机吊装,人工配合,1h就能完成拆模、模板安装加固工作。

全自动无内撑衬砌台车应用。使台车在洞安装时间由15d降至7d左右,大大加快了二次衬砌施工进度。

隧道信息化管理。采用包括隧道施工现场视频监控子系统、隧道人员安全定位子系统、隧道人员通信呼叫子系统、隧道现场人车出入分离门禁子系统、拌和站实验室数据采集子系统共五大子系统的整套隧道信息化监控管理系统,充分发挥信息化管理的优点。

(二)G1816乌玛高速公路

银川至青铜峡段项目采用数控设备集中加工钢筋。钢筋笼全部采用滚焊机成型,空心板、T梁钢筋骨架全部在定型的标准模架上进行绑扎,确保钢筋及波纹管定位准确,钢筋焊接采用二氧化碳气体保护焊,主筋采用套筒连接,丝头采取有效措施进行保护。

空心板预制技术革新。将空心板预制台座垂直于龙门吊轨道布设,只需单台门吊就可独立进行整体模板、钢筋骨架提升和梁板移送工作,在传统纵向布置台座的基础上减少了1/2的门吊配置数量,同时节约了1/3的预制台座及存梁所需空间,改善了模板周转利用率,生产效率明显提高,单个预制场每日可完成10~15片空心板预制任务,预制空心板质量稳定,真正实现了工厂化生产的质量控制目标,这在以前的同类项目施工中是没有出现过的。

优化模板设计提高模板整体刚度。在铺底钢板下准确预埋工字钢并焊设挡板,侧模底口采用小千斤顶,顶口采用正反调节丝杠配合支撑,减少了作业工人劳动强度,解决了以往支模靠木工才能完成的缺点,同时杜绝了现场杂乱的局面。

非连续端端头一次浇筑成形。既保证了梁端的整体性,又使预制梁非连续端的封端外观质量有了很大的提高,相比传统工艺,单个台座的周转周期缩短1~2d。

改进混凝土浇筑方式。使用附着式高频振捣器配合人工振捣的方法将底、腹、顶板进行一次性整体浇筑,密实效果明显提高,消除了混凝土工作缝。单个台座预制空心板生产周期比以前的传统工艺缩短了1/2的,从支模到混凝土浇筑完成仅用4.5h。

六步"环切法"破桩头。第一步在桩顶高程之上10~15cm处设置切割线;第二步用切割机对桩基混凝土进行切割,深度至主筋表面;第三步用风镐剥离切割线上方钢筋外保护层混凝土;第四步将钢筋向外微弯15°,便于芯部混凝土提出;第五步在切割线上用风镐平钻将芯部混凝土凿断;第六步穿钢丝绳,用吊车吊出芯部混凝土块,然后人工凿平桩头。通过六步法凿出的桩头质量较好,避免了传统方法破桩头将主筋扳得过弯,甚至造成主筋沿根部损伤的情况。

加强桥面平整度控制。混凝土桥面铺装采用一次性浇筑,保证桥面的平整度。采用振捣梁整平振捣后拆除轨道,再用座驾式磨光机收面,施工过程中不留混凝土标准带,无施工接缝,有效预防桥面施工缝渗水,施工工艺简单,提高了工作效率,有效缩短了桥面铺装的施工时间。

水泥混凝土路面施工采用排式振捣器。引进排式振捣器替代人工振捣,有效防止了人工漏振、振捣不到位现象,降低了人工投入和触电的安全风险,提高了水泥混凝土路面施工生产效率。

胶轮压路机加装水罐补水碾压水稳结构层。通过在胶轮压路机上加装水罐,安装喷水头等设施,实现了根据需要自动补水完成水稳层碾压的构想,消除了人工补水不安全、不及时、不到位等因素,既能节约成本、提高碾压质量,又能降低安全风险。

拌和站现场进行沥青改性和机制砂加工。在沥青混凝土拌和站安装机制砂加工设备和沥青改性设备,现场加工机制砂及沥青改性,有利于材料生产过程监控,提高了沥青混合料生产质量,改善了沥青路面的路用性能。

机械作业确保桥面铺装凿毛质量。引进 ZMJ1000 型凿毛机,极大地降低了凿毛施工的人工和设备消耗,凿毛效果明显提升。

(三)S50 黑海高速公路

在黑城至海原高速公路建设中,采用自行设计试制的刷坡机进行挖方边坡刷坡,保证了挖方坡面的坡度与平整度,大大提高了挖方刷坡机械化水平和工作效率。

首次引入物位计网络计算机观测系统,对湿陷性黄土沉降进行监测;在项目全线推广预制场钢筋焊接采用二氧化碳气体保护焊机焊接,有效保证了焊接质量,提高了工作效率。

(四)G6 京藏高速公路改扩建项目石嘴山至中宁段

制定标准,保证模板质量。编制出台了《模板加工及验收标准》,从加工模板的材料、设备要求入手,制定了严格的模板加工和验收的技术指标及标准,并加大过程控制的力度,每一套模板均严格按照验收及检验程序把好进场关。通过模板材料、加工及验收标准的实施,把模板的重要性提到了前所未有的高度,对促进工程进度,实施工厂化作业打下了基础,促进实体构造向"品质工程"迈进。

采用自行式液压箱梁模板预制箱梁。传统箱梁预制模板需按块进行拼装,拼装难度大,错台多,且需一台龙门吊配合才能完成模板就位,混凝土达到强度后模板拆除需龙门吊配合人工采用锤砸的方式按每块进行拆除,拆除过程复杂困难,模板损坏率高,模板周转多次后箱梁外观质量难以保证。京藏高速公路改扩建银川过境段箱梁共有 1623 片,其中最多的标段有 456 片。为确保预制质量,消除质量通病,要求各施工单位改进模板工艺,采用自行式液压箱梁模板,模板整体一次拼装到位,通过自行式液压系统实现模板整体就位及脱模,通过电机及轨道实现模板的移位与周转,大大提高了模板的周转及使用效率,节约了人工成本,减轻了劳动强度,显著提升了箱梁的预制质量。

采用导向钢管确保桩基钢筋笼精准定位。在钻孔灌注桩施工中,采用 4 根导向定位钢管将钢筋笼固定于护筒中心位置处,使得钻孔灌注桩的保护层厚度及桩基偏位得到有效控制,同时导向定位钢管还可以防止钢筋骨架下放时剐蹭孔壁,避免由此产生的沉淀超标和塌孔事故发生。

第二节　科 研 课 题

在宁夏高速公路建设的起步阶段，先后依托 G6 京藏高速公路叶盛至中宁段项目开展了"光纤传感技术在吴忠黄河大桥施工阶段健康监测中的应用研究"课题研究，依托 G20 青银高速公路银川—古窑子—王圈梁段等项目开展了"土工合成材料在黄土地区公路工程中的应用技术研究"课题研究，依托 G0601 银川绕城高速公路西北段项目，开展了"宁夏冲湖积软弱土路基沉降规律及处治措施研究"课题研究。在"十一五"期间，积极贯彻"质量、安全、环保、耐久、节约"的高速公路建设新理念，开展了"宁夏高速公路创新及建设技术研究"和"宁夏道路安全工程知识及专业技能的提升"等课题研究。在交通运输部提出加强现代工程管理，推行高速公路施工标准化管理活动伊始，组织开展"宁夏高速公路施工标准化管理研究"和"宁夏公路施工标准化管理和工艺创新"等课题。结合宁夏宁东能源化工基地粉煤灰、煤矸石等工业固体废物累计堆存总量达数千万吨的现状，积极开展"宁夏宁东能源化工基地工业固体废物在公路工程中的综合利用技术研究"课题研究，探索工业固体废物的综合利用。六盘山特长隧道是 G22 青兰高速公路东山坡至毛家沟段的控制性工程，隧道围岩破碎、裂隙多、涌水量大，工程建设中突出科技支撑作用，适时组织开展了"富水深埋结构型软岩大变形控制技术""隧道长距离正负压混合通风技术研究"等 7 项课题研究。

多年来，获准宁夏交通运输厅科技攻关立项 20 余项，获交通运输部西部交通建设科技项目立项 2 项。课题研究成果共获得中国公路学会科学技术二等奖暨宁夏科技进步一等奖 1 项，宁夏科技进步二等奖 1 项，宁夏科技进步三等奖 2 项。"宁夏高速公路创新及建设技术研究"课题依托项目——盐池至中宁高速公路被选为全国公路勘察设计典型示范工程，并荣获"2011 中国建筑业最具创新示范工程奖"。

本节选取部分代表性科研课题作一简介。

一、光纤传感技术在吴忠黄河大桥施工阶段健康监测中的应用研究

吴忠黄河公路特大桥是 G6 京藏高速公路宁夏境内的一座重要桥梁，跨度大，施工工艺复杂，技术含量高，设计和施工难度大。为保证施工质量和安全，采用了光纤传感测试技术对该桥施工阶段进行全过程的应力监测，这也是国内首次将光纤传感测试技术用于大型桥梁施工阶段的应力监测。课题于 2001 年 4 月立项，于 2003 年 10 月完成研究。

主要研究成果：

（1）应用该技术对大型预应力混凝土连续梁桥施工阶段进行健康监测取得成功，保证了大桥施工安全和工程施工质量。

（2）在施工阶段，针对同一测点位置同时布置不同类型的应变传感器（光纤，差动式）进行对比测试，验证光纤应变传感器的测试结果是准确的、可靠的，性能是稳定的，可在大桥施工监测和长期健康监测中推广使用。

（3）总结出一套采用光纤应变传感器对大型预应力混凝土连续梁施工阶段进行健康监测的具体测试方法和措施。

（4）将施工阶段监测结果与设计值进行比较，对大桥施工各阶段的结构受力状态和结构性能进行分析，对大桥的施工安全和工程质量做出了客观评价，并提出了合理建议，为大桥施工提供了动态的技术支持。

（5）通过对监测数据的分析，可及时查明主梁施工初期箱梁底板出现纵向裂缝的原因，并提出预防底板纵向裂缝的有效措施和方法。

（6）通过静、动态试验，获取了大桥的结构性能、受力状态等各项指标数据，可对大桥进行全面的检验和客观的评价。

课题成果于2005年获得宁夏回族自治区科技进步二等奖。

二、土工合成材料在黄土地区公路工程中的应用技术研究

宁夏地区黄土分布广泛，因地基湿陷、边坡滑坍等引起的道路病害时有发生。结合宁夏黄土地区公路工程建设，开展土工合成材料在黄土地区公路工程中的应用研究，形成综合防治技术，对防止黄土地区道路病害、提高黄土地区公路修筑质量，具有重要的现实意义。课题于2001年7月立项，依托古王、银古、中郝高速公路项目，课题组先后组织了20多人，分5个专题，开展了系统的研究，2005年经交通部西部交通建设科技项目管理中心组织专家验收通过。

低路堤、缓边坡、宽分隔带见图5-21-3。

图5-21-3　低路堤、缓边坡、宽分隔带

主要研究成果：

(1)系统研究了土工合成材料在防治路基边坡破坏、路基沉陷、路面裂缝、公路防涌排水及边坡绿化防护等方面的应用技术，揭示了黄土地区道路的破坏机理，提出了土工合成材料在黄土地区公路工程中的适用条件及选型原则。

(2)结合试验路实体工程监测，采用基于嵌入式结构模型有限元和有限差分法，首次研究了土工合成材料在黄土高路堤中的加筋作用机理，分析了黄土路堤在加筋与不加筋条件下的应力、应变和破坏特征，提出了黄土路堤的加筋设计的方法和施工工艺。

(3)通过对加铺与不加铺玻璃纤维格栅和聚酯长丝烧毛土工布的沥青混合料室内外对比试验，研究了沥青路面加筋后的抗车辙、抗低温开裂、抗基层反射裂缝及抗疲劳性能。首次利用数值分析方法揭示了有无玻璃纤维格栅的防裂效果对比，提出了沥青路面加筋设计原则及施工工艺。

(4)在古王、银古、中郝高速公路等项目中累计应用各种类型的土工合成材料53.7万 m^2，直接经济效益900余万元，间接经济效益1800余万元。解决了湿陷性黄土地基、路基路面、排水及桥涵构造物等的多种病害，提高了道路的使用性能和耐久性，取得了显著的经济和社会效益，对黄土地区公路修筑具有一定的指导意义。

课题成果于2005年获得宁夏回族自治区科技进步三等奖。

三、宁夏冲湖积软弱土路基沉降规律及处治措施研究

宁夏沿黄河地区地质条件复杂，软弱土地基分布广泛，软弱土层厚度变化大，软弱土地基的稳定及变形问题相当突出。为充分了解这种特殊地质的工程特性，获得处治技术经验，项目建设单位联合长安大学，依托银川绕城高速公路西北段项目，开展了对宁夏沿黄河冲湖积平原非典型软弱土路基的处治措施及沉降规律研究，为日后同类工程建设提供参考。课题于2006年1月立项，2008年12月完成。

主要研究成果：

(1)通过对银川绕城高速公路沿线软弱地基进行地质、水文调查和室内土工试验，总结了冲湖积平原软弱土的结构及工程特性。

(2)通过土工离心模型试验方法，对采用换填砂砾垫层、袋装砂井和挤密砾石桩等三种加固软弱土地基方法的效果进行了研究，模拟了路堤分期填筑的过程和工后软弱土地基的逐步固结过程，得出了路堤沉降随时间的变化曲线，并对最终沉降和工后沉降做出了初步预测。

(3)在软土地基路堤稳定性影响因素研究的基础上，利用大型土工数值分析软件，对软弱土地基之上路基内部结构受力特征及边坡稳定性进行了数值计算，选取两个断面进行建模分析，数值计算结果表明，处治过的软土路基有较好的稳定性。

(4)结合工程实际，通过对换填砂砾垫层、袋装砂井和挤密砾石桩三种处治措施的加固

机理、使用范围、设计方法以及施工工艺的深入分析研究,确定了软弱地基路堤施工沉降的监测方案,并分析监测结果,总结出了三种处治措施地基在填土施工过程中的沉降规律。

研究结果表明,采用换填砂砾垫层、袋装砂井和挤密砾石桩三种地基处治技术,能够有效地加固冲湖积平原的软弱地基,降低工后沉降量,是处治软弱地基的有效方法。

通过采用换填砂砾垫层、袋装砂井和挤密砾石桩三种措施对银川绕城高速公路西北段37km的冲湖积平原软弱土地基进行处治,与传统处置方法相比,大幅降低了建设成本。

课题成果于2009年获得宁夏回族自治区科技进步三等奖。

四、高海拔寒冷地区软岩长大隧道安全环保施工关键技术研究

东毛高速公路项目六盘山特长隧道是全国海拔2200m以上最长的公路隧道。项目地处六盘山地震活动带,地质构造复杂,岩石破碎,石质软,风化程度高,同时,地处六盘山国家自然保护区腹地及隆德县重点水源保护地,隧道施工难度大,安全生产责任重,生态环保要求高。经建设单位认真研究,联合中铁十四局集团有限公司、山东大学、北京建筑大学,结合标准化施工,开展系列研究。

主要研究成果:

(1)课题组通过产学研合作的方式,研发了弱胶结软岩隧道大变形控制、地下水高精度定量识别与水害动态控制、高海拔隧道冬季施工保障以及长大隧道综合环保施工等四项关键技术,实现了对高海拔寒冷地区软岩长大隧道安全和环保施工全方位、多层面、多角度分析研究。

(2)在国际上首次研发了基于"地震波+激发极化+地质雷达+瞬变电磁法"的地下水高精度综合定量识别和涌水量估算技术。

(3)在国内首次提出可控挤压劈裂注浆加固技术、"翼型"大锁脚支护技术和"钢拱架+钢格栅"钢柔联合支护技术。

(4)在国内首创"巷道竖井联合通风排尘+自动喷淋捕尘+湿喷混凝土降尘+软岩水压爆破减尘"的隧道综合防尘环保施工技术体系。

(5)项目成果有力保障了六盘山特长隧道顺利贯通,实现零伤亡、零事故,提高了施工效率,节约了施工成本,保护了六盘山国家级自然保护区的生态环境。

与课题相关的技术成果有:授权发明专利8项、实用新型专利11项;发表论文53篇,其中SCI收录7篇,EI收录20篇;撰写施工指南2项。研究成果同时在宁夏、重庆、福建等省(自治区、市)10多条在建隧道工程中得到推广应用,经济、社会、生态效益十分显著。

课题成果荣获2016年中国公路学会科学技术二等奖暨2015年宁夏回族自治区科技进步一等奖。

主要科研课题见表5-21-1。

第五篇 技术与创新

主要科研课题统计

表 5-21-1

序号	项 目 名 称	项 目 来 源	研 究 单 位	起止时间（年-月）	成 果 形 式	获 奖 情 况
1	光纤传感技术在吴忠黄河大桥施工阶段健康监测中的应用研究	宁夏交通运输厅科技项目	宁夏石中高速公路南段工程建设指挥部、铁道部第十三工程局第一工程处等	2001-4—2003-10	研究报告	宁夏回族自治区科技进步二等奖
2	土工合成材料在黄土地区公路工程中的应用技术研究	交通部西部交通建设科技项目	宁夏古王公路盐兴公路工程建设指挥部、北京工业大学	2001-7—2005-2	研究报告	宁夏回族自治区科技进步三等奖
3	宁夏冲湖积软弱土路基沉降规律及处治措施研究	宁夏交通运输厅科技项目	宁夏公路建设管理局、长安大学	2006-9—2008-12	研究报告	宁夏回族自治区科技进步三等奖
4	富水深理结构型软岩大变形控制技术	交通部西部交通建设科技项目	宁夏公路建设管理局	2013-3—2016-10	研究报告	
5	宁夏高速公路创新及建设技术研究	宁夏交通运输厅科技项目	宁夏公路建设管理局、长安大学	2009-7—2011-7	研究报告	
6	宁夏高速公路施工标准化研究主课题	宁夏交通运输厅科技项目	宁夏公路建设管理局、宁夏路桥工程股份有限公司	2011-4—2012-10	书籍出版	
7	宁夏公路施工标准化管理和工艺创新	宁夏交通运输厅科技项目	宁夏公路建设管理局	2015-1—2015-12	书籍出版	
8	路基、路面压实质量远程监控系统	宁夏交通运输厅科技项目	宁夏公路建设管理局、宁夏GPS网络运营中心	2009-3—2009-8	研究报告、专利	
9	宁夏宁东能源化工基地工业固体废物在公路工程中的综合利用技术研究	宁夏交通运输厅科技项目	宁夏公路建设管理局、交通运输部公路科学研究所	2013-10—2015-12	研究报告	
10	宁夏道路安全工程知识及专业技能的提升	宁夏交通运输厅科技项目	宁夏公路建设管理局、北京交科公路设计研究院	2012-10—2013-12	管理指南、指导手册	
11	西北干旱地区高性能微表处铺面技术研究	宁夏交通运输厅科技项目	宁夏公路建设管理局、长安大学、宁夏路桥工程股份有限公司	2011-9—2012-12	研究报告	
12	隧道长距离混合通风技术研究	宁夏交通运输厅科技项目	宁夏公路建设管理局	2013-3—2016-10	研究报告	

续上表

序号	项目名称	项目来源	研究单位	起止时间（年-月）	成果形式	获奖情况
13	公路隧道长距离反坡排水技术应用研究	宁夏交通运输厅科技项目	宁夏公路建设管理局	2013-3—2016-10	研究报告	
14	富水破碎围岩注浆与检测评价技术	宁夏交通运输厅科技项目	宁夏公路建设管理局	2013-3—2016-10	研究报告	
15	高风险生态敏感区隧道涌排水控制及施工技术研究	宁夏交通运输厅科技项目	宁夏公路建设管理局	2013-3—2016-10	研究报告	
16	六盘山特长公路隧道自然风利用节能技术研究	宁夏交通运输厅科技项目	宁夏公路建设管理局	2013-3—2016-10	研究报告	
17	隧道围岩地质隐患三维诊断技术与隧道工质量精细化检测技术研究	宁夏交通运输厅科技项目	宁夏公路建设管理局	2013-3—2016-10	研究报告	
18	宁夏高速公路施工标准化研究——高性能混凝土施工技术研究	宁夏交通运输厅科技项目	宁夏公路建设管理局、宁夏路桥工程股份有限公司	2011-5—2014-8	研究报告	
19	宁夏高速公路施工标准化研究——灰土挤密桩在湿陷性黄土路段的应用	宁夏交通运输厅科技项目	宁夏公路建设管理局、宁夏路桥工程股份有限公司	2011-6—2014-8	研究报告	
20	宁夏沿贺兰山冲积扇土石混填路基施工技术研究	宁夏交通运输厅科技项目	宁夏公路建设管理局、长安大学、宁夏路桥工程股份有限公司	2009-6—2011-12	研究报告	
21	宁夏沥青路面养护对策研究	宁夏交通运输厅科技项目	宁夏公路建设管理局、长安大学	2012-10—2013-12	研究报告	
22	宁夏地区公路湿陷性黄土地基处理技术优化及处理效果自动化监测关键技术研究	宁夏交通运输厅科技项目	宁夏公路建设管理局、重庆交通大学	2015-4—2016-12	研究报告	
23	高海拔寒冷地区软长大隧道安全环保施工关键技术研究	宁夏交通运输厅科技项目	中铁十四集团有限公司、宁夏公路建设管理局、山东大学、北京建筑大学	2012-6—2015-10	研究报告、专利	中国公路学会科学技术二等奖 宁夏回族自治区科技进步一等奖

第三节 科技成果

在宁夏高速公路建设实践中,各参建单位依托重点建设项目积极开展科技攻关,取得了多项研究成果,其中获批宁夏地方标准2项,出版专著5本(套),获得国家知识产权局授权专利22项,获得国家版权局颁发"计算机软件著作权登记证书"1项。

一、地方规范

依托宁夏高速公路建设实体工程,经自治区质量技术监督局发布,共有2项技术成果获批自治区地方标准。

(一)《公路工程路面面层碎石技术条件》

该标准适用于宁夏回族自治区内各等级新建、改建公路工程,以及大中修等养护工程的沥青路面、水泥混凝土路面工程面层用碎石,也适用于对路用工程面层碎石质量的管理监督。城市道路以及其他道路的路面面层工程亦可参照执行。标准规定了公路工程路面面层碎石技术的术语和定义、沥青路面面层碎石质量要求、水泥混凝土路面面层碎石质量要求,以及碎石生产的技术要求。

(二)《水泥稳定就地冷再生路面基层施工技术规范》

该标准适用于宁夏境内原路面基层或者底基层结构为稳定粒料结构的就地冷再生施工。标准规定了水泥稳定就地冷再生路面基层施工技术规范的术语和定义、原路路况调查、原材料、再生混合料设计、试验段铺筑、就地冷再生施工、安全生产、文明施工和环境保护。

地方法规、指导性意见见表5-21-2。

地方法规、指导性意见统计　　　　　　　　　　表5-21-2

序号	规范名称	文号	颁发单位	编制单位	颁发时间(年-月)
1	《公路工程路面面层碎石技术条件》	宁交办发〔2015〕21号	宁夏交通运输厅	宁夏路桥工程股份有限公司、宁夏公路勘察设计院有限责任公司	2015-2
2	《水泥稳定就地冷再生路面基层施工技术规范》	宁交办发〔2015〕21号	宁夏交通运输厅	宁夏路桥工程股份有限公司、宁夏公路工程监理咨询公司	2015-2

二、主要专著及科技刊物

主要专著及科技刊物,见表5-21-3。

主要专著及刊物统计　　　　　　　　　　表 5-21-3

序号	专著名称	主编	出版社	出版时间（年-月）
1	《宁夏交通科技》	宁夏公路学会	内部刊物	1985-6 至今
2	《公路施工安全审查手册》	胡江碧	人民交通出版社	2006-3
3	《宁夏高速公路施工标准化管理指南》	宁夏交通运输厅	黄河出版传媒集团阳光出版社	2012-6
4	《宁夏公路工程竣工档案编制办法》	宁夏交通运输厅	黄河出版传媒集团阳光出版社	2013-7
5	《宁夏公路工程施工标准化推广与应用》	宁夏交通运输厅	人民交通出版社股份有限公司	2015-9

三、主要专利

主要专利见表 5-21-4。

主要专利统计　　　　　　　　　　表 5-21-4

序号	专利名称	专利号	专利发明人	授权单位	授权时间（年-月）
1	路基、路面压实质量远程监控系统	2009SR35106	宁夏公路建设管理局	中华人民共和国国家版权局	2009-8
2	隧道防水板铺挂施工平台	ZL201320571166.X	陈斌,丁小平,周万福,等	中华人民共和国国家知识产权局	2014-2
3	混凝土高频振捣系统及高频振捣控制装置	ZL201520283477.5	赫宏伟,王学民,等	中华人民共和国国家知识产权局	2015-9
4	混凝土养护自动控制喷淋系统	ZL201520283450.6	赫宏伟,王学民,等	中华人民共和国国家知识产权局	2015-9
5	喷射混凝土用低碱聚合物高效液态速凝剂的制备方法	ZL201410053101.5	李树忱,张露晨,徐咸辉,等	中华人民共和国国家知识产权局	2016-1
6	密闭式连续二次加水湿喷混凝土系统	ZL201410064227.2	张露晨,李树忱,李术才,等	中华人民共和国国家知识产权局	2016-3
7	一种大型拱式柔性均布加载隧道支护模型试验系统及方法	ZL201410064016.9	李树忱,张露晨,李术才,等	中华人民共和国国家知识产权局	2016-4
8	用于软弱破碎围岩隧道超前支护的翼型板超前小导管	ZL201210119505.0	李树忱,冯丙阳,李术才,等	中华人民共和国国家知识产权局	2014-6
9	一种高压液力喷射系统	ZL201210122677.3	李树忱,张露晨,李术才,等	中华人民共和国国家知识产权局	2014-1
10	用于膨胀性土层隧道初期的钢格栅钢拱架联合支护	ZL201410052603.6	李树忱,冯丙阳,李术才,等	中华人民共和国国家知识产权局	2015-10

续上表

序号	专利名称	专利号	专利发明人	授权单位	授权时间（年-月）
11	一种用于固流耦合模型试验的相似材料	ZL200910017549.0	李树忱,冯现大,李术才,等	中华人民共和国国家知识产权局	2012-10
12	一种隧道开挖岩溶突水试验方法及监测装置	ZL200910017550.3	李术才,李利平,李树忱,等	中华人民共和国国家知识产权局	2013-8
13	隧道单孔地质雷达三维精细化成像天线递送和传动装置	ZL201320009627.4	徐磊,李术才,刘斌,等	中华人民共和国国家知识产权局	2013-8
14	用于隧道拱顶沉降监测装置	ZL201420423818.X	李方东,刘立新,张焕成,等	中华人民共和国国家知识产权局	2015-1
15	用于膨胀性土层隧道初期支护的支护装置	ZL201420081505.0	李树忱,李术才,冯丙阳,等	中华人民共和国国家知识产权局	2014-9
16	一种喷射混凝土用分离式湿法喷射系统	ZL201420080866.3	李树忱,徐咸辉,李术才,等	中华人民共和国国家知识产权局	2014-9
17	一种隧道TSP超前地质预报信号多通触发装置及方法	ZL201120351336.4	李术才,许振浩,李利平,等	中华人民共和国国家知识产权局	2012-5
18	一种供给液态速凝剂的混凝土喷射机	ZL201520385668.2	李树忱,张露晨,张龙生,等	中华人民共和国国家知识产权局	2015-9
19	土体试样压缩固结与电阻率实时成像监测装置及其取土器	ZL201220114527.3	刘征宇,王者超,李术才,等	中华人民共和国国家知识产权局	2012-10
20	一种基于涌水量预估与动态监测的隧道反坡排水设计方法	ZL201510273721.4	周建芳,帅文斌,丁小平,等	中华人民共和国国家知识产权局	2015-9
21	一种隧道反坡抽水净化装置及其控制方法和净化方法	ZL201510279761.X	周建芳,帅文斌,丁小平,等	中华人民共和国国家知识产权局	2015-9
22	一种用于隧道反坡排水的水泵移动装置	ZL201510275413.5	周建芳,帅文斌,丁小平,等	中华人民共和国国家知识产权局	2015-9
23	用于隧道土压力计埋设装置	ZL201420422591.7	李方东,刘立新,张焕成,等	中华人民共和国国家知识产权局	2015-1

Record of Expressway Construction in
Ningxia
宁夏高速公路建设实录

第六篇
党的建设与文化建设

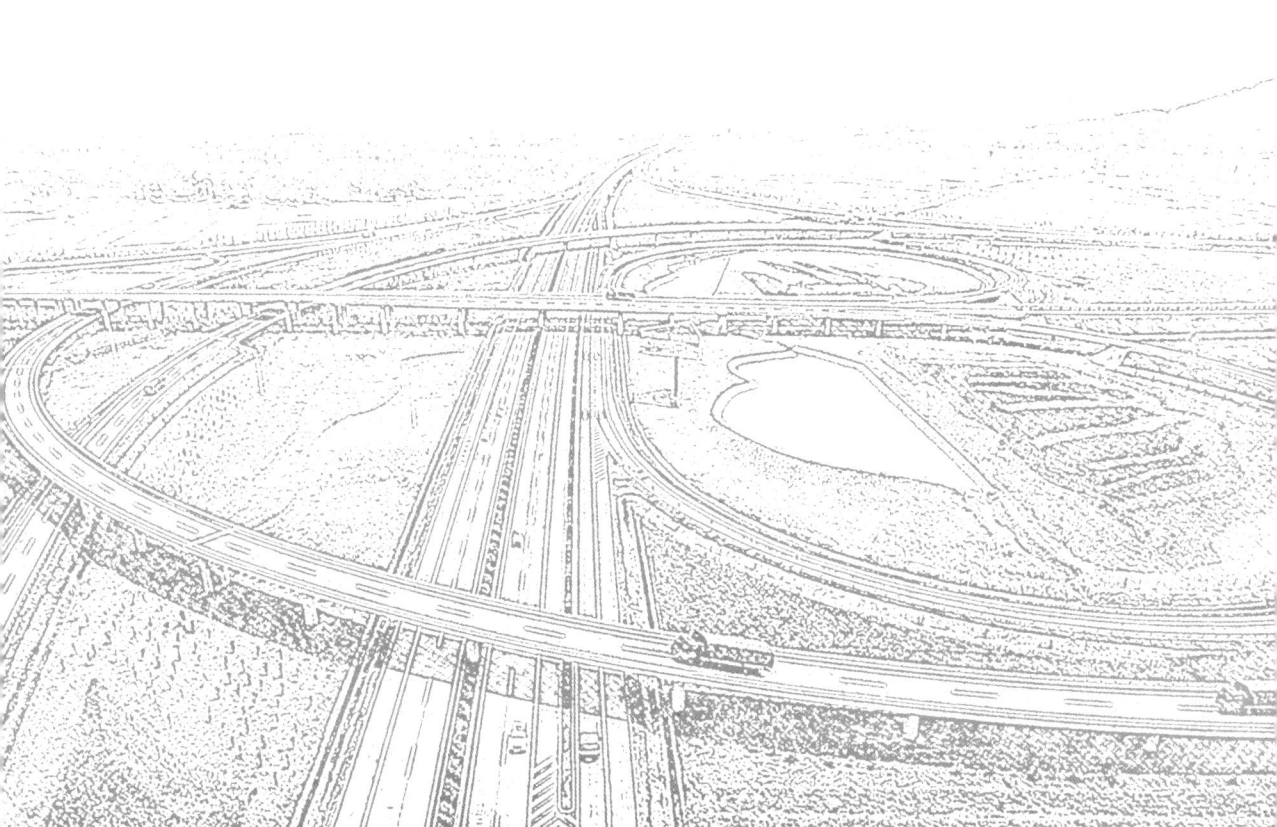

第二十二章
党 的 建 设

　　高速公路建设是庞大的、艰巨的系统工程,加强党对高速公路建设的政治领导,既是执政党肩负的历史使命,也是高速公路建设科学发展的根本保证。宁夏交通运输厅党委历来高度重视高速公路建设领域党的建设工作,坚持"围绕工程抓党建,抓好党建促发展"的工作思路,要求在公路建设领域所有参建单位建立健全党组织,充分发挥党组织的政治核心和战斗堡垒作用。

　　宁夏高速公路建设自始至终,在建设项目上、施工单位、监理单位中建立健全基层党组织,履行着落实中央总体要求和上级党委具体部署落地生根的重要责任,扩大党组织覆盖面,强化基层党组织整体功能,提高基层党建工作水平,不断促进党建和公路建设中心工作的协调发展、共同提高。特别是针对高速公路建设项目特点,创新党组织设置形式,全面抓好厅属各参建单位的党建工作,重点在流动党员教育服务管理、党风廉政建设等方面,进行深入研究,积极探索,创新思路,形成富有宁夏高速公路建设特色的工程一线党建工作机制,在实际工作中收到良好效果。

第一节　创建项目临时党委

　　宁夏高速公路建设施工高峰期有上百家设计、施工、监理单位参与宁夏高速公路建设,建设者达到几千甚至上万人,其中有许多党员,特别是一些农民工党员。这些设计、施工、监理单位与建设单位是合同关系,他们来自全国各地,远离其上级主管部门,许多项目部、监理办党组织不健全,党建活动不能正常开展,流动党员管理不到位。为了加强对高速公路建设项目的政治领导,加强党的建设特别是党风建设和廉政建设,丰富职工的文化生活,维护农民工利益,促进工地和谐等,都需要一个平台,将参建各方整合到一起,形成一个共同的目标,形成建设合力,保障高速公路项目的顺利实施。在这种大背景和思路下,自2005年开始,宁夏交通厅党委通过深入调研,精心谋划,创新工作思路,创造性地在高速公路重点建设项目中成立了项目临时党委。项目临时党委隶属原各高速公路工程建设指挥部党委和后来成立的公路建设管理局党委领导,对流动党员的管理采取"一方隶属,双重管理"的方式。

临时党委的具体职责是：一是学习贯彻党的路线、方针、政策,对公路建设项目实行政治领导;二是指导参建单位加强对参建人员党性党纪、党规党史教育和法纪法规教育,促进公路建设项目党风廉政建设和反腐败工作;三是监督检查参建单位《廉政合同》和党风廉政建设各项规章制度执行情况,实施对工程建设重要环节的监督检查;四是抓好流动党员教育、管理、服务工作,促使党组织在工程建设中发挥政治核心作用和党员的先锋模范作用;五是抓好公路项目行风建设,切实维护农民工和征地拆迁户的合法权益;六是协助参建单位协调与项目建设沿线地方政府职能部门的关系;七是完成上级党委、纪委交办的其他工作。

自2005年5月,宁夏交通厅党委决定在同沿项目成立第一个党委以来,截至2017年6月,先后成立了同沿、银川绕城、中营、孟营、盐中、国道211、石银、东毛、黑海、固西、乌玛、青银、红桃、麻望、望红15个临时党委。临时党委开展的活动如图6-22-1、图6-22-2所示。

图6-22-1　临时党委活动

图6-22-2　与扶贫点下马关乡南安村小学师生合影

临时党委书记由项目建设处负责人兼任,纪检监察室主任或副主任兼任临时党委专职副书记,实行纪检监察派驻制,参与项目建设的施工、监理单位党组织负责人兼任临时党委委员,并随着参建单位的进场、退场作相应的调整。

临时党委成立后,指导各施工、监理单位成立临时党支部(党工委),对所有施工、监理单位进行"拉网式"登记、排查,全面掌握流动党员数量和状况,建立流动党员登记簿、流动党员信息库,完善了流动党员管理服务网络,有效发挥基层党组织的政治核心作用和战斗堡垒作用。

临时党委主要开展了以下工作:

一、抓理论武装

各项目临时党委按照交通运输厅党委、公路建设管理局党委的要求,紧密结合施工、监理单位流动党员思想和工作实际,坚持用党的最新理论成果武装参建人员的头脑。十多年来,各项目临时党委先后采取重温入党誓词、专题讲座、党校教授送党课进工地、普通党员讲党课、专题学习班、联学联做等方式,组织施工、监理单位广大流动党员认真学习党的十七大、十八大,以及十八届三中、四中、五中、六中全会精神,认真学习贯彻习近平总书记系列重要讲话精神,不断夯实广大流动党员"不忘初心 继续前进"的思想基础。施工、监理单位党组织通过各种形式,组织党员干部和参建员工学习相关材料,统一思想,凝聚力量,确保党的路线方针政策和上级的决策部署在项目上的贯彻执行。

二、抓理想信念教育

为了加强施工、监理单位广大流动党员的党性修养,牢固树立正确的世界观、人生观和价值观,更好地服务于公路建设事业,各临时党委利用"七一"建党纪念日,分别在隧道掘进现场、黄河大桥工地、拌和站等施工工地重温入党誓词,引导广大党员牢记使命、坚定理想信念。同时,组织施工、监理单位广大流动党员参观六盘山红军纪念馆、延安革命旧址等,接受革命传统教育和爱国主义教育,增强大家干事创业的责任感。

三、抓组织建设

公路建设管理局党委高度重视项目党组织建设。在一些重点项目路基、路面工程招标文件中,公路建设管理局明确提出:投标单位必须配备1名支部书记,作为招标文件中强制性条件,促使投标单位中标后有专人抓党的建设和党风廉政建设。临时党委根据《党章》有关规定,结合各项目实际,指导施工、监理单位建立临时党支部(党工委),指导临时党支部(党工委)健全党建各项工作制度,规范党内生活,加强入党积极分子的培养。按照有房子、有标识、有制度、有桌椅、有牌子、有资料、有电教设施"七个有"的要求建立了流动党员活动室。

四、开展创先争优活动

结合工程建设实际,各项目临时党委积极开展创先争优活动,有效发挥党组织的政治核心作用,努力把临时党委打造成服务党员群众的"娘家"、凝聚建设力量的阵地、构建和谐施工环境的桥梁。各施工、监理单位党支部充分发挥战斗堡垒作用,设立党员先锋岗、党员示范工程、党员责任区活动,努力建设党员质量示范班组、党员安全生产班组、党员攻关先锋班组等"党员功能型党小组",引导广大流动党员争当"兴业先锋"和"攻坚先锋"。广大党员立足项目创先进、扎根工程管理争优秀,有效发挥了共产党员在急、难、险、重等建设任务中的先锋模范作用,带动参建各方全面落实现代工程管理,全面实施施工标准化、精细化管理举措,着力打造"品质工程"。

2010年1月,交通运输厅党委被自治区党委组织部评为"宁夏组织工作创新提名奖",宁夏公路建设管理局党委被评为"全区流动党员教育管理服务工作先进基层党组织"。2017年6月,中共中央组织部编写并公开出版发行了《"三会一课"案例选》,其中,收录了宁夏公路建设管理局党委开展"五心+五星"创建活动的做法和经验,展示了创新流动党员"三会一课"制度所取得的成果。

第二节 "五心+五星"工程

宁夏公路建设管理局党委贯彻落实党要管党、从严治党要求,认真落实交通运输厅党委的安排部署,围绕中心抓党建,抓好党建促发展,积极探索实践创新党建品牌,努力开展"五心+五星"工程,高质量、高标准全面完成了公路建设任务。

经过多年的探索实践,临时党委工作提炼总结为"五心+五星"工程。即将党建工作的"五心"工程(夯实基础、留住人心;开展教育、鼓舞人心;规范制度、约束人心;真情服务、温暖人心;丰富活动、凝聚人心)与工程建设的"五星"工程(质量星、安全星、进度星、创新星、文明星)有机地结合起来,做到了同安排、同检查、同落实,两手抓、两促进。

2016年3月,公路建设管理局党委印发了《在公路建设项目开展"五心+五星"创建活动实施方案》《基层服务型党组织星级管理考核暂行办法》,结合管理建设管理局《工程质量管理办法》《工程建设安全生产管理办法》《公路建设项目施工及监理单位综合考核评比办法》等工程建设管理制度,在各高速公路项目中贯彻实施。各临时党委以"三服务,两提高"[服务工程建设、服务党员群众、服务参建人员,提高党员素质、提高工程质量(图6-22-3、图6-22-4)]为着力点,做到以"五心"夯实党建基础,以创建"五星"项目部(总监办)促进项目建设,推进星级基层服务型党组织创建在项目建设中开花结果。

图6-22-3 开展革命传统教育

图6-22-4 开展党员示范工程

一、"五心"工程内容

（一）夯实基础、留住人心

按党章要求成立党组织，配齐配强书记。建设党员活动服务阵地，解决一定活动经费，订阅一份报刊，不定期上党课。每个项目部必须建党员活动室，实现活动室七有：有房子、有牌子、有标识、有制度、有桌椅、有资料、有电教设施，使广大流动党员找到"娘家"、找到阵地，切实增强党员意识。

（二）开展教育、鼓舞人心

根据工程建设特点，有针对性地开展政治理论、廉政警示和业务知识教育，用科学理论武装头脑，以尊崇党章、遵守党规为基本要求，以用习近平总书记系列重要讲话精神武装思想为根本任务，教育引导流动党员自觉按照党员标准规范言行，进一步坚定理想信念，提高党性觉悟；进一步增强政治意识、大局意识、核心意识、看齐意识，坚定正确政治方向；进一步强化宗旨观念，勇于担当作为，在生产、工作、学习和社会生活中起先锋模范作用。

（三）规范制度、约束人心

建立健全参建单位流入党员管理各项制度，坚持流入党员登记制度，确保流入党员不脱离组织。坚持"三会一课"制度，保证工地党员正常过组织生活。坚持目标管理和奖惩制度，"七一"表彰奖励一批先进基层党组织、优秀党员、优秀党务工作者。

（四）真情服务、温暖人心

开展"一帮一"对口服务、"交心谈心"等活动，组织开展进工地"送清凉""送温暖"活动，搭建法律顾问咨询平台，为企业、农民工解忧排难，让一线施工人员和农民工感受到党组织真切的关怀，调动广大流动党员干事创业的积极性。

（五）丰富活动、凝聚人心

组织开展"党员公开承诺"活动，设立党员先锋岗、党员责任区、党员品牌工程、党员科技攻关项目等，引导党员立足岗位做贡献。丰富工地文化生活；组织开展书法、摄影、乒乓球、篮球等文体活动，凝聚修业敬德、崇善向上的正能量。

公路建设管理局党委制定考核制度，将临时党委的所有党建工作划归到以上"五心"当中，对各项工作进行量化打分，并每月随工程的综合考核一并对临时党委、各支部党工委党建工作进行考核，评定星级。

二、"五星"工程内容

（一）质量星

坚持质量第一方针，积极推行质量管理责任制，有健全的质量管理体系和创优工程计划，严格实施精细化管理，坚持标准化施工。实行首件工程认可制度和评选标杆工程制度。确保工程合格率100%，分项工程质量优良率95%以上，单项工程优良率达到100%，创全优工程、精品工程。

（二）安全星

单位安全组织网络健全，全员安全生产意识强，执行安全规范到位，落实安全措施坚决，安全事故隐患消除及时，平安工地建设扎实有效，确保建设期内无伤亡事故或工程事故。

（三）进度星

根据合同工期和建设处下达的工程建设任务目标，科学编制本项目的工程施工进度计划。在确保质量和安全的前提下，完成或提前完成月度计划及主要项目控制进度计划，在专项工程攻坚、完成重大阶段性任务中展现本单位顽强拼搏、攻坚克难的良好作风，确保工程施工任务按时或提前完成。

（四）创新星

对公路建设管理局已推广的新工艺、新工法积极应用，持续实施创新管理方式，破除陈旧观念，以能力提升为目的，大力实施管理创新、制度创新、技术创新及工艺创新，加强新材料、新设备的应用，提高管理和施工效率，不断推动项目建设管理转型升级，促进工程质量稳步提升。

（五）文明星

加强对文明施工和党风廉政建设工作的领导，职工队伍思想稳定，劳动关系和谐，企业文化建设特点鲜明，民主管理好。围绕工程建设献计献策，合理化建议活动成果明显，严格落实廉政建设责任制，监督机制健全。严格按照设计要求规范实施项目，在规定区域内取料、弃料，加强环境保护。落实社会管理综合治理责任，严禁发生黄赌毒等不文明行为，严防恐怖暴力、群体性等事件的发生。

结合项目综合月度检查考核，每月对各项目部工程质量、安全生产、工程进度、科技创新、文明施工等情况进行考核，并在月度考核公示栏中给予质量星、安全星、进度星、创新星和文明星。年终根据项目和各施工、监理单位党建工作、工程建设的评星情况进行考核表彰,评出"五心+五星"创建活动先进基层党组织和项目部,总结经验,推进公路建设。

第三节 廉 政 建 设

宁夏高速公路建设任务重、规模大、投资多、时间长,廉政风险大,社会关注度高。宁夏交通运输厅党委始终抱着对党和人民高度负责的态度,抓好党风廉政建设。从严落实"两个责任",着力强化监督制约"两个全覆盖",认真履行党委党风廉政建设主体责任和纪委监督责任,层层签订党风廉政建设责任书。在公路建设领域,强化廉政风险防范管理措施,细化廉政风险点,全面加强党内监督,不断完善纪检监察干部派驻制、廉政双合同制、廉政告知制等做法,促进监督执纪问责常态化、长效化,有效发挥诚信体系的惩戒作用,确保工程优质、资金安全、干部廉洁。

2006年,宁夏交通厅党委进一步理顺了公路建设管理体制,结束了以往交通基础设施建设领导体制不顺、责任不明确、领导力量过于分散的局面。明晰了"裁判员""运动员"的职责。出台了工程建设领域廉政建设"八不准"。不准厅领导在建设管理单位兼职,不准交通运输厅机关各部门插手工程事项。公路建设管理局作为一个独立的法人实体,完全承担了公路建设项目的主体责任,不仅提高了工作效率,也为反腐倡廉建设提供了组织和体制保障。

实行驻点监督,夯实重点项目廉政建设基础。"九五"末以来,我国高速公路建设开始步入"快车道"。但是,在一条条高速公路建成通车的同时,一个又一个干部也因为腐败而随之"倒下"。一段时间,高速公路建设领域成为腐败易发多发的高危领域。在这种严峻的形势下,为加强宁夏重点公路项目廉政建设,强化敏感领域的廉政风险防控工作,交通运输厅党委决定在宁夏在建的高速公路项目成立临时党委,重点任务之一是突出加强项目建设业主、施工单位、监理单位的党风廉政建设。各项目临时党委充分履行党风廉政建设主体责任,派驻纪检干部充分履行监督责任。一是在招投标方面,实行"五公开",即所有工程必须公开招标,招标信息必须在规定的媒体上公布中标候选人。二是在项目管理上,实行"双合同制"管理,即在与施工和监理单位签订《施工合同》和《监理服务合同》的同时,还要签订《廉政合同》,明确甲乙双方单位应履行的廉政责任,在招标文件里明确要求配置专职书记,主抓项目建设党建工作和党风廉政工作。同时,各临时党委还将《廉政合同》的签订纵向延伸,要求中标的施工单位与监理单位、中心试验室、劳务作业队、长期合作的物资供应商之间签订《廉政合同》,明确双方必须遵守的廉政规定,确保工程建设各环节不出问题。按照《廉政合同考核办法》,将廉政工作列入月检内容,加大考核力度。三是在资金管理使用上,实行分级管理、层层把关、各负其责的办法。每一笔工程款下拨,严格按照"承包商申报—驻地监理组审核—项目总监办复核—业主相关处室核批—业主负责人审批"的程序执行计量支付。四是在质量控制方面,严格按照交通运输部规范化管理标准化施工,严禁投机取巧、任意省略施工程序、环节。在抓好重要关口、重点环节监督的基础上,为加强对流动党员的管理,发挥党支部战斗堡垒和党员的先锋模范作用,各项目临时党委将参加建设的施工、监理单位党员和农民工党员划分成若干个党支部,以"五心工程"为切入点,在工程管理人员、施工和监理企业中开展党员示范岗、党员先锋岗、党员诚信岗等争先创优竞赛活动,以此激发党员集体荣誉感,树立正确的荣辱观。

同时,把廉政警示教育贯穿于施工全过程(图6-22-5),督促各支部建立健全廉政制度,经常对各参建单位落实《廉政合同》情况进行检查,做到警钟长鸣。而对违背《廉政合同》承诺的单位和个人进行严肃查处,绝不姑息,

图6-22-5 观看警示教育片

起到抓早、抓小和对腐败行为的震慑作用。

一、完善制度,创新机制

从规范权力运行着手,完善了招标投标等制度,进一步建立健全了"三重一大"事项集体决策制度,强化对权力运行的制约和监督,制订和修订了《交通基础设施建设领域领导干部八项规定》《宁夏交通厅交通建设公务活动八条禁令》及《宁夏交通基础设施建设领域加强廉政工作的若干规定》等规章制度。

业主单位编印了《廉政风险防控手册》和《党风廉政文件制度汇编》,发至内部各处室和各项目施工、监理、检测等单位贯彻落实。从维护群众利益着手,加大了执行农民工使用管理规定和征地拆迁补偿等相关制度的检查力度,采取明察暗访等形式,切实维护老百姓利益;从规范市场诚信体系建设入手,开展了施工、监理、设计、试验检测企业信用等级评价工作,督促指导参与宁夏公路建设的施工、监理、试验检测企业,初步建立健全了内部自律机制,促使企业遵守公平竞争规则。

二、开展廉政警示教育

坚持每年开展廉政警示教育月活动,邀请专家作廉政教育辅导讲座,聆听有关领导警示教育课,解读职务犯罪的危害;组织机关干部观看警示教育片,参观监狱,听取服刑人员现身说法,时刻保持党员干部对纪律的尊崇和敬畏,自觉绷紧遵纪守法的弦;在施工监理

单位中,积极开展廉政教育大家谈等活动,巡回播放警示教育片,实现了警示教育在项目上的全覆盖;以会代课,对近些年来区内外工程建设领域发生的大案要案进行深入剖析,教育党员干部和参建单位负责人认清腐败现象产生的根源、带来的危害和造成的恶劣影响,吸取教训,警钟长鸣。

三、廉政文化进工地

订阅《中国纪检监察报》《中国监察》等报刊,逢年过节利用手机发送廉政信息,组织干部参加廉政歌曲传唱和廉政书画摄影作品展等,加强廉政文化学习;在施工工地项目部、监理组驻地、梁板预制厂和拌和站等醒目位置,制作了廉政漫画墙、警句长廊,设置了工地宣传栏,开展形式多样的廉政文化宣传;在工地举办道德讲堂和文艺演出;利用局域网和《宁夏公路建设》杂志,开辟"廉政建设"专栏,刊登参建单位和干部职工廉政心得体会和研讨文章,大力营造以廉为荣、以贪为耻的廉政文化氛围。

四、完善纪检监察派驻制

为了加强对高速公路重点项目的政治领导,从源头上预防腐败问题的发生,经宁夏交通运输厅党委批准,从 2005 年 5 月起,先后在同沿等重点高速公路项目成立的临时党委中派驻纪检监察干部,全程参与,跟踪监督,组织开展评优评廉活动。

五、推行阳光工程

在高速公路建设项目中,认真落实阳光工程,将建设单位、施工单位、监理单位必须公开的内容向社会公开,接受社会各界的监督。要求凡新进场的参建单位,均在项目部、监理办所在地显著位置设立项目公示牌,将每个中标合同段的施工标段工程概况和设计、施工、监理、质量监督单位及负责人等向社会公示。设置了举报箱,公布了举报电话、设立了统一的廉政建设告示牌。

第二十三章
文化建设

第一节 公路文化建设

中国特色社会主义文化,就其内容而言,与社会主义精神文明是一致的,而公路文化作为公路行业的灵魂,是公路劳动者在公路建设、养护、管理的实践活动中所创造的物质文明和精神文明的总和,对公路行业文明建设具有润物无声的作用。公路文化建设是交通文化的组成部分,直接反映了交通行业的整体形象。

在宁夏回族自治区党委、政府和交通运输厅党委的正确领导下,交通运输部门高度重视行业精神文明建设。准确把握中央各个阶段精神文明建设方向,特别是十八大以来,以习近平同志为核心的党中央高度重视精神文明建设,着眼"四个全面"战略布局,做出一系列重大决策部署。交通运输部门找准推进精神文明建设与服务群众的结合点、切入点,创造性地做好工作,强化理论武装,发挥精神文明建设的重要作用,将文明创建引向深入,为交通运输发展汇聚强大精神动力。孕育行业道德文化,培育行业精神文明建设特色品牌,挖掘和培育交通运输行业职业道德规范,以群众性精神文明创建推动道德文化建设,引导广大干部职工践行社会主义核心价值观,深入开展群众性精神文明创建活动。围绕高速公路建设和运营管理工作,以落实"建优质精品工程、树文明行业形象"为理念,全面提升公路建设者和管理者的素质,全力培育政治强、业务精、作风正的干部职工队伍,着力塑造文明和谐的发展环境,为推进公路交通事业科学发展凝聚正能量。

一、狠抓工地文明建设

原各高速公路工程建设指挥部和后来成立的公路建设管理局是宁夏高速公路建设的主力军。"九五""十五"期间,石中、银武、银古等高速公路工程建设指挥部高度重视精神文明建设,制定了《精神文明建设规划》《关于创建文明单位的实施方案》等规章制度,确定了文明创建工作的目标任务和方法措施,保证精神文明建设与工程建设同部署、同检查、同考核。2007年10月,公路建设管理局被兴庆区文明委命名为文明单位,2009年创建成为银川市级文明单位。

结合工程建设实际,组织广大公路建设者开展了"优质廉政示范工程"等一系列活动,在广大公路建设者中形成了学先进、赶先进、争先进的浓厚氛围,涌现出了许多先进集体和先进个人。坚持践行社会主义核心价值观,组织开展了"百首爱国歌曲"大演唱、"知荣辱·树新风·促和谐"和"阅读·厚德·正行"演讲比赛等活动(图6-23-1、图6-23-2),积极开展了"双百"先进人物投票评选活动,开展了"公路建设与时代同步、与文明同行"为主题的摄影书画展,引领干部职工争做抓落实、促发展的典范,争做重品行、树形象的模范。2011年制作了"纪念建党90周年"征文摄影活动画册,录制了《流动的党旗别样红》专题片,举办了"相爱在石银"工地集体婚礼,不断激发广大参建人员献身公路建设的激情。大力培育敬业奉献的公路建设人才,凝聚了一批技术硬、业务精、会管理的专用技术人才队伍。

图6-23-1 "两学一做"送文化下基层　　　　　　　图6-23-2 工地现场重温入党誓词

东毛项目、黑海项目等临时党委制作了职业道德"文化墙",拍摄制作了反映工程建设的"微电影",大力弘扬公路建设者特别能吃苦、特别能战斗的精神。相继开展了以"劳动美·中国梦""争做最美公路人""身边好人""最美交通人"为主题的道德讲堂、劳动者风采演讲比赛、抗战70周年演讲等活动,大力讲好公路建设者身边故事。

2014年,认真开展主干道路大整治、大绿化工程,宁夏交通运输厅被自治区人民政府授予"大绿化大整治"先进集体。加强公路建设领域节能减排工作,教育参建人员尊重当地群众风俗习惯,积极构建和谐工地,多年未发生重大安全事故。认真落实文明施工承诺,对施工便道及时洒水降尘,认真核实并赔偿因施工造成沿线居民房屋开裂的问题,积极维护沿线群众合法权益,积极开展"修路为民不扰民""施工一地,造福一方""捐资助学""扶贫济困""修整村级公路"等公益活动,受到沿线群众好评。认真贯彻落实自治区有关征地拆迁补偿政策,全面落实先征后用、依法补偿等措施,按标准及时足额兑现征地补偿款,大力维护沿线群众合法权益。深入开展"优美环境、洁净城乡"综合整治行动,全面彻底清除建设工地、试验检测场地、施工作业人员生活区房前屋后的生活垃圾、建筑垃圾、施工垃圾,避免废土废渣随处堆放,隧道及挖方路段的废土需堆放在指定地点,有效消除建设项目沿线脏、乱、差现象。

二、发扬"铺路石"精神，建设高速公路文明长廊

宁夏公路管理局主要负责全区高速公路、国省干线和重要县道的养护、管理、通行费征收和超限超载治理工作。自成立以来，一代代勤劳朴实、艰苦奋斗的公路人，在公路养护、管理、通行费征收和超限超载治理工作的长期实践中，用青春和汗水一丝不苟地践行着"默默无闻、无私奉献"的"铺路石"精神，得到了全社会的广泛认可和尊重。

2014年，宁夏公路管理局党委结合宁夏公路多年以来的管养实际，创造性地提出了"心在路上，路在心上"的宁夏公路"铺路石"精神，这是对传统"铺路石"精神的演绎和创新，也适应于宁夏公路管理事业发展的实际需求。

"心在路上，路在心上"的宁夏公路"铺路石"精神充分展现了物质文明与精神文明的统一、奉献社会与完善自我的统一、立足平凡与追求高尚的统一。其内涵是：围绕一个中心——围绕中心工作服务于全区经济发展；注重两个建设——建设高品质的公路环境、建设高素质的职工队伍；铸造三种精神——奉献精神、求实精神、创新精神；实现四个突破——在改善路域环境上取得突破、在提升队伍综合素质上取得突破、在实现公路惠民利民上取得突破、在树立行业良好形象上取得突破。"心在路上"是公路人在奉献精品公路、优质服务的同时，大力提升行业精神文明建设水平，"路在心上"是公路人要把路的文明与文明的路奉献给社会，由路入身，由身入心，体现了宁夏公路人服务民生、服务经济、服务社会发展的责任心和使命感。

中国自古以来就把修路架桥看作是行善积德的事，千千万万的公路人用自己的辛勤劳动造福社会，集小善成大德，同时也在提升自身修养，完成自我升华，"美丽"的路与"美丽"的心两者相辅相成。作为一名养路工、路政员、收费员，工作岗位是平凡的，日复一日、年复一年的精工细作，犹如春雨"润物细无声"，公路人把心放在路上，把路装在心里，像铺路石一样默默奉献，在平凡中锻造坚韧、朴实、创新、进取的精神，这种精神像路一样不断延伸。

宁夏公路管理局以"强素质、建队伍、树品牌、铸精品"为主要内容，以文明服务为核心，先后开展了以一笑（微笑服务）、二礼（来车方向行举手礼、送车方向行注目礼）、三心（热心问候、精心服务、衷心祝愿）、四创（创文明职工标兵、创文明窗口、创文明行业、创温馨交通和人民满意交通）为主要内容的"和谐交通，优质服务""文明树品牌，服务树形象""岗位练兵、服务提升"等专题活动，增强收费职工服务意识，提高服务质量，切实塑造了良好的文明窗口形象。2013年和2014年，宁夏公路管理局按照自治区开展"交通主干道大整治、大绿化工程"活动要求，结合自身工作实际，在收费系统开展了"微笑服务，温馨交通，服务保畅"专项主题活动，通过"八比八看"（即：比服务环境，看谁的服务场所洁净亮美；比服务态度，看谁的文明用语温良谦和；比服务质量，看谁的微笑服务真诚友好；比

仪表仪态,看谁的职业形象端庄大方;比服务效率,看谁的规范操作速度快;比业务精通,看谁的操作快捷无差错;比服务艺术,看谁的化解矛盾方法多、纠纷少;比奉献社会,看谁赢得驾乘人员赞誉多),提高文明优质服务工作。

第二节 文 化 成 果

一、文明创建成果显著

截至2016年底,宁夏交通运输行业已创建全国文明单位8个,全国交通运输文明行业3个,自治区文明行业1个,省部级文明单位73个,市级文明单位86个,厅级文明单位132个。涌现出了一大批先进典型,先后有6人入围"中国好人榜"候选人名列,2人荣登"中国好人榜",8人荣获"宁夏好人"以及自治区道德模范荣誉称号,10个集体和10名个人被交通运输厅评为全区交通运输行业"最美交通人物"。在文明单位创建工作中,各单位根据自身的特点,采取多种形式抓好思想道德教育,遵德守礼宣传力度不断加强,道德讲堂作用日益凸显。

交通运输行业5家道德讲堂入选全区"50佳道德讲堂"。工地文化建设有声有色,农民工学校、工地流动餐车、工地体育比赛等关爱农民工活动成效显著。线上线下立体式文明传播渐入正轨。文明单位创建工作呈现出健康向上、全面深入、持续发展的良好态势。积极开展高速公路服务区文明服务创建活动,全面提升服务区面貌和服务质量,滨河服务区等4对高速公路服务区分别获评全国百佳示范和优秀服务区。全区交通运输行业"凝聚行业力量·创建最美交通""文明样板路""六盘红文明收费服务""优质廉政示范工程"等主题鲜明的创建载体,丰富和提升了行业创建水平。

二、制度体系不断完善

自治区交通运输厅作为行业主管部门,高速公路建设市场管理、工程质量管理、安全生产管理、廉洁从政监管等是其职责的重要组成部分。为加强对公路建设行业的规范化、制度化、科学化管理,形成职责明确、行为规范、运转有序的工作机制,先后出台了公路交通建设项目招投标、工程质量、安全生产、工程变更、评标专家库、信用体系评价等一系列制度。编纂出版了《宁夏高速公路施工标准化管理指南》《宁夏公路工程竣工档案编制办法》《宁夏公路工程造价管理信息》等多部专业技术管理指南丛书,有些还作为宁夏高速公路建设项目招标文件和合同文件的组成部分,要求各参建单位严格执行,营造了宁夏公平公正、诚实守信的高速公路建设市场环境,使得高速公路建设质量意识明显提高、管理能力明显增强、监管力度明显加大、质量水平明显提升。

为进一步推进宁夏公路建设管理局各项工作规范化、制度化,建立职责明确、办事高效、行为规范、运转有序的管理体系,形成按制度管权、管人、管事的工作机制,先后出台了工程设计变更、工程计量支付、施工监理、规范招投标、安全生产、工程质量、安全信息监控、环境保护等一系列管理办法和制度。做到了在各项工作中有章可循、有规可依,建设了一支政治坚定、业务精通、公正清廉、纪律严明、作风优良的高素质队伍,促进了宁夏公路建设事业的又快又好发展。

为加强高速公路的运营管理,宁夏公路管理局制定了公路养护、收费、路政等方面一系列规章制度,保障了高速公路的畅、美、绿、洁、安。同时,为提高窗口单位的服务质量,出台了《宁夏公路管理局收费业务培训方案》《宁夏公路管理局收费人员日常工作行为规范手册》《宁夏公路管理局收费员文明服务规范化守则》等方案和制度,通过开展"优质服务百日无差错""百日优质服务竞赛"等岗位文明竞赛活动和"党员示范岗""青年文明号""巾帼文明岗""服务有＋畅行宁夏"等文明服务创先争优活动,进一步提高了窗口行业文明优质服务水平。

三、文化作品丰富多彩

公路文化建设中的文化作品,是公路建设与管理行业的一种观念形态,彰显公路人对公路事业的极度热忱与衷心奉献。在宁夏高速公路建设的20多年中,伴随着公路事业一次又一次的飞跃,公路人用丰富多彩的文化作品反映了宁夏高速公路的光辉发展历程,展现着宁夏高速公路的技术发展、管理模式、道路条件和宁夏公路人的行为方式、群体意识、价值观念。

伴随着宁夏交通人成长发展的《宁夏交通报》,作为传递交通文化、活跃职工精神生活的平台,坚持开辟文化专版,20年来刊发文学、文艺作品6000余篇(幅),目前已形成广泛而稳定的读者群。

高度重视职工业余文化生活,积极倡导全民健身运动,用健康向上的体育活动丰富职工的业余生活。职工积极参加自治区全运会、自治区职工运动会,并多次取得总分前三名的好成绩,在篮球、足球、乒乓球、游泳、桥牌、围棋等项目上在全区属传统强队。同时积极参加交通运输部举办的各种职工体育比赛。全系统体育比赛丰富多彩,体育活动在职工中有广泛的群众基础。在系统内部,每1~2年举办一次"交通科研杯"羽毛球、"公路建设杯"乒乓球等比赛。基层各单位、各高速公路建设项目每年不定期开展各种类型的体育联谊赛,对促进工地和谐,丰富职工的业余生活起到良好的作用。

举办交通书画、摄影大赛十多次,参与人数达到上千人次,参赛作品达千幅以上,公开出版发行交通运输系统摄影集多部。

在宁夏高速公路建设的过程中,编写出版了《塞上江南第一路》《通边达海黄金路》

《延伸的坦途》《宁夏交通史》《宁夏交通史话》《创新·发展·跨越——宁夏公路交通建设文集》《路魂》等公路建设专著。

自 2007 年 7 月创刊的《宁夏公路建设》，编辑出版 48 期 240 万字，记录宁夏高速公路建设期间的点点滴滴，镌刻着宁夏交通人打造"四个交通"的梦想和追求。相关单位还编印了《宁夏公路》《宁夏高速》《思与行》等内部刊物。

2004 年 12 月，成立了由收费岗位文艺特长人员组成的宁夏交通职工文工团。每年都参加"清凉宁夏"广场文化演出、慰问交通运输行业基层单位和公路建设一线干部职工演出以及开展送文化下基层活动等。文工团成立以来，宁夏交通运输厅先后多次获得"清凉宁夏"广场文化示范演出活动先进单位。

第三节　先 进 模 范

宁夏高速公路建设 1997 年起步，建设者们开拓进取、顽强拼搏、攻坚克难、勇于担当、无私奉献，取得一个又一个建设成果，对宁夏经济社会发展做出了重大贡献，涌现出了一大批业绩突出、品德高尚、事迹感人的先进单位、先进集体和先进个人。

特别值得记述的是自治区党委、人民政府先后三次给予建设者们的专项嘉奖：

2003 年 11 月，宁夏高速公路通车里程突破 500km，标志"三纵六横"的公路主骨架基本形成。自治区人民政府印发了《宁夏回族自治区人民政府关于表彰全区高速公路通车 500 公里先进单位（集体）和先进个人的决定》（宁政发〔2003〕108 号），召开表彰大会，对 1 个先进单位、17 个先进集体和 65 名先进个人进行了表彰。

2006 年 3 月，宁夏实现所有市县一小时上高速公路、所有乡镇通油路、所有行政村通公路的公路建设"三大目标"。自治区党委、人民政府印发了《宁夏回族自治区人民政府关于表彰全区公路建设实现"三大目标"先进单位（集体）和先进个人的决定》（宁政发〔2006〕37 号），召开表彰大会，对 4 个先进单位、22 个先进集体和 111 名先进个人进行了表彰。

2008 年 8 月，宁夏高速公路通车里程突破 1000km，交通基础设施条件明显改善，交通通达能力显著提高。自治区党委、人民政府印发了《自治区党委、人民政府关于表彰为全区高速公路通车 1000 公里做出突出贡献的先进单位、先进集体和建设功臣的决定》（宁党发〔2008〕53 号），召开表彰大会，对为自治区交通运输事业及高速公路建设做出杰出贡献的 2 个先进单位、30 个先进集体、25 名建设功臣进行了表彰。

Record of Expressway Construction in
Ningxia
宁夏高速公路建设实录

第七篇
经济社会效益

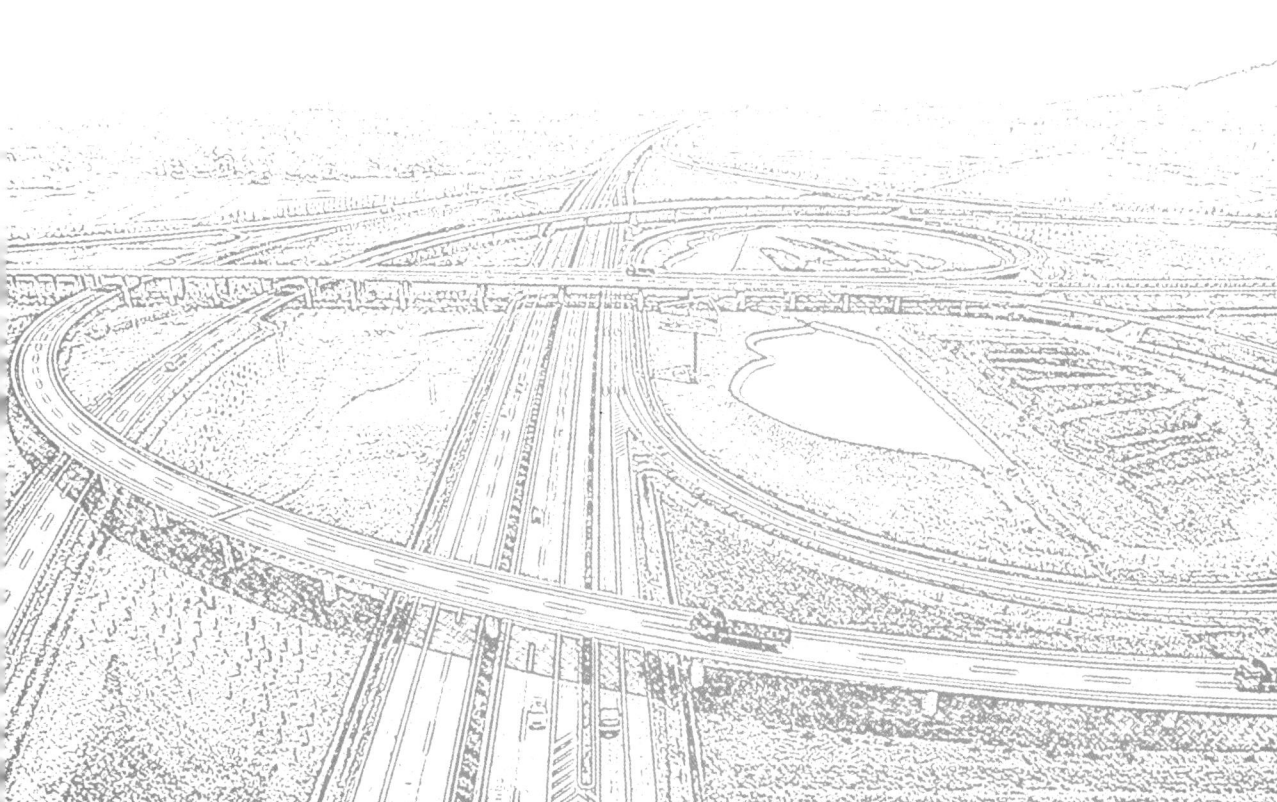

宁夏以2000年的首条高速公路建成为起点,高速公路建设进入快速发展阶段,先后建成G6京藏高速公路宁夏段、G20青银高速公路宁夏段、G70福银高速公路宁夏段、G2012定武高速公路宁夏段、G22青兰高速公路宁夏段、G85银昆高速公路银川至太阳山段、G1816乌玛高速公路石嘴山至青铜峡段、乌银高速公路头关至银川段等高速公路,高速公路通车里程达1609km。打通了连接青岛、太原等快速陆路通道。向北与内蒙古相连,构成呼和浩特—包头—银川经济圈;向东打通银川直达青岛的通江达海之路;向西通过兰州、武威,加入亚欧大陆桥公路运输经济圈;向南与陕西、湖北等中部发达省份相联系,形成以银川为中心,横连东西,纵贯南北的公路运输网络。以此为骨架,四通八达的国省干线和县乡村道路由量的积累,上升为质的飞跃,公路的规模效益在经济社会发展的各个方面逐步显现。

第二十四章
经济效益

第一节 加快区域经济发展

一、服务宁夏"一号工程"

紧靠青银高速公路,投资3000多亿元规划建设的宁夏"一号工程"宁东能源化工基地,已被国家列入13个重点发展的亿吨级煤炭基地之一,是国务院确定的国家级煤炭基地、煤化工产业基地、"西电东送"火电基地和循环经济示范区。

二、"天津港"搬到惠农口岸

宁夏回族自治区石嘴山市惠农区陆路口岸于2007年4月经自治区人民政府批准设立,2010年封关运行。该口岸作为宁夏对外开放的窗口,在"一带一路"和中阿对外交流中发挥了良好的展示交流窗口作用。同时,口岸功能的发挥,带动了周边进出口企业的发展,目前口岸报关、报检量分别占到全区总数的1/4。

由于国道109、京藏高速公路、包兰铁路从惠农区穿过,使该区实现了公路铁路联运,加上自治区交通运输厅为口岸园区修建了陆港大道等道路,进出口岸更加便利,大大提升了产业区位优势。由此,甘肃、青海、宁夏2.4亿元脱水蔬菜都汇集到惠农口岸,经过质检等全流程服务,直接运往天津港出口。石嘴山经济技术开发区管委会口岸管理办公室资料显示,2016年1～11月,惠农口岸共发运各种货物486.6万t。报关1068单、货值9780.2万美金、征收关税1529.7万、征收进口增值税4267.5万。

三、公路通,百业兴

过去,泾源县偏安一隅,出行不畅成为泾源县"卡脖子"难题。如今,随着福银、青兰、李家庄至泾河源3条高速公路以及国省干线公路的贯通,县内形成了"三纵三横"的立体交通运输大格局,交通落后面貌得到彻底改善,吸引了一大批重点项目落户泾源。泾源县也成为西北最具魅力的旅游县城。

第二节 促进沿黄经济带快速发展

宁夏依黄河而发展,靠黄河而兴盛,境内397km的黄河沿岸自古就有"塞上江南"的美誉。近几年来,一批高速公路、国省干线公路和大量农村公路建成通车,为宁夏建设国家重要的千万千瓦级火电基地,煤、化工基地,以及开发特色农产品加工业、清真食品业发挥了积极的作用。据统计,宁夏沿黄灌区有10个市县,人口占全区的57%,用43%的土地创造了宁夏90%以上的GDP和财政收入,是宁夏经济社会实现跨越式发展中最具潜能的地区。

在宁夏沿黄城市带有贯通南北的京藏高速公路,横接东西的青银高速公路以及G2012定武高速公路联络线等交通网络,构成了对外进出口快速通道。在银川、石嘴山、吴忠、中卫4个地级市及所辖的中宁、青铜峡、灵武、永宁、贺兰、平罗6个县建设完成400多公里的集防洪抢险、交通运输、生态旅游、土地开发等多项功能为一体的黄河堤岸和滨河大道(图7-24-1),将地缘相近、经济关联度高的10个市县连成一片,开通了沿黄城市城际公交线路和快速旅游交通专线,形成以首府银川为中心的"1小时经济圈"和以石嘴山、吴忠、中卫3个地级市为副中心的"半小时通勤圈",沿黄城市带所有市县10min可上高速公路,加快推进了自治区党委、人民政府提出的同城化发展目标。加快了石嘴山惠农陆路口岸、灵武国际空港物流中心、银川和中卫物流园区建设,为煤炭、电力、化工、建材等优势产业和枸杞、硒砂瓜、清真牛羊肉等特色农业发展提供了有力支撑,使沿黄城市带日趋成为具有宁夏特色的经济增长中心和经济文化交流中心。

图7-24-1　黄河滨河大道

第三节 融入"一带一路"

中国与阿拉伯国家的交流源远流长,两千多年前,闻名世界的古丝绸之路把我国与阿拉伯国家紧密联系在一起,开展货物贸易,传播文化艺术,实现商品、人员、技术的交流交往。改革开放以来,特别是近年来,中阿合作不断深化,交流交往日益密切,经贸合作实现了重大飞跃。自2004年中阿合作论坛十多年来,中阿双边贸易额从255亿美元跃升至2512亿美元。

习近平总书记提出"一带一路"倡议,赋予古丝绸之路崭新的时代意义和丰富的现代内涵。融入"一带一路",使内陆省区由开放腹地走向开放前沿,宁夏作为中阿合作的平台和桥头堡,有着得天独厚的优势和条件,正在努力将自身打造成中阿合作的先行区、内陆开放示范区、丝绸之路经济带的战略支点。

2014年6月,习近平总书记在中阿合作论坛第六届部长级会议上,提出中阿共建"一带一路"的"1+2+3"构想。"1"是以能源合作为主轴,构建互惠互利、安全可靠、长期友好的中阿能源合作关系;"2"是以基础设施建设、贸易和投资便利化为两翼,加强中阿合作;"3"是以核能、航天卫星、新能源三大高新领域为突破口,努力提升中阿务实合作层次。

2015年7月27日,自治区党委第十一届六次全会通过的《关于融入"一带一路"加快开放宁夏建设的意见》指出,要深入贯彻习近平总书记系列重要讲话精神,主动融入"一带一路",以打造丝绸之路经济带战略支点为主攻方向,加快实施开放带动战略,努力构建内陆开放型经济新体制,全面推进开放富裕和谐美丽宁夏建设(图7-24-2、图7-24-3)。

图7-24-2 青银高速公路银川入口

图7-24-3 高速公路与自然环境和谐相处

在建设陆上丝绸之路中,要以打通交通基础设施关键通道和关键节点为重点。其中涉及高速公路的内容有:加快建设向西开放通道,西北通道以推动建设乌银高速公路为重点,经京藏高速公路向北至内蒙古临河,对接新亚欧大陆桥通道北线和中蒙俄通道西线,再经新疆和内蒙古口岸出境;西向通道以定武高速公路至甘肃武威,对接新亚欧大陆桥通道中线;西南通道以乌玛高速公路、青兰高速公路为重点,经兰州、西宁、格尔木、喀什,对接中国—中亚—西亚及中巴通道;南向通道以加快建设银昆高速公路为重点,经福银高速公路至陕西宝鸡,连通成渝地区后经云南、广西的沿边口岸,通往南亚、东南亚;东北通道以京藏高速公路连接华北地区及京津冀沿海港口;东向通道以青银高速公路,连接山东沿海港口;东南通道以福银高速公路、银百高速公路为重点,经西安连接华东、华南地区及东南沿海港口。加快建设区内交通网络,推进既有高速公路繁忙路段的扩能改造,打通从固原等地出省的断头公路,加快建设固原、中卫通往周边地区的地方高速公路建设,构建高效、便捷、通畅、低物流成本的交通运输网络。

第二十五章
社 会 效 益

第一节 推进城市化发展进程

对于宁夏乃至西北地区来讲,"马路经济"是几十年来公路带动沿线城镇和产业发展的重要模式,发展成街道,交通拥堵后,过境公路向城外一改再改,城镇和城市规模一再扩张,沿线土地不断升值,产业布局层出不穷、不断优化,运输大通道成为推动经济发展的引擎。

一、公路推进城市扩张

"一条马路两座楼,一个警察看两头,土墙旧房热炕头,缺树少绿没看头。"这曾是流传于改革开放前后银川市的顺口溜。根据1996年制定的银川市规划中期目标方案,到2010年,银川城市人口达72.5万人,城市面积76km²。然而,随着"五纵七横"京藏高速公路、青银高速公路以及银川绕城高速公路的相继投入运行,曾经交通不便的宁夏首府银川市发生了巨大变化。据统计,截至2007年底,银川市城镇人口已达到90万人,比当时的规划目标提前了3~4年;银川绕城高速公路的建设,使银川市区面积由原来的76km²,扩展到415km²,截至2016年底,银川市城市人口达到203万,提前多年实现了中期规划目标。

二、公路托起核心都市圈构想,银川渐成西北门户中心城市

随着国家西部大开发战略的深入推进,对全区所有过境市县的国省干线公路进行改造扩建,城市框架日臻完善。银川环城高速公路、亲水大街及各市县高速公路连接线、城市出入口公路的建设(图7-25-1、图7-25-2),加快了城市化发展步伐,拓展了城市空间,提升了城市品位,促进了新兴服务业健康发展,城市的辐射带动功能进一步增强。随着国家高速公路、地方高速公路、国省道改造及多座黄河大桥的建设,大大促进宁夏沿黄城市带城乡一体化发展。截至2016年底,全区城市化率达到56.3%。

银川市新的城市规划提出,在宁夏的核心地区形成都市圈,以银川为核心,依托京藏高速公路、青银高速公路、银川绕城高速公路以及丽景街、贺兰山路、亲水大街、正源街等

几条连接高速公路的城市主干线,突出历史文化名城地位,重点发展高层次的科技、信息、金融、商贸、化工、建材、旅游等10个产业园区,形成景色优美、人居环境适宜、具有现代化气息的城市。高速公路环绕"塞上湖城",国省干线公路连接市区街道,四通八达的公路网推动形成以银川市为核心,石嘴山、吴忠、宁东为副中心的宁夏核心都市圈,银川正在向西北门户中心城市转变。2010年,银川被评为中国十佳宜居城市。

图7-25-1　塞上湖城银川夜景

图7-25-2　银川城市一角

第二节　依托公路好致富

宁夏的高速公路建设对于加快宁夏贫困地区扶贫开发,带动农村剩余劳动力转移,扶持特色产业,因地制宜改善环境,增加农民收入,百姓得实惠等方面起到了重要作用。

一、高速公路发展有力推进了宁夏移民开发战略

宁夏南部山区是全国的贫困地区之一,自然条件差,山大沟深,资源匮乏,人口密集,贫穷落后,而宁夏中部、北部地区干旱,地形平坦,人口稀疏。自20世纪80年代起,宁夏历届党委政府根据实际情况,分阶段实施吊庄移民、扶贫灌溉移民和生态移民等工程,即通过引黄灌溉,推进移民开发,加快脱贫致富步伐,这是宁夏几十年来的战略措施。先后有110多万人从宁南山区搬迁到引黄灌区的红寺堡、隆湖、闽宁镇、平吉堡镇、大战场镇等开发区。一朝搬迁,代代脱贫,效果十分显著。

交通基础设施在移民搬迁中起到先锋和保障作用。在新的开发区,不但有畅通的高速公路主骨架,更有完善的县、乡、村公路网络,有力地推动了移民百姓搬得出,稳得住,能致富。

二、公路建设成为农民增收的"铁杆庄稼"

为了把交通建设过程变成让农民增收过程,让更多的农村劳动力实现就地就近转移,

让更多的农民工参与到公路建设中来,宁夏政府出台政策,每年下达计划,鼓励和要求施工企业更广泛地使用当地农民工。宁夏交通运输厅出台了《宁夏公路水运工程建设领域农民工管理与工资保障支付工作规定》,要求各单位加强农民工队伍管理,加强农民工技能培训,维护农民工合法权益,让更多的农民工从交通建设中获得就业机会,增加收入,改善生活。

2003年以来,近30万农民工从公路建设中挣到了约10亿元(图7-25-3),参与公路建设已真正成为沿线农民增收致富的"铁杆庄稼"。

图7-25-3　农民工工资发放

三、硒砂瓜东进西出南下北上

随着一条条连接高速公路、国省干线公路的农村公路的开通,一家一户的分散种植变成了百万亩的连片开发。中卫、中宁、海原等地硒砂瓜种植热情持续高涨,昔日寸草不生的荒地上种瓜已成为当地农民增收的新亮点,西瓜通过高速公路网运往北京、上海、广州、成都和香港等30多个大城市。2016年,硒砂瓜为当地农民带来6亿多元的收入。

四、公路网缓解固原马铃薯滞销难题

2008年是联合国确定的世界马铃薯年,以"表彰"马铃薯生产对世界粮食安全、扶贫致富做出的突出贡献。这一年,固原市马铃薯获得丰收,总产量突破211万t,收入占到固原市农民总收入的四分之一。当年,由于受国内北方市场马铃薯充足和国际金融危机的双重影响,固原市马铃薯外销量下降了50%,价格下跌了36%,形成积压。对此,党中央、国务院专门做出部署,宁夏回族自治区党委、人民政府要求各部门积极行动打通销售渠道,解决贫困地区马铃薯外销问题。从12月开始,宁夏交通运输部门组织5000多辆"马铃薯专运车",进乡村入地头,为农民运输马铃薯,四通八达的公路网为马铃薯的外运提

供了交通保障,每天运量近 10 万 t。滞销 3 个月的马铃薯销售情况出现转机,有效缓解了群众的燃眉之急。

第三节 促进旅游业发展

宁夏是西部少数民族地区,曾是古丝绸之路的通道,朔方古道也是我国古代陆路连接亚欧的交通要冲。长期以来,由于受历史、地理因素的影响,资金投入不足、交通相对闭塞、经济发展水平较为落后,成为制约经济社会以及旅游业健康、快速发展的"瓶颈"。改革开放近 40 年来,宁夏交通面貌发生了翻天覆地变化,交通运输事业实现跨越式发展,交通综合运输体系逐步完善,为全区经济社会又好又快发展以及自治区全域旅游业的发展奠定了坚实的基础。

一、千里高速铸就五彩旅游廊道

四通八达的宁夏高速公路网,将"塞上江南,神奇宁夏"的成百个旅游景点和独特的少数民族风土人情景观,紧密地连在一起,成为宁夏旅游业快速发展的有力推手。

据统计,全区国内旅游和入境旅游发展平稳有序,主要旅游经济指标逐年稳步增长。2016 年,全区接待国内游客 2150 万人次,首次突破 2000 万人次,同比增长 17.1%;进出境人数达到 20.7 万人次,首次突破 20 万人次,同比增长 97%;旅游总收入 210 亿元,首次突破 200 亿元,同比增长 30.2%。旅游总收入占全区 GDP 的比值达到 6.73%;游客人均在宁消费接近千元。各项指标增幅高于全国平均水平,在稳增长、调结构、扩内需、惠民生等方面发挥了重要作用。2006 年和 2016 年全区接待国内外游客总人数分别为 600 万人次和 2150 万人次,10 年间共增长了 3.5 倍;实现旅游总收入分别为 26 亿元和 210 亿元,增长 8 倍。

截至 2016 年底,宁夏 4 家 5A 级景区全部实现高速公路连接,16 家 4A 级景区全部实现高速公路和干线公路连接,规划了 21 家 3A 级景区及 15 家 2A 级景区干线公路连通。

宁夏还深入开展全国百佳示范服务区和收费站微笑窗口创建活动,维护更新高速公路、国省干线、农村公路、城市道路及旅游公路出入口设置的 328 块旅游景点标志牌和指路标识。目前,全区公路主干线安全性和通行能力不断提高,公路及沿线产业、景观同步融合发展,公路主干线沿线千里绿色旅游长廊基本形成,成为展示"塞上江南,美丽宁夏"的一道风景线。

二、补齐公路短板,助推固原旅游

2016 年宁夏交通运输厅建设完成固原市"井"字形大通道,打通了断头路,统一规划,构建了旅游环线公路网络。生态旅游环线起于固原市区,经三营、须弥山、火石寨、西吉、将台、玉桥、毛家沟、隆德、泾源、青石嘴、古城、黄茆山,回到固原市区形成环线。生态旅游环线连接市域主要旅游景区以及 5 个县区,是集运输、旅游、生态建设于一体的复合型交通走廊。火石寨丹霞地貌如图 7-25-4 所示。

图 7-25-4　火石寨丹霞地貌

三、公路交通改变着人们工作、生活、休闲方式

每逢节假日,高速公路拥堵、旅游景点爆满成为普遍现象。追溯原因,就是公路网络发达,小汽车进入寻常百姓家。便捷的交通正在深刻地改变着人们的工作、生活、休闲方式,自驾游自然地受到人们的青睐。

"大漠孤烟直,长河落日圆",宁夏昔日大漠的广袤和荒凉如今正在变成一种旅游资源,吸引越来越多的自驾车旅游者前往。宁夏坐拥独特的黄河文化、古长城文化、丝路文化、西夏文化和回族文化,备受游客的青睐。无论是已经举办 10 届的汽摩节,还是 2010 年首届举办的自驾车旅游节,都是宁夏在探索开辟独具特色的自驾车旅游市场方面所做的贡献。据统计 2015 年全区 60% 左右的人采用自驾游方式出行。

截至 2016 年底,宁夏在建自驾车营地 41 座,沙坡头房车和帐篷营地,兵沟、贺兰山·1958、盐池哈巴湖、花马湖等 15 座自驾游营地相继建成投运。这些配套设施的建设与日益完善的公路网络,极大地推动了宁夏旅游事业的快速发展。

Record of Expressway Construction in
Ningxia
宁夏高速公路建设实录

第八篇
高速公路项目

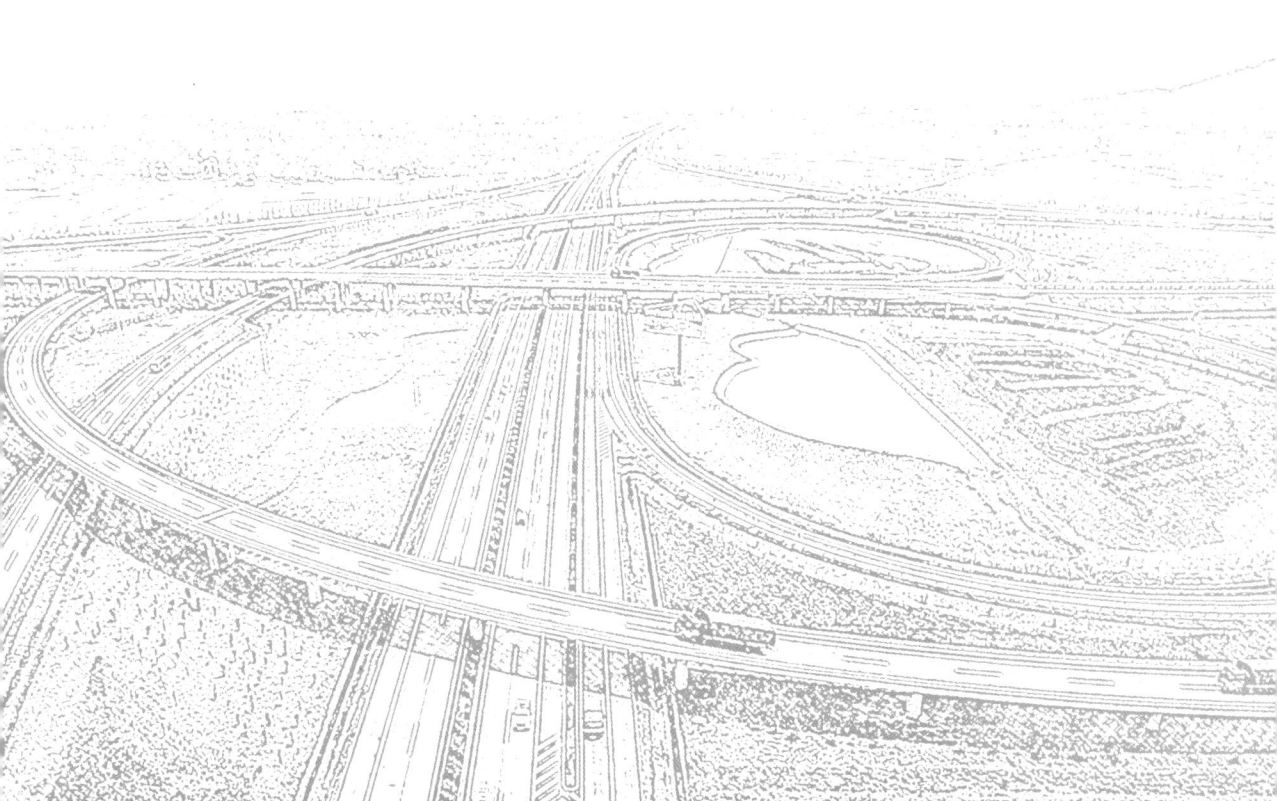

第二十六章
G6 京藏高速公路宁夏段

G6 京藏高速公路（原 GZ25 号丹东—北京—拉萨公路），即北京—拉萨高速公路，简称京藏高速公路，国家高速公路编号 G6。京藏高速公路途经北京、河北、内蒙古、宁夏、甘肃、青海、西藏 7 省区，全长约 3724km。

G6 京藏高速公路宁夏段全长 353km，走向从北至西南，起点是宁蒙交界的麻黄沟，途经惠农、平罗、贺兰、银川、永宁、吴忠、红寺堡、桃山口，终点为宁甘界（郝家集），其中银川至中宁滚泉段与 G70 福银高速公路共线。

G6 京藏高速公路宁夏段由主线姚叶、麻姚、叶中、中郝和连接线银川绕城高速公路西北段及京藏高速公路改扩建项目构成。

第一节 姚伏至叶盛高速公路

姚伏至叶盛高速公路，在 1994 年设计时为平罗至青铜峡一级公路姚伏至叶盛段，按当时公路技术标准为一级汽车专用公路。1997 年国家颁布新的《公路工程技术标准》（JTJ 001—1997）。据此，姚叶公路已符合高速公路技术标准，经交通部认可，姚叶一级公路改称姚叶高速公路。

姚叶高速公路是 G6 京藏高速公路在宁夏境内的重要组成路段，也是宁夏回族自治区"三纵五横"公路主骨架的重要组成部分。路线北起平罗县姚伏镇，途经宁夏首府银川市，南止青铜峡市叶盛镇。全长 83.4km，全线采用双向 4 车道高速公路标准，设计行车速度为 100km/h。姚叶高速公路为宁夏建设的第一条高速公路，被誉为"塞上江南第一路"。

姚叶高速公路概算总投资 15.37 亿元，其中，交通部补助 3.96 亿元，国债资金 2.01 亿元，地方自筹 1.4 亿元，银行贷款 8 亿元。

1997 年 4 月 28 日开工建设，原定工期 5 年，银川段（贺兰至叶盛）55km 于 1999 年 11 月 6 日通车，其余路段 2000 年 6 月 30 日建成试运行，实现了工期提前、质量优良、投资不超概算三大控制目标。项目于 2001 年 12 月 16 日通过了交通部组织的竣工验收。

宁夏地处祖国西北内陆，公路运输是主要运输方式，在全区经济社会发展中具有极其重要的作用。20 世纪 90 年代初，随着改革开放的不断深入，宁夏回族自治区经济发展速度增长日益加快,交通量与日俱增,而公路网的状况已经不适应交通量的需求,尤其是经过城镇的干线公路已难负重荷,交通事故、堵车等现象时有发生,对人民生产生活、城市建设和经济发展已形成严重制约。国家实施西部大开发战略,需要良好和适当超前的交通基础设施给予强有力的支撑,而以当时的二、三级公路网状况,要缩短与发达省区的差距,实现宁夏经济社会的快速发展,显然是不可行的。因此,经过四年多的反复论证,最终达成共识。宁夏要在公路基础设施建设上进一步解放思想、开拓进取,抢占制高点;抓住历史机遇,锲而不舍地大力发展公路交通,建设"通江达海、大进大出"、连接周边省区的公路运输大通道。为此,自治区党委、人民政府决定建设宁夏的第一条高速公路——姚叶高速公路,见图8-26-1。

图8-26-1 宁夏第一条高速公路——姚叶高速公路

1992年9月,交通厅正式提出姚叶公路建设计划。向自治区党委、人民政府和国家交通部汇报后,得到高度重视和大力支持。

在项目前期工作中,自治区计委、交通厅充分调研,邀请国内外资深专家来宁论证,召开专题座谈会、论证会数十次,组织人员现场踏勘、考察、比较方案。交通部从工程预可行性研究报告、工程可行性研究报告、初步设计文件、项目报建一直到开工报告等环节把关指导并及时审批。确保工程项目的科学性、经济性。1994年初完成预可行性研究报告,同年3月12日,向交通部呈报《国道主干线平罗—银川、银川—青铜峡公路建设项目建议书》。建议项目北起平罗县,经贺兰县、银川市郊区、永宁县,止于青铜峡市,全长123.92km。1994年7月12日,交通部正式批复项目建议书,正式批准工程立项。路线起点为平罗县姚伏镇，经贺兰县、银川市、永宁县，终点为青铜峡市的叶盛镇，全长约83.4km，同意全线设姚伏、四十里店、贺兰、银川、永宁和叶盛6处设互通立交；全线采用一级公路标准（全部控制出入），桥涵设计车辆荷载汽车—超20级，挂车—120；建设工期5年。

在编制工程可行性研究报告过程中，由于路线经过宁夏首府银川市及水系发达的黄河灌区，路线线位的选定就显得至关重要。经专家踏勘、论证，提出三个路线布设方案（方案A：沿山公路布线、方案B：109国道进行拓宽改造、方案C：109国道两侧布线）。专家、工程技术人员对三个方案从技术、经济、可实施性、发展趋势等多方面进行认真比选论证，与沿线地方政府就城镇发展规则、公路网布局和农业、林业、水利工程等的重要设施的现状和发展规划进行了充分协调沟通，形成阶段性成果后逐级向上级汇报，多次提出修改完善意见，经过上下多次反复论证，最终形成了三个经济技术指标，经综合分析首推C方案即沿109国道两侧布设方案，提交领导层决策。三个方案具体情况如下：

方案A：沿山公路方案

沿山公路按二级公路标准修建，设计日交通量4000辆。而1994年平均日交通量仅为1300辆，车辆拥挤度平均仅为0.26，1990—1994年增长率为4.3%。且沿山公路两侧城镇数量少、人口密度小，与109国道之间又有包兰铁路阻隔，沿途只有石嘴山市大武口区和银川新市区，尤其是汝箕沟至大坝100多公里路段，很多区域尚未开发，基本无人居住，客流量较小，客车极为稀少，货运仅部分运煤车辆走沿山线；高家闸一段约10km是砂石等建材运输线，车流量较大，而运输其他农副产品、农业资料、百货等物资的车辆极少。如将沿山线改建为高等级公路，不仅造成巨大浪费，而且仍不能解决银川南北出口交通拥堵问题，势必还要投入资金改造109国道，造成更大的浪费。因此，沿山线方案被否定。

方案B：109国道拓宽改造方案

专家、技术人员对此方案深入研究，存在三个问题。第一，将109线拓宽改造成全封闭、全部控制出入的高等级公路，必须大幅度提高路基，拆除全部桥涵。新路建设阶段，每天上万车辆无路可走。第二，高等级公路建成后，由于是全封闭的汽车专用公路，为了拖拉机、自行车、非机动车及行人通行，解决沿线人民群众生产生活问题，还需另修辅道。第三，109国道街道化严重，两侧店面比比皆是，居民住宅鳞次栉比，已经形成一条商业走廊。电力、通信设施及房屋拆迁量很大，同时线路两侧已街道化，不但难以封闭，也会给居民生活带来诸多不便。况且，如果利用109国道旧线拓宽改建成一条高等级公路，必须先修一条二级公路供上万车辆行驶，待高等级公路建成后，改作辅道供非机动车行驶，不但不节约耕地，反而造成更大的浪费，且工期延误2~3年。利用旧路改建高等级公路，全国其他省区在实践中大都予以否定。

方案C：沿109线两侧布设方案

此方案将109国道的二级公路予以保留，作为高等级公路的辅道，供行人、非机动车及不能上高等级公路的机动车使用。新建的高等级公路沿109国道两侧布设。其优点是：处在银川平原中部，与国家公路主骨架、宁夏公路主骨架规划相吻合；沿线是宁夏最富庶、商品经济最发达的经济长廊，修建高等级公路，有利于经济发展；沿线人口稠密，城镇密布，修建高等级公路，可以增强城市经济辐射功能。缺点是：与沿山线布设方案相比，占用良田较多，取土料运距远，拆迁量较大。

  1994年11月23日，完成工程可行性研究呈报交通部。1995年4月19日，交通部正式批复《姚伏至叶盛高速公路工程可行性研究报告》（以下简称《工可》）。自治区交通厅按照批复意见，组织力量进行初步设计。姚叶高速公路在设计过程中根据《工可》推荐路线方案以及交通部对《工可》批复意见，设计单位进一步对《工可》路线走廊进行了深入的论证，并做了现场踏勘核对。经与当地政府交涉沟通，本着尽量少占耕地，减少拆迁量，避免干扰沿线老百姓生产、生活，优化《工可》方案，银川过境段（图8-26-2和图8-26-3）路线东移约2km、永宁县城过境段西移约1km，形成初步设计方案。1995年8月17日，完成初步设计并报交通部。11月初，交通部组织全国资深专家来宁现场审查；11月30日，交通部正式批复初步设计。主要内容为：

  姚伏至叶盛公路起自平罗县南姚伏镇西北，经贺兰、银川、永宁，止于叶盛西，全长83.40km，同意全线按汽车专用公路平原微丘区一级标准建设；计算行车速度为100km/h，路基宽度24.5m，桥涵设计车辆荷载采用汽车—超20级、挂车—120，抗震设防采用8度地震基本烈度；同意贺兰县、银川市过境方案；同意姚伏、四十里店、贺兰、银川、永宁和叶盛六处设互通立交方案；同意采用沥青混凝土路面，面层厚度12cm；建议沥青碎石改为沥青混凝土；互通立交匝道沥青混凝土面层总厚度可控制在10cm；建议硬路肩采用与行车道相同面层；总概算核定为15.37亿元。项目总工期（自开工之日起）5年。

  至此项目前期工作全部完成，进入实施阶段。

图8-26-2　京藏高速公路银川段

图 8-26-3　京藏高速公路银川互通立交

对于宁夏这样的老少边穷经济欠发达地区，自治区财政困难，属于"吃饭财政"和输入性财政，没有财力投资高速公路建设。在这种情况下，在自治区党委政府的坚强领导下，交通部门做了大量艰苦细致的工作。一是，积极争取交通部的公路建设资金支持，交通部为该项目提供了3.96亿元建设资金补贴。二是，用财政部补贴资金作为资本金，1998年7月11日向中国建设银行宁夏分行申请商业贷款8亿元。三是，争取国债资金2.01亿元，地方自筹1.4亿元。四是，积极争取自治区人民政府对姚叶高速公路给予政策上的优惠支持。1997年1月30日，自治区人民政府批准了交通厅、财政厅、物价局《关于加快姚叶一级公路建设有关政策规定的报告》。这是专门针对姚叶公路的一套优惠政策，其中包括：按底线确定的土地补偿费标准、拆迁补偿费标准；无偿划拨荒滩、荒地供公路建设取土；征收返还和减免有关税费，等等。这些优惠政策节约了大量的土地征用、拆迁补偿费用，降低了资金筹措的难度。通过上述努力基本解决了姚叶高速公路建设资金问题。

为保障项目的顺利实施，自治区人民政府成立了三个领导机构，即成立自治区姚叶一级公路领导小组，由时任自治区副主席任启兴任姚叶一级公路建设领导小组组长，时任主席助理于革胜任副组长兼总指挥；成立了姚叶一级公路工程建设指挥部，具体由交通厅组建；成立了姚叶一级公路征地拆迁指挥部，由项目沿线地方政府组建。

工程建设指挥部职责是以业主身份对项目进行全过程管理，组织工程建设招投标，安排工程进度，检查工程质量，控制投资规模，解决工程建设中出现的重大问题。

严格执行工程招投标制是工程质量管理的关键环节。依据交通部《公路建设市场管理办法》《公路工程施工招投标管理办法》《关于姚叶公路初步设计的批复》及自治区人民政府有关文件，工程建设指挥部在自治区计委、交通厅等有关厅局组成的姚叶公路招标领导小组的领导下，组织工程施工招投标工作。委托具有甲级资质的北京路捷公司编制招标文件,经审查后通过,按照交通部《关于公路建设市场管理办法》规定,向交通部报建。1997年1月25日,任启兴、于革胜组织召开姚叶公路建设领导小组第一次会议,确定工程分两期建设,研究了招投标工作。会议决定,一期工程全部在区内招标,做到公开、公平和公正。按照建设项目统一领导、分级管理的原则,交通厅组建了招标领导小组。其职责是:审查批准评标小组;审定评标细则;审查评标报告;确定中标单位等,严格依法组织招标工作。每次招投标都经资格预审、公开开标、专家小组评标、招投标领导小组最后审定中标单位等程序,充分体现公开、公平、公正的原则,选择技术力量雄厚、管理水平高、设备精良、业绩资信良好、报价合理的施工队伍,为提高工程质量奠定了基础。

1997年4月28日,姚叶高速公路工程开工典礼在银川互通立交桥建设工地隆重举行。项目建设一开始就提出,"要把宁夏的第一条高速公路真正建设成高标准、高质量、高速度、低成本的样板工程",为此,交通厅以厅属单位为主,选调了一批思想素质高、业务能力强、具有一定管理水平和技术水平的骨干,担负繁重而艰辛的工程建设管理重任。

在项目实施过程中,工程建设指挥部无论是对前期勘测设计,还是对施工建设、征地拆迁补偿,所有涉及建设资金的各项工作,都实行合同管理,严格按合同条款执行。特别是在工程施工中,每月完成的工程数量和工程质量,须经监理工程师签字确认后,由指挥部质量安全处和建设处分别审查签认,经财务部门审查手续齐全后,再由指挥长签字,支付工程进度款,杜绝一切计划外、合同外的支付。

针对合同段较多、施工单位水平参差不齐的实际情况,工程建设指挥部首创"月终综合考评"管理办法。考核内容涉及工程质量、工程进度、计划统计、施工资料、现场管理、安全文明施工六个方面,从1997年7月1日起开始实施。每月下旬由各处室、总监办、驻地办监理人员对各合同段进行现场检查,对照考核标准进行考评打分。在月初的调度会上,公布名次,指出存在问题,提出整改要求。综合考评方法实施后,各合同段竞争意识明显增强,管理效果显著提高,对于提高工程质量、保证工期起到很大的促进作用。此办法在以后的高速公路建设管理中起到了示范作用。

征地拆迁指挥部分别由银川市人民政府、平罗县人民政府、青铜峡市人民政府组建,负责在自治区定额补偿标准范围内,包干完成所属行政区内的征地拆迁及工程临时用地、取土场、料场划拨,负责本地区有关建设纠纷、治安等施工环境问题。

姚叶高速公路全长84.3km,跨越4县1区16个乡的50个行政村,其中通过平罗县境内8.7km,贺兰县境内25.3km,银川市郊区境内11.9km,永宁县境内32.9km,青铜峡市境内5.5km。

姚叶高速公路征地拆迁完成的工作量,是自治区公路建设史上前所未有的。各征地拆迁指挥部均设办公室,沿线相关的县、乡镇人民政府、村民委员会及土地、水利、供电、通信等单位负责人参与,并分成征地、拆迁、线外工程三个组。在征地拆迁过程中,为保护农民的利益,避免矛盾,保证工程顺利实施,首先进行深入细致的宣传工作,沿线张贴宣传标语、公布征地拆迁标准,召开座谈会,深入农户家中谈心沟通、答疑解惑,争取理解支持。采用"先农民,后集体"的支付办法,尽量使农民的补偿费及时到位。

整个征地拆迁工作紧紧依靠地方政府实施,不仅进展顺利,而且协调解决了施工过程中出现的诸多矛盾及一些突发事件,营造了一个比较好的工程建设环境。同时,为宁夏高速公路建设征地拆迁工作探索出一套行之有效的工作程序和办法。

姚叶高速公路自开工以来,在自治区党委、人民政府的坚强领导下,在社会各界和地方沿线政府和群众的大力支持下,经过全体建设者38个月的顽强拼搏,于2000年6月30日实现全线建成通车,比计划工期提前了整整22个月,节约投资1亿元,质量优良,后期运营状况良好。

姚叶高速公路质量检测工作由姚叶高速公路总监办、宁夏交通厅公路工程质量监督站、交通部公路工程检测中心分别完成。这三个单位分别属于社会监理部门、政府监督部门和全国性权威专业技术机构,保证了检测结果的权威性和可信度。

姚叶高等级公路总监办的评价:

路基工程的填料和施工工艺符合规范和合同要求,施工现场检测151361点、驻地监理办复检32407点及总监办中心实验室抽检1370点的资料证实,路基压实度达到或高于规定标准;16022点的弯沉值小于设计值;桥梁工程外部尺寸与设计图纸相符;水泥混凝土和水泥砂浆6908组和653组检验,强度均达到设计标号;无破损检测钻孔灌注桩653根全部合格;路面工程经姚叶高速公路总监办中心试验室对各项指标共14010个点组的检测,各层结构的厚度、宽度、强度、压实度、弯沉值、高程、纵横坡、平整度和抗滑值等指标均达到或超过设计标准。

交通厅质量监督站的交工验收质量评定:

姚叶公路全线的路基工程、桥涵工程、路面工程和交通安全设施的质量等级均为优良。

交通部公路工程检测中心对姚叶高等级公路路面技术性能的检测评价:

路面代表弯沉总平均值为17(0.01mm),每公里代表弯沉值全部小于规范允许弯沉值,根据检评标准的规定均可得满分。

全段平整度测试结果为 $\sigma = 0.83$ mm (IRI = 1.36),总合格率为99.83%。在其中约2/3路段已使用近半年的情况下,姚叶高等级公路平整度与国内其他高等级公路相比属较好水平。

路面沥青层厚度测试数据显示,X_L 总平均值为129.1mm,合格率为96.80%,达到优秀水平。

作为工程交工验收检测,横向力系数 SCF = 62,总合格率为91.13%;构造深度 T_0 =

0.71mm,总合格率为86.88%。该两项参数均满足检评标准的路面抗滑要求,为高速行车提供了安全保证。

1999年9月3日,交通部公路建设质量年活动检查组对姚叶高等级公路项目管理、工程质量进行了检查,历时4d,综合评分93分,工程质量得到肯定。评价和检测结果充分说明,姚叶公路的工程质量是过硬的。

1999年10月下旬,国务院总理朱镕基来宁夏调研,途经已经建成正在筹备通车的姚叶一级公路银川段,对该段工程质量给予良好的评价,极大地鞭策和鼓舞了广大工程建设者。

2012年5月,受自治区交通运输厅委托,北京中咨正达交通工程科技有限公司对京藏高速公路石嘴山至叶盛段进行项目后评价。评价意见如下:

(1)建设项目遵循了国家及交通部关于建设项目基本建设程序,从立项、设计、招投标、建设管理、交竣工验收、运营管理都是按照有关法律、管理办法进行。

(2)决策科学,抓住了建设的有利时机。交通厅较早编制了《宁夏公路规划》,此项目既是国家高速公路网中京藏高速公路宁夏境内的一段,也是宁夏公路网中的主骨架。实施此项目既是完善国家高速公路网,也缓解了宁夏交通量最大段的压力,对促进宁夏经济发展有着重大意义。建设时期正遇国家加大基础设施建设的大好时机,由于项目有储备,抓住了有利时机,加快了建设的步伐。

(3)交通部对此项目给予了极大的支持和帮助,及时批复立项、及时批复初步设计。给予资金补贴,这对经济欠发达地区尤为重要。建设过程中多位领导到现场检查指导,送来其他省市的先进经验。交通部的大力支持和帮助促进了项目的顺利进行。这对老少边穷地区是很重要的。

(4)宁夏回族自治区党委、人民政府对此项目高度重视,根据宁夏的具体情况成立专项建设项目领导小组,及时协调解决建设过程中出现的问题。批准成立工程建设指挥部和征地拆迁指挥部,工程建设指挥部由交通厅负责组建,对项目建设过程进行管理;征地拆迁指挥部有地方政府负责组建,与工程建设指挥部配合负责征地拆迁。强有力的组织保证了工程顺利进行,这是此项目的一个特点。

(5)此项目的实施,为宁夏培养了一批建设管理、设计、施工、监理、运营管理方面的人才,创建了一套适合宁夏的管理办法,为以后的高速公路建设提供了经验。

(6)石叶高速公路收费、通信、监控系统设计体现了当时全国的水平,设施配置齐全,设备选型符合技术主流,实际运行状况良好。

(7)项目运营管理规范,公路运行状况良好。石叶高速公路是按照"统一管理、分级负责、资源整合"的原则进行管理,全区公路管理都由宁夏公路管理局统一管理,下设5个分局负责所辖路段。宁夏交通厅组织编制了《宁夏高速公路联网收费系统技术方案》《宁夏高速公路联网收费、监控、通信系统技术条件》，虽然高速公路分段实施，但机电设计都有标准可循。

（8）此项目具有良好的国民经济效益和财务效益。项目的建成大大改善了石嘴山、银川两个城市间的运输条件，大幅度降低了汽车运输成本，缩短了旅途时间，减少了交通事故，衍生了较好的国民经济效益。无论在正常条件下，还是在最不利情况发生时，内部收益率大于社会折现率，投资回收期小于项目评价期，具有较强的抗风险能力。

经验：

（1）建设管理和运营管理模式符合宁夏实际情况。建设管理从开始的指挥部到后来的公路建设管理局，都是事业单位，对于经济欠发达的少数民族地区、投资没有实现多元化的情况下更适合，使管理人员人心稳定、收入稳定，整体队伍稳定。项目管理具有连续性，经验可借鉴，教训可汲取改正。运营管理统一，资源充分利用，收费、监控易联网，对于小的省份更合适。

（2）在施工招标前交通厅决策，路基填料不能采用就近农田土，而是采用运距较远的荒地取土，基本都是砾类土，既保护了农田，又提高了路基的强度和稳定性。

（3）沥青路面应采用强度较高的碎石，岩性不是主要的，上面层采用强度较高的砂岩，虽属酸性料，掺加沥青抗剥落剂，通过12年的运行，效果很好。

（4）在沥青路面厚度较小情况下，当时半刚性混合料级配没有出现骨架密实型条件下，为减少半刚性基层收缩裂缝反射到沥青面层，采用在半刚性基层预切缝加铺土工格栅，与没有这样做的路段有明显的效果。

姚叶高速公路主要文件汇总见表8-26-1，主要技术指标见表8-26-2，主要工程数量见表8-26-3。

主 要 文 件 汇 总　　　　　　　　　　　　　表8-26-1

文　件　名	文　件　号
交通部《关于平罗至银川、银川至青铜峡公路项目建议书的批复》	交计发〔1994〕705号 1994年7月12日
交通部《关于姚伏至叶盛公路可行性研究报告的批复》	交计发〔1995〕344号 1995年4月19日
《关于姚伏至叶盛公路初步设计的批复》	交公路发〔1995〕1146号 1995年11月30日
《关于成立姚叶一级公路建设领导机构的通知》	宁政发办〔1997〕1号 1997年1月2日
《关于加快姚叶一级公路建设有关政策规定的报告》	宁政发〔1997〕14号 1997年1月30日

续上表

文 件 名	文 件 号
《关于成立姚叶一级公路工程建设指挥部的通知》	宁编事办〔1997〕33号 1997年4月14日
《关于成立石中高速公路建设领导机构的通知》	宁政办发〔1999〕31号 1999年3月22日

主 要 技 术 指 标　　　　表8-26-2

序号	项目名称		单位	技术指标	备注
1	公路等级			高速公路	
2	设计速度		km/h	100	
3	路基宽度		m	24.5	
4	行车道宽度		m	4×3.75	
5	平曲线最小半径		m	4000	
6	最大纵坡		%	1.678	
7	汽车荷载等级		级	汽车—超20级 挂车—120	
8	设计洪水频率	大中桥		1/100	
		特大桥		1/300	
9	路面类型			沥青混凝土	

主 要 工 程 数 量　　　　表8-26-3

序号	项目	单位	数量
1	路基土石方	1000m³	10578.95
2	大桥	m/座	232.54/3
3	中桥	m/座	849.74/21
4	小桥	m/座	1240.36/62
5	涵洞	道	358
6	互通立交	处	6
7	分离式立交	m/座	628.81/11
8	通道	道	82
9	建设用地	亩	8287
10	拆迁建筑物	m²	49571

第二节 麻黄沟至姚伏高速公路

宁夏麻黄沟至姚伏高速公路(图8-26-4),又称石(嘴山)中(宁)高速公路北段,是当时国家规划的国道主干线"五纵七横"京藏高速公路(原丹东—北京—拉萨公路)在宁夏境内的一段,是宁夏第一条高速公路——姚叶高速公路向北的延伸,也是宁夏回族自治区"三纵五横"干线公路骨架的重要组成部分。

图8-26-4 京藏高速公路麻黄沟至姚伏段

麻姚高速公路北起宁夏与内蒙古交界的麻黄沟,路线布设于银川平原北部(图8-26-5),西临贺兰山,东靠鄂尔多斯高原,途经石嘴山区、惠农县、平罗县,南止平罗县姚伏镇。项目全长73.27km,全线采用双向4车道高速公路标准,设计行车速度为80km/h,在石嘴山区、惠农县和平罗县设置3个互通式立交。

图8-26-5 京藏高速公路穿越银川北部平原

在交通部、自治区人民政府及交通厅的共同努力下,建设资金筹措比较顺利。麻姚高速公路概算总投资14.19亿元,其中交通部安排3.78亿元的专项基金作为国家投入的资本金,国债转贷资金 3.50 亿元,交通厅自筹 0.41 亿元,中国建设银行宁夏分行向麻姚高速公路工程一次性贷款 6.50 亿元。

项目建设管理由石中高速公路北段工程建设指挥部负责,征地拆迁由沿线地方政府组建的征地拆迁指挥部负责。麻姚高速公路开工日期为 1999 年 9 月 25 日。原定工期 3 年。经全体建设人员的共同努力,姚伏至平罗 20km 于 2001 年 8 月 31 日先期通车,其余路段 2001 年 11 月 12 日建成通车。工期提前了将近 1 年,且工程质量优良,总投资不超概算,圆满完成了预期目标。

项目于 2005 年 12 月 31 日通过自治区交通厅组织的竣工验收。

麻姚高速公路主要文件汇总见表 8-26-4,主要技术指标见表 8-26-5,主要工程数量见表 8-26-6。

主要文件汇总　　　　　　表 8-26-4

文 件 名	文 件 号
《关于麻黄沟至姚伏公路可行性研究报告的批复》	交规划发〔1998〕723 号 1998 年 11 月 30 日
《关于成立石中高速公路建设领导机构的通知》	宁政办发〔1999〕31 号 1999 年 3 月 22 日
《关于丹东—北京—拉萨国道主干线宁夏回族自治区麻黄沟至姚伏段公路环境影响评价大纲审查意见的复函》	环监发〔1999〕39 号 1999 年 4 月 9 日
《关于麻黄沟至姚伏公路初步设计的批复》	交公路发〔1999〕441 号 1999 年 8 月 27 日
《关于同意贷款建设石中高速公路南北段的批复》	宁政函〔1999〕51 号 1999 年 5 月 20 日
《关于麻黄沟至姚伏高速公路工程水土保持初步设计的批复》	宁水保发〔1999〕54 号 1999 年 8 月 13 日
《关于对重点公路建设项目给予优惠政策扶持的通知》	宁政发〔1999〕99 号 1999 年 9 月 10 日
《关于麻黄沟至姚伏高速公路工程建设用地的批复》	国土资源函〔2000〕279 号 2000 年 4 月 24 日
《关于麻黄沟至姚伏高速公路工程建设用地的批复》	宁政土批字〔2000〕44 号 2000 年 5 月 10 日
《关于丹拉国道主干线(宁夏境)麻黄沟至姚伏段公路环境影响报告书审查意见的复函》	环审〔2001〕18 号 2001 年 1 月 22 日

主要技术指标　　　　　　表 8-26-5

序号	项目名称	单位	技术指标	备注
1	公路等级		高速公路	
2	设计速度	km/h	80	
3	路基宽度	m	24.5	
4	行车道宽度	m	4×3.75	
5	平曲线最小半径	m	3500	
6	最大纵坡	%	2.365	

续上表

序号	项目名称		单位	技术指标	备注
7	汽车荷载等级		级	汽车—超20级 挂车—120	
8	设计洪水频率	大中桥		1/100	
		特大桥		1/300	
9	路面类型			沥青混凝土	

主要工程数量 表8-26-6

序号	项目	单位	数量
1	路基土石方	1000m³	8766.53
2	大桥	m/座	530.5/5
3	中桥	m/座	377.9/6
4	小桥	m/座	115.28/10
5	涵洞	道	298
6	互通立交	处	3
7	分离式立交	m/座	509.7/7
8	通道	m/道	1213.94/86
9	建设用地	亩	5858.65
10	拆迁各类建筑物	m²	7793

第三节 叶盛至中宁高速公路

叶盛至中宁高速公路(又称石中高速公路南段)是姚叶高速公路的向南延伸项目,是国道主干线GZ25号丹东—北京—拉萨公路在宁夏境内的一段,也是宁夏规划的"三纵五横"干线公路网的重要组成部分。

路线起点位于叶盛镇反帝沟,与姚叶高速公路的终点相连接,经陈袁滩、吴忠、关马湖、沙坝沟、滚泉、鸣沙,止于中宁县新堡乡。全长96.79km,全线采用双向4车道高速公路标准,设计行车速度为80km/h,设黄河特大桥1座,互通立交6座。项目概算总投资22.9亿元。批准工期4年。

京藏高速公路中宁白马段如图8-26-6所示。

项目资金构成为交通部补贴6.22亿元,地方自筹4.5亿元,其余全部采用国内商业银行贷款。项目建设管理由石中高速公路南段工程建设指挥部负责,征地拆迁由沿线地方政府组建的征地拆迁指挥部负责。1999年10月25日开工建设,经全体建设人员的共同努力,2002年11月5日全线建成通车,比原计划工期提前近1年,项目节约资金约1.5

亿元。2003年10月14日,自治区人民政府对石中高速公路北段工程予以表彰奖励,同意从工程建设节约资金中提取3%即450万元作为综合竣工奖,其中1/3用于奖励先进单位和个人,2/3用于补助建设管理费的不足。

图8-26-6 京藏高速公路中宁白马段

在交工验收中,该项目质量达到设计和规范要求,质量评分91.6分,质量等级评定为优良。

项目于2009年4月14日通过了自治区交通厅组织的竣工验收。

叶中高速公路主要文件汇总见表8-26-7,主要技术指标见表8-26-8,主要工程数量见表8-26-9。

主要文件汇总　　　　　　　　　　　　　　　　　　　表8-26-7

文 件 名	文 件 号
《关于报送国道主干线丹东—拉萨公路(宁夏境)叶盛至中宁段建设项目建议书的报告》	宁交发〔1998〕038号 1998年8月13日
《关于叶盛至中宁公路工程可行性研究报告的批复》	交规划发〔1998〕724 1998年10月30日号
《关于国道主干线丹东—北京—拉萨公路(宁夏境)叶盛至中宁段公路环境影响评价大纲审查意见的复函》	国环监发〔1999〕42号 1999年4月11
《关于国道主干线丹东—北京—拉萨公路(宁夏境)叶盛至中宁段高速公路水土保持方案审批意见的函》	吴水发〔1999〕22号 1999年8月10日
《关于叶盛至中宁公路初步设计的批复》	交公路发〔1999〕533号 1999年10月9日
《宁夏回族自治区麻姚、叶中高速公路地质灾害危险性评估报告书审查意见》	2000年1月25日
《关于宁夏石中高速公路叶盛—中宁段占压矿床情况的报告》	宁地发〔2000〕12号 2000年2月24日

第八篇 高速公路项目

续上表

文 件 名	文 件 号
《关于石中高速公路叶盛——中宁段工程档案的验收意见》	宁档函〔2005〕18号 2005年7月22日
《关于申请办理银川至巴彦浩特公路（宁夏境）项目建设用地手续的函》	宁公建函〔2010〕536号 2010年11月15日

主 要 技 术 指 标　　　　　　　　　　　　　　表8-26-8

序号	项目名称		单位	技术指标	备注
1	公路等级			高速公路	
2	设计速度		km/h	80	
3	路基宽度		m	25	陈袁滩互通立交至吴忠互通立交35m
4	行车道宽度		m	4×3.75	
5	平曲线最小半径		m	1748	
6	最大纵坡		%	4	
7	汽车荷载等级		级	汽车—超20级 挂车—120	
8	设计洪水频率	大中桥		1/100	
		特大桥		1/300	
9	路面类型			沥青混凝土	

主 要 工 程 数 量　　　　　　　　　　　　　　表8-26-9

序 号	项 目	单 位	数 量
1	路基土石方	1000m³	12770.28
2	特大桥	m/座	1255.40/1
3	大桥	m/座	1124.28/8
4	中桥	m/座	1313.26/21
5	小桥	m/座	360.12/12
6	涵洞	m/道	8371.60/239
7	互通立交	处	6
8	分离式立交	m/座	1282.06/12
9	通道	m/道	2975.72/115
10	天桥	m/座	125.08/2
11	建设用地	亩	10996.74

第四节　中宁至郝家集高速公路

中宁至郝家集高速公路是国道主干线GZ25号丹东—北京—拉萨公路的重要组成部分,是交通部规划的国道主干线系统"五纵七横"中第二横的重要路段,是宁夏回族自治区"X"形公路主骨架的重要组成部分。

路线起点位于石中高速公路南段终点,即中宁县新堡乡(图8-26-7),止于宁甘省界的郝家集。路线全长98.67km,全线采用双向4车道高速公路标准,设计行车速度80km/h。沿线设大桥8座,互通式立交5处。跨中宝铁路分离立交设特大桥1座。项目概算总投资20.78亿元,批准建设工期3年。

图8-26-7　京藏高速公路中宁段

项目资金构成:交通部补助6.35亿元,银行贷款13亿元,自治区自筹1.43亿元。项目建设管理由中郝高速公路工程建设指挥部负责,征地拆迁由沿线地方政府组建的征地拆迁指挥部负责。2000年11月25日开工,2003年11月28日建成通车,实现了工期提前、质量优良、投资不超概算。

在交工验收中,该项目质量达到设计和规范要求,质量评分91分,质量等级评定为优良。

项目于2014年4月通过了自治区交通运输厅组织的竣工验收。

中郝高速公路主要文件汇总见表8-26-10,主要技术指标见表8-26-11,主要工程数量见表8-26-12。

第八篇 高速公路项目

主要文件汇总　　　　　　　　　　　　　　　　　　　表 8-26-10

文 件 名	文 件 号
《关于宁夏中宁至郝家集高速公路建设项目用地的预审报告》	宁土建发〔1999〕77 号 1999 年 12 月 27 日
《关于丹拉国道主干线中宁至郝家集公路可行性研究报告的批复》	交规划发〔2000〕237 号 2000 年 5 月 9 日
《关于丹拉国道主干线中宁至郝家集公路初步设计的批复》	交公路发〔2000〕470 号 2000 年 9 月 11 日
《关于宁夏中宁—郝家集段高速公路压覆矿床情况的报告》	宁国土资发〔2000〕84 号 2000 年 9 月 20 日
《关于宁夏中宁—郝家集高速公路环境影响报告书的批复》	环函〔2000〕407 号 2000 年 11 月 1 日
《关于丹拉国道主干线中宁至郝家集公路工程施工图设计文件的批复》	宁交函〔2001〕25 号 2001 年 2 月 5 日
《关于中宁至郝家集高速公路建设用地的批复》	国土资函〔2001〕361 号 2001 年 8 月 16 日
《关于中宁至郝家集高速公路建设用地的批复》	宁政土批字〔2001〕123 号 2001 年 8 月 28 日
《关于报送〈国道主干线丹东—北京—拉萨(宁夏境)中宁至郝家集高速公路交工验收报告〉的报告》	宁公建发〔2006〕9 号 2006 年 6 月 13 日
《丹东—北京—拉萨国道主干线(宁夏段)中宁—郝家集高速公路地质灾害危险性评估报告书》	2006 年 6 月 20 日
《关于丹东至拉萨国道主干线中宁至郝家集段高速公路水土保持设施验收的复函》	宁水保发〔2006〕36 号 2006 年 11 月 13 日

主要技术指标　　　　　　　　　　　　　　　　　　　表 8-26-11

序号	项目名称		单 位	技术指标	备 注
1	公路等级			高速公路	
2	设计速度		km/h	80	
3	路基宽度		m	24.5	
4	行车道宽度		m	4×3.75	
5	平曲线最小半径		m	1350	
6	最大纵坡		%	4	
7	汽车荷载等级		级	汽车—超 20 级 挂车—120	
8	设计洪水频率	大中桥		1/100	
		特大桥		1/300	
9	路面类型			沥青混凝土	

主要工程数量　　　　　　　　　　　表 8-26-12

序　号	项　目	单　位	数　量
1	路基土石方	1000m³	12507.33
2	特大桥	m/座	507/1
3	大桥	m/座	1438.92/10
4	中桥	m/座	1881.67/31
5	小桥	m/座	421.92/21
6	涵洞	道	324
7	互通立交	处	6
8	分离式立交	m/座	415.57/9
9	通道	m/道	1449.43/89
10	建设用地	亩	10896
11	拆迁建筑物	m²	15610

国道主干线丹东—北京—拉萨公路在宁夏境内全长 353km，分 4 个项目实施，即姚叶、麻姚、叶中、中郝高速公路项目。至 2003 年 11 月 28 日实现全线高速化。该段公路纵贯宁夏石嘴山市、银川市、吴忠市、中卫市，既是国家高速公路网的重要组成部分，也是宁夏回族自治区的公路主骨架和交通、经济大动脉。项目的快速建设实施，对落实国家西部大开发战略，加强东西部的经济交流，促进宁夏乃至整个西部经济发展都起到了十分重要的作用。

第五节　银川绕城高速公路西北段

银川绕城高速公路西北段是 G6 京藏高速公路和 G20 青银高速公路在宁夏的交汇连接线，也是宁夏公路网和银川绕城高速公路的重要组成路段。

特别需要说明的是，银川绕城高速公路是宁夏经济社会发展的需要，是银川市成为西北地区中心城市的需要。有两条国家高速公路（G6、G20）、两条国道（G109、G110）及省道 102 在此交汇穿过，形成银川向周边地区辐射的公路主枢纽，使银川市成为西部地区重要的交通枢纽城市。同时也是彻底解决银川中心市区交通拥堵、提升城市品位、完善首府城市布局的重要基础设施，对促进大银川建设，增强中心城市辐射功能，进而全面推进跨越式发展战略具有重要意义。银川绕城高速公路由已建成的京藏高速公路银川段（东环）、银古高速公路银川过境段（南环）及银川绕城高速公路西北段组成，全长 78.81km，国家高速路网编号 G0601，其中，东环 18.4km、南环 22.7km、西北环 37.69km，环内面积 400 余平方公里，共设出入口 15 个。

银川绕城高速公路西北段起点位于银川市西夏区平吉堡,接银古高速公路银川过境段(南环),经园艺场、农牧场、西湖农场,止于贺兰,接京藏高速公路,全线长36.96km。设计为双向4车道高速公路,设计行车速度100km/h,路基宽度26m。设阅海特大桥1座。项目批复概算为16.35亿元,建设工期3年。

银川绕城高速公路阅海大桥如图8-26-8。

图8-26-8 银川绕城高速公路阅海大桥

项目资金构成:交通运输部补助3.78亿元,银行贷款8亿元,自治区自筹4.55亿元。项目建设管理由宁夏公路建设管理局负责,征地拆迁由银川市组建的征地拆迁工作部门负责。2005年5月8日开工,2008年8月底建成通车。

在交工验收中,该项目质量达到设计和规范要求,质量评分93.94分,按照新的质量评定标准评定为合格。

银川绕城高速公路主要文件汇总见表8-26-13,主要技术指标见表8-26-14,主要工程数量见表8-26-15。

主要文件汇总   表8-26-13

文 件 名	文 件 号
《关于银川绕城高速公路西北段项目建设用地的预审意见》	宁国土资函〔2003〕60号 2003年11月14日
《关于国道主干线银川绕城高速公路西北段可行性研究报告的批复》	交规划发〔2004〕59号 2004年2月19日
《关于银川绕城高速公路西、北段环境影响评价大纲的评估意见》	国环评估纲〔2004〕120号 2004年6月10日
《关于银川绕城高速公路西北段工程压覆矿产资源状况的批复》	宁国土资环函〔2004〕23号 2004年8月24日
《关于国道主干线银川绕城公路西北段初步设计的批复》	交公路发〔2005〕107号 2005年3月21日

续上表

文 件 名	文 件 号
《关于国道主干线银川绕城高速公路西北段施工图设计文件的批复》	宁交函〔2005〕36号 2005年3月22日
《自治区水利厅关于银川绕城高速公路西、北段水土保持方案的复函》	宁水保发〔2005〕29号 2005年12月27日
《银川绕城高速公路西北段施工许可申请书批复单》	宁夏交通厅 2006年1月4日

主 要 技 术 指 标 表8-26-14

序号	项目名称		单位	技术指标	备注
1	公路等级			高速公路	
2	设计速度		km/h	100	
3	路基宽度		m	26	
4	行车道宽度		m	4×3.75	
5	平曲线最小半径		m	700	
6	最大纵坡		%	4	
7	汽车荷载等级		级	公路—Ⅰ级	
8	设计洪水频率	大中桥		1/100	
		特大桥		1/300	
9	路面类型			沥青混凝土	

主 要 工 程 数 量 表8-26-15

序 号	项 目	单 位	数 量
1	路基土石方	1000m³	7990
2	特大桥	m/座	1146.08/1
3	大桥	m/座	1458.28/3
4	中桥	m/座	788.52/16
5	小桥	m/座	77.36/3
6	涵洞	道	57
7	互通立交	处	8
8	分离式立交	座	8
9	通道	道	14
10	建设用地	亩	4891.6
11	拆迁建筑物	m²	31500

第六节　石嘴山(蒙宁界)至中宁段改扩建

G6 京藏高速公路宁夏段是宁夏第一条高速公路,全长 352.97km,是《国家公路网规划(2013—2030 年)》的重要组成部分,也是目前宁夏最重要的主干大通道。北连内蒙古、河北、北京,西接甘肃、青海、西藏等省区,自北向南连通宁夏 5 个地级市中的 4 个地级市,即石嘴山市、银川市、吴忠市、中卫市(中宁),并通过 G70 福银高速公路辐射带动宁夏固原市等中南部地区。自 1999 年建成姚伏至银川段,至 2003 年全线贯通后,对宁夏带来的影响是方方面面的,包括产业结构的调整、人民生活方式的变化,可以说,京藏高速公路对沿线 10 余个市县(区)乃至全区发展都带来了显著的经济效益和社会效益,是宁夏交通运输的大动脉,在国家高速公路网和地方干线公路网中发挥了重要的作用。

一、决策背景

京藏高速宁夏段建成 10 余年来,交通量增长迅猛,大型车、过境车比例不断攀升,目前日平均交通量已超过 2 万辆,局部重要路段日平均交通量已达 3 万辆以上。近两年,每遇节假日,交通拥堵频发。加之,由于京藏高速建设标准低,路面病害严重,每年需对大量路段进行路面大修,严重影响车辆通行。当前,宁夏正在实施沿黄经济区发展战略和百万人口扶贫攻坚战略,加快建设内陆开放型经济试验区,大力推进新型城镇化,构筑丝路经济带重要节点,积极打造"西部最优、比东部更优"投资环境,努力建设"四个宁夏"。为满足这些战略部署对基础设施的需求,京藏高速公路扩容改造迫在眉睫。

京藏高速公路宁夏段自 2012 年提出改扩建,直至 2016 年开工建设,前期经历了 4 年。最初,根据京藏高速公路现状交通量,计划对石嘴山至吴忠段进行改扩建,经论证,京藏高速公路是宁夏最主要的大通道,而且银川至桃山口段与福银高速公路共线,考虑完善路网和长远发展需求,应该将改扩建终点延伸至桃山口,并将滚泉至桃山口段改线从红寺堡区经过,这样路线更顺直便捷。鉴于京藏高速公路经过自治区 5 个地级市中的 4 个,途经 10 个县区,承担着重要的交通运输职能,自治区对此项目非常重视,分管副主席曾三度参加项目前期论证会议,并就项目实施的一些关键问题做出指示,如银川过境段利用原路进行改扩建还是另辟新线建设,新线是采用 6 车道还是 8 车道,滚泉至桃山口段新线是采用 4 车道还是 6 车道,永宁县城是包入新高速环线还是放在其外等;特别是银川过境段,最初征求银川市意见,银川市认为新线占地多、影响大,宜采用原路改扩建。经过了反复论证,国家发改委三次审查,最终确定了实施方案。

随着宁夏经济社会发展水平的不断提升,以及周边高速公路网络逐步完善,规模效应凸显,宁夏作为承东启西的桥头堡作用日趋突出,京藏高速公路车流量迅猛增加,拥堵现象时有发生,交通承载能力已不能适应现实和发展需要。为此,自治区党委、人民政府把京藏高速公路石嘴山(蒙宁界)至中宁段改扩建工程作为完善国家高速公路网络、提升国家公路运输大通道的通行能力和服务水平、推动"四个宁夏"建设、促进区域经济社会协调发展的重点内容,提上重要工作日程,多方协调、积极推进,在国家发改委等相关部委的大力支持下,项目得以顺利推进。

二、建设管理

为加快推进京藏高速公路石嘴山至中宁段改扩建工程,2015年12月17日自治区人民政府决定设立京藏高速石嘴山至中宁段改扩建工程建设指挥部(宁政办发〔2015〕177号),自治区发改委等20个单位为成员单位。

指挥部主要负责京藏高速公路石嘴山至中宁段改扩建工程建设过程中的组织、协调和推进等工作;协调国家有关部委争取政策、资金等方面的支持;定期向自治区人民政府汇报工程建设情况,根据工作需要及时组织召开指挥部会议,研究解决重大问题和重要事项;指导、督促业主单位、设计单位优化设计及施工方案,协调做好征地拆迁等工作。

指挥部办公室设在自治区交通运输厅,主要负责指挥部日常工作,做好会议、活动的联络组织以及文件制发、资料记录留存等工作,负责工程招投标、征地拆迁、施工管理、工程进度质量及建设资金调度管理等工作。

石嘴山(蒙宁界)至中宁公路改扩建工程起自石嘴山以北的麻黄沟,接G6京藏高速公路内蒙古段,止于中宁县以南的桃山口,接G6京藏高速公路桃山口至郝家集段和G70福银高速公路宁夏沿川子至桃山口段,全长284.29km。全线改扩建惠农、红果子、石嘴山、沙湖、四十里店、永宁、叶盛、青铜峡、吴忠、金积、关马湖、桃山12处互通式立交,新建燕子墩、四十里店南、金贵、金贵南、掌政、望远、滚泉、弘德(红寺堡北)、石喇叭(红寺堡西)、大河10处互通式立交。

全线主要利用现有高速公路改扩建,设计速度100km/h,其中起点至四十里店南互通段91.42km和望远互通至滚泉互通段79.47km利用现有高速公路改扩建,采用8车道高速公路标准,路基拓宽至41m;四十里店南互通至望远互通段42.46km采用新建方案,设计为8车道高速公路标准,路基宽度41m;滚泉互通至桃山互通段72.1km采用新建方案,设计为6车道高速公路标准,路基宽度33.5m。新建桥涵设计汽车荷载等级采用公路一级,其他技术指标按《公路工程技术标准》(JTG B01—2014)执行。

该项目纵贯宁夏黄河灌区,是全区最繁忙的交通要道。改扩建工程里程长、投资大、标准高,建设期间征地拆迁难度大、交通保畅压力大,对沿线乃至全区人民群众生产生活影响较大。为降低工程建设对交通出行的影响,根据自治区交通运输实际,经过多次现场调研和会议研讨,结合区域路网和项目建设特点,制订了全线主体工程分期建设计划。

（一）宁蒙界至平罗南枢纽段 63.7km

计划 2016 年 12 月开工建设,2018 年 12 月完成主体工程,计划工期 25 个月。该段距银川市区的距离较远,分流路径较多,拟采用分流大货车,单侧双向通行小客车的保通方案。

（二）平罗南枢纽至四十里店南段 27.7km

计划 2017 年 9 月开工建设,2019 年 12 月完成主体工程,计划工期 28 个月。该段交通量较小,拟采用全封闭或分流大货车,单侧双向通行小客车的保通方案。

（三）四十里店南至望远 42.46km 新建段（银川过境段）

按八车道高速公路标准建设,2016 年 4 月完成了招投标工作,目前已全面开工建设,计划 2019 年 7 月完成主体工程,计划工期 36 个月。

（四）望远至金积段 49.6km

计划 2016 年 10 月开工建设,2018 年 9 月底完成主体工程,计划工期 26 个月。该段是全线施工难度最大的路段,拟采用全封闭的建设方案。

（五）金积至滚泉段 28.7km

计划 2017 年 3 月开工建设,2019 年 12 月完成主体工程,计划工期 33 个月。该段是全线交通量最大的路段,分流条件困难,在施工期间拟采用四车道通行的保通方案。

（六）滚泉至桃山口 72.1km 新建段（滚泉改线段）

按六车道高速公路标准建设,2016 年 4 月完成了招投标工作,目前已全面开工建设,计划 2019 年 7 月完成主体工程,计划工期 36 个月。

2020 年完成交通安全设施、通信、房建、绿化等附属配套设施,全线通车运营。

项目概算总投资 221.35 亿元,其中,国家安排中央专项建设资金(车购税)37.46 亿元,自治区财政拨款 19.64 亿元,剩余资金利用银行贷款解决。目前,已到位资金 13.83 亿元,其中车购税累计到位 2000 万元,中央专项建设基金 8.63 亿元,银行贷款 5 亿元。

三、发扬工匠精神,打造品质工程

近几年,交通运输部提出"品质工程"等公路建设新理念,宁夏交通运输部门认真贯彻落实,在高速公路建设中大力推行标准化施工、规范化管理,已经摸索出一些较为成熟的管理理念和管理经验,施工管理水平、施工队伍素质和工程质量均得到有效提升。在京藏高速公路改扩建工程项目实施之初,建设单位自我加压,提出"发扬工匠精神,打造品质工程"的建设目标。为此,确定了八项具体措施,以确保建设目标的落实。

(一)倡导"前期不作为,后期难作为"的先导理念

提高认识,超前管理。在设计阶段,项目建设管理人员要早期介入,与设计人员一起深入现场,共同研讨路线方案,配合勘察设计单位与铁路、水利、电力、通信、石油、天然气等地物权属单位审定跨越方案,编制下发《设计标准化指导意见书》,推动设计标准化工作的开展,为实现工厂化、专业化生产打好基础。

招投标阶段超前谋划,将项目建设的主导思路纳入招标文件,根据项目特点,在合理工期内确定节点工期目标,向承包人明示业主在标准化施工方面的最低要求,从而保证施工阶段按照布局有序推进。

开工筹备阶段,紧紧围绕工程质量、工程进度和安全生产这几大环节,谋划好各分部、分项工程的施工方案。本着实用、节约、布局合理、满足工程建设基本需求的原则进行驻地建设,并按照拟采用的施工方案合理配置劳动力、储备材料和调配设备,最大限度地防止施工过程中出现"头疼医头,脚疼医脚"的情形。

(二)树立"前紧后精,有序推进"的理念

推行工序标准化,项目各合同段必须依据所承担的工程项目的特点,严格按照招标文件要求,对各分部、分项工程及相互之间的施工顺序,从质量、安全、进度等方面通盘考虑,进行总体计划安排。如果建设项目施工工序安排不得当,会对工程质量、安全、进度、成本等方面造成无法弥补的缺陷或损失。所以只有推行工序标准化,才能真正解决质量与进度之间的矛盾。

开工初期紧扣节点工期目标不放松,尽可能配置优势资源,集中精力打攻坚战,把影响后续工作的工程及早完成,使路基、桥涵、路面以及交通安全设施等工序间的衔接更加科学合理,为后期工程的精雕细刻创造良好条件。例如:

沿线桥梁半幅上部构造抢先完成,打通主线路面材料运输通道,既规范了现场,又为路面单位施工节约了运输成本;所有桥涵台背填土优先完成,然后堆载预压,加速台背地基和台背填土沉降稳定,后施工桥头搭板,预防台背沉降桥头跳车;拌和站临建及路面材料储备在开工前达到70%以上,有效避免因材料储备不足造成后期进料混乱,甚至造成原材料质量失控;在冬闲季节把下年度交安、房建、绿化施工标段的筹备工作安排就绪,为下年度工作的顺利推进节约大量的时间。突出"前紧"的必要性,给后面的精细化施工留有充足的时间,在保证内在质量的情况下,把工程外观质量做精做细。

(三)鼓励创新,注重新技术、新设备的应用,努力消除质量"死角"

注重发挥业主的核心作用,对细节不达标问题,经常性地召开专题会议研究对策。在施工生产各个环节,主动摸排寻找影响工程质量安全的"死角",通过创新工艺、工法等有效措施解决这些问题。同时,积极推广应用施工新技术、新设备,用精准的机械设备代替手工操作,使每一件产品都能达到品质工程的要求。

(四)注重发挥监理的管控力和执行力

好的制度是现代工程管理的精髓,但落实恰恰是现实存在的短板。随着新版《建设工程监理规范》的出台,进一步明确监理的身份,就是代表业主进行现场全面管理。因此,要理顺建设单位与监理单位在工程建设管理方面的职责,培养提升监理队伍素质,赋予监理在现场的管控力,支持监理将好经验、好做法在新开工项目上推广应用,加强对监理人员培训考核,开展监理企业和监理人员的信用评价,监督监理严格执行各项管理制度,使监理真正成为业主在现场管理上的执行者。

(五)加大培训教育,弘扬工匠精神

打造"品质工程",业主是核心。通过广泛宣传,大力弘扬工匠精神,树立典型形象,以点带面,凝聚共识,使创建品质工程深入人心,全员参与,使每一名建设者在工作中做到"让标准成为习惯,让习惯符合标准,让结果达到标准"。

(六)注重信息化技术的推广应用

随着现代信息技术的广泛应用和快速发展,"互联网+"迅速走进工程建设管理领域,成为打造"品质工程"的又一高效手段。业主已经开发建成宁夏公路建设质量安全信息化管理系统,并在工程管理方面发挥了重要作用。同时,对工程的信息化管理还正在向更广更深的方向拓展。

2016年,对信息化监控系统的功能进行了拓展:在路基施工中,通过"北斗卫星导航系统"等先进的信息化手段,采集36t振动压路机的作业轨迹、行驶速度和振频,实现了对压实遍数的实时监控;在预制场喷淋养生中,采用全自动变频恒压供水系统,借助远程智能控制技术,达到养护质量标准;开发手机APP移动终端平台监控,使管理人员无论走到哪里,只要打开手机就能轻松掌握全线的施工信息和质量数据;在施工现场,可以通过扫描二维码,随时查看对应工艺的标准化施工管控手册,了解模板、仪器设备的使用要点,掌握控制施工质量的关键点。

把项目管理、施工现场、成本控制、教育培训以及工程档案方面的内容全部纳入信息化管理,逐步形成对项目的全天候、全方位、无死角的动态管控。通过试点探索,继续完善手机 APP 移动终端平台功能,突破"以人管人""以人盯人"传统管理模式,运用信息化管理手段,为"品质工程"保驾护航。

（七）引进第三方试验检测机构,保证工程质量

通过招投标选择第三方试验检测单位,对工程实体质量进行独立抽检,验证检测数据,促进和规范施工单位、中心试验室的试验检测工作,保证试验检测数据的真实性和准确性,使工程质量有了可靠保障。

（八）引进咨询单位,强化路面技术管理

公路建设管理局通过招标,选择了国内较权威的咨询单位,对宁夏的高速公路路面沥青质量、现场加工改性、原材料、配合比、施工过程进行全方位咨询指导,使沥青路面质量得到大幅度提高。

京藏高速公路改扩建主要文件汇总见表 8-26-16,主要技术指标见表 8-26-17,主要工程数量见表 8-26-18。

主要文件汇总　　　　　　　　　　　　　　　　　表 8-26-16

文　件　名	文　件　号
《关于京藏高速公路石嘴山（蒙宁界）至中宁段改扩建工程压覆矿产资源状况的复函》	宁国土资（压覆）字〔2014〕69 号 2014 年 6 月 23 日
《关于京藏高速公路石嘴山至中宁段改扩建工程地址灾害危险性评估报告备案的函》	宁国土资（灾评）字〔2014〕67 号 2014 年 7 月 10 日
《关于同意京藏高速公路石嘴山（蒙宁界）至中宁段改扩建工程建设的函》	宁文审发〔2014〕70 号 2014 年 11 月 20 日
《关于京藏高速公路石嘴山（蒙宁界）至中宁段改扩建工程可行性研究报告的审查意见》	交规划函〔2014〕1012 号 2014 年 12 月 5 日
《国家发展改革委关于宁夏石嘴山（蒙宁界）至中宁公路改扩建工程可行性研究报告的批复》	发改基础〔2015〕1213 号 2014 年 12 月 5 日
《关于京藏高速公路石嘴山（蒙宁界）至中宁段改扩建工程水土保持方案的批复》	水保函〔2015〕42 号 2015 年 1 月 30 日
《关于京藏高速公路石嘴山（蒙宁界）至中宁段改扩建工程建设用地预审意见的复函》	国土资预审字〔2015〕15 号 2015 年 2 月 6 日

续上表

文 件 名	文 件 号
《关于京藏高速公路石嘴山(蒙宁界)至中宁段改扩建工程环境影响报告书的批复》	环审〔2015〕72号 2015年3月28日
《交通运输部关于宁夏石嘴山(蒙宁界)至中宁公路改扩建工程初步设计的批复》	交公路函〔2015〕841号 2015年11月25日
《关于京藏高速公路石嘴山(蒙宁界)至中宁段改扩建工程K1160+600~K1213+000段路基桥涵施工设计文件的批复》(银川过境段)	宁交函〔2016〕53号 2016年2月16日
《〈京藏高速公路石嘴山(蒙宁界)至中宁段改扩建工程施工许可申请书〉批复单》	宁夏交通运输厅 2016年4月13日

主要技术指标 表8-26-17

序号	项目名称		单位	技术指标		备注
1	公路等级			高速公路		
2	设计速度		km/h	100		
3	平曲线一般最小半径		m	700		
4	最大纵坡		%	4		
5	路基宽度		m	41.0	33.5	
6	行车道宽度		m	2×4×3.75	2×3×3.75	
7	桥涵荷载等级			汽车—超20级,挂车—120,公路—Ⅰ级		
8	设计洪水频率	大中桥		1/100		
		特大桥		1/300		

主要工程数量 表8-26-18

序号	项目	单位	数量
1	路基土石方	1000m³	41882
2	大桥	m/座	5247.56/27
3	中桥	m/座	1812.24/31
4	小桥	m/座	1309.09/54
5	涵洞	道	817
6	互通立交	处	22
7	分离式立交	座	57
8	通道	道	163
9	天桥	座	3
10	新增建设用地	亩	21193

第二十七章
G20 青银高速公路宁夏段

G20 青银高速公路是连接山东省青岛市和宁夏回族自治区银川市的高速公路,简称青银高速公路,在国家高速公路网中编号 G20。是横贯中国大陆北部的一条国道主干线,全长 1610km。途经山东、河北、山西、陕西、宁夏 5 省区。是中国能源东送及出口的主要通道,对于加强西北内陆和东部沿海之间的资源互通,促进沿线地区的经济发展发挥着巨大作用。青银高速公路已经全线通车。

G20 青银高速公路宁夏段起于盐池王圈梁,途经盐池、高沙窝、宁东、河东机场、滨河新区、银川等地,终点位于宁夏回族自治区银川市,全长 141km。该项目的建设,开辟了宁夏乃至西北地区通向东部沿海、京津地区甚至东北各地的最便捷的通道,也连通了宁(夏)东煤田、陕(西)北天然气田及山西煤田三大重点能源基地。对国家经济建设重点向中西部地区转移战略方针的实施,加强东西部地区间的经济交流,促进宁夏和整个西北地区的经济发展,都起到十分重要的作用。该公路的建设,在宁夏乃至国家公路网中,都具有十分重要的政治和经济意义。

G20 青银高速公路宁夏段由古窑子至王圈梁高速公路(图 8-27-1)、银川至古窑子高速公路、青银高速公路改扩建 3 个建设项目构成。

图 8-27-1　青银高速公路古王段

第一节　古窑子至王圈梁高速公路

古窑子至王圈梁汽车专用一级公路是国道主干线"青岛—太原—银川"公路的重要组成部分,是连接我国东北、华北和西北各省区的重要通道,是我国规划公路网"五纵七横"12条国道主干线中的重要一横,同时又是构成宁夏回族自治区内"三纵五横"公路网的重要部分,是宁夏通往我国东部沿海地区的唯一通道。

该项目是宁夏首批利用世界银行贷款建设的公路项目,也是宁夏第一次采用FIDIC条款实施工程建设管理的公路项目。路线起点位于灵武市古窑子,连接在建的银川至古窑子公路终点,经高沙窝、牛毛井、盐池,止于宁陕交界的王圈梁,全长约94km。古王高速公路(图8-27-1)根据交通量预测及建设规模论证,同时考虑该项目在全国主干线路网中的重要位置,确定全线按平原微丘区一级汽车专用公路技术标准修建,全线实行全封闭,全部控制车辆出入,设计速度为100km/h。设计荷载汽车—超20级、挂车—120。原307线作为辅道。

项目总投资10.5亿元,其中交通部补贴3.15亿元,国家财政部预算内专项资金0.9亿元,世界银行贷款4000万美元,其余为商业银行贷款和地方自筹。批准建设工期为3年。1999年3月8日开工建设,2001年9月28日提前完成通车。

1992年,交通部开始规划全国"五横七纵"12条国道主干线,其中GZ35号公路原起讫点是青岛至太原,宁夏交通厅敏锐地抓住交通部修订路网规划的时机,积极建议,提出GZ35号公路延伸至银川后,可以与GZ25号连接,接GZ45号公路,成为甘肃、青海、新疆通往东部沿海的一条捷径。宁夏的建设性意见被交通部采纳,终于使GZ35号公路延伸至塞上明珠银川。

自治区党委、人民政府和财政部、国家纪委、交通部对古王高速公路的建设十分重视和支持,宁夏交通厅于1998年12月前编制完成《机构加强及人员培训计划》《项目实施计划》《设备采购报告》《农村扶贫道路改善报告》《沿线社会经济调查》等文件,经过多轮谈判,就人口和财产普查、移民安置、社会经济调查、法律框架、费用预算、适时安排、协商参与、内外部监测评估等方面达成共识。与此同时,由交通部等部委指导帮助编制的《古王公路移民安置计划》顺利通过世行评估。在交通部协助下,1998年6月国家计委批准古王公路的工程可行性研究报告。

1994年9月2日,交通部以交计发〔1994〕861号文下发《关于古窑子至王圈梁公路项目建议书的批复》。同意路线起自古窑子,连接在建的银川至古窑子公路终点,经高沙窝、牛毛井、盐池,止于宁陕交界的王圈梁,全长约94km。

在资金筹措方面,宁夏在地方财力十分困难的情况下,采取诸多方式自筹资金,同时出台优惠政策,支持高速公路建设。

1996年1月9日,交通部会同国家有关部门在云南昆明召开"九五"期间交通建设利用外资贷款项目前期工作座谈会,这对于为古王公路筹措资金四处奔波的领导们,无疑是一个难得的机会。通过努力竞争,古王公路项目被列为利用外资的备选项目。1997年11月10日,对于古王公路的建设者来讲是一个值得纪念的日子。这天,世行派出的哈蒂姆·哈吉先生带领的项目考察团来到银川,对宁夏古王公路建设项目的准备工作进行实地考察并开展预评估。由于准备工作充分、规范,预评估工作进行得非常顺利,世行同意将预评估晋级为正式评估,这为古王公路的开工建设提前了半年时间。

1998年12月,古王公路被正式确定为利用外资项目,贷款资金为4000万美元,财政部、交通部同时为古王公路项目安排了补贴资金。

此次融资成功,对于宁夏公路建设投资体制来说,是一次大胆突破,变国家单一投资为多元投资,不仅充分利用国家投资、政策补资、实物折资、引进外资等政策,而且体现了公路的"公益"和"商品"双重属性。

古王高速公路的建设是甘肃、内蒙古、宁夏3省区世界银行贷款捆绑项目。由于项目涉及三省区,交通部成立了协调工作小组,对项目给予指导和协调,为项目早日实施奠定了基础。

对宁夏人来说,利用世界银行贷款修建公路是一个新鲜事,也是拓宽公路建设融资渠道的一次大胆尝试,只能成功,不能失败。为组织一个精干得力的工作班子,自治区人民政府批准成立了古王公路工程建设指挥部,由交通厅组建,主要负责工程建设管理和实施;成立征地拆迁指挥部,由沿线政府组建,主要负责项目征地拆迁和移民安置工作。自治区编办专门批准成立交通厅世界银行贷款项目办公室,主要负责与世行的衔接工作。在交通厅的组织协调和领导下,相关机构按世行的要求和有关规定,做了大量艰苦细致的工作,使各项前期工作得以顺利推进。

古王公路的施工、监理单位通过国际性公开招投标的方式选择,依照国际上惯用的FIDIC条款进行建设管理。FIDIC条款在宁夏的第一次使用,对宁夏交通系统后来的工程招投标及合同管理有着深远的影响。

根据FIDIC条款要求,古王公路的建设要委托具有国际招标资质的单位进行国际国内竞争性招标,择优选择施工单位和监理工程师,对公路路面沥青材料和养护设备采用国际招投标采购,对公路试验设备采用国际直接(IS方式)采购,采用单一来源的选择方式进行咨询人的选择。

世行要求,监理要采取国际招标、公开招标的方式,结合中国特色实行中外联合监理制。古王公路监理中标者,外方为美国布朗·斯丹蕾国际咨询有限公司,中方为北京路捷监理咨询有限公司、天津新亚太监理咨询公司、西安公路交通大学建设监理公司。

工程建设指挥部和中国机械进出口总公司国际招标公司联合组成工作专家组,按评标办法进行初步评审,对土建施工、货物采购国内国际竞争性投标价采用最低价中标方法,对于 IS 采购方法采用最低价中标,对于国内外建立公司采用综合评分的办法推荐中标单位,由国际招标公司与工程建设指挥部共同编写《评标与授标建议》,上报交通部、外经贸部、世界银行审批。在古王公路实施期间,依据世界银行刊登在联合国《发展论坛》上的宁夏公路项目总采购报告(GPN)和特别采购通告(SPN),先后顺利进行了土建、房建、通讯管道、安全设施、绿化施工招标 13 次,路面沥青材料、养护设备国际竞争性招标各 1 次,国内实验设备招标 1 次。所有招标通告都发布在《中国日报》《人民日报》《中国交通报》《中国采购与招标网》,切实做到了组织严密、行为规范、公平、公正、公开、诚信。

  古王公路的监理、施工招标工作,是按照 SBD 进行的。1997 年 9 月,世行高级交通专家哈蒂姆·哈吉从美国华盛顿给甘肃、内蒙古、宁夏 3 省(区)交通厅长和交通部公路管理司长发来电传,开始协商国外监理招投标事宜。哈吉先生还专门发送一份《世行贷款方对咨询顾问的选择及聘用指南》(QCBS)以便使合作方了解熟悉运作程序。

  古王公路途经盐池县和灵武市的 5 个乡镇 12 个行政村,其中盐池县境内 76.74km,灵武市境内 17.3km,共需征地 446.27hm^2,拆迁各类建筑 6792m^2,电力、通信线路 68 处,树木 5348 棵。从 1998 年 7 月征地拆迁工作开始,到这条公路全线通车,征地拆迁和移民安置工作进展非常顺利。

  古王公路是宁夏首次利用世界银行贷款建设的公路项目,在征地拆迁方面与内资项目最大的区别是要制定详细的移民安置计划,并接受外部监测评估机构和世行的监督,主要目的是保证受项目影响人口的生活水平和收入水准有所提高,或至少恢复到征迁安置实施前的水平。这就要求项目实施者在完成征地拆迁任务的同时,采取一系列措施,保护受项目影响人口应有的权益。移民安置行动计划的内容包括受项目影响的人口和财产普查、社会经济调查、法律框架、费用预算、实施安排、协商和参与、申诉处理、内外部监测评估等。移民安置行动计划必须通过世行的评估和同意,否则将影响整个项目的评估,同时实施期间如果不严格执行移民安置行动计划,世行可以停止贷款的支付,实行"一票否决"。由于移民安置工作在世界银行贷款项目中的地位举足轻重,因此一开始就得到交通厅领导的高度重视,专门抽调人员,聘请专家,组成专门工作组。他们不辞辛苦,深入到有关部门、沿线乡村和农民家中开展调查,历时半年,汇集了真实准确的第一手资料。在此基础上,与世界银行官员先后进行了四轮谈判,四易其稿,完成了移民安置计划的编制工作。1997 年底,世界银行移民专家吉尔一行,对古王公路移民安置行动计划进行评估检查,深入到受影响的人口家中调查了解对计划的满意度。通过调查了解,世界银行专家对移民安置行动计划给予较高评价,认为计划翔实、可操作性强、满意度较高。评估一次通过,并被世界银行作为范本向甘肃、内蒙古等省区推荐。

  为落实移民安置行动计划,1998 年 7 月 28 日,自治区人民政府批准成立移民安置、征地拆迁领导机构。征地拆迁指挥部设在吴忠市,杨永山市长任指挥长。沿线的灵武市、盐池县相应成立了由土地、交通、水利、公安等部门负责人及有关乡镇长参与的移民安置办公室和征地拆迁指挥部,各市(县)长担任指挥长。有关的乡镇也组建了办事机构,具体负责实施移民安置和征地拆迁工作。工程建设指挥部也设立了移民安置办公室(协调处),代表建设单位做好组织、协调、监督工作。一个分工明确、组织严密的移民安置、征地拆迁工作网络开始高效运转。

在移民安置实施过程中,世界银行曾3次深入被征地单位和搬迁户家中了解情况,检查监督《移民安置行动计划》的执行情况,认为移民安置行动计划执行严格,补偿到位,搬迁户和受影响的企业恢复重建工作做得扎实细致。

在建设管理方面,按照FIDIC条款规定,业主在项目实施期间,重点负责资金筹措、工程款的支付、工程质量、工程进度、工程款控制、征地及移民安置等工作;监理工程师与业主签订合同后,必须认真履行工程质量、工程进度、计量支付和合同履约的职责。每道工序、每一个分项工程的施工都必须在监理工程师的检验签认后,才允许下道工序的施工。同时,FIDIC条款规定以单价合同的形式按月支付工程款,以体现工程管理的透明度和科学性。

工程建设指挥部还在建设管理中从制定运行规则入手,制定和完善了财务管理、质量管理、合同管理、现场考核和廉洁自律等十多项科学规范、可操作性强的规章制度,并在项目实施中认真贯彻执行。

指挥部始终把工程质量当作首要任务来抓,通过开展经常性宣传教育,使质量意识深入人心。为了从制度上严格质量管理,指挥部依照国家有关规定和世界银行规定要求,制定《工程建设质量管理办法》《工程质量黄牌警告语红牌取缔处罚办法》《工程质量检查评比办法》《工程建设质量安全责任制》《工程建设综合考核评比办法》《监理实施办法》《公路工程质量责任档案跟踪卡》《公路建设分部分项工程质量责任档案跟踪卡》等十多个管理制度,从制度上预防质量隐患,确保工程建设质量。指挥部与施工单位、监理工程师签订《质量责任书》《安全生产责任书》,并跟踪检查和监督。通过工程质量岗位责任制和追究制度的建立,理顺了各自的质量责任关系,极大地加强了有关人员的自觉性和责任心,进一步促进了工程质量管理。申请宁夏交通厅公路工程质量监督站代表政府对项目实行强制性监督,充分发挥外方监理和驻地办监理的作用,强化社会监理。不管是风沙弥漫的初春,还是酷暑高温的盛夏,中外驻地监理每天沿线巡查,发现质量问题立即纠正,并对重要部位、关键工序实行监理人员到场签字制度。指挥部、总监办对监理人员的出勤、旁站、日记、抽检频率等内容经常进行随机抽查。

FIDIC条款的实施,使古王公路的工程进度、工程质量、工程投资得到全面控制。全体参建人员从中得到许多启示,增长了学识,拓宽了视野。从当初的不适应到适应,从不理解到自觉遵守,其间不知经历了多少次碰撞。

第八篇
高速公路项目

古王公路项目在实施中严格执行建设程序,严格控制工程质量,施工管理规范,项目进展顺利。1999年,交通部组织检查公路建设质量年活动,古王高速公路得分为92分;2000年,交通部再次组织检查公路建设质量年活动,古王高速公路得分为96分;2001年底,交通部在全国100多个重点项目中组织评选优秀项目,古王高速公路进入13个优秀项目备选名单。同时,被世界银行评选为世行贷款示范项目,向世界银行项目推广。

2009年7月21日,古王高速公路通过了交通厅组织的竣工验收。

古王高速公路的建设成本当时是全国最低的,每公里造价为1067万元。

古王高速公路主要文件汇总见表8-27-1,主要技术指标见表8-27-2,主要工程数量见表8-27-3。

主要文件汇总　　　　　　　　　　　　　　　　　　　　表8-27-1

文　件　名	文　件　号
《关于古窑子至王圈梁公路项目建议书的批复》	宁计发〔1994〕861号 1994年9月2日
《关于青岛—太原—银川国道主干线古窑子—王圈梁段公路环境影响评价大纲审查意见的复函》	环监函〔1997〕061号 1997年3月7日
《关于古窑子至王圈梁公路可行性研究报告的批复》	交计发〔1997〕301号 1997年5月18日
《关于宁夏古窑子至王圈梁一级汽车专用公路工程建设用地的批复》	国土资函〔1999〕255号 1999年6月5日
《关于成立古王公路和盐兴公路建设领导小组的通知》	宁政办发〔1998〕59号 1998年7月28日
《关于古窑子至王圈梁公路初步设计的批复》	交公路发〔1998〕465号 1998年7月29日
《关于青岛—太原—银川国道主干线古窑子—王圈梁段公路环境影响报告书审查意见的复函》	环发〔1998〕245号 1998年8月26日

主要技术指标　　　　　　　　　　　　　　　　　　　　表8-27-2

序号	项目名称		单位	技术指标	备注
1	公路等级			高速公路	
2	设计速度		km/h	100	
3	路基宽度		m	26	
4	行车道宽度		m	4×3.75	
5	平曲线最小半径		m	700	
6	最大纵坡		%	4	
7	汽车荷载等级		级	汽车—超20级 挂车—120	
8	设计洪水频率	大中桥		1/100	
		特大桥		1/300	
9	路面类型			沥青混凝土	

主 要 工 程 数 量 表 8-27-3

序 号	项 目	单 位	数 量
1	路基土石方	1000m³	7627.79
2	大桥	m/座	211.59/1
3	中桥	m/座	164.08/3
4	小桥	m/座	127.32/6
5	涵洞	道	121
6	互通立交	处	3
7	分离式立交	m/座	92.40/2
8	通道	道	65
9	建设用地	亩	6694.05
10	拆迁建筑物	m²	6792

第二节 银川至古窑子高速公路

银川至古窑子高速公路(简称银古高速公路)是 G20 青银高速公路的重要组成部分,是宁夏古王高速公路向西的延伸,同时也是自治区规划的"三纵五横"干线公路网的重要组成部分。该公路的建设,对完善国道主干线及宁夏干线路网、改善银川市及吴忠市的区域交通现状、促进宁夏中部、北部经济发展具有重要意义。

银川至古窑子高速公路由银川过境段(南环高速公路)新建工程、姚叶高速公路段、银川东二环至古窑子段新建工程 3 段构成。

银川段(图 8-27-2),路线起点在贺兰山下国道 110(省道 201)K125+510 处,终止于姚叶高速公路(K120+521.90 处),路线全长 25.43km。两条高速公路相交处设白鸽互通立交。该项目于 2002 年 9 月 25 日开工建设,2004 年 10 月建成通车。

白鸽互通式立交至银川立交,路段全长 3.88km,利用了姚叶高速公路段。该段为姚叶高速公路的一部分,于 1999 年 12 月建成通车。

银川东二环至古窑子段,从银川东二环开始,沿原银古一级公路至古窑子结束,全长 47.30km,属于原银古一级公路改建为高速公路的改建工程。

按照交通部颁布的《公路工程技术标准》(JTJ 001—1997)规定,该项目采用分向、分车道行驶、全部控制出入的高速公路标准修建,其中环城段为双向四车道标准,银川立交至石坝段及银川连接线为双向六车道标准,石坝至古窑子段为双向四车道标准,并在主线旁修建一条三级公路标准的辅道,供短途车、非机动车使用。

图 8-27-2　青银高速公路银川段

项目概算总金额15.70亿元。其中,交通部补助4.58亿元,国内贷款8亿元,剩余部分由自治区自筹。批准建设工期为3年。

银古高速公路于2002年6月开工建设,为了认真落实自治区党委、人民政府提出的银古高速公路要在2003年9月20日第七届全国民族运动会召开前建成通车的要求,全体建设者抗击非典,迎难而上,高起点规划、高标准建设。于2003年8月通车试运营,提前22个月完成建设任务。

银古高速公路于2012年11月21日通过了交通厅组织的竣工验收。评定等级为优良。

银古高速公路主要文件汇总见表8-27-4,主要技术指标见表8-27-5,主要工程数量见表8-27-6。

主 要 文 件 汇 总　　　　表8-27-4

文　件　名	文　件　号
《国道主干线青岛至银川公路(宁夏境)银川至古窑子段工程环境影响评价大纲评估意见》	国环评估纲〔2001〕159号 2001年6月25日
《关于国道主干线青岛至银川公路(宁夏境)银川至古窑子段工程环境影响报告书审查意见的复函》	环审〔2002〕203号 2002年8月5日
《关于银川—古窑子高速公路及辅道水土保持方案的复函》	宁水保发〔2002〕4号 2002年3月21日
《关于青银国道主干线古窑子至银川公路初步设计的批复》	交公路发〔2002〕102号 2002年3月22日
《关于银川高速公路银川过境段穿越西夏陵区的批复》	宁文物发〔2008〕08号 2002年5月19日
《关于银古高速公路银川过境段建设用地压覆款产资源和地址灾害危险性状况的函》	宁国土资环函〔2002〕5号 2002年8月14日

续上表

文 件 名	文 件 号
《关于辅道109线银川过境段公路可行性研究报告的批复》	宁发改基础〔2003〕838号 2003年10月28日
《关于申请国道主干线青岛至银川公路（宁夏境）银川至古窑子高速公路工程环境保护竣工验收的请示》	宁公建发〔2006〕34号 2006年8月10日
《关于报送〈银古高速公路银川过境段施工图设计文件〉的请示》	宁公建发〔2007〕58号 2007年2月9日
《国土资源部关于青银国道主干线古窑子至银川公路改扩建工程及南段新建工程建设用地的批复》	国土资函〔2009〕177号 2009年2月6日
《关于青银国道主干线古窑子至银川公路改扩建工程及南段新建工程建设用地的批复》	宁政土批〔2009〕64号 2009年6月16日
《〈青银国道主干线古窑子至银川公路改扩建工程及南段新建工程施工许可申请书〉批复单》	宁夏交通运输厅 2009年7月30日
《关于印发银川至古窑子高速公路工程档案专项验收意见的通知》	宁交办发〔2012〕99号 2012年6月4日
《关于印发〈青银国道主干线古窑子至银川高速公路工程竣工验收鉴定书〉的通知》	宁交办发〔2012〕209号 2012年11月22日

主 要 技 术 指 标   表8-27-5

序号	项 目 名 称		单位	技术指标	
				银川立交至石坝及银川连接线	新建南绕城及石坝古窑子段
1	公路等级			高速公路	高速公路
2	设计速度		km/h	120	100
3	路基宽度		m	35	26
4	行车道宽度		m	6×3.75	4×3.75
5	平曲线最小半径		m	650	400
6	最大纵坡		%	3	4
7	汽车荷载等级		级	汽车—超20级 挂车—120	汽车—超20级 挂车—120
8	设计洪水频率	大中桥		1/100	1/100
		特大桥		1/300	1/300
9	路面类型			沥青混凝土	沥青混凝土

主要工程数量 表8-27-6

序号	项目	单位	数量
1	路基土石方	1000m³	4144.6
2	特大桥	m/座	2462.08/2
3	大桥	m/座	1396.16/3
4	中小桥	m/座	1628.62/45
5	涵洞	道	243
6	互通立交	处	8
7	分离式立交	座	13
8	通道	道	16
9	建设用地	亩	9469.90
10	拆迁建筑物	m²	5397

第三节 宁东至银川段改扩建

一、项目概况

G20青银高速公路宁东至银川段是自治区首府银川市通往宁夏宁东能源化工基地唯一的高速公路,是连接宁夏沿黄经济区和宁东—榆林—鄂尔多斯能源"金三角"的资源开发和能源运输大通道。随着国家西部大开发战略的深入实施,宁夏沿黄经济区和能源"金三角"将建设成为国家重要的能源、战略资源连接地和产业聚集区。该项目的实施对国家深化"一带一路"和西部大开发战略,加快宁夏沿黄经济区和能源"金三角"建设,促进宁夏经济社会快速发展,提升宁夏对外开放水平具有重大的战略意义。

该项目主要连接银川市区、银川河东机场、宁夏空港物流园区、宁东能源化工基地、滨河新区,同时也是灵武市、盐池县之间的主要运输通道。随着社会经济的发展,交通量增长迅速,根据2011年交通量资料,全线交通量平均为30332辆/d,石坝立交至银川段为51610辆/d,已不能满足经济社会和交通运输发展的需要,必须进行改扩建。

G20青银高速公路宁东至银川段改扩建工程批准概算总投资为49.39亿元,资金来源为国家安排中央专项建设基金、宁夏安排财政资金、国内银行贷款。

青银高速公路改扩建水洞沟互通立交如图8-27-3所示。

项目起于盐池县高沙窝镇贺庄子,止于银古路与丽景街交汇处,全长70.98km,设计速度100km/h,大部分路段采用两侧拼宽方案,即将原路基26m双向4车道两侧对称加宽为42m双向8车道,局部路段采用单侧加宽至42m双向8车道。新建桥涵设计汽车荷载等级采用公路—Ⅰ级,其他技术指标按《公路工程技术标准》(JTG B01—2003)执行。

该项目2015年6月9日开工建设,2016年10月12日主线完工交付使用。

图 8-27-3　青银高速公路改扩建水洞沟互通立交

该项目建设单位为宁夏公路建设管理局。为切实做好项目实施阶段的项目管理工作,由局高速公路建设四处主要负责G20青银高速公路改扩建项目的建设管理工作,局相关处室在项目建设管理过程中行使其机构职责,共同管理项目建设。

项目征用土地2230.5亩,涉及灵武市、宁东镇、盐池县、滨河新区。征用土地与拆迁工作由各地交通局组织协调,由各地国土资源局、乡镇政府承担实施。各市、县、区政府有关部门和单位高度重视,落实政策,依法拆迁,明确责任,合力推进,加大督查,狠抓落实,全面完成了征地拆迁任务。

全线改扩建现有宁东南(灵州)、宁东枢纽、石坝、银川东4处互通式立交,新建高沙窝西、鸳鸯湖、古窑子、水洞沟4处互通式立交。改扩建银川管理分中心、古窑子养护工区、滨河服务区、银川东主线收费站、宁东南匝道收费站,移位新建宁东服务区,新建4处匝道收费站。

二、改扩建工程的重点和难点及解决措施

(一)交通组织原则

保证改扩建期间青银高速双向正常通行;将大货车分流至周边路网;保障周边路网的正常通行。

(二)交通组织方案编制要点

以设计为基础,结合现场调查和周边路网情况,及时与交警和路政进行对接,听取相关意见和建议,同时考虑整个项目工期计划安排,初步拟定交通组织方案进行比选。

(三)诱导点、分流管制点设置

为确保青银高速公路改扩建项目顺利实施,全线共设置银川北、望远互通、灵武东、盐鄂互通等9处诱导点以及惠农治超站、灵武北、银川东、高沙窝等12处分流管制点。

(四)交通导改信息发布

在整个青银高速公路改扩建项目封闭施工期间,会同交警、路政共向社会发布3次青银高速公路改扩建项目交通封闭通告,包括2次封闭通告和1次主线通车放行通告;通过新消息专题介绍青银高速公路交通分流方案,并向全社会发放10万份交通分流路线图,同时通过报纸、广播、电视、网络、微信、微博等主流媒体将交通封闭情况告知全社会,最大限度地减少青银高速公路改扩建对社会正常出行产生的影响。

(五)多项措施规范现场交通保畅

设置水马、锥桶、区间测速等交通设施保障青银高速公路双向正常通行。每千米设置道路巡线员对通车路段进行巡查,及时调整、更换水马和锥桶。沿线增设应急道口、配备应急救援车和清障车,确保交通事故发生后火速救援,防止拥堵。

在青银高速公路改扩建项目交通保畅领导小组的领导下,各项保畅工作平稳有序,与交警、路政部门沟通及时顺畅,未出现大面积拥堵现象。该项目业主组织的交工验收评价如下:

参建各方能严格按建设程序管理项目,认真履行合同,严格监理,对工程质量、进度、费用进行控制,工程按照进度计划如期执行,质量、进度、投资及安全管理均达到了预期目标。建设单位以"科学管理、规范施工、提高质量、争创样板"为管理理念,深入推进交通运输部"五化"要求,提前谋划、科学统筹,安全、质量、进度并重,深入践行交通运输部"绿色公路"理念,严抓品质,快速高效,倾力打造出了宁夏第一条高速公路改扩建工程,为宁夏今后的公路建设和交通事业发展探索了新路子、积累了新经验。

(六)各类管线及时改移是改扩建工程顺利推进的关键

改扩建工程原路管线种类复杂,数量多,青银高速公路改扩建项目全线近200处管线。改线改移需协调的单位也较多,工作量大,改扩建工程中,管线改移工作更应及早动手。通信管道改移、绿化树木移栽等附属工程应尽早实施,避免影响主体工程施工。

(七)提前备料是改扩建工程顺利推进的前提条件

交通封闭前进行备料,便于运输。施工高峰期备料,料源紧张,价格上涨,提前备料有备无患。提前备料料源稳定,有利于项目质量控制。青银高速公路改扩建项目劳动竞赛期间平均每个合同段月度产值最高达到 5000 万元,如不提前进行备料,将直接影响项目推进速度。青银高速公路改扩建项目南、北半幅路面大面积施工前备料分别达到 71.5%、75.7%。

(八)加强改扩建路面平整度控制

青银高速公路改扩建项目采取多项措施控制路面平整度,包括招标咨询单位进行路面咨询,咨询单位对原材料抽检、配合比、施工工艺、现场检测等进行专项控制;管理过程中通过使用沥青指纹识别技术、上面层碎石全部现场水洗、选用福格勒摊铺机、超宽段四机连铺以及提高质量控制指标、设置平整度现场处置小组等手段进一步加强路面平整度控制,以上措施的应用对改扩建工程平整度提升效果明显。

(九)改扩建项目进度管理

交通封闭前,提前进行路基拼接、涵洞拼接、桥梁桩基、梁板预制、小构件预制施工、备料及管线改移相关协调工作。交通封闭后桥梁施工应确保"一桥一队伍"。加大机械投入,路面基层施工需选用双机连铺,互通区面层施工需选用四机连铺。利用微信平台每天报送日报,及时发现质量、安全、进度问题。青银高速公路改扩建项目 3 月至 9 月交通管制期间微信平台收发工程信息共计 2 万余条。

青银高速公路宁东至银川段改扩建项目主要文件汇总见表 8-27-7,主要技术指标见表 8-27-8,主要工程数量见表 8-27-9。

主要文件汇总　　　　　　　表 8-27-7

文　件　名	文　件　号
《青银高速公路宁东至银川段改扩建工程地质灾害危险性评估报告备案书》	宁国土资灾评备字〔2012〕4 号 2012 年 1 月 16 日
《关于青银高速公路宁东至银川段改扩建工程压覆矿产资源状况的复函》	宁国土资函〔2012〕40 号 2012 年 2 月 9 日
《关于青银高速公路宁东至银川段改扩建工程文物保护的批复》	宁文审发〔2013〕26 号 2013 年 2 月 5 日
《关于青银高速公路宁东至银川段改扩建建设用地预审意见的复函》	国土资预审字〔2013〕194 号 2013 年 7 月 29 日
《关于青银高速公路银川至宁东段改扩建工程水土保持方案的批复》	水保函〔2013〕267 号 2013 年 8 月 13 日
《关于青银高速公路宁东至银川段改扩建工程环境影响报告书的批复》	环审〔2013〕254 号 2013 年 10 月 14 日
《关于宁夏宁东至银川高速公路改扩建工程初步设计的批复》	交公路函〔2014〕639 号 2014 年 8 月 6 日

续上表

文 件 名	文 件 号
《关于青银高速公路宁东至银川段改扩建工程施工图设计文件的批复》	宁交函〔2015〕114号 2015年3月6日
《关于青银高速公路宁东至银川段改扩建控制性工程先行用地的复函》	国土资厅函〔2015〕926号 2015年7月13日
《〈青银高速公路宁东至银川段改扩建工程施工许可申请书〉批复单》	宁夏交通运输厅 2015年8月3日

主 要 技 术 指 标　　　　　　　　　　表8-27-8

序号	项目名称		单 位	技术指标	备 注
1	公路等级			高速公路	
2	设计速度		km/h	100	
3	路基宽度		m	42	
4	行车道宽度		m	2×4×3.75	
5	平曲线最小半径		m	700	
6	最大纵坡		%	4	
7	汽车荷载等级		级	新建:公路—Ⅰ级,利用:汽车—超20级、挂车—120	
8	设计洪水频率	大中桥		1/100	
		特大桥		1/300	
9	路面类型			沥青混凝土	

主 要 工 程 数 量　　　　　　　　　　表8-27-9

序 号	项 目	单 位	数 量
1	路基土石方	1000m³	7982.8.53
2	大桥	m/座	211.59/1
3	中桥	m/座	675.22/10
4	小桥	m/座	163.1/7
5	涵洞	道	94
6	通道	道	26
7	互通立交	处	8
8	分离式立交	座	7
9	建设用地	亩	2230.5
10	拆迁建筑物	m²	1039

第二十八章
G2012 定武高速公路宁夏段

定武高速公路是国家高速公路网 G20 青银高速公路的重要联络线。在国家高速公路网中编号为 G2012，是国家高速公路网中第五条横线"G20 青银高速公路"中的第二条联络线，它的建成通车将青银、京藏、连云港至霍尔果斯 3 条国家高速公路连接起来，对于加快宁夏经济发展和"西部大开发"战略的实施具有极其重要的意义，为我国西部地区与华北、华东地区的经济交往提供了便捷的运输通道。对打通宁夏中部地区横向运输通道，促进沿线地区经济的可持续发展，都具有极其重要的作用。路线途经陕西、宁夏、甘肃 3 省区，经过的城镇有定边、盐池、红寺堡、中宁、中卫、景泰、武威。路线全长 481km，现已全部建成通车。

G2012 定武高速公路宁夏段由盐中高速公路、G6 京藏高速公路中宁恩和枢纽立交至中宁清水河枢纽立交段、中孟高速公路和孟营高速公路四段组成，其中三段为新建项目，一段与 G6 京藏高速公路共线。路线全长 300.3km，现已全部建成通车。

定武高速公路低路堤、缓边坡、宽分隔带如图 8-28-1 所示。定武高速公路青山段如图 8-28-2 所示。

图 8-28-1　定武高速公路低路堤、缓边坡、宽分隔带

图 8-28-2　定武高速公路青山段

第一节　盐池至中宁高速公路

盐池至中宁高速公路，路线起自盐池县城，接已建成的 G20 青银（古王）高速公路，经青山、惠安堡、红寺堡，止于中宁县恩和镇，与已建设完成的 G6 京藏高速公路相连，全长

160.3km。

项目概算总投资43亿元,其中交通部补贴11.2亿元,自治区自筹8.1亿元,商业银行贷款23.7亿元。批准建设工期3年。项目的建设管理由宁夏公路建设管理局负责,征地拆迁工作由沿线地方政府组织负责完成。2006年8月20日开工建设,2008年8月底全线建成通车。其中,沥青路面采用分期铺筑,全部路面于2014年8月铺筑完成。

项目于2011年4月被中国建筑业企业联合会设计分会及中国建筑技术与质量学会评为"2011中国建筑业最具创新示范工程"。项目在交工验收中,质量评定为合格。

在该项目实施之前,交通部提出公路建设的"六个坚持、六个树立"的新理念,即坚持以人为本,树立安全至上的理念;坚持人与自然相和谐,树立尊重自然、保护环境的理念;坚持可持续发展,树立节约资源的理念;坚持质量第一,树立让公众满意的理念;坚持合理选用技术指标,树立设计创作的理念;坚持系统论的思想,树立全寿命周期成本的理念。同时,交通部将该项目列为2005年新增的18个典型示范工程项目之一。

项目沿线大部分路段属荒漠草原,其植被为草原沙生植物,土地易沙化,自然生态环境十分脆弱。落实交通部公路建设新理念,将盐中项目建设成典型示范工程。在项目实施中首先从设计入手,结合项目所在地实际情况,以"低路堤、缓边坡、部分路段设分离式路基"为原则,减少了公路建设对自然环境的破坏,实现公路与沿线自然环境自然衔接。把"安全"放在了首位,采取一切有效方法和措施,保证了公路设施自身安全、运行车辆行驶安全及行人的安全。以可持续发展为原则,做到少占农田、耕地,少压矿产资源,少干扰居民村落及学校,最大限度保护沿线古长城及其他名胜古迹,确保公路建设与当地各方利益群体的和谐相处,促进当地社会经济健康发展。树立"不破坏就是最大的保护"原则。从景观设计入手,将沙地、草原、古长城等独特的西北塞外风光与现代化的高速公路相组合,体现当地的防风固沙成就以及引黄灌区"塞上江南"的田园风光,形成"车在路上走、人在画中游"的优美情景。

该项目大部分路段穿行在地广人稀的荒漠或草原,采用分离式路基后大部分路段可以取消中央分隔带护栏,有利于行车安全。通过对分幅路基两侧及两幅路基中间的绿化及景观设计,有效改善了沿线生态环境,在工程建成之后几年内,随着生态的进一步恢复,高速公路两侧形成了一条绿色长廊,为项目区增添了一道靓丽的风景。项目沿线荒漠地段辽阔,可以耕种的土地很少,土地贫瘠,经济效益不高,分幅路基所增加的占地对当地经济及工程建设费用的影响不大。从可持续发展的观点来看,环境效益也大于投资效益。

充分体现环保理念,有条件时优先考虑低路堤方案。对于村庄较密集的路段,从人民群众生产、生活的需要出发,结合地形条件及地质情况,与地方道路交叉时,采用主线上跨被交路方案;对村庄稀少的路段,采用主线下穿被交路上跨方案。

路基设计中,为减少人工生硬痕迹,将公路路肩、边坡等几何形状调整为曲线。路基排水边沟主要以浅蝶形为主，一方面减弱圬工痕迹，同时减少护栏数量，提高行车安全性。分离式路基中间利用地形进行积水和排水措施，做到"大水不留，小水不走"，尽最大可能利用雨水进行绿化和植被恢复。路基防护以生态植被防护为主、石砌防护为辅，不仅大大降低了工程防护造价，还美化了环境。风沙路基采用低填浅挖，缓边坡设计，并结合风沙的严重程度，只在路基范围内进行防护，不破坏路基两侧原有的生态及地貌。

桥梁结构形式以安全可靠、技术先进、适用耐久、经济合理为原则，注意桥梁细部结构的处理，在保证功能的前提下，增加美观效果。为改变桥台锥护坡因大面积采用圬工砌体所造成的视觉污染，桥台锥护坡均采用六棱彩色空心砖进行加固，一方面保证路基的稳定，另一方面也为绿化及野生植被的生长提供了空间。

生态绿化以尊重自然、保护自然、恢复自然为原则；绿化形式以草灌结合、散丛结合、宏观造型为主，选择适宜当地气候条件的植被，进行了合理的绿化，避免强制绿化。风沙路基绿化选择油蒿、沙拐枣、柠条锦鸡儿、骆驼刺等沙生植物，撒种适宜干旱地区的草种，如沙蒿、冰草等，种植沙柳、樟子松等乔木，从而形成一个灌草结合、散丛结合的生物群落，达到永久性防风固沙的目的。

对公路断面形式进行调整，将公路路肩、边坡等几何形状调整为曲线。边坡坡率能缓则缓，尽量与自然起伏的地形相适应。中央分隔带防眩植物以低矮的沙生灌木为主。部分挖方路段、分离式路基、路基高度较低和缓边坡路段取消防撞护栏，改设轮廓标。结合收费站、服务区的设计进行造景，以达到造景与借景相结合。

项目实施过程中，根据当地人民群众总结的治沙以及封山禁牧所取得的"种不如补，补不如封"的经验，经过交通部门与沿线政府和群众的充分协商，采用"不求所有，但求所绿"的理念，解决公路沿线的绿化问题。沿线政府将部分荒地划归高速公路封闭恢复生态，管护资金由公路部门补贴，由沿线群众承包负责日常管护，高速公路两侧100m范围内土地的产权不变。最大程度地使沿线的植被得以恢复，改善了沿线的生态环境，是一项双赢互利的政策。

沿线采取封山育林措施，沿线的植被得以恢复，与原有的沙漠相映生辉，形成得天独厚的大漠风光。在部分路段增设了5m宽的观光平台，成为旅客欣赏自然风光和临时休息的场所。

排水沟设计遵循远、浅、宽、隐的原则；截水沟设置遵循隐、窄的原则，以开挖挡块与侧沟组合设置，防止山脊汇水面积过大问题。路基边沟设计根据地形、材料、流量、冲刷情况等选用矩形、梯形、浅蝶形和漫流等断面形式。填方路段的排水沟采用U形，采用预制冲压块进行加固。

盐中高速公路主要文件汇总见表8-28-1，主要技术指标见表8-28-2，主要工程数量见表8-28-3。

第八篇

高速公路项目

主要文件汇总

表 8-28-1

文 件 名	文 件 号
《关于宁夏回族自治区盐池至中宁公路项目建议书的批复》	发改交运〔2004〕3058 号 2004 年 12 月 31 日
《关于青银公路(宁夏境)盐池至中宁高速公路项目建设用地预审意见的函》	国土资函〔2005〕186 号 2005 年 6 月 7 日
《关于宁夏回族自治区盐池至中宁公路可行性研究报告的批复》	发改交运〔2006〕277 号 2006 年 2 月 17 日
《青银公路(宁夏境)盐池至中宁段高速公路地质灾害危险性评估报告备案书》	宁国土资灾评备字〔2006〕3 号 2006 年 3 月 9 日
《关于青银公路(宁夏境)盐池至中宁段高速公路压覆矿产资源状况的函》	宁国土资环函〔2006〕5 号 2006 年 3 月 23 日
《关于盐池至中宁公路初步设计的批复》	交公路发〔2006〕256 号 2006 年 6 月 5 日
《关于青岛至银川公路(宁夏境)盐池至中宁高速公路两阶段施工图设计文件的批复》	宁交函〔2006〕140 号 2006 年 6 月 7 日
《〈青岛至银川公路(宁夏境)盐池至中宁高速公路施工许可申请书〉批复单》	宁夏交通运输厅 2006 年 11 月 7 日
《关于青银公路(宁夏境)盐池至中宁高速公路环境影响报告书的批复》	环审〔2007〕191 号 2007 年 5 月 25 日
《关于盐池至中宁高速公路水土保持方案报告书的复函》	宁水保发〔2007〕11 号
《关于盐中高速工程建设项目用地的批复》	国土资函〔2009〕371 号 2009 年 3 月 14 日

主要技术指标

表 8-28-2

序号	项目名称		单 位	技术指标	备注(辅道连接线)
1	公路等级			高速公路	二级公路
2	设计速度		km/h	100	80
3	路基宽度		m	26	12
4	行车道宽度		m	4×3.75	2×3.75
5	平曲线最小半径		m	400	250
6	最大纵坡		%	4	5
7	汽车荷载等级		级	公路—Ⅰ级	公路—Ⅱ级
8	设计洪水频率	大中桥		1/100	1/100
		特大桥		1/300	1/300
9	路面类型			沥青混凝土	沥青混凝土

主 要 工 程 数 量 表 8-28-3

序 号	项 目	单 位	数 量
1	路基土石方	1000m³	13599
2	桥梁	m/座	9273.66/60
3	涵洞	m/道	9504/295
4	互通立交	处	7
5	防护工程	m³	103451
6	建设用地	亩	14463

第二节 中宁至孟家湾高速公路

中宁至孟家湾段高速公路是原国道主干线上海—武威（现 G2012 定武高速公路）的一段，项目的建设对完善国家公路网和宁夏"X"形公路主干架有着重要意义。项目建成后，将使武威以西与华北、东北等地区的车辆运输距离缩短 300 多千米，经济效益和社会效益显著。

中宁至营盘水高速公路中宁至孟家湾段全长 62.88km，路线起点位于 G6（原 GZ25 号）清水河互通立交的 A 匝道尾部，路线自东向西，跨越宝中铁路，经田营二泵站南端、宣和乡以南、永康乡以南，在中卫黄河桥南侧通过，经常乐乡以南，在沙坡头跨越黄河至本路段终点孟家湾。设计标准为双向四车道高速公路，行车速度为 100km/h，沿线设特大桥 1 座。批准建设工期 3 年。项目概算总投资 15.8 亿元。交通部补助 6.84 亿元，银行贷款 5.5 亿元，地方自筹 1.79 亿元。

项目的建设管理由中营高速公路工程建设指挥部和机构改革后的宁夏公路建设管理局负责，征地拆迁工作由沿线地方政府负责完成。项目于 2004 年 7 月 20 日开工建设，2006 年 10 月 14 日建成通车，交工验收中，质量等级评定为合格。

该项目的难点工程是沙坡头黄河特大桥（图 8-28-3），该桥全长 1341.5m，分为六联跨。上部结构中宁岸引桥采用 9 孔 40m 先简支后连续预应力混凝土箱梁；主桥采用 (65 + 2 × 120 + 65)m 预应力混凝土连续刚构箱梁；孟家湾岸采用 15 孔 40m 先简支后连续预应力混凝土箱梁。下部构造采用钻孔灌注桩基础、重力式台（扩大基础）、柱式实心墩及矩形薄壁空心墩，特别是主桥墩高达 60 多米，是宁夏所建黄河特大桥桥墩最高的一座。主要工程特点：跨黄河水上作业、沙漠地区钻孔施工、高空作业，深水基础施工，高墩悬臂冬季施工，地质条件复杂，环境恶劣。

中孟高速公路主要文件汇总见表 8-28-4，主要技术指标见表 8-28-5，主要工程数量见表 8-28-6。

第八篇

高速公路项目

图 8-28-3　定武高速公路沙坡头黄河特大桥

主要文件汇总　　　　　　　　　　　　　　　　　　　　　　表 8-28-4

文　件　名	文　件　号
《关于中宁至孟家湾段公路项目建议书的批复》	交规划发〔2000〕564 号 2000 年 11 月 1 日
《关于宁夏中宁至营盘水段高速公路项目建设用地的预审报告》	宁国土资函〔2000〕27 号 2000 年 11 月 9 日
《关于宁夏中宁—孟家湾高速公路环境影响评价大纲的评估意见》	国环评估纲〔2001〕248 号 2001 年 10 月 15 日
《关于中宁至孟家湾公路可行性研究报告的批复》	交规划发〔2002〕129 号 2002 年 4 月 1 日
《自治区水利厅关于中宁至营盘水高速公路黄河影响评价水土保持方案审核意见的复函》	宁水函发〔2003〕13 号 2003 年 6 月 17 日
《中宁至孟家湾高速公路建设民用地地质灾害危险性评估报告》	2004 年 1 月
《关于中宁至孟家湾公路初步设计的批复》	交公路发〔2004〕152 号 2004 年 3 月 25 日
《关于宁夏中宁至营盘水段高速公路压覆矿产资源状况的批复》	宁国地资环函〔2004〕13 号 2004 年 5 月 24 日
《关于上海至武威高速公路（宁夏境）中宁至孟家湾段施工图设计文件的批复》	宁交函〔2004〕97 号 2004 年 6 月 5 日
《关于对上海至武威公路（宁夏境）中宁至孟家湾段高速公路通过明长城方案的意见》	文物保函〔2005〕737 号

续上表

文件名	文件号
《国土资源部关于上海至武威高速公路(宁夏境)中宁至孟家湾段工程建设用地的批复》	国土资函〔2009〕175号 2009年2月6日
《关于上海至武威高速公路(宁夏境)中宁至孟家湾段工程建设用地的批复》	宁政土批字〔2009〕65号 2009年6月16日

主要技术指标　　　　　　　　　　　　　　　　　　　表8-28-5

序号	项目名称	单位	技术指标	备注
1	公路等级		高速公路	
2	设计速度	km/h	100	
3	路基宽度	m	26	
4	行车道宽度	m	4×3.75	
5	平曲线最小半径	m	400	
6	最大纵坡	%	4	
7	汽车荷载等级	级	汽车—超20级 挂车—120	
8	设计洪水频率	大中桥	1/100	
		特大桥	1/300	
9	路面类型		沥青混凝土	

主要工程数量　　　　　　　　　　　　　　　　　　　表8-28-6

序号	项目	单位	数量
1	路基土石方	1000m³	7870
2	特大桥	m/座	1341/1
3	大桥	m/座	2743/16
4	中桥	m/座	1331.5/20
5	小桥	m/座	286/12
6	涵洞	道	145
7	互通立交	处	4
8	分离式立交	座	7
9	通道	道	108
10	建设用地	亩	6339.39

第三节　孟家湾至营盘水高速公路

孟营高速公路是国道主干线G2012定武高速公路在宁夏境的最后一段,也是宁夏"X"形公路主骨架和"三纵九横"公路网的重要组成部分。该项目的实施对贯彻国家西部大开发战略部署,完善国家及宁夏干线公路网,促进区域经济发展,联通世界治沙奇迹、沙坡头旅游景点等都具有十分重要的意义。

项目东起宁夏中卫市迎水桥镇孟家湾村(图 8-28-4),与中宁至孟家湾高速公路终点相接,止于宁夏与甘肃省交界营盘水,路线全长 60.29km。采用双向四车道高速公路标准,设计行车速度为 100km/h。项目概算总投资 14.5 亿元。其中交通部补助 4.16 亿元,银行贷款 6.57 亿元,地方自筹 2.4 亿元。批准建设工期为 3 年。

图 8-28-4 定武高速公路孟家弯段

项目建设管理由宁夏公路建设管理局负责,征地拆迁工作由沿线地方政府负责完成。于 2008 年 12 月 20 日开工建设,2010 年 11 月 23 日建成通车。在交工验收中,质量等级评定为合格。

孟营高速公路主要文件汇总见表 8-28-7,主要技术指标见表 8-28-8,主要工程数量见表 8-28-9。

主要文件汇总　　　　　　　　　　　　　　　　表 8-28-7

文　件　名	文　件　号
《关于宁夏孟家湾—营盘水高速公路环境影响评价大纲的评估意见》	国环评估纲〔2001〕249 号 2001 年 10 月 15 日
《关于孟家湾至营盘水(宁甘界)公路项目建议书的批复》	交规划发〔2005〕37 号 2005 年 1 月 28 日
《关于中营高速公路穿越古长城遗址段路线设计变更方案的批复》	宁交函〔2005〕300 号 2005 年 12 月 2 日
《关于青银公路(宁夏境)孟家湾至营盘水段高速公路压覆矿产资源状况的函》	宁国地资环函〔2006〕4 号 2006 年 3 月 17 日
《青岛至银川国家高速公路定边至武威联络线孟家湾至营盘水公路(宁甘界)地质灾害危险性评估报告》	2006 年 3 月

续上表

文 件 名	文 件 号
《关于宁夏回族自治区孟家湾至营盘水公路建设用地预审意见的复函》	国土资预审字〔2006〕370号 2006年12月31日
《国家发展改革委关于宁夏回族自治区孟家湾至营盘水(宁甘界)公路可行性研究报告的批复》	发改交运〔2007〕929号 2007年1月27日
《关于孟家湾至营盘水(宁甘界)公路初步设计的批复》	交公路发〔2008〕34号 2008年1月28日
《关于孟家湾至营盘水(宁甘界)公路施工图设计的批复》	宁交函〔2008〕278号 2008年9月25日
《关于青岛至银川公路定边至武威联络线(宁夏境)孟家湾至营盘水公路工程水土保持方案的复函》	宁水审发〔2008〕57号 2008年12月22日
《定武高速公路(宁夏境)孟家湾至营盘水段建设项目施工许可申请书》批复单	宁夏交通运输厅 2009年2月2日
《关于孟家湾至营盘水段高速公路工程建设用地的批复》	宁政土批字〔2013〕10号 2013年3月18日

主要技术指标　　　　　　　　　　　　　　　　　　　　　　表8-28-8

序号	项目名称		单位	技术指标	备注
1	公路等级			高速公路	
2	设计速度		km/h	100	
3	路基宽度		m	26(分离式2×13)	
4	行车道宽度		m	4×3.75	
5	平曲线最小半径		m	400	
6	最大纵坡		%	4	
7	汽车荷载等级		级	公路—Ⅰ级	
8	设计洪水频率	大中桥		1/100	
		特大桥		1/300	
9	路面类型			沥青混凝土	

主要工程数量　　　　　　　　　　　　　　　　　　　　　　表8-28-9

序号	项目	单位	数量
1	路基土石方	1000m³	7009
2	大桥	m/座	1033.37/4
3	中桥	m/座	87.06/1
4	小桥	m/座	222.18/8
5	涵洞	道	153
6	互通立交	处	2
7	分离式立交	m/座	207.87/3
8	通道	m/座	19
9	建设用地	亩	5891.42

第二十九章
G70 福银高速公路宁夏段

福州—银川高速公路,简称福银高速公路,国家高速公路网编号为 G70,是国家高速公路网中东西横向线的第 14 条,是一条承东启西、贯穿南北的运输大动脉。路线起点在福州,途经福建、江西、湖北、陕西、甘肃、宁夏,终点在宁夏银川,全长 2485km。

G70 福银高速公路宁夏境内全长 393km。中宁至银川段与 G6 京藏高速公路共线 180km。新建桃山口至沿川子段长 213km,由桃山口至同心高速公路和同心至沿川子高速公路两个项目构成。

在 2015 年交通运输部批复 G6 京藏高速公路改扩建工程初步设计中,从滚泉互通立交经红寺堡至桃山口立交段为改线新建路段,原来共线的桃山口立交至滚泉立交设计入 G70 福银高速公路。因 G6 京藏高速公路改扩建,G6 京藏高速公路与 G70 福银高速公路共线段为银川至滚泉互通立交共 104km。

第一节 桃山口至同心高速公路

桃山口至同心高速公路(简称桃同高速公路)是 G70 福银高速公路的一段,也是宁夏公路主骨架的重要路段,与国道主干线京藏高速公路及同心至沿川子公路相连接,形成纵贯宁夏南北的高速公路大通道。

桃同高速公路起点位于同心县桃山口(图 8-29-1),与中宁至郝家集高速公路相接,沿银平公路西侧布设,经杨家塘、李家套子、兴隆乡东侧,止于同心县城西侧,全长 32.4km(其中,新建 28.4km,中郝项目已建成 4km),设计为双向四车道高速公路,速度为 100km/h,路基宽度 26m。

项目总投资 6.08 亿元,其中交通部补助 2.50 亿元。国家开发银行贷款 3 亿元,地方自筹 0.32 亿元。项目建设管理由银武高速公路工程建设指挥部负责,征地拆迁由沿线地方政府组建的征地拆迁指挥部负责。批准建设工期为 3 年。

于 2001 年 11 月开工建设,2003 年 12 月 1 日全线建成通车。

桃同高速公路主要文件汇总见表 8-29-1,主要技术指标见表 8-29-2,主要工程数量见表 8-29-3。

图 8-29-1　福银高速公路桃山口互通立交

主 要 文 件 汇 总　　　　　　　　　　　　表 8-29-1

文　件　名	文　件　号
《关于西部大通道银川至武汉公路(宁夏境)桃山口至同心段项目建议书的批复》	宁计基础〔2000〕656 号 2000 年 12 月 7 日
《关于西部大通道银川至武汉公路(宁夏境)桃山口至同心段可行性研究报告的批复》	宁计基础〔2000〕694 号 2000 年 12 月 19 日
《关于桃山口至同心县城高速公路前期文物调查报告》	宁文物字〔2001〕9 号 2001 年 6 月 18 日
《关于桃同段高速公路水土保持方案的批复》	宁水保发〔2001〕7 号 2001 年 7 月 13 日
《关于西部大通道银川至武汉公路(宁夏境)桃山口至同心段公路初步设计的批复》	宁计基建〔2001〕528 号 2001 年 8 月 2 日
《关于西部大通道银武公路(宁夏境)桃同段环境影响报告书审查意见的复函》	宁环函〔2002〕60 号 2002 年 4 月 28 日
《关于桃同段高速公路工程建设用地的批复》	宁政土批字〔2004〕139 号 2004 年 12 月 2 日

主 要 技 术 指 标　　　　　　　　　　　　表 8-29-2

序号	项目名称	单位	技术指标	备注
1	公路等级		高速公路	
2	设计速度	km/h	100	
3	路基宽度	m	26	
4	行车道宽度	m	4×3.75	
5	平曲线最小半径	m	4000	
6	最大纵坡	%	1.678	

续上表

序号	项目名称		单 位	技术指标	备 注
7	汽车荷载等级		级	汽车—超20级 挂车—120	
8	设计洪水频率	大中桥		1/100	
		特大桥		1/300	
9	路面类型			沥青混凝土	

主要工程数量　　　　　表8-29-3

序 号	项 目	单 位	数 量
1	路基土石方数量	1000m³	3556
2	大桥	m/座	465.14/3
3	中桥	m/座	249.62/4
4	小桥	m/座	73.5/3
5	涵洞	道	61
6	互通立交	处	1
7	分离式立交	座	3
8	通道	道	44
9	征用土地	亩	4403.48
10	拆迁建筑物	m²	7625.67

第二节　同心至沿川子高速公路

同心至沿川子高速公路(简称同沿高速公路)是G70福银高速公路的重要组成部分,同时也是自治区规划的"X"形主骨架的一部分,路线呈南北走向。同心至沿川子段纵贯宁夏的同心县及固原市和泾源县。过境区域均为国家级贫困县。对促进区域的经济及整个宁夏经济发展,以及发展宁夏外向型经济,都具有举足轻重的作用。

项目批准总概算56.31亿元,地方道路项目总投资2.45亿元,其中亚洲开发银行贷款2.5亿美元,交通部专项资金安排13.68亿元(包括2008年追加1.2亿元),国家开发银行贷款10.5亿元,地方自筹11.38亿元,批准工期4年。根据项目贷款协议,有12条道路的建设列入该项目。项目建设管理由银武高速公路工程建设指挥部负责,征地拆迁由沿线地方政府组建的征地拆迁指挥部负责。

项目路线全长180.4km,共分三期建设完成,一期工程同心至固原段于2004年5月开工,全长117.5km,设计行车速度为100km/h,2005年底试通车;二期工程固原至什字段于2005年7月开工,全长38.4km,设计行车速度为80km/h,2007年底试通车;

三期工程什字至沿川子段于2009年8月开工,全长24.5km,设计行车速度80km/h。2011年底实现全线通车试运营。同时,由于同心至什字段大部分路段处于湿陷性黄土地段,为减少工后沉降的影响,沥青混凝土路面采用分层分期铺筑。全线路面上面层于2013年底全部完成。

项目在交工验收中质量评定为合格。

2001年8月,经国务院批准,宁夏同心至沿川子高速公路被列为亚洲开发银行贷款项目(计外资〔2001〕1508号)。2003年3月19日至27日进行贷款评估,在北京财政部举行的总结会上签署了谅解备忘录。2003年7月16日至18日进行贷款谈判,双方就《贷款协定》草本及《项目协定》草本的内容进行讨论,最后达成一致。2003年9月11日亚行批复该项目的贷款。项目的贷款协议于2004年5月12日生效。此后,亚行每年都派出代表团到现场检查项目执行情况。

由于路线所处地貌类型不同,同心至固原段路线所在区域为清水河平原,地形起伏变化不大,农业比较发达,人口相对密集;固原至沿川子段路线所在区域为六盘山阴湿地区,地形起伏变化大,冲沟发育,水土流失严重,农业相对比较落后,人口相对密度较小;沿线植被十分脆弱,且局部路线位于六盘山自然保护区试验区边缘地带。为提高行车的舒适性,在平面设计时,充分考虑了环保的因素,利用现有地形条件,采用以曲线为主的连续线形。在满足工程技术标准的前提下,不强求过高的技术指标,避免了对地形进行过大的切割,最大程度地减少了工程给自然环境带来的负面影响。纵断面线形设计时,保证了交叉工程净高,有条件时适当下挖被交路,从路基纵向与横向两个方向的填挖平衡考虑,尽可能采用低路堤,并随地形起伏,使之与自然景观相协调。在路线翻越海拔相对较高的山梁时,展线特别困难,以隧道穿越,共设隧道6处,即三十里铺、牛营子、大湾、什字、刘家沟、堡子山隧道,也是宁夏高速公路建设中首次出现隧道。通过对中央分隔带、边坡、路基两侧、风沙路段的绿化,以及对互通式立交景观的重点设计,达到了改造自然景观的目的。

该项目的建设充分考虑了环境保护,在经过重要城镇时,按照"近而不进,离而不远"的原则布设路线,方便了车辆上路,减少了环境污染。全线采用集中取土并考虑充分利用路基挖方填筑路基,减少了废方,防止了乱掘乱挖,保持了生态平衡,减少了环境污染。特别是隧道弃方,选择了适当地形按设计要求进行堆放。

什字至沿川子段工程原计划于2007年开工,2009年通车,但由于重大变更,实际实施时间2009年8月,滞后约两年半。2011年12月1日主体完工并通车。

项目在初步设计阶段路线线位有两种方案:方案一,白家沟方案,路线起自六盘山镇(什字)南,经刘家沟、东山坡、堡子山、马西坡、白家庄后进入白家沟并沿沟两岸滩地交错布线,至惠台林场南再进至下寺沟,经惠台林场、花崖子、土窑、庙庙沟、沙塘川,终点位于泾源县黄花乡沙塘川东侧宁甘交界的沿川子处。该方案顺捷，造价经济，并远离六盘山国家级自然保护区的核心区。交通部《关于宁夏回族自治区同心至沿川子公路初步设计的批复》(交公路发〔2003〕356号)初步设计审查意见中指出，比较线建设里程短2.04km，除两沟交汇处平曲线半径较小外，全段平纵面技术指标相对较高，工程投资较低，但比较线距泾源县城较远，且白家沟地形狭窄，没有合适的互通立交位置，只能在沙塘川设置互通式立交。方案二，下寺沟方案，路线自东山坡后逐渐与白家沟方案路线分开，经堡子山、马西坡、胡家庄、卡子村、刘家庄、下寺村后，在下寺沟口设置专为泾源县城服务的下寺互通式立交，随后路线进入下寺沟，再沿下寺沟布线，至惠台林场南与"白家沟方案"路线汇合直至终点。

两个方案在自治区政府和交通运输部审批中采用了"下寺沟方案"(图8-29-2)。2006年，自治区政府为解决宁南山区严重缺水问题，决定规划建设宁夏固原及中部地区扬黄引水工程，该工程的调节水库库址位于下寺沟段，与什字至沿川子段高速公路部分路线线位重合。自治区水利主管部门和交通主管部门经多次研究、协商，由于该调节水库库容、高程等方面的要求，在建设范围内多次比选后，确无满足要求的其他库址方案。后经自治区人民政府研究决定，高速公路建设服从大局，调整什字至沿川子段高速公路在下寺沟段的部分路线线位，避开调节水库库址。

图8-29-2 福银高速公路泾源下寺沟段

经公路建设及公路设计等相关部门调研，并按建设程序报批后，按"白家沟方案"实施。改线后路线长度比原设计方案减少1.974km，同时，减少卡子村隧道1座(长540m)和下寺隧道(长109m)，工程造价与原设计方案比较减少约1.7亿元。

同沿高速公路主要文件汇总见表8-29-4，主要技术指标见表8-29-5，主要工程数量见表8-29-6。

主 要 文 件 汇 总

表 8-29-4

文 件 名	文 件 号
《关于宁夏同心至沿川子高速公路项目建设用地的预审意见》	宁国土资函〔2000〕187 号 2000 年 7 月 20 日
《自治区人民政府关于同意成立银武高速公路(宁夏段)工程建设指挥部的批复》	宁政函〔2001〕148 号 2001 年 8 月 23 日
《关于银武高速公路通过固原段秦长城遗址的批复》	文物保函〔2002〕855 号 2002 年 9 月 9 日
《关于银川—武汉公路(宁夏境)同心至沿川子高速公路水土保持方案的复函》	宁水保发〔2003〕3 号 2003 年 1 月 21 日
《关于西部大通道银川—武汉公路(宁夏境)同心至沿川子段公路环境影响报告书审查意见的复函》	环审〔2003〕81 号 2003 年 3 月 5 日
《印发国家发展改革委关于审批宁夏回族自治区同心至沿川子公路可行性研究报告的请示的通知》	发改交运〔2003〕494 号 2003 年 6 月 6 日
《关于宁夏同心至固原段高速公路压覆矿产资源状况的批复》	宁国土资发〔2003〕95 号 2003 年 7 月 7 日
《关于宁夏同心至沿川子公路初步设计的批复》	交公路发〔2003〕356 号 2003 年 9 月 1 日
《关于西部大通道银川至武汉公路(宁夏境)同心至沿川子段高速公路施工图设计文件的批复》	宁交函〔2003〕339 号 2003 年 12 月 21 日
《关于固原至沿川子段高速公路压覆矿产资源状况的批复》	宁国土资环函〔2004〕30 号 2004 年 11 月 29 日
《关于同心至固原段高速公路工程建设用地的批复》	国土资函〔2005〕900 号 2005 年 10 月 10 日
《〈关于西部大通道银川—武汉公路(宁夏境)同心至沿川子段公路施工许可申请书〉批复单》	交通部 2007 年 10 月 9 日
《关于同心至沿川子公路变更设计的批复》	交公路发〔2008〕195 号 2008 年 7 月 23 日
《国土资源部关于银川至武汉高速公路(宁夏境)固原至什字段工程建设用地的批复》	国土资函〔2009〕176 号 2009 年 2 月 6 日

主 要 技 术 指 标

表 8-29-5

序号	项目名称	单 位	技术指标	备 注
1	公路等级		高速公路	
2	设计速度	km/h	100/80	低值为固原至沿川子段指标
3	路基宽度	m	26/24.5	
4	行车道宽度	m	4×3.75	

续上表

序号	项目名称		单 位	技 术 指 标	备 注
5	平曲线最小半径		m	400/250	
6	最大纵坡		%	4	
7	汽车荷载等级		级	汽车—超20级 挂车—120	
8	设计洪水频率	大中桥		1/100	
		特大桥		1/300	
9	路面类型			沥青混凝土	

主 要 工 程 数 量　　　　　　　表 8-29-6

序　号	项　目	单 位	数　量
1	路基土石方	1000m³	25020
2	特大桥	m/座	1302.3/1
3	大桥	m/座	13209/56
4	中小桥	m/座	3691/62
5	涵洞	道	447
6	互通立交	处	7
7	分离式立交	座	18
8	通道	道	230
9	隧道	m/座	3806/6
10	建设用地	亩	19418
11	拆迁建筑物	m²	65769

第三十章
G85 银昆高速公路宁夏段

银川—昆明高速公路(建成银昆高速公路)起于宁夏银川,国家高速公路编号 G85,是《国家公路网规划(2013—2030 年)》中的南北纵向线中的一条,由原规划并部分建成的渝昆高速公路从重庆延长到宁夏银川市。途经甘肃、陕西、四川、重庆、云南,全长 2322km。

银昆高速公路宁夏段全长约 360km,起点银川,途经河东机场、灵武、太阳山、彭阳,终点位于宁甘界(高寨塬),其中银川至石坝段与 G20 青银高速公路共线 22.6km,石坝至太阳山段 100.4km 已建成通车,太阳山至彭阳段 237km(宁甘交界)目前正在分段开展前期工作。是宁夏"三环八射九联"公路网的重要组成部分,也是原"三纵九横"干线公路网中的东部纵干线,是连接 S202 线、G327 线、S70 线及周边地区的重要通道。

已建成的银昆高速公路宁夏段包括石坝至河东机场高速公路、国道 211 线河东机场至灵武改建段高速公路、灵武电厂立交、灵武至甜水堡段高速公路四个项目构成。

第一节 石坝至河东机场高速公路

随着西部大开发和大银川建设步伐的加快,以及银川河东机场扩建工程的实施,原来的道路已经不能适应交通量的需求,自治区党委、人民政府提出建设石坝至河东机场高速公路。该项目既是银昆高速公路宁夏境新建起点路段,又是"三纵九横"干线公路网中的东部纵干线的组成路段。项目起点位于银古高速公路石坝互通式立交,途经河东机场(图 8-30-1),终点位于银灵吴一级公路收费站南约 400m 处,路线全长 8km。全线采用双向四车道高速公路标准,设计行车速度为 80km/h。

项目概算总投资 2.32 亿元,其中交通部补贴和银行贷款 2.12 亿元。

项目建设管理由宁夏公路建设管理局负责,征地拆迁由沿线地方政府负责。工程于 2006 年 10 月 15 日开工建设,于 2008 年 12 月 11 日建成通车。在交工验收中项目质量评分 92.93 分,总体工程质量合格。

石坝至河东机场高速公路主要文件汇总见表 8-30-1,主要技术指标见表 8-30-2,主要工程数量见表 8-30-3。

第八篇 高速公路项目

图 8-30-1　银昆高速公路银川机场段

主　要　文　件　汇　总　　　　　　　　　　　　　　　　表 8-30-1

文　件　名	文　件　号
《关于协调解决石坝至银川河东机场公路建设用地的函》	宁交函〔2006〕177 号 2006 年 8 月 3 日
《石坝至银川河东机场公路改扩建工程初步设计批复的函》	宁发改基建〔2006〕540 号 2006 年 8 月 28 日
《关于送达石坝至银川河东机场高速公路改扩建工程两阶段施工图设计文件审查意见的函》	宁公学审字〔2006〕088 号 2006 年 11 月 27 日
《关于石坝至银川河东机场公路改扩建工程可行性研究报告批复的函》	宁发改交通〔2008〕479 号 2008 年 8 月 1 日
《自治区审计厅关于宁夏公路建设管理局石坝至银川河东机场高速公路改扩建工程项目竣工决算的审计决定》	宁审外资决〔2017〕4 号 2017 年 6 月 9 日
《宁夏回族自治区审计厅审计报告》	宁审外资报〔2017〕23 号 2017 年 6 月 9 日

主　要　技　术　指　标　　　　　　　　　　　　　　　　表 8-30-2

序号	项目名称		单　位	技术指标	备　注
1	公路等级			高速公路	
2	设计速度		km/h	80	
3	路基宽度		m	32.5/26.6/24.5	
4	行车道宽度		m	6(4)×3.75	
5	平曲线最小半径		m	250	
6	最大纵坡		%	5	
7	汽车荷载等级		级	公路—Ⅰ级	
8	设计洪水频率	大中桥		1/100	
		特大桥		1/300	
9	路面类型			沥青混凝土	

主要工程数量　　　　　　　　　　表 8-30-3

序　号	项　目	单　位	数　量
1	路基土石方	1000m³	664.9
2	中小桥	m/座	134.2/3
3	天桥	m/座	50.36/1
4	互通立交	处	4
5	分离式立交	m/座	188.32./3
6	通道	m/道	99.81/10
7	征用土地	亩	889.21

第二节　国道 211 线银川河东机场至灵武段高速公路

国道 211 线是宁夏境内的一条重要的干线公路，也是宁夏"三纵九横"干线公路网中的东部纵干线的主要路段，在 2013 年调整国家高速公路网规划中，被纳入新增的银昆高速公路宁夏段当中。路线分别连接着银川、灵武、吴忠、银川河东机场、灵武电厂、灵武农场以及青铜峡、宁东重化基地等地区，客货运输量较大，是宁夏中东部交通运输的大动脉。当时的国道 211 线银川机场至灵武段仅仅为一级公路，已无法满足该地区日益增长的交通量需求及社会经济发展，所以决定在原旧路基础上改建国道 211 线银川河东机场至灵武段。

银昆高速公路太阳山段如图 8-30-2 所示。

图 8-30-2　银昆高速公路太阳山段

国道 211 线银川河东机场至灵武段高速公路全长 12.8km。接已建成的灵武电厂互通式立交。

项目批准概算总投资 3.46 亿元，由交通厅自筹。批准建设工期 2 年。

项目建设管理由宁夏公路建设管理局负责,征地拆迁由沿线地方政府负责。工程于2007年6月15日开工建设,于2008年10月30日全线建成通车。在交工验收中,质量评定为合格。

国道211线银川河东机场至灵武段高速公路主要文件汇总见表8-30-4,主要技术指标见表8-30-5,主要工程数量见表8-30-6。

主要文件汇总   表8-30-4

文 件 名	文 件 号
《国道211线河东机场至灵武改建段工程可行性报告》	宁发改交通〔2007〕160号 2007年4月17日
《关于批准国道211线银川河东机场至灵武段公路改建初步设计的函》	宁发改建〔2007〕256号 2007年5月14日
《关于国道211线银川河东机场至灵武段高速公路施工图设计文件的批复》	宁交函〔2007〕278号 2007年12月31日
《〈国道211线银川河东机场至灵武段公路施工许可申请书〉批复单》	宁夏交通厅 2008年1月8日

主要技术指标   表8-30-5

序号	项目名称		单位	技术指标	备注
1	公路等级			高速公路	
2	设计速度		km/h	80	
3	路基宽度		m	24.5	
4	行车道宽度		m	4×3.75	
5	平曲线最小半径		m	4000	
6	最大纵坡		%	1.678	
7	汽车荷载等级		级	汽车—超20级 挂车—120	
8	设计洪水频率	大中桥		1/100	
		特大桥		1/300	
9	路面类型			沥青混凝土	

主要工程数量   表8-30-6

序号	项目	单位	数量
1	中桥	座	4
2	小桥	座	2
3	通道	道	5
4	涵洞	道	52
5	天桥	座	1
6	建设用地	亩	174

第三节 灵武电厂互通立交

为支持灵武电厂的生产生活和发展需求,应灵武电厂的申请,经自治区发改委和交通厅审批,同意建设灵武电厂互通立交项目,见图8-30-3。

图8-30-3 银昆高速公路灵武电厂互通立交

宁夏灵武电厂互通立交及其连接线主要受灵武电厂及互通式立交交叉位置控制。项目工程由灵武电厂互通立交、国道211线和灵武农场连接线组成。全长2.2km。路线主要控制点为灵武电厂、下白公路、东大沟、农场渠和银灵吴公路。

概算总投资8705.10万元,其中灵武电厂出资2640万元,剩余由交通运输厅筹集。项目由公路建设管理局负责实施。工程于2006年10月20日开工建设,于2007年5月30日全部完工。

灵武电厂立交主要文件汇总见表8-30-7,主要技术指标见表8-30-8,主要工程数量见表8-30-9。

主要文件汇总　　　　　　　　　　　　　　　　　表8-30-7

文 件 名	文 件 号
《关于国道307线灵武电厂立交及连接线新建工程可行性研究报告批复的函》	宁发改交通〔2006〕530号 2006年8月25日
《关于国道307线灵武电厂立交及连接线工程初步设计的批复》	宁发改基建〔2006〕585号 2006年9月20日
《关于国道307线宁夏灵武电厂立交及其连接线工程施工图设计文件的批复》	宁交函〔2006〕61号 2006年9月30日
《红果子至园艺三级公路等四十个建设项目竣工验收鉴定书》	宁交办发〔2010〕152号 2010年7月12日

主要技术指标

表 8-30-8

序号	项目名称		单位	技术指标	备注
1	公路等级			高速公路	
2	设计速度		km/h	60	
3	路基宽度		m	22.5	
4	行车道宽度		m	4×3.75	
5	平曲线最小半径		m	400	
6	最大纵坡		%	4	
7	汽车荷载等级		级	公路—Ⅰ级	
8	设计洪水频率	大中桥		1/100	
		特大桥		1/300	
9	路面类型			沥青混凝土	

主要工程数量

表 8-30-9

序号	项目	单位	数量
1	路基土石方	1000m³	225.9
2	大桥	座	2
3	中桥	座	1
4	涵洞	道	21
5	通道	道	1
6	建设用地	亩	234.7

第四节 灵武至甜水堡段高速公路

为进一步促进宁夏经济社会又好又快地发展，国务院在《国务院关于进一步促进宁夏经济社会发展的若干意见》(国发〔2008〕29号)中给出了一系列重要指导意见与政策支持，在"加快发展综合交通运输体系和现代服务业"方面，指出要在国家高速公路网内项目基本完成的基础上，推进国道211线灵武至甜水堡公路及其联络线古窑子至青铜峡高速公路等地方高速公路及跨黄河桥梁等项目建设。

国道211线灵武至甜水堡段及联络线古窑子至青铜峡高速公路分两段实施，其中，主线国道211线灵武至甜水堡段作为银昆高速公路的组成部分，在本章叙述；联络线古窑子至青铜峡段在第三十四章中单独叙述。银昆高速公路金银滩互通立交见图8-30-4。

路线途经灵武、吴忠市利通区、太阳山开发区，是宁夏"三纵九横"干线公路网规划中的重要组成部分，也是G85银昆高速公路的一段。项目的实施将国家高速公路网宁夏银川及中部地区的各段高速公路及国省道连成一体，完善了宁夏干线公路网布局，改善了公路基础设施及公路网的服务水平,为经济实现跨越式发展提供有力保障。

图 8-30-4　银昆高速公路金银滩互通立交

国道 211 线灵武至甜水堡项目全长 122.92km,其中,灵武至太阳山段长 72.72km,采用全封闭、全立交的四车道高速公路标准建设,设计速度为 80km/h,路基宽度 24.5m;红墩子至老盐池段长 7.2km,采用二级公路标准建设,设计速度为 80km/h,路基宽度 12m,老盐池至甜水堡段长 43km,采用二级公路标准建设,设计速度为 80km/h,路基宽度 12m。

灵武至太阳山段高速公路路线起点为灵武(梧桐树)互通式立交处,自西北向东南延伸依次经过灵武市、吴忠市利通区,终点为太阳山开发区红墩子。

国道 211 线灵武至甜水堡段及联络线古窑子至青铜峡项目概算总投资 61.16 亿元,其中交通运输部补贴资金 14.5 亿元,地方自筹 7.88 亿元,商业银行贷款 38.78 亿元(包括世行贷款 2.5 亿美元)。项目建设管理由宁夏公路建设管理局负责,征地拆迁由沿线地方政府负责。批准建设工期为 3 年。

工程于 2009 年 11 月 8 日开工建设,于 2012 年 11 月 27 日建成通车。交工验收质量评定为合格。

灵武至甜水堡段及联络线古窑子至青铜峡高速公路主要文件汇总见表 8-30-10,主要技术指标见表 8-30-11,主要工程数量见表 8-30-12。

主要文件汇总　　　　　　　　　　　　　表 8-30-10

文 件 名	文 件 号
《关于批复国道 211 线灵武至甜水堡段及联络线古窑子至青铜峡公路可行性研究报告的函》	宁发改审发〔2008〕188 号 2008 年 12 月 12 日
《国道 211 线灵武至甜水堡段及联络线古窑子至青铜峡高速公路项目地质灾害危险性评估报告备案书》	宁国土资灾评备字〔2009〕9 号 2009 年 3 月 26 日
《关于国道 211 线灵武至甜水堡段及联络线古窑子至青铜峡公路工程项目建设用地预审的意见》	宁国土资发〔2009〕187 号 2009 年 5 月 11 日
《关于国道 211 线灵武至甜水堡段及联络线古窑子至青铜峡公路压覆矿产资源状况的复函》	宁国土资函〔2009〕86 号 2009 年 5 月 31 日

续上表

文 件 名	文 件 号
《关于批准国道211线灵武至甜水堡段及联络线古青公路初步设计的函》	宁发改审发〔2009〕89号 2009年6月5日
《关于国道211线灵武至甜水堡段及联络线古窑子至青铜峡公路工程施工图设计文件的批复》	宁交函〔2009〕116号 2009年6月15日
《关于国道211线联络线古窑子至青铜峡段路网改善项目K53+900~K82+460段环境影响报告书的批复》	宁环审发〔2009〕86号 2009年7月21日
《国道211线灵武至甜水堡段及联络线古窑子至青铜峡公路建设项目施工许可申请书》批复单	宁夏交通运输厅 2009年11月5日
《关于国道211线灵武至甜水堡段及联络线古窑子至青铜峡高速公路项目水土保持方案的复函》	宁水审发〔2010〕2号 2010年1月5日
《关于批准国道211线灵武至红墩子段公路项目建议书的函》	宁发改审发〔2011〕434号 2011年8月3日

主 要 技 术 指 标　　　　表8-30-11

序号	项 目 名 称		单 位	技 术 指 标		备 注
1	公路等级			高速公路（古青）	高速公路（国道211）	
2	设计速度		km/h	100	80	
3	路基宽度		m	26	24.5	
4	行车道宽度		m	4×3.75	4×3.75	
5	平曲线最小半径		m	400	250	
6	最大纵坡		%	4	5	
7	汽车荷载等级		级	公路—Ⅰ级		
8	设计洪水频率	大中桥		1/100		
		特大桥		1/300		
9	路面类型			沥青混凝土		

主 要 工 程 数 量　　　　表8-30-12

序 号	项 目	单 位	数 量
1	路基土石方	1000m³	19030
2	特大桥	m/座	1778/1
3	桥梁	m/座	14798/98
4	涵洞	道	9886/301
5	互通立交	处	9
6	通道	m/道	2157/86
7	建设用地	亩	6989.6
8	拆迁建筑物	m²	59695

第三十一章
G22 青兰高速公路宁夏段
——东山坡至毛家沟段高速公路

青岛—兰州高速公路属于国家高速公路网规划中18条横线的第6条,编号为G22。青兰高速公路途经山东、河北、山西、陕西、甘肃、宁夏6省区,全长1795km。

G22青兰高速公路在宁夏境内全长67km,由两段组成,其中沿川子至东山坡段与G70福银高速公路共线17km,东山坡至毛家沟段长50km为新建路段。高兰高速公路宁夏东山坡互通立交见图8-31-1。

图8-31-1 青兰高速公路宁夏东山坡互通立交

G22青兰高速公路宁夏段的建设,为陕西、甘肃、宁夏、青海4省区61个贫困县区、1400万农村人口参与丝绸之路经济带建设,提供了重要的交通保障。对国家实施六盘山集中连片特困地区扶贫开发战略,完善宁夏南部、陕西北部、甘肃东中部便捷的公路运输网络,全面提升公路运输能力具有重大意义。

一、项目概况

东山坡至毛家沟段高速公路(简称东毛高速公路)位于宁夏回族自治区境内,是国家高速公路网规划中18条横线的第6条——G22青兰高速公路在宁夏境内的重要路段,也是构筑国家高速公路网的重要环节和组成部分。该段公路地处六盘山腹地,既是福银高速公路、青兰高速公路、国道 312 线运输大动脉的交汇处,是陕甘宁三省区和东西部交通的咽喉,又是跨越六盘山天然屏障最困难的路段,项目的实施意义重大,且迫在眉睫。

项目路线起点位于泾源县东山坡,接 G70 福银高速公路,终点位于宁甘交界的毛家沟,接平定高速公路,路线全长 50.29km。由于六盘山南北向横亘于路线中间,为穿越六盘山,在海拔 2200m 处设六盘山特长隧道一座,长度 9485m。

项目批准概算总投资 42.07 亿元,其中交通运输部补贴资金 12.87 亿元,国家开发银行贷款 26 亿元,剩余由地方自筹。批准建设工期 4 年。

项目建设管理由宁夏公路建设管理局负责,征地拆迁由沿线地方政府负责。项目于 2012 年 10 月全线开工建设,2016 年 7 月 3 日建成通车。项目交工验收质量评定为合格。

为提高项目的建设质量和安全,根据交通运输厅的安排,在项目的 A7 合同段首次推行标准化施工,并作为试点工程,编制完成《宁夏高速公路施工标准化指南》,后在全区高速公路项目建设中推广应用。

二、六盘山特长隧道

为保障高海拔、地质复杂地区特长隧道施工的质量安全和顺利实施,建设单位组织有关专家和工程技术人员对工程建设进行周密的部署安排,制定了详细科学的管理措施。各参建单位集思广益,攻坚克难,成功地解决了一个又一个难点。

六盘山隧道的建设从一开始就注重对设计的优化,长期聘请国内 5 名隧道资深专家组成专家组,对设计方案进行动态优化,对施工过程中遇到的技术难题进行指导。

要求各参建单位严格执行《宁夏高速公路施工标准化指南》,全面推行标准化管理。着力进行隧道施工安全质量管理信息化系统建设,信息化工程包含了视频监控系统、洞口出入管理系统、人员定位系统、洞内外语音通话系统及拌和站实验室数据采集 5 大系统。该系统不仅对隧道施工的安全、质量控制的重点部位、重点环节起到有效监管,而且对日常施工管理实现了程序化管理。

鼓励施工单位采用新技术、新设备、新工艺,大幅提高施工效率,提高了工程质量,降低了安全风险。如中铁十二局将购置的先进的超前钻孔机应用到本隧道施工中,提高了地质超前预报的准确性和预报效率。

(一)隧道建设中成功处置突发瓦斯风险

2014 年 6 月 3 日,A2 合同段隧道掘进施工到 3400m 处,在进行掌子面钻眼工序时,右侧一个钻孔内出现大量承压气体,压力较大,气体有臭味,个别工人身体感觉不适。有丰富施工经验的隧道工程技术人员马上意识到,可能是瓦斯!全体工人立即撤出隧道,并紧急报告业主。建设单位立即命令隧道全部停工,所有人员不得进入洞内,并加强对掌子面的通风。

随后,建设单位聘请瓦斯测控专业监测单位,并成立第三方瓦斯监测小组,对隧道气体进行监测。六盘山隧道穿越的地层岩性主要以中风化粉砂质泥岩为主,岩石风化不均,风化层厚度变化大,且埋深较大,加之区内存在高地应力现象,因此隧道深部软质岩存在大变形可能。该项目隧道穿越褶皱构造,层状砂岩岩体裂隙发育,在断层破碎带和富水带段,有突发涌水的可能。在项目设计勘探时,未曾在各钻孔发现瓦斯气体。

经对隧道施工中突发瓦斯情况的进一步鉴定,该工区为高瓦斯工区。针对瓦斯隧道施工,建设单位会同隧道专家制定并下发了《六盘山特长瓦斯隧道管理指南》,要求设计单位补充瓦斯隧道技术方案和施工图设计文件。根据设计文件要求,施工单位编制了瓦斯隧道施工组织设计和瓦斯隧道安全风险评估报告。上述文件经组织专家评审论证通过后,项目部又对施工人员进行了专门的瓦斯隧道施工技术培训,之后总监办方下达复工令。在施工过程中,为了确保安全生产,洞内增加送风设备,进洞机械全部安装防爆设施,项目部成立瓦斯测控队,洞内安装固定瓦斯测控设施,领班人员每人配备瓦斯移动测控机,四级联控,确保万无一失。之后,虽然又发生了十多次大小突发瓦斯情况,但都有惊无险地被一一化解。2015年4月,隧道施工顺利通过瓦斯段落,左洞累计瓦斯段落184m,右洞累计瓦斯段落243m,为隧道全线安全贯通奠定了坚实的基础。2015年5月27日,六盘山隧道全线顺利贯通。

(二)六盘山特长隧道科研成果丰硕

六盘山特长隧道是全国海拔2200m以上最长的公路隧道,地处六盘山地震活动带,地质构造复杂,岩石破碎,石质软,风化程度高,隧道施工难度大。经建设单位认真研究,针对软岩隧道开挖大变形控制、生态敏感区隧道涌排水控制、隧道围岩地质隐患三维诊断、隧道通风与节能、公路隧道长距离反坡排水、富水破碎围岩注浆与检测等技术难题,结合标准化施工,开展了一系列科研工作,取得了丰硕成果。

据统计(部分课题仍在鉴定中),项目取得授权发明专利8项,授权实用新型专利11项,发表科技论文53篇,其中SCI(科学引文索引)收录7篇,EI(工程索引)收录20篇,撰写施工指南2项、地方标准1项,研究成果同时在宁夏、重庆、福建等地区十多条在建隧道工程中得到推广应用。依托项目展开的"高海拔寒冷地区软岩长大隧道安全环保施工关键技术"课题研究,荣获宁夏回族自治区2015年科技进步一等奖及中国公路学会2016年科学技术二等奖。同时,通过开展科研活动,有力地促进了六盘山隧道提前贯通,保障了工程质量。六盘山隧道工程项目荣获2016—2017年度国家优质工程奖。安全生产成效显著,实现"零死亡"的安全目标。节省建设成本1.1亿元,取得了显著的社会效益、经济效益和生态效益。

东毛高速公路主要文件汇总见表 8-31-1,主要技术指标见表 8-31-2,主要工程数量见表 8-31-3。

主要文件汇总　　　　　　　　　　　　　　表 8-31-1

文 件 名	文 件 号
《关于青岛至兰州公路(宁夏境)东山坡至毛家沟段地质灾害危险性评估报告备案书》	宁国土资灾评备字〔2008〕3 号 2008 年 4 月 16 日
《关于青岛至兰州公路(宁夏境)东山坡至毛家沟段压覆矿产资源状况的复函》	宁国土资函〔2008〕94 号 2008 年 5 月 27 日
《自治区人民政府关于青岛至兰州高速公路宁夏东山坡至毛家沟段穿越六盘山国家级自然保护区的批复》	宁政函〔2008〕184 号 2008 年 11 月 3 日
《关于青岛至兰州公路(宁夏境)东山坡至毛家沟段建设用地预审意见的复函》	国土资预审字〔2008〕453 号 2008 年 12 月 26 日
《自治区水利厅关于青岛至兰州公路(宁夏境)东山坡至毛家沟段水土保持方案的复函》	宁水审发〔2010〕26 号 2010 年 3 月 3 日
固原市文化体育广播电视局《关于青兰公路东山坡至毛家沟段建设项目是否压覆文物的复函》	2010 年 7 月 7 日
《关于青岛至兰州公路(宁夏境)东山坡至毛家沟段环境影响报告书的批复》	环审〔2010〕187 号 2010 年 7 月 13 日
《国家发展改革委关于宁夏东山坡至毛家沟(宁甘界)公路可行性研究报告的批复》	发改基础〔2011〕1969 号 2011 年 9 月 8 日
《关于东山坡至毛家沟(宁甘界)公路初步设计的批复》	交公路发〔2012〕96 号 2012 年 3 月 12 日
《关于青岛至兰州公路(宁夏境)东山坡至毛家沟高速公路施工图设计文件的批复》	宁交函〔2012〕289 号 2012 年 6 月 25 日
《青岛至兰州公路(宁夏境)东山坡至毛家沟高速公路施工许可申请书》批复单	宁夏交通运输厅 2013 年 5 月 15 日

主要技术指标　　　　　　　　　　　　　　表 8-31-2

序号	项目名称		单 位	技术指标	备 注
1	公路等级			高速公路	
2	设计速度		km/h	80	
3	路基宽度		m	24.5	
4	行车道宽度		m	4×3.75	
5	平曲线最小半径		m	270	
6	最大纵坡		%	5	
7	汽车荷载等级		级	公路—Ⅰ级	
8	设计洪水频率	大中桥		1/100	
		特大桥		1/300	
9	路面类型			沥青混凝土	

宁 夏

主 要 工 程 数 量　　　　　表 8-31-3

序　号	项　目	单　位	数　量
1	路基土石方	1000m³	3792
2	大桥	m/座	3614.5/14
3	中小桥	m/座	2843/26
4	涵洞	道	120
5	互通立交	处	3
6	天桥	座	5
7	通道	道	37
8	隧道	m/座	9485/1
9	建设用地	亩	3450.4
10	拆迁建筑物	m²	158103

第三十二章
G1816 乌海至玛沁高速公路宁夏段

乌海至玛沁高速公路(简称乌玛高速公路)是《国家公路网规划(2013—2030年)》中横线荣成到乌海高速公路(G18)的一条联络线(G1816),是西北地区连接中部、东部经济发达地区的一条重要运输通道。乌玛高速公路大致呈东北—西南走向,自东北向西南依次经过内蒙古、宁夏、甘肃、青海4省区。

乌玛高速公路宁夏段全长370km。由五段构成,分别是宁蒙省界的麻黄沟至石嘴山段96km,正在做前期工作;石嘴山至银川高速公路42km,已建成通车;银川至青铜峡高速公路60km,已建成通车;青铜峡至中卫市红卫122km,正在做前期工作;中卫市红卫至宁甘省界营盘水50km,与已建成通车的G2012定武高速公路共线。是自治区"三纵九横"干线公路网规划中"西纵"重要组成部分。项目建成后,大大改善了地区内交通状况和公路网的服务水平;通过与荣乌、京藏和定武国家高速公路的连接,连通中、东部经济发达地区,从而构建西部地区通疆达海的新通道;对加强西北与华中和环渤海地区的交流,起到了非常显著的促进作用。

第一节 石嘴山至银川高速公路

石嘴山至银川高速公路起点位于石嘴山市世纪大道,终点接银川绕城西北环上的文昌枢纽互通立交。路线全长41.88km。按全封闭、全立交的四车道高速公路标准设计,设计速度为100km/h。玛沁高速公路石银段见图8-32-1。

项目概算总投资20.28亿元,资金筹措方式为:65%申请国内银行贷款,35%地方自筹。项目批准建设工期3年。

项目建设管理由宁夏公路建设管理局负责,征地拆迁由沿线地方政府负责。工程于2009年3月开工建设,于2010年11月建成试运行。项目交工验收中项目质量评分96.3分,质量评定为合格。

石银高速公路主要文件汇总见表8-32-1,主要技术指标见表8-32-2,主要工程数量见表8-32-3。

图 8-32-1　玛沁高速公路石银段

主 要 文 件 汇 总　　　　　　　　　　　　　　　　　　　　表 8-32-1

文 件 名	文 件 号
《关于批准石嘴山至银川可行性研究报告的函》	宁发改交通〔2008〕629 号 2008 年 8 月 19 日
《关于批准石嘴山至银川高速公路工程初步设计的函》	宁发改审发〔2008〕122 号 2008 年 11 月 13 日
《关于石嘴山至银川公路环境影响报告书的批复》	宁环审发〔2008〕18 号 2008 年 11 月 14 日
《关于送达石嘴山至银川高速公路 LJ4～LJ8 合同段两阶段施工图设计文件审查意见的函》	宁公学审字〔2008〕057 号 2008 年 11 月 25 日
《关于石嘴山至银川高速公路工程建设用地的预审意见》	宁国土资发〔2008〕467 号 2008 年 12 月 6 日
《石嘴山至银川高速公路工程施工许可申请书》批复单	宁夏交通运输厅 2010 年 1 月 19 日

主 要 技 术 指 标　　　　　　　　　　　　　　　　　　　　表 8-32-2

序号	项目名称		单 位	技术指标	备 注
1	公路等级			高速公路	
2	设计速度		km/h	100	
3	路基宽度		m	26	
4	行车道宽度		m	4×3.75	
5	平曲线最小半径		m	400	
6	最大纵坡		%	4	
7	汽车荷载等级		级	公路—Ⅰ级	
8	设计洪水频率	大中桥		1/100	
		特大桥		1/300	
9	路面类型			沥青混凝土	

主要工程数量 表8-32-3

序号	项目	单位	数量
1	路基土石方	1000m³	5940
2	大桥	m/座	1143.21/3
3	中桥	m/座	936.34/15
4	小桥	m/座	26/1
5	涵洞	m/道	3689/119
6	互通立交	处	1
7	分离式立交	m/座	488.04/5
8	通道	m/座	363/17
9	建设用地	亩	3401.3
10	拆迁建筑物	m²	4624

第二节 银川至青铜峡高速公路

一、项目概况

银川至青铜峡高速公路起点位于银巴高速黄羊滩枢纽互通往南1.17km处,与银巴高速公路相接,终点位于青铜峡铝厂互通立交南侧2.5km处。路线全长59.7km。设计采用全立交、全封闭、控制出入的四车道高速公路标准,设计速度为100km/h。乌海至玛沁高速公路闽宁镇互通见图8-32-2。

图8-32-2 乌海至玛沁高速公路闽宁镇互通

项目概算总投资30.64亿元,其中交通运输部补贴3.4亿元,地方自筹6亿元,剩余为商业银行贷款。批准建设工期3年。

项目建设管理由宁夏公路建设管理局负责,征地拆迁由沿线地方政府负责。工程于2013年9月开工建设,于2015年10月建成通车试运行。项目交工验收质量评分97.3分,质量评定为合格。

二、标准化施工,规范化管理

银川至青铜峡高速公路项目在实施过程中,认真落实交通运输部提出的"发展理念人本化、项目管理专业化、工程施工标准化、管理手段信息化、日常管理精细化"管理要求,按照《宁夏高速公路施工标准化管理指南》,确立"标准化施工,规范化管理"的项目管理理念,以"创建精品工程,交工验收合格率100%,竣工验收优良率90%以上,且外观无缺陷"为项目建设目标,以"安全生产零伤亡,创建平安工地"为安全生产目标。通过落实"五化"管理,提升现代工程管理水平,标准化施工效果显著,工程质量得到明显提高,探索总结出一系列行之有效的建设管理经验,在交通运输部的建设市场督查中得到了充分肯定,部分好的经验在全国进行推广。

(一)设计标准化

设计标准化就是对技术上较为成熟、经济上合理、普遍采用的构造物,在设计方案、材料应用、几何尺寸、配筋等主要内容上按照统一标准进行的设计,是标准化的最高形式。它的作用主要是把所积累的技术、经验和施工方法加以规范,使之进一步推广、应用,达到简单易行、提高效率、降低成本、提升质量、提升景观的目的。

从项目初步设计阶段早期介入,提出"前期不作为,后期难作为"的先导理念,学习邻省一些先进的设计理念和做法,结合本区特点,编制《设计指导意见书》,贯穿于整个设计主体思路之中,推动设计标准化工作的开展。例如:

在银川至青铜峡高速公路项目上,要求构造物尽可能采用常规结构,结构各部位尽可能采用统一形式、尺寸和配筋,20m及以下跨径桥梁统一设计成20m和10m空心板两种结构,20m以上跨径的桥梁统一设计成40m T梁。

小型预制构件集中生产。在设计阶段,将全线路基防排水工程的边沟、排水沟、截水沟、急流槽等排水系统和路基防护拱形骨架、六棱砖防护等均按断面形式确定标准尺寸,在建设项目上工厂化集中预制,标准包装,专业运输,叉车装卸,专业安装。不再采用浆砌片石或现浇混凝土圬工结构,有效杜绝现场遍地开花式施工差异性和施工养生条件差的现状,使路基防排水工程质量大幅度提高。同时,在宁夏国省道干线公路沿线大绿化、大整治的背景下,预制安装小构件防排水工程外观整体效果好,公路景观效果得到了提升。

设计标准化的优点在于:第一,提高施工期和运营期的安全系数;第二,降低施工成本,能够使设备、资源得到重复利用,便于施工,减少浪费,现场管理更加简单有效;第三,降低将来的运营养护成本,使得正常的养护管理维修简单化,缩短了维修时间;第四,有利于工厂化、集约化生产,能够达到施工组织规范化,施工设备集成化,工序控制程序化,试验检测熟练化的效果;第五,有利于打造专业化的施工队伍;第六,减少设计失误,减少设计变更。

同时,在项目招投标和进场筹备阶段,紧扣设计思路,结合项目特点,超前谋划,在《招标文件》中明确项目总进度计划和节点工期要求,把工序标准化贯穿于整个建设项目不同施工阶段,使路基、桥涵、路面以及交通安全设施等施工间的衔接更加科学合理。在项目《招标文件》技术规范专用条款内按分项工程增补了标准化、精细化作业一般要求,从临时工程标准化建设,到模板的加工与验收,从大型设备选用和路面粗、细集料的加工,直至辅助设备选型,拌和站、预制场的布设等,均详细编制了相关技术要求,向承包人明示业主的最低质量标准,充分体现项目前期筹划工作的重要性。

(二)制度标准化

制度的制定关键在于落实,落实关键在于人,解决了人的问题,才是落实和执行制度的最根本问题。该项目严格落实相关制度要求,在项目上健全和细化了《工程质量责任登记卡》等13项制度。在项目开工前和春季复工时,组织全体建设管理人员、监理人员、现场各级技术人员及参建技术工人开展集中培训学习,对工程建设中普遍存在的问题召开专题会议研究对策,完善制度标准,使全体参建人员熟知工程管理理念,掌握施工工艺重点、难点和技术要求,为实现标准化施工、规范化管理、创建精品工程打好基础。

(三)工地标准化

本着实用、节约、布局合理、满足工程建设基本需求的原则,项目临时工程建设实行钢筋加工厂、小型构建预制厂、拌和站"三集中",监理驻地建设、工地实验室、便道便桥、标志标牌标准"四统一"。明确建设规模和标准。从T梁、空心板的预制台座布局设置、模板设计与加工以及预制生产的各个环节,通过不断地探讨、学习和经验总结,形成一套流水作业标准工法,实现了工厂化生产。坚持人本化管理理念,建设集中生产生活基地。为农民工建设集中生活区,提供舒适的工作和生活环境。

(四)工序标准化

指对所承担的工程项目各分部、分项工程及相互之间的施工顺序,从项目的质量、安全、经济、进度等方面通盘考虑,进行总体计划安排。避免了因施工组织安排不得当,对质量或安全方面造成无法弥补的缺陷和浪费。经过不断总结,逐步完善了路基施工标准工序、路面施工标准工序、桥梁施工标准工序等。例如:

为解决桥头跳车方面的质量通病,从设计阶段就非常重视台背填土的质量要求,在《招标文件》中,对施工工序做了进一步要求,推行台背回填标准化施工。桥台下部构造完成后,及时进行台背回填,台背最好与路基同步施工,且四周宽填1m,将来刷坡砌筑防护工程,防止砌筑防护工程时边坡帮坡补料的情况发生。台背回填未完成,严禁施工台帽。

创新工作思路,打破单座桥梁为单元的传统包干模式,把桥梁下部构造施工班组按照不同结构部位编组,按工序把钢筋加工、桩基、系梁承台、立柱肋板、盖梁台帽分成不同的专业班组流水作业,使模板利用效率提高,工人专业技能增强,工程外观质量得到明显提升。

(五)工艺标准化

在具体工艺实施上,要求相同工作必须是统一的标准工法,不允许各自为政、五花八门,完成相同的作业使用多种施工方法,操作不规范,给工程质量带来隐患。通过学习和摸索,在关键部位和关键工序方面,制订了一些标准工艺《管控手册》和《操作规程》,各个不同岗位的操作人员上岗前,按照《管控手册》和工艺工法流程进行操作培训,把工艺标准化落实到每一位操作工人手中。

通过工艺标准化的推广,不断积累经验,提高技术水平和创新能力,增加施工技术含量,形成技术优势,带动项目建设整体质量水平迈上新台阶。例如:

采用滚焊机加工桩基钢筋笼、用数控弯曲中心加工钢筋半成品、主筋用套筒连接、在定型模架上绑扎钢筋骨架,加工精度精准,工效得到提高,操作工人劳动强度降低,原来七八个工人要干的活,现在只需一人操作机械设备就可达到更好的效果,再回到"老路",工人已不愿意再干。

(六)消除质量"死角"

通过标准化施工,规范化管理,项目建设总体质量安全工作有了很大的提升,但是并不等于没有质量"死角"。通过超前谋划,在施工生产各个环节摸排,寻找出影响工程质量安全的"死角",然后再采取一些有效措施解决问题,逐步减少工程管理方面的漏洞,达到消除质量"死角"的目的。例如:

在预应力混凝土工程中,预应力孔道压浆饱满度的合格与否直接影响到预应力钢材的防锈蚀耐久性,进而影响桥梁结构的使用寿命,对桥梁运营存在极大的安全隐患。通过开展预应力孔道压浆饱满度质量检测,填补了宁夏在该项质量检测方面的空白,对施工质量达到了监督和控制作用。

通过对诸如此类影响工程质量的薄弱环节的深入探索和改进,逐步消除了一个个质量"死角",成为了项目管理上的创新和亮点。

(七)信息化管理

该项目的质量、安全信息化动态管控系统,设置有一个监控中心,三级监管体系,四个子系统[分别为工程质量安全监控中心、混凝土(或沥青混凝土)拌和站数据采集、试验室数据采集、预应力张拉数据采集四个系统]。基于信息化管理平台对项目的关键部位、关键工序和关键环节进行远程视频监控与数据采集,数据超限自动报警,并制订了相应的处理办法及程序,建立了相应的处理台账。

银川至青铜峡高速公路主要文件汇总见表8-32-4,主要技术指标见表8-32-5,主要工程数量见表8-32-6。

主要文件汇总　　　　　　　　　　　表8-32-4

文 件 名	文 件 号
《银川至中宁高速公路建设工程地质灾害危险性评估报告备案书》	宁国土资灾评备字〔2011〕41号 2011年6月29日
《关于银川至中宁高速公路建设项目压覆矿产资源状况的复函》	宁国土资函〔2011〕322号 2011年8月5日
《关于批准银川至中宁公路银川至滑石沟段项目建议书的函》	宁发改审发〔2012〕627号 2012年10月11日
《关于银川至中宁公路(银川至滑石沟段)工程环境影响报告书的批复》	宁环审发〔2013〕14号 2013年3月22日
《关于批准银川至中宁公路银川至滑石沟段可行性研究报告的函》	宁发改审发〔2013〕11号 2013年4月8日
《关于批准银川至中宁公路银川至滑石沟段新建工程初步设计的函》	宁发改审发〔2013〕89号 2013年4月18日
《自治区水利厅关于银川至中宁公路(银川至滑石沟段)水土保持方案的复函》	宁水审发〔2013〕198号 2013年6月6日
《关于批准乌海至玛沁公路(宁夏境)滑石沟至青铜峡铝厂段项目建议书的函》	宁发改审发〔2013〕522号 2013年8月22日
《关于乌海至玛沁高速公路(宁夏境)滑石沟至青铜峡铝厂段项目建设用地的预审意见》	宁国土资预审字〔2013〕98号 2013年10月23日
《关于银川至中宁公路银川至滑石沟段新建工程施工图设计文件的批复》	宁交函〔2013〕605号 2013年10月25日
《关于乌海至玛沁高速公路(宁夏境)滑石沟至青铜峡铝厂段工程环境影响书的批复》	宁环审发〔2013〕90号 2013年11月8日
《关于乌海至玛沁高速公路(宁夏境)滑石沟至青铜峡铝厂段水土保持方案的复函》	宁水审发〔2014〕6号 2014年1月3日
《关于批复乌海至玛沁高速公路(宁夏境)滑石沟至青铜峡铝厂段工程初步设计的函》	宁发改审发〔2014〕36号 2014年1月25日
《银川至中宁公路银川至滑石沟段新建工程施工许可申请书》批复单	宁夏交通运输厅 2014年7月20日

宁 夏

主要技术指标

表 8-32-5

序号	项目名称		单 位	技术指标	备 注
1	公路等级			高速公路	
2	设计速度		km/h	100	
3	路基宽度		m	26	
4	行车道宽度		m	4×3.75	
5	平曲线最小半径		m	400	
6	最大纵坡		%	4	
7	汽车荷载等级		级	公路—Ⅰ级	
8	设计洪水频率	大中桥		1/100	
		特大桥		1/300	
9	路面类型			沥青混凝土	

主要工程数量

表 8-32-6

序 号	项 目	单 位	数 量
1	路基土石方	1000m³	8980
2	大中桥	m/座	2836.96/22
3	小桥	m/座	175.2/5
4	涵洞	道	57
5	互通立交	处	4
6	分离式立交	m/座	3366/14
7	通道	m/座	24
8	建设用地	亩	5812.96
9	拆迁建筑物	m²	92732.89

第三十三章
G1817 乌海至银川高速公路宁夏段
——银川至巴彦浩特高速公路

乌海至银川高速公路(简称乌银高速公路)是中国 2013 年发布的《国家公路网规划(2013—2030 年)》中横线荣成到乌海高速公路(G18)的一条联络线,编号为 G1817。乌银高速公路大致呈南北走向,从北向南经过内蒙古乌海市、阿拉善左旗、宁夏银川市。

乌银高速公路在宁夏境全长 56km,分为两段,宁蒙交界的头关至银川平吉堡立交 23km,已建成通车;平吉堡立交至河东机场 33km,在规划中。

乌银高速公路穿越宁夏、内蒙古两自治区。是宁夏"三纵九横"的重要路段。连接着宁夏银川市和内蒙古阿拉善左旗,由于两地历史渊源、地域连接、经济互动,以及两地经济的迅猛发展,截至 2010 年,该段公路已经成为两地交通运输最为繁忙的路段,原有的银巴二级公路不能适应经济快速发展的需求。该项目建成后与拟建的临河—哈密、乌海—山丹等公路,形成宁夏与内蒙古两自治区的省际联络线和纽带,也成为连接蒙古国、甘肃省、宁夏回族自治区及内地其他各省的大通道,通过内蒙古第三大陆地口岸策克和规划中的乌力吉口岸,可以使内地和蒙古国之间的货物流通更加快速便捷,加速边贸经济发展。

银川至巴彦浩特高速公路路线起于银川市平吉堡农场附近,接已建成的银川西北绕城高速公路的平吉堡枢纽互通,沿银巴二级公路途经平吉堡农场,终点位于宁蒙交界的头关。路线全长 32.08km。全线采用全封闭、全立交的四车道高速公路标准,服务水平二级,其中 8.6km 段考虑到后期石嘴山至中宁高速公路(西线高速)与该项目的衔接,采用设计速度 100km/h,路基宽度 26m 的指标;其余路段采用设计速度为 80km/h,路基宽度 24.5m 的技术标准。乌海至银川高速公路银川段见图 8-33-1。

项目概算总投资 10 亿元,全部由地方采用商业银行贷款解决。批准建设工期 2 年。

项目建设管理由宁夏公路建设管理局负责,征地拆迁由沿线地方政府负责。工程于 2010 年 7 月 1 日开工,2011 年 11 月 28 日实现全线通车试运营。项目交工验收中质量评分 92.9 分,质量等级评定为合格。

银巴高速公路主要文件汇总表 8-33-1,主要技术指标见表 8-33-2,主要工程数量见表 8-33-3。

图 8-33-1　乌海至银川高速公路银川段

主要文件汇总　　　　　　　　　　　　　　　　　　　　　　表 8-33-1

文　件　名	文　件　号
《关于批准银川至巴彦浩特公路(宁夏境)可行性研究报告的函》	宁发改审发〔2010〕6 号 2010 年 3 月 1 日
《关于银川至巴彦浩特公路(宁夏境)工程建设用地的预审意见》	宁国土资预审字〔2010〕14 号 2010 年 4 月 12 日
《关于银川至巴彦浩特公路(宁夏境)工程环境影响报告书的批复》	宁环审发〔2010〕16 号 2010 年 4 月 16 日
《关于批准银川至巴彦浩特公路(宁夏境)初步设计的函》	宁发改审发〔2010〕87 号 2010 年 4 月 20 日
《关于银川至巴彦浩特公路(宁夏境)工程压覆矿产资源状况的复函》	宁国土资函〔2010〕202 号 2010 年 5 月 28 日
《关于银川至巴彦浩特公路(宁夏境)工程施工图设计文件的批复》	宁交函〔2010〕163 号 2010 年 6 月 2 日
《关于银川至巴彦浩特公路(宁夏境)工程水土保持方案的复函》	宁水审发〔2010〕79 号 2010 年 6 月 12 日
《银川至巴彦浩特公路(宁夏境)工程地质灾害危险性评估报告备案书》	宁国土资灾评备字〔2010〕23 号 2010 年 6 月 25 日
《银川至巴彦浩特高速公路(宁夏境)施工许可申请书》批复单	宁夏交通运输厅 2010 年 7 月 1 日

主要技术指标　　　　　　　　　　　　　　　　　　　　　　表 8-33-2

序号	项目名称	单位	技术指标		备　注
1	公路等级		高速公路 (K0+000～K8+060)	高速公路 (K8+0060～K31+710)	
2	设计速度	km/h	100	80	
3	路基宽度	m	26	24.5	
4	行车道宽度	m	4×3.75	4×3.75	

续上表

序号	项目名称		单位	技术指标		备注
5	平曲线最小半径		m	400	250	
6	最大纵坡		%	4	5	
7	汽车荷载等级		级	公路—Ⅰ级	公路—Ⅰ级	
8	设计洪水频率	大中桥		1/100		
		特大桥		1/300		
9	路面类型			沥青混凝土		

主要工程数量

表 8-33-3

序号	项目	单位	数量
1	路基土石方	1000m³	3760
2	大桥	m/座	534/3
3	中桥	m/座	744.4/10
4	小桥	m/座	242.19/10
5	涵洞	道	74
6	互通立交	处	1
7	分离式立交	m/座	335/3
8	通道	道	21
9	建设用地	亩	3007.78
10	拆迁建筑物	m²	126

第三十四章
省级高速公路

根据宁夏回族自治区人民政府2015年批准的宁夏省道网布局规划,省级高速公路规划总里程约800km,由4条南北纵线,7条东西横线组成。

南北纵线为:盐池—鄂托克前旗、泾源—华亭、石空—恩和、中卫—海原。

东西横线为:石嘴山—平罗、吴灵青北环、古窑子—青铜峡、萌城—海原、寨科—海原、固原—西吉、固原—彭阳。

截至2016年底,宁夏已建成的省级高速公路项目有9个,共344.7km,包括盐池—红井子、李家庄—泾河源、石嘴山—平罗、古窑子—青铜峡、同心—海原、黑城—海原、固原—西吉、彭阳—青石嘴、滚泉—红寺堡项目;已开工建设的项目有2个,共60.2km,包括泾河源—双疙瘩梁、西吉—会宁项目。

第一节 S15 盐池至鄂托克前旗高速公路

盐池至鄂托克前旗(红井子)高速公路(以下简称"盐红高速公路")是宁夏省级高速公路,编号为S15。路线全长20.21km。盐红高速公路与内蒙古省道216线察汗淖尔至敖勒召其镇公路相连接,共同形成G20青银高速公路和G18荣乌高速公路连接线。该项目不仅完善了两条横向国道主干线之间的连接,同时为G2012定武高速公路开辟了新的连接路线。该项目的建设对于完善区域干线公路网络,加快能源"金三角"交通基础设施建设,促进区域资源开发利用和经济发展,打造宁东—榆林—鄂尔多斯能源"金三角"经济区意义重大。盐鄂高速公路盐池花马池互通立交见图8-34-1。

项目概算总投资7.85亿元,地方自筹1.79亿元,其余为商业银行贷款。批准建设工期2年。

项目建设管理由宁夏公路建设管理局负责,征地拆迁由沿线地方政府负责。工程于2012年3月8日开工建设,2014年1月11日建成通车试运行。项目交工验收质量评分92.1分,评定等级为合格。

盐池至红井子高速公路主要文件汇总见表8-34-1,主要技术指标见表8-34-2,主要工程数量见表8-34-3。

图 8-34-1　盐鄂高速公路盐池花马池互通立交

主 要 文 件 汇 总　　　　　　　　　　　　　　表 8-34-1

文　件　名	文　件　号
《自治区水利厅关于省道304线盐池至红井段公路项目水土保持方案的复函》	宁水审发〔2008〕57号 2008年12月22日
《关于批准省道304线盐池至红井段公路项目建议书的函》	宁发改审发〔2010〕642号 2010年11月24日
《关于省道304线盐池至红井段公路建设用地的预审意见》	宁国土资预审字〔2011〕60号 2011年5月2日
《关于批准省道304线盐池至红井段公路可行性研究报告的函》	宁发改审发〔2011〕155号 2011年5月26日
《关于批准省道304线盐池至红井段公路工程初步设计的函》	宁发改审发〔2011〕298号 2011年6月2日
《关于省道304线盐池至红井段公路工程压覆矿产资源状况的复函》	宁国土资函〔2011〕249号 2011年6月24日
《省道304线盐池至红井段公路工程地质灾害危险性评估报告备案书》	宁国土资灾评备字〔2011〕28号 2011年6月29日
《关于省道304线盐池至红井段公路施工图设计文件的批复》	宁交函〔2011〕166号 2011年6月30日
《关于省道304线盐池至红井段公路项目建设先行用地的函》	宁国土资函〔2011〕616号 2011年12月28日
《省道304线盐池至红井段公路建设项目施工许可申请书》批复单	宁夏交通运输厅 2012年3月27日
《关于省道304线盐池至红井段公路工程建设用地的批复》	宁政土批字〔2014〕295号 2014年12月1日

主要技术指标　　　　　　　　　　　　　　　　　　　　　　　表8-34-2

序号	项目名称		单位	技术指标	备注
1	公路等级			高速公路	
2	设计速度		km/h	100	
3	路基宽度		m	26	
4	行车道宽度		m	4×3.75	
5	平曲线最小半径		m	700	
6	最大纵坡		%	4	
7	汽车荷载等级		级	公路—Ⅰ级	
8	设计洪水频率	大中桥		1/100	
		特大桥		1/300	
9	路面类型			沥青混凝土	

主要工程数量　　　　　　　　　　　　　　　　　　　　　　　表8-34-3

序号	项目	单位	数量
1	路基土石方	1000m³	2129.52
2	大桥	m/座	2343.43/7
3	中桥	m/座	258.12/3
4	小桥	m/座	286/12
5	涵洞	道	26
6	互通立交	处	1
7	通道	道	37
8	建设用地	亩	2065

第二节　S25 泾源至华亭(宁甘界)高速公路

泾源至华亭(宁甘界)高速公路是宁夏省级高速公路,编号为S25,全长41.67km,见图8-34-2。建成后与甘肃省规划的S11省级高速公路相连接,成为宁夏最为便捷的南出口,是六盘山集中连片特困地区重要的旅游快速通道和扶贫开发公路。

该段分两个项目实施,李家庄至泾河源段高速公路是国道344青石嘴至泾源段公路项目的组成部分,长27.85km先行建设,现已通车;泾河源镇至双疙瘩梁段长13.82km,项目前期工作已审批完成,并于2016年12月底开工建设。

一、国道344项目

批准概算总投资31.51亿元(含71km二级公路),资金来源:申请国家专项建设基金,自治区财政性资金及银行信贷资金筹措。批准建设工期4年。

图 8-34-2　泾源至华亭高速公路

项目建设管理由宁夏公路建设管理局负责，征地拆迁由沿线地方政府负责。国道344 项目于 2015 年 3 月开工，2016 年 11 月底完工，12 月 8 日正式通车，比原批准建设总工期提前 2 年。项目交工验收质量评定为合格。

国道 344 项目主要文件汇总见表 8-34-4，主要技术指标见表 8-34-5，主要工程数量见表 8-34-6。

主　要　文　件　汇　总　　　　　　　　　　　　　　表 8-34-4

文　件　名	文　件　号
《关于国道 344 线青石嘴至泾源段公路项目建议书的批复》	宁发改审发〔2013〕659 号 2013 年 11 月 21 日
《关于国道 344 线青石嘴至泾源段公路压覆矿产资源状况的复函》	宁国土资（压覆）字〔2014〕28 号 2014 年 4 月 2 日
《关于国道 344 线青石嘴至泾源段公路地质灾害危险性评估报告备案的函》	宁国土资（灾评）字〔2014〕41 号 2014 年 4 月 23 日
《关于国道 344 线青石嘴至泾源段公路项目建设用地预审意见的函》	宁国土资预审字〔2014〕53 号 2014 年 6 月 10 日
《关于国道 344 线青石嘴至泾源段公路水土保持方案的复函》	宁水审发〔2014〕85 号 2014 年 6 月 12 日
《关于国道 344 线青石嘴至泾河源段公路环境影响报告书的批复》	宁环发〔2014〕22 号 2014 年 6 月 16 日
《关于批准国道 344 线青石嘴至泾源段公路可行性研究报告的函》	宁发改审发〔2014〕198 号 2014 年 6 月 27 日
《关于批准国道 344 线青石嘴至泾源段公路工程初步设计的函》	宁发改审发〔2014〕250 号 2014 年 8 月 19 日
《关于国道 344 线青石嘴至泾源段公路泾河源镇至老龙潭连接线施工图设计文件的批复》	宁交函〔2014〕575 号 2014 年 11 月 7 日

续上表

文 件 名	文 件 号
《关于国道344线青石嘴至泾源段公路项目先行用地的函》	宁国土资(先行)字〔2015〕14号 2015年2月16日
《关于国道344线青石嘴至泾源段公路李家庄至泾河源镇段施工图设计文件的批复》	宁交函〔2015〕115号 2015年3月6日
《国道344线青石嘴至泾源段公路施工许可申请书》批复单	宁夏交通运输厅 2015年4月
《关于国道344线青石嘴至泾源段公路工程建设用地的批复》	宁政土批字〔2015〕318号
《关于国道344线青石嘴至李家庄段及辅道李家庄至泾河源镇段施工图设计文件的批复》	宁交函〔2016〕89号 2016年3月11日

主要技术指标　　　　　　　　　　　　　　　　表8-34-5

序号	项目名称	单位	技术指标	备注
1	公路等级		高速公路	
2	设计速度	km/h	80	
3	路基宽度	m	24.5	
4	行车道宽度	m	4×3.75	
5	平曲线最小半径	m	405	
6	最大纵坡	%	3.95	
7	汽车荷载等级	级	公路—Ⅰ级	
8	设计洪水频率	大中桥	1/100	
		特大桥	1/300	
9	路面类型		沥青混凝土	

主要工程数量　　　　　　　　　　　　　　　　表8-34-6

序 号	项 目	单 位	数 量
1	路基土石方	1000m³	6540
2	大桥	m/座	4190/15
3	中桥	m/座	497/9
4	小桥	m/座	277/14
5	涵洞	道	180
6	互通立交	处	2
7	通道	道	8
8	建设用地	亩	4915.26
9	拆迁建筑物	m²	85340

二、泾河源镇至双疙瘩梁项目

批准概算总投资 9.22 亿元,资金来源:申请国家专项建设基金,自治区财政性资金及银行信贷资金筹措。批准建设工期 2 年。

泾河源镇至双疙瘩梁段 12.15km,项目前期工作已审批完成,并于 2016 年 12 月开工建设。项目建设管理由宁夏公路建设管理局负责,征地拆迁由沿线地方政府负责。

泾河源镇至双疙瘩梁项目主要文件汇总见表 8-34-7,主要技术指标见表 8-34-8,主要工程数量见表 8-34-9。

主 要 文 件 汇 总　　　　　　表 8-34-7

文 件 名	文 件 号
《关于批复 S25 泾源至华亭(宁甘界)公路泾河源镇至双疙瘩梁段可行性研究报告的函》	宁发改审发〔2016〕97 号 2016 年 6 月 21 日
《关于 S25 泾源至华亭公路泾河源镇至双疙瘩梁(宁甘界)段压覆矿产资源状况的复函》	宁国土资(压覆)字〔2016〕81 号 2016 年 7 月 5 日
《S25 泾源至华亭(宁甘界)公路泾河源镇至双疙瘩梁段工程地质灾害危险性评估报告审查意见》	2016 年 7 月 26 日
《关于 S25 泾源至华亭(宁甘界)公路泾河源镇至双疙瘩梁段项目建设用地预审意见的函》	宁国土资预审字〔2016〕56 号 2016 年 9 月 1 日
《关于同意 S25 泾源至华亭(宁甘界)公路泾河源镇至双疙瘩梁段环境影响报告书的函》	宁环审发〔2016〕15 号 2016 年 9 月 26 日
《关于批准关于批复 S25 泾源至华亭(宁甘界)公路泾河源镇至双疙瘩梁段初步设计的函》	宁发改审发〔2016〕175 号 2016 年 10 月 21 日
《关于 S25 泾源至华亭(宁甘界)公路泾河源镇至双疙瘩梁段 K27+765.765~K34+900 段路基桥涵施工图设计的批复》	宁交函〔2016〕593 号 2016 年 11 月 11 日
《关于 S25 泾源至华亭(宁甘界)公路泾河源镇至双疙瘩梁段 K34+900~K41+620 段路基桥涵及全线路面施工图设计的批复》	宁交函〔2017〕47 号 2017 年 2 月 14 日

主 要 技 术 指 标　　　　　　表 8-34-8

序号	项目名称	单 位	技术指标	备 注
1	公路等级		高速公路	
2	设计速度	km/h	80	
3	路基宽度	m	24.5	
4	行车道宽度	m	4×3.75	
5	平曲线最小半径	m	435	
6	最大纵坡	%	4.523	
7	汽车荷载等级	级	公路—Ⅰ级	

续上表

序号	项目名称		单位	技术指标	备注
8	设计洪水频率	大中桥	%	1/100	
		特大桥	%	1/300	
9	路面类型			沥青混凝土	

主要工程数量   表8-34-9

序号	项目	单位	数量
1	路基土石方	1000m³	66.05
2	大桥	m/座	1252.04/5
3	中桥	m/座	54.16/4
4	涵洞	道	13
5	通道	道	10
6	隧道	m/座	821/2
7	建设用地	亩	1292

第三节　S10石嘴山至平罗高速公路

石嘴山至平罗高速公路是宁夏省级高速公路，编号为S10，全长18km。

按照宁夏回族自治区人民政府出台的《2015—2030空间发展规划》，石嘴山市既是沿黄经济区北部副中心城市，又是"呼—包—银—榆"经济区的重要组成部分，同时也是宁夏建设内陆开放型经济试验区的北大门。

在新的《宁夏回族自治区高速公路网规划》"三环八射九联"中，石银高速公路石嘴山至平罗联络线是石嘴山市环线（南环）的重要组成部分，编号S10。同时也是自治区内两条南北向运输大通道"G6京藏高速"和"G1816乌玛高速"的重要联络线，是国家高速公路网在宁夏境内的有益补充，项目的建设进一步完善了自治区高速公路网的布局。

项目位于石嘴山市南侧，总体呈东西走向，起点在石银高速公路姚汝路分离立交附近，设枢纽互通与石银高速公路相接，然后沿姚汝路向东布设约7km后，跨三二支沟、姚汝路、沙湖大道，转向北，在三二支沟东侧布线，跨过包兰铁路、平西公路后，沿金色河南侧继续向东，跨亲水大道、第三排水沟，在步口桥附近接京藏高速公路至该项目终点。项目终点互通设连接线接平罗县南环路、进一步接109国道。主线长度19.71km，平罗南枢纽互通连接线长度1.69km。主线按全封闭、全立交、控制出入的四车道高速公路标准建设，设计速度为100km/h。

项目概算总投资21.2亿元，全部为商业银行贷款。批准建设工期2年。

项目建设管理由宁夏公路建设管理局负责,征地拆迁由沿线地方政府负责。工程于2016年4月29日开工建设。

S10石嘴山至平罗高速公路主要文件汇总见表8-34-10,主要技术指标见表8-34-11,主要工程数量见表8-34-12。

主 要 文 件 汇 总   表8-34-10

文 件 名	文 件 号
《关于批准石银高速公路石嘴山至平罗联络线工程项目建议书的函》	宁发改审发〔2015〕75号 2015年3月16号
《关于批准石银高速公路石嘴山至平罗联络线可行性研究报告的函》	宁发改审发〔2015〕303号 2015年8月12日
《关于石银高速公路石嘴山至平罗联络线工程压覆矿产资源状况的复函》	宁国土资(压覆)字〔2015〕103号 2015年8月18日
《关于石银高速公路石嘴山至平罗联络线工程地址灾害危险性评估报告的审查意见》	2015年8月18日
《关于石银高速公路石嘴山至平罗联络线项目建设用地预审意见的函》	宁国土资预审字〔2015〕78号 2015年9月2日
《关于同意石银高速公路石嘴山至平罗联络线工程环境影响报告书的函》	宁环审发〔2015〕50号 2015年10月30日
《自治区水利厅关于石银高速公路石嘴山至平罗联络线工程水土保持方案的复函》	宁水审发〔2015〕107号 2015年11月6日
《关于批准石银高速公路石嘴山至平罗联络线逐步设计文件的函》	宁发改审发〔2015〕415号 2015年11月12日
《关于宁夏石银高速公路石嘴山至平罗联络线工程施工图设计文件的批复》	宁交函〔2016〕37号 2016年2月18日
《自治区人民政府关于石银高速公路石嘴山至平罗联络线建设用地的批复》	宁政土批〔2016〕65号 2016年4月28日
《石银高速公路石嘴山至平罗联络线施工许可申请书》批复单	宁夏交通运输厅 2016年4月29日

主 要 技 术 指 标   表8-34-11

序号	项目名称	单 位	技术指标	备 注
1	公路等级		高速公路	
2	设计速度	km/h	100	
3	路基宽度	m	26	
4	行车道宽度	m	4×3.75	
5	平曲线最小半径	m	400	
6	最大纵坡	%	4	

续上表

序号	项目名称		单 位	技术指标	备 注
7	汽车荷载等级		级	公路—Ⅰ级	
8	设计洪水频率	大中桥		1/100	
		特大桥		无	
9	路面类型			沥青混凝土	

主要工程数量　　　　　　　　　　　　　　　表 8-34-12

序　号	项　目	单　位	数　量
1	路基土石方	1000m³	2129.52
2	大桥	m/座	1472/2
3	中桥	m/座	608/8
4	小桥	m/座	270/8
5	涵洞	道	35
6	互通立交	处	3
7	通道	道	37
8	建设用地	亩	2638.2
9	拆迁建筑物	m²	8219

第四节　S30 古窑子至青铜峡高速公路

古窑子至青铜峡高速公路是宁夏省级高速公路,编号为 S30,路线全长 78km,见图 8-34-3。

图 8-34-3　古青高速公路吴忠段

该段公路是国道211线灵武至甜水堡段及联络线古青高速项目的一部分,国道211线灵武至甜水堡段及联络线古窑子至青铜峡高速公路分两段实施,其中,主线国道211线灵武至甜水堡段作为银昆高速公路的组成部分,已在第三十章叙述。

联络线古窑子至青铜峡段起点位于宁东镇,终点位于青铜峡新材料基地。将宁东能源化工基地与吴忠市的青铜峡新材料基地、牛首山工业园区、金积工业园区紧密连接起来,并且将宁夏境内国家高速公路网中的G20青银高速公路、G6京藏高速公路、G2012定武高速公路和区内的西线高速连接在一起,把银川市、灵武市及吴忠市连成一片。同时联络线把自治区境内G20青银高速公路辅道、G307线、下白公路、G211线、吴忠至白土岗公路(X307线)、S101线、吴忠至青铜峡公路、X305线、黄河滨河大道、G109线、S201线等地方干线连接起来,使宁夏的干线公路网更趋合理、完善。

国道211线项目中,古青高速青铜峡黄河公路特大桥长1.78km,共设32跨,以全桥跨越方式跨越黄河及两岸滨河大道。主桥上部结构采用七跨现浇变截面预应力混凝土连续箱梁。12号、13号水中墩施工十分复杂,技术难度高,主要包括黄河中钢便桥架设、水上施工钢平台的搭设、黄河主河槽钻孔灌注桩施工、水中双壁钢围堰的下沉等。

第五节　S40同心至海原高速公路

萌城至海原高速公路是宁夏省级高速公路,编号为S40,全线长150km。同心至海原高速公路项目是萌城至海原高速公路的组成路段。

同心至海原高速公路项目的建设实施,对贯彻落实国家六盘山集中连片区特困地区扶贫攻坚战略,加快海原扶贫开发步伐,完善自治区普通干线公路网络,满足区域交通量快速增长,促进少数民族地区经济发展,增强民族团结,实现抗震救灾的快速反应等均具有十分重大的意义。

同心至海原段起点位于同心县城新区,即国道344线(原省道101线)与省道103线(海同公路)平面交叉处。终点接海原县,位于黑海路与同海路X409的平交口。终点前利用海同路加宽改造2.05km。路线全长55.70km,其中新建48.34km,与福银高速公路共线7.36km。采用双向四车道高速公路标准,设计速度为80km/h。

项目概算总投资约24.1亿元。根据《自治区人民政府关于宁夏交通投资有限公司融资建设省道103线同心至海原段公路的批复》(宁政函〔2015〕159号),宁夏交通投资有限公司作为省道103线同心至海原段公路的项目法人,积极争取农业发展银行"易地扶贫搬迁贷款"资金支持,融资建设该公路项目。建成后,纳入自治区"统贷统还"公路收费项目统一管理。同时,交通运输厅《关于交通投资有限公司省道103线同心至海原段公路项目委托代建的批复》(宁交函〔2015〕694号)明确,宁夏公路建设管理局作为省道103线同心至海原段公路项目代建单位,依据合同承担项目管理责任。该项目的建设管理实施模式在宁夏属首次。征地拆迁由沿线地方政府负责。

工程于2015年10月15日开工建设。批准建设工期27个月。

同海高速公路主要文件汇总见表8-34-13,主要技术指标见表8-34-14,主要工程数量见表8-34-15。

主 要 文 件 汇 总　　　　　　　　　　　　　　　　表8-34-13

文 件 名	文 件 号
《关于批准省道103线同心至海原公路可行性研究报告的函》	宁发改审发〔2015〕205号 2015年6月29日
《省道103线同心至海原公路地质灾害危险性评估报告审查意见》	2015年8月7日
《关于批准省道103线同心至海原公路初步设计的函》	宁发改审发〔2015〕334号 2015年8月31日
《关于同意省道103线同心至海原公路工程环境影响报告书的批复》	宁环审发〔2015〕46号 2015年9月15日
《自治区水利厅关于省道103线同心至海原公路工程水土保持方案的复函》	宁水审发〔2015〕96号 2015年10月28日
《关于省道103线同心至海原公路工程压覆矿产资源状况的复函》	宁国土资(压覆)字〔2015〕98号
《关于省道103线同心至海原公路工程施工图设计文件的批复》	宁交函〔2015〕702号 2015年12月31日
《省道103线同心至海原公路建设项目施工许可申请书》批复单	宁夏交通运输厅 2016年4月13日

主 要 技 术 指 标　　　　　　　　　　　　　　　　表8-34-14

序号	项目名称		单 位	技术指标	备 注
1	公路等级			高速公路	
2	设计速度		km/h	80	
3	路基宽度		m	21.5	
4	行车道宽度		m	4×3.75	
5	平曲线最小半径		m	1420	
6	最大纵坡		%	3	
7	汽车荷载等级		级	公路—Ⅰ级	
8	设计洪水频率	大中桥		1/100	
		特大桥		1/300	
9	路面类型			沥青混凝土	

主要工程数量　　　　　　　　表8-34-15

序 号	项 目	单 位	数 量
1	路基土石方	1000m³	8532.55
2	大桥	m/座	7622.1/33
3	中桥	m/座	741/10
4	小桥	m/座	35/1
5	涵洞	道	78
6	互通立交	处	2
7	天桥	座	2
8	通道	道	24
9	建设用地	亩	4053.67

第六节　S50黑城至海原高速公路

寨科至海原高速公路是宁夏省级高速公路，编号为S50，全长150km。海原新区（黑城）至海原高速公路（简称黑海高速公路）项目是S50的组成路段。

黑海高速公路是自治区"三环八射九联"高速公路网中重要的组成路段，也是宁夏南部山区一条重要的横向联络线。项目的建设对加强海原新老城区的联系，着力改善基础设施条件，加快海原县乃至周边六盘山集中连片特困地区扶贫攻坚步伐具有重要意义。

黑海高速公路起点位于海原新区东北福银高速公路NK2122+825.831处，终点位于海原老城区省道202线与海同公路交叉点以北约1.5km处的海同路上，主线全长52.41km。项目主线按双向四车道高速公路标准设计，设计速度为80km/h。路线设隧道1座。

项目概算总投资31.9亿元，申请国家补助6.11亿元，国内银行贷款19.8亿元，地方自筹5.99亿元。批准建设工期3年。

项目建设管理由宁夏公路建设管理局负责，征地拆迁由沿线地方政府负责。工程于2013年7月1日开工建设，2015年12月30日建成通车。项目交工验收中工程质量评定为合格。

赵家山隧道为该项目的重点及难点，该隧道左右洞全为V级加强及V级黄土隧道，隧址区两端洞口段分布坡积新（马兰组）黄土。由于黄土具有低强度性、离散性、湿陷性、遇水微膨胀性等特点，施工时会出现拱沉降、冒顶塌方等，对工序衔接、施工细节要求高，尤其是黄土的低强度性和湿陷性所带来的拱架沉降或二衬后拱圈的沉降是该隧道施工的重大难题。

黑海高速公路主要文件汇总见表 8-34-16，主要技术指标见表 8-34-17，主要工程数量见表 8-34-18。

主要文件汇总　　　　　　　　　　　　　　　　　　　　　　　　　　　表 8-34-16

文 件 名	文 件 号
《关于省道 305 线黑城至海原公路工程压覆矿产资源状况的复函》	宁国土资函〔2012〕445 号 2012 年 2 月 3 日
《关于批准省道 305 线黑城至海原公路项目建议书的函》	宁发改审发〔2012〕53 号 2012 年 3 月 12 日
《关于省道 305 线黑城至海原公路工程项目建设用地的预审意见》	宁国土资预审字〔2012〕71 号文 2012 年 8 月 13 日
《关于省道 305 线黑城至海原公路环境影响报告书的批复》	宁环审发〔2012〕76 号 2012 年 8 月 15 日
《关于省道 305 线黑城至海原公路地质灾害危险性评估报告备案的函》	宁国土资函〔2012〕441 号 2012 年 8 月 23 日
《关于省道 305 线黑城至海原公路工程水土保持方案的复函》	宁水审发〔2012〕167 号 2012 年 8 月 28 日
《关于批准省道 305 线黑城至海原公路可行性研究报告的函》	宁发改审发〔2012〕439 号文 2012 年 9 月 5 日
《关于批准省道 305 线黑城至海原公路初步设计的函》	宁发改审发〔2012〕676 号文 2012 年 11 月 7 日
《关于省道 305 线黑城至海原公路 K60+474～K65+561.771 段及海同路连接线工程施工图设计文件的批复》	宁交〔2012〕625 号 2012 年 12 月 10 日
《关于省道 305 线黑城至海原公路项目先行用地的函》	宁国土资函〔2013〕101 号 2013 年 2 月 8 日
《关于省道 305 线黑城至海原公路 K7+526.165～K60+474 段路基桥涵工程施工图设计文件的批复》	宁交函〔2013〕323 号 2013 年 5 月 10 日
《省道 305 线黑城至海原公路建设项目施工许可申请书》批复单	宁夏交通运输厅 2014 年 5 月 5 日
《关于省道 305 线黑城至海原公路工程建设用地的批复》	宁政土批字〔2014〕133 号 2014 年 8 月 2 日

主要技术指标　　　　　　　　　　　　　　　　　　　　　　　　　　　表 8-34-17

序号	项目名称	单位	技术指标	备注
1	公路等级		一级公路	
2	设计速度	km/h	80	
3	路基宽度	m	24.5/21.5	
4	行车道宽度	m	4×3.75	
5	平曲线最小半径	m	410	
6	最大纵坡	%	4.85	

续上表

序号	项目名称		单 位	技术指标	备 注
7	汽车荷载等级		级	公路—Ⅰ级	
8	设计洪水频率	大中桥		1/100	
		特大桥		1/300	
9	路面类型			沥青混凝土	

主要工程数量　　　　表 8-34-18

序 号	项 目	单 位	数 量
1	路基土石方	1000m³	9713.85
2	大桥	m/座	5565.32/25
3	中小桥	m/座	629/7
4	天桥	m/座	17
5	涵洞	道	92
6	互通立交	处	3
7	分离式立交	m/座	1070.18/7
8	通道	道	29
9	隧道	m/座	1230/1
10	建设用地	亩	5365.95

第七节　S60 固原至西吉高速公路

固原至西吉高速公路是宁夏省级高速公路，编号为 S60，全长 94.55km。由两个项目组成，即固原至西吉高速公路，长 46.53km；西吉至会宁（宁甘界）高速公路，长 48.02km，见图 8-34-4。

图 8-34-4　固原至西吉高速公路硝口特大桥

S60 固原至西吉高速公路作为 G22 青兰高速公路与 G70 福银高速公路的联络线,是《宁夏回族自治区省道网布局规划(2015—2030 年)》中重要的省级高速公路。项目在西吉县域内形成横贯东西的大通道,为经济发展相对落后的宁夏南部城镇,打开向西发展的窗口。对完善地区高速路网,促进区域交通运输发展;加快少数民族贫困地区脱贫步伐,振兴陕甘宁革命老区经济;推进宁夏南部地区融入丝绸之路经济带建设;加快省际区域经济合作,促进固原市经济社会发展,开发旅游资源、发展特色产业,带动西吉县整体经济发展,有着重要而显著的促进作用。项目的建设契合国家战略和民生诉求,建设意义重大。

一、S60 固原至西吉高速公路项目

路线起点位于固原市原州区六盘山机场南侧、S101 线 K326+900 处,终点位于西吉县城迎宾大道与原 S202 线平交处,路线全长 46.53km。全线设特大桥 1 座。

工程概算总投资 42.75 亿元,交通运输部补贴 5.2 亿元,国内商业银行贷款 28 亿元,地方自筹 9.61 亿元。批准建设工期 3 年。

项目建设管理由宁夏公路建设管理局负责,征地拆迁由沿线地方政府负责。工程于 2013 年 11 月开工,于 2016 年 12 月建成试运行。项目交工验收中质量评定为合格。

固原至西吉高速公路主要文件汇总见表 8-34-19,主要技术指标见表 8-34-20,主要工程数量见表 8-34-21。

主 要 文 件 汇 总　　　　　　　　　　　　　　　表 8-34-19

文　件　名	文　件　号
《关于批准国道 309 线固原至西吉公路项目建议书的函》	宁发改审发〔2013〕467 号 2012 年 12 月 3 日
《关于对国道 309 线固原至西吉公路工程项目建设用地的预审意见》	宁国土资预审字〔2013〕18 号 2013 年 4 月 28 日
《关于国道 309 线固原至西吉公路环境影响报告书的批复》	宁环审发〔2013〕22 号 2013 年 5 月 9 日
《关于国道 309 线固原至西吉公路地质灾害危险性评估报告备案的函》	宁国土资函〔2013〕279 号 2013 年 5 月 17 日
《关于批准国道 309 线固原至西吉公路可行性研究报告的函》	宁发改审发〔2013〕240 号 2013 年 5 月 27
《自治区水利厅关于国道 309 线固原至西吉公路项目水土保持方案的复函》	宁水审发〔2013〕77 号 2013 年 6 月 6 日
《关于国道 309 线固原至西吉公路压覆矿产资源状况的复函》	宁国土资函〔2013〕380 号 2013 年 6 月 30 日
《关于批准国道 309 线固原至西吉公路初步设计的函》	宁发改审发〔2013〕467 号 2013 年 7 月 10 日

续上表

文 件 名	文 件 号
《关于国道309线固原至西吉公路K6+000~K44+200段（路基、桥隧工程）施工图设计文件的批复》	宁交函〔2013〕581号 2013年11月8日
《关于国道309线固原至西吉公路K0+000~K6+000段路基桥涵工程施工图设计文件的批复》	宁交函〔2014〕57号 2014年3月3日
《关于国道309线固原至西吉公路项目先行用地的函》	宁国土资（先行）字〔2014〕8号 2014年4月18日
《国道309线固原至西吉公路建设项目施工许可申请书》批复单	宁夏交通运输厅 2014年5月13日
《关于国道309线固原至西吉公路工程建设用地的批复》	宁政土批字〔2015〕295号 2015年11月5日

主要技术指标 表8-34-20

序号	项目名称		单位	技术指标	备注
1	公路等级			高速公路	
2	设计速度		km/h	80	
3	路基宽度		m	24.5/21.5	
4	分离式路基宽度		m	2×11.25	
5	行车道宽度		m	4×3.75	
6	平曲线最小半径		m	250	
7	最大纵坡		%	5	
8	汽车荷载等级		级	公路—Ⅰ级	
9	设计洪水频率	大中桥		1/100	
		特大桥		1/300	
10	路面类型			沥青混凝土	

主要工程数量 表8-34-21

序号	项目	单位	数量
1	路基土石方	1000m³	9365
2	特大桥	m/座	1368/1
3	大桥	座	21
4	中桥	座	13
5	小桥	座	2
6	通道及涵洞	道	118
7	互通立交	处	2
8	隧道	m/座	3643/2
9	建设用地	亩	3959.06

二、S60 西吉至会宁高速公路

路线总体呈东北—西南走向,起点位于固原—西吉高速公路西吉东互通立交。在吉强镇夏寨村跨越 G566(西吉至天水)之后跨越葫芦河(由夏寨水库南侧通过),向西布设于县城南侧山麓与 G309(国道 309 线)并行,在苟新庄村附近设置西吉互通式立交,随后路线沿河谷南岸向西南布设,于夏家大路村附近穿过庞湾隧道后在白台村转向南跨越滥泥河,经过毛坪村后路线再次转向西南,沿冲沟河谷前行,途经芦子滩堰和张撒村,其间设置震湖互通式立交,穿过戴家咀隧道后到达三合村,然后沿河谷向东南直至省界,终点位于宁甘交界的李家堡子,与甘肃省规划的青兰高速公路连接线相接,路线全长 48.02km。

项目概算总投资 36.9 亿元,资金来源为:通过申请国家专项建设资金,自治区财政性资金及银行信贷资金筹措解决。批准建设工期 3 年。

项目建设管理由宁夏公路建设管理局负责,征地拆迁由沿线地方政府负责。工程于 2016 年 12 月开工建设。

西吉至会宁高速公路主要文件汇总见表 8-34-22,主要技术指标见表 8-34-23,主要工程数量见表 8-34-24。

主要文件汇总　　　　　　　　　　　表 8-34-22

文　件　名	文　件　号
《自治区发展改革委关于批复 S60 西吉至会宁(宁甘界)公路可行性研究报告的函》	宁发改审发〔2016〕96 号 2016 年 6 月 22 日
《关于 S60 西吉至会宁(宁甘界)公路工程压覆矿产资源状况的复函》	宁国土资(压覆)字〔2016〕82 号 2016 年 7 月 5 日
《S60 西吉至会宁(宁甘界)公路地质灾害危险性评估报告审查意见》	2016 年 7 月 26 日
《关于同意 S60 西吉至会宁(宁甘界)公路工程环境影响报告书的函》	宁环审发〔2016〕13 号 2016 年 9 月 5 日
《自治区发展改革委关于批准 S60 西吉至会宁(宁甘界)公路初步设计的函》	宁发改审发〔2016〕96 号 2016 年 10 月 21 日
《关于 S60 西吉至会宁(宁甘界)公路 K44+666~K53+000 段路基桥涵工程施工图设计的批复》	宁交函〔2016〕594 号 2016 年 11 月 11 日
《关于 S60 西吉至会宁(宁甘界)公路 K53+000~K92+690 段路基桥涵隧道工程施工图设计的批复》	宁交函〔2017〕211 号 2017 年 5 月 15 日

主要技术指标　　　　　　　　　　　　　　　表8-34-23

序号	项目名称		单位	技术指标	备注
1	公路等级			高速公路	
2	设计速度		km/h	80	
3	路基宽度		m	21.5	
4	行车道宽度		m	4×3.75	
5	平曲线最小半径		m	250	
6	最大纵坡		%	5	
7	汽车荷载等级		级	公路—Ⅰ级	
8	设计洪水频率	大中桥		1/100	
		特大桥		1/300	
9	路面类型			沥青混凝土	

主要工程数量　　　　　　　　　　　　　　　表8-34-24

序号	项目	单位	数量
1	路基土石方	1000m³	5260
2	大桥	m/座	8238.68/30
3	中桥	m/座	87/1
4	小桥	m/座	—
5	涵洞	道	35
6	互通立交	处	3
7	隧道	m/座	4382.5/2
8	通道	道	28
9	建设用地	亩	4320.72

第八节　S70彭阳至青石嘴高速公路

固原至彭阳高速公路是宁夏省级高速公路，编号为S70，全长60km。彭阳至青石嘴高速公路长34.34km，是S70固原至彭阳高速公路的组成路段，见图8-34-5。

该项目的建设，将彭阳县城东部的S203线、G309线、彭阳至甘肃镇原县公路与原S101线、G70福银高速公路连接起来，进一步完善了宁南山区公路网，打通了东出口，提高了路网通行能力和整体服务水平，对国家实施六盘山集中连片特困地区扶贫开发战略意义重大。

路线起点位于彭阳县城西北的朝那桥头，终点接福银高速公路青石嘴立交，路线全长34.34km。按四车道高速公路标准设计，设计速度为80km/h。

图 8-34-5　彭阳至青石嘴高速公路

项目概算总投资 17.87 亿元。批准建设工期 2 年。

项目建设管理由宁夏公路建设管理局负责，征地拆迁由沿线地方政府负责。工程于 2012 年 12 月开工建设，于 2015 年 9 月建成通车。项目交工验收中质量评定为合格。

彭阳至青石嘴高速公路主要文件汇总见表 8-34-25，主要技术指标见表 8-34-26，主要工程数量见表 8-34-27。

主要文件汇总　　　　　　　　　　　　　　　　表 8-34-25

文 件 名	文 件 号
《关于批准彭阳至青石嘴公路项目建议书的函》	宁发改审发〔2012〕54 号 2012 年 3 月 9 日
《关于彭阳至青石嘴公路工程压覆矿产资源状况的复函》	宁国土资函〔2012〕293 号 2012 年 6 月 5 日
《关于彭阳至青石嘴公路地质灾害危险性评估报告备案的函》	宁国土资函〔2012〕339 号 2012 年 6 月 28 日
《关于彭阳至青石嘴公路项目环境影响报告书的批复》	宁环审发〔2012〕64 号 2012 年 7 月 9 日
《自治区水利厅关于彭阳至青石嘴公路项目水土保持方案的复函》	宁环审发〔2012〕220 号 2012 年 11 月 8 日
《关于彭阳至青石嘴公路项目建设用地的预审意见》	宁国预审字〔2012〕49 号 2012 年 6 月 7 日
《关于批准彭阳至青石嘴公路项目可行性研究报告的函》	宁发改审发〔2012〕267 号 2012 年 8 月 8 日
《关于批准彭阳至青石嘴公路初步设计的函》	宁发改审发〔2012〕490 号 2012 年 9 月 12 日
《关于彭阳至青石嘴公路 K0+000～K10+000 段工程施工图设计文件的批复》	宁交函〔2012〕548 号 2012 年 10 月 10 日
《关于彭阳至青石嘴公路 K10+000～K34+340 段工程施工图设计文件的批复》	宁交函〔2013〕38 号 2013 年 2 月 1 日
《国土资源部关于彭阳至青石嘴公路工程建设用地的批复》	国土资函〔2015〕152 号 2015 年 4 月 5 日

主要技术指标 表8-34-26

序号	项目名称		单位	技术指标	备注
1	公路等级			高速公路	
2	设计速度		km/h	80	
3	路基宽度		m	24.5	
4	行车道宽度		m	4×3.75	
5	平曲线最小半径		m	250	
6	最大纵坡		%	5	
7	汽车荷载等级		级	公路—Ⅰ级	
8	设计洪水频率	大中桥		1/100	
		特大桥		1/300	
9	路面类型			沥青混凝土	

主要工程数量 表8-34-27

序号	项目	单位	数量
1	路基土石方	1000m³	5531
2	大桥	m/座	1346/7
3	中桥	m/座	1804.72/30
4	涵洞	m/道	1982.28/69
5	互通立交	处	2
6	分离式立交	m/座	473.08/5
7	通道	m/道	551.16/34
8	建设用地	亩	3000
9	拆迁建筑物	m²	75000

第九节　滚泉至红寺堡高速公路

滚泉至红寺堡高速公路(简称滚红高速公路)是宁夏回族自治区人民政府批准立项建设的第一条地方高速公路,是G6京藏高速(宁夏境)与G2012定武高速公路宁夏段盐中高速的一条重要连接线,也是宁夏原"三纵九横"公路网规划的"第二纵——麻黄沟至双疙瘩梁公路"中滚泉至郝家集支线的一段,见图8-34-6。该项目把京藏高速公路(宁夏境)和盐中高速公路连接起来,使宁夏的公路网更趋合理、完善,使周边地区的运输通道更加通畅,对促进宁夏经济发展意义重大。

滚泉至红寺堡高速公路自北向南布设,路线起点位于G6京藏公路(宁夏境)滚泉互通立交,终点接盐中高速公路红寺堡互通立交。路线全长19.11km,按四车道高速公路标准建设,设计速度为 80km/h。批准建设工期 2 年。

图 8-34-6　滚红高速公路

项目概算总投资 3.49 亿元,其中自治区自筹 0.9 亿元,国内银行贷款 2.59 亿元。

项目建设管理由宁夏公路建设管理局负责,征地拆迁由沿线地方政府负责。

工程于 2008 年 11 月 25 日开工建设,于 2009 年 10 月建成通车。项目交工验收中质量评定为合格。

滚红高速公路主要文件汇总见表 8-34-28,主要技术指标见表 8-34-29,主要工程数量见表 8-34-30。

主　要　文　件　汇　总　　　　　　　　　　　　　　　　表 8-34-28

文　件　名	文　件　号
《关于批准盐中高速公路红寺堡至滚泉公路连接线可行性研究报告的函》	宁发改交通〔2008〕106 号 2008 年 3 月 5 日
《关于批准盐中高速公路滚泉至红寺堡连接线初步设计的函》	宁发改审发〔2008〕123 号 2008 年 9 月 11 日
《关于盐中高速公路滚泉至红寺堡连接线工程环境影响报告书的批复》	宁环审发〔2008〕17 号 2008 年 11 月 14 日
《关于盐中高速公路滚泉至红寺堡连接线工程施工图设计文件的批复》	宁交函〔2008〕262 号 2008 年 9 月
《关于盐中高速公路滚泉至红寺堡连接线工程建设项目用地的批复》	宁国土资发〔2008〕444 号 2008 年 11 月 19 日
《盐中高速公路滚泉至红寺堡连接线工程施工许可申请书》批复单	宁夏交通运输厅 2009 年 1 月 8 日
《关于盐中高速公路滚泉至红寺堡连接线工程水土保持方案的复函》	宁水审发〔2009〕74 号 2009 年 7 月 31
《关于印发宁夏公路工程建设局盐中高速公路滚红连接线项目档案专项验收意见的通知》	宁档函〔2014〕81 号 2014 年 11 月 7 日

主要技术指标

表8-34-29

序号	项目名称		单位	技术指标	备注
1	公路等级			高速公路	
2	设计速度		km/h	80	
3	整体式路基宽度		m	21.5	
4	分离式路基宽度		m	2×10.75	
5	行车道宽度		m	4×3.75	
6	平曲线最小半径		m	250	
7	最大纵坡		%	5	
8	汽车荷载等级		级	公路—Ⅰ级	
9	设计洪水频率	大中桥		1/100	
		特大桥		1/300	
10	路面类型			沥青混凝土	

主要工程数量

表8-34-30

序号	项目	单位	数量
1	路基土石方	1000m³	950.67
2	大桥	m/座	214.12/2
3	涵洞	道	36
4	互通立交	处	4
5	分离式立交	m/座	97/1
6	通道	m/座	3
7	建设用地	亩	1794.45

第三十五章
高速公路服务区建设

第一节 服务区建设规划

公路交通如何体现安全、服务的理念,如何突出交通文化的现代内涵和品质,这是社会和公路界普遍关注的焦点,是社会经济发展和文明进步的要求。为了确保高速公路行车安全舒适、快速经济,对驾乘人员心理上、生理上的过度疲劳有所缓和,在建设全封闭高速公路的同时,必须在沿线建设休息服务设施。

2002年之前,宁夏开工建设了姚叶、古王、石中北段、石中南段、中郝等高速公路项目,有些项目陆续通车试运行。当时高速公路通车里程较少,还没有形成网络,服务区设施的需求还不明显。当时服务区建设计划、规模等在项目审批中都已列入,但因为没有统一的规划和实施方案,大部分服务区并没有随项目同步实施。只是在姚叶高速公路建设了贺兰服务区、永宁服务区,在古王高速公路建设了蔡家梁服务区。这三个服务区由于缺乏统一规划和建设经验,规模小,功能不全,建成不久就难以满足需求,后来进行了扩建改造。

随着高速公路网的逐步形成,车流量迅猛增加,高速公路服务区作为高速公路网络中的配套设施,日益显示其重要作用。

2003年,自治区交通厅根据高速公路发展需求,将服务区建设提到重要议事日程,进行统筹安排、规划、实施。将每一个高速公路项目中列入的服务区建设规模和资金从项目中拿出来,在全区高速公路网络范围内综合考量,进行统一规划,统一实施,建设规模和建设资金继续纳入原项目中。服务区的建设的规划和规模,都经过了自治区发改委的二次审批和调整。

宁夏高速公路服务区在规划建设之初,就确定了"适度超前"的建设理念,服务区征地面积一般较大,平均占地面积达到130亩,其中,沙湖、宁东、固原、同心等服务区占地面积均超过200亩。此外,宁夏高速公路服务区全部采用蓝色坡屋顶的低层建筑风格,具有明显的特征,在建筑风格上形成了高速公路服务区的"宁夏特色"。在统一的建筑风格上,服务区的选址也考虑与自然环境相融合。其中,具有代表性的服务区有沙湖服务区、永宁服务区、滨河服务区和鸣沙服务区。沙湖服务区位于被誉为"塞上旅游明珠"的国家5A级沙湖旅游风景区入口处,集湖泊与沙漠为一体的自然生态体系,成就了"湖水与长天一色,沙丘与贺兰山共姿"的独特美景。永宁服务区附近有纳家户清真寺、明长城、李俊塔等古迹,有展现回族历史与特色的中华回乡文化园,有著名景点鹤泉湖,景色秀丽,是民族特色较为明显的服务区之一。鸣沙服务区位于享誉海内外的中国枸杞之乡中宁,周围有逶迤壮观的明长城、石空石窟、牛首山寺庙群、泉眼山古今水利工程、黄河文化城、南河子公园等名胜古迹和人文景点。滨河服务区位于著名的国家湿地公园鸣翠湖,集河流、湖泊、沼泽、灌渠等景观于一体,自然生态体系完整,是我国荒漠化湿地中具有特殊属性的生态区。

服务区规划建设还遵循了以下原则:

服务区布局遵循间距合理、规模适度原则;考虑驾驶员连续驾驶、车辆连续用油、交通流量大小、生态环保和经营开发等因素;在选址上,考虑了自然环境、交通技术条件、工程建设、经济发展等因素;在建设规模上,以交通部2000年1月1日实行的《公路建设项目用地指标》作为主要参考指标。

宁夏发改委两次对高速公路服务区建设规划进行了调整,批复内容如下:

关于调整我区高速公路服务区建设规模的复函

宁发改基建〔2004〕77号

自治区交通厅:

你厅《关于调整我区高速公路服务区建设规模的函》(宁交函〔2004〕103号)收悉。经研究,现函复如下:

目前,全区高速公路通车里程已达到526km,最大日交通量已由通车初期的2216辆/日增加到现在的5186辆/日。随着交通量的不断增大,过路人员增加,驾乘人员就餐、住宿、加油等服务项目的要求增多,造成现服务区规划的规模、标准及配套服务设施不能满足需求。已投入运营的贺兰、永宁、蔡家梁等服务区已突显供需矛盾。

为了改变我区高速公路服务区不足的现状。完善服务区功能,提高服务水平,满足广大驾乘人员的需求。同意将石中、银古、银武高速公路的部分服务区重新规划,统一扩建。新增建设投资从各高速公路项目中调剂解决。具体调整情况详见附表(表8-35-1)。

二〇〇四年七月二十六日

宁 夏

拟建高速公路服务区规划占地面积、建筑面积统计表

表 8-35-1

序号	路线	服务区名称	初步设计批复面积 占地面积（亩）	初步设计批复面积 建筑面积（m³）	现拟建面积 占地面积（亩）	现拟建面积 已征地面积（亩）	现拟建面积 建筑面积（m²）	增减面积 占地面积（亩）	增减面积 建筑面积（m²）	投资（万元）	备注
1	石中高速公路	石嘴山服务区	60	4719	99	99	2764	39	-1955	1494	原批复名称为惠农服务区
2		姚伏服务区	60	4719	241	241	10031	181	5852	3912	
3		贺兰服务区			63	20	2775	63	2775	1494	需扩建
4		银川服务区			60	18	1132	60	1132	993	
5		永宁服务区			100	35	2581	100	2581	1494	需扩建
6		牡丹山庄服务区	60	4417	159	60	6715	99	2298	3912	原批复名称为关马湖服务区
7		鸣沙服务区	60	4417	68	60	1139	8	-3278	993	
8	中郝高速公路	桃山1号服务区	50	4500	51		1222	1	-3278	993	
9		兴仁服务区	53	5000	137	60	2838	84	-2162	1494	
10		桃山2号服务区			1756		6707	175	6707	3912	新增项目
11	银武高速公路	同心服务区	63.1	5628	75	86	2767	12	-2861	1494	
12		李旺服务区	15.2	1302	46	28	1195	31	-107	993	
13		黑城服务区	18.2	1562	49	24	1240	31	-322	993	
14		固原服务区	60.1	4735	195	68	6465	135	1730	3912	
15	银古高速公路	黄河桥服务区	117	2777.5	177	78	2828	0	51	1494	
16		黎家新庄服务区	199	6822	199		6822	0	0	3912	
17	古王高速公路	蔡家梁服务区	60	1006	60	60	1006	0	0	993	需扩建
18		盐池服务区	128	4281.7	128		4333	0	51	1494	
19	银川绕城高速公路	南环服务区			66		1350			993	设计中
20		西环服务区			66		1350			993	设计中
21		北环服务区			66		1350			993	设计中
	合计				220	937	68610			38955	

关于调整盐池至中宁高速公路等服务区收费站建设规模的函

宁发改基建〔2008〕274号

自治区交通厅：

你厅《关于调整扩增我区在建高速公路收费站服务区建设规模的函》（宁交函〔2008〕45号）收悉。经研究，现函复如下：

一、根据自治区经济社会发展和交通运输对高速公路建设的需要，同意提高盐池至中宁、同心至沿川子高速公路及银川绕城高速公路西北段服务区、收费站服务和通行能力，并对相关设施的建设规模进行调整。

二、具体调整内容为：

（一）盐池至中宁高速公路新增主线收费站1座，占地面积15.84亩，建筑面积2259m^2，投资1085万元。扩大马儿庄服务区建设规模，新增占地面积74.14亩，建筑面积3340m^2，投资1980万元。

（二）同心至沿川子高速公路调整原什字停车场功能，建设六盘山服务区，新增占地面积50亩，建筑面积5772m^2，投资2000万元。

（三）银川绕城高速公路西北段原8座收费站、1座服务区、1座养护工区，调整为建设林场服务区1座，新增占地面积99亩，调减建筑面积2500m^2，投资2400万元。建设贺兰主线、贺兰匝道、苏峪口连接线收费站3座，新增占地62.5亩，建筑面积5639.5m^2，投资2330万元。建设平吉堡、北京路、新小线、丽子园北街、亲水大街、正源街控制站6座，新增占地面积68亩，建筑面积3000m^2，投资900万元。

以上共新增占地面积369.48亩，建筑面积17510.3m^2，投资10695万元，新增建设投资由你厅筹措解决。

三、请你厅结合目前已投入使用的高速公路服务区、收费站等设施实际运行情况，对在建高速公路有关设施统筹规划、综合平衡。按照"切实保护耕地、节约用地"的原则，合理确定服务区等设施用地范围，力争使土地利用率达到最大化。要充分考虑服务区等设施建成后的使用效率，必要时应"总体规划，分期建设"。

盐池至中宁等高速公路服务区收费站建设规模调整见表8-35-2。

二〇〇八年四月二十日

盐池至中宁等高速公路服务区收费站建设规模调整表

表 8-35-2

序号	路线	名称	初步设计批复规模 占地面积（亩）	初步设计批复规模 建筑面积（m²）	调整后规模 占地面积（亩）	调整后规模 建筑面积（m²）	增减 占地面积（亩）	增减 建筑面积（m²）	投资（万元）	备注
1	盐中高速公路	盐池主线收费站			15.84	2259	15.84	2259	1085	新增
2	盐中高速公路	马儿庄服务区	80	3340	154.14	6680	74.14	3340	1980	
3	同沿高速公路	六盘山服务区	16	1000	66	6772	50	5772	2000	停车区调整为服务区
4	银川绕城高速公路西北段	林场服务区			209	10600	99	-2500	2400	
5	银川绕城高速公路西北段	贺兰山主线收费站			15.6	2259	15.6	1297	800	
6	银川绕城高速公路西北段	贺兰匝道收费站			16.9	3742.5	16.9	2542.5	880	
7	银川绕城高速公路西北段	苏峪口连接线收费站			30	1800	30	1800	650	新增
8	银川绕城高速公路西北段	平吉堡收费站			16	500	16	500	150	收费站调整为控制站
9	银川绕城高速公路西北段	北京路控制站			4	500	4	500	150	收费站调整为控制站
10	银川绕城高速公路西北段	新小线控制站			12	500	12	500	150	收费站调整为控制站
11	银川绕城高速公路西北段	丽子园北街控制站			12	500	12	500	150	收费站调整为控制站
12	银川绕城高速公路西北段	亲水大街控制站			12	500	12	500	150	收费站调整为控制站
13	银川绕城高速公路西北段	正源街控制站			12	500	12	500	150	收费站调整为控制站
总计					575.48	37112.5	369.48	17510.5	10695	

第二节　服务区建设现状

2010 年前的服务区均由原各高速公路公路建设指挥部和后来成立的宁夏公路建设管理局负责建设管理。2005—2012 年，有 17 对服务区陆续建成，交付同元交通资产管理有限公司负责运营。

2012年,经交通运输厅批准,有8对服务区以BOT形式,面向社会招商引资建设,具体工作由同元交通资产管理有限公司负责。通过招标,5对服务区由中国石油宁夏高速公路销售分公司中标,分别是马儿庄服务区、红寺堡服务区、中卫服务区、泾源服务区和白芨滩服务区。其中,中卫服务区、泾源服务区于2013年、2014年先后建成,交付运营。其他服务区正在建设中。

随着宁夏高速公路通车里程不断增加,与周边高速公路网络进一步连接完善,交通量大幅增加,本着"联网、扩容、加密、提高"原则,交通运输厅再次筹划建设高速公路服务区。

截至2016年底,已建成运营的服务区19对(表8-35-3)。

2016年底宁夏高速公路服务区建设情况表 表8-35-3

序号	服务区名称	所在高速公路名称及桩号	初始运行时间（年-月）	占地面积（m²）	建筑面积（m²）	停车场面积（m²）	餐厅面积（m²）	加油站加油枪数量（个）	卫生间蹲位（个）	客房床位（个）
1	惠农服务区	G6京藏高速公路 K1084	2005-10	25554	5213	6700	500	24	48	7
2	沙湖服务区	G6京藏高速公路 K1146	2007-12	86580	8031	52649	1188	36	50	60
3	贺兰服务区	G6京藏高速公路 K1174	2003-5	24000	2500	12000	200	22	72	—
4	白鸽服务区	G6京藏高速公路 K1190	2014-3	5560	2562	1500	—	—	12	—
5	永宁服务区	G6京藏高速公路 K1204	2003-8	135333	4500	53333	840	24	26	—
6	关马湖服务区	G6京藏高速公路 K1257	2010-12	106000	6289	59480	818	20	71	—
7	鸣沙服务区	G6京藏高速公路 K1299	2006-4	40000	7040	20000	704	20	72	—
8	小洪沟服务区	G6京藏高速公路 K1358	2007-1	34684	5000	29684	1500	30	58	—
9	兴仁服务区	G6京藏高速公路 K1413	2006-12	55000	3798	32120	650	24	48	—
10	滨河服务区	G20青银高速公路 K1503	2006-11	90666	4740	40000	970	30	64	—
11	宁东服务区	G20青银高速公路 K1472	2006-6	161333	2900	4100	897	24	62	—

续上表

序号	服务区名称	所在高速公路名称及桩号	初始运行时间（年-月）	占地面积（m²）	建筑面积（m²）	停车场面积（m²）	餐厅面积（m²）	加油站加油枪数量（个）	卫生间蹲位（个）	客房床位（个）
12	蔡家梁服务区	G20 青银高速公路 K1436	2003-5	26827	3407	24000	360	16	18	—
13	盐池服务区	G20 青银高速公路 K1380	2007-2	89244	4500	76504	1050	24	55	51
14	镇北堡服务区	G0601 绕城高速公路 K23+150	2011-10	140136	4488	131992	1120	24	60	12
15	同心服务区	G70 福银高速公路 K2180+100	2013-1	133200	5850	42300	380	24	26	—
16	海原服务区	G70 福银高速公路 K2114	2012-12	40666	2331	4800	400	16	60	—
17	固原服务区	G70 福银高速公路 K2083+800	2010-1	54828	4193	41230	460	24	60	12
18	泾源服务区	G70 福银高速公路 K2011	2014-12	49762	5898.4	20000	576	28	54	48
19	中卫服务区	G2012 定武高速公路	2013-11	67266	6600	25000	1000	24	46	—

在建的服务区 6 对，分别为京藏高速公路镇塑湖服务区、银昆高速公路白土岗服务区和白芨滩服务区、定武高速公路红寺堡服务区（定武）、马儿庄服务区和营盘水服务区。

拟规划建设的服务区有 12 对（包括 3 对停车区），为京藏高速公路 2 对，红寺堡服务区（京藏）、大湖服务区；定武高速公路 1 对，红卫服务区；乌玛高速公路 4 对，闽宁服务区、渠口服务区、胜金关服务区、沙坡头服务区；青兰高速公路 1 对，神林服务区；省级高速公路中黑海高速公路 1 对，贾塘服务区；同海高速公路 1 对，关桥服务区；彭青高速公路 1 对，古城服务区；西吉至会宁高速公路 1 对，震湖服务区。

Record of Expressway Construction in
Ningxia
宁夏高速公路建设实录

附　录

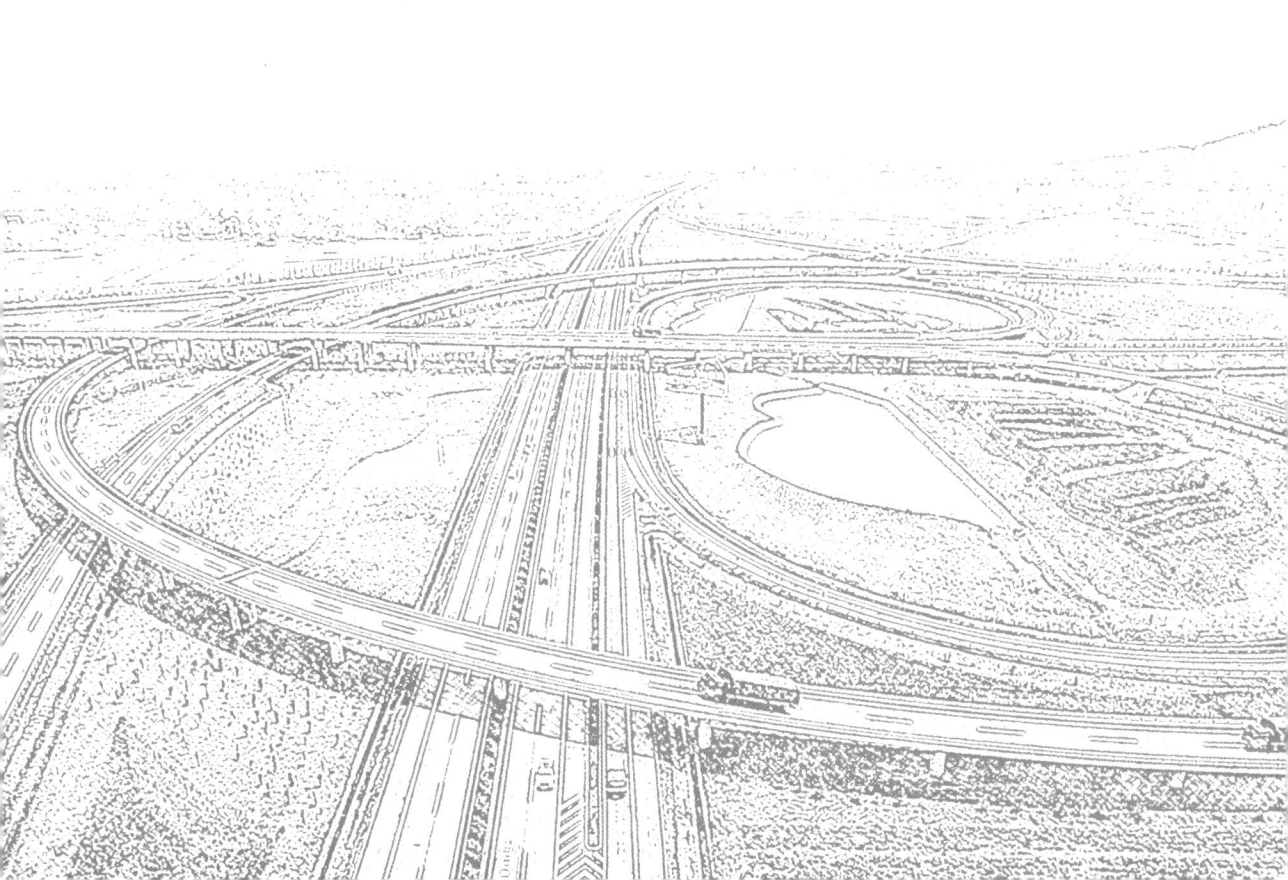

附录一
宁夏高速公路建设大事记

1992年

9月3日,自治区交通厅(以下简称"交通厅")第六次厅务会议首次提出在"九五"期间建设平罗至银川、银川至青铜峡一级汽车专用公路等重点项目的意见。

11月5日,交通厅向自治区人民政府呈报《关于深化改革,真抓实干,加快交通发展的意见》,提出到2000年宁夏公路交通发展的重点之一是贯通石嘴山市—银川—吴忠交通大动脉。

1993年

2月3日,交通厅召开宁夏"九五"公路重点建设项目规划前期工作座谈会。会议提出,现国道109线银川南北出入口路段交通拥挤问题严重,"九五"期间要先解决这个问题。

5月21日,交通厅委托中国公路工程咨询监理总公司承担《109国道银川南北出入口公路可行性研究报告》合同签字仪式在银川举行。

9月17日,109国道银川南北出入口段一级汽车专用公路可行性研究座谈会在银川召开。

1994年

7月18日,宁夏第一条高等级公路—银川至古窑子一级公路建成通车。

9月23日,自治区人民政府办公厅转发交通厅《宁夏回族自治区交通建设"九五"计划及2010年长远规划》,其中姚叶公路被列为"九五"计划重点项目。

1995年

8月10日,姚伏至叶盛一级公路初步设计通过区内评审。

12月4日,自治区主席助理于革胜带领自治区有关部门和市、县负责人24人赴山西省考察高等级公路建设情况。

12月20日,自治区党委书记黄璜在全区公路建设工作会议上强调,基础设施建设起点要高一点,这是经济发展的客观要求。我们不仅要修一级公路,将来还要修高速公路。

12月28日,交通厅召开姚叶一级公路施工图设计外业验收会。

12月29日,自治区主席白立忱主持召开政府常务会议,听取交通厅关于考察山西省高等级公路建设情况和宁夏建设姚叶一级公路有关情况的汇报。

1996年

1月9日,交通部会同国家有关部门在云南省昆明市召开了"九五"期间交通建设利用外资贷款项目前期工作座谈会。内蒙古、甘肃、宁夏3省(区)公路项目对外作为一个项目,列为世界银行99财年备选项目,其中宁夏公路项目为古王公路和盐兴公路,初步确定贷款总额5000万美元。

3月12日,交通厅就姚叶一级公路建设工程向自治区政协领导吴尚贤、郝廷藻、强锷及在银的自治区政协委员作了专题汇报,答复了部分委员提出的有关疑问。

3月14日,自治区党委书记黄璜、自治区主席助理于革胜专程到交通厅听取关于姚叶一级公路的设计思路、布线原则和多种方案论证比选情况的汇报,肯定了沿线109国道两侧布设线路方案,要求尽快组织实施。

3月18日,自治区计委主持召开姚叶一级公路施工图设计文件审查会。

3月21日,交通厅向自治区人大常委会副主任张立志及人大常委会财经委员会李国芳、高文华、高凤宝、柳登旺、蓝玉璞、张立民、何潜、高永年等委员专题汇报姚叶一级公路建设准备工作。

4月8日,自治区副主席任启兴、主席助理于革胜到交通厅听取姚叶一级公路工程前期工作情况汇报,并就征地拆迁、优惠政策和组织机构等问题做了重要批示。

7月4~7日,世界银行公路项目代表团来宁夏考察古王公路、盐兴公路建设项目。世行代表团考察以后认为,古王公路可解决国道主干线的"瓶颈"问题,盐兴公路对南部山区的扶贫有重要意义。自治区主席助理于革胜会见了世行代表团。

11月30日,银古一级公路被命名为自治区爱国主义教育基地。

1997年

1月2日,自治区人民政府成立姚叶一级公路建设领导小组,组长任启兴,副组长于革胜、陈敏求、赵春起、韩有为。下设工程建设指挥部和征地拆迁指挥部,工程建设指挥部指挥长陈敏求;征地拆迁指挥部指挥长韩有为。

1月15日,姚叶一级公路工程建设指挥部在《宁夏日报》刊登姚叶公路一期工程(贺兰至永宁段)路基、桥涵工程施工招标通告。

1月25日,自治区副主席任启兴和主席助理于革胜召集姚叶一级公路建设领导小组第一次会议,研究确定有关事宜。

1月30日,自治区人民政府以宁政发〔1997〕14号文批转交通厅、财政厅、地税局、物件局、土地局《关于加快姚叶一级公路建设有关政策规定的报告》。这是专门针对姚叶公路出台的一套优惠政策,其中包括:按底线确定的土地补偿费标准、拆迁补偿费标准;无偿划拨荒滩、荒地供公路建设取土;减免有关税费等等。这些优惠政策节约了大量的土地征用、拆迁补偿费用和建设资金,降低了资金筹措的难度。

2月21日,自治区计委主持召开国道干线青岛—太原—银川公路(宁夏境)古窑子至王圈梁段工程可行性研究报告初审会,并通过初审。

2月28日,姚叶一级公路一期工程施工招标开标,10家施工企业投标。

3月3日,自治区主席助理、姚叶一级公路工程建设领导小组副组长于革胜在姚叶一级公路现场办公,协调解决征地拆迁工作中的难点问题。

3月15日,姚叶一级公路一期工程举行施工合同签字仪式。

4月1日,自治区编委批准成立交通厅世界银行贷款项目办公室。

4月11日,交通部批准姚叶一级公路工程开工,同意工程监理由中国公路工程咨询监理总公司路捷公路工程咨询有限责任公司承担。

4月23日,自治区党委宣传部与交通厅联合召开姚叶一级公路工程建设新闻通报会,15家新闻单位的27名记者出席。

4月28日,姚叶一级公路工程开工奠基典礼在银川互通式立交工地隆重举行。自治区领导黄璜、马思忠、刘国范、马启智、任启兴、马锡广、张立志、郝廷藻、魏世成、王毓源、于革胜等出席。交通部发来贺信。

6月2日,姚叶一级公路工程建设总监理办公室召集各合同段工程承包人在F标段和G标段召开了强化路基施工质量和现场管理的观摩会议,学习推广F标段项目经理部在路基填筑施工中"挂线作业,分层压实"和G标段项目经理部在钻孔灌注桩施工中"挂牌作业,安全文明施工"的典型经验。

6月24日,姚叶一级公路工程建设指挥部召开指挥长办公会议,讨论通过《工程建设指挥部工作规则》和《工程建设指挥部各处室职责》两个内部重要管理制度。

6月24日,自治区主席助理于革胜带领自治区计委、交通厅和银川市及有关县、区政府负责人到姚叶一级公路建设工地调研征地拆迁完成情况以及二期工程建设中亟须解决的问题。

7月1日,姚叶一级公路工程建设指挥部首创"月终综合考评办法",开始逐月进行综合考评。此后形成制度。

8月5日,自治区党委书记黄璜、常委马锡广,自治区主席助理于革胜,在交通厅厅长陈敏求陪同下视察姚叶公路,了解工程施工进展情况,并就工程建设中存在的问题做了重要指示。

8月5日,姚叶一级公路工程建设指挥部决定从8月5日至11月15日在全线开展

"大干一百天"活动,以确保一期工程在年内完成全部桥梁主体工程和85%的路基填筑任务。

8月12日,自治区计委主持召开国道主干线青岛—太原—银川公路(宁夏境)古窑子至王圈梁汽车专用一级公路初步设计初审会,并通过初审。

8月22日,交通厅委托中国公路工程咨询监理公司北京路捷工程咨询有限公司和宁夏公路勘察设计院编制石中高速公路北段(亦即麻黄沟至姚伏段)项目建议书。

9月30日,自治区党委书记毛如柏。自治区副主席任启兴、主席助理于革胜视察姚叶一级公路建设情况。

11月10~28日,由世界银行项目经理哈帝姆·哈吉先生一行12人组成的世界银行预评估团来宁,对世界银行贷款公路项目进行预评估,并晋升为正式评估。由世行委托的美国施韦拔公司一行9人对古王一级公路初步设计文件进行为期12天的审查。自治区主席助理于革胜在银川会见了评估团成员。

11月26日,交通部颁布《公路工程技术标准》。据此,姚叶一级公路符合高速公路技术标准。后经交通部认可,姚叶一级公路改为姚叶高速公路。

11月28日,银川市人民政府表彰在姚叶公路征地拆迁工作中取得优异成绩的先进单位和先进个人。

11月28~30日,姚叶高速公路工程建设指挥部召开二期工程施工图设计文件审查会。

12月1日,自治区政协副主席郝廷藻、强锷、洪维宗、魏世成等视察姚叶高速公路工程。

12月15日,原自治区党委书记黄璜、自治区党委常委马锡广到正在建设中的姚叶高速公路工地视察。

12月16日,姚叶高速公路工程建设指挥部召开"大干一百天"活动表彰大会。

12月下旬,石中高速公路北段项目建议书编制完成。

1998年

1月10日,自治区主席马启智、主席助理于革胜视察姚叶高速公路建设工地,勉励建设者们要高标准、高质量修好这条路。

1月15日,姚叶高速公路工程建设指挥部在《宁夏日报》发布姚叶高速公路1998年路基桥涵工程施工招标资格预审通告。这次招标的永宁至叶盛段和贺兰至四十里店段路基、桥涵工程全长27.3km。

1月15日,姚叶高速公路工程建设指挥部举行新闻联谊会,来自区内主要新闻单位的近30名记者对进一步做好姚叶高速公路工程宣传报道献计献策。

附 录

1月24日,姚叶高速公路工程建设指挥部与征地拆迁指挥部召开征地拆迁工作座谈会。会议总结一期工程的征地拆迁工作,就切实搞好1998年二期工程征地拆迁工作交换意见。

2月22日,姚叶高速公路二期工程路基桥涵工程开标,区内具有二级以上施工资质的6家公路工程施工单位投标竞争。

3月3日,自治区人民政府办公厅发出通知,要求有关部门、工程沿线地方政府认真做好征地拆迁等各项工作,全力以赴支持姚叶高速公路建设,确保工程施工正常进行。

3月5日,姚叶高速公路永宁至叶盛段和贺兰至四十里店段路基桥涵工程举行施工承包合同签字仪式。

3月13日,姚叶高速公路工程建设指挥部召开1998年度工程施工动员大会。自治区主席助理于革胜出席会议并讲话。

4月9日,自治区党委书记毛如柏、自治区党委常委马文学视察了正在建设中的姚叶高速公路建设工地。

5月19日,石中高速公路北段项目建议书通过区内评审。

7月7日,姚叶高速公路工程建设指挥部召开办公会议,贯彻落实交通部当年第二次加快公路建设会议精神和交通厅决定,将年投资计划由4亿元调整到5亿元。

7月11日,中国建设银行宁夏分行向姚叶高速公路工程一次性承诺贷款8亿元协议签字仪式在银川举行。

7月12日,交通厅委托宁夏公路勘察设计院编制石中高速公路北段工程可行性研究报告。

7月15日,自治区人民政府调整姚叶高速公路建设领导小组及其下设的工程建设指挥部和征地拆迁指挥部组成人员。

同日,自治区人民政府、姚叶高速公路建设领导小组在银川立交桥工地举行迎接自治区成立40周年大庆、加快姚叶高速公路建设动员大会。

7月21日,姚叶高速公路姚伏至四十里店段路基桥涵工程招标开标。

7月25日,姚叶高速公路工程建设指挥部召开加快建设座谈会。会议强调,要进一步加快建设速度,加大工作力度,确保工程质量,力争全年完成投资5亿元,争取完成6亿元的奋斗目标。

7月28日,自治区人民政府办公厅以宁政办发〔1998〕58号文件转发《自治区姚叶高速公路建设领导小组关于加快姚叶高速公路建设实施意见》,要求加快姚叶高速公路建设步伐,提前一年半于2000年10月全线建成通车。

8月3日,交通部副部长胡希捷视察姚叶高速公路建设工地。自治区党委书记毛如柏、自治区主席马启智分别会见。

8月26日,国家环境保护总局批复《古窑子—王圈梁公路环境影响报告书》(环发〔1998〕245号)。

9月4日,自治区党委书记毛如柏、常委马文学到姚叶高速公路工地视察。毛如柏指出,要充分认识加快姚叶高速公路、特别是石嘴山至中宁高速公路建设的重要意义,要把石中高速公路当做宁夏公路建设的重中之重来抓。

10月14日,自治区人大常委会副主任马昌裔、周秋英、师梦雄、黄超雄、刘兴中和秘书长李国芳及11位常委会委员到姚叶高速公路工地视察。

10月28日,连接宁夏经济核心区银川、灵武、吴忠和银川河东机场的宁夏第二条高等级公路——银灵吴一级公路正式建成通车试运行。

10月30日,在宁全国政协委员马思忠、刘国范、周振中、马国权等自治区政协领导视察姚叶高速公路建设情况。

11月2日,国家计划发展委员会重点项目稽查组到姚叶高速公路建设项目现场督查。

12月10日,世界银行公路项目古王一级公路1－6标段土建工程招标开标。

12月中旬,经中机国际招标公司对国际监理招标严格评审,并经世界银行同意,美国布朗·斯丹蕾国际咨询有限公司中标监理古王一级公路。

1999年

1月6日,古王一级公路土建工程施工合同签字仪式在银川举行。

1月10日,马昌裔、韩有为、洪维宗等11位在宁全国人大代表视察姚叶高速公路工程。

3月3日,古王一级公路建设项目利用世界银行贷款转贷协议签字仪式在银川举行。协议贷款5000万美元,贷款期限20年。

3月8日,世行贷款项目古王公路奠基仪式举行。

3月9日,姚叶高速公路工程建设指挥部召开路面施工质量座谈会,总结1998年路面施工的经验,研究下阶段路面施工的具体措施。

3月13日,姚叶高速公路工程建设指挥部召开1998年总结表彰暨1999年建设动员大会。对在1998年加快建设中做出突出成绩的3个先进单位和50名先进个人给予表彰奖励。

3月22日,自治区人民政府办公厅以宁政办发〔1999〕31号文下发了《关于成立石中高速公路建设领导机构的通知》。为加强领导,确保工程质量和如期完成建设任务,自治区人民政府决定成立石中高速公路建设领导小组(原姚叶高速公路建设领导小组不再设立)及南、北段工程建设指挥部和南北段征地拆迁指挥部。

附 录

3月30日,自治区机构编制委员会以宁编发〔1999〕05号文发出《关于古王公路工程建设指挥部内设机构和人员编制的通知》,确定内设机构为三处一室,核定编制38名,处级干部职数9名(4正5副)。

同日,姚叶高速公路工程建设指挥部制定加强工程施工质量管制的具体规定,其中包括黄牌警告与红牌取缔制度。

4月9日,"全区公路建设质量年"活动动员大会在姚叶高速公路银川立交工地召开,自治区主席马启智出席。

4月16日,石中高速公路北段工程项目召开征地拆迁第一次协调会。

5月14日,石中高速公路北段工程征地拆迁协调会议在石嘴山市召开。会议就征地拆迁、补偿标准、优惠政策等有关问题达成一致意见,形成会议纪要。

5月19日,自治区党委副书记任启兴视察正在紧张施工中的姚叶高速公路路面工程摊铺作业现场和沥青拌和站,对工程快速度、高质量向前推进表示赞赏。

5月20日,自治区人民政府以宁政函〔1999〕51号文批复,同意贷款建设石中高速公路北段工程,贷款本息由收取的车辆通行费偿还。

6月4日,古王盐兴公路工程建设指挥部召开指挥长办公会议,讨论通过宁夏古王盐兴公路工程建设指挥部工作规则、各处室工作职责两个内部管理制度。

6月12日,古王一级公路开工奠基仪式在1合同段隆重举行。自治区党政军和政协领导毛如柏、马启智、马思忠、任启兴、卢普阳、马锡广、王正伟、于革胜、王全诗、梁俭等出席。

6月21~22日,自治区党委宣传部、交通厅、文化厅、宁夏文联组织"心连心"艺术团深入古王一级公路建设工地慰问演出。

6月22~25日,交通部组织全国资深专家来宁对石中高速公路北段项目初步设计进行了现场审查。

6月24日,古王盐兴公路工程建设指挥部对监理和施工单位开始实行月度综合考评制度。

7月2日,交通部环境保护办公室在银川主持召开石中高速公路北段工程环境影响报告书预审会。

7月8日,石中高速公路北段工程建设指挥部与宁夏文物局签订公路用地范围内文物保护协议。

7月12日,自治区水利厅审查通过石中高速公路北段水土保持初步设计文件。

7月13日,盐池县突降百年不遇的暴雨,10小时内降雨155mm,引起山洪暴发,致使正在施工的古王一级公路遭到严重破坏。

8月13日,自治区水利厅批复石中高速公路北段水土保持初步设计文件。

8月13~14日,交通部副部长李居昌来宁视察姚叶高速公路、古王一级公路和石中高速公路北段工程建设情况。

8月29日,叶盛至中宁段高速公路征地拆迁第一次协调会在吴忠市召开。

9月3日,交通部公路建设质量年活动检查组对姚叶高速公路项目管理、工程质量进行检查,历时4天,综合评分93分。

9月5日,石中高速公路北段1至5合同段破土动工。

9月6日,交通部公路建设质量年活动检查组对古王一级公路全线进行检查,最后评定得分92分。

9月10日,以展示宁夏交通建设成就和交通人风采为主要内容的"古王杯"《走向21世纪的宁夏交通》摄影大奖赛颁奖仪式暨展览开幕式在宁夏展览馆举行。自治区领导周秋英、陈敏求、王全诗等为获奖者颁奖,并为摄影展剪彩。

9月26日,自治区主席马启智视察建设中的姚叶高速公路和古王一级公路。马启智强调,运距的缩短就是差距的缩小,公路建设一定要有超前意识,加快宁夏公路路网的建设。

10月8日,姚叶高速公路银川段收费队伍正式组建,进行为期半个月的业务培训,为姚叶高速公路通车试运行做准备。

10月16日,原自治区主席黑伯理和自治区离退休老干部刘国范、徐芊、白振华、文力、马启新、汪愚、张立志、王燕鑫、郭文举、李俊杰、郝廷藻、仝开锦、杨辛等。

10月23日,自治区政协主席马思忠、副主席任怀祥视察古王一级公路。

10月25日,石中高速公路南段(叶盛至中宁)一期工程破土动工。

10月28日,国务院总理朱镕基在宁夏视察工作时途经了姚叶高速公路,在次日的讲话中肯定了姚叶高速公路工程建设质量和宁夏公路建设取得的成绩。

11月1日,自治区党委副书记韩茂华视察古王一级公路建设工地。

11月3~4日,由建设、设计、施工、监理、接管养护、质量监督、造价管理等单位组成的石中高速公路银川段验收组,通过听取汇报、外业检查和查阅有关资料,认为银川段各项工程总体质量良好,等级优良。

11月4日,石中高速公路北段工程建设指挥部决定在工程建设管理中实行月末综合考评和月初调度会议制度。

11月6日,姚叶高速公路银川段通车典礼在银川互通立交桥工程广场举行。自治区领导毛如柏、马启智、马思忠、任启兴、马锡广、王正伟、王永正、马昌裔、周秋英、陈敏求、刘仲、冯炯华和武警宁夏总队、银川市、吴忠市、石嘴山市、固原地区、区直有关部门的领导,工程建设单位的上千名职工参加典礼。

11月13日,自治区党委副书记任启兴视察正在建设中的石中高速公路北段工程。

11月23日,自治区党委书记、人大常委会主任毛如柏等领导视察古王一级公路。

2000年

1月1日,姚叶高速公路银川段正式投入收费试运营。

3月9日,国家计委在银川主持召开宁夏世行贷款项目古王公路扩建工程审查会,拟将古王公路二期工程提前与一期工程同步实施,古王一级公路由原来一级公路标准变为高速公路标准。

3月11日,中宁至郝家集高速公路工程可行性研究报告审查会在银川举行。

5月3日,自治区党委副书记任启兴视察古王高速公路。

5月10日,国家审计署委托自治区审计厅对古王高速公路建设资金使用情况进行审计。

5月19日,自治区主席马启智视察石中高速公路南段工程。

5月20日,自治区政协主席马思忠、副主席任怀祥及部分政协常委视察古王高速公路。

6月7日,姚叶高速公路工程建设指挥部委托交通部公路工程检测中心,对姚叶高速公路路面工程质量进行为期10天的现场检测。检测报告表明:路基强度稳定,路面平整,沥青面层质量均匀,达到了高速公路的设计和使用要求,工程施工质量优良。

6月15日,交通厅质监站对姚叶高速公路姚伏至贺兰段路基、桥涵、路面、交通工程进行交工验收质量评定,工程质量评为优良。

6月16日,石中高速公路南段第二次生产调度会在工程现场吴忠召开。

6月17日,世界银行北京代表处专家高伯平到古王高速公路检查指导工作。

6月25日,中宁至郝家集高速公路初步设计方案通过自治区审查。

6月30日,姚叶高速公路全线通车。通车仪式在姚伏立交桥举行。8位建设功臣为通车剪彩。

7月6日,中国工商银行宁夏分行与宁夏交通厅举行石中高速公路南段8.4亿元贷款签字仪式。

7月19日,交通厅组织检查石中高速公路北段第二个公路建设质量年活动开展情况。

7月21日,自治区党委书记毛如柏到古王高速公路施工现场慰问筑路员工。

7月中旬,古王盐兴公路工程建设指挥部开始对膨胀土路段采用外掺固化剂的方法进行处理。

8月8日,中国建设银行宁夏分行向石中高速公路北段工程贷款6.5亿元协议签字仪式在银川举行。

8月6~9日,交通部公路建设质量年活动检查组对宁夏在建高速公路质量进行现场检查,古王高速公路得分96分。

8月15日,古王盐兴公路工程建设指挥部召开专家会议,研讨防治薄壁桥台纵向裂缝问题,提出在混凝土中增加玻璃纤维等措施。

8月21日,自治区人大常委会"一法两例"专项执法检查团对古王高速公路建设管理和执行《中华人民共和国公路法》情况进行检查。

9月6日,交通部部长黄镇东在自治区党委副书记任启兴、自治区副主席于革胜视察古王高速公路建设工地。

9月17日,世界银行代表团一行8人,就古王高速公路建设质量、工程进度、贷款资金使用、环境保护、移民安置、扶贫道路等进行了为期7天的检查。

10月1日,交通厅公路工程质量监督站组织对石中高速公路北段3A合同段路基、桥涵工程进行了交工验收质量评定。

11月20日,国家财政部驻宁夏特派员办公室通报石中高速公路北段工程资金使用审计情况。

11月25日,中宁至郝家集高速公路破土动工。

12月8日,交通部专家组一行5人对国道主干线青银高速公路银川至古窑子段进行现场审查。

2001年

1月17日,《宁夏回族自治区高速公路路网交通工程总体规划》通过区内审查。

3月1日,自治区审计厅受国家审计署托,对古王高速公路建设资金使用情况进行审计。

3月26日,石中高速公路北段工程建设指挥部组织召开路面基层配合比专题技术会议,研究执行新规范中出现的一些具体问题,提出保证路面施工质量的具体措施。

3月27日,交通厅工程质量监督站对石中高速公路北段路基、桥涵3B、7、8合同段进行交工验收质量评定。

4月18~20日,世界银行派遣由奥田孝雄为组长的3人专家组现场考察古王高速公路机电工程设计,同意机电工程两阶段实施变为一阶段实施,后得到世界银行批准。

4月19日,古王高速公路工程建设指挥部举行路面施工技术研讨会。加拿大籍李宁远和马尔文博士做了专题讲座,并与技术人员和监理人员面对面地进行了探讨。

4月20日,古王高速公路与盐兴公路的连接线工程开工建设。

同日,《塞上江南第一路——宁夏姚叶高速公路建设纪实》首发式在银川隆重举行。自治区党委常委、宣传部部长王正伟为《塞上江南第一路》启封。

4月21日,中郝高速公路全线开工建设。

6月4日,国家计委重大项目稽查办公室特派员来宁,检查古王高速公路建设项目执行招标等基本建设程序及资金使用情况。

7月13日,姚叶高速公路全线通过交工验收。

7月26日,来自全国各重点院校60多名宁夏籍助贫大学生参观考察姚叶高速公路。

8月6~16日,亚洲开发银行代表团对宁夏贷款项目西部大通道银川至武汉公路同心至沿川子段高速公路进行考察。

8月28~29日,交通厅公路工程质量监督站对石中高速公路北段(平罗至姚伏)的路面工程、交通安全工程进行交工验收质量评定。

8月31日,石中高速公路北段(平罗至姚伏)建成通车试运行。

9月5日,国家审计署驻成都特派员办公室对石中高速公路北段项目进行了为期25天的全面审计。

9月13日,自治区党委书记、人大常委会主任毛如柏视察石中高速公路北段建设工地。

9月15日,自治区老干部局组织省级离退休老干部参观古王高速公路。

9月18日,古王高速公路全线通过交工验收。

9月25日,中国农业银行宁夏分行与宁夏交通厅贷款签字仪式在银川举行。贷款3亿元人民币,用于高速公路建设。

9月28日,古王高速公路竣工通车仪式在盐池收费广场举行。自治区领导毛如柏、韩茂华、任启兴、卢普阳、马锡广、陈希明、马文学、周秋英、陈敏求、于革胜、王全诗、梁俭、李增林及武警宁夏总队政委李正才等出席。国家计委、财政部、交通部和世界银行北京代表处、有关省区、单位发来贺信、贺电。

10月11日,姚叶高速公路竣工文件档案通过自治区档案局组织的专项验收。

10月24日,自治区主席马启智视察石中高速公路南段工程。

10月25日,银川至武汉公路(宁夏境)桃山口至同心段高速公路路基、桥涵工程开标。

10月27日~11月1日,交通部公路检测中心对石中高速北段公路几何线形和路面厚度、平整度、弯沉值、抗滑指标进行了检测。

11月5~20日,国家计委检查组来宁检查石中高速北段工程执行招投标法情况。

11月5日,交通厅公路工程质量监督站对石中高速公路北段路面工程、交通安全及附属工程等进行交工验收质量评定。

11月10日,桃同高速公路正式开工建设。

11月12日,石中高速公路北段全线通车试运行。宁夏向北连接内蒙古自治区的快速通道贯通。

11月30日,自治区政协副主席全开锦率政协港、澳、台、侨专门委员会部分委员视察石中高速公路北段。

12月16日,姚叶高速公路通过交通部组织的竣工验收。建设项目以总评91.73分被评定为优良工程。

2002年

4月上旬,自治区政府成立宁夏高速公路建设领导小组,自治区党委常委、常务副主席马锡广担任领导小组组长。领导小组办公室设在交通厅。

5月1日,自治区党委书记陈建国看望慰问石中高速公路、古王高速公路筑路员工。

6月15日,《银川至武汉公路同心至沿川子段工程可行性研究报告》通过中国国际工程咨询公司专家实地考察评估。

6月19日,宁夏交通厅与内蒙古交通厅就银川至巴彦浩特公路前期工作、线路等事宜进行洽谈。

6月22日,国道主干线青岛—银川(宁夏境)银古高速公路开工。

7月1日,自治区党委书记陈建国在《交通厅关于银巴公路前期工作情况的报告》上批示:"很好!这是一件互利的好事,我们要主动与内蒙古联系、协商,抓紧做好前期工作,双方共同做好向国家有关部门的争取工作,力争把这条路早日打通。"

8月6日,自治区人大常委会副主任黄超雄视察中郝高速公路建设环保情况。

8月17日,全国政协副主席白立忱在自治区政协主席任启兴、自治区副主席赵廷杰的陪同下视察正在建设中的石中高速公路南段工程。

9月7~9日,交通部副部长张春贤在自治区副主席项宗西的陪同下,视察同沿、石中、古王、银川绕城等高速公路项目建设及规划情况。

9月16日,宁夏审计厅对石中高速公路北段建设项目进行审计。

9月25日,中国工商银行宁夏分行和交通厅在银川举行了青银公路宁夏境银川—古窑子高速公路建设项目8亿元贷款的签字仪式。

同日,银古高速公路银川过境段开工。

10月10日,古王高速公路建设项目工程档案通过自治区档案局和交通厅组织的档案专项验收。

10月18日,国家环保总局会同交通部环保办和自治区环保局,对古王高速公路环境保护执行情况进行了现场检查和验收。古王高速公路的环保工程通过专项验收。

10月16~24日,亚洲开发银行评估团对中国宁夏贷款项目同沿高速公路项目进行了预评估。

10月20~21日,石中高速公路工程南段工程建设指挥部,委托石家庄铁道学院采用光纤传感技术对吴忠黄河特大桥健康状况进行了全面检测。

10月24日,自治区副主席马骏廷会见来宁考察的亚行贷款项目预评估团团长孔蕴群女士一行。

11月2日,石中南段高速公路控制工程——吴忠黄河大桥竣工。吴忠黄河大桥是宁夏第7座黄河大桥。

11月5日,叶盛至中宁高速公路建成通车试运行,标志着石中高速公路全线通车。自治区领导韩茂华、陈进玉、于革胜、周秋英、陈敏求、任怀祥、梁俭、姬亮洲、李海清等出席通车仪式。

12月9日,2002年度石中、中郝、桃同高速公路工程建设总结表彰大会在中宁召开。

2003年

2月24日,宁夏交通厅召开银古高速公路2003年春季开工建设动员大会。

3月20~24日,亚洲开发银行评估团对宁夏贷款项目同沿高速公路项目进行了评估。

3月23日,自治区副主席陈进玉在银川会见来宁考察的亚行贷款项目评估团团长孔蕴群女士一行。

3月26~27日,自治区党委书记陈建国、党委常委兼秘书长于革胜调研考察同沿高速公路固原过境段、固原市南出口、西出口道路及中宁至营盘水高速公路。

4月16日,自治区领导陈建国、马启智、韩茂华、马文学、项宗西视察正在建设中的银古高速公路建设工地。

5月1日,自治区副主席项宗西到桃同、中郝高速公路项目征地拆迁现场,看望慰问节日期间坚守岗位的筑路员工。

6月29日,中郝高速公路长山头至桃山口段通车暨银川至武汉公路同心至固原段开工仪式在桃山口立交桥举行。自治区领导陈建国、马启智、任启兴等出席。

8月23日,银川至青岛(宁夏境)高速公路全线贯通暨国道109线银川过境段(丽景街)通车仪式在银川主线收费广场隆重举行。自治区领导陈建国、马启智、任启兴、韩茂华出席。

9月1日,自治区政府对高速公路建设管理机构进行调整。撤销姚叶一级公路工程建设指挥部、古王盐兴公路工程建设指挥部、石中高速公路南段、北段工程建设指挥部等4个机构,成立宁夏银武公路工程建设指挥部、宁夏银古高速公路工程建设指挥部、宁夏石中高速公路工程建设指挥部。

9月4日,交通厅召开高速公路服务区规划座谈会。

9月9日,石中高速公路中宁县城连接线项目建成通车。

9月10日,中国工商银行副行长牛锡明在自治区副主席项宗西及中国工商银行宁夏分行领导的陪同下,到交通厅对高速公路建设和贷款情况进行调研。

9月11日,亚行批准宁夏道路发展项目2.5亿美元贷款。

9月25日,交通厅与国家开发银行签订西部大通道武汉至银川公路(宁夏)同心至沿川子高速公路项目10.5亿元贷款协议。

10月14日,自治区人民政府对石中高速公路北段工程予以表彰奖励,同意从工程建设节约资金中提取3%即450万元作为综合竣工奖,其中三分之一用于奖励先进单位和个人,三分之二用于补助建设管理费的不足。

10月22日,自治区主席马启智到中郝、桃同高速公路施工现场进行调研。

10月30日,自治区"十五"交通重点工程——中宁至郝家集高速公路桃山口至郝家集段胜利建成通车。至此,国主25号丹东至拉萨公路宁夏境352km高速公路全线贯通。自治区副主席项宗西出席贯通仪式。

同日,宁夏交通厅和古王盐兴公路工程建设指挥部获交通行业环境保护工作先进集体。

11月25日,自治区政府举行全区高速公路通车里程突破500km庆典暨表彰大会,表彰了在高速公路建设中做出突出贡献的交通厅等30个先进单位(集体)和85名先进个人。

11月28日,中宁至郝家集高速公路建成通车试运行。

12月15~17日,交通厅邀请国内高速公路机电工程领域的知名专家和工程实践者,为来自宁夏交通系统近70名专业技术人员和管理人员举办了为期3天的高速公路机电工程培训班。

12月28日,同沿高速公路同心至固原段路基桥涵工程国际招标开标。

12月31日,各高速公路工程建设指挥部联合召开《宁夏高速公路沥青路面病害防治及路面耐久性研究》课题专家座谈会。

2004年

1月31日,自治区主席马启智召开专题会议,听取交通厅关于高速公路服务区规划及设计方案情况汇报。自治区副主席项宗西、主席助理郝林海参加会议。

2月19日,交通部下发《关于国道主干线银川绕城公路西北段可行性研究报告的批复》。

3月1日,自治区人民政府出台高等级公路广告牌管理规定。

3月25日,交通部批复中宁至孟家湾高速公路初步设计。

4月26日,自治区党委书记陈建国,党委常委、政府常务副主席王正伟到交通厅调研工作,并视察银古高速公路建设工地。

5月8日,自治区党委书记陈建国,自治区党委常委、政府常务副主席王正伟,自治区副主席赵廷杰视察正在建设中的银古高速公路银川过境段(银川南环高速公路)工程。

5月11日,自治区主席马启智、副主席项宗西到交通厅调研工作,听取关于全区公路网规划、中宁至营盘水高速公路、银武高速公路宁夏境桃山口至沿川子公路线路走向和建设情况的汇报。

6月3日,自治区人民政府批准成立中营高速公路工程建设指挥部。

6月7日,全区高速公路12个服务区工程施工招标开标。

6月23日,《银川绕城高速公路西北段初步设计》通过区内外专家审查。

7月8日,中孟高速公路工程开工建设。

7月9日,交通部副部长胡希捷视察正在建设中的石中高速公路北段工程。

7月14日,自治区党委书记陈建国、自治区副主席王正伟在盐中高速公路建设工地视察。

7月23~25日,叶中高速公路通过交工验收,质量评分91.6分,为优良工程。

8月15~16日,自治区党委书记陈建国,党委常委、秘书长于革胜视察同沿高速公路建设情况。

8月25日,姚叶高速公路姚伏至银川段获宁夏2004年度优秀工程勘察设计二等奖。

8月26日,银古高速公路贺兰连接线北出口道路等5条区内城市出入口道路开工建设。

9月29日,银川南环高速公路(银古高速公路南环过境段)建成通车。自治区领导陈建国、马启智、韩茂华、马锡广、王正伟、于革胜、李顺桃、李东东、崔波、韩有为、赵廷杰、项宗西、马瑞文、侯清民出席通车仪式。

10月27日,自治区人大常委会副主任马骏廷率领视察组视察同沿高速公路建设情况。

11月21日,自治区党委书记陈建国在交通厅调研工作,听取2004年宁夏交通工作完成情况、2005年工作思路和中宁至盐池高速公路线路走向、前期工作情况的汇报。陈建国充分肯定了交通厅的工作。

2005 年

1月27日,宁夏高速公路联网收费系统通过专家审查。

3月8日"光纤传感技术在吴忠黄河大桥施工阶段健康监测中的应用研究"项目获自治区科学技术奖励委员会颁发的2004年度宁夏回族自治区科学技术进步二等奖。

3月20日,中共中央政治局常委、全国人大常委会委员长吴邦国视察宁夏工作时在中宁县先进性教育活动党员干部会议上发表重要讲话时指出:这几年,宁夏的基础设施已经有了很大的改善,以国道省道为骨架的公路网已经形成,有500多公里的高速公路,在建的还有200多公里,发展势头良好。

3月25日,盐池至中宁高速公路工程可行性研究报告通过交通部专家组评审。

4月28日,银武高速公路工程建设指挥部、宁夏公路学会邀请自治区地质、交通行业专家到桃同高速公路现场,调研湿陷性黄土路段治理方案。

4月30日,自治区主席马启智、自治区副主席王正伟、齐同生,主席助理郝林海在交通厅调研工作。

5月1~2日,自治区副主席齐同生视察同沿高速公路和中营高速公路建设工地。

5月12日,古王高速公路"土工合成材料在黄土地区公路工程中的应用技术研究"科技成果通过交通部鉴定。

5月18日,交通部公路建设项目督查组赴中宁至孟家湾高速公路督查。

5月下旬,光纤传感技术在叶中高速公路吴忠黄河大桥施工阶段健康监测中的应用技术研究科研课题获2004年度宁夏科技进步二等奖。

5月26日,经交通厅党委批准,同沿高速公路项目临时党委成立。

6月4日,自治区党委书记陈建国调研银川绕城高速公路西北段路线方案。

6月9日,石中高速公路北段、南段工程档案通过自治区档案局和交通厅组织的专项验收。

7月1日,自治区党委书记陈建国视察了同沿高速公路,要求采取有效措施解决黄土地带路基沉陷问题,高标准、高质量、快速度地建设好这一重点项目。

7月14日,自治区副主席王正伟主持专题会议,研究盐中高速征地拆迁安置补偿和穿越自然保护区事宜。

7月21日,石中高速公路北、南段环保工程项目通过国家环保总局验收。

8月8日,交通厅发出《关于对2005年全区高速公路建设项目质量大检查有关问题处理的决定》,对同沿、中营高速公路建设中不认真履行合同义务、质量意识差、现场管理混乱的施工、监理单位做出严肃处理。

8月9日,自治区党委书记陈建国视察同沿、中营高速公路。

8月19日,同沿高速公路三十里铺隧道工程破土动工。

同日,自治区审计厅开始对石中高速公路北段竣工决算进行审计。

9月10日,中国工商银行通过同沿高速公路9亿元人民币的贷款评估。

9月20日,自治区主席马启智、副主席刘慧视察同沿高速公路同心至固原段建设情况。

9月28日,银川绕城高速公路西北段工程开工仪式在贺兰互通立交工地举行。自治区领导马启智、任启兴、王正伟、项宗西、崔波、马昌裔出席。

10月11日,交通厅在银川绕城高速公路西北段现场召开了工程建设与廉政会议。传达学习了全国交通系统基础设施廉政工作经验交流会议精神,倡议开展"创精品工程,树勤廉形象"活动。

10月14日,石中高速公路北段水土保持设施项目通过自治区水利厅等部门的竣工专项验收。

10月16日,宁夏高速公路管理中心大楼举行奠基仪式。

10月26日,银古高速公路工程建设指挥部、石家庄铁道学院、中铁十九局共同完成的《高等级公路改扩建关键技术研究》科研课题通过自治区科技厅组织的专家鉴定。

11月1日,盐池至中宁高速公路试验路段开工建设,项目被交通部列为全国18个公路勘察设计典型示范工程之一。

11月15日,盐池至中宁高速公路可行性研究报告通过交通部审查。

11月19日,自治区领导陈建国、王正伟、于革胜、齐同生对盐中高速公路实验段进行了实地考察,并听取工作进展情况汇报。

11月22日,自治区政协主席任启兴、副主席马瑞文、曹维新、朱佩玲等对正在建设中的同沿高速公路同心至固原段建设情况进行调研。

11月24日,自治区人大常委会副主任马昌裔、张小素带领在宁全国人大代表视察同沿高速公路同心至固原段建设工地。

11月29日,30余位自治区省级离退休老干部视察即将通车的同沿高速公路同心至固原段建设工地。

12月7日,国家开发银行通过对孟家湾至营盘水、盐池至中宁、银川绕城西北段三条高速公路共计46.2亿元人民币的贷款评估。

12月12日,自治区党委副书记、纪委书记刘丰富视察同沿高速公路同心至固原段建设工地。

12月16日,国主25号丹拉线兰州至银川高速公路贯通仪式在宁甘交界处刘寨柯收费站举行。宁夏回族自治区领导陈建国、马启智、任启兴、于革胜、冯炯华及甘肃省主要领导出席通车仪式。

12月18日,福州至银川高速公路同心至固原段通车仪式在固原收费站广场举行。自治区领导陈建国、马启智、任启兴、陈二曦、王正伟、于革胜、项宗西、冯炯华参加了通车仪式。至此,全区高速公路通车里程达670km,实现全区所有市、县(区)1小时上高速公路的奋斗目标。

12月26日,自治区党委书记陈建国到交通厅调研,听取银川河东机场高速公路改建方案的汇报。

12月31日,国道丹东—北京—拉萨公路(宁夏境)麻黄沟至姚伏高速公路通过交通部竣工验收。该工程质量综合评分为92.45分,工程质量等级评为优良;建设项目综合得分为92.5分,项目建设等级评为优良。

2006年

1月14日,交通厅委托宁夏公路勘察设计院有限责任公司编制东山坡至毛家沟高速公路可行性研究报告。

2月17日,国家发改委批复盐池至中宁高速公路可行性研究报告。

3月8日,自治区发改委审查通过盐池至中宁高速公路初步设计文件。

3月17日,宁夏公路建设实现"三大目标"庆典暨表彰大会在宁夏人民会堂隆重举行。自治区党政军领导陈建国、马启智、任启兴、刘丰富、马文学、王正伟、于革胜、傅思和、马昌裔、张小素、齐同生、马瑞文、王乃勤与1200多名公路建设者和有关方面代表欢聚一堂,热烈庆祝全区公路建设"三大目标"胜利实现,表彰在全区公路建设实现"三大目标"中做出突出贡献的先进单位、先进集体和先进个人。

3月31日,自治区党委书记陈建国,党委常委、秘书长于革胜视察中营高速公路建设工地。

4月12日,《石坝至银川河东机场公路扩建工程可行性研究报告》通过自治区发改委审查。

4月19日,经交通厅党委批准,中营高速公路项目临时党委成立。

4月28日,经交通厅党委研究,报请自治区人民政府同意,对交通厅公路建设和公路管理机构进行了改革,将宁夏银武、石中、银古三个高速公路工程建设指挥部和公路建设管理中心合并,组建宁夏公路建设管理局;将原宁夏公路管理局、宁夏高等级管理局、宁夏高速公路路政总队、六盘山隧道管理处合并,组建成立宁夏公路管理局。两个局均为交通厅所属副厅级事业单位。

5月9日,银川绕城高速公路西北段项目临时党委成立。

5月18日,中郝高速公路建设项目通过交工验收。

5月23日,青银高速公路古窑子至王圈梁段工程被水利部命名为"开发建设项目水土保持示范工程"。

6月4日,交通部督查组来宁夏,对在建高速公路项目的建设质量和安全生产工作进行督查。

6月9日,同沿高速公路牛营子隧道施工工地举行隧道塌方抢险演练。

6月21日,自治区人民政府出台优惠政策,对重点公路建设项目从9个方面给予大力扶持。

7月29日，自治区党委书记陈建国对银川绕城高速公路西北段施工受阻做出重要批示，要求相关单位尽快研究解决。

8月10日，自治区党委书记陈建国主持召开专题会议，研究解决银川河东机场高速公路（河东段）扩建工程和征地拆迁工作有关问题。

8月20日，盐中高速公路一期工程开工建设。

8月25日，自治区副主席姚爱兴召集自治区国土厅、交通厅、农牧厅、林业局、法制办、中卫市和兰州铁路局负责人会议，专题研究孟营高速公路土地权属有关事宜，要求中卫市和兰州铁路局本着"尊重历史、实事求是，依法行政、按章办事，兼顾各方、顾全大局"的原则，依法处理好孟营高速建设工程占用土地与兰州铁路局的权属问题。

9月10日，交通部副部长冯正霖在自治区副主席齐同生的陪同下调研宁夏高速公路建设情况。

9月13日，自治区党委书记陈建国、党委常委于革胜赴盐中高速公路调研，陈建国要求将盐中高速建成生态型、环保型、创新型的全国样板工程。

10月14日，中营高速公路中宁至中卫段通车试运行。至此，宁夏高速公路通车里程突破700km，实现了全区所有地级市通高速公路的目标。

10月30日，石坝至河东机场高速公路改扩建工程开工。

11月上旬，中郝高速公路工程水土保持设施通过竣工前专项验收。

11月15日，银川绕城高速公路西北段重点控制工程阅海大桥主体工程合龙。

11月16日，自治区主席马启智、副主席齐同生调研盐中高速公路建设情况。

11月17日，经交通厅党委批准，盐中高速公路项目临时党委成立。

11月20日，交通厅召开高速公路项目临时党委工作座谈会。

12月1日，自治区领导陈建国、王正伟、于革胜、崔波、赵廷杰、齐同生深入银川绕城高速公路西北段施工现场调研。

12月11日，同沿高速公路什字至沿川子段路基桥涵工程国际竞争性招标开标。

2007年

1月12日，自治区主席马启智视察同沿高速公路建设情况。

1月23日，中营高速公路沙坡头黄河特大桥主桥第17号桩浇筑成功。至此，全桥258根桩全部浇筑完毕。

3月19日，国务院批准宁夏交通投资公司可发行企业债券人民币8亿元，用于盐中、同沿高速公路建设。

3月21日，同沿高速公路大湾隧道贯通。

3月26日，自治区党委书记陈建国、自治区副主席齐同生考察盐中高速公路建设情况，要求抓好绿化工作，建成绿色长廊。

4月9日，由高级交通专家阿兰·杜比等一行组成的世界银行考察团，对交通厅世行贷款项目——国道211线银川机场至甜水堡段及连接线进行预审。

4月27日，同沿高速公路牛营子隧道上行线贯通。

同日，自治区人民政府重点项目检查组对银川机场高速公路、中营高速公路、同沿高速公路进行检查，对工程进度和质量给予肯定。

5月20日，自治区代主席王正伟视察盐中高速公路施工情况。

5月23日，交通厅纪委党风廉政检查组对在建高速公路项目党风廉政建设、治理商业贿赂和临时党委工作进行督查。

6月2日，自治区党委书记陈建国视察银川河东机场高速、灵武电厂立交等工程施工情况。

6月15日，国道211线河东机场至灵武段高速公路正式开工。

6月16日，自治区党委书记陈建国，纪委书记刘晓滨、政协副主席袁汉民考察盐中高速公路建设情况。

7月12日，自治区人民政府印发《关于进一步做好车辆超限超载治理工作的通知》。

7月15日，全区所有干线公路、高速公路实施计重收费及强化治超工作。

8月23日，交通部组织有关专家对孟家湾至营盘水段高速公路初步设计进行审查。

11月2日，自治区领导陈建国、于革胜、刘晓滨、郝林海视察盐中高速公路，要求将该路建成绿色环保示范路、文明安全大通道。

11月4日，自治区领导陈建国、刘晓滨、郝林海视察同沿高速公路固什段建设情况，要求在保证质量前提下加快进度，建成六盘山区人民的幸福路、致富路。

12月上旬，自治区发改委主持召开青岛至兰州公路（宁夏境）东山坡至毛家沟段工程可行性报告初审会。

12月18日，麻黄沟至姚伏高速公路被中国公路勘察设计协会评为2006年度"公路交通优秀设计二等奖"。

12月29日，盐中高速公路盐池至马儿庄段（长64km）暨同沿高速公路固原至什字段（长38km）通车仪式在盐池举行。至此，宁夏高速公路突破800km。自治区领导陈建国、王正伟、于革胜、郝林海出席仪式。

2008年

4月29日，宁夏公路建设管理局召开重点项目建设"大干400天劳动竞赛"活动阶段性总结表彰暨自治区50大庆公路重点项目攻坚动员大会。

5月5日,东山坡至毛家沟段公路可行性研究报告咨询评估会在银川召开。

5月22日,自治区党委书记陈建国,自治区党委常委、银川市委书记崔波、自治区副主席郝林海调研银川西北环高速公路、机场高速公路建设情况。

5月27日,自治区党委书记陈建国、副书记于革胜视察中营高速公路沙坡头黄河大桥建设工地。

7月6日,中营高速公路沙坡头黄河特大桥合龙。

7月14日,自治区政府督察组对盐中高速公路进行督查。

7月30日,自治区党委常委、宣传部部长杨春光带领全区宣传文化系统领导对盐中、中营高速公路建设项目进行考察。

8月2日,银川绕城高速公路全线贯通。自治区领导陈建国、王正伟、项宗西、于革胜、崔波、刘晓滨、马金虎、苏德良、马瑞文、冯炯华、郝林海、张小素、马秀芬、刘天贵、张来武出席通车仪式。

8月12日,自治区党委常委、纪委书记刘晓滨调研盐中、中营、银川绕城高速公路。

8月15日,宁夏报业集团离退休干部和职工130多人及交通厅离休干部近40人参观银川绕城高速公路。

8月20日,银川河东机场至灵武高速公路、盐中高速公路马儿庄至中宁段两条高速公路建成通车。

8月22日,中营高速公路中卫至孟家湾段建成通车。自治区领导于革胜、何学清、郝林海、解孟林出席通车仪式。

自治区党委、政府召开宁夏高速公路通车里程突破1000km庆典表彰大会。自治区领导陈建国、王正伟、项宗西、于革胜、崔波、陈二曦、齐同生、马金虎、杨春光、苏德良、马瑞文、郝林海出席表彰大会。

8月28日,自治区政协主席项宗西率领驻宁全国政协委员视察宁夏高速公路建设情况。

9月11日,交通运输部部长李盛霖由自治区党委书记陈建国陪同视察盐中高速公路建设工地。

10月6日,自治区党委书记陈建国调研国道211线高速公路及机场服务区建设情况。

10月30日,国道211线机场至灵武段高速公路全线建成通车试运行。

11月18日,滚泉至红寺堡高速公路开工建设。

12月19日,盐中高速公路通过交工验收。

12月28日,同沿高速公路同心、固原、黑城服务区通过交工验收。

2009 年

1月9日,中营高速公路中宁至孟家湾段工程通过交工验收。

1月23日,按照中央批准的自治区政府机构改革方案,自治区党委组织部宣布撤销宁夏交通厅,组建宁夏交通运输厅(以下简称"交通运输厅")。

2月13日,自治区领导陈建国、崔波、齐同生、蔡国英调研滚泉至红寺堡高速公路工程建设情况。

3月18日,叶盛至中宁高速公路通过竣工验收。

3月25日,交通运输厅与农业银行宁夏分行签署35亿元全面合作协议。

4月1日,交通运输厅与中行宁夏分行签订全面战略合作协议,5年提供80亿元融资。

4月15日,自治区党委书记陈建国视察国道211线高速公路建设项目。

7月21日,古窑子至王圈梁高速公路通过竣工验收。

8月6日,中营高速公路项目临时党委召开以"戴党徽、亮身份、作表率、我为中营高速添光彩"为主题的活动动员会。

9月2日,国道211线银川机场至灵武段高速公路通过交工验收并通车试运行。

9月12日,自治区党委书记陈建国视察石银高速公路建设工地。

9月20日,国道211线古青高速公路青铜峡黄河特大桥工地举行溺水事故水上救生应急救援演练活动。

9月26日,自治区党委书记陈建国调研国道211线高速公路建设工地。

9月27日,石银高速公路项目临时党委在工地举行"科学发展在石银"活动现场会。

10月28日,滚泉至红寺堡高速公路建成通车。

11月7日,自治区领导陈建国、王正伟、齐同生、蔡国英、赵小平调研吴忠黄河大桥和滚红高速公路建设情况。

12月4日,自治区副主席赵小平调研国道211线灵武至甜水堡段建设项目。

12月25日,同沿高速公路项目临时党委召开"排查防控廉政风险"座谈会。

2010 年

1月8日,自治区副主席赵小平现场协调解决国道211线古青高速公路压覆甜水河勘查区煤炭资源的有关事宜。

1月下旬,宁夏交通投资公司与工行宁夏分行签订26亿元国道211项目建设资金贷款合同。

3月9日,自治区主席王正伟与交通运输部部长李盛霖在北京就支持宁夏建设有关交通运输项目进行会谈。自治区领导齐同生、赵小平,交通运输部副部长高宏峰、冯正霖等参加座谈。

3月16日,自治区党委书记陈建国,党委常委、银川市委书记崔波,副主席赵小平带领自治区党委办公厅、发改委、财政厅、交通运输厅、国土厅等部门负责对银巴高速公路建设规划情况进行现场考察。

4月4日,交通运输厅与世界复兴开发银行总部签署国道211线联络线古窑子至青铜峡高速公路建设项目协定及贷款协定,贷款额度为2.5亿美元。

4月9日,自治区党委书记陈建国、自治区主席王正伟调研古窑子至青铜峡高速公路建设情况,强调要继续完善宁东能源化工基地基础设施建设,抓好国道211线高速公路和基地内一级公路建设。自治区领导徐松南、齐同生、蔡国英、赵小平陪同调研。

4月28日,经自治区交通运输厅党委批准,国道211线(宁夏境)高速公路项目临时党委成立。

5月14日,自治区党委书记陈建国,党委常委、秘书长蔡国英视察正在建设中的石银高速公路,要求进一步优化路线走向。

5月20日,在建高速公路项目第一所农民工业余学校在孟家湾至营盘水高速公路路面3合同段挂牌成立。

5月25日,银川至巴彦浩特高速公路(宁夏境)施工图设计通过了交通运输厅组织的专家审查。

5月29日,甘宁两省区加强省际交通合作商洽对接会在银川召开。

7月1日,银川至巴彦浩特公路(宁夏境)工程开工。

7月17日,自治区党委组织部组织全区组织系统干部实地观摩石银高速公路项目党员示范工程。

7月31日,自治区领导王正伟、赵小平、安纯人视察国道211线高速公路、石银高速公路建设工地。

8月5日,自治区党委常委、组织部长徐松南到石银高速公路和银川绕城高速公路北匝道收费站调研指导创先争优活动,徐松南对宁夏交通运输厅在重点公路建设中成立临时党委,全面加强流动党员管理等做法给予充分肯定。

8月10日,世界银行宁夏公路项目启动仪式在银川举行。自治区副主席赵小平出席。

8月17日,自治区党委组织部组织全区组织系统干部实地观摩石银高速公路项目党员示范工程、吴忠金积立交施工现场、吴忠黄河大桥施工现场和吴忠收费站基层党建规范化工作示范点(项目)。自治区党委组织部充分肯定交通运输厅在项目建设工地成立临时党组织的做法。

10月21日,交通运输厅与国家开发银行宁夏分行签订"十二五"期间战略合作协议,国家开发银行宁夏分行将在"十二五"期间投入信贷资金120亿元。

11月23日,石嘴山至银川高速公路、孟家湾至营盘水高速公路、吴忠黄河公路特大桥3个重点工程通车庆典仪式在石银高速公路收费广场举行。自治区领导王正伟、马秀芬、赵小平、解孟林、蔡万源出席通车仪式。

11月29日,交通运输厅与工商银行宁夏分行在银川签署银企战略合作协议,协议约定,在"十二五"期间,工商银行宁夏分行将向宁夏交通运输厅建设的公路项目提供130亿元人民币的信贷支持。自治区副主席赵小平出席签字仪式并讲话。同日,交通运输厅与工商银行宁夏分行签订了27亿元西线高速公路项目建设资金贷款合同。

2011年

1月5日,国道211线白土岗至太阳山开发区高速公路通车试运行。

2月15~17日,交通运输部专家来宁审查G20青银高速公路宁夏宁东至银川段改扩建项目工可报告。

4月13日,自治区人民政府在宁夏交通物流园区举行2011年全区第一批交通建设重点项目开工仪式,自治区领导张毅、王正伟、蔡国英、刘天贵、赵小平、张乐琴出席开工仪式,王正伟主席宣布2011年全区第一批交通建设重点项目正式开工。是日,自治区党委书记张毅调研交通运输工作,他强调,交通运输业要大发展、快发展,要建好、用好、管好交通基础设施,努力向全国一流行业迈进,为建设和谐富裕新宁夏提供优质服务和有力保障。

4月16日,在全国"创新杯"中国建筑优秀项目评选活动中,盐池至中宁高速公路被中国建筑业企业联合会设计分会和中国建筑技术质量学会评为"2011中国建筑业最具创新示范工程"。

5月13日,东山坡至毛家沟段建设工程启动仪式在隆德县联财镇毛家沟举行。交通运输部部长李盛霖宣布工程启动,宁夏回族自治区主席王正伟、甘肃省省长刘伟平分别致辞,自治区副主席赵小平主持启动仪式。

5月25日,宁夏高速公路标准化施工试点工作在东山坡至毛家沟高速公路项目试验段启动。

6月9日,自治区交通运输厅印发《宁夏高速公路施工标准化管理指南(试行)》和《宁夏高速公路施工标准化管理考核评比办法(试行)(宁交办发〔2011〕117号)》的通知。今后,宁夏新开工高速公路项目要100%推行施工标准化活动,各项目驻地建设、施工工艺和现场管理100%达到标准化要求,工程实体关键指标全部达到规范要求。

8月16日,国道211线高速公路举行高空坠落应急救援预案演练。

9月2日,东山坡至毛家沟段高速公路建设用地通过国土资源部预审。

11月10日,国家发改委委托中国国际工程咨询公司对《青银高速公路银川至宁东段改扩建工程可行性研究报告》进行咨询评估。

11月11日,青银高速公路银川至宁东段改扩建工程可行性研究咨询评估会在银川召开。

11月17日,交通运输部组织专家对东山坡至毛家沟高速公路初步设计进行现场审查。

11月16日,自治区政协领导项宗西、解孟林、朱玉华在福银高速公路什字至沿川子段工程建设现场调研。

11月28日,银川至巴彦浩特高速公路、福银高速公路(宁夏境)同心至沿川子高速公路、国道211线灵武至白土岗段及联络线古窑子至金积段高速公路通车仪式在银巴高速收费站举行。自治区主席王正伟,自治区党委常委、银川市委书记徐广国、自治区人大常委会副主任何学清、自治区政协副主席马国权、武警宁夏总队总队长蔡万源、自治区政府秘书长出席通车仪式。自治区主席王正伟宣布通车,自治区主席助理刘小河主持通车仪式。

11月29日,自治区主席王正伟在调研宁夏高速公路建设情况时强调,要抢抓机遇,奋力拼搏,谋划重点,优化路网结构,提高路网密度,加快"十二五"高速路网建设速度,不断提高交通运输业服务全区经济社会跨越发展的能力。

12月1日,福银高速公路宁夏(泾源段)什字至沿川子段正式通车试运行。

2012年

3月9日,自治区人民政府与国家开发银行在北京签署"十二五"开发性金融合作备忘录。"十二五"期间,开发银行重点支持宁夏六盘山地区扶贫公路建设和国省道改造项目,总计180亿元。

5月23日,受交通运输部档案馆委托,交通运输厅对银川至古窑子、中宁至郝家集高速公路项目档案进行了专项验收。

6月13日,自治区主席王正伟主持召开公路交通建设专题汇报会。王正伟主席在会上强调,全区交通运输部门和各行各业要深入学习贯彻落实自治区第十一次党代会精神,抢抓机遇,再加压力,再鼓干劲,全面加快公路交通项目建设步伐。

7月3日,国道211线高速公路青铜峡黄河公路特大桥合龙。

7月12日,宁夏2012年年中公路交通重点项目集中开工仪式在中卫市举行。自治区主席王正伟出席并宣布项目开工。

7月13日,自治区副主席赵小平与交通运输部副部长翁孟勇分别代表宁夏与交通运输部签署了《宁夏回族自治区人民政府、交通运输部落实中央扶贫开发工作会议精神,促进六盘山区交通运输发展共建协议》。

7月27日,宁夏高速公路施工标准化工作现场推进会在盐池县召开。

8月8日,宁夏同元交通资产管理有限公司分别与中国石油天然气股份有限公司宁夏销售公司、中国石油化工股份有限公司宁夏石油分公司、宁夏先捷路桥建设有限公司三家企业就宁夏高速公路服务区投资建设与经营管理签约。

8月2～4日,交通运输部副部长冯正霖在宁夏调研六盘山集中连片特困地区交通基础设施建设情况。

9月10日,自治区交通运输厅与国家开发银行宁夏分行以"基准利率"一次性签订了95亿元的国省干线公路改造项目贷款合同,成为宁夏历史上数额最大的单笔贷款。自治区副主席赵小平、国家开发银行副行长袁力出席签约仪式。

9月12日,彭阳至青石嘴公路初步设计获自治区发改委批复。

9月13日,宁夏高速公路联网不停车收费(ETC)密钥管理系统通过交通运输厅审查验收。

9月26日,经交通运输厅党委批准,东毛高速公路项目临时党委成立。

10月10日,东山坡至毛家沟段六盘山特长隧道工程开工建设。

同日,国道309线固原至西吉高速公路、省道202线西吉至毛家沟一级公路项目正式启动。

11月5日,国道211线古青高速公路灵武立交至滨河大道公路二期工程初步设计获自治区发改委审查批复。

11月7日,省道305线黑城至海原公路初步设计获自治区发改委批复。

11月21日,银川至古窑子高速公路通过交通运输厅组织的竣工验收。

11月27日,国道211线联络线古青高速公路金积至青铜峡段建成通车试运行。

11月29日,彭阳至青石嘴高速公路项目开工仪式在彭阳县悦龙山新区举行。

11月29日,自治区党委常委、自治区副主席刘慧视察东山坡至毛家沟段高速公路建设工地。

12月19日,东毛高速公路工程项目在六盘山隧道工地举行洞内"隧道塌方"突发事件应急预案模拟救援演练活动。

12月25日,宁夏高速公路电子不停车收费,即ETC系统正式试运行。

2013年

1月下旬,交通运输厅组织专家组对东毛高速公路六盘山隧道施工安全风险进行评审。

4月12日,自治区人大常委会副主任吴玉才一行在交通运输厅召开专题会议,调研督办自治区十一届人大一次会议代表提出的"关于加快建设国道309线固原至西吉段一级公路的建议"办理工作。

5月15日,公路建设管理局标准化施工现场观摩会在东毛高速公路建设工地举行。

5月17日,宁夏开展高速公路服务区综合整治工作。

5月21日,交通运输部部长杨传堂来宁调研交通运输工作,并与自治区党委书记李建华、主席刘慧、政协主席齐同生等领导举行座谈。

6月8日,自治区人民政府召开主干道路大整治、大绿化工程动员电视电话会议。自治区主席刘慧出席并讲话。

6月27日,东毛高速公路临时党委在A5合同段举行东毛高速公路标准化施工创先争优劳动竞赛活动誓师动员大会。

7月10日,国道309线固原至西吉公路初步设计获自治区发改委批复。

8月28日,交通运输部督查组来宁,对宁夏公路工程质量安全工作进行督查。

9月28日,宁夏回族自治区第十一届人民代表大会常务委员会第六次会议举行联组会议,对宁夏公路建设及管理工作情况进行专题询问。

10月上旬,自治区发改委主持召开京藏高速公路石嘴山至中宁段改扩建工程专家评审会。

11月8日,自治区人大常委会副主任吴玉才带领自治区人大财经委、自治区政府有关部门负责人和8名自治区人大代表,深入固原至西吉高速公路建设工地,现场督办自治区十一届人大一次会议代表提出的"关于加快建设国道309线固原至西吉段一级公路的建议"。

11月12日,自治区公路建设管理局开展高速公路重点工程项目标准化施工管理经验及亮点现场观摩活动。

11月21日,盐中高速公路滚泉至红寺堡连接线工程环境保护及水土保持工作顺利通过自治区环境保护厅、自治区水利厅组织的专项验收。

11月27日,交通运输厅向国家发改委汇报京藏高速公路宁夏段改扩建事宜。

12月10日,自治区交通运输厅与甘肃省交通运输厅签订协议,将共同推进G69银川至百色高速公路、G85银川至昆明高速公路项目建设。

12月31日,东毛高速公路六盘山特长隧道单幅掘进突破10000m大关。

2014年

1月2日,自治区发改委批准省道305线黑城至海原公路由一级公路调整为高速公路,批准彭阳至青石嘴公路由一级公路调整为高速公路。

3月12日,黑海高速公路项目临时党委成立。

3月26日，埃塞俄比亚交通部部长和财政部及经济发展部国务部长考察宁夏高速公路建设及管理运营情况，重点考察宁夏利用世界银行贷款修建的高速公路建设管理情况。

4月14日，宁夏高速公路建设标准化施工现场观摩会在银青高速公路项目工地举行。

5月22日，交通运输厅对青银高速公路宁东至银川段改扩建项目初步设计外业及地质勘察外业工作进行了验收，并召开项目初步设计预审查会议。

同日，乌海至玛沁高速公路项目临时党委、固原至西吉高速公路项目临时党委成立。

6月5日，东毛高速公路工程项目在六盘山隧道工地举行突泥涌水应急救援和洞内灭火应急逃生演练。

6月30日，公路建设管理局在东毛高速公路项目工地召开在建项目标准化施工管理及亮点现场观摩会。

同日，自治区发改委批准国道309线固原至西吉公路由一级公路调整为高速公路。

7月17日，交通运输厅主持召开银川至百色公路宁东至甜水堡（宁甘界）段工程可行性报告初步审查会。

8月19日，国道344线青石嘴至泾源段公路初步设计获自治区发改委批复（其中，主线李家庄至泾河源镇段为一级公路）。

9月23日，自治区发改委主持召开银川至百色公路宁东至甜水堡（宁甘界）段项目工程可行性报告审查会。

同日，自治区发改委主持召开青银高速公路宁东过境段预可行性研究报告审查会议。

9月24日，叶盛黄河公路大桥初步设计获交通运输部批复。

12月4日，交通运输厅召开京藏高速公路石嘴山（蒙宁界）至中宁段改扩建工程初测初勘外业验收会。

12月5日，受交通运输部委托，交通运输部规划研究院对京藏高速石嘴山（宁蒙界）至中宁段改扩建工程环境影响报告书进行预审并通过。

12月10日，青银高速公路宁东至银川段改扩建工程正式开工建设。

12月10～12日，交通运输部委托交通规划研究院专家来宁对银川至百色公路宁东至甜水堡（宁甘界）段工程可行性报告进行了现场审查。

2015年

2月11日，自治区党委书记李建华视察青兰高速公路六盘山隧道建设工地并看望工程建设者。

2月13日，交通运输部部长杨传堂视察青兰高速公路六盘山隧道建设工地并看望工程建设者。

2月18日,自治区党委书记李建华视察宁夏高速公路信息监控管理中心。

2月26日,自治区党委书记李建华在自治区党委常委、银川市委书记徐广国,自治区党委常委、政法委书记王雁飞到宁夏路网监测中心看望慰问坚守岗位的值班人员,并向他们送上节日的祝福。

6月3日,自治区发改委批准李家庄至泾河源镇公路由一级公路调整为高速公路。

6月17日,交通运输厅在银川组织召开了《京藏高速公路石嘴山(蒙宁界)至中宁段改扩建工程初步设计》预审会。

6月19日,固西高速公路工程A6合同段田家梁隧道右洞贯通。

7月7日,宁夏交通文工团在青银高速公路改扩建工程工地进行慰问演出。

8月21日,石嘴山红崖子黄河公路大桥初步设计获自治区发改委批复。

8月31日,省道103线同心至海原公路初步设计获自治区发改委批复。

9月2日,青银高速改扩建项目第6合同段项目经理部研发并申报的《混凝土养护自动控制喷淋系统》和《混凝土高频振捣系统及高频振捣控制装置》两项技术进行专利申请,并获国家发明授权。

同日,彭阳至青石嘴高速公路建成通车。

9月17日,交通运输部专家组来宁现场审查《京藏高速公路(宁夏境)石嘴山至中宁段改扩建工程初步设计》。

9月18日,国道344线泾河源镇至双疙瘩梁段公路改扩建工程初步设计获自治区发改委批复。

10月上旬,受交通运输部委托,中交公路规划设计院有限公司专家组来宁对乌海至玛沁公路青铜峡至中卫段工程可行性研究报告进行了现场审查。

10月20日,同心至海原高速公路开工建设。

10月22日,青银高速公路改扩建项目临时党委成立。

11月9日,自治区发改委批准同心至海原公路由一级公路调整为高速公路。

11月12日,石银高速公路石嘴山至平罗联络线初步设计获自治区发改委批复。

11月24日,盐中高速公路滚泉至红寺堡连接线工程通过竣工验收。

11月25日,京藏高速公路(宁夏境)石嘴山至中宁段改建工程初步设计获交通运输部批复。

12月17日,自治区政府办公厅印发《关于设立京藏高速石嘴山至中宁段改扩建工程建设指挥部的通知》(宁政办发〔2015〕177号)。

2016年

1月5日,交通运输厅与农业发展银行宁夏分行举行了"十三五"交通建设战略合作协议签约仪式。"十三五"期间,农业发展银行宁夏分行将为宁夏交通建设提供200亿元的授信支持,贷款期限最长达20年,特殊情况可放宽至30年,对国家支持的农村公路可实行优惠利率。

2月1日,中共中央政治局常委、国务院总理李克强在固原市考察调研时对泾源至华亭、西吉至会宁和彭阳至镇原3条省际出口公路的建设做出重要指示。李克强指出,这3条公路的建设,将极大改善宁夏固原市和甘肃平凉市、庆阳市、白银市等贫困地区的交通状况,对加快区域经济社会发展和群众脱贫致富意义重大。

2月22日,自治区政府党组副书记郝林海主持召开京藏高速石嘴山(蒙宁界)至中宁段改扩建工程建设指挥部第一次会议,听取工程推进情况汇报,研究解决影响工程开工建设的有关问题。

3月30日~4月1日,交通运输部委托咨询评估单位来宁对G85银川至昆明高速公路工程可行性研究报告进行现场审查。

4月8日,自治区副主席刘可为专题听取全区交通运输工作汇报,强调宁夏公路交通不仅要连通区内交通网,而且要最大可能融入全国交通网,有力促进全区经济社会发展,进一步释放改革红利。

4月8日,京藏高速公路石嘴山至中宁段改扩建10-15标段路基桥涵工程施工招标开标。

4月13日,自治区副主席刘可为调研固西高速公路、东毛高速六盘山特长隧道建设情况。

4月28日,京藏高速公路改扩建项目正式开工,自治区副主席刘可为深入贺兰县分离式立交施工现场调研。

5月13日,交通运输厅与中国光大银行股份有限公司签署了200亿元战略合作协议。光大银行承诺在未来五年内为宁夏交通建设提供不少于人民币200亿元的项目贷款,主要用于支持"西部大开发""一带一路"倡议和《国家公路网规划》中的公路项目建设。

7月1日,自治区党委办公厅、政府办公厅印发《自治区属国有企业重组改革实施方案的通知》(宁党办〔2016〕59号)(以下简称"《通知》")。《通知》对组建成立宁夏交通投资集团公司等4家区内企业提出实施方案。

7月3日,青兰高速公路东山坡至毛家沟段控制性工程六盘山特长隧道顺利贯通,标志着该项目全线建成通车。

8月18日,自治区党委副书记、代主席咸辉听取交通运输厅工作专题汇报。咸辉强调,要细化责任,落实到人,自我加压,抓好各项目标任务的落实,确保"十三五"规划的顺利完成;要加快交通基础设施建设,结合宁夏实际,多渠道筹措公路建设资金,抓好李克强总理关心的固原地区3条省级出口通道建设,早日开工,早日建成使用,造福宁甘两省区人民;要发挥好投资引领作用,为全区经济去短板、稳增长做出积极贡献。

8月18日,宁夏、甘肃两省区在银川签署《泾源至华亭、西吉至会宁高速公路项目建设协议》,就加快推进省际通道建设达成一致意见。

9月2日,自治区政府与交通运输部签署《〈落实中共中央国务院关于打赢脱贫攻坚战的决定〉加快贫困地区、革命老区交通运输发展共建协议》。

9月19日,泾源至华亭(宁甘界)公路泾河源镇至双疙瘩梁段、西吉至会宁(宁甘界)公路勘察设计技术咨询服务招标开标。

9月30日,京藏高速公路石嘴山至中宁段改扩建路基16-20标段段工程施工招标开标。

10月18日,交通运输厅主持召开乌海至玛沁公路青铜峡至中卫段工程初步设计预审查会议。

10月20日,自治区副主席刘可为调研青银高速公路改扩建项目。

10月21日,西吉至会宁(宁甘界)公路初步设计获自治区发改委批复。

10月25日,交通运输厅与宁夏交通投资集团公司、中交第二航务工程局股份有限公司、宁夏路桥股份有限公司签订采用PPP模式修建银百高速公路宁东至甜水堡段工程项目投资协议。

11月7日,自治区主席咸辉为宁夏交通投资集团有限公司成立揭牌。

11月22日,受国家发改委、交通运输部联合委托,浙江省交通规划设计研究院专家组对银川至百色公路宁东至甜水堡(宁甘界)段项目申请报告进行了现场咨询评估。

12月6日,固原至西吉高速公路、李家庄至泾河源段高速公路建成通车试运行。至此,宁夏实现县县通高速公路建设目标。

12月24日,自治区党委书记李建华,自治区副主席张超超、刘可为现场调研银川河东机场。

12月26日,自治区副主席刘可为在固原市调研高速公路建设情况。

12月29日,交通运输部党组书记杨传堂、部长李小鹏署名致函宁夏,对宁夏交通扶贫工作取得的成绩表示肯定。

2017年

1月22日,银川至百色公路宁东至甜水堡(宁甘界)段PPP项目通过国家发展改革委核准批复,同时,交通运输部也出具了关于项目核准的意见。这两个文件的批复,标志着该项目前期工作取得突破性进展。

2月17日,青银高速公路宁东至银川段改扩建主线工程召开交工验收会议。

3月2日，自治区副主席刘可为主持召开京藏高速石嘴山至中宁段改扩建工程建设指挥部第二次会议，听取了交通运输厅关于工程进展情况汇报，研究解决了影响工程建设进度的有关问题。

3月23日，交通运输部党组书记杨传堂在自治区主席咸辉、副主席刘可为陪同下调研宁夏交通运输基础建设工作，并视察同心至海原高速公路建设情况。

3月24日，自治区党委书记李建华，自治区主席咸辉与来宁调研综合交通运输体系建设、交通扶贫情况的交通运输部党组书记杨传堂举行了工作会谈。

4月28日，宁夏撤销全区28个（含前期3个）政府还贷普通公路收费站。收费站撤销后，宁夏普通公路建设所欠银行117亿元的债务，自治区政府决定通过申请中央补贴资金、自治区财政和有关企业承担化解。撤销收费站所涉及的1168名收费员，全部转岗安置到区内高速公路收费站、治超预检站和国省干线治超站工作。28个收费站撤销后，其中17个改为治超治洒点，11个全部拆除。

同日，乌海至玛沁公路（宁夏境）青铜峡至中卫段初步设计获交通运输部批复。

5月3日，新到任的自治区党委书记石泰峰到固原调研，深入了解固原经济社会发展和扶贫攻坚情况。

5月26日，交通运输厅主持召开乌海至玛沁公路青铜峡至中卫段工程施工图审查会议。

6月1日，自治区副主席刘可为调研京藏高速公路石嘴山至中宁段改扩建工程。

6月2日，宁夏公路建设管理局党委在京藏高速改扩建项目14标工地，召开"五心+五星"创建活动第二次推进会，对推进"五心+五星"创建活动进行再安排再部署。

6月28日，银川至百色公路宁东至甜水堡（宁甘界）段初步设计获交通运输部批复。

7月25日，宁夏回族自治区人民政府与交通运输部在北京签署《关于加快宁夏回族自治区交通运输发展合作协议》，自治区党委书记、人大常委会主任石泰峰、交通运输部党组书记杨传堂出席签约仪式并鉴签。交通运输部部长李小鹏、自治区主席咸辉代表双方在合作协议上签字。

附录二

宁夏高速公路建设项目信息附表

附表1

宁夏回族自治区高速公路总体情况表

序号	性质	编号	主要控制点	项目名称	里程长度（km）	投资（亿元）	车道数	设计速度（km/h）	建设时间（开工—通车）	备注
1	国家高速公路		姚伏、叶盛	姚伏至叶盛高速公路	83.40	14.39	四车道	100	1997-04—2000-06	
2			麻黄沟、姚伏	麻黄沟至姚伏段	73.00	12.65	四车道	80	1999-09—2001-11	
3			叶盛、中宁	叶盛至中宁高速公路	96.79	21.19	四车道	80	1999-10—2002-11	
4		G6	中宁、郝家集	中宁至郝家集高速公路	98.67	19.02	四车道	80	2000-11—2003-11	
5			银川	银川绕城高速公路西北段	36.96	16.35	四车道	100	2005-09—2008-08	
6			石嘴山、银川、中宁	京藏高速公路石嘴山（蒙宁界）至中宁段改扩建	175.16	221.35	六车道/八车道	100	2016-04—2019-08	
7			古窑子、王圈梁	古窑子至王圈梁高速公路	94.00	10.43	四车道	100	1999-03—2001-09	
8		G20	银川、古窑子	银川至古窑子高速公路	47.30	17.43	四车道/六车道	120/100	2002-06—2004-10	
9			宁东、银川	青银高速公路宁东至银川段改扩建	70.98	49.39	六车道/八车道	100	2015-06—2016-10	
10			盐池、中宁	盐池至中宁高速公路	160.36	43.08	四车道	100	2006-08—2008-08	
11		G2012	中宁、孟家湾	中宁至孟家湾高速公路	62.88	15.80	四车道	100	2004-07—2006-10	
12			孟家湾、营盘水	孟家湾至营盘水高速公路	60.29	14.50	四车道	100	2008-12—2013-11	

续上表

序号	性质	编号	主要控制点	项目名称	里程长度（km）	投资（亿元）	车道数	设计速度（km/h）	建设时间（开工—通车）	备注
13	国家高速公路	G70	桃山口,同心	桃山口至同心高速公路	32.80	6.09	四车道	100	2001-11—2003-12	
14			同心,沿川子	同心至沿川子高速公路	180.40	56.31	四车道	100/80	2004-5—2013-9	
15		G85	石坝,河东机场	石坝至银川河东机场高速公路	8.00	2.32	四车道	80	2006-11—2008-12	
16			河东机场,灵武	国道211线银川河东机场至灵武段高速公路	12.80	3.46	四车道	80	2006-10—2008-12	
17			灵武立交	灵武电厂互通立交	2.20	0.87	四车道	80	2006-10—2007-5	
18		G211	灵武,甜水堡	灵武至甜水堡高速公路国道211线灵武至甜水堡及联络线古签子至青铜峡高速公路	202.19	79.28	四车道	100/80	2009-11—2012-11	
19		G22	泾源,毛家沟	东山坡至毛家沟高速公路	50.29	42.07	四车道	80	2012-10—2016-7	
20		G1816	银川,石嘴山	石嘴山至银川高速公路	41.88	20.28	四车道	100	2009-3—2010-11	
21			银川,青铜峡	银川至青铜峡高速公路	59.70	30.64	四车道	100	2013-9—2015-10	
22		G1817	银川,头关	银川至巴彦浩特段特段公路	32.08	10.00	四车道	100/80	2010-7—2011-11	
23		S15	盐池,宁蒙省界	盐池至鄂托克前旗高速公路	20.21	7.85	四车道	100	2012-1—2014-1	
24		S25	李家庄,泾河源	国道344李家庄至泾河源段高速公路	27.85	31.51（总）	四车道	80	2015-3—2016-12	
25	地方高速公路	S10	泾源,双疙瘩梁	泾源至双疙瘩梁高速公路	13.82	9.22	四车道	80	2016-12至今	
26		S30	石嘴山,平罗	石嘴山至平罗高速公路	18.00	19.94	四车道	100	2016-4至今	
27		S40	古签子,青铜峡	古签子至青铜峡高速公路	78.00		四车道	100	2009-11—2012-11	G211
28		S50	同心,海原	同心至海原高速公路	55.70	24.58	四车道	80	2015-10至今	
29			福银高速,海原新区	黑城至海原高速公路	52.41	31.90	四车道	80	2013-7—2015-12	
		S60	固原,西吉	固原至西吉高速公路	46.53	42.75	四车道	80	2013-12—2016-10	
			六盘山机场,彭堡镇	西吉至会宁高速公路	48.02	36.90	四车道	80	2016-12至今	
30		S70	彭阳,青石嘴	彭阳至青石嘴高速公路	34.34	17.87	四车道	80	2014-4—2015-9	
31			滚泉	滚泉至红寺堡高速公路	19.11	3.49	四车道	80	2008-11—2009-10	

附录

附表2

宁夏回族自治区高速公路项目信息采集表

序号	国家高速公路网编号	项目名称	规模（km） 合计	规模 四车道	规模 六车道	规模 八车道及以上	建设性质（新、改扩建）	设计速度（km/h）	永久占地（亩）	投资情况（亿元）估算	概算	结算	资金来源	建设开工（开工—通车）	备注
1	G6	姚伏至叶盛高速公路	83.40	83.40			新建	100	8287	16.00	15.37	14.39	交通部补助、银行贷款、国债、地方自筹	1997-4—2000-6	
2		麻黄沟至姚伏高速公路	73.00	73.00			新建	100	5859	12.60	14.20	12.65	交通部补助、银行贷款、地方自筹	1999-9—2001-11	
3		叶盛至中宁高速公路	96.79	96.79			新建	80	11339	24.72	22.89	21.19	交通部专项资金、地方自筹	1999-10—2002-11	
4		中宁至郝家集高速公路	98.67	98.67			新建	80	10896	19.50	20.78	19.02	交通部补贴、银行贷款、地方自筹	2000-11—2003-11	
5		银川绕城高速公路西北段	36.96	36.96			新建	100	4891	14.61	16.35		交通部补贴、银行贷款、地方自筹	2005-9—2008-8	
6		京藏高速公路石嘴山（蒙宁界）至中宁段改扩建	175.2		72.20	102.96	改扩建	100	34932		221.35		交通运输部补贴、银行贷款、地方自筹	2016-4至今	
7	G20	古窑子至王圈梁高速公路	94.00	94.00			新建	100	6694	10.01	10.51	10.43	交通部补贴、世界银行贷款、银行贷款、地方自筹	1999-3—2001-9	
8		银川至古窑子高速公路	76.61	75.39	1.22		改建	120/100	9470		17.43		交通部补贴、银行贷款、地方自筹	2002-6—2004-10	
9		青银高速公路宁东至银川段改扩建	70.98		13.59	57.20	改扩建	100	2230	47.15	49.39		交通运输部补贴、银行贷款、地方自筹	2015-6—2016-10	

续上表

序号	国家高速公路网编号	项目名称	规模(km) 合计	规模(km) 四车道	规模(km) 六车道	规模(km) 八车道及以上	建设性质(新、改、扩建)	设计速度(km/h)	永久占地(亩)	投资情况(亿元) 估算	投资情况(亿元) 概算	投资情况(亿元) 结算	资金来源	建设开工(开工—通车)	备注
10		盐池至中宁高速公路	160.36	160.36			新建	100	24530		43.08		交通部补贴、银行贷款、地方自筹	2006-8—2008-8	
11	G2012	中宁至孟家湾高速公路	63.88	63.88			新建	100	6844	14.00	15.80		交通部补贴、银行贷款、地方自筹	2004-7—2006-10	
12		孟家湾至营盘水高速公路	60.29	60.29			新建	100	5891	14.20	14.50		国家专项基金、交通运输部补贴、银行贷款、地方自筹	2009-2—2013-11	
13		桃山口至同心高速公路	33.00	33.00			新建	100	4403	6.21	6.09		银行贷款、地方自筹	2001-11—2003-12	
14	G70	同心至沿川子高速公路	180.24	180.24			新建	100/80	12992	52.52	56.31		交通部补贴、亚洲开发银行贷款、地方自筹	2004-5—2013-9	
15		石坝河至河东机场高速公路	8.00	8.00			扩建	80	889	2.12	2.32		交通部补贴、银行贷款、地方自筹	2006-11—2007-10	
16	G85	国道211线银川河东机场至灵武段高速公路	12.80	12.80			新建	80	174	3.95	3.46		地方自筹	2007-8—2008-8	
17		灵武电厂互通立交	2.20	2.20			新建	60	213		0.87		地方自筹	2006-10—2007-5	
18		灵武至甜水堡段高速公路					新建								

附　录

续上表

序号	国家高速公路网编号	项目名称	规模(km) 合计	规模(km) 四车道	规模(km) 六车道	规模(km) 八车道及以上	建设性质(新、改扩建)	设计速度(km/h)	永久占地(亩)	投资情况(亿元) 估算	投资情况(亿元) 概算	投资情况(亿元) 结算	资金来源	建设开工(开工—通车)	备注
18	G211	国道211线武灵至甜水堡及联络线古窑子至青铜峡高速公路	202.20	202.20			新建	100/80		62.38	61.11		交通运输部补贴、世界银行贷款、银行贷款、地方自筹	2009-11—2012-11	
19	G22	东山坡至毛毛沟段高速公路	50.29	50.29			新建	80	3450		42.07		交通运输部补贴、银行贷款、地方自筹	2012-10—2016-7	
20	G1816	石嘴山至银川高速公路	56.93	56.93			新建	100	3401	19.36	20.28		交通运输部补贴、银行贷款、地方自筹	2009-3—2011-10	
21	G1817	银川至青铜峡高速公路	60.30	60.30			新建	100	4850	19.60	30.64		交通运输部补贴、银行贷款、地方自筹	2013-9—2015-10	
22		银川至巴彦浩特段高速公路	33.08	33.08			新建	100/80	3007		10.66		交通运输部补贴、银行贷款、地方自筹	2010-7—2011-10	
23	S15	盐池至鄂托克前旗段高速公路	20.21	20.21			新建	100	2065		7.85		交通运输部补贴、银行贷款、地方自筹	2012-1—2013-7	
24	S25	国道344李家庄至泾河源段高速公路	27.85	27.85			新建	80			31.51(总)		交通运输部补贴、银行贷款、地方自筹	2015-3—2016-12	
		泾源至双崾𡺢梁段高速公路	13.82	13.82			新建	80			9.22		交通运输部补贴、银行贷款、地方自筹	2016-12至今	

续上表

序号	国家高速公路网编号	项目名称	规模（km）				建设性质（新、改扩建）	设计速度（km/h）	永久占地（亩）	投资情况（亿元）			资金来源	建设开工（开工—通车）	备注
			合计	四车道	六车道	八车道及以上				估算	概算	结算			
25	S10	石嘴山至平罗高速公路	21.40	21.40			新建	100	3050	19.60	19.94		交通运输部补贴、银行贷款、地方自筹	2016-4 至今	
26	S30	古窑子至青铜峡高速公路	78.00	78.00			新建	80					交通运输部补贴、银行贷款、地方自筹	2009-11—2012-11	
27	S40	同心至海原高速公路	55.70	55.70			新建	80	4054	24.10	24.58		企业融资	2015-10 至今	
28	S50	黑城至海原高速公路	52.41	52.41			新建	100	5365		31.90		交通运输部补贴、银行贷款、地方自筹	2013-11—2016-10	
29	S60	固原至西吉高速公路	46.53	46.53			新建	100	3959		42.75		交通运输部补贴、银行贷款、地方自筹	2013-11—2016-10	
		西吉至会宁高速公路	48.02	48.02			新建	80	4321	36.90	39.44		交通运输部补贴、银行贷款、地方自筹	2016-12 至今	
30	S70	彭阳至青石嘴高速公路	34.34	34.34			新建	100	3000		17.87		交通运输部补贴、银行贷款、地方自筹	2014-4— 2015-9	
31		滚泉至红寺堡高速公路	19.11	19.11			新建	80	1194		3.49	1.86	交通运输部补贴、银行贷款、地方自筹	2008-11—2009-10	

附表 3

宁夏回族自治区高速公路桥梁信息汇总列表

项目名称	规模	名称	桥长/主跨长度(m)	结构类型	规模	名称	桥长/主跨长度(m)	结构类型
姚黄沟至叶盛高速公路	中桥	K101+303桥	39.04/16	预应力混凝土空心板	中桥	二二支沟桥	35.74/16	预应力混凝土空心板
	中桥	K97+602桥	37.44/16	预应力混凝土空心板	中桥	第二排水沟桥	46.04/20	预应力混凝土空心板
	中桥	K93+413.0桥	66.04/20	预应力混凝土空心板	中桥	银新干沟桥	46.04/20	预应力混凝土空心板
	大桥	K88+912.0桥	106.06/20	预应力混凝土空心板	中桥	丰庆沟桥	57.89/20	预应力混凝土空心板
	中桥	中干沟桥	64.04/20	预应力混凝土空心板	中桥	经济桥立交	61.74/16	预应力混凝土空心板
	中桥	永宁立交A匝道桥	76.54/20	预应力混凝土空心板	中桥	唐徕渠桥	46/20	预应力混凝土空心板
	中桥	永二干沟桥	46.04/20	预应力混凝土空心板	中桥	四十里店立交2号桥	69.74/20	预应力混凝土空心板
	中桥	银川立交A匝道桥	70.04/16	预应力混凝土空心板	中桥	四十里店立交1号桥	61.74/16	预应力混凝土空心板
	中桥	银川立交F匝道桥	76.1/30	连续箱梁	中桥	姚伏互通式立交桥	61.74/16	预应力混凝土空心板
	中桥	银川立交跨线桥	96.1/30	连续箱梁				
麻黄沟至姚伏高速公路	中桥	分离立交K58+263.39	45.74/16	预应力混凝土空心板	中桥	K4+500桥	66.1/20	预应力混凝土空心板
	中桥	分离立交K39+401.2	46.04/20	预应力混凝土空心板	中桥	K3+514.0桥	66.1/20	预应力混凝土空心板
	中桥	分离立交K38+246.18	58.04/20	预应力混凝土空心板	中桥	K1+369.0桥	66.1/20	预应力混凝土空心板
	中桥	惠农立交交桥K25+380	49.74/20	预应力混凝土空心板	中桥	K0+965桥	46.1/20	预应力混凝土空心板
	中桥	惠农立交桥K24+748.5	55.74/20	预应力混凝土空心板	大桥	K6+666.0桥	106.1/20	预应力混凝土空心板
	中桥	第三排水沟桥	67.74/16	预应力混凝土空心板	大桥	K6+095桥	106.1/20	预应力混凝土空心板
	大桥	正谊关沟桥	106.1/20	预应力混凝土空心板	大桥	K1+563.0桥	106.1/20	预应力混凝土空心板
	大桥	铁路立交桥	157.2/30	预应力混凝土空心板	大桥	K0+345.0桥	106.1/20	预应力混凝土空心板
	中桥	K5+260桥	66.1/20	预应力混凝土空心板				
叶盛至中宁高速公路	中桥	沙坝沟桥	86.5/20	预应力混凝土空心板	中桥	石头井桥	66.5/20	预应力混凝土空心板
	中桥	马车沟桥	44.5/13	预应力混凝土空心板	中桥	井沟桥	86.5/20	预应力混凝土空心板
	大桥	秦渠桥	124.06/20	预应力混凝土空心板	大桥	大泉沟大桥	117.5/16	预应力混凝土空心板
	中桥	K0+965桥	46.1/20	预应力混凝土空心板	中桥	K189+890中桥	86.54/20	预应力混凝土空心板

续上表

项目名称	规模	名称	桥长/主跨长度(m)	结构类型	规模	名称	桥长/主跨长度(m)	结构类型
叶盛至中宁高速公路	中桥	K109+839.1 分离式立交	64.06/20	预应力混凝土空心板	中桥	K189+074 中桥	46.54/20	预应力混凝土空心板
	中桥	K107+507.5 分离式立交	57.06/20	预应力混凝土空心板	中桥	K185+029.5 中桥	44.54/13	预应力混凝土空心板
	中桥	惠农渠桥	100.06/16	预应力混凝土空心板	中桥	K179.950.5 中桥	66.54/20	预应力混凝土空心板
	中桥	K158+407 桥	44.5/13	预应力混凝土空心板	大桥	K187+320 大桥	106.54/20	预应力混凝土空心板
	中桥	干泛沟中桥	44.5/13	预应力混凝土空心板	大桥	K182+035 大桥	200/20	预应力混凝土空心板
	大桥	李家沟大桥	126.5/13	预应力混凝土空心板	中桥	罗家河桥	52.06/20	预应力混凝土空心板
	大桥	滚泉沟大桥	146.5/20	预应力混凝土空心板	特大桥	黄河大桥	423.81/90	预应力混凝土箱梁
	中桥	K165+895.7 桥	57.5/13	预应力混凝土空心板	特大桥	黄河大桥	831.59/90	预应力混凝土箱梁
	中桥	鸦儿沟桥	44.5/13	预应力混凝土空心板	中桥	汉渠中桥	84.06/20	预应力混凝土空心板
	大桥	放沟桥	206.5/20	预应力混凝土空心板	中桥	青四沟中桥	28.06/20	预应力混凝土空心板
	中桥	张甫沟中桥	66.5/20	预应力混凝土空心板	中桥	马连渠中桥	28.06/20	预应力混凝土空心板
	中桥	渠中桥	44.5/13	预应力混凝土空心板	中桥	黄羊沟桥	66.5/20	预应力混凝土空心板
	中桥	冲沟中桥	66.5/20	预应力混凝土空心板	中桥	东干渠桥	66.5/20	预应力混凝土空心板
	大桥	黏子沟大桥	106.5/20	预应力混凝土空心板	中桥	大红沟桥	66.5/20	预应力混凝土空心板
中宁至中家集高速公路	中桥	白圈子中桥	64.04/20	预应力混凝土空心板	大桥	朱家沟大桥	106.1/20	预应力混凝土空心板
	中桥	石堡子沟中桥	44.04/20	预应力混凝土空心板	大桥	宽口井大桥	206.1/20	预应力混凝土空心板
	中桥	麻黄沟中桥	64.04/20	预应力混凝土空心板	特大桥	至中铁路特大桥	507.2/20	预应力混凝土连续箱梁
	中桥	高干渠中桥	56.74/20	预应力混凝土空心板	大桥	大礼记沟大桥	106.08/20	预应力混凝土空心板
	大桥	清水河大桥	126.08/20	预应力混凝土空心板	中桥	K244+000 桥	66.08/20	预应力混凝土空心板
	大桥	龙坑大桥	106.08/20	预应力混凝土空心板	中桥	固海扬水渠中桥	67.76/16	预应力混凝土空心板
	中桥	固海扬水渠中桥	66.08/20	预应力混凝土空心板	中桥	小野马沟中桥	35.74/16	预应力混凝土空心板
麻黄沟至姚伏高速公路	中桥	小洪沟中桥	51.78/16	预应力混凝土空心板	中桥	大合拉沟中桥	86.08/20	预应力混凝土空心板
	中桥	枣林子沟中桥	43.73/10	预应力混凝土空心板	中桥	苦水沟中桥	86.08/20	预应力混凝土空心板

续上表

项目名称	规模	名称	桥长/主跨长度(m)	结构类型	规模	名称	桥长/主跨长度(m)	结构类型
麻黄沟至姚伏高速公路	中桥	双耳子沟中桥	46.04/20	预应力混凝土空心板	大桥	长沙河大桥	186.1/20	预应力混凝土空心板
	大桥	小洪沟大桥	106.1/20	预应力混凝土空心板	大桥	锁黑台大桥	185.6/20	预应力混凝土空心板
	大桥	长沙河大桥	206.08/20	预应力混凝土空心板	中桥	K289+475桥	35.74/16	预应力混凝土空心板
	中桥	花豹沟中桥	86.08/20	预应力混凝土空心板	中桥	折腰沟中桥	66.04/20	预应力混凝土空心板
	中桥	CK0+249.493C匝道桥	78/25	预应力混凝土连续箱梁	中桥	K14+033排水沟中桥	32/16	预应力混凝土空心板
	中桥	大西湖互通立交气象路K0+400.4分离式立交桥	83/20	预应力混凝土连续箱梁	中桥	K13+561八道沟桥	39/13	预应力混凝土空心板
	中桥	正源路互通立交主线K41+270分离式立交	62/25	预应力混凝土连续箱梁	中桥	NK6+010.5分离式立交	64/16	预应力混凝土空心板
	中桥	K44+485北达溪中桥	32/16	预应力混凝土空心板	中桥	K12+345黄家圈中桥	60/20	预应力混凝土空心板
	中桥	K41+466红旗沟中桥	60/20	预应力混凝土空心板	中桥	NK4+706分离式立交	64/16	预应力混凝土空心板
	中桥	大西湖互通立交气象路K0+400.4分离式立交桥	83/20	预应力混凝土连续箱梁	中桥	平吉堡互通式立交主线K10+167.4桥	92/23	预应力混凝土现浇箱梁
银川绕城高速公路西北段	中桥	K33+391.5分离立交	60/20	预应力混凝土空心板	中桥	平吉堡互通立交J匝道桥	90/23	预应力混凝土现浇箱梁
	中桥	K32+797.5分离立交	48/16	预应力混凝土空心板	中桥	K11+658八一渠中桥	48/16	预应力混凝土空心板
	中桥	K29+183.5分离立交	48/16	预应力混凝土空心板	大桥	HK1+196.947H匝道大桥	436.08/26	预应力混凝土连续箱梁
	中桥	BK0+268新开渠中桥	32/16	预应力混凝土空心板	大桥	GK0+318.543G匝道桥	178.04/25	预应力混凝土连续箱梁
	中桥	AK0+227丽子园互通立交新开渠中桥	32/16	预应力混凝土空心板	大桥	EK0+744.921E匝道2号大桥	203.04/25	预应力混凝土连续箱梁
	中桥	K34+186三闸沟中桥	48/16	预应力混凝土空心板	大桥	EK0+330.433E匝道1号大桥	178.04/25	预应力混凝土连续箱梁

续上表

项目名称	规模	名 称	桥长/主跨长度(m)	结构类型	规模	名 称	桥长/主跨长度(m)	结构类型
银川绕城高速公路西北段	中桥	K25+854 五七渠大桥	96/16	预应力混凝土空心板	大桥	DK0+357.908 匝道桥	153.04/25	预应力混凝土连续箱梁
	中桥	K24+450 老牧二渠中桥	39/13	预应力混凝土空心板	大桥	BK01+178.929B 匝道 2 号桥	178.04/25	预应力混凝土连续箱梁
	中桥	K21+069 高家闸沟中桥	48/16	预应力混凝土空心板	大桥	BK0+811.626B 匝道 1 号桥	336.08/30	预应力混凝土连续箱梁
	中桥	K17+237.5 排水沟桥	32/16	预应力混凝土空心板	大桥	K46+082.454 贺兰立交主线桥	1128.08/35	预应力混凝土连续箱梁
	中桥	K16+832.330 分离式立交	94/24	等截面预应力混凝土连续箱梁	大桥	K42+854.5 农场渠大桥	120/20	预应力混凝土连续箱梁
	中桥	K19+329.4 跨新小路桥	69/25	预应力混凝土连续箱梁	大桥	K42+854.5 农场渠	120/20	预应力混凝土连续箱梁
	中桥	K19+9.916 跨 E 匝道桥	66/20	预应力混凝土连续箱梁	大桥	K34+735 包兰铁路分离立交	726.08/30	预应力混凝土连续箱梁
	中桥	K0+811.5 跨线桥	73/43	混凝土现浇连续箱梁	大桥	文昌路互通武立交昌路 K0+913.8 分离式立交	100/30	预应力混凝土连续箱梁
	中桥	K14+033 排水沟	32/16	预应力混凝土空心板	大桥	平吉堡互通武立交 102 省道 K0+393.8 武立交	112/36	预应力混凝土连续箱梁
	中桥	K13+561 八道沟桥	39/13	预应力混凝土空心板	大桥	CK0+204.033 平吉堡互通立交 G 匝道桥	203/25	预应力混凝土连续箱梁
	中桥	EK0+280.535 北京路互通立交桥	77/22	预应力混凝土连续箱梁	大桥	AK+897.3 平吉堡互通立交 A 匝道桥	718/30	预应力混凝土连续箱梁
	中桥	K15+892 排水沟中桥	39/13	预应力混凝土空心板	大桥	K12+816.2 机场专用铁路分离武立交桥	480/20	预应力混凝土连续箱梁
	中桥	K14+338 园林场中桥	80/16	预应力混凝土空心板				

续上表

项目名称	规模	名称	桥长/主跨长度(m)	结构类型	规模	名称	桥长/主跨长度(m)	结构类型
京藏高速公路石嘴山(蒙宁界)至中宁段改扩建	大桥	乌斯太北桥 K1069+538.142	105.1/20	预应力混凝土空心板	大桥	平岭子大桥	208/40	装配式预应力混凝土T形连续梁
	大桥	1号沟南桥 K1070+756.185	105.1/20	预应力混凝土空心板	大桥	清水河大桥	578/30	装配式预应力混凝土T形连续梁
	大桥	电厂大桥 K1075+288.251	105.1/20	预应力混凝土空心板	大桥	K1324+350 车行天桥	120/40	装配式预应力混凝土T形连续梁
	大桥	电厂南桥 K1075+859.251	105.1/20	预应力混凝土空心板	大桥	固海扩灌三干渠桥	114.04/35	装配式预应力混凝土连续箱梁
	大桥	惠农互通立交正宜路分离立交 ZYK0+704.717	127/30	预应力连续小箱梁	中桥	排洪沟桥	26.02/20	预应力混凝土空心板
	大桥	惠农互通立交 B 匝道桥 BK0+328.593	106/30	预应力现浇连续箱梁	中桥	三支干渠中桥	46.04/20	预应力混凝土空心板
	大桥	惠农互通立交 C 匝道桥 CK0+703.897	154.8/26	预应力现浇连续箱梁	中桥	四队沟中桥	68.04/25	预应力混凝土空心板
	大桥	K1086+443.858 正谊沟桥	105.1/20	预应力混凝土空心板	中桥	K1327+158 通道桥	41.37/16	预应力混凝土空心板
	大桥	K1083+504.6 包兰铁路分离立交	253/35	预应力混凝土箱梁	中桥	K1330+961 通道桥	40.32/16	预应力混凝土空心板
	大桥	K1084+178.863 G110 分离立交	157/30	预应力混凝土箱梁	中桥	K1332+405 通道桥	34.67/16	预应力混凝土空心板
	大桥	K1089+362.153 石大路分离立交	127/30	预应力混凝土箱梁	中桥	K1334+350 通道桥	23.72/16	预应力混凝土空心板

续上表

项目名称	规模	名　称	桥长/主跨长度(m)	结　构　类　型	规模	名　称	桥长/主跨长度(m)	结　构　类　型
京藏高速公路石嘴山（蒙宁界）至中宁段改扩建	大桥	AK0+230.922 燕子墩互通 A 匝道桥	146.5/30	小箱梁+预应力混凝土空心板	中桥	K1335+232 通道桥	23.72/16	预应力混凝土空心板
	中桥	乌斯太南桥 K1070+158.166	45.1/20	预应力混凝土空心板	中桥	IK0+230.5 I 匝道桥	78.5/25	预应力混凝土现浇箱梁
	中桥	1 号沟北桥 K1070+562.161	65.1/20	预应力混凝土空心板	中桥	FYK2217+676 主线 1 号桥	70.04/16	预应力混凝土空心板
	中桥	2 号沟北桥 K1072+707.216	65.1/20	预应力混凝土空心板	立交桥	FYK2223+151 G109 立交桥	86.04/20	预应力混凝土空心板
	中桥	2 号沟南桥 K1073+693.110	65.1/20	预应力混凝土空心板	分离立交	K1343+170 宝中铁路分离立交桥	648/40	装配式预应力混凝土 T 梁
	中桥	电厂北桥 K1074+453.184	65.1/20	预应力混凝土空心板	中桥	K1343+978.7 东一支干渠中桥	54.04/16	预应力混凝土空心板
	中桥	K1089+870.271 三排水沟桥	69.1/16	预应力混凝土空心板	大桥	BK0+579.767 四十里店互通 B 匝道桥	346/30	预应力混凝土现浇箱梁
	中桥	K1093+945.882 红礼路分离立交	86.1/20	预应力混凝土空心板	大桥	K1162+624.45 唐徕渠大桥	157/30	预应力混凝土连续箱梁
	中桥	K1104+056.053 西燕路分离立交	66.1/20	预应力混凝土空心板	大桥	K1166+759.5 红旗沟大桥	126/20	预应力混凝土空心板
	中桥	K1094+567.3 红果子互通主线桥	66.1/20	预应力混凝土空心板	大桥	K1164+513.5 G109 分离立交桥	257/25	预应力混凝土连续箱梁
	中桥	K1109+550.068 侯家梁中桥	37/16	预应力混凝土现浇板	大桥	K1173+965.50 丰庆路分离立交	357/30,35	预应力混凝土连续箱梁
	中桥	K1107+616.686 下简路分离立交	57.1/20	预应力混凝土空心板	大桥	K1170+414.00 汉延渠 1 号大桥	157/30	预应力混凝土连续箱梁
	中桥	K1108+585.800 燕黄路分离立交	66.1/20	预应力混凝土空心板	大桥	K1168+315.00 金京公路 1 号分离立交	127/30	预应力混凝土连续箱梁

续上表

项目名称	规模	名称	桥长/主跨长度(m)	结构类型	规模	名称	桥长/主跨长度(m)	结构类型
京藏高速公路石嘴山(蒙宁界)至中宁段改扩建	中桥	K1115+884 同进北中桥	44.02/13	预应力混凝土空心板	大桥	K1171+598.40 金河大道分离立交	247/30	预应力混凝土连续箱梁
	中桥	K1116+438.5 同进南中桥	44.02/13	预应力混凝土空心板	大桥	AK0+198.531A 匝道桥	141/60	现浇预应力箱梁
	中桥	K1123+562.877 陶左路分离立交桥	77.06/20	预应力混凝土空心板	大桥	K1176+833.8 汉延渠2号大桥	247/30	装配式预应力混凝土小箱梁
	中桥	K1124+090.462 石嘴山互通立交主线桥	66.06/20	预应力混凝土空心板	大桥	K1179+976.32 第二排水沟大桥	186/20	预应力混凝土空心板
	中桥	K1124+557.997 前进路分离立交桥	39.02/16	预应力混凝土空心板	大桥	K1177+890.849 金贵互通主线1号桥	141/60	现浇预应力箱梁
	中桥	K1121+062 威镇村北分离立交桥	66.06/20	预应力混凝土空心板	大桥	K1182+993.691 贵南互通主线桥	106.1/20	预应力混凝土空心板
	中桥	K1127+453.901 玉皇阁大道分离立交	92/35	预应力混凝土连续箱梁	大桥	K1188+383.2 赵家湖分离立交	307/30	预应力混凝土连续箱梁
	中桥	弘德互通 MK1294+141.727 滚新路分离式立交桥	97/30	装配式预应力混凝土连续箱梁	大桥	K1189+953.737 主线2号桥	251/30	预应力混凝土现浇箱梁
	中桥	弘德互通 MK1294+801.322 主线桥	97/30	装配式预应力混凝土连续箱梁	大桥	AK0+629.49A 匝道桥	261/30	预应力混凝土现浇箱梁
	大桥	BK0+413.034B 匝道桥	187/30	装配式预应力混凝土连续箱梁	大桥	CK0+395C 匝道桥	106/25	装配式预应力混凝土箱梁
	中桥	K1279+015.6 排洪沟桥	53.04/16	预应力混凝土空心板	大桥	EK0+648.997E 匝道1号桥	116/30	预应力混凝土现浇箱梁
	大桥	K1280+945.00 杨家滴坑沟大桥	106.04/20	预应力混凝土空心板	大桥	G1K0+210G1 天桥	127/30	装配式预应力混凝土箱梁

续上表

项目名称	规模	名称	桥长/主跨长度(m)	结构类型	规模	名称	桥长/主跨长度(m)	结构类型
京藏高速公路石嘴山（蒙宁界）至中宁段宁改扩建	大桥	K1282+665.00 眦沟大桥	106.04/20	预应力混凝土空心板	大桥	G2K0+200 掌政分离大桥	127/30	装配式预应力混凝土箱梁
	中桥	K1280+074.445S101线分离式立交	66.04/20	预应力混凝土空心板	大桥	K1194+637.6 望远路分离立交	547/30	装配式预应力混凝土箱梁
	中桥	K1280+469.000 滚孙路分离式立交	66.04/20	预应力混凝土空心板	大桥	K1196+648 汉延渠3号大桥	157/30	预应力混凝土连续箱梁
	中桥	K1281+368.5 惠宁输油管道分离式立交桥	46.04/20	预应力混凝土空心板	大桥	K1202+505.456 主线2号桥	169/40	预应力混凝土连续箱梁
	大桥	石喇叭1号桥	126.04/20	预应力混凝土空心板	大桥	BK1+050.362 望远枢纽互通匝道2号桥	250/40	预应力混凝土小箱梁+预应力混凝土现浇箱梁
	大桥	石喇叭2号桥	307.2/30	装配式预应力 T 梁	大桥	K1199+971.515 永宁黄河桥连接线分离立交	848/65	预应力混凝土小箱梁+预应力混凝土现浇箱梁
	大桥	排洪沟大桥（左幅）	247.2/30	装配式预应力 T 梁	中桥	K1165+100.8 太子渠中桥	66/20	预应力混凝土空心板
	大桥	排洪沟大桥（右幅）	247.2/30	装配式预应力 T 梁	中桥	K1165+558 张亮村分离立交	56/16	预应力混凝土空心板
	大桥	红柳沟大桥（左幅）	457.2/30	装配式预应力 T 梁	中桥	K1167+405 张原公路分离式立交	86/20	预应力混凝土空心板
	大桥	红柳沟大桥（右幅）	457.2/30	装配式预应力 T 梁	中桥	K1169+507.00 玉通公路分离立交	56/16	预应力混凝土空心板
	大桥	XK1号跨线桥	147/30	预应力混凝土箱梁	中桥	K1170+663.00 和民公路分离立交	56/16	预应力混凝土空心板
	小桥	通道桥	15.7/8	预应力混凝土空心板	中桥	K1172+538.00 沙湖沟中桥	66/20	预应力混凝土空心板

续上表

项目名称	规模	名 称	桥长/主跨长度(m)	结 构 类 型	规模	名 称	桥长/主跨长度(m)	结 构 类 型
京藏高速公路石嘴山(蒙宁界)至中宁段改扩建	中桥	XK2号跨线桥	66.04/20	预应力混凝土空心板	中桥	K1176+105.82 金京公路2号分离式立交	66/20	预应力混凝土空心板
	中桥	匝道桥	66.04/20	预应力混凝土空心板	中桥	K1178+829.5 汉佐村1号分离式立交	47/13	预应力混凝土空心板
	大桥	匝道桥	148.37/30	装配式预应力混凝土箱梁	中桥	K1180+421 汉佐村2号分离式立交	66/20	预应力混凝土空心板
	大桥	匝道桥	147/30	装配式预应力混凝土箱梁	中桥	K1181+720.3 茂盛村分离式立交	47/13	预应力混凝土空心板
	中桥	匝道桥	97.2/30	现浇预应力混凝土箱梁	中桥	K1178+163.446 金贵互通主线2号桥	71/25	现浇预应力混凝土箱梁
	大桥	匝道桥	187.2/30	装配式预应力混凝土箱梁	中桥	K1175+515 雄英村中桥	68/20	预应力混凝土空心板
	大桥	规划一横路支线上跨桥	127/30	预应力混凝土箱梁	中桥	K1184+073.32 东干沟中桥	53/16	预应力混凝土空心板
	中桥	天桥	86.04/20	预应力混凝土空心板	中桥	K1186+102.3 孔司路分离立交	66/20	预应力混凝土空心板
	大桥	K1306+799 规划三横路分离立交桥	97.2/30	装配式预应力混凝土连续箱梁	中桥	K1187+246.5 孔心路分离立交	47/13	预应力混凝土空心板
	大桥	K1312+018 恩红路分离立交桥	66.12/20	预应力混凝土箱梁	中桥	K1185+422.5 瓦燕路分离立交	47/13	预应力混凝土空心板
	大桥	K1312+549.7 大河互通主线桥	97.2/30	装配式预应力混凝土连续箱梁	中桥	K1183+468.3 银通线分离立交	66/20	预应力混凝土空心板
	大桥	K1314+114.8 三干渠大桥	219/35	装配式预应力混凝土连续箱梁	中桥	AK0+210.84 匝道1号桥	96/16.5	预应力混凝土现浇箱梁

续上表

项目名称	规模	名称	桥长/主跨长度(m)	结构类型	规模	名称	桥长/主跨长度(m)	结构类型
京藏高速公路石嘴山（蒙宁界）至中宁段改扩建	大桥	K1315+380上麻黄沟中桥	66.04/20	预应力混凝土空心板	中桥	AK1+016.781匝道2号桥	102/16.5	预应力混凝土现浇箱梁
	大桥	K1316+515.95红九路支线上跨天桥	127.2/30	现浇预应力混凝土连续箱梁	中桥	K1189+181主线1号桥	81/25	装配式预应力混凝土箱梁
	大桥	K1321+930魏家套子中桥	97.2/30	装配式预应力混凝土连续T梁	中桥	BK0+416B匝道桥	81/25	装配式预应力混凝土箱梁
	大桥	K1322+880天桥	86.04/20	预应力混凝土空心板	中桥	EK1+218E匝道2号桥	32/26	钢混叠合梁
	大桥	K1317+286通道桥	23/16	预应力混凝土空心板	中桥	NK1506+736.5汉延渠中桥	32/26	钢混叠合梁
	大桥	K1318+039通道桥	23/16	预应力混凝土空心板	中桥	GQK0+024.5长湖村1号中桥	25/25	装配式预应力混凝土箱梁
	大桥	K1318+485通道桥	23/16	预应力混凝土空心板	中桥	GQK0+024.5长湖村2号中桥	25/25	装配式预应力混凝土箱梁
	大桥	K1318+642通道桥	23/16	预应力混凝土空心板	中桥	K1198+235上河村1号中桥	53/16	预应力混凝土空心板
	大桥	K1319+340通道桥	23/16	预应力混凝土空心板	中桥	K1198+500.32上河村2号中桥	53/16	预应力混凝土空心板
	大桥	K1308+005通道桥	38.02/16	预应力混凝土空心板	中桥	K1201+717主线1号桥	66/20	预应力混凝土空心板
	大桥	K1309+080通道桥	34.02/16	预应力混凝土空心板	中桥	AK1+119.5A匝道桥	66/20	预应力混凝土空心板
	大桥	K1310+038通道桥	32.02/16	预应力混凝土空心板	中桥	BK0+525B匝道1号桥	86/20	预应力混凝土空心板
	大桥	K1311+287.9通道桥	36.02/16	预应力混凝土空心板	中桥	BK1+050.362B匝道2号桥	286.1/40	预应力混凝土空心板+现浇箱梁

续上表

项目名称	规模	名 称	桥长/主跨长度(m)	结 构 类 型	规模	名 称	桥长/主跨长度(m)	结 构 类 型
京藏高速公路石嘴山（蒙宁界）至中宁段改扩建	大桥	炭井子1号大桥	158/30	装配式预应力混凝土T形连续梁	中桥	K1197+228.5 胜通路分离立交	86/20	预应力混凝土空心板
	大桥	炭井子2号大桥	158/30	装配式预应力混凝土T形连续梁	中桥	K1197+542.30 上河村分离立交	48/20	预应力混凝土空心板
	大桥	月亮湾大桥	120.19/20	预应力混凝土空心板				
古窑子至王圈梁高速公路	中桥	K133+586.5桥	67.74/16	预应力混凝土空心板	中桥	石井子沟Ⅱ号	44/16	预应力混凝土空心板
	中桥	K103+820桥	35.74/16	预应力混凝土空心板	大桥	回民巷大桥	211.59/25	预应力混凝土连续箱梁
	中桥	K2+168 永干沟中桥	32/16	预应力混凝土空心板	中桥	生态保护区路	73/20	预应力空心板连续刚构
	中桥	EK0+217.752跨线桥	78/20	钢筋混凝土连续箱梁	中桥	掌政路	72/20	混凝土连续箱梁
	中桥	NK0+912 马蹄沟中桥	48/16	预应力混凝土空心板	中桥	K6+375 长湖路立交	73/20	预应力混凝土空心板
银川至古窑子高速公路	中桥	EK0+706.423 灵武互通立交跨线桥	80/22	预应力混凝土空心板	中桥	FK0+367 银川立交F匝道	90/45	预应力钢-混结合箱梁
	中桥	K46+233.6中桥	80/16	预应力混凝土空心板	中桥	K66+637.902 银川互通立交姚叶路主线桥	90/45	预应力钢-混结合箱梁
	中桥	K45+643.5 大涝巴沟中桥	48/16	预应力混凝土空心板	中桥	K5+800 分离式立交	73/20	预应力混凝土连续刚构
	中桥	K28+007.5 大沟中桥	64/16	预应力混凝土空心板	中桥	K4+780 分离式立交	86/25	钢筋混凝土连续现浇箱梁
	中桥	K26+271.6 二道沟中桥	48/16	预应力混凝土空心板	中桥	K4+820 永二干沟中桥	32/16	预应力混凝土空心板

续上表

项目名称	规模	名称	桥长/主跨长度(m)	结构类型	规模	名称	桥长/主跨长度(m)	结构类型
银川至古窑子高速公路	中桥	K25+869.7 三道沟中桥	80/16	预应力混凝土空心板	大桥	K2+906.495 黄河大桥	1254.43/90	预应力钢筋混凝土连续箱梁、预应力混凝土简支转连
	中桥	FK0+442.148 石坝互通立交跨线桥	72/20	钢筋混凝土连续箱梁	大桥	NK0+198.659 石坝互通立交跨线桥	108/20	钢筋混凝土连续箱梁
	中桥	K14+957.4 石坝互通立交	48/16	预应力混凝土空心板	大桥	扩建黄河特大桥(K13+600.65~K14+820.55)	1219.9/90	16m/30m 预应力混凝土简支T梁
	中桥	K22+064.5 倒坡子沟中桥	48/16	预应力混凝土空心板	大桥	扩建黄河特大桥(K13+600.65~K14+820.55)	1219.9/90	16m/30m 预应力混凝土简支T梁
	中桥	K21+779、K21+127 分离式立交	72/16	预应力混凝土空心板	中桥	NK0+674.596 魏家桥互通立交跨线桥	72/20	预应力混凝土空心板
	中桥	K21+230 分离立交	64/16	预应力混凝土空心板	中桥	K19+166 良田渠中桥	60/20	预应力混凝土空心板
	中桥	NK119+987.362 白鸽互通立交中桥	40/20	预应力混凝土空心板	中桥	K16+422 新开渠中桥	80/20	预应力混凝土空心板
	中桥	CK0+464.992 白鸽立交 C 匝道桥	464/32	预应力混凝土现浇箱梁	中桥	EK0+349.505 匝道桥	80/22	预应力混凝土连续刚构
	中桥	BK0+892.534 白鸽互通立交	40/20	预应力混凝土空心板	中桥	K8+464.295 炼油厂互通立交	60/20	预应力混凝土空心板
	中桥	K23+690 望远立交跨线桥	60/20	钢筋混凝土连续箱梁	大桥	BK0+217.622 白鸽互通立交 B 匝道桥	289/32	预应力混凝土现浇连续箱梁
	中桥	K24+106.644 望远互通立交主线桥	60/20	预应力混凝土空心板	大桥	BK0+217.622 白鸽互通立交 B 匝道桥	289/32	预应力混凝土现浇连续箱梁

续上表

项目名称	规模	名称	桥长/主跨长度(m)	结构类型	规模	名称	桥长/主跨长度(m)	结构类型
银川至古窑子高速公路	中桥	K24+885 永二干沟中桥	60/20	预应力混凝土空心板	大桥	K22+789 唐徕渠大桥	120/20	预应力混凝土空心板
	中桥	K20+418 张家庄二支沟中桥	60/20	预应力混凝土空心板	大桥	K10+636.666~K11+414.226 包兰铁路分离立交	775.56/30	20m 预应力简支棱箱梁/20m 预应力连续箱梁
	中桥	EK0+308.449 魏家桥互通立交跨线桥	80/22	预应力混凝土连续刚构	大桥	K7+036.741 炼油厂铁路专用线分离立交	495.56/30	20m 预应力简支棱箱梁/20m 预应力连续箱梁
	大桥	AK0+571.75 跨线桥	111.2/30	装配式部分预应力混凝土连续箱梁	中桥	K1487+749.101 二道沟中桥	66.04/20	预应力混凝土空心板
	大桥	K1452+852.55 天沟大桥	107.2/25	PC 预制箱梁	中桥	K1488+150.797 三道沟中桥	86.04/20	预应力混凝土空心板
	大桥	K1460+891.936 回民巷大桥	211.59/25	PC 预制箱梁	中桥	K1494+745.522 南圈子沟中桥	28.04/20	预应力混凝土空心板
	中桥	K1464+358.508	44.5/16	预应力混凝土空心板	大桥	K1491+963.030 水洞沟互通主线桥	86/20	预应力混凝土空心板
青银高速公路宁东至银川段改扩建	中桥	K1459+281.85 分离式立交	81.5/30	预制预应力混凝土连续箱梁	中桥	AK1+155.073 跨线桥	256/30	预应力混凝土现浇箱梁
	大桥	AK0+562.00 跨线桥	111.2/30	装配式预应力混凝土连续箱梁	中桥	K1499+063.360 主线桥	58.4/24	钢混叠合梁
	中桥	K1467+787.27 庙沟中桥	100.65/16	预应力混凝土空心板	大桥	NZK2+002.261 匝道桥	562.985/32	预应力混凝土小箱梁/预应力混凝土现浇箱梁
	中桥	K1468+377.09 大涝巴沟中桥	68.4/16	预应力混凝土空心板	大桥	NYK2+010.673 匝道桥	561.08/32	预应力混凝土小箱梁/预应力混凝土现浇箱梁

续上表

项目名称	规模	名　称	桥长/主跨长度(m)	结构类型	规模	名　称	桥长/主跨长度(m)	结构类型
青银高速公路宁东至银川段改扩建	中桥	K1473+320.747分离式立交	111.2/30	预制预应力混凝土连续箱梁	大桥	AK0+255.224匝道桥	228.5/25	预应力混凝土现浇箱梁
	大桥	AK0+538.20跨线桥	111.2/30	装配式部分预应力混凝土连续箱梁	大桥	BK0+523.412匝道桥	446.589/32	预应力混凝土现浇小箱梁
	中桥	K1468+045.563分离式立交	66/30	预制预应力混凝土连续箱梁	大桥	FK0+831.873匝道桥	131/32	预应力混凝土现浇小箱梁
	中桥	K1483+800.099薛家沟中桥	28.4/20	预应力混凝土空心板	大桥	GK0+705.423匝道桥	128.5/25	预应力混凝土现浇箱梁
	中桥	K1486+013.049大沟中桥	86.04/20	预应力混凝土T梁	大桥	HK0+748.156匝道桥	123/20	钢筋混凝土箱梁
	中桥	K1480+554.716至丰路分离立交	33/25	预应力混凝土连续箱梁	大桥	GLK0+559.298分离立交	160/40	预应力混凝土小箱梁
	大桥	K82+900.605A匝道分离立交	106.4/25	预应力混凝土连续箱梁	中桥	YK102+010/ZK102+000沙坝头沟中桥	85/16	预应力混凝土空心板
	大桥	K82+588.314 G211分离立交	106.4/25	预应力混凝土连续箱梁	中桥	YK89+640/ZK89+651车行天桥	85/30	中承式钢管拱
	大桥	K65+868跨线天桥	146.06/20	预应力混凝土空心板	中桥	YK84+500/ZK84+501.263车行天桥	65/30	斜腿刚构
盐池至中宁高速公路	大桥	K80+470刘家沟大桥	247.2/30	预应力混凝土连续箱梁	中桥	K77+819.5跨线天桥	82/21	现浇预应力混凝土连续箱梁
	大桥	ZK63+807.536盐兴路分离立交	106.54/25	预应力混凝土连续箱梁	中桥	K75+835跨线天桥	82/21	现浇预应力混凝土连续箱梁

续上表

项目名称	规模	名　称	桥长/主跨长度(m)	结　构　类　型	规模	名　称	桥长/主跨长度(m)	结　构　类　型
	大桥	ZK49+802.51 天桥	106.08/30	预应力混凝土连续箱梁	中桥	ZK56+664.769/YK56+682.167 冯大路分离式立交	66.08/20	预应力混凝土空心板
	大桥	ZK46+268.6 天桥	157.36/20	预应力混凝土空心板	中桥	AK0+190.729 马儿庄互通式立交匝道桥	86.08/20	预应力混凝土空心板
	大桥	EK0+348.422 盐大路分离式立交	217.36/30	预应力混凝土连续箱梁	中桥	ZK41+546.20/YK41+539.00 中桥	45.08/13	预应力混凝土空心板
	大桥	EK0+348.422 盐池东互通式立交 E 匝道桥	225/25	现浇预应力混凝土连续箱梁	中桥	ZK35+278/YK35+283 中桥	66.08/20	预应力混凝土空心板
	大桥	DK0+608.77 盐池东互通式立交 D 匝道桥	300/20	现浇预应力混凝土连续箱梁	中桥	K33+732.96 分离式立交桥	66.08/20	预应力混凝土空心板
盐池至中宁高速公路	大桥	AK0+438.569 盐池东互通式立交 A 匝道桥	873.4/30	现浇预应力混凝土连续箱梁	中桥	K31+320 中桥	66.08/20	预应力混凝土空心板
	中桥	EK0+226.500 汽车通道桥	25/20	预应力混凝土空心板	中桥	K30+290 中桥	66.08/20	预应力混凝土空心板
	中桥	DK0+634.000 汽车通道桥	25/20	预应力混凝土空心板	中桥	ZK13+110/YK13+165 中桥	46.08/20	预应力混凝土空心板
	中桥	AK0+331.500 汽车通道桥	25/20	预应力混凝土空心板	中桥	ZK13+350 天桥	82/21	现浇预应力混凝土连续箱梁
	中桥	K152+468.313 车行天桥	71/30	斜腿刚构	中桥	AK0+243.22 互通立交匝道桥	86.06/20	预应力混凝土空心板
	中桥	K146+775 车行天桥	56.1/40	钢管拱	大桥	SK2+222.444 大桥	106.54/20	预应力混凝土空心板

续上表

项目名称	规模	名称	桥长/主跨长度(m)	结构类型	规模	名称	桥长/主跨长度(m)	结构类型
盐池至中宁高速公路	中桥	K155+048 山洪沟中桥	69/16	预应力混凝土空心板	大桥	AK0+568.873 匝道桥	316/55	现浇预应力混凝土连续箱梁
	中桥	YK125+202/ZK125+195 蛇腰沟中桥	65/20	预应力混凝土简支转连续箱梁	大桥	K158+412.274 车行天桥	101/45	现浇预应力混凝土连续箱梁
	中桥	K134+221 红鸣路分离立交	26.04/20	预应力混凝土连续箱梁	大桥	K157+083.969 恩红路分离武立交	111/45	现浇预应力混凝土连续箱梁
	中桥	MK133+100.20 汽车通道桥	32.3/20	预应力混凝土空心板	大桥	K154+025 单阴洞沟大桥	426/30	预应力混凝土简支转连续箱梁
	中桥	K132+767.691 2号桥	65.94/20	预应力混凝土连续箱梁	大桥	K148+700 双阴洞沟大桥	546/30	预应力混凝土简支转连续箱梁
	中桥	K132+229.248 1号桥	59.91/18	预应力混凝土空心板	大桥	K143+645 红柳沟大桥	225/20	预应力混凝土简支转连续箱梁
	中桥	YK122+795/ZK122+798 柳泉沟中桥	65/20	预应力混凝土简支转连续箱梁	大桥	K140+625 皮条沟大桥	216/30	预应力混凝土简支转连续箱梁
	中桥	YK120+596/ZK120+610 山洪沟中桥	45/20	预应力混凝土空心板	大桥	K118+995 沙泉子沟大桥	225/20	预应力混凝土简支转连续箱梁
	中桥	K115+118 甜水河中桥	69/16	钢筋混凝土空心板	大桥	K118+460 头道沟大桥	165/20	预应力混凝土简支转连续箱梁
	中桥	K114+565 小沟中桥	53/16	钢筋混凝土空心板	大桥	K117+065 二道沟大桥	125/20	预应力混凝土简支转连续箱梁
	中桥	K113+262 农用汽车通道桥	53/16	预应力混凝土空心板	大桥	K114+275 小河大桥	117.1/16	预应力混凝土空心板
	中桥	K115+118 甜水河中桥	85/20	预应力混凝土空心板	大桥	AK0+201.425 沙泉互通立交	106/40	现浇预应力混凝土连续箱梁

续上表

项目名称	规模	名称	桥长/主跨长度(m)	结构类型	规模	名称	桥长/主跨长度(m)	结构类型
盐池至中宁高速公路	中桥	MK115+550.5 黄同路跨线桥	91/35	现浇预应力混凝土连续箱梁	大桥	K110+090 苦水河大桥	185/20	预应力混凝土简支转连续箱梁
	中桥	K112+362 农用汽车通道桥	95/20	预应力混凝土简支转连续箱梁	大桥	YK107+208/ZK107+195 骆驼脖顶沟大桥	456/30	预应力混凝土简支转连续箱梁
	中桥	K110+965.764 滚太路分离式立交	25/20	预应力混凝土空心板	大桥	YK92+980/ZK92+980 老虎沟大桥	205/20	预应力混凝土简支转连续箱梁
	中桥	K110+533 农用汽车通道桥	25/20	预应力混凝土空心板				
	大桥	K54+875 大桥	307/30	预应力混凝土连续组合箱梁	中桥	K12+603 同心渠中桥	66.5/20	预应力混凝土空心板
	中桥	K17+170 跨线桥	95/20	预应力混凝土空心板	中桥	K13+890 石黄沟中桥	102.5/16	预应力混凝土空心板
	特大桥	黄河桥	1130/120	预应力混凝土连续刚构,预应力混凝土箱梁	中桥	K16+320 殷窝崖沟桥	44.5/13	预应力混凝土空心板
中宁至盂家湾高速公路	特大桥	K4+964.6 宝中铁路立交桥	657/30	预应力混凝土连续箱梁	中桥	K20+786 七星渠中桥	97/30	预应力混凝土连续箱梁
	大桥	K33+160 阴洞梁沟大桥	266.5/20	预应力混凝土空心板	中桥	K19+146 七星渠桥	97/30	预应力混凝土连续箱梁
	大桥	K36+840 高加水沟大桥	246.5/20	预应力混凝土空心板	中桥	K18+299 宣东路分离式立交桥	44.5/13	预应力混凝土空心板

续上表

项目名称	规模	名称	桥长/主跨长度(m)	结构类型	规模	名称	桥长/主跨长度(m)	结构类型
中宁至孟家湾高速公路	大桥	K43+300 嗯嗯子沟大桥	346.54/20	预应力混凝土空心板	中桥	K23+540 曹家山沟桥	86.5/16	预应力混凝土空心板
	大桥	K47+760 黄刺沟大桥	166.54/20	预应力混凝土空心板	中桥	K23+878.5 团结渠桥	44.5/13	预应力混凝土空心板
	大桥	K48+332 粉石沟大桥	106.54/20	预应力混凝土空心板	中桥	K35+250 团结渠桥	54.5/16	预应力混凝土空心板
	大桥	K49+210 茶房庙沟大桥	146.52/20	预应力混凝土连续箱梁	中桥	K37+559.6 跨线桥	64.04/22	预应力混凝土连续箱梁
	大桥	K49+950 滴水沟大桥	166.54/20	预应力混凝土空心板	中桥	K37+961.5 分离式立交桥	111.04/32	预应力混凝土连续箱梁
	大桥	K56+220 大桥	127/30	预应力混凝土连续箱梁	中桥	AK0+918.7 匝道桥	86.54/20	预应力混凝土空心板
	大桥	K56+455 大桥	255/30	预应力混凝土连续箱梁	中桥	K34+989.5 分离立交	54.5/16	预应力混凝土空心板
	大桥	K56+805 大桥	126.54/20	预应力混凝土连续箱梁	中桥	K33+754 通道桥	46.5/20	预应力混凝土简支箱梁
	大桥	K57+140 大桥	127/30	预应力混凝土连续箱梁	中桥	K39+994 三岔子沟桥	86.54/16	预应力混凝土空心板
	大桥	K57+340 大桥	187/30	预应力混凝土连续箱梁	中桥	K39+050 立交桥	37/13	预应力混凝土空心板
	大桥	K53+895 东大沟大桥	126.5/20	预应力混凝土空心板	中桥	K42+600.3 迎大线立交	54.5/16	预应力混凝土空心板
	大桥	K54+508 轻便干沟大桥	166.5/20	预应力混凝土空心板	中桥	K47+030 紫泥沟桥	66.5/20	预应力混凝土空心板

续上表

项目名称	规模	名　　称	桥长/主跨长度(m)	结构类型	规模	名　　称	桥长/主跨长度(m)	结构类型
中宁至孟家湾高速公路	大桥	K55+465 大桥	457/30	预应力混凝土连续组合箱梁	中桥	K49+450 茶房庙桥	85.54/16	预应力混凝土空心板
	大桥	K55+935 大沟台大桥	367/30	预应力混凝土连续组合箱梁	中桥	K49+610 中桥	54.5/16	预应力混凝土空心板
	大桥	K56+225 大桥	136.25/30	预应力混凝土连续组合箱梁及预应力混凝土空心板	中桥	K53+514 中桥	53.5/16	预应力混凝土空心板
	大桥	K56+455 大桥	247/30	预应力混凝土连续组合箱梁	中桥	K52+120 常乐互通立交主线桥	66.5/20	预应力混凝土空心板
	大桥	K61+040 长流水大桥	166.54/20	预应力混凝土空心板	中桥	K52+873.5 分离式立交桥	44.5/13	预应力混凝土空心板
	中桥	K8+129 大清路立交桥	44.5/13	预应力混凝土空心板	中桥	AK0+580 孟家湾互通长流水沟桥	247/30	预应力混凝土连续箱梁
	中桥	K8+930 六支沙河沟桥	44.5/13	预应力混凝土空心板	中桥	K63+400 分离式立交桥	54.5/16	预应力混凝土空心板
	中桥	K11+662 中桥	66.5/20	预应力混凝土空心板	中桥	K69+690 天桥	82/21	现浇混凝土连续箱梁
	中桥	YK117+200 喇嘛沟桥	87.06/20	现浇混凝土连续箱梁	大桥	CK0+429.619 营盘水互通立交	106.4/25	预应力混凝土连续箱梁
孟家湾至营盘水高速公路	中桥	K106+186.49 车行天桥	85/25	现浇混凝土连续箱梁	大桥	ZK120+655 勺把水沟大桥	128.06/20	预应力混凝土空心板
	中桥	K103+939.86 车行天桥	85/25	现浇混凝土连续箱梁	大桥	K97+028.8 翠柳沟大桥	207.1/20	预应力混凝土空心板
	中桥	K102+850 甘塘立交	81.4/25	预应力混凝土连续箱梁				

续上表

项目名称	规模	名　称	桥长/主跨长度(m)	结　构　类　型	规模	名　称	桥长/主跨长度(m)	结　构　类　型
孟家湾至营盘水高速公路	中桥	K86+692 天桥	65/30	现浇混凝土连续箱梁	大桥	K66+887.5 旱桥	531.19/25	预应力混凝土箱梁
	中桥	K71+400 天桥	82/21	现浇混凝土连续箱梁	大桥	K65+367 吊沟大桥	167.06/20	预应力混凝土空心板
	中桥	K28+144.5 海同线立交桥	57.04/20	预应力混凝土空心板	中桥	K7+684 建新南桥	37.5/16	预应力混凝土空心板
	中桥	K27+600 同心收费站立交桥	57.04/20	预应力混凝土空心板	中桥	K9+694.4 中桥	35.5/10	预应力混凝土空心板
桃山口至同心高速公路	中桥	K26+262 山洪沟中桥	85.08/16	预应力混凝土空心板	大桥	K28+539 兴隆堡大桥	114.04/30	预应力混凝土空心板
	中桥	K23+913 同豳线立交桥	51.74/16	预应力混凝土空心板	大桥	K10+665 洋河奎子沟大桥	166/20	预应力混凝土空心板
	中桥	K20+113 龙湾泵站桥	56.04/20	预应力混凝土空心板	大桥	K14+216 金鸡沟大桥	185.1/20	
	中桥	K16+315.2 中桥	35.5/10	预应力混凝土空心板				
	中桥	K200+077.01 白家沟5号桥	68.06/20	预应力混凝土空心板	中桥	K35+214 中桥	52.04/16	预应力混凝土空心板
同心至沽川子高速公路	中桥	K197+912 白家沟2号桥	97.2/30	预应力混凝土空心板	大桥	K215+005.3 楼房沟2号桥	469.612/20	预应力混凝土空心板
	中桥	AK1+298 排洪沟中桥	55.04/16	预应力混凝土空心板	大桥	K213+975 楼沟1号桥	166.44/20	预应力混凝土空心板
	中桥	K195+825.9 互通立交桥	98.2/30	预应力混凝土空心板	大桥	K207+480 下寺沟7号桥	227.04/20	预应力混凝土空心板

续上表

项目名称	规模	名称	桥长/主跨长度(m)	结构类型	规模	名称	桥长/主跨长度(m)	结构类型
同心至沿川子高速公路	中桥	SK190+702 马草渠桥	86.04/20	预应力混凝土空心板	大桥	K205+860 下寺沟6号桥	147.04/20	预应力混凝土空心板
	中桥	BK0+925 分离式立交桥	66.54/20	预应力混凝土空心板	大桥	K205+455 下寺沟5号桥	146.04/20	预应力混凝土空心板
	中桥	BK0+127 分离式立交桥	86.07/20	预应力混凝土空心板	大桥	K202+469.463 下寺沟3号桥	184.966/20	预应力混凝土空心板
	中桥	SK187+359.9 分离式立交桥	66.04/20	预应力混凝土空心板	大桥	K202+057.232 下寺沟2号桥	445.504/20	预应力混凝土空心板
	中桥	SK182+784 分离式立交桥	65.04/20	预应力混凝土空心板	大桥	K201+525 下寺沟1号桥	122.39/20	预应力混凝土空心板
	中桥	K179+025 中桥	85.08/20	预应力混凝土空心板	大桥	K201+300 白家沟10号桥	187.04/20	预应力混凝土空心板
	中桥	K177+920 中桥	87.04/20	预应力混凝土空心板	大桥	K200+516 白家沟7号桥	226.04/20	预应力混凝土空心板
	中桥	K177+150 中桥	80/20	预应力混凝土空心板	大桥	K199+495 白家沟4号桥	604.49/20	预应力混凝土空心板
	中桥	K178+843 分离式立交桥	42.74/13	预应力混凝土空心板	大桥	K198+890 白家沟3号桥	386.06/20	预应力混凝土空心板
	中桥	K170+433.073 互通立交桥	65.04/20	预应力混凝土空心板	大桥	K196+911 白家沟1号桥	187.2/30	预应力混凝土连续箱梁
	中桥	K150+517 中桥	44.04/13	预应力混凝土空心板	大桥	K195+383 排洪沟大桥	246.15/20	预应力混凝土空心板
	中桥	K149+080 中桥	24.54/20	预应力混凝土空心板	大桥	K195+063 分离式立交桥	128.04/20	预应力混凝土空心板

续上表

项目名称	规模	名称	桥长/主跨长度(m)	结构类型	规模	名称	桥长/主跨长度(m)	结构类型
同心至沽川子高速公路	中桥	NK0+159.43 分离式立交桥	69.74/40	预应力混凝土空心板	大桥	刘家河大桥	306.62/20	预应力混凝土空心板
	中桥	NK0+259.5 分离式立交桥	84.04/20	预应力混凝土空心板	大桥	K187+565 分离式立交桥	103.4/20	预应力混凝土空心板
	中桥	NK0+800 分离式立交桥	69.54/40	预应力混凝土空心板	大桥	K185+008 分离式立交桥	278.2/30	预应力混凝土连续箱梁
	中桥	K147+125 中桥	65.04/20	预应力混凝土空心板	大桥	K186+945.979 分离式立交桥	218.2/30	预应力混凝土连续箱梁
	中桥	K146+655.29 中桥	68.04/23	预应力混凝土空心板	大桥	K183+274.96 分离式立交桥	126.04/20	预应力混凝土连续箱梁
	中桥	K146+268.31 中桥	52.54/16	预应力混凝土空心板	大桥	K181+190 大桥	244.54/20	预应力混凝土空心板
	中桥	K145+763.18 中桥	52.54/16	预应力混凝土空心板	大桥	K180+201 大桥	166.06/20	预应力混凝土空心板
	中桥	K145+530 中桥	86.54/20	预应力混凝土空心板	大桥	K175+888 大桥	185.1/20	预应力混凝土空心板
	中桥	K145+292.9 中桥	66.74/20	预应力混凝土空心板	大桥	K175+412 大桥	285.08/20	预应力混凝土空心板
	中桥	K142+867.3 中桥	86.74/20	预应力混凝土空心板	大桥	K173+652 大桥	625.04/20	预应力混凝土空心板
	中桥	K140+785 中桥	53.04/16	预应力混凝土空心板	大桥	K167+185 银平立交桥	158.2/30	预应力混凝土连续箱梁
	中桥	K139+83.9 中桥	53.04/16	预应力混凝土空心板	大桥	K172+734 小红沟桥	106.24/20	预应力混凝土空心板

附 录

续上表

项目名称	规模	名 称	桥长/主跨长度(m)	结构类型	规模	名 称	桥长/主跨长度(m)	结构类型
同心至沿川子高速公路	中桥	K143+871.059中桥	65.04/20	预应力混凝土空心板	大桥	AK0+845青石沟桥	165.1/20	预应力混凝土空心板
	中桥	NK0+613.6分离式立交桥	84.04/20	预应力混凝土空心板	大桥	K169+940南河桥	165.1/20	预应力混凝土空心板
	中桥	K127+178分离式立交桥	51.74/16	预应力混凝土空心板	大桥	K168+947里河桥	145.04/20	预应力混凝土空心板
	中桥	K129+795中桥	85.04/20	预应力混凝土空心板	大桥	K168+252.036桃树沟大桥	239.49/20	预应力混凝土空心板
	中桥	K125+335分离式立交桥	65.04/20	预应力混凝土空心板	大桥	K166+550开城梁旱桥	338.2/30	预应力混凝土连续箱梁
	中桥	K124+085分离式立交桥	51.74/16	预应力混凝土空心板	大桥	K165+400开城梁旱桥	245.04/20	预应力混凝土空心板
	中桥	K118+171分离式立交桥	51.74/16	预应力混凝土空心板	大桥	K160+142.42分离式立交桥	368.8/40	预应力混凝土连续箱梁
	中桥	K126+410中桥	65.04/20	预应力混凝土空心板	大桥	K156+905大桥	146.86/20	预应力混凝土空心板
	中桥	K120+835中桥	65.04/20	预应力混凝土空心板	大桥	K154+242大桥	106.28/20	预应力混凝土空心板
	中桥	K120+266.5中桥	43.04/13	预应力混凝土空心板	大桥	K151+152大桥	145.06/20	预应力混凝土空心板
	中桥	K116+338中桥	65.04/20	预应力混凝土空心板	大桥	K148+168大桥	607.18/40	预应力混凝土T梁
	中桥	K115+060中桥	65.04/20	预应力混凝土空心板	大桥	K137+979大桥	106.58/20	预应力混凝土连续空心板

续上表

项目名称	规模	名　称	桥长/主跨长度(m)	结构类型	规模	名　称	桥长/主跨长度(m)	结构类型
同心至沿川子高速公路	中桥	K113+622.3中桥	50.04/20	预应力混凝土空心板	大桥	K123+040大桥	225.04/20	预应力混凝土空心板
	中桥	K111+980.8中桥	51.74/16	预应力混凝土空心板	大桥	K119+770大桥	225.04/20	预应力混凝土空心板
	中桥	K108+400中桥	65.54/20	预应力混凝土空心板	大桥	K118+475大桥	145.04/20	预应力混凝土空心板
	中桥	K108+010中桥	65.04/20	预应力混凝土空心板	大桥	K102+716大桥	305.1/20	预应力混凝土空心板
	中桥	K107+123中桥	65.04/20	预应力混凝土空心板	大桥	K98+880大桥	186.6/20	预应力混凝土空心板
	中桥	K93+156通道桥	39.54/16	预应力混凝土空心板	大桥	K95+357大桥	206.6/20	预应力混凝土空心板
	中桥	K91+177通道桥	44.04/20	预应力混凝土空心板	大桥	K86+210大桥	165.08/20	预应力混凝土空心板
	中桥	K90+073.8通道桥	39.54/16	预应力混凝土空心板	大桥	K83+634大桥	126/30	预应力混凝土连续T梁
	中桥	K89+297通道桥	45.04/20	预应力混凝土空心板	大桥	K81+752大桥	105.08/20	预应力混凝土空心板
	中桥	K100+848分离式立交桥	51.74/16	预应力混凝土空心板	大桥	K72+484大桥	126/30	预应力混凝土连续T梁
	中桥	K100+380互通式立交桥	64.54/20	预应力混凝土空心板	大桥	K68+991大桥	167.1/40	预应力混凝土连续T梁
	中桥	K101+486中桥	52.04/16	预应力混凝土空心板	大桥	K68+334大桥	247.1/40	预应力混凝土连续T梁

续上表

项目名称	规模	名称	桥长/主跨长度(m)	结构类型	规模	名称	桥长/主跨长度(m)	结构类型
同心至沿川子高速公路	中桥	K97+430 中桥	45.04/20	预应力混凝土空心板	大桥	K65+546 大桥	327.16/40	预应力混凝土连续 T 梁
	中桥	K96+477 中桥	81.04/20	预应力混凝土空心板	大桥	K59+494 大桥	125.08/20	预应力混凝土空心板
	中桥	K92+778.5 中桥	42.74/13	预应力混凝土空心板	大桥	K54+920 红鸿沟桥	127.1/40	预应力混凝土连续 T 梁
	中桥	K88+080 中桥	53.04/16	预应力混凝土空心板	大桥	K53+252 石炭沟桥	125.08/20	预应力混凝土空心板
	中桥	K86+884 中桥	39.54/16	预应力混凝土空心板	大桥	K44+156 大桥	125.08/20	预应力混凝土空心板
	中桥	K85+043 中桥	52.04/16	预应力混凝土空心板	大桥	K36+046.12 大桥	645.26/20	预应力混凝土空心板
	中桥	K80+828 中桥	44.04/20	预应力混凝土空心板	特大桥	马西坡特大桥	1299.75/20	预应力混凝土空心板
	中桥	K75+904 中桥	45.04/20	预应力混凝土空心板	中桥	K210+032 通道桥	36.08/20	预应力混凝土空心板
	中桥	K74+146 分离式立交桥	36.04/16	预应力混凝土空心板	中桥	K200+932 白家沟 9 号桥	86.04/20	预应力混凝土空心板
	中桥	K69+440 分离式立交桥	53.04/16	预应力混凝土空心板	中桥	K200+780 白家沟 8 号桥	67.04/20	预应力混凝土空心板
	中桥	K60+150 互通式立交桥	65.04/20	预应力混凝土空心板	中桥	K200+288 白家沟 6 号桥	54.04/16	预应力混凝土空心板
	中桥	K67+282 中桥	65.04/20	预应力混凝土空心板	中桥	K200+077.01 白家沟 5 号桥	68.06/20	预应力混凝土空心板

续上表

项目名称	规模	名　称	桥长/主跨长度(m)	结　构　类　型	规模	名　称	桥长/主跨长度(m)	结　构　类　型
同心至沽川子高速公路	中桥	K66+386 中桥	87.1/40	预应力混凝土连续T梁	中桥	K197+912 白家沟2号桥	97.2/30	预应力混凝土空心板
	中桥	K65+235.8 中桥	24.04/20	预应力混凝土空心板	中桥	AK1+298 排洪沟中桥	55.04/16	预应力混凝土空心板
	中桥	K55+560 西干渠1号桥	45.04/20	预应力混凝土空心板	中桥	K195+825.9 互通立交桥	98.2/30	预应力混凝土空心板
	中桥	K57+606 拱北沟桥	65.04/20	预应力混凝土空心板	中桥	SK190+702 马草渠桥	86.04/20	预应力混凝土空心板
	中桥	K57+346 西干渠2号桥	96/30	预应力混凝土连续箱梁	中桥	BK0+925 分离式立交桥	66.54/20	预应力混凝土空心板
	中桥	K56+770 分离式立交桥	52.04/16	预应力混凝土空心板	中桥	BK0+127 分离式立交桥	86.07/20	预应力混凝土空心板
	中桥	K50+828 土桥子沟桥	87.1/40	预应力混凝土连续T梁	中桥	SK187+359.9 分离式立交桥	66.04/20	预应力混凝土空心板
	中桥	K48+374 妙葱沟桥	52.04/16	预应力混凝土空心板	中桥	SK182+784 分离式立交桥	65.04/20	预应力混凝土空心板
	中桥	K42+628 中桥	25.04/20	预应力混凝土空心板	中桥	K179+025 中桥	85.08/20	预应力混凝土空心板
	中桥	K35+214 中桥	52.04/16	预应力混凝土空心板	中桥	K177+920 中桥	87.04/20	预应力混凝土空心板
	大桥	K215+005.3 楼房沟2号桥	469.612/20	预应力混凝土空心板	中桥	K177+150 中桥	80/20	预应力混凝土空心板
	大桥	K213+975 楼房沟1号桥	166.44/20	预应力混凝土空心板	中桥	K178+843 分离式立交桥	42.74/13	预应力混凝土空心板

续上表

项目名称	规模	名 称	桥长/主跨长度(m)	结 构 类 型	规模	名 称	桥长/主跨长度(m)	结 构 类 型
同心至川子沿高速公路	大桥	K207+480 下寺沟7号桥	227.04/20	预应力混凝土空心板	中桥	K170+433.073 互通立交桥	65.04/20	预应力混凝土空心板
	大桥	K205+860 下寺沟6号桥	147.04/20	预应力混凝土空心板	中桥	K150+517 中桥	44.04/13	预应力混凝土空心板
	大桥	K205+455 下寺沟5号桥	146.04/20	预应力混凝土空心板	中桥	K149+080 中桥	24.54/20	预应力混凝土空心板
	大桥	K202+469.463 下寺沟3号桥	184.966/20	预应力混凝土空心板	中桥	NK0+159.43 分离式立交桥	69.74/40	预应力混凝土空心板
	大桥	K202+057.232 下寺沟2号桥	445.504/20	预应力混凝土空心板	中桥	NK0+259.5 分离式立交桥	84.04/20	预应力混凝土空心板
	大桥	K201+525 下寺沟1号桥	122.39/20	预应力混凝土空心板	中桥	NK0+800 分离式立交桥	69.54/40	预应力混凝土空心板
	大桥	K201+300 白家沟10号桥	187.04/20	预应力混凝土空心板	中桥	K147+125 中桥	65.04/20	预应力混凝土空心板
	大桥	K200+516 白家沟7号桥	226.04/20	预应力混凝土空心板	中桥	K146+655.29 中桥	68.04/23	预应力混凝土空心板
	大桥	K199+495 白家沟4号桥	604.49/20	预应力混凝土空心板	中桥	K146+268.31 中桥	52.54/16	预应力混凝土空心板
	大桥	K198+890 白家沟3号桥	386.06/20	预应力混凝土空心板	中桥	K145+763.18 中桥	52.54/16	预应力混凝土空心板
	大桥	K196+911 白家沟1号桥	187.2/30	预应力混凝土连续箱梁	中桥	K145+530 中桥	86.54/20	预应力混凝土空心板
	大桥	K195+383 排洪沟大桥	246.15/20	预应力混凝土空心板	中桥	K145+292.9 中桥	66.74/20	预应力混凝土空心板

续上表

项目名称	规模	名称	桥长/主跨长度(m)	结构类型	规模	名称	桥长/主跨长度(m)	结构类型
同心至沽川子高速公路	大桥	K195+063分离式立交桥	128.04/20	预应力混凝土空心板	中桥	K142+867.3中桥	86.74/20	预应力混凝土空心板
	大桥	刘家河大桥	306.62/20	预应力混凝土空心板	中桥	K140+785中桥	53.04/16	预应力混凝土空心板
	大桥	K187+565分离式立交桥	103.4/20	预应力混凝土空心板	中桥	K139+83.9中桥	53.04/16	预应力混凝土空心板
	大桥	K185+008分离式立交桥	278.2/30	预应力混凝土连续箱梁	中桥	K143+871.059中桥	65.04/20	预应力混凝土空心板
	大桥	K186+945.979分离式立交桥	218.2/30	预应力混凝土连续箱梁	中桥	NK0+613.6分离式立交桥	84.04/20	预应力混凝土空心板
	大桥	K183+274.96分离式立交桥	126.04/20	预应力混凝土空心板	中桥	K127+178分离式立交桥	51.74/16	预应力混凝土空心板
	大桥	K181+190大桥	244.54/20	预应力混凝土空心板	中桥	K129+795中桥	85.04/20	预应力混凝土空心板
	大桥	K180+201大桥	166.06/20	预应力混凝土空心板	中桥	K125+335分离式立交桥	65.04/20	预应力混凝土空心板
	大桥	K175+888大桥	185.1/20	预应力混凝土空心板	中桥	K124+085分离式立交桥	51.74/16	预应力混凝土空心板
	大桥	K175+412大桥	285.08/20	预应力混凝土空心板	中桥	K118+171分离式立交桥	51.74/16	预应力混凝土空心板
	大桥	K173+652大桥	625.04/20	预应力混凝土空心板	中桥	K126+410中桥	65.04/20	预应力混凝土空心板
	大桥	K167+185银平立交桥	158.2/30	预应力混凝土连续箱梁	中桥	K120+835中桥	65.04/20	预应力混凝土空心板

续上表

项目名称	规模	名称	桥长/主跨长度(m)	结构类型	规模	名称	桥长/主跨长度(m)	结构类型
同心至沿川子高速公路	大桥	K172+734 小红沟桥	106.24/20	预应力混凝土空心板	中桥	K120+266.5 中桥	43.04/13	预应力混凝土空心板
	大桥	AK0+845 青石沟桥	165.1/20	预应力混凝土空心板	中桥	K116+338 中桥	65.04/20	预应力混凝土空心板
	大桥	K169+940 南河桥	165.1/20	预应力混凝土空心板	中桥	K115+060 中桥	65.04/20	预应力混凝土空心板
	大桥	K168+947 里河桥	145.04/20	预应力混凝土空心板	中桥	K113+622.3 中桥	50.04/20	预应力混凝土空心板
	大桥	K168+252.036 桃树沟大桥	239.49/20	预应力混凝土连续箱梁	中桥	K111+980.8 中桥	51.74/16	预应力混凝土空心板
	大桥	K166+550 开城梁旱桥	338.2/30	预应力混凝土空心板	中桥	K108+400 中桥	65.54/20	预应力混凝土空心板
	大桥	K165+400 开城梁旱桥	245.04/20	预应力混凝土连续箱梁	中桥	K108+010 中桥	65.04/20	预应力混凝土空心板
	大桥	K160+142.42 分离式立交桥	368.8/40	预应力混凝土空心板	中桥	K107+123 中桥	65.04/20	预应力混凝土空心板
	大桥	K156+905 大桥	146.86/20	预应力混凝土空心板	中桥	K93+156 通道桥	39.54/16	预应力混凝土空心板
	大桥	K154+242 大桥	106.28/20	预应力混凝土空心板	中桥	K91+177 通道桥	44.04/20	预应力混凝土空心板
	大桥	K151+152 大桥	145.06/20	预应力混凝土空心板	中桥	K90+073.8 通道桥	39.54/16	预应力混凝土空心板
	大桥	K148+168 大桥	607.18/40	预应力混凝土T梁	中桥	K89+297 通道桥	45.04/20	预应力混凝土空心板

续上表

项目名称	规模	名称	桥长/主跨长度(m)	结构类型	规模	名称	桥长/主跨长度(m)	结构类型
同心至沿川子高速公路	大桥	K137+979 大桥	106.58/20	预应力混凝土空心板	中桥	K100+848 分离式立交桥	51.74/16	预应力混凝土空心板
	大桥	K123+040 大桥	225.04/20	预应力混凝土空心板	中桥	K100+380 互通式立交桥	64.54/20	预应力混凝土空心板
	大桥	K119+770 大桥	225.04/20	预应力混凝土空心板	中桥	K101+486 中桥	52.04/16	预应力混凝土空心板
	大桥	K118+475 大桥	145.04/20	预应力混凝土空心板	中桥	K97+430 中桥	45.04/20	预应力混凝土空心板
	大桥	K102+716 大桥	305.1/20	预应力混凝土空心板	中桥	K96+477 中桥	81.04/20	预应力混凝土空心板
	大桥	K98+880 大桥	186.6/20	预应力混凝土连续T梁	中桥	K92+778.5 中桥	42.74/13	预应力混凝土空心板
	大桥	K95+357 大桥	206.6/20	预应力混凝土空心板	中桥	K88+080 中桥	53.04/16	预应力混凝土空心板
	大桥	K86+210 大桥	165.08/20	预应力混凝土空心板	中桥	K86+884 中桥	39.54/16	预应力混凝土空心板
	大桥	K83+634 大桥	126/30	预应力混凝土连续T梁	中桥	K85+043 中桥	52.04/16	预应力混凝土空心板
	大桥	K81+752 大桥	105.08/20	预应力混凝土空心板	中桥	K80+828 中桥	44.04/20	预应力混凝土空心板
	大桥	K72+484 大桥	126/30	预应力混凝土连续T梁	中桥	K75+904 中桥	45.04/20	预应力混凝土空心板
	大桥	K68+991 大桥	167.1/40	预应力混凝土连续T梁	中桥	K74+146 中桥	36.04/16	预应力混凝土空心板

续上表

项目名称	规模	名称	桥长/主跨长度(m)	结构类型	规模	名称	桥长/主跨长度(m)	结构类型
同心至沿川子高速公路	大桥	K68+334 大桥	247.1/40	预应力混凝土连续T梁	中桥	K69+440 分离式立交桥	53.04/16	预应力混凝土空心板
	大桥	K65+546 大桥	327.16/40	预应力混凝土连续T梁	中桥	K60+150 互通式立交桥	65.04/20	预应力混凝土空心板
	大桥	K59+494 大桥	125.08/20	预应力混凝土空心板	中桥	K67+282 中桥	65.04/20	预应力混凝土空心板
	大桥	K54+920 红湾沟桥	127.1/40	预应力混凝土连续T梁	中桥	K66+386 中桥	87.1/40	预应力混凝土连续T梁
	大桥	K53+252 石炭沟桥	125.08/20	预应力混凝土空心板	中桥	K65+235.8 中桥	24.04/20	预应力混凝土空心板
	大桥	K44+156 大桥	125.08/20	预应力混凝土空心板	中桥	K55+560 西干渠1号桥	45.04/20	预应力混凝土空心板
	大桥	K36+046.12 大桥	645.26/20	预应力混凝土空心板	中桥	K57+606 拱北沟桥	65.04/20	预应力混凝土空心板
	特大桥	马西坡特大桥	1299.75/20	预应力混凝土空心板	中桥	K57+346 西干渠2号桥	96/30	预应力混凝土箱梁
	中桥	K210+032 通道桥	36.08/20	预应力混凝土空心板	中桥	K56+770 分离式立交桥	52.04/16	预应力混凝土空心板
	中桥	K200+932 白家沟9号桥	86.04/20	预应力混凝土空心板	中桥	K50+828 土桥子沟桥	87.1/40	预应力混凝土连续T梁
	中桥	K200+780 白家沟8号桥	67.04/20	预应力混凝土空心板	中桥	K48+374 沙葱沟桥	52.04/16	预应力混凝土空心板
	中桥	K200+288 白家沟6号桥	54.04/16	预应力混凝土空心板	中桥	K42+628 中桥	25.04/20	预应力混凝土空心板

续上表

项目名称	规模	名称	桥长/主跨长度(m)	结构类型	规模	名称	桥长/主跨长度(m)	结构类型
石坝河至东机场高速公路	中桥	AK0+497 大马蹄沟桥	60/20	预应力混凝土空心板	中桥	MK1+713.6 大马蹄沟桥	48/16	预应力混凝土空心板
	中桥	MK6+243.3 二道沟桥	64/16	预应力混凝土空心板	中桥	MK5+200 桥	50.06/23.68	预应力混凝土空心板
	大桥	MK4+733.122 宝丰路分离式立交桥	106.4/25	预制预应力混凝土连续箱梁	中桥	AK0+213.198 分离式跨线桥	87.54/20	预应力混凝土空心板
	大桥	MK5+266.1 宁东枢纽立交 M 跨线桥	641.04/25	预制预应力混凝土连续箱梁	中桥	LZK77+310/LZK77+320.714 排洪沟桥	87.08/20	预应力混凝土空心板
	大桥	LK7+499 黎红铁路分离式立交桥	609.16/40	预制预应力混凝土连续箱梁	中桥	LZK75+319.766/LYK75+307.5 大青路改线跨线桥	87.06/20	预应力混凝土空心板
灵武至甜水堡段高速公路(国道211线灵武至甜水堡及联络线古窑子至青铜峡高速公路)	大桥	AK0+493.662A 匝道桥	106.06/25	现浇预应力混凝土连续箱梁	中桥	K33+993.417 预留分离式立交桥	97.2/30	预制预应力混凝土箱梁
	大桥	BK0+401.59B 匝道桥	346.4/25	预制预应力混凝土连续箱梁	中桥	K34+876.06 预留分离式立交桥	97.2/30	预制预应力混凝土箱梁
	大桥	CK1+145.5C 匝道桥	276.05/30	现浇预应力混凝土连续箱梁	中桥	K36+038 农场渠中桥	87.08/20	预应力混凝土空心板
	大桥	EK0+676.4E 匝道桥	106.06/25	现浇预应力混凝土连续箱梁	中桥	K37+073.8 新杜路分离式立交桥	54.54/16	预应力混凝土空心板
	大桥	FK0+350.025F 匝道桥	411.56/25	预制预应力混凝土连续箱梁	中桥	K37+418 龙崇路分离式立交桥	45.04/13	预应力混凝土空心板
	大桥	GK0+984.839G 匝道桥	106.06/25	现浇预应力混凝土连续箱梁	中桥	K45+246.5 秦渠中桥	66.08/20	预应力混凝土空心板
	大桥	HK0+946.1H 匝道桥	461.055/25	现浇预应力混凝土连续箱梁	中桥	FK0+304 农场渠桥	86.08/20	预应力混凝土空心板

续上表

项目名称	规模	名称	桥长/主跨长度(m)	结构类型	规模	名称	桥长/主跨长度(m)	结构类型
灵武至甜水堡段高速公路(国道211线灵武至甜水堡及联络线古窑子至青铜峡高速公路)	大桥	LK9+071.2 明渠桥	129/40	装配式预应力混凝土箱形连续梁	中桥	K40+930 南干沟分离式立交	67.04/20	预应力混凝土空心板
	大桥	LK15+225.61/LZK15+221.747 大河子沟桥	286.835/20	预应力混凝土空心板	中桥	K41+474.2 中桥	67.04/20	预应力混凝土空心板
	大桥	LRK1+497.94 黎圧路上跨桥	307.2/30	预应力混凝土连续小箱梁	中桥	K44+276 中桥	67.04/20	预应力混凝土空心板
	大桥	GDK1284+607.869 国道307线分离式立交桥	106.4/25	预应力混凝土连续箱梁	中桥	K46+027.2 中桥	54.54/16	预应力混凝土空心板
	大桥	LK21+235 横沟大桥	428/30	现浇预应力混凝土连续箱梁	中桥	K46+294.3 中桥	67.04/20	预应力混凝土空心板
	大桥	LK24+685 排洪沟2号桥	218/30	部分预应力混凝土小箱梁	中桥	K46+688 分离式立交	54.54/16	预应力混凝土空心板
	大桥	LK25+360 排洪沟3号桥	307.802/30	部分预应力混凝土小箱梁	中桥	K49+059.8 汉渠中桥	54.04/16	预应力混凝土空心板
	大桥	LK26+930 排洪沟大桥	187.04/20	预应力混凝土空心板	中桥	K49+475 退水沟中桥	55.04/16	预应力混凝土空心板
	大桥	LK28+740 小水沟大桥	167.04/20	预应力混凝土空心板	中桥	LK42+176.5 通道桥	67.04/20	预应力混凝土空心板
	大桥	NK0+734.572 下台分立立桥	128/30	预应力混凝土连续小箱梁	中桥	FK0+302.596 家桥枢纽立交西 F 道桥	85.06/20	现浇混凝土连续箱梁
	大桥	LK45+220 山水沟大桥	127.06/20	预应力混凝土空心板	中桥	HK0+298.412 郭家桥枢纽立交 H 匝道桥	85.06/20	现浇混凝土连续箱梁

续上表

项目名称	规模	名称	桥长/主跨长度(m)	结构类型	规模	名称	桥长/主跨长度(m)	结构类型
灵武至甜水堡段高速公路（国道211线灵武至甜水堡及联络线古窑子至青铜峡高速公路）	大桥	LK50+146.14 清水沟大桥	207.06/20	预应力混凝土空心板	中桥	K61+975.3 东干渠中桥	67.08/20	预应力混凝土空心板
	大桥	AK0+231.442 杨马湖立交跨线桥	108/25	预应力混凝土连续箱梁	中桥	K50+856.0 分离式立交	47.04/20	预应力混凝土空心板
	大桥	K0+801.5 金积枢纽立交E匝道桥	305.86/25	现浇预应力混凝土连续箱梁	中桥	K51+760.6 金地路分离立交	87.08/20	预应力混凝土空心板
	大桥	K0+803.3 金积枢纽立交F匝道桥	305.86/25	现浇预应力混凝土连续箱梁	中桥	K54+102.0 分离式立交	45.04/13	预应力混凝土空心板
	大桥	LK66+590.08 黄河公路特大桥	979/110	主桥：变截面箱形连续梁跨 大堤：变截面箱形连续梁 引桥：预应力混凝土后张小箱梁	中桥	K55+672.5 分离式立交	45.04/13	预应力混凝土空心板
	大桥	LK65+053 秦渠桥	107.08/20	预应力混凝土空心板	中桥	K59+635.0 分离式立交	45.54/13	预应力混凝土空心板
	大桥	LK60+890.5 吴青路跨线桥	107.04/20	预应力混凝土空心板	中桥	K49+997.0 通道桥	38.04/16	预应力混凝土空心板
	大桥	LK66+590.08 青铜峡黄河公路大桥	799.16/65	预应力混凝土（后张）先简支后连续小箱梁	中桥	K52+554.0 通道桥	38.04/16	预应力混凝土空心板
	大桥	LK68+777 分离式立交	107.06/20	预应力混凝土空心板	中桥	K53+335.0 通道桥	47.04/20	预应力混凝土空心板
	大桥	LK69+527.0 惠农渠桥	147.06/20	预应力混凝土空心板	中桥	K54+844.0 通道桥	54.54/16	预应力混凝土空心板
	大桥	LK70+521 唐徕渠	167.04/20	预应力混凝土空心板	中桥	K56+380.5 通道桥	38.04/16	预应力混凝土空心板

续上表

项目名称	规模	名称	桥长/主跨长度(m)	结构类型	规模	名称	桥长/主跨度(m)	结构类型
灵武至甜水堡段高速公路（国道211线灵武至甜水堡及联络线古窑子至青铜峡高速公路）	大桥	LK72+443 西干渠	147.06/20	预应力混凝土空心板	中桥	K58+542.0 通道桥	38.54/16	预应力混凝土空心板
	大桥	LZK76+399.7/LYK76+396 西夏渠大桥	167.06/20	预应力混凝土空心板	中桥	K58+974.0 通道桥	47.04/20	预应力混凝土空心板
	中桥	MK6+125 管线交叉桥	27.02/20	预制空心板梁	大桥	K38+464 大古铁路分离式立交桥	637.36/30	预制预应力混凝土箱梁
	中桥	DK0+366D 匝道桥	86.05/20	现浇预应力混凝土连续箱梁	大桥	K42+820.21 中桥	113/35	预应力混凝土箱梁
	中桥	LK14+365/LZK14+378.801 沙葱沟桥	88.04/20	预应力混凝土空心板	大桥	AK0+279.3 中桥	108/25	预应力混凝土箱梁
	中桥	K0+137.44 天桥	86.04/20	预应力混凝土空心板	大桥	AK1+051.746 中桥	113/35	预应力混凝土箱梁
	中桥	LK32+471 海子村分离	67.04/20	预应力混凝土空心板	大桥	LK43+538.008 郝家桥互通式枢纽立交跨线桥	157.5/25	预制预应力混凝土箱梁
	中桥	MK30+186.283 灵武东互通式立交（跨线桥）	67.04/20	预应力混凝土空心板	大桥	K57+473.7 四支渠大桥	107.08/20	预应力混凝土箱梁
	中桥	AK0+666.0 小水沟中桥	27.02/20	预应力混凝土空心板	中桥	K62+533.2 旧 G211 分离立交	107.08/20	预应力混凝土箱梁
	中桥	LK33+169.30 通道桥	47.04/20	预应力混凝土空心板	中桥	K33+993.417 预留式立交桥	97.2/30	预制预应力混凝土箱梁
	中桥	LK33+862.00 通道桥	47.04/20	预应力混凝土空心板	中桥	K34+876.06 预留分离式立交桥	97.2/30	预制预应力混凝土箱梁

续上表

项目名称	规模	名称	桥长/主跨长度(m)	结构类型	规模	名称	桥长/主跨长度(m)	结构类型
灵武至甜水堡段高速公路（国道211线灵武至甜水堡及联络线古窑子至青铜峡高速公路）	中桥	LK34+563.00 通道桥	47.04/20	预应力混凝土空心板	中桥	K36+038 农场渠中桥	87.08/20	预应力混凝土空心板
	中桥	LK35+311.40 通道桥	47.06/20	预应力混凝土空心板	中桥	K37+073.8 新杜路分离式立交桥	54.54/16	预应力混凝土空心板
	中桥	LK35+985.00 分离式立交桥	47.04/20	预应力混凝土空心板	中桥	K37+418 龙崇路分离式立交	45.04/13	预应力混凝土空心板
	中桥	LK36+161.00 分离式立交桥	67.04/20	预应力混凝土空心板	中桥	K45+246.5 秦渠中桥	66.08/20	预应力混凝土空心板
	中桥	36973.8 分离式立交桥	87.08/20	预应力混凝土空心板	中桥	FK0+304 农场渠桥	86.08/20	预应力混凝土空心板
	中桥	37304 通道桥	47.06/20	预应力混凝土空心板	中桥	K40+930 南干沟分离式立交	67.04/20	预应力混凝土空心板
	中桥	38008 分离式立交桥	47.04/20	预应力混凝土空心板	中桥	K41+474.2 中桥	67.04/20	预应力混凝土空心板
	中桥	41068.5 通道桥	47.04/20	预应力混凝土空心板	中桥	K44+276 中桥	67.04/20	预应力混凝土空心板
	中桥	40522.3 分离武立交桥	67.04/20	预应力混凝土空心板	中桥	K46+027.2 中桥	54.54/16	预应力混凝土空心板
	中桥	LK47+306.3 分离式立交	99/30	预应力混凝土小箱梁	中桥	K46+294.3 中桥	67.04/20	预应力混凝土空心板
	中桥	LK48+430 分离式立交	55.54/16	预应力混凝土空心板	中桥	K46+688 分离式立交	54.54/16	预应力混凝土空心板
	中桥	LK48+652 巴浪湖农场渠中桥	47.04/20	预应力混凝土空心板	中桥	K49+059.8 汉渠中桥	54.04/16	预应力混凝土空心板

续上表

项目名称	规模	名称	桥长/主跨长度(m)	结构类型	规模	名称	桥长/主跨长度(m)	结构类型
灵武至甜水堡段高速公路(国道211线灵武至甜水堡及联络线古窑子至青铜峡高速公路)	中桥	LK51+077 通道桥	55.54/16	预应力混凝土空心板	中桥	K49+475 退水沟中桥	55.04/16	预应力混凝土空心板
	中桥	LK53+015.5 吴高路分离式立交	55.54/16	预应力混凝土空心板	中桥	LK42+176.5 通道桥	67.04/20	预应力混凝土空心板
	中桥	K0+285.58 巴浪湖天桥	87.08/20	预应力混凝土空心板	中桥	FK0+302.596 家桥枢纽立交面F道桥	85.06/20	现浇混凝土连续箱梁
	中桥	NK1247+189.28 分离式交叉	87.04/20	预应力混凝土空心板	中桥	HK0+298.412 郭家桥板组立交H面道桥	85.06/20	现浇混凝土连续箱梁
	中桥	NK1247+379.5 跨线桥	84.06/25	预应力混凝土小箱梁	中桥	K61+975.3 东干渠中桥	67.08/20	预应力混凝土空心板
	中桥	NK1246+984 跨线桥	87.06/20	预应力混凝土空心板	中桥	K50+856.0 分离式立交	47.04/20	预应力混凝土空心板
	中桥	BK0+385.71 金积板纽立交面道桥	54.04/16	预应力混凝土空心板	中桥	K51+760.6 金地路分离立交	87.08/20	预应力混凝土空心板
	中桥	CK0+654.5 金积板纽立交马连渠桥	55.54/16	预应力混凝土空心板	中桥	K54+102.0 分离式立交	45.04/13	预应力混凝土空心板
	中桥	DK0+406.452 中桥	55.04/16	预应力混凝土空心板	中桥	K55+672.5 分离式立交	45.04/13	预应力混凝土空心板
	中桥	MK55+437.56 分离式中桥	55.04/16	预应力混凝土空心板	中桥	K59+635.0 分离式立交	45.54/13	预应力混凝土空心板
	中桥	AK0+669.349 金积枢纽A面道分离式中桥	55.04/16	预应力混凝土空心板	中桥	K49+997.0 通道桥	38.04/16	预应力混凝土空心板
	中桥	NK1246+229 通道桥	27.5/10	预应力混凝土空心板	中桥	K52+554.0 通道桥	38.04/16	预应力混凝土空心板

续上表

项目名称	规模	名　称	桥长/主跨长度(m)	结构类型	规模	名　称	桥长/主跨长度(m)	结构类型
灵武至甜水堡段高速公路（国道211线灵武至甜水堡及联络线古窑子至青铜峡高速公路）	中桥	MK57+779.6分离式立交	99/30	预应力混凝土小箱梁	中桥	K53+335.0通道桥	47.04/20	预应力混凝土空心板
	中桥	MK58+200中桥	84/25	预应力混凝土小箱梁	中桥	K54+844.0通道桥	54.54/16	预应力混凝土空心板
	中桥	LK64+509郝渠分离式立交桥	71.54/16	预应力混凝土空心板	中桥	K56+380.5通道桥	38.04/16	预应力混凝土空心板
	中桥	K0+308.8天桥	87.08/20	预应力混凝土空心板	中桥	K58+542.0通道桥	38.54/16	预应力混凝土空心板
	中桥	LK70+876.6分离式立交	67.04/20	预应力混凝土空心板	中桥	K58+974.0通道桥	47.04/20	预应力混凝土空心板
东山坡至毛家沟段高速公路	大桥	胡家庄1号桥	165.6/20	装配式预应力混凝土连续箱梁	中桥	MK19+247.945中桥	83.8/25	装配式预应力混凝土连续箱梁
	大桥	胡家庄2号桥	515.2/40	装配式预应力混凝土连续箱梁	中桥	MK19+550.279中桥	83/25	装配式预应力混凝土连续箱梁
	大桥	马西坡桥	307.2/30	装配式预应力混凝土连续箱梁	中桥	张八儿沟桥	97.2/30	装配式预应力混凝土连续箱梁
	大桥	B匝道桥	646/30	现浇预应力混凝土连续箱梁	中桥	南河桥	85.6/20	装配式预应力混凝土连续箱梁
	大桥	C匝道桥	408.6/25	现浇预应力混凝土连续箱梁	中桥	南河村天桥	47/20	预应力混凝土空心板
	大桥	D匝道桥	231.6/25	装配式预应力混凝土连续箱梁	中桥	王家沟桥	38.54/16	预应力混凝土空心板
	大桥	南河1号大桥	165.6/20	装配式预应力混凝土连续箱梁	中桥	分离式立交桥	45.54/13	预应力混凝土空心板

附　录

续上表

项目名称	规模	名　　　称	桥长/主跨长度(m)	结　构　类　型	规模	名　　　称	桥长/主跨长度(m)	结　构　类　型
东山坡至毛家沟段高速公路	大桥	南河2号大桥	105.6/20	装配式预应力混凝土连续箱梁	中桥	分离式立交桥	45.54/13	预应力混凝土空心板
	大桥	三里店水库桥	883/25	装配式预应力混凝土连续箱梁	中桥	庙沟桥	54.54/16	预应力混凝土空心板
	大桥	南河桥	158/25	装配式预应力混凝土连续箱梁	中桥	小碱沟中桥	54.54/16	预应力混凝土空心板
	大桥	后沟子桥	133/25	装配式预应力混凝土连续箱梁	中桥	大碱沟中桥	85.6/20	装配式预应力混凝土连续箱梁
	大桥	GK1876+788.851分离式立交桥	108.8/25	装配式预应力混凝土连续箱梁	中桥	K32+382.9天桥	71.04/16	预应力混凝土空心板
	大桥	渝河桥	106.5/20	装配式预应力混凝土连续箱梁	中桥	K35+410.0天桥	47/20	装配式预应力混凝土连续箱梁
	大桥	清水沟大桥	248/40	装配式预应力混凝土连续箱梁	中桥	K47+200分离立交桥	39/13	预应力混凝土空心板
	大桥	庞家沟大桥	208/40	装配式预应力混凝土连续箱梁	中桥	K49+409.6跨线桥	60/20	预应力混凝土空心板
	大桥	筛子沟大桥	280/40	装配式预应力混凝土连续箱梁	中桥	K49+213.025立交互通桥	75/25	装配式预应力混凝土连续箱梁
	大桥	渝河桥	180/20	预应力混凝土简支箱梁	中桥	DK0+182.7跨线桥	60/20	预应力混凝土空心板
	大桥	辛家沟大桥	208/40	装配式预应力混凝土连续箱梁	中桥	K38+253分离立交桥	65/20	装配式预应力混凝土简支箱梁
	中桥	机耕天桥	76.1/20	现浇预应力混凝土连续箱梁	中桥	K43+325分离立交桥	54/16	预应力混凝土空心板
	中桥	DK0+381.445中桥	83.8/25	装配式预应力混凝土连续箱梁	中桥	K42+318天桥	47/20	装配式预应力混凝土简支箱梁

续上表

项目名称	规模	名称	桥长/主跨长度(m)	结构类型	规模	名称	桥长/主跨长度(m)	结构类型
石嘴山至银川高速公路	特大桥	MK56+932.433文昌路互通立交F匝道跨线桥	936.21/28	连续梁	中桥	十二支渠中桥	57/25	连续梁
	大桥	北大闸沟大桥	106/20	简支梁	中桥	导洪洞沟中桥	69.04/20	简支梁
	中桥	南梁沟桥	101/20	简支梁	中桥	姚汝路分离立交	97/30	简支梁
	大桥	南暖公路分离立交	106/20	简支梁	中桥	箱涵沟中桥	66/30	连续梁
	大桥	通山公路分离立交	106/20	简支梁	中桥	下沙路分离立交	53.04/25	简支梁
	大桥	通乡公路分离立交	126/20	简支梁	中桥	第二农场渠中桥	97/30	连续梁
	大桥	暖泉五队车行天桥	126/20	连续梁	中桥	胡家圈退水沟中桥	66/30	连续梁
	中桥	排洪沟中桥	53.06/25	简支梁	中桥	十九斗渠中桥	53/25	简支梁
	中桥	小明五分洪沟中桥	85.04/20	连续梁	中桥	一号排洪沟中桥	53.04/25	简支梁
	中桥	新斗渠中桥	44.04/20	连续梁	中桥	二号排洪沟中桥	66.06/30	连续梁
银川至青铜峡高速公路	中桥	K14+320中桥	60/20	装配式预应力混凝土连续T梁	中桥	K5+048小井子沟1号中桥	80/20	装配式预应力混凝土连续T梁
	中桥	K13+844北四沟中桥	80/20	装配式预应力混凝土连续T梁	中桥	K21+991.7武河立交桥	60/20	预应力混凝土空心板
	中桥	K7+217吴门镇中桥	60/20	装配式预应力混凝土连续T梁	中桥	K23+790叶北路分离立交	60/20	预应力混凝土空心板
	中桥	K6+908大井子沟中桥	80/20	装配式预应力混凝土连续T梁	中桥	K32+259西夏渠3号中桥	60/20	预应力混凝土空心板
	中桥	K5+625小井子沟2号中桥	80/20	装配式预应力混凝土连续T梁	中桥	K35+090西夏渠4号中桥	60/20	预应力混凝土空心板
	中桥	K14+320中桥	60/20	装配式预应力混凝土连续T梁	中桥	K52+892中央大道分离立交	60/20	装配式预应力混凝土连续T梁

续上表

项目名称	规模	名　　称	桥长/主跨长度(m)	结构类型	规模	名　　称	桥长/主跨长度(m)	结构类型
银川至青铜峡高速公路	中桥	K3+522 北三支渠中桥	80/20	装配式预应力混凝土连续T梁	中桥	K53+753.2 汽车通道桥	60/20	预应力混凝土空心板
	中桥	NK0+422.054 黄羊滩互通N匝道跨线桥	90/25	装配式钢筋混凝土现浇连续箱	中桥	K54.247.6 汽车通道桥	60/20	预应力混凝土空心板
	中桥	MK1+954.5 汽车通道	60/25	装配式预应力混凝土连续T梁	中桥	K56+862 车行天桥	80/20	预应力混凝土空心板
	中桥	BK0+116 闽宁通B匝道跨线桥	80/20	钢筋混凝土现浇连续箱梁	中桥	K53+310.0 马长滩沟中桥	80/20	预应力混凝土空心板
	中桥	K9+154.213 永黄路分离式立交	80/20	装配式预应力混凝土连续T梁	中桥	LK0+551.378 S201分离式立交	80/20	预应力混凝土空心板
	中桥	K2+797 农汽通道	60/20	装配式预应力混凝土连续T梁	中桥	AK0+311.394A 匝道跨线桥	76/20	普通钢筋混凝土箱梁
	中桥	K12+764 汽车通道	60/20	装配式预应力混凝土连续T梁	中桥	MK58+660 车行天桥	80/20	
	中桥	K3+522 北三支渠中桥	80/20	装配式预应力混凝土连续T梁				
银川至巴彦浩特段高速公路	大桥	西干渠大桥	218/30	预应力混凝土连续箱梁	中桥	K20+455.00 排洪沟	66.04/20	预应力混凝土空心板
	大桥	大窑沟大桥	156/25	预应力混凝土连续箱梁	中桥	K21+350.00 排洪沟	66.04/20	预应力混凝土空心板
	大桥	小井子大桥	157/25	预应力混凝土连续箱梁	中桥	K23+100.00 排洪沟	67.04/20	预应力混凝土空心板
	中桥	桑园沟中桥	67.04/20	预应力混凝土空心板	中桥	K23+833.00 排洪沟	86.04/20	预应力混凝土空心板

续上表

项目名称	规模	名称	桥长/主跨长度(m)	结构类型	规模	名称	桥长/主跨长度(m)	结构类型
银川至巴彦浩特段高速公路	中桥	西夏渠中桥	67.04/20	预应力混凝土空心板	中桥	K25+236.00 排洪沟	86.04/20	预应力混凝土空心板
	中桥	K16+845.00 排洪沟	86.04/20	预应力混凝土空心板	中桥	K29+595.00 排洪沟	86.04/20	预应力混凝土空心板
	中桥	K19+527.00 排洪沟	67.04/20	预应力混凝土空心板				
盐池至鄂托克前旗高速公路	特大桥	MK3+234.74 主线桥	773.675/35	预应力混凝土预制箱梁	中桥	MK2+329.35 中桥	47.04/20	预应力混凝土预制空心板
	特大桥	HK0+749.753 匝道桥	671.138/35	预应力混凝土预制箱梁	中桥	AK1+054.727 中桥	86.06/20	预应力混凝土预制空心板
	大桥	DK0+667.838 匝道桥	438.726/35	预应力混凝土预制箱梁	中桥	CK0+441.3 中桥	86.04/20	预应力混凝土预制空心板
	大桥	AK0+553.628 匝道现浇桥	114/35	预应力混凝土现浇箱梁	中桥	G1K0+215.868 分离式立交桥	80/20	预应力混凝土预制空心板
	大桥	BK0+233.11 匝道现浇桥	114/35	预应力混凝土现浇箱梁	中桥	G2K0+326.580 分离式立交桥	80/20	预应力混凝土预制空心板
	大桥	GK0+631.519 匝道现浇桥	114/35	预应力混凝土现浇箱梁	中桥	NK1384+682.55 中桥	86.06/20	预应力混凝土预制空心板
	大桥	NK1385+020.7 箱梁桥	108/25	预应力混凝土预制箱梁	中桥	MK3+825 中桥	67.04/20	预应力混凝土预制空心板
	大桥	G3K1+228.320 分离式立交桥	100/25	预应力混凝土预制箱梁	中桥	CK1+431.43 中桥	67.04/20	预应力混凝土预制空心板
	大桥	G4K0+826.880 分离式立交桥	100/25	预应力混凝土预制箱梁	中桥	EK0+309.93 中桥	67.04/20	预应力混凝土预制空心板
	大桥	G5K0+413.760 分离式立交桥	100/25	预应力混凝土预制箱梁				

续上表

项目名称	规模	名称	桥长/主跨长度(m)	结构类型	规模	名称	桥长/主跨长度(m)	结构类型
国道344李家庄至泾河源段高速公路	中桥	李家庄1号桥	45/13	预应力混凝土空心板	中桥	泾源互通主线桥	98/30	装配式预应力混凝土T梁
	大桥	李家庄2号桥	578/30	装配式预应力混凝土T梁	中桥	泾源立交区主线桥	64/20	预应力混凝土空心板
	大桥	米岗1号桥	398/30	装配式预应力混凝土T梁	大桥	车村分离式立交	399/30	现浇箱梁
	大桥	米岗2号桥	106.04/40	预应力混凝土空心板	大桥	香水河桥	246.06/20	预应力混凝土空心板
	中桥	惠台1号桥	398/30	装配式预应力混凝土T梁	中桥	下金村桥	60/20	预应力混凝土空心板
	大桥	惠台2号桥	398/30	装配式预应力混凝土T梁	大桥	盛义河桥	126.05/20	预应力混凝土空心板
	中桥	暖水村分离式立交桥	64/20	预应力混凝土空心板	中桥	分离式立交	66/20	预应力混凝土空心板
	大桥	惠台3号桥	578/30	装配式预应力混凝土T梁	中桥	泾光桥	66/20	预应力混凝土空心板
	大桥	太阳1号桥	248/20	装配式预应力混凝土T梁	中桥	泾河源收费站A匝道桥	88/20	预应力混凝土空心板
	大桥	太阳2号桥	548/30	装配式预应力混凝土T梁	大桥	泾河桥	206.04/20	预应力混凝土空心板
	大桥	太阳3号桥	218/30	装配式预应力混凝土T梁				

续上表

项目名称	规模	名称	桥长/主跨长度(m)	结构类型	规模	名称	桥长/主跨长度(m)	结构类型
泾源至双 泾塔梁段高 速公路	大桥	高峰梁大桥	187/30	装配式预应力混凝土T梁	大桥	河家沟大桥	157/30	装配式预应力混凝土连续箱梁
	大桥	甘渭河大桥	217/30	装配式预应力混凝土T梁	中桥	石咀1号桥	66.04/20	预应力混凝土空心板
	中桥	涝池沟中桥	46.04/20	预应力混凝土空心板	中桥	石咀2号桥	66.04/20	预应力混凝土空心板
	中桥	G344分离立交桥	66.04/20	装配式预应力混凝土连续箱梁	中桥	石咀3号桥	86.04/20	预应力混凝土空心板
	大桥	马河滩大桥	607/30	装配式预应力混凝土连续箱梁	中桥	峡口1号桥	46.04/20	预应力混凝土空心板
	大桥	新民半山桥	206/20	装配式预应力混凝土连续箱梁	中桥	峡口2号桥	50.04/16	预应力混凝土空心板
	大桥	G344分离式立交桥	397/30	装配式预应力混凝土连续箱梁	中桥	K4+306前进农场一号通道	86.12/20	预应力混凝土空心板
石嘴山至罗平高速公路	大桥	AK0+730A匝道大桥	258/32	预应力混凝土现浇箱梁	中桥	K4+579前进农场二号通道	66.12/20	预应力混凝土空心板
	大桥	CK1+245C匝道大桥	218/32	预应力混凝土现浇箱梁	中桥	AK0+223.772A匝道桥	106/40	现浇预应力混凝土箱梁
	大桥	K7+694.5沙湖主线大桥	833.12/42	20m简支空心板+预应力现浇箱梁+20m简支空心板	中桥	AK1+138.572A匝道桥	106/40	现浇预应力混凝土箱梁
	大桥	K11+225包兰铁路分离立交桥	929/40	23×40m装配式预应力连续T梁				

续上表

项目名称	规模	名称	桥长/主跨长度(m)	结构类型	规模	名称	桥长/主跨长度(m)	结构类型
石嘴山至平罗高速公路	大桥	K19+629.592 主线跨京藏高速桥	559/30	预应力混凝土空心板+预应力混凝土现浇箱梁	中桥	K9+390 煤场通道桥	35.04/10	10m 简支空心板
	大桥	AK0+880.534A 匝道跨线桥	662.264/30	预应力混凝土现浇箱梁+钢筋混凝土现浇箱梁	中桥	K12+979 西大滩停车区通道桥	35.04/10	10m 简支空心板
	大桥	BK0+450.392B 匝道跨线桥	659/25	预应力混凝土现浇箱梁+钢筋混凝土现浇箱梁	中桥	K13+366 农气通道	35.04/10	10m 简支空心板
	大桥	CK1+128.751C 匝道跨线桥	335/25	预应力混凝土现浇箱梁+钢筋混凝土现浇箱梁	中桥	NK0+687.258 沙湖大道拼宽桥	46.06/20	20m 简支空心板
	大桥	DK0+640.488D 匝道跨线桥	360/30	预应力混凝土现浇箱梁+钢筋混凝土现浇箱梁	中桥	YK0+733 姚汝路中桥	86.12/20	20m 简支空心板
	大桥	EK0+374.173E 匝道跨线桥	264.6/30	预应力混凝土现浇箱梁+钢筋混凝土现浇箱梁	中桥	DK1+199 平原水库南桥	20/20	预应力混凝土空心板
	大桥	FK0+256.454F 匝道跨线桥	232.62/30	预应力混凝土现浇箱梁+钢筋混凝土现浇箱梁	中桥	GBK0+054.529 中桥	60/20	预应力混凝土空心板
	大桥	K16+676 亲水大道分离立交	540/50	预应力混凝土空心板+预应力混凝土现浇箱梁	中桥	GNK0+054.44 中桥	60/20	预应力混凝土空心板
	中桥	崇岗互通 CK0+368.5 分离立交桥	96/30	预应力混凝土现浇箱梁		K13+808 大沙路分离立交	80/20	预应力混凝土空心板

宁夏

续上表

项目名称	规模	名称	桥长/主跨长度(m)	结构类型	规模	名称	桥长/主跨长度(m)	结构类型
石嘴山至平罗高速公路	中桥	崇岗互通MK1+529.5分离立交桥	96/30	预应力混凝土现浇箱梁	中桥	K15+402经二路分离立交	80/20	预应力混凝土空心板
	中桥	K1+859前进农场1号中桥	66.12/20	预应力混凝土空心板	中桥	K21+288.5唐徕渠中桥	20/20	预应力混凝土空心板
	中桥	K3+322.5前进农场2号中桥	66.12/20	预应力混凝土空心板				
	大桥	K3+310北沟大桥	146/20	预应力混凝土空心板	大桥	K19+220尖脑沟大桥	146/20	预应力混凝土空心板
	大桥	AK0+112.484新民大桥	106/20	预应力混凝土空心板	大桥	AK0+605关桥互通A匝道	251/25	现浇预应力混凝土连续箱梁
	大桥	AK1+306.925A匝道桥	491.53/30	现浇预应力混凝土连续箱梁	大桥	K21+980关桥大桥	206/20	预应力混凝土空心板
	大桥	K7+050二分沟大桥	206/20	预应力混凝土空心板	大桥	K30+500李湾大桥	146/20	预应力混凝土空心板
	大桥	K7+400头分沟大桥	306/20	预应力混凝土空心板	大桥	K35+400/K35+415曲湾1号大桥	706.5/30	装配式预应力T梁
同心至海原高速公路	大桥	K8+072/K8+077石峡口1号大桥	606.5/20	预应力混凝土空心板+T梁	大桥	K36+540曲湾2号大桥	246/20	预应力混凝土空心板
	大桥	K8+700/K8+710石峡口2号大桥	106/20	预应力混凝土空心板	大桥	K37+130方堡大桥	166/20	预应力混凝土空心板
	大桥	K8+980石峡口3号大桥	366.5/30	预应力混凝土空心板+T梁	大桥	K38+713庄子上1号大桥	106/20	预应力混凝土空心板
	大桥	K9+775石峡口4号大桥	307/30	装配式预应力T梁	大桥	K39+270庄子上2号大桥	146/20	预应力混凝土空心板

续上表

项目名称	规模	名 称	桥长/主跨长度(m)	结构类型	规模	名 称	桥长/主跨长度(m)	结构类型
	大桥	K10+210/K10+225 石峡口5号大桥	307/30	装配式预应力T梁	大桥	K40+150 庙儿沟大桥	106/20	预应力混凝土空心板
	大桥	K10+640 石峡口6号大桥	127/30	装配式预应力T梁	大桥	K42+670/K42+680 新庄子大桥	186/20	预应力混凝土空心板
	大桥	K11+230/K11+215 石峡口7号大桥	217/30	装配式预应力T梁	大桥	K43+755 王家井1号大桥	187/30	装配式预应力空心板
	大桥	K11+625 石峡口8号桥	186/20	预应力混凝土T梁	大桥	K44+020 王家井2号桥	126/20	预应力混凝土空心板
	大桥	K11+955 石峡口9号桥	217/30	装配式预应力T梁	大桥	K44+534 王家井3号桥	126.1/20	预应力混凝土空心板
	大桥	K12+255 石峡口10号桥	106/20	预应力混凝土T梁	大桥	K46+010 王家井4号桥	306/20	预应力混凝土空心板
	大桥	K12+525/K12+540 石峡口11号桥	367/30	装配式预应力T梁	中桥	K1+865 七干渠中桥	86/20	预应力混凝土空心板
同心至海原高速公路	大桥	K13+555 石峡口12号桥	187/30	装配式预应力T梁	中桥	K9+386.5C275 分离立交	66/20	预应力混凝土空心板
	大桥	K13+925 石峡口13号桥	226/20	预应力混凝土T梁	中桥	K19+670Y315 分离立交	66/20	预应力混凝土空心板
	大桥	K14+235 石峡口14号桥	226/20	预应力混凝土T梁	中桥	K21+020 黑刺蓬沟中桥	66/20	预应力混凝土空心板
	大桥	K14+523/K14+525 石峡口15号桥	157/30	装配式预应力T梁	中桥	K28+600 车行天桥	65/27	现浇预应力混凝土连续箱梁
	大桥	K15+095 石峡口16号桥	217/30	预应力混凝土T梁	中桥	K32+630 马湾中桥	86/20	预应力混凝土空心板
	大桥	K17+890 陡沟大桥	166/20	预应力混凝土T梁	中桥	K34+790 车行天桥	65/27	现浇预应力混凝土连续箱梁

417

续上表

项目名称	规模	名称	桥长/主跨长度(m)	结构类型	规模	名称	桥长/主跨长度(m)	结构类型
黑城至海原高速公路	大桥	枢纽互通AK0+300.407匝道跨线桥匝道桥	429/30	预应力混凝土现浇箱梁	大桥	K43+150 马营河大桥	209.20/20	预应力混凝土预制箱梁
	大桥	枢纽互通DK0+498.110匝道跨线桥	169/40	预应力混凝土现浇箱梁	大桥	K48+170 小山岘沟桥	127/40	预应力混凝土预制箱梁
	大桥	枢纽互通EK0+583.856匝道跨线桥	289.16/40	预应力混凝土现浇箱梁	大桥	ZK53+206 红石头沟桥左幅	458/40	预应力混凝土预制箱梁
	大桥	K12+248 家河湾1号桥	187/30	预应力混凝土预制箱梁	大桥	K64+410 双墩河桥	107.57/20	预应力混凝土预制箱梁
	大桥	K12+790 家河湾2号桥	247/40	预应力混凝土预制箱梁	大桥	ZK60+526 大涧沟大桥	247/40	预应力混凝土预制箱梁
	大桥	K14+990 北山沟2号桥	147/20	预应力混凝土预制箱梁	中桥	枢纽互通AK0+989马圈支渠中桥	46.04/20	预应力混凝土预制空心板
	大桥	K15+275 阴条沟大桥	147/20	预应力混凝土预制箱梁	中桥	NK2121+572.94排洪沟中桥	46.04/20	预应力混凝土预制箱梁
	大桥	K15+625 坟园沟大桥	167/20	预应力混凝土预制箱梁	中桥	K9+197.88 分离式立交桥	82/25	预应力混凝土预制箱梁
	大桥	K16+925 碾子沟大桥	127/40	预应力混凝土预制箱梁	中桥	西互通MK11+354.625分离式桥	82/25	预应力混凝土预制箱梁
	大桥	K20+120 红沟大桥	207.16/40	预应力混凝土预制箱梁	中桥	西互通MK11+802.36跨线桥	84/25	预应力混凝土预制箱梁
	大桥	K21+334 盖牌沟大桥	127/40	预应力混凝土预制箱梁	中桥	西互通AK0+579跨线桥	84/25	预应力混凝土预制箱梁
	大桥	K22+150 毛儿次坪沟桥	107/20	预应力混凝土预制箱梁	中桥	西互通CK0+187.93跨线桥	84/25	预应力混凝土预制箱梁
	大桥	K24+060 碱沟大桥	187/30	预应力混凝土预制箱梁	中桥	西互通DK0+336.164匝道桥	84/25	预应力混凝土现浇箱梁

续上表

项目名称	规模	名 称	桥长/主跨长度 (m)	结构类型	规模	名 称	桥长/主跨长度 (m)	结构类型
黑城至海原高速公路	大桥	K25+845 上吴家湾沟1号桥	127/40	预应力混凝土预制箱形梁	中桥	西互通EK0+195.992面道桥	84/25	预应力混凝土现浇箱形梁
	大桥	K26+475 上吴家湾沟2号桥	157.16/40	预应力混凝土预制箱形梁	中桥	K14+542 北山沟中桥	97/30	预应力混凝土预制箱形梁
	大桥	K27+430 新堡子沟1号桥	208.174/40	预应力混凝土预制箱形梁	中桥	K18+420 王家树沟中桥	59/13	预应力混凝土预制空心板
	大桥	K28+125 新堡子沟2号桥	168/40	预应力混凝土预制箱形梁	中桥	K28+850 新堡子沟3号桥	87/20	预应力混凝土预制箱形梁
	大桥	K29+440 新堡子沟4号桥	147/20	预应力混凝土预制箱形梁	中桥	K36+740 分离立交桥	67/20	预应力混凝土预制箱形梁
	大桥	K30+332 巨家湾沟桥	187/30	预应力混凝土预制箱形梁	中桥	K37+662.309 贾塘立交桥	81.933/25	预应力混凝土预制箱形梁
	大桥	K30+908 巨湾东沟桥	288/40	预应力混凝土预制箱形梁		CK0+211.545 贾塘立交桥	82/25	预应力混凝土预制箱形梁
	大桥	K31+795 分离立交桥	288/40	预应力混凝土预制箱形梁				
	特大桥	ZK15+776/YK15+761 硝河特大桥	1110/30	装配式预应力混凝土T形连续梁	大桥	K42+940 酸刺沟大桥	308/30	装配式预应力混凝土T形连续梁
固原至西吉高速公路	大桥	GK0+720.26 匝道跨线桥	420/30	装配式预应力混凝土箱形连续梁	大桥	K44+128 阳洼沟大桥	157/25	装配式预应力混凝土箱形连续梁
	大桥	HK0+579.362 匝道跨线桥	420/30	装配式预应力混凝土箱形连续梁	中桥	K4+938.7 分离式立交	80/20	装配式预应力混凝土箱形连续梁
	大桥	K2+430.242 跨线桥	420/30	装配式预应力混凝土箱形连续梁	中桥	FK0+411.5 大营河大桥	75/25	现浇混凝土箱形连续梁
	大桥	AK0+782.576 匝道跨线桥	180/30	现浇混凝土箱形连续梁	中桥	EK0+228 黎家堡互通立交大营河桥	80/20	装配式预应力混凝土箱形连续梁

续上表

项目名称	规模	名称	桥长/主跨长度(m)	结构类型	规模	名称	桥长/主跨长度(m)	结构类型
固原至西吉高速公路	大桥	BK0+960.05匝道跨线桥	120/30	现浇混凝土箱形连续梁	中桥	K1+667.8分离式立交桥	60/20	装配式预应力混凝土箱形连续梁
	大桥	K4+600中水河大桥	200/25	装配式预应力混凝土箱形连续梁	中桥	K3+411.5分离式立交桥	60/20	装配式预应力混凝土箱形连续梁
	大桥	JSK1+647大营河大桥	100/20	装配式预应力混凝土箱形连续梁	中桥	K6+470隆庄沟中桥	87/20	装配式预应力混凝土箱形连续梁
	大桥	G70K2080+842.07大营河大桥	100/20	预应力混凝土空心板	中桥	K9+133水河子中桥	67/20	装配式预应力混凝土箱形连续梁
	大桥	K13+410水泉沟大桥	207/25	装配式预应力混凝土箱形连续梁	中桥	K9+954沙河中桥	67/20	装配式预应力混凝土箱形连续梁
	大桥	K10+910深沟大桥	129/40	装配式预应力混凝土T形连续梁	中桥	K11+854曹家河中桥	87/20	装配式预应力混凝土箱形连续梁
	大桥	K17+421红沟村1号桥	278/30	装配式预应力混凝土T形连续梁	中桥	K12+581马蹄沟中桥	67/20	装配式预应力混凝土箱形连续梁
	大桥	ZK17+905/YK17+875红沟村2号桥	278/30	装配式预应力混凝土T形连续梁	中桥	K8+093分离式立交桥	87/20	装配式预应力混凝土箱形连续梁
	大桥	K18+158红沟村3号桥	88/40	装配式预应力混凝土T形简支梁	中桥	K8+800分离式立交桥	67/20	装配式预应力混凝土箱形连续梁
	大桥	K22+312荅子湾沟大桥	128/40	装配式预应力混凝土T形连续梁	中桥	K11+403分离式立交桥	67/20	装配式预应力混凝土箱形连续梁
	大桥	ZK20+247.5/YK20+238大路沟桥	79/35	装配式预应力混凝土T形简支梁	中桥	K12+250.7分离式立交桥	87/20	装配式预应力混凝土箱形连续梁
	大桥	ZK26+935/YK26+890店子洼沟大桥	518/30	装配式预应力混凝土T形简支梁	中桥	硝口互通区AK0+910.538匝道桥	106/25	现浇混凝土箱形连续梁
	大桥	K28+309偏城河大桥	308/30	装配式预应力混凝土T形简支梁	中桥	K19+672红沟4号桥	60/30	装配式预应力混凝土T形简支梁

续上表

项目名称	规模	名称	桥长/主跨长度(m)	结构类型	规模	名称	桥长/主跨长度(m)	结构类型
	大桥	K32+785 北庄大滩大桥	337/30	装配式预应力混凝土T形简支梁	中桥	K19+810 红沟村5号桥	60/30	装配式预应力混凝土T形简支梁
	大桥	K28+897.5 唐奄沟大桥	182/25	装配式预应力混凝土箱形连续梁	中桥	K20+812 庙咀子湾沟桥	87/20	装配式预应力混凝土箱形连续梁
	大桥	K34+237.5 小水泉大桥	132/25	装配式预应力混凝土箱形连续梁	中桥	K21+420 矮背湾沟桥	67/20	装配式预应力混凝土箱形连续梁
固原至西吉高速公路	大桥	K36+507 大水泉大桥	247/30	装配式预应力混凝土T形连续梁	中桥	K35+420 下堡中桥	87/20	预应力混凝土箱形连续梁
	大桥	K37+468 短岔大桥	157/25	装配式预应力混凝土箱形连续梁	中桥	K42+097 排洪沟中桥	97/30	预应力混凝土箱形连续梁
	大桥	K39+005 金银润大桥	207/25	装配式预应力混凝土箱形连续梁	中桥	K35+794.7 汽车通道	67/20	预应力混凝土箱形连续梁
	大桥	K40+238 车路沟大桥	277/30	装配式预应力混凝土箱形连续梁	中桥	K41+550 汽车通道	67/20	预应力混凝土箱梁
	大桥	K47+375 葫芦河1号大桥	457/30	装配式预应力混凝土T形连续梁	大桥	K69+020 叶家寨廊1号大桥	127/30	装配式预应力混凝土T形连续梁
西吉至会宁高速公路	大桥	K49+183 杨家河大桥	127/30	装配式预应力混凝土T形连续梁	大桥	K69+620 叶家寨廊2号大桥	127/30	装配式预应力混凝土T形连续梁
	大桥	K50+845 葫芦河2号大桥	337/30	装配式预应力混凝土T形连续梁	大桥	K70+180 白家台水库2号大桥	307/30	装配式预应力混凝土T形连续梁
	中桥	K51+600 南台沟大桥	187/30	装配式预应力混凝土T形连续梁	大桥	K71+590 滥泥河1号大桥	407.6/40	装配式预应力混凝土T形连续梁
	中桥	K52+164 排洪沟中桥	97/30	装配式预应力混凝土T形连续梁	大桥	K74+212 滥泥河2号大桥	247/40	装配式预应力混凝土T形连续梁
	大桥	K52+529 杨家湾大桥	369/40	装配式预应力混凝土T形连续梁	大桥	K74+500 毛坪大桥	187/30	装配式预应力混凝土T形连续梁

续上表

项目名称	规模	名称	桥长/主跨长度(m)	结构类型
西吉至会宁高速公路	大桥	K45+650 车路沟大桥	337/30	装配式预应力混凝土T形连续梁
	大桥	AK0+226.2 匝道桥	105/40	现浇预应力混凝土连续箱梁
	大桥	DK0+208.557（匝道）车路沟大桥	227/30	现浇预应力混凝土连续箱梁
	中桥	K46+661.8G566 分离式立交桥	97/30	装配式预应力混凝土T形连续梁
	大桥	K53+110 龚家湾大桥	127/30	装配式预应力混凝土T形连续梁
	大桥	K54+215 泉尔湾大桥	407/40	装配式预应力混凝土T形连续梁
	大桥	K55+525 团结大桥	277/30	装配式预应力混凝土T形连续梁
	大桥	K56+375 麻地沟大桥	489/40	预应力混凝土先简支后连续T形连续梁
	大桥	K57+220 铁家咀大桥	277/30	预应力混凝土先简支后连续T形连续梁
	大桥	K58+655 阳洼沟大桥	127/30	装配式预应力混凝土T形简支梁
	大桥	AK0+900 苟新庄大桥	157/30	装配式预应力混凝土T形简支梁
	中桥	K57+886 主线桥	97/30	装配式预应力混凝土T形简支梁
	大桥	K76+000 芦子滩堰大桥	727/30	装配式预应力混凝土T形连续梁
	大桥	K78+875 张撇沟1号大桥	207.6/40	装配式预应力混凝土T形连续梁
	大桥	K79+425 张撇沟2号大桥	127.6/40	装配式预应力混凝土T形连续梁
	大桥	K78+576 震湖互通立交A匝道桥	127/30	预应力混凝土T形连续梁
	中桥	CK0+231.6	127/30	预应力混凝土T形连续梁
	大桥	DK0+210	97/30	预应力混凝土T形连续梁
	大桥	K73+148 西三线分离立交大桥	127/30	预应力混凝土T形连续梁
	大桥	ZK82+815 戴家嘴1号大桥	247/30	装配式预应力混凝土T形连续梁
	大桥	ZK83+565 戴家嘴2号大桥	807.68/40	装配式预应力混凝土T形连续梁
	中桥	YK83+210 戴家嘴3号大桥	97/30	装配式预应力混凝土T形连续梁
	大桥	YK83+688.4 戴家嘴4号大桥	367.6/40	装配式预应力混凝土T形连续梁
	大桥	K84+940 滥泥河3号大桥	407.6/40	装配式预应力混凝土T形连续梁

续上表

项目名称	规模	名称	桥长/主跨长度(m)	结构类型	规模	名称	桥长/主跨长度(m)	结构类型
西吉至会宁高速公路	中桥	K58+119 主线桥	66/20	预应力混凝土空心板	大桥	K85+665 屹塔川大桥	157.08/30	装配式预应力混凝土T形连续梁
	大桥	K60+085 任家湾大桥	287/40	预应力混凝土先简支后连续T形连续梁	大桥	K86+090 王家湾大桥	207.6/40	装配式预应力混凝土T形连续梁
	大桥	K62+180 夏家大陆堰大桥	277/30	预应力混凝土先简支后连续T形连续梁	大桥	K86+440 潘家沟大桥	367.6/40	装配式预应力混凝土T形连续梁
	大桥	ZK66+092 庞湾大桥(左幅)	307/30	装配式预应力混凝土T形连续梁	大桥	K88+600 姚家河大桥	127/30	装配式预应力混凝土T形连续梁
	大桥	YK66+116 庞湾大桥(右幅)	307/30	装配式预应力混凝土T形连续梁	大桥	K89+360 李任沟大桥	167.68/40	装配式预应力混凝土T形连续梁
	大桥	K66+905 红泉子沟大桥	247.6/40	装配式预应力混凝土T形连续梁	大桥	K90+700 路陀岔大桥	157/30	装配式预应力混凝土T形连续梁
	大桥	K67+755 阳坡台大桥	127/30	装配式预应力混凝土T形连续梁	大桥	K92+320 雷家河大桥	127/30	装配式预应力混凝土T形连续梁
	大桥	K68+457 白家台水库1号大桥	447.64/40	装配式预应力混凝土T形连续梁				
彭阳至青石嘴高速公路	大桥	K7+486 店洼水库一号桥	152/20	预应力混凝土连续箱梁	中桥	K13+453 碱沟门中桥	68	预应力混凝土连续箱梁
	大桥	K7+921 店洼水库二号桥	372/30	预应力混凝土连续箱梁	中桥	K15+828 黄家寺中桥	38.04	预应力混凝土空心板
	大桥	DK7+484.8 店洼水库一号改线桥	152/20	预应力混凝土连续箱梁	中桥	K16+123 苦水沟中桥	38.04	预应力混凝土空心板
	大桥	DK7+918.3 店洼水库二号改线桥	402/30	预应力混凝土连续箱梁	中桥	K16+818 固古公路分离式立交桥	88	预应力混凝土连续箱梁
	大桥	K26+150 乃河水库二号大桥	308/30	预应力混凝土连续箱梁	中桥	K17+100 沙沟中桥	68	预应力混凝土连续箱梁

续上表

项目名称	规模	名　称	桥长/主跨长度(m)	结构类型	规模	名　称	桥长/主跨长度(m)	结构类型
彭阳至青石嘴高速公路	大桥	YK32+982 青石嘴分离式立交桥	348/30	预应力混凝土连续箱梁	中桥	K19+870 泄洪沟中桥	38.04	预应力混凝土空心板
	中桥	K1+058 阳洼台沟中桥	54.04/16	预应力混凝土空心板	中桥	K20+410 石窑沟中桥	88	预应力混凝土连续箱梁
	中桥	K1+571 崔家沟中桥	54.04/16	预应力混凝土空心板	中桥	K21+518 西洼台中桥	27.04	预应力混凝土空心板
	中桥	K2+123 周沟中桥	54.04/16	预应力混凝土空心板	中桥	K23+185 海子口中桥	88	预应力混凝土连续箱梁
	中桥	K2+482 北上洼中桥	47.04/20	预应力混凝土空心板	中桥	K25+715 分离式立交桥	68	预应力混凝土连续箱梁
	中桥	K2+998 赵河中桥	54.04/16	预应力混凝土空心板	中桥	K25+555 乃河水库一号桥	98	预应力混凝土连续箱梁
	中桥	K6+342 枣子湾中桥	54.04/16	预应力混凝土空心板	中桥	K26+524 阳洼沟中桥	54.04	预应力混凝土空心板
	中桥	K8+521 店洼至穆河分离式立交中桥	88/20	预应力混凝土连续箱梁	中桥	K26+872 东沟中桥	54.04	预应力混凝土空心板
	中桥	K8+885 米沟中桥	68	预应力混凝土连续箱梁	中桥	K27+300 火龙沟中桥	88	预应力混凝土连续箱梁
	中桥	AK0+485 匝道沙沟中桥	88	预应力混凝土连续箱梁	中桥	K28+314 小岔沟中桥	54.04	预应力混凝土空心板
	中桥	AK0+872 分离式立交桥	68	预应力混凝土连续箱梁	中桥	K30+556 五里山中桥	54.04	预应力混凝土空心板
	中桥	K10+808 高庄中桥	88	预应力混凝土连续箱梁	中桥	YK33+613 牛英沟中桥	88	预应力混凝土连续箱梁
	中桥	K12+565 晁坡中桥	88	预应力混凝土连续箱梁	中桥	K0+373.3 下行匝道牛英沟中桥	87.12	预应力混凝土空心板

续上表

项目名称	规模	名称	桥长/主跨长度(m)	结构类型	备注
彭阳至青石嘴高速公路	中桥	K13+185 冯沟中桥	68	预应力混凝土连续箱梁	
滚泉至红寺堡高速公路	大桥	K0+688.5 滚泉大桥	107.06/20	预应力混凝土空心板	
	大桥	YK1+99.377/ZK1+157.111 望红大桥	147.06/20	预应力混凝土空心板	
	大桥	SK104+328.672 分离式立交跨线桥	100/30	预应力钢筋混凝土箱梁	

附表 4

宁夏回族自治区高速公路隧道信息汇总列表

项目名称	规模	名称	隧道左洞长(m)	隧道右洞长(m)	洞门形式	备注
同心至沿川子高速公路	短隧道	牛营子隧道	270.00	270.00	进口:端墙式;出口:削竹式	
	中隧道	堡子山隧道	614.50	610.00	进口:削竹式;出口:削竹式	
	中隧道	刘家沟隧道	690.00	700.00	进口:削竹式;出口:削竹式	
	中隧道	什宁隧道	808.00	808.00	进口:削竹式;出口:端墙式	
	中隧道	大湾隧道	570.00	670.00	进口:削竹式;出口:端墙式	
	中隧道	三十里铺隧道	645.00	785.00	进口:端墙式;出口:削竹式	
东山坡至毛家沟段高速公路	特长隧道	六盘山隧道	9490.00	9480.00	进口:端墙式;出口:端墙式	
泾源至华亭(宁甘界)高速公路	短隧道	高峰梁隧道	485.00	464.00	进口:端墙式;出口:端墙式	
	短隧道	双疙瘩梁隧道	325.00	368.00	进口:端墙式;出口:端墙式	
黑城至海原高速公路	长隧道	赵家山隧道	1217.00	1250.00	进口:削竹式;出口:削竹式	
	长隧道	偏城隧道	2469.00	2922.00	进口:端墙式;出口:削竹式	
固原至西吉高速公路	中隧道	田家梁隧道	920.00	974.00	进口:端墙式;出口:端墙式	
	长隧道	庞湾隧道	1558.00	1605.00	进口:端墙式;出口:端墙式	
西吉至会宁高速公路	长隧道	戴家嘴1号隧道	1275.00	1240.00	进口:削竹式;出口:削竹式	
	短隧道	戴家嘴2号隧道		320.00	进口:削竹式;出口:削竹式	

附表 5

宁夏回族自治区高速公路复杂技术工程信息采集表

	复杂技术工程名称	施工里程桩号	长度（m）
银川绕城高速公路西北段	阅海大桥	K36+451.96～K37+598.04	1146.08
	工程内容	主桥采用五孔中承式钢管混凝土系杆拱，孔跨形式为（3×30+4×30+4×30+4×30+3×80+4×30+4×30+4×30+4×30+3×30+3×30+3×30）m，中孔跨径80m，边孔跨径为30m预应力混凝土箱梁，桥长1146.08m，桥面全宽26m。拱肋采用三道，中面分隔带处设一道，使得道路在上、下行线位于中肋路两侧。该桥型能充分发挥混凝土材料的抗压强度，用环氧喷涂钢绞线拉至跨端横梁处，拱面形式为哑铃形。截面形式为三道，中面分隔带处设一道，使得道路在上、下行线位于中肋路两侧。该桥型能充分发挥混凝土材料的抗压强度，用环氧喷涂钢绞线拉至跨端横梁处，锚固于端横梁外侧，以此预应力水平推力。主桥中孔孔径较大，边孔较小，从美观上面看取得了良好的效果。拱肋采用三道，有利于车道路的横向布置，同时增强了结构的稳定性和抗震性。中孔、次中孔和边孔矢跨比为1/2.5、1/3、1/5，拱轴线形为二次抛物线	
京藏高速公路石嘴山（蒙宁界）至中宁段改扩建	复杂技术工程名称	施工里程桩号	长度（m）
	掌镇枢纽互通立交	K1188+600～K1195+500（京藏高速公路） NK1505+800～NK1508+100（青银高速公路）	主线长度2100m； 青银高速公路加宽长度2300m
	工程内容	在里程K1189+946.239处掌镇枢纽互通立交，是青银高速公路与本项目的重要交通枢纽节点。掌镇板纽立交形式为变形首荐叶，主线上跨级交路（青银高速公路），匝道下穿主线。既要完成主线枢纽上跨青银高速公路及匝面直施工，又要完成既有青银高速公路加宽施工，青银高速公路不能封闭施工，同时车流量很大，交通导改难度大。本互通主线总长2100m，匝道总长5231.1m；填方1485794 m³，挖方6743m³；主线桥长320m；匝道桥长856m，涵洞24座。其中主线2号桥为3×20m+（25+30+25）m+3×25m预应力混凝土现浇箱梁，A匝道为4×25m+（25+30+25）m+3×25m预应力混凝土现浇箱梁，E匝道1号桥为25m+30m+30m+25m预应力混凝土现浇箱梁。三个桥均为跨青银高速公路预应力混凝土现浇箱梁	
银川至古窑子高速公路	复杂技术工程名称	施工里程桩号	长度（m）
	银川黄河大桥	K2+279.28～K3+533.71	1254.43
	工程内容	1. 河流特征：该河流段水位时河水少有淤积，高水位变化正常，无逐年加高趋势。桥位处主河槽近年无大变化。2. 地形地貌：桥位区黄河位于银川冲陷盆地东缘，为宽阔平原河谷地貌。地势平坦开阔，两岸形成不对称阶地。3. 气象处于典型的中温带大陆性气候，具有雨量稀少蒸发量大，冬季干燥，夏季炎热，日照充分，风沙多等特点。4. 桥型：大桥起自K2+279.28，终至K3+533.71，全长1254.43m，桥跨布置为K3+533.71，全长1254.43m，桥跨为10跨30m预应力混凝土简支转连续箱梁，西岸引桥为10跨30m预应力混凝土简支转连续箱梁，西段为18跨16m预应力混凝土简支板桥面连续结构，前者5跨、后者6跨一共2联；东岸引桥为3孔30m预应力混凝土简支转连续箱梁单箱单室断面，引桥为30m后张预应力先简支后连续箱梁，前5跨、后6跨一共3联。5. 上部构造：主桥为单箱单室断面，引桥为30m后张预应力先简支后连续箱梁。6. 全桥基础均为钻孔灌注桩，桩径1.4～1.5m。7. 技术指标：车辆荷载：汽车-20级、挂车-100级；桥面宽度：净-11.0m+2×0.5m防撞护栏；设计洪水频率：1/100；地震基本烈度：8度；河道通航等级：五级；桥头引道：平原微丘区，三级公路标准	

426

续上表

	复杂技术工程名称	扩建银川黄河大桥	长度(m)	1219.9
银川至古窑子高速公路		施工里程桩号	K13+600.65~K14+820.55	
	工程内容	1. 本设计根据初步设计批复意见，在原桥址的上、下游两侧各加宽6m，并对原桥桥面铺装及伸缩缝等进行改造。2. 技术指标：车辆荷载：汽车—超20级，挂车—120；地震基本烈度：8度；河道通航等级：五级（净高5.5m）。3. 桥位区黄河位于银川断陷盆地东缘，为宽阔平原河谷地貌。地势平坦开阔，两岸形成不对称阶地。4. 桥跨、桥型：桥跨为14×16m+12×30m+(60+5×90+60)m+2×30m，主桥7跨为60m+5×90+60m的预应力混凝土T形刚构，梁变截面悬臂长30m，根部高5.0m，端部高2.0m。5. 施工要点：（1）悬臂箱梁预应力钢束张拉时，实际伸长值与理论伸长值之差应控制在6%之内。（2）悬臂浇筑混凝土时，不平衡荷载的控制如下：主梁自重误差控制在3%以内；各对称梁段现浇混凝土时应同步进行，两侧浇筑混凝土质量相差不得大于该段重的30%；挂篮移位如必须进行，其距离差不应大于半个节段长度的85%。（3）悬臂箱梁0号梁段自重相当于半个梁段长的浇筑质量			

	复杂技术工程名称	包兰铁路分离立交	长度(m)	775.56
		施工里程桩号	K00+636.666~K11+414.226	
	工程内容	1. 该桥为特大桥，桥长775.56m，起讫桩号为K10+636.666~K11+412.226。2. 桥型结构：上跨包兰铁路处为一孔30m跨径预应力简支箱梁，横桥向2×6片主梁；铁路两侧为引桥，起点段为18孔20m跨径预应力混凝土连续箱梁，相同结构的连续箱梁，最大联长7孔20m一联；下部为双柱式墩，肋板式台，钻孔灌注桩基础。3. 技术标准：设计荷载：汽车—超20级，挂车—120；桥面宽度26m，行车道宽度2×11.5m；地震烈度8度三级。4. 工程地质特征：桥址地貌上处于黄河左岸三级阶地，地形平坦			

	复杂技术工程名称	牛营子隧道	长度(m)	270
同心至沽川高速公路		施工里程桩号	GK174+040~GK174+310	
	工程内容	1. 设计情况：牛营子隧道为连拱隧道，全长270m，其中进口明洞46m，出口明洞26.5m。地处宁夏固原市原州区大湾乡牛营村以北董庄沟村五组东侧，是一座上下行分离的四车道高速公路连拱隧道，位于R=600m的平曲线内，单向坡，纵坡为2.5212%；最大埋深45.88m。全隧道经变更设计后按Ⅰ类围岩组织施工。2. 地貌、地质情况：隧道进口位于大红沟沟头，属黄土堆积区，为全风化的泥岩、砂岩，含水率大，且地下水丰富，洞身穿越黄土丘陵，属崩坡积湿陷侵蚀区，微地貌单元，微地貌为全风化的泥岩、砂岩，含水率大，且地下水丰富，洞口位于远东西大冲沟的北岸，属黄土堆积区。隧道所在位置工程地质极差，为全风化的泥岩、砂岩，含水率大，且地下水丰富，秋雨连绵，日照不足，无霜期短"的特点。年降水变率大，年降雨主要集中在7、8、9月份，年均气温6.2℃，极端最高气温34.6℃，最大冻深1.37m，主要自然灾害有旱灾、冰雹，阴雨秋涝，低温霜冻等。4. 施工情况：牛营子隧道于2005年9月份正式开工，在工程地质极差，地下水丰富，隧道浅埋、涌水及粉沙等诸多不利因素作用下，工程进度不甚理想。特别是中导洞中遇水后形成流沙，给施工造成了极大的困难，但在不断调整了施工方案，如采用井点降水，负压驱通等措施后，于2006年8月份中导洞顺利贯通，给正洞施工创造了条件。			

427

续上表

同心至川口子高速公路	工程内容	施工过程中遇到的主要困难： 1. 开挖过程中水量极大，特别是中导洞，大量渗水与全风化砂岩混合使围岩崩解形成流沙，给施工造成了极大的困难。 2. 因该隧道工程地质差，地下水位高，施工的初期支护承受压力大，以致初期支护变形快且变形量大。 3. 中导洞与侧壁导坑作业面小，特别是中导洞在中隔墙施工后，加之地下水丰富，砂岩遇水成流塑状，给出渣造成了极大的困难			
东山坡至毛家沟段高速公路	复杂技术工程名称	六盘山隧道	施工里程桩号	K6+270~K15+760	长度（m）	9485
	工程内容	1. 隧道处宁南山区，高原地理气候多变，自然地质条件较差。隧址区域植被茂密，降雨丰富，水文地质复杂。经预测隧道通过段落最大涌水量将达到38000m³/d。同时，隧道通过地层岩性较差，以夹着泥质粉质砂岩为主，间夹着泥质粉质砂岩与软弱岩层的组合下，隧道工程地质地质水文条件较差，整个隧道以Ⅴ、Ⅳ级围岩通始终，其中Ⅴ级围岩比例近20%。2. 隧道1号斜井长1160m，开挖断面大（在140m²左右，相当于三车道断面），施工难度大。3. 作为施工阶段辅助正洞施工的2号斜井长1362m，纵坡约9%，施工期间的通风、排水及运输难度大，风险高。4. 本隧道两座通风斜井均采用地下风机房，由于地下风机房交叉口多，断面变化大，结构复杂，施工风险较大，工期较长。5. A4标隧道处出口段，长度约3.26km，隧道浅埋，反复多次下穿顶部沟谷，Ⅴ级围岩约占标段长度的50%，施工安全风险高，施工进度慢，工期压力大。6. 隧道处六盘山国家级保护区，隧址区域植被茂密，水源丰富，而且隧道进口为固原市城市饮水水源一级保护区内。水源地保护、环境保护级保护区及森林防火为本建设期间的管理重点			
石嘴山至银川高速公路	复杂技术工程名称	土石混填路基施工	施工里程桩号	K0+000~K39+500	长度（m）	24342
	工程内容	探索土石混填路基施工，节约土地，节约成本，保护环境。路基工程施工中，由于石嘴山段贺兰山冲积扇坡地含石量60%以上，且超过粒径砾石含量高，按常规的检测方法无法验收，保证不了工程质量。若重新选取土场，就要征用耕地，并且远距离运输。既浪费土地又增加投资，并影响环境。为此，我们成立了"宁夏沿贺兰山冲积扇土石混填路基施工技术研究"课题组，通过大量的试验和研究，科学合理确定了土石混合填料压实质量的控制指标，既提高了工程投资，节约了工程投资，又加快了进度。在K0+000~K39+500段长度为24.342km的路段，在边坡防护上充分利用现有地材，采用了手摆砾石的防护方法，手摆砾石路肩、预制混凝土急流槽不但防护效果好，而且节约了工程的费用约60万元，节约了工程土地，实现了低碳环保，又提高了路基防护质量			

附表 6

宁夏回族自治区高速公路技术创新信息采集表

项目名称	创新型技术名称	主要参与人员	所获奖励	主要内容
银川绕城高等级公路西北段	宁夏冲湖积软弱土路基沉降规律及处治措施研究	马洪林,郑永昌,董雁,丁小平,周万福,郝培文,刘红瑛	2009年自治区科技进步三等奖	1. 首次针对冲湖积原状软弱土地基与换填砂砾地基、袋装砂井处治地基及挤密碎石桩处治地基三种地基处治方案设计了离心模型试验,定量测试了离心模拟过程中土地基处治前后路堤的沉降与变形状况,有效地模拟了路堤分期分级填筑的过程和工后软弱土地基的逐步固结过程,并对冲湖积软弱土地基工后沉降进行了回归与预测。2. 首次针对袋装砂井处治地基及挤密碎石桩处治地基技术,研究了路基离心加载过程中的各点实时变形量变化与最终含水率分布状况,并距对袋装砂井处效果的影响;桩距对挤密碎石桩处治效果的影响;并深对袋装砂井处治地基工程的影响了优化设计提供了指导及依据。3. 通过银川绕城高速公路西北段37km的冲湖积软弱土地基成功处治地基内离心试验仿真验证的真实结果进行了验证,并对换填状砂砾地基、袋装砂井处治地基及挤密碎石桩三种工程处治措施的施工工艺及质量控制要点进行了研究。4. 基于Geostudio大型土工模拟软件,对冲湖积软弱土地基上路基内部的多个地基断面的受力分布状况与边坡稳定状况进行了数值分析,对换填砂处治措施处治试验模型结果进行了对比分析,为工程处治提供了理论依据
京藏高速公路石嘴山(蒙宁界)至中宁段改扩建	1. 自行式液压箱梁模板。2. 台车式无拉杆箱涵模板。3. 箱梁防漏浆措施。4. 桩基导向定位钢管	马洪林,郑永昌,董雁,马力,路连峰,李英瑞,刘君,傅安杰,刘全,张学生,赫发伟,摆宝福等	无	1. 自行式液压箱梁模板模板采用液压系统实现模板就位及脱模,模板采用电机实现模板的周转使用;模板一次拼装到位,外模及内模采用大块模板设计,内外模采用自行式台车,混凝土达到拆模强度后,台车和内模同时移动到下一个施工段;外模采用钢桁架+大块模板施工完后周转使用。2. 涵洞模板采用自行式台车,顶板丝杆,腹板正反丝杆,行走系统,面板五部分组成。3. 箱梁齿形板采用7cm宽、5m长钢板下放时,在护筒内壁固定4根内衬钢管,钢管与护筒同视护筒钢筋架直径而定
盐池至中宁高速公路	公路建设新理念典型示范工程	张凌云,张兴国,马占陆,谢宝玉,王德玺,徐长有	全国公路勘察设计典型示范工程;2011中国建筑业最具创新示范工程	盐池至中宁高速公路被列为2005年交通部全国公路勘察设计典型示范工程,本着建设安全、耐久、环保、节约型公路的可持续发展理念,采取低路堤、缓边坡、宽中央分隔带的方案,尊重自然、保护环境,并为此采取一系列新技术、新措施,推进施工标准化管理。项目于2011年4月被中国建筑业企业联合会评为"2011中国建筑业技术与质量学会奖"的公路建设新理念为指导,从全面、协调、可持续的科学发展观的角度出发,路线方案选择不仅注重工程本身(如长度、工程量、投资等方面),而且强调安全、环保、社会等因素,优先选择有利于环境保护或减小或减小对环境影响

续上表

项目名称	创新型技术名称	主要参与人员	所获奖励	主要内容
盐池至中宁高速公路	公路建设新理念典型示范工程	张凌云,张兴国,马占陆,谢宝玉,王德玺,徐长有	全国公路勘察设计典型示范工程;2011中国建筑业最具创新示范工程	小的方案,优先选择纵坡平缓、线形均衡、行车安全的方案。 (2)盐中高速公路路基横断面形式灵活多样,因地制宜,顺势而为,减少人工痕迹,将公路路肩、边坡、护坡、护坡道、坡脚、边沟、截水沟等几何形状以曲线柔美自然流畅的曲面为主进行设计。 (3)盐中高速公路全线有条件路段全部采用了"低路堤"的设计理念,受条件限制的路段也尽量采取有效措施降低路基高度,如跨线桥尽量采用栈交桥上跨通道尽量采用下挖通过等。 (4)盐中高速公路路基边坡设计采用"缓边坡",边坡的坡脚、坡顶取折角,采用贴切自然的圆弧过渡,力争经过几年生态恢复,边坡外形与周围环境融为一体,看不出明显开挖(填筑)痕迹,使路基与原地貌融为一体,形成缓冲带,具美化环境,提高行车安全的功能。 (5)盐中高速公路大部分路段路线穿越在地广人稀的荒漠或草原,具备"分离式路基和宽中央分隔带"的设计条件,分离式路基比整体式路基更能响应地形变化,减少路基填挖高度。公路平纵面线形设计可取消中央分隔带,使行车更加顺畅舒适。其中,分离式路基大部分路段中央分隔带及两侧护坡,有利于行车安全和降低工程造价,而且从绿化及景观设计的角度考虑,分离式路基对改善沿线生态环境具有积极的作用。 (6)盐中高速公路排水工程断面采用的形式是浅碟形、暗埋和漫流等多种形式,而在风沙路段,公路沿线干旱少雨,为了尽最大可能利用雨水进行绿化和植被恢复,排水构造物的设置原则是"大水不留,小水不走"。 (7)盐中高速公路路基边坡的防护,具体防护还包括自然面植物生态防护为主,部分填、深挖路段,采用骨架内植草防护,草种的选择以当地耐旱植物为主,民族风格式,分台植草式等方式,而草种的选择以当地耐旱植物为主,使公路沿线景观达到了有机的协调。 (8)本着不占或少占耕地,不影响路基的稳定,有利于水土保持,不破坏生态环境的原则,盐中高速公路对取、弃土场及弃方的利用进行了严格的规定。 (9)盐中高速公路沿线景观、绿化方面,采用造景与借景相结合,以借景为主,造景为辅。 (10)在充分了解公路及所在路网的道路条件、运营环境及对公路使用者需求并进行分析的基础上,提出"以人为本、以车为本"的设计原则,采用"灵活多变、创作"的设计手段,使安全设施的设计更具有针对性、合理性和观赏性

续上表

项目名称	创新型技术名称	主要参与人员	所获奖励	主 要 内 容
同心至沿川子高速公路	高电阻法在不良地质段隧道施工检测中的应用	丁小平,刘昌,李晋鹰,邓金辉	无	西部大通道银川—武汉公路(宁夏境)同心至沿川子高速公路A14合同段什字隧道,该隧道位于宁夏固原市原州区六盘山镇甲家湾村东南约240m处,隧道设计为分离式双洞隧道,隧道长808m(SK185+730～SK185+538;XK186+720～XK186+528),两洞洞线间距约50m。2006年9月25日下行线XK186+295,已施工的初期支护出现坍塌,坍塌时,该隧道下行线隧道上导坑段掘进的掌子面已施工到XK186+415。目前XK186+295处坍塌体封堵了已施工的上导坑段坍塌的影响,已施工方对坍塌体进行喷混凝土封闭的应急工程措施。上行线受下行线坍塌段影响,已施工的二村混凝土出现裂缝以纵向为主的开裂,裂缝分布范围长约110m(SK186+170～SK186+280),施工方已对开裂隧道村砌进行了架设钢支撑的应急支撑措施。下行线隧道坍塌影响了隧道施工进度,并且对上行线隧道已施工的二村产生了影响,为查明坍塌范围及上行线隧道产生开裂的原因,特别是查清隧道上覆围岩松散堆积等不良地质体的分布,查清隧道外侧岩体的工程地质特征及稳定性,为下一步工程治理的设计和施工提供可靠地质勘察资料,从而科学地确定开挖设计方案,上行线隧道村砌开裂的治理方案,补充勘察采用高密度视电阻率法,将按设计要求提供以下专项工程地质勘察资料:(1)下行线XK186+290～XK186+415段坍塌范围的长度,不良地质体的不良地质体的范围;(2)上行线SK186+170～SK186+280段引起二村混凝土开裂的不良地质体的范围
东山坡至毛家沟段高速公路	自动凿毛设备	丁小平,周万福,马成,张利维,杨武,梅斌,赫宏伟,姜亨东	无	自动凿毛设备的研发,取代了传统的凿毛方法,大大减少人力资源的投入,有效地提高了功效和质量,不同形状的凿毛刀企业集思广益,先后设计研制了新一代自动凿毛设备,可实现对混凝土构件各部位进行凿毛。自动凿毛设备主要包括:调速电机、变频柜、传动轴、电动葫芦、传动链条、凿毛机、滑轨、定位轮、驱动轮、行走轮、弹簧构件
东山坡至毛家沟段高速公路	自动喷淋养生技术	丁小平,周万福,马成,张利维,杨武,梅斌,赫宏伟,姜亨东	无	传统的人工喷灌养生法需消耗大量的人力和物力,且自存在养生死角,混凝土质量难以控制。自动喷淋养生是通过计算养护件编程,形成养护专用系统,在操作系统中设置养护参数,现场处理器及继电器及供水管网及喷淋管通过信号的转换,开启分布每个合座的电磁阀和喷淋阀,实现混凝土养生。该系统由远程操作软件、光纤、信号转换器、信号处理器及继电器,分布在每个合座的电磁阀控制,现场处理器及供水管网和喷淋管道构成。喷淋系统从供水管到工作完毕,全自动天候,控制过程全自动控制,喷出的水雾均匀,养护效果好,达到全方位、全湿润的养护质量标准

宁 夏
———— 高速公路建设实录 ————

附表7

宁夏回族自治区高速公路项目建设主要从业单位信息表

项目名称	参建单位类别	单位名称	合同段编号及起止桩号	主要负责人	备注
姚伏至叶盛高速公路	建设单位	宁夏姚叶公路工程建设指挥部	K23+000~K107+500	陈敏求、海巨增	
	预、工可编制单位	中国公路工程咨询监理总公司	K65+000~K107+500	王国峰	
	勘察设计单位	宁夏公路勘测设计院	K23+000~K65+000	李建宁	
		中国公路工程咨询监理总公司	K65+000~K107+500	王国峰	
	施工单位	宁夏公路工程局第一工程处	LJA:K50+500~K52+600	鲍学员	
		中总宁夏金龙集团公路工程公司	LJB:K52+600~K58+600	刘金钊	
		中总宁夏金龙集团公路工程公司	LJC:K58+600~K64+608	刘金钊	
		宁夏公路工程局桥梁工程处	LJD:K65+000~K68+000	马汉云	
		宁夏公路工程局机械筑路处	LJE:K68+000~K73+000	马汉云	
		宁夏公路工程局第一工程处	LJF:K73+000~K78+000	杨永华	
		宁夏公路管理局第二工程处	LJG:K78+000~K83+000	徐新芳	
		宁夏公路工程局第二工程处	LJH:K83+000~K84+300	马汉云	
		宁夏石嘴山市公路工程处	LJI:K84+300~K88+762.8	康民才	
		宁夏公路工程局第一工程处	LJJ:K41+000~K46+000	鲍学员	
		宁夏公路工程局第二工程处	LJK:K46+000~K50+500	徐新芳	
		宁夏公路工程局第三工程处	LJL:K88+607.06~K95+000	张兴国	
		宁夏公路工程局机械筑路处	LJM:K95+000~K102+000	陶永红	
		中总宁夏金龙集团公路工程公司	LJN:K102+000~K107+500	刘金虎	
		宁夏公路工程局第二工程处	LJP:K23+000~K26+000	张兴国	
		宁夏公路管理局机械筑路处	LJQ:K26+000~K33+000	陶永红	
		宁夏公路工程局第一工程处	LJR1:K33+000~K37+000	马占陆	
		宁夏公路工程局第一工程处	LJS:K39+000~K41+000	鲍学员	
		宁夏公路工程局	LM1、LM2:K65+000~K81+000	汤勇	
		宁夏公路工程局	LM3:K50+500~K64+608	张凌云	

附 录

续上表

项目名称	参建单位类别	单位名称	合同段编号及起止桩号	主要负责人	备注
姚伏至叶盛高速公路	施工单位	宁夏公路工程局	LM4:K81+000~K106+100	汤勇	
	监理单位	宁夏公路工程局	LM5:K23+000~K50+500	汤勇	
		中国公路工程咨询监理总公司北京路捷工程咨询有限公司	K23+000~K107+500	李俊杰	
麻黄沟至姚伏高速公路	建设单位	宁夏石中高速公路北段工程建设指挥部	K0+000~K73+275	海巨增	
	预、工可编制单位	中国公路工程咨询监理总公司	K0+000~K73+275	王国峰	
		宁夏公路勘测设计院	K0+000~K73+275	李建宁	
	勘察设计单位	中国公路工程咨询监理总公司	K0+000~K73+275	王国峰	
		宁夏公路勘测设计院	K0+000~K73+275	李建宁	
	施工单位	宁夏公路工程局机械筑路处	LJ1A:K0+000~K4+000	陶永红	
		宁夏银川第二市政有限责任公司	LJ1B:K4+000~K8+000	李传忠	
		中国公路工程咨询监理总公司	LJ1C:K8+000~K12+000	侯建国	
		兰州铁路第二工程公司	LJ2:K12+000~K14+600	许志文	
		宁夏公路工程局	LJ3A:K14+600~K17+600	侯建国	
		宁夏银川第二市政有限责任公司	LJ3B:K17+600~K24+500	李传忠	
		宁夏公路管理局	LJ4:K24+500~K37+000	黄雅杭	
		宁夏公路工程局第二工程处	LJ5:K37+000~K45+700	侯立	
		宁夏公路工程局机械筑路处	LJ6:K45+700~K54+000	陶永红	
		宁夏公路工程局第三工程处	LJ7:K54+000~K56+000	张兴国	
		宁夏公路工程局第一工程处	LJ8:K56+000~K73+275	鲍学员	
		宁夏公路工程局	LM1:K12+000~K37+000	侯建国	
		宁夏公路工程局	LM2:K37+000~K73+275	侯建国	
		宁夏公路工程局	LM3:K0+000~K12+000	侯建国	
	监理单位	山西晋达交通工程研究所	K0+000~K73+275	王庆绵	
		宁夏华吉公路工程监理咨询有限公司	K0+000~K73+275	李建宁	
		中国公路工程咨询监理总公司	K0+000~K73+275	王国峰	

续上表

项目名称	参建单位类别	单位名称	合同段编号及起止桩号	主要负责人	备注
叶盛至中宁高速公路	建设单位	宁夏石中高速公路南段工程建设指挥部	K107+500～K203+258.36	海巨增	
	预、工可编制单位	中国公路工程咨询监理总公司	K107+500～K203+258.36	黄福根	
	勘察设计单位	中国公路工程咨询监理总公司、北京中咨路捷工程技术咨询有限公司	K107+500～K203+258.36	黄福根	
	施工单位	铁道部第四工程局	LJ10标：K165+000～K172+050	周连河	
		中国第五冶金建设公司	LJ11标：K172+050～K178+500	蒙目嘉	
		铁道部第十五工程局第一工程处	LJ12标：K178+500～K190+540.47	黄江荣	
		宁夏公路工程局	LJ13标：K190+521.11～K203+258.36	鲍学员	
		宁夏公路工程局第二工程处	LJ1标：K107+500～K112+615	侯立	
		铁道部第十三工程局第三工程处	LJ2标：K112+615～K113+700	解红伟	
		宁夏公路工程局	LJ3标：K113+700～K117+103	汤勇	
		铁道部第十三工程局第一工程处	LJ4标：K117+103～K119+000	解红伟	
		铁道部第十三工程局第三工程处	LJ5标：K119+000～K125+500	柳建新	
		宁夏公路工程局机械筑路处	LJ6标：K125+500～K133+368.85	陶永红	
		山西省运城路桥总公司	LJ7标：K132+352.44～K142+000	杨文	
		交通部第二工程局第六工程处	LJ8标：K142+000～K154+996	黄建杭	
		中第十五冶金建设公司	LJ9标：K155+000～K165+000	马文洲	
		宁夏公路工程局	LM1标：K106+329.8～K133+352.86	余三林	
		宁夏公路工程局第一工程处	LM2标：K132+352.442～K172+050	孙光武	
		铁道部第十三工程局第一工程处	LM3标：K172+050～K203+258.36	解红伟	
	监理单位	宁夏华咨公路工程监理有限公司	K107+500～K203+258.36	李建宁	
		山西省交通建设工程监理总公司	K107+500～K203+258.36	韩守中	
中宁至甘塘家集高速公路	建设单位	宁夏中郝高速公路南段工程建设指挥部	K203+258～K301+927	海巨增	
	预、工可编制单位	宁夏公路勘测设计院	K203+258～K301+927	李建宁	

续上表

项目名称	参建单位类别	单位名称	合同段编号及起止桩号	主要负责人	备注
中宁至郝家集高速公路	勘察设计单位	宁夏公路勘测设计院	设计单位 全线路基、桥涵、路面：K203+258～K301+927	李建宁	
		交通部第二公路工程局第六工程处	LJ10标：K256+000～K256+000	金莎	
		宁夏公路工程局第一工程处	LJ11标：K256+000～K274+500	鲍学员	
		宁夏公路管理局	LJ12标：K274+500～K281+500	黄雅杭	
		宁夏公路工程局	LJ13标：K281+500～K289+500	陶永红	
		中南市政工程建设总公司	LJ14标：K289+500～K294+900	肖少超	
		银川市第二政工程有限公司	LJ15标：K294+900～K301+927	李传忠	
		宁夏公路工程局第一工程处	LJ1标：K203+258～K211+500	侯建国	
		宁夏公路工程局第二工程处	LJ2标：K211+500～K215+500	柳建新	
	施工单位	山西省运城路桥总公司	LJ3标：K215+500～220+000	吕安祥	
		中铁第十四工程局第四工程处	LJ4标：K220+000～K224+000	李景文	
		宁夏公路工程局机械筑路路处	LJ5标：K224+000～K232+500	陶永红	
		宁夏公路工程局第二工程处	LJ6标：K232+500～K241+000	侯立	
		汕头公路桥梁工程总公司	LJ7标：K241+000～K247+000	张怡勇	
		中铁第十一工程局	LJ8标：AK2+200～AK4+800	吴绪权	
		中铁第二十工程局第一工程处	LJ9标：K247+000～K256+000	刘代文	
		黑龙江北方有色建设工程公司	LM1标：K203+258～K224+000	孙学峰	
		长庆筑筑工程公司	LM2标：K224+000～K247+000	尚佑年	
		中国十五冶金建设总公司	LM3标：K247+000～K274+500	夏阳晔	
		宁夏公路工程局	LM4标：K274+500～K301+927	鲍学员	

续上表

项目名称	参建单位类别	单位名称	合同段编号及起止桩号	主要负责人	备注
中宁至郝家集高速公路	监理单位	陕西省公路工程咨询公司	路基驻地1办:路基桥涵1~4合同段 施工监理:K203+258~K224+000	樊稚	
		西安公路交大建设监理公司	路基驻地1办:路面A和B合同段、交通工程1和2合同段、通信管道1合同段、房建工程1和2合同段 施工监理:K203+258~K301+927	何卫东	
		重庆正大工程监理咨询有限公司	路基驻地2办:路基桥涵5~8合同段 施工监理:K224+000~K247+000、AK2+200~AK4+800	郑和平	
		贵州省交通建设咨询监理有限公司	路基驻地2办:路面C合同段、交通工程3和4合同段、通信管道2合同段、房建工程3合同段 施工监理:K203+258~K301+927	岳军声	
		北京育才吉公路咨询监理有限公司	路基驻地3办:路基桥涵9~12合同段 施工监理:K247+000~K281+500	陈晔	
		宁夏华吉公路工程咨询有限公司	路基驻地4办:路基桥涵13~15合同段 施工监理:K281+500~K301+927	李建宁	
		中国公路工程咨询监理总公司 北京路捷工程咨询有限公司	总监理工程师办公室:全线 施工监理:K203+258~K301+927	李俊杰	
银川绕城高速公路西北段	建设单位	宁夏银古高速公路工程建设指挥部、宁夏公路建设管理局	K9+400~K47+120		
	预、工可编制单位	陕西省公路勘察设计院	K9+400~K47+120	张朝辉	
	勘察设计院	陕西省公路勘察设计院	K9+400~K47+120	张朝辉	
	施工单位	中交第四公路工程局有限公司	LM2:K28+400~K47+120	刘法民、李志伟	
		宁夏路桥工程股份有限公司	LM1:K9+400~K28+400	施万忠、张辉	
		宁夏路桥工程股份有限公司	LJ7:K44+520~K47+120	陶永红、刘中元	

续上表

项目名称	参建单位类别	单位名称	合同段编号及起止桩号	主要负责人	备注
银川绕城高速公路西北段	施工单位	北京市公路桥梁建设集团有限公司	LJ6:K37+600~K44+520	于新民,谷文元	
		路桥集团第一公路工程局第五工程有限公司	LJ5:K35+100~K37+600	闫广东,隆海健	
		宁夏路桥工程股份有限公司	LJ4:K28+400~K35+100	张羑,徐新芳	
		山东省路桥集团有限公司	LJ3:K20+900~K28+400	颜鲁博,杨继庚	
		山西运城路桥有限责任公司	LJ2:K13+200~K20+900	李军,李会文	
		中铁十三局集团有限公司	LJ1:K9+400~K13+200	孙宏伟,于太平	
	监理单位	山西省交通建设工程监理总公司	驻地四办:路面 K9+400~K47+120 及绕城南段 K4+530~K7+000	武胜兵	
		天津新亚太工程建设工程监理有限公司	驻地三办:路基 K9+400~K20+900	王保	
		吉林省天达工程监理咨询有限责任公司	驻地二办:路基 K20+900~K35+100	张巍	
		武汉大通公路桥梁工程咨询监理有限责任公司	驻地一办:路基 K9+400~K20+900	肖裔林	
		陕西高速公路工程咨询有限公司	总监办	尚同丰	
	建设单位	宁夏公路建设管理局	K1069+200~K1129+700	郝方伟	
	预、工可编制单位	交通运输部规划研究院	K1069+200~K1129+700	王秀格	
	勘察设计单位	贵州省交通规划勘察设计研究院股份有限公司	K1069+200~K1114+997.228	傅学军	
京藏高速公路石嘴山(蒙宁界)至中宁段改扩建	施工单位	中交公路规划设计院有限公司	K1160+600~K1203+056	周育峰	
		宁夏公路勘察设计院有限公司	K1277+600~K1349+800	韩新	总工
		中国公路工程咨询集团有限公司	K1115+000~K1129+700	王小忠	
		浙江省大成建设集团有限公司	JZ01 标:K1069+200~K1081+100	孔凡佳,徐承明	
		中铁十八局集团有限公司	JZ03 标:K1081+100~K1093+000	赵江,唐展学	
		宁夏路桥工程股份有限公司	JZ04 标:K1093+000~K1105+000	荀平,李萍	
		中国铁建大桥工程局集团有限公司	JZ05 标:K1105+000~K1114+997.228	田宪国,宋立德	

续上表

项目名称	参建单位类别	单位名称	合同段编号及起止桩号	主要负责人	备注
京藏高速公路石嘴山(蒙宁界)至中宁段改扩建	施工单位	宁夏路桥工程股份有限公司	JZ06标:K1115+000～K1129+700	鲍学根、汪小波	
		中国铁建大桥工程局集团有限公司	JZ10路基(K1160+600～K1203+056)	张小明、周声波	
		浙江省大成建设集团有限公司	JZ11路基(K1160+600～K1203+056)	尚宝刚、李建斌	
		宁夏路桥工程股份有限公司	JZ12路基(K1160+600～K1203+056)	刘全、王向华	
		天津城建道桥工程有限公司	JZ13路基(K1160+600～K1203+056)	陆青枝、张龙海	
		中国铁建大桥工程局集团有限公司	JZ14路基(K1160+600～K1203+056)	王成双、赫宏伟	
		宁夏路桥工程股份有限公司	JZ15路基(K1160+600～K1203+056)	苗得锴、贾学明	
		中铁十四局集团有限公司	K1277+600～K1295+600	马俊尧	项目经理
		宁夏路桥工程股份有限公司	JZ24(K1295+600～K1306+600)	李忠	项目经理
		北京鑫安路桥建设有限公司	K1306+600～K1323+600	陈柱	项目经理
		中国铁建大桥工程局集团有限公司	JZ26(K1323+600～K1339+600)	董福歧	项目经理
		宁夏路桥工程股份有限公司	JZ27(K1339+600～K1349+800)	杨兴林	项目经理
	监理单位	山东泰安工程咨询有限公司	总监办:K1069+200～K1129+700	姜立涌、徐康	
		山东泰安工程咨询有限公司	K1160+600～K1203+056	刘君	
		江苏纬信工程咨询有限公司	K1277+600～K1349+800	王仁军	总监
		宁夏公路工程质量检测中心	K1277+600～K1349+800	宁新华	中心试验室主任
古窑子至王圈梁高速公路	建设单位	宁夏古王盐兴公路工程建设指挥部	K47+247.29～K141+286	海巨增	
	预、工可编制单位	中国公路工程咨询监理总公司	K47+247.29～K141+286	李俊杰	
	勘察设计单位	宁夏公路勘测设计院	K91+000～K141+286	李建宁	
		中国公路工程咨询监理总公司	K47+247.29～K91+000	李俊杰	
	施工单位	山西省运城路桥公司	4合同段:K115+500～K141+286	丁惠民、吕安祥	
		铁道部第十六工程局	3合同段:K91+000～K115+500	陈树林、张智善	
		中国有色金属建设集团	2合同段:K67+750～K91+000	郭嗣华、鞠世益	

续上表

项目名称	参建单位类别	单位名称	合同段编号及起止桩号	主要负责人	备注
古窑子至王圈梁高速公路	施工单位	铁道部第十三工程局第一工程处	1合同段:K47+247.29~K67+750	张日洲,曹雄	
	监理单位	宁夏华吉监理咨询有限公司	K47+247.29~K141+286	李建宁,赵铭	
		中冀公路工程咨询有限公司	K47+247.29~K141+286	胡子华,何衡	
		天津新亚太工程建设监理有限公司	K47+247.29~K141+286	刘为群	
		美国布朗·斯丹富国际咨询有限责任公司	K47+247.29~K141+286	詹姆斯·弗劳尔斯	
	建设单位	宁夏银古高速公路工程建设指挥部	K0+000~K47+291.96		
	预、工可编制单位	中国公路工程咨询监理总公司	K0+000~K47+291.96	李俊杰	
	勘察设计单位	北京中咨路捷工程技术咨询有限公司	K0+000~K47+291.96	何澄衣	
		中国公路工程咨询监理总公司	国道主干线青岛—银川公路（宁夏境）银川—古窑子段	费学良	
银川至古窑子高速公路		宁夏回族自治区公路工程局	FK0+000~FK4+500 长约4.5km 路基、路面,12m 宽蒲道黄河特大桥及其结构物工程	汤勇,刘光洪	
	施工单位	中国十五冶金建设城路桥总公司	LJ1:K0+000~K6+000	唐爱民,张忐东	
		山西省运城路桥一工程公司	LJ2:K6+000~K10+000	康旗,吉太华	
		中港四航局第一工程有限公司	LJ3:K10+000~K14+830	张建华,邱先恰	
		中国十五冶金建设有限公司	LJ4:K14+830~K24+000	鞠世益,四先国	
		北京鑫畅路桥建设有限公司	LJ5:K24+000~K31+000	谷文元,吴承凌	
		中铁第十三工程局第一工程处	LJ6:K31+000~K47+291.96	孙宏伟,李春跃	
		山西省运城路桥总公司	LM1:K0+000~K14+830	康旗,吉太华	
		北京鑫畅路桥建设有限公司	LM2:K14+830~K31+000	谷文元,吴承凌	
		中铁第十三工程局第一工程处	LM2:K14+830~K31+000LM3;K31+000~K47+291.96	孙宏伟,李春跃	
		中铁十九局集团有限公司	有机场路长约6km,路基路面桥涵	肖雪峰,周佳生	

宁 夏

续上表

项目名称	参建单位类别	单位名称	合同段编号及起止桩号	主要负责人	备注
银川至古窑子高速公路（绕城南环过境段）	建设单位	宁夏银古高速公路工程建设指挥部	K7+000~K25+427		
	预、工可编制单位	中国公路工程咨询监理总公司	K7+000~K25+427	李俊杰	
	勘察设计单位	中国公路工程咨询监理总公司	K7+000~K25+427	费学良	
	施工单位	铁十六局集团第一工程有限公司	LJ1:K7+000~K12+000	刘玉良,邵德兴	
		宁夏回族自治区公路工程局	LJ2:K12+000~K20+000	侯立,徐新芳	
		宁夏回族自治区公路工程局	LJ3:K20+000~K25+427	陶永红,杜云	
		中铁十三局集团有限公司	LM1:K7+000~K25+427	董家海,王兆友	
	监理单位	山西路桥监理公司	K12+000~K25+427	孙树昌	
		河北通达监理咨询有限公司	K7+000~K25+427	丁新世	
		宁夏华吉公路工程监理咨询有限公司	K6+100~K12+000	郑俊平	
		北京中咨路捷工程技术咨询有限公司	总监办:K7+000~K25+427	李可益	
	建设单位	宁夏公路建设管理局	K1442+000~K1512+980	郝方伟	
	预、工可编制单位	宁夏公路勘察设计院有限责任公司	K1442+000~K1512+980	李建宁	
	勘察设计单位	中交第一公路勘察设计研究院有限公司	勘察设计N1合同段: K1442+000~K1474+000	吴明先	
		中交公路规划设计院有限公司	勘察设计N2合同段: K1474+000~K1512+980	廉福绵	
青银高速公路宁东至银川段改扩建项目	施工单位	中铁十四局集团有限公司	1合同段:K1442+000~K1453+100	陈景涛	
		中铁十八局集团有限公司	2合同段:K1453+100~K1465+000	崔新军	
		中国铁建大桥工程集团有限公司	3合同段:K1465+000~K1474+000	岳旭光	
		宁夏路桥工程股份有限公司	4合同段:K1474+000~K1486+100	姚爱军	
		上海警通建设（集团）有限公司	5合同段:K1486+100~K1496+700	王彦红	
		中国铁建大桥工程集团有限公司	6合同段:K1496+700~K1499+200	赫宏伟	
		宁夏路桥工程股份有限公司	路面大修工程:K1500+417~K1514+009	娄占双	

附 录

续上表

项目名称	参建单位类别	单位名称	合同段编号及起止桩号	主要负责人	备注
青银高速公路宁东至银川段改扩建项目	监理单位	陕西高速公路工程咨询有限公司	总监办:K1442+000～K1514+009	张晓玉	
		山东省交通工程监理咨询公司	驻地一办:K1442+000～K1465+000	崔璞	
		陕西高速公路工程咨询有限公司	驻地二办:K1486+100～K1499+200	张鹏	
		宁夏公路工程质量检测中心	总监办中心试验室:K1442+000～K1514+009	李生红	
		宁夏公路工程质量检测中心	驻地二办中心试验室:K1486+100～K1499+200	毛永峰	
		交通运输部公路科学研究院	技术咨询:K1442+000～K1514+009	汤雄	
	建设单位	宁夏公路建设管理局	K0+000～K160+356		
	预、工可编制单位	中国公路工程咨询监理总公司	K0+000～K160+356	王国锋	
	勘察设计单位	宁夏公路勘察设计院有限责任公司	主体工程勘察设计1标:K0+000～K76+500	李建宁	
		中国公路工程咨询监理总公司	主体工程勘察设计2标:K76+500～K160+356	王国锋	
盐池至中宁高速公路	施工单位	中铁十九局集团有限公司	路基桥涵10标:K113+000～K123+000	赵永清	
		中铁十九局集团第四工程有限公司	路基桥涵11标:K123+000～K135+600	鄂文仿	
		中铁十四局集团第五工程有限责任公司	路基桥涵12标:K135+600～K146+000	葛建云	
		宁夏路桥工程股份有限公司	路基桥涵13标:K146+000～K157+000	孙光武	
		甘肃路桥建设集团有限公司	路基桥涵14标:K157+000～K160+356	刘明飞	
		中铁十九局集团有限公司	路基桥涵1标:K63+900～K66+900	倪军	
		黑龙江北方有色建设有限公司	路基桥涵2标:K0+000～K4000	杨志辉	
		中铁十三局集团第一工程有限公司	路基桥涵3标:K4+000～K20+000	解仁伟	
		宁夏路桥工程股份有限公司	路基桥涵4标:K20+000～K33+800	周兴武	
		中铁二十五局集团有限公司	路基桥涵5标:K33+800～K51+000	冯占秀	

续上表

项目名称	参建单位类别	单位名称	合同段编号及起止桩号	主要负责人	备注
盐池至中宁高速公路	施工单位	宁夏路桥工程股份有限公司	路基桥涵6标:K51+000~K63+900	徐中元	
		宁夏路桥工程股份有限公司	路基桥涵7标:K66+874~K83+800	孙为国	
		十堰市双环公路建设有限公司	路基桥涵8标:K83+800~K100+000	何富强	
		山西远方路桥(集团)有限责任公司	路基桥涵9标:K100+000~K113+000	陈全文	
		浙江大成建设集团有限公司	路面工程1标:K0+000~K31+000	邢华良	
		宁夏路桥工程股份有限公司	路面工程2标:K31+000~K63+900	汪小波	
		宁夏路桥工程股份有限公司	路面工程3标:K63+900~K83+800	沈忠义	
		宁夏路桥工程股份有限公司	路面工程4标:K83+800~K113+000	施方忠	
		中铁十三局集团第一工程有限公司	路面工程5标:K113+000~K135+600	曹雄	
		长庆石油勘探局筑路工程总公司	路面工程6标:K135+600~K160+356	弥继刚	
	监理单位	临沂交通工程咨询监理中心	驻地二组:K0+000~K33+800	王乐福	
		临沂交通工程咨询监理中心	路面监理一组:K0+000~K63+900	王乐福	
		北京华路建公路技术咨询有限公司	路面监理二组:K63+900~K113+000	曲来仁	
		西安公路交大建设监理咨询有限公司	路面监理三组:K113+000~K160+356	曹云义	
		北京华路建公路技术咨询有限公司	驻地六组:K135+600~K160+356	曲来仁	
		武汉大通公路桥梁工程咨询监理有限公司	驻地三组:K33+800~K63+900	李乐平	
		北京交科工程监理咨询有限公司	驻地四组:K66+900~K100+000	郭振国	
		西安公路交大建设监理咨询有限公司	驻地五组:K100+000~K135+600	方建军	
		黑龙江省公路工程监理咨询有限公司	总监办:K0+000~K160+356	高力武	
中宁至孟家湾高速公路	建设单位	银武指挥部,宁夏公路建设管理局	K1+000~K63+880	谭华	
	预、工可编制单位	中国公路工程咨询集团有限公司	K1+000~K63+880		
	勘察设计单位	宁夏公路勘测设计院	K1+000~K63+880	黎振贤	
		中国公路工程咨询集团有限公司	K1+000~K63+880	谭华	

续上表

项目名称	参建单位类别	单位名称	合同段编号及起止桩号	主要负责人	备注
中宁至孟家湾高速公路	施工单位	宁夏路桥工程股份有限公司	路面3合同段 K38+400～K63+880	汪晓波	
		山西运城路桥有限责任公司	路面2合同段 K18+000～K38+400	樊军民	
		中铁十三局第一工程公司	路面1合同段 K1+000～K18+000	曹雄	
		中铁十九局集团第四工程有限公司	路基9合同段 K60+000～K63+880	张春雨	
		中铁十八局集团有限公司	路基8合同段 K58+200～K60+000	谢中奇	
		山西运城路桥有限责任公司	路基7合同段 K53+600～K58+200	解卫江	
		宁夏路桥工程建设集团有限公司	路基6合同段 K45+500～K53+600	王晓峰	
		山西路桥工程建设集团第四工程有限公司	路基5合同段 K38+400～K45+500	景运峰	
		中铁十六局集团公路桥梁工程有限责任公司	路基4合同段 K32+400～K38+400	赵传余	
		贵州省公路桥梁工程总公司	路基3合同段 K21+500～K32+400	郭振友	
		山西运城路桥有限责任公司	路基2合同段 K12+000～K21+500	张义安	
		中铁十八局集团有限公司	路基1合同段 K1+000～K12+000	赵江	
	监理单位	山西省交通建设工程监理总公司	K58+200～K63+880	牟红卫	
		中国公路工程咨询监理总公司	K38+400～K58+200	吕伟	
		吉林省天达工程咨询监理有限公司	K21+500～K38+400	杨志国	
		北京华宏路桥咨询监理有限公司	K1+000～K21+500	郑绪安	
		宁夏华吉公路工程监理咨询有限公司	K1+000～K63+880	胡博宁	
	建设单位	宁夏公路建设管理局	K63+880～K124+170	张兴国	
	预工可编制单位	中国公路工程咨询集团有限公司	K1+000～K63+880	谭华	
	勘察设计单位	宁夏公路勘察设计院有限责任公司	K63+880～K124+170	李建宁	
		中国公路工程咨询集团有限公司	K1+000～K124+170	谭华	
孟家湾至营盘水高速公路	施工单位	浙江省大成建设集团有限公司	路面3合同段 K104+000～K124+170	孔凡佳	
		宁夏路桥工程股份有限公司	路面2合同段 K84+000～K104+000	景铁	
		山东省路桥集团有限公司	路面1合同段 K63+880～K84+000	方国庆	

续上表

项目名称	参建单位类别	单位名称	合同段编号及起止桩号	主要负责人	备注
孟家湾至营盘水高速公路	施工单位	浙江省大成建设集团有限公司	路基5合同段 K112+000~K124+170	曹俊杰	
	施工单位	中国十五冶金建设有限公司	路基4合同段 K101+000~K112+000	陈光利	
	施工单位	宁夏路桥工程股份有限公司	路基3合同段 K89+000~K101+000	王向华	
	施工单位	中铁十三局集团第一工程有限公司	路基2合同段 K75+000~K89+000	曹雄	
	施工单位	宁夏路桥工程股份有限公司	路基1合同段 K63+880~K75+000	施万忠	
	监理单位	陕西兴通监理咨询有限公司	K89+000~K124+170	崔春田	
	监理单位	山东临沂高速公路工程咨询中心	K63+880~K124+170	王乐福	
	监理单位	宁夏华岳公路工程监理咨询有限公司	K63+880~K124+170	胡博宁	
桃山口至同心高速公路	建设单位	宁夏银武高速公路工程建设指挥部	K0+000~K33+000	海巨增	
	预、工可编制单位	宁夏公路勘测设计院	K0+000~K33+000	李建宁	
	勘察设计单位	宁夏公路勘测设计院	K0+000~K33+000	李建宁	
	施工单位	宁夏公路工程局机械筑路工程处	路基1(K0+000~K14+500)	张辉,陶永红	
	施工单位	宁夏公路工程局第二工程处	路基2(K14+500~K24+370)	侯立,马宝忠	
	施工单位	中铁十三局集团有限公司	路基3(K24+370~K33+000)	汤勇,刘光洪	
	施工单位	宁夏公路工程局	路面1(K0+000~K21+000)	曹雄,解仁伟	
	施工单位	西安公路交大建设监理公司	路面2(K21+000~K33+000)	周兴武,赵春	
	监理单位	宁夏银武高速公路工程建设指挥部、宁夏公路建设管理局	K0+000~K33+000	方建军	
同心至沿川子高速公路	建设单位	宁夏路政勘察设计院有限责任公司	K32+800~K215+281	张兴国	
	预、工可编制单位	宁夏公路勘察设计院有限公司	K32+800~K215+281	李建宁	
	勘察设计单位	宁夏公路勘察设计院有限公司	K32+800~K215+281	李建宁	
	施工单位	中铁十三局集团有限公司	路基1(K32+800~K46+000)	孙宏伟,于太平	
	施工单位	长庆石油勘探局筑路工程总公司	路基10(K150+300~K158+000)	齐锐,于汪洋	
	施工单位	中铁隧道集团二处有限公司	路基11(K158+000~K164+000)	张卫平,许维青	

附　录

续上表

项目名称	参建单位类别	单位名称	合同段编号及起止桩号	主要负责人	备注
同心至沿川子高速公路	施工单位	中铁五局集团第三工程有限责任公司	路基12（K164+000～K173+000）	孙守成,樊立龙	
		中铁十九局集团第四工程有限公司	路基13（K173+000～K184+200）	文泽成,黄纪强	
		中铁十九局集团第四工程有限公司	路基14（K184+200～K188+800）	李晋陇,邓金辉	
		宁夏路桥工程股份有限公司	路基15（K188+800～K193+300）	艾志军,温毅刚	
		湖南省建筑工程集团总公司	路基16（K193+300～K198+400）	沈忠义,李忠刚	
		中铁十五局集团第五工程有限公司	路基17（K198+400～K206+300）	侯术林,陈剩	
		宁夏路桥工程股份有限公司	路基18（K206+300～K215+281.443）	闫振虎,张永权	
		中铁三局集团有限公司	路基2（K46+000～K59+400）	李晋陇,邓金辉	
		路桥集团第二公路工程局	路基3（K59+400～K73+000）	徐中元,陆国明	
		路桥集团第二公路工程局第六工程处	路基4（K73+000～K88+000）	杜文忠,王玉柱	
		宁夏路桥工程股份有限公司	路基5（K88+000～K102+000）	郭顺利,雷军红	
		浙江省大成建设集团有限公司	路基6（K102+000～K114+000）	霍东明,郑俞	
		中铁十三局集团有限公司	路基7（K114+000～K127+000）	王军,邰晓鸿	
		中铁十三局集团有限公司	路基8（K127+000～K139+000）	邢华良,林初锋	
		浙江省大成建设集团有限公司	路基9（K139+000～K150+300）	王学斌,刘春阳	
		杭州宇航交通工程有限公司	路面上面层1（K32+800～K77+800）	张春泉,任永国	
		长庆石油勘探局筑路工程总公司	路面上面层2（K77+800～K122+800）	李伟民,姜乃丹	
		宁夏路桥工程股份有限公司	路面上面层3（K122+800～K168+000）	林初锋,徐承明	
		中港第二航务工程局	路面上面层4（K168+000～K215+281.443）	伊成研,任阳军	
		宁夏路桥工程股份有限公司	路面下面层1（K32+800～K62+000）	朱传敬,张建升	
		中交一公局第五工程有限公司	路面下面层2（K62+000～K92+000）	周兴武,秦铁	
			路面下面层3（K92+000～K121+000）	何文柱,秦词峰	
			路面下面层4（K121+000～K144+400）	徐进波,周立君	
			路面下面层5（K144+400～K171+000）	吕明智,杨学义	

宁　夏
高速公路建设实录

续上表

项目名称	参建单位类别	单位名称	合同段编号及起止桩号	主要负责人	备注
同心至沿川子高速公路	施工单位	宁夏路桥工程股份有限公司	路面下面层6（K171+000～K188+800）	沈建成,吴建华	
		中铁十三局集团有限公司	路面下面层7（K188+800～K215+281.443）	张春泉,姜喜东	
		中交一公局第五工程有限公司	路面中面层1（K92+000～K121+000）	卓学军,杨学义	
		浙江省大成建设集团有限公司	路面中面层2（K150+300～K188+800）	林初锋,岳秋波	
	监理单位	西安公路交大建设监理有限公司	K102+000～K150+300	方建军	
		宁夏华昔公路工程监理咨询有限责任公司	K150+300～K164+000	吕宁	
		天津新亚太工程建设监理有限公司	K164+000～K188+800	何衡	
		江苏润通交通工程监理咨询有限公司	K188+800～K215+281.443	李宝平	
		西安方舟工程咨询监理有限公司	K32+800～K102+000	胡全章	
		重庆锦程工程咨询有限公司	K32+800～K215+281	戴学刚	
		重庆正大工程监理有限公司	K32+800～K215+281	戴学刚	
石坝至河东机场高速公路	建设单位	宁夏公路建设管理局	K0+000～K8+000		
	预、工可编制单位	宁夏公路勘察设计院有限责任公司	K0+000～K8+000	李建宁	
	勘察设计单位	宁夏公路勘察设计院有限责任公司	公路工程勘察设计	李建宁	
	施工单位	中铁十九局集团第二工程有限公司	SBJCKJ1：路基,路面K0+000～K8+000	李忠胜,摩德勒图	
		宁夏路桥工程股份有限公司	SBJCKJ2：立交区路基,路面	张滢,林金彪	
	监理单位	西安公路交大建设监理有限公司	总监办	姬传中	
国道211线银川河东机场至灵武段高速公路	建设单位	宁夏公路建设管理局	K7+600～K20+400		
	勘察设计单位	宁夏公路勘察设计院有限责任公司	K7+600～K20+400	黎振贤	
	施工单位	中国路桥工程有限责任公司	K7+600～K20+400	杨红卫	
		中国路桥工程有限责任公司	K7+600～K20+400	刘科峰	
	监理单位	宁夏华昔公路工程监理咨询有限公司	K7+600～K20+400	汪斌	

附　录

续上表

项目名称	参建单位类别	单位名称	合同段编号及起止桩号	主要负责人	备注
灵武至甜水堡段高速公路（国道211线灵武至甜水堡及联络线古窑子至青铜峡高速公路）	建设单位	宁夏公路建设管理局		张兴国	
	预工可编制单位	宁夏公路勘察设计院有限责任公司	全线	李建宁	
	勘察设计单位	宁夏公路勘察设计院有限责任公司	全线主体工程	李建宁	
		中铁十四局集团有限公司	全线主体工程	周建芳	
		中交二公局第六工程有限公司	路基桥涵A2：LK3+600～LK8+000	欧阳汕	
		中铁十五局集团第四工程有限公司	路基桥涵A3：LK8+000～LK17+000	王青海	
		中铁十八局集团第二工程有限公司	路基桥涵A4：LK17+000～LK25+600	李秋生	
		宁夏路桥工程股份有限公司	路基桥涵A4～1；LZK19+273.32，LYK19+285.38	王军	
		陕西建工集团机械施工有限公司	路基桥涵A5：LK25+600～LK33+000	岳卫东	
	施工单位	中铁十三局集团第一工程有限公司	路基桥涵A6：LK33+000～LK41+329.94	范松山	
			灵武电厂段：（单独立项）	贺吉宁	
		宁夏路桥工程股份有限公司	路基桥涵A8：LK45+000～LK59+000	解仁伟	
		中铁十三局集团第二工程有限公司	路基桥涵A9：LK59+000～LK66+680	沈建成	
		宁夏路桥工程股份有限公司	路基桥涵A10：LK66+680～LK73+000	顾龙	
		宁夏路桥工程股份有限公司	路基桥涵A11：LK73+000～LK79+276	张军	
		甘肃华澳铁路综合工程有限公司	路基桥涵A12：K32+340～K38+900	战丽娜	
		宁夏路桥工程股份有限公司	路基桥涵A13：K38+900～K46+600	于海波	
		宁夏路桥工程股份有限公司	路基桥涵A14：K46+600～K49+500	孙光武	
		宁夏路桥工程股份有限公司	路基桥涵A15：K49+500～K62+550	门光誉	
		中铁十三局集团第一工程有限公司	路面工程B1：LK3+600～LK25+600	曹雄	
		宁夏路桥工程股份有限公司	路面工程B2：LK25+600～LK41+000，LK45+000～LK59+000	于海波	

447

续上表

项目名称	参建单位类别	单位名称	合同段编号及起止桩号	主要负责人	备注
灵武至甜水堡段高速公路（国道211线灵武至甜水堡及联络线古窑子至青铜峡高速公路）	施工单位	浙江省大成建设集团有限公司	路面工程 B3：LK59+000~LK78+846	林初锋	
		宁夏路桥工程股份有限公司	路面工程 B4：K32+340~K63+100、LK41+000~LK45+000	门光誉	
		中铁十四局集团有限公司	路面工程 B5：K27+700~K67+000	贾卫东	
		中铁十八局集团第五公司有限公司	路面工程 B6：K67+000~K105+932	周晓辉	
		中国铁建大桥工程局集团有限公司	路面工程 B7：LK5+740.555~LK48+000	秦永	
		宁夏路桥工程股份有限公司	路面工程 B8：LK48+000~LK80+378.377	任全生	
	监理单位	山东省交通工程监理咨询公司	总监办：LK3+600~LK79+276，K32+340~K62+550	赵玉峰	
		武汉大通公路桥梁工程咨询监理有限责任公司	驻地监理一办：LK3+600~LK25+600	韩自力	
		江西省公路工程监理公司	驻地监理二办：K25+600~LK41+000	郎剑峰	
		山东临沂交通工程咨询监理中心	驻地监理三办：LK41+000~LK59+000	刘虎旺	
		山东格瑞特监理咨询有限公司	驻地监理四办：LK59+000~LK79+276	徐以现	
		宁夏华吉公路工程监理咨询有限公司	驻地监理五办：K32+340~K46+600	颜跃进	
		西安公路交大建设监理有限公司	驻地监理六办：K46+600~K62+550	方建军	
		北京绿茵达坤源科技有限公司	环境监理：LK0+000~LK79+276	伍玉蓉	
		交通运输部公路科学研究所	中、上面层监理：K27+700~K105+932、LK5+740.555~LK80+378.377	胡军	
东山坡至毛家沟段高速公路	建设单位	宁夏公路建设管理局	K0+000~K50+170.9	张兴国	
	预_工可编制单位	中交第一公路勘察设计研究院有限公司	K0+000~K50+170.9	杨杰	
	勘察设计单位	宁夏公路勘察设计院有限责任公司	K0+000~K18+500	崔鸿飞	
		宁夏公路勘察设计院有限责任公司	K18+500~K50+170.9	杨杰	
	施工单位	宁夏路桥工程股份有限公司	A1（K0+000~K5+600）	刘春阳、张滨	项目经理和总工

续上表

项目名称	参建单位类别	单位名称	合同段编号及起止桩号	主要负责人	备注
东山坡至毛家沟段高速公路	施工单位	中铁十二局集团有限公司	A2(K5+600~K9+900)	王新顺,刘胜锁	项目经理和总工
		中铁一局集团	A3(K9+900~K12+500)	张秦,唐和清	项目经理和总工
		中铁十四局集团有限公司	A4(K12+500~K18+500)	周建芳,夏吉军	项目经理和总工
		宁夏路桥工程股份有限公司	A5(K18+500~K31+000)	任全生,金成	项目经理和总工
		中铁十三局集团有限公司	A6(K31+000~K37+500)	姜喜东,赵玉龙	项目经理和总工
		中铁十三局集团有限公司	A8(K37+500~K44+000)	滕宏伟,郑汉伟	项目经理和总工
		宁夏路桥工程股份有限公司	A7(K44+000~K50+170.9)	王军,汪小波	项目经理和总工
		浙江省大成建设集团有限公司	B1(K0+000~K29+500)	陈泉林,徐承明	项目经理和总工
		陕西高速机械化工程有限公司	B2(K29+500~K50+170.9)	张武军,李炜	项目经理和总工
	监理单位	山东格瑞特监理咨询有限公司	K0+000~K50+170.9	梅斌	总监
		四川省公路工程监理事务所	K0+000~K18+500	骆文	高监
		西安公路交大建设监理公司	K18+500~K50+170.9	姬传忠	高监

续上表

项目名称	参建单位类别	单位名称	合同段编号及起止桩号	主要负责人	备注
石嘴山至银川高速公路	建设单位	宁夏公路建设管理局	K0+000～K5+392.249、K20+550～K56+932	张新来	
	预、工可编制单位	中国公路工程咨询集团有限公司	K0+000～K5+392.249、K20+550～K56+932	张新来	
	勘察设计单位	中国公路工程咨询集团有限公司	K0+000～K5+392.249、K20+550～K56+932	张新来	
	施工单位	宁夏路桥工程股份有限公司	LJ4:K0+000～K5+392.249、K18+500～K22+200	刘维	
		宁夏路桥工程股份有限公司	LJ5:K22+200～K30+000	徐中元	
		中交第三公路工程局有限公司	LJ6:K30+000～K39+500	王刚	
		中交第三公路工程局有限公司	LJ7:K39+500～K52+400	王军	
		中交第二公路工程局有限公司	LJ8:K52+400～K56+932	田长青	
		宁夏路桥工程股份有限公司	LM2:K0+000～K5+392.249、K20+550～K39+500	刘维	
		中铁十三局集团有限公司	LM2:K39+500～K56+932	张春泉	
		江苏辉鑫交通建设施有限公司	AQ1:K0+000～K5+393.249、K20+550～K39+500	愈国忠	
		山西路达实业总公司	AQ2:K39+500～K56+932	李红兵	
		甘肃紫光智能交通与控制技术有限公司	GD:K0+000～K56+932	钟强	
		宁夏巨业园林绿化有限公司	LH1:K0+000～K5+392.249、K20+550～K33+500	潘玉林	
		宁夏林秀苑绿化工程有限公司	LH2:K33+500～K56+450	李秀琴	
		上海交技发展股份有限公司	JD:K0+000～K56+932	张利中	
	监理单位	山东泰安工程咨询有限公司	总监办:K0+000～K5+392.249、K20+550～K56+932	刘君	

续上表

项目名称	参建单位类别	单位名称	合同段编号及起止桩号	主要负责人	备注
石嘴山至银川高速公路	监理单位	宁夏华吉公路工程监理咨询有限公司	驻地二办：K0+000~K5+392.249，K20+550~K56+932	房海宁	
		西安公路交大建设监理公司	驻地三办：K39+500~K56+932	姬传中	
		宁夏交通科学研究所	驻地二办：K0+000~K5+392.249，K20+550~K56+932	陈欣	
	建设单位	宁夏公路建设管理局	K0+600~K60+300	张兴国	
	预、工可编制单位	中国公路工程咨询集团有限公司	K0+600~K60+300	向云	
	勘察设计单位	中国公路工程咨询集团有限公司	K0+600~K60+300	向云	
银川至青铜峡高速公路	施工单位	宁夏公路桥梁工程股份有限公司	路基一标：K0+600~K16+200	任全生、苏光武	
		中铁十四局集团有限公司	路基二标：K16+200~K28+000	颜海建、马俊尧	
		中铁十三局集团有限公司	路基三标：K28+000~K38+500	杨焕永、周声波	
		北京鑫路桥建设有限公司	路基四标：K38+500~K53+000	张晓海、刘兆祥	
		宁夏公路桥梁工程股份有限公司	路基五标：K53+000~K60+300	徐中元、王建峰	
		中铁十三局集团有限公司	路面一标：K0+600~K28+000	刘维、马维礼	
		山东东泰工程咨询有限公司	路面二标：K28+000~K53+000	张春泉、刘永国	
	监理单位	宁夏公路建设管理局	K0+600~K60+300	刘君	
	建设单位	宁夏公路勘察设计院有限责任公司	K0+450~K32+531.75	张兴国	
	预、工可编制单位	宁夏公路勘察设计院有限责任公司	K0+450~K32+531.75	李建宁	
银川至巴彦浩特段高速公路	勘察设计单位	宁夏公路桥梁工程股份有限公司	K0+450~K32+531.75	李建宁	
	施工单位	江西省公路机械工程局	K13+000~K13+000	周立君	
	监理单位	宁夏华吉公路工程监理咨询有限公司	K0+450~K32+531.75	谭庸琪	
盐池至鄂托克前旗高速公路	建设单位	宁夏公路建设管理局	K0+000~K20+214.572	韩柳	
	预、工可编制单位	宁夏公路勘察设计院有限责任公司	K0+000~K20+214.572	张兴国	
			K5+000~K20+214.572	李建宁	

451

续上表

项目名称	参建单位类别	单位名称	合同段编号及起止桩号	主要负责人	备注
盐池至鄂托克前旗高速公路	勘察设计单位	宁夏公路勘察设计院有限责任公司	K5+000~K20+214.572	李建宁	
	施工单位	宁夏路桥集团股份有限公司	第Ⅰ合同段 K0+000~K20+214.572	王军	
		中铁十四局集团第五工程有限公司	第Ⅱ合同段 K5+000~K20+214.572	顾海建、祝景襄	
	监理单位	宁夏路桥工程股份有限公司	K0+000~K20+214.572	汪小波	
	建设单位	武汉中交路桥设计咨询有限公司	K5+000~K20+214.572	郎振峰	
国道344李家庄至泾河源段高速公路	预、工可编制单位	宁夏公路建设管理局	K0+000~K27+850	郝方伟	
	勘察设计单位	宁夏公路勘察设计院有限责任公司	K0+000~K27+850	张健康	
		宁夏公路勘察设计院有限责任公司	K0+000~K27+850	苏彤毅	
	施工单位	中国铁建大桥工程局集团有限公司	A1(K0+000~K7+300)	姜喜东	
		中交第四公路工程局有限公司	A2(K7+300~K14+300)	门光誉	
		中铁十四局集团有限公司	A3(K14+300~K22+300)	党双宝	
		陕西路桥工程股份有限公司	A4(K22+300~K27+850)	秦国荣	
	监理单位	陕西锦程工程咨询有限公司	K0+000~K27+850	杨鹏	
		重庆锦程工程咨询有限公司	K14+300~K27+850	杨新站	
	建设单位	宁夏公路建设管理局	K14+300	李开华	局长
泾源至双崖落梁段高速公路	预、工可编制单位	宁夏公路勘察设计院有限责任公司	K27+765~K41+620	郝方伟	
	勘察设计单位	宁夏公路勘察设计院有限责任公司	K27+765~K41+620	张健康	
		宁夏公路勘察设计院有限责任公司	K27+765~K41+620	张健康	
	施工单位	海南桥梁工程股份有限公司	A1(K27+765~K34+900)	李维强	项目经理
		宁夏交通建设股份有限公司	A2(K34+900~K41+620)	李志勇	项目经理
	监理单位	陕西高速公路工程咨询有限公司	K27+765~K41+620	杨鹏	总监
		中设设计集团股份有限公司工程质量检测中心	K27+765~K41+620	黄思增	中心试验室主任

附 录

续上表

项目名称	参建单位类别	单位名称	合同段编号及起止桩号	主要负责人	备注
石嘴山至平罗高速公路	建设单位	宁夏公路建设管理局	K0+000～K19+642.976	郝方伟	
	预、工可编制单位	中国公路工程咨询集团有限公司	K0+000～K19+642.976	张新来	
	勘察设计单位	中国公路工程咨询集团有限公司	K0+000～K19+642.976	张新来	
	施工单位	中铁十二局集团有限公司	路面1标:K0+000～K7+200	杨守塔、吉建华	
		中国铁建大桥工程局集团有限公司	路基2标:K7+200～K13+500	鄂崇、宋忠博	
		宁夏铁桥工程股份有限公司	路基3标:K13+500～K19+642.976	王建峰、张亮	
		宁夏路桥工程股份有限公司	路面1标:K0+000～K19+642.976	苏保章、王建华	联合体投标,含交安、通信管道
	监理单位	宁波市交建工程监理咨询有限公司	K0+000～K19+642.976	刘文东	
同心至海原高速公路	建设单位	宁夏交通投资集团有限公司（前期为宁夏交通投资公司）	K0+000～K48+392	勾红玉	
	预、工可编制单位	中国公路工程咨询集团有限公司	K0+000～K48+392	张新来	
	勘察设计单位	中国公路工程咨询集团有限公司	K0+000～K48+392	张新来	
	施工单位	宁夏路桥工程股份有限公司	路基及路面A1合同段K0+000～K4+000	李宽	
		中铁十八局集团第二工程有限公司	路基A2合同段K4+000～K10+400	陈永良	
		中铁十四局集团有限公司	路基A3合同段K10+400～K16+400	郭广山	
		杭州市政工程集团有限公司	路基A4合同段K16+400～K22+200	陈鑫	
		中国铁建大桥工程局集团有限公司	路基及路面A5合同段K22+200～K29+900	张小明	
		汇通路桥建设集团有限公司	A6合同段K29+900～K38+500	张四平	
		宁夏路桥工程股份有限公司	A7合同段K38+500～K48+392.523	陆国明	

续上表

项目名称	参建单位类别	单位名称	合同段编号及起止桩号	主要负责人	备注
同心至海原高速公路	监理单位	山东格瑞特监理咨询有限公司	K0+000~K48+392	王爱华	
		宁夏消咨公路工程试验检测有限责任公司	K0+000~K48+392	赵文贤	
黑城至海原高速公路	建设单位	宁夏公路建设管理局	K7+526.165~K65+561.771	张兴国、郝方伟	
	预、工可编制单位	宁夏公路勘察设计院有限责任公司	K7+526.165~K65+561.771	李建宁、张健康	
	勘察设计单位	宁夏公路勘察设计院有限责任公司	K7+526.165~K65+561.771	李建宁、张健康	
	施工单位	中铁十三局集团有限公司	A1合同段 K7+526.166~K12+500	张小明	
		宁夏路桥工程股份有限公司	A2合同段 K12+500~K22+000	拓守博	
		浙江省大成建设集团有限公司	A3合同段 K22+000~K30+600	孔凡佳	
		北京市政建设集团有限责任公司	A4合同段 K30+600~K45+400	高俊星	
		宁夏路桥工程股份有限公司	A5合同段 K45+400~K54+850.651	沈建成	
		河北路桥集团有限公司	A6合同段 K60+474~K65+561.771	王林山	
		中国铁建大桥工程局集团有限公司	B1合同段 K7+526.165~K30+600	杨焕水	
		宁夏路桥工程股份有限公司	B2合同段 K30+600~K54+850.651	李志勇	
	监理单位	西安公路交大建设监理有限责任公司	总监办 K7+526.165~K65+561.771	王卫	
		北京中港路通管理有限责任公司	驻地办 K7+526.165~K45+400	黄丹伟	
固原至西吉高速公路	建设单位	宁夏公路建设管理局	K0+000~K44+426.915	张兴国、郝方伟	
	预、工可编制单位	宁夏公路勘察设计院有限责任公司	K0+000~K44+426.915	李建宁、张健康	
	勘察设计单位	宁夏公路勘察设计院有限责任公司	K0+000~K44+426.915	李建宁、张健康	
	施工单位	宁夏路桥工程股份有限公司	路基1合同段 K0+000~K6+000	门光蓉、周立君	

续上表

项目名称	参建单位类别	单位名称	合同段编号及起止桩号	主要负责人	备注
固原至西吉高速公路	施工单位	中国十五冶金建设集团有限公司	路基2合同段 K6+000~K15+000	彭盛华,王凡	
		中铁十三局集团有限公司	路基3合同段 K15+000~K22+400	张小明,王仲军	
		中铁十八局集团有限公司	路基4合同段 K22+400~K24+800	赵红,要文堂	
		中铁十四局集团有限公司	路基5合同段 24+800~K28+600	刘树堂,张庆军	
		中铁十二局集团有限公司	路基6合同段 28+600~K33+000	李崇智,周建勇	
		宁夏路桥工程股份有限公司	路基7合同段 K33+000~K44+426.915	朱继平,贺吉宁	
		宁夏路桥工程股份有限公司	路面1合同段 K0+000~K15+200	刘学仁,朱浩武	
		中国铁建大桥局集团有限公司	路面2合同段 K15+200~K46+298.05	杨焕永,刘永国	
	监理单位	山东泰建工程咨询有限公司	K0+000~K44+426.915	孟锋	
		宁夏路润咨公路工程试验检测有限责任公司	K0+000~K44+426.915	李俊杰	
		四川省公路工程监理事务所	K22+400~K44+426.915	刘凯	
西吉至会宁高速公路	建设单位	宁夏公路建管局	K44+666~K92+691	郝方伟	
	预、工可编制单位	宁夏公路勘察设计院有限责任公司	K44+666~K92+691	张健康	
	勘察设计单位	宁夏公路勘察设计院有限公司	K44+666~K92+691	张健康	
	施工单位	山东省路桥集团有限公司	A1合同段 K44+666~K53+000	梁忠强	
	监理单位	西安公路天大建设监理有限公司	总监办 K44+666~K92+691	王奎	
		山东东泰工程咨询有限公司	驻地一办 K44+666~K66+000	孙鹤	
		山东格瑞特有限公司	驻地二办 K66+000~K92+691	蒲度	
		宁夏润咨公路工程试验检测有限责任公司	中心试验室 K44+666~K92+691	李俊杰	

续上表

项目名称	参建单位类别	单位名称	合同段编号及起止桩号	主要负责人	备注
彭阳至青石嘴高速公路	建设单位	宁夏公路建设管理局	K0+000~K34+340	张兴国	
	预、工可编制单位	宁夏公路勘察设计院有限责任公司	K0+000~K34+340	李建宁	
	勘察设计单位	宁夏公路勘察设计院有限责任公司	K0+000~K34+340	李建宁	
		宁夏华侨园集团公路工程有限公司	K0+000~K10+000	刘金璞	
	施工单位	宁夏路桥工程股份有限公司	K10+000~K34+340		
		宁夏路桥工程股份有限公司	K0+000~K34+340	曹金东	
		甘肃华瀛跌路综合工程有限公司	K33+714.40[1-8.5m+2×(1-12.25m)箱形桥]		
	监理单位	宁夏华吉公路工程监理咨询有限公司	K00+000~K34+340	汪斌	
		兰州交通大学建设工程咨询有限责任公司	K33+714.40[1-8.5m+2×(1-12.25m)箱形桥]	刘凤奎	
滚泉至红寺堡高速公路	建设单位	宁夏公路建设管理局	K0+200~K19+255.44	李建宁	
	预、工可编制单位	宁夏公路勘察设计院有限责任公司	K0+200~K19+255.44	李建宁	
	勘察设计单位	宁夏公路勘察设计院有限责任公司	K0+200~K19+255.44	李建宁	
	施工单位	宁夏鹏程实业股份有限公司	路基路面(K0+200~K19+255.44)	张晓龙	
		北京深华科交通工程有限公司	交通安全设施(K0+200~K19+255.44)		
		宁夏公路机械筑路工程处（现宁夏公路桥工程股份有限公司）	通信管道(K0+200~K19+255.44)		
	监理单位	西安公路交大建设监理公司	K0+200~K19+255.44	罗安检	

附录

附表8

宁夏回族自治区高速公路项目获奖信息表

序号	获奖时间	项目名称	获奖类型	奖励等级	授奖单位
1	2005	光纤传感技术在吴忠黄河大桥施工阶段健康监测中的应用研究	科技进步奖	二等奖	宁夏回族自治区人民政府
2	2005	土工合成材料在黄土地区公路工程中的应用技术研究	科技进步奖	三等奖	宁夏回族自治区人民政府
3	2006	麻黄沟至姚伏高速公路	公路交通优秀设计	二等奖	中国公路勘察设计协会
4	2009	宁夏冲湖积弱土路基沉降规律及处治措施研究	科技进步奖	三等奖	宁夏回族自治区人民政府
5	2009	银川黄河大桥	建国60周年公路交通勘察设计经典工程		中国公路勘察设计协会
6	2009	中宁至郝家集高速公路	公路交通优秀设计	三等奖	中国公路勘察设计协会
7	2010	古窑子王圈梁高速公路	优秀勘察设计奖	三等奖	中国公路勘察设计协会
8	2000	银灵吴一级公路	2011中国建筑业最具创新示范工程	铜奖	全国优秀工程勘察设计评选委员会
9	2011	盐池至中宁高速公路	2011中国建筑业最具创新示范工程		中国建筑业企业联合会设计分会,中国建筑技术和质量学会
10	2011	盐池至中宁高速公路	公路交通优秀设计	二等奖	中国公路勘察设计协会
11	2015	高海拔寒冷地区岩长大隧道安全环保施工关键技术研究	科技进步奖、科学技术奖	一等奖、二等奖	宁夏回族自治区人民政府,中国公路学会
12	2017	东毛高速公路项目六盘山隧道	国家优质工程奖		中国施工企业管理协会

注:获奖类型包括鲁班奖、省部级及以上的优质工程奖、优秀勘察奖、优秀设计奖、科技进步奖、科学技术奖等。

附录三
高速公路项目全称简称对照表

序号	项目全称	简称	公路网编号	序号	项目全称	简称	公路网编号
1	姚伏至叶盛高速公路	姚叶高速公路	G6	18	国道211线灵武至甜水堡及联络线古窑子至青铜峡高速公路		G211
2	麻黄沟至姚伏高速公路	麻姚高速公路	G6				
3	叶盛至中宁高速公路	叶中高速公路	G6	19	东山坡至毛家沟高速公路	东毛高速公路	G22
4	中宁至郝家集高速公路	中郝高速公路	G6	20	石嘴山至银川高速公路	石银高速公路	G1816
5	银川绕城高速公路西北段		G6	21	银川至青铜峡高速公路	银青高速公路	G1816
6	京藏高速公路石嘴山(蒙宁界)至中宁段改扩建		G6	22	银川至巴彦浩特高速公路	银巴高速公路	G1817
				23	盐池至鄂托克前旗高速公路		S15
7	古窑子至王圈梁高速公路	古王高速公路	G20	24	国道344李家庄至泾河源段高速公路		S25
8	银川至古窑子高速公路	银古高速公路	G20				
9	青银高速公路宁东至银川段改扩建		G20		泾河源至双疙瘩梁段高速公路		S25
10	盐池至中宁高速公路	盐中高速公路	G2012	25	石嘴山至平罗高速公路		S10
11	中宁至孟家湾高速公路	中孟高速公路	G2012	26	古窑子至青铜峡高速公路	古青高速公路	S30
12	孟家湾至营盘水高速公路	孟营高速公路	G2012	27	同心至海原高速公路	同海高速公路	S40
13	桃山口至同心高速公路	桃同高速公路	G70	28	黑城至海原高速公路	黑海高速公路	S50
14	同心至沿川子高速公路	同沿高速公路	G70	29	固原至西吉高速公路	固西高速公路	S60
15	石坝至河东机场高速公路		G85		西吉至会宁高速公路	西会高速公路	S60
16	国道211线银川河东机场至灵武段高速公路	银灵高速公路	G85	30	彭阳至青石嘴高速公路	彭青高速公路	S70
17	灵武电厂立交		G85	31	滚泉至红寺堡高速公路	滚红高速公路	
18	灵武至甜水堡段高速公路		G85				

注:G6 京藏高速公路曾用名为 GZ25 丹东—北京—拉萨国道主干线;
G70 福银高速公路曾用名为西部大通道银川—武汉;
G20 青银高速公路曾用名为 GZ35 青岛—太原—银川国道主干线。

参 考 文 献

[1] 张万涛.宁夏新世纪[M].银川:宁夏人民出版社,2000.
[2] 塞上江南第一路编委会.塞上江南第一路——宁夏姚叶高速公路建设纪实[M].银川:宁夏人民出版社,2001.
[3] 延伸的坦途编委会.延伸的坦途——宁夏石中高速公北段工程建设纪实[M].北京:人民交通出版社,2002.
[4] 通江达海黄金路编委会.通江达海黄金路——宁夏古王公路盐兴公路建设纪实[M].北京:人民交通出版社,2002.
[5] 黄镇东.领导干部交通知识读本[M].北京:人民交通出版社,2002.
[6] 宁夏通志编纂委员会.宁夏通志(交通邮电卷 上)[M].北京:方志出版社,2008.
[7] 喜清江.创新 跨越 发展——宁夏公路交通建设文集[M].宁夏:宁夏人民出版社,2008.
[8] 中华人民共和国交通运输部.中国交通运输改革开放30年(地方卷)[M].北京:人民交通出版社,2008.
[9] 《中国交通运输60年》编委会.中国交通运输60年[M].北京:人民交通出版社,2009.
[10] 宁夏交通运输厅.宁夏高速公路施工标准化管理指南(1~4册)[M].宁夏:阳光出版社,2012.
[11] 鲁人勇.宁夏交通史话[M].银川:宁夏人民出版社,2013.
[12] 中华人民共和国行业标准.JTG B01—2014 公路工程技术标准[S].北京:人民交通出版社股份有限公司,2014.
[13] 宁夏交通运输厅.宁夏公路工程施工标准化推广与应用[M].北京:人民交通出版社股份有限公司,2015.
[14] 宁夏交通运输厅.宁夏回族自治区公路工程档案编制办法[M].宁夏:阳光出版社,2015.
[15] 四川省交通运输厅交通史志总编辑室.四川交通年鉴2015[M].成都:四川科学技术出版社,2015.
[16] 中国交通年鉴编委会.2016中国交通年鉴[M].北京:人民交通出版社股份有限公司,2016.

[17] 全国政协文史和学习委员会.亲历西部大开发(宁夏卷)[M].北京:人民出版社股份有限公司,2016.
[18] 本书编写组."三会一课"案例选[M].北京:党建读物出版社,2017.
[19] 毕世荣.宁夏高速公路——数字里的奇迹[N].宁夏日报,2005-12-15.
[20] 阎文华.从83公里到670公里——宁夏高速公路简史[N].宁夏日报,2006-3-16.
[21] 高鹏.169亿元公路建设投资从哪来?[N].宁夏日报,2007-4-15.
[22] 李学平.宁夏:中宁让绿色随高速公路"延伸"[N].中国公路网,2008-7-28.
[23] 胡士祥,李学平,梅宁生,等.辉煌的跨越——写在宁夏高速公路突破1000公里之际[N].宁夏日报,2008-8-21.
[24] 李学平.宁夏生态公路建设不求所有求所"绿"[N].中国公路网,2009-12-11.
[25] 李学平.抓西部大开发机遇 提高路网密度深度[N].中国交通报,2010-7-28.
[26] 宁夏交通运输厅.建设"三纵九横"形成通边达海新格局 绘织宏伟蓝图建设和谐富裕新宁夏[N].宁夏日报,2011-1-17.
[27] 李学平.宁夏15项政策支持六盘山交通建设[N].中国交通报,2012-6-26.
[28] 李学平.固原:依路网建新区两全其美[N].中国交通报,2014-9-17.
[29] 慕顺宗 李学平.扶贫路绘织宁夏新希望[N].中国交通报,2015-1-15.
[30] 赵磊.宁夏交通扶贫道路先行[N].宁夏日报,2016-5-26.
[31] 赵磊.宁夏最大的交通PPP项目签约[N].宁夏日报,2016-10-26.

后　　记

在欣喜与期待中,《宁夏高速公路建设实录》这部沉甸甸的作品即将付梓,我们如履薄冰。

高速公路是实实在在的物,通过对建设过程的详细还原,赋予这些实物以灵魂,使其成为有文化、有生命的有机体。按照编撰目的和要求,该书是一部史实性作品,按编年体方式编撰。为了真实、准确、系统地反映宁夏高速公路的发展历程,我们查阅了交通运输系统各相关单位20多年的文书档案资料、项目工程档案资料、运营管理资料等,同时,为了增强可读性,也从一些老领导、老专家和亲历者的口述中进行追忆,再现当时一些实际情景和决策背景。在写作方法上采用史料和口述史相结合的方式,尽可能地做到"怎么建设的,就怎么叙述",没有华丽的辞藻和精心挑选的修辞,只有真真切切的朴实记录,力图还原每一个项目的建设过程,回顾宁夏高速公路建设的点点滴滴,以及高速公路给社会及宁夏人民带来的切身实惠。

本书编撰工作是在交通运输部编委会、宁夏交通运输厅编审委员会的领导下进行的。交通部原部长黄镇东亲临宁夏,检查指导工作。编撰工作经历了资料搜集整理、初稿撰写、统稿成型、审稿定稿四个阶段,最后又采纳各方意见,纠错补漏,删繁就简,数易其稿,共历时两年半。参编单位有宁夏交通运输厅机关各处室、宁夏公路建设管理局、宁夏公路管理局、宁夏道路运输管理局、宁夏交通建设工程质量监督局、宁夏公路工程造价管理站、宁夏交通信息监控中心、宁夏公路学会、宁夏公路勘察设计院有限责任公司和宁夏同元高速公路资产管理有限公司等部门和单位,百余人参与其中,可以说是集思广益、博采众议。

本书的资料收集整理,专业技术支持,文字的精雕细琢,照片的斟酌筛选,都倾注了交通运输系统领导、专家及全体工作人员的心血和汗水;同时,一些老领导、老专家和亲历者无私奉献了各自珍藏的史料和作品,为本书增色不少。在此,一并表示衷心的感谢!

尽管我们竭尽所能,但由于水平所限,难免存在纰漏,敬请批评指正。